통합사회2 빈칸 완성

1. 인권의 발전 과정

시민 혁명

천부 인권 사상을 바탕으로 시민 계급이 주도하여 시민 혁명이 발생하였다. 자유권, 평등권, 참정권이 강조되었다. 영국의 명예혁명에서는 권리 장전, 미국의 독립 혁명에서는 미국 독립 선언문, 프랑스의 프랑스 혁명에서는 인간과 시민의 권리 선언이 발표되었다.

↓

A 운동

영국의 노동자들은 선거권의 확대, 무기명 투표 등을 요구하는 인민헌장(People's Charter)을 발표하고 ___A___ 운동을 전개하였다. 이 운동은 1838년부터 10여 년간 진행되었으나 지도부의 분열과 정부의 탄압 등으로 어려움을 겪었다.

↓

독일 B 헌법

산업 혁명 이후 사회적 불평등이 심화되면서 국가가 사회적 약자를 보호해야 한다는 생각이 널리 퍼졌다. 이에 1919년 독일의 ___B___ 헌법에 처음으로 국가가 모든 국민의 인간다운 생활을 보장해야 한다는 내용이 명시되었다.

세계 인권 선언

제1조 모든 사람은 태어날 때부터 자유롭고 존엄하며 평등하다.

제21조 모든 사람은 직접 또는 자유롭게 선출된 대표자를 통하여 자국의 정치에 참여할 권리를 가진다.

제22조 모든 사람에게는 사회의 일원으로서 사회 보장을 요구할 권리가 있으며 …

제25조 모든 사람은 의식주, 의료 및 필요한 사회복지를 포함하여 자신과 가족의 건강과 안녕에 적합한 생활수준을 누릴 권리를 가진다.

제26조 ① 모든 사람에게는 교육을 요구할 권리가 있다.

제27조 모든 사람은 자기가 속한 사회의 문화생활에 자유롭게 참여하고 예술을 즐기며 과학의 진보와 혜택을 공유할 권리가 있다.

제29조 모든 사람은 자신의 권리와 자유를 온전하게 행사할 수 있다. 그러나 이를 제한할 수 있는 예외적인 경우가 있다. 즉, 타인의 권리와 자유를 보장하기 위한 법률과 사회 질서와 사회 전체의 복리를 위한 법률에 의해서 권리와 자유를 제한할 수 있다.

2. 롤스의 정의의 원칙

㉠ 은/는 사회 제도의 제1 덕목입니다.
공정한 사회가 되려면 ㉠ 의 원칙이 필요합니다.
㉠ 의 원칙에 따르면 우선 모든 사람은
양심의 자유나 종교의 자유와 같은 ㉡ 을/를
평등하게 누려야 합니다.
다음으로 사회적·경제적 불평등 속에서는
㉢ 에게 가장 큰 이익이 돌아가야 하고,
모든 구성원은 경쟁에 참여할 ㉣ 을/를
균등하게 보장받아야 합니다.

3-1. 자본주의의 발전 과정

(가) 자본주의

신항로 개척을 통해 교역망이 확대되면서 절대 왕정의 중상주의 정책 아래에서 상품의 생산보다는 유통 과정을 통해 이윤을 추구하였다.

↓ (ㄱ)

(나) 자본주의

___(ㄱ)___ 으로 상품의 대량 생산이 가능해지면서 ___(나)___ 자본주의가 성장하게 되었다. 당시 애덤 스미스는 '보이지 않는 손'의 기능을 강조하며 자유방임주의를 제시하였다.

↓ (ㄴ)

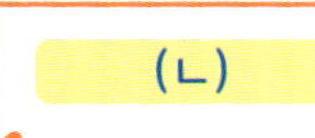

(다) 자본주의

___(ㄴ)___ 의 결과 나타난 대량 실업과 경기 침체를 극복하고자 정부의 적극적인 시장 개입을 강조하였다. ___(다)___ 자본주의를 토대로 미국에서는 뉴딜 정책이 추진되었다.

↓ (ㄷ)

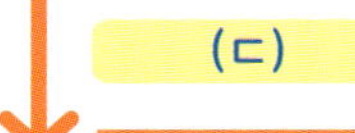

(라) 자유주의

1970년대 석유 파동을 겪으면서 정부의 역할을 제한하고 시장의 자유로운 경제활동을 강조하였다.

정답 1. A: 차티스트 B: 바이마르 2. ㉠: 정의 ㉡: 기본적 자유 ㉢: 사회적 약자 ㉣: 공정한 기회
3-1. (가) 상업 (나) 산업 (다) 수정 (라) 신 (ㄱ) 산업 혁명 (ㄴ) 세계 대공황 (ㄷ) 스태그플레이션

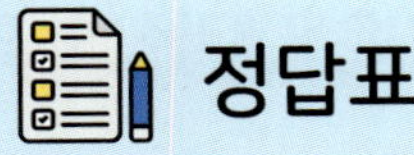

정답표

Ⅰ. 인권 보장과 헌법

핵심 문제 1회차

문제편 p.11 해설편 p.2

1 ③	2 ④	3 ②	4 ④	5 ④
6 ②	7 ③	8 ④	9 ⑤	10 ③
11 ④	12 ②	13 ②	14 ②	15 ①
16 ①	17 ③	18 ②	19 ①	20 ②
21 ⑤	22 ③	23 ⑤	24 ④	25 ⑤
26 ④	27 ①	28 ①	29 ①	30 ③
31 ①	32 ②	33 ②	34 ①	35 ③
36 ①	37 ⑤	38 ③	39 ②	40 ③
41 ②	42 ⑤	43 ②	44 ③	45 ①
46 ②	47 ①	48 ②	49 ①	

핵심 문제 2회차

문제편 p.24 해설편 p.13

1 ③	2 ①	3 ①	4 ④	5 ①
6 ④	7 ④	8 ④	9 ②	10 ③
11 ④	12 ①	13 ④	14 ①	15 ②
16 ⑤	17 ①	18 ①	19 ④	20 ②
21 ④	22 ③	23 ⑤	24 ⑤	25 ①
26 ③	27 ④	28 ③	29 ⑤	30 ⑤
31 ①	32 ①	33 ①	34 ⑤	35 ⑤
36 ②	37 ⑤	38 ②	39 ①	40 ③
41 ①	42 ①	43 ②	44 ②	

심화 문제

문제편 p.36 해설편 p.23

1 ②	2 ⑤	3 ③	4 ④	5 ④
6 ③	7 ④	8 ④	9 ②	10 ④
11 ②	12 ⑤	13 ⑤	14 ②	15 ⑤
16 ⑤	17 ③	18 ②	19 ①	20 ⑤

서술형 문제

문제편 p.42 해설편 p.28

1 (1) ㉠ 인권 (2) **모범답안:** 인권은 태어날 때부터 지니고 있다(천부성). 인권은 누구나 가지고 있는 권리이다(보편성). 인권은 남에게 양도할 수 없고 누구도 침해할 수 없는 권리이다(불가침성). 인권은 영구히 보장되는 권리이다(항구성).

2 (1) 바이마르 헌법 (2) **모범답안:** 바이마르 헌법은 최초로 사회권을 기본권으로 인정하였다.

3 (1) A 시민 불복종 (2) **모범답안:** 목적에 정당성이 있어야 한다. 비폭력적인 방법을 사용하되 최후의 수단으로 시행되어야 한다. 위법 행위에 대한 처벌을 감수함으로써 법을 존중한다는 사실을 분명히 한다. 공개적으로 행한다.

4 (1) ㉠ 사회적 소수자 (2) **모범답안:** 사회적 소수자가 되는 기준은 상대적이다. 사회적 소수자는 상황에 따라 상대적으로 규정된다.

Ⅱ. 사회정의와 불평등

핵심 문제

문제편 p.51 해설편 p.29

1 ④	2 ③	3 ①	4 ④	5 ④
6 ③	7 ③	8 ①	9 ①	10 ②
11 ①	12 ②	13 ③	14 ④	15 ④
16 ④	17 ②	18 ②	19 ④	20 ③
21 ①	22 ①	23 ①	24 ①	25 ⑤
26 ⑤	27 ④	28 ④	29 ②	30 ③
31 ③	32 ①	33 ③	34 ④	35 ②
36 ④	37 ⑤	38 ②	39 ③	40 ③
41 ④				

심화 문제

문제편 p.62 해설편 p.39

1 ①	2 ④	3 ⑤	4 ②	5 ④
6 ⑤	7 ④	8 ①	9 ②	10 ④
11 ⑤	12 ③			

서술형 문제

문제편 p.66 해설편 p.42

1 (1) **갑** 필요에 따른 분배 **을** 능력에 따른 분배 **병** 업적에 따른 분배

(2) **모범답안:** 업적은 능력, 필요와 달리 각자가 달성한 결과를 객관화·수량화할 수 있어 평가와 특정이 비교적 용이하다.

2 (1) **(가)** 공동체주의 정의관 **(나)** 자유주의 정의관

(2) **모범답안:** 공동체주의 정의관은 개인이나 특정 지역의 이익을 지나치게 중시함으로써 나타나는 문제점을 해결하여 공동선을 실현하는 데 도움을 줄 수 있으나, 개인의 자유와 권리의 희생을 정당화하는 집단주의가 발생할 수 있는 문제가 있다. 자유주의적 정의관은 개인의 자유로운 선택과 권리를 최대한 존중하려 하지만, 자신의 이익을 우선시하는 이기주의가 확산될 우려가 있다.

3 (1) **(가)** 성 불평등 **(나)** 공간 불평등

(2) **모범답안:** (가)와 (나)는 모두 사회 통합을 실현하는 데 기여한다. (가)와 (나)는 모두 효율성보다 형평성을 중시하는 정책이다.

4 (1) A 공공 부조 B 사회 보험 C 사회 서비스

(2) **모범답안:** 공공 부조와 사회 보험은 모두 소득 재분배 효과가 있다. 공공 부조는 사후 처방적 성격이 강하고, 사회 보험은 사전 예방적 성격이 강하다.

Ⅲ. 시장경제와 지속가능발전

핵심 문제 1회차

문제편 p.75 해설편 p.43

1 ①	2 ④	3 ①	4 ③	5 ①
6 ①	7 ②	8 ②	9 ②	10 ②
11 ⑤	12 ④	13 ③	14 ①	15 ①
16 ③	17 ③	18 ③	19 ⑤	20 ③
21 ②	22 ⑤	23 ④	24 ⑤	25 ③
26 ④	27 ④	28 ③	29 ①	30 ⑤
31 ⑤	32 ③	33 ④	34 ④	35 ③
36 ③	37 ④	38 ④	39 ⑤	

핵심 문제 2회차

문제편 p.85 해설편 p.51

1 ③	2 ①	3 ⑤	4 ③	5 ①
6 ②	7 ④	8 ②	9 ②	10 ①
11 ②	12 ⑤	13 ④	14 ④	15 ①
16 ③	17 ②	18 ④	19 ②	20 ④
21 ①	22 ③	23 ④	24 ②	25 ④
26 ②	27 ④	28 ②	29 ①	30 ③
31 ⑤	32 ④			

심화 문제

문제편 p.93 해설편 p.58

1 ②	2 ④	3 ②	4 ⑤	5 ①
6 ④	7 ④	8 ②	9 ②	10 ①
11 ①	12 ⑤	13 ①	14 ③	15 ③
16 ①				

서술형 문제

문제편 p.97 해설편 p.62

1 (1) 대공황

(2) **모범답안:** 대공황은 자유방임주의의 한계를 인식하고 시장에 대한 정부의 적극적인 개입이 시작되는 계기가 되었다.

2 (1) **(가)** 긍정적 외부 효과(외부 경제) **(나)** 부정적 외부 효과(외부 불경제)

(2) **모범답안:** (가)에 나타난 긍정적 외부 효과는 생산 및 소비가 늘어나도록 보조금 지급, 세제 혜택 등 긍정적인 경제적 유인을 제공하여 외부 효과를 개선할 수 있다. (나)에 나타난 부정적 외부 효과는 생산 및 소비가 억제되도록 세금 또는 과태료 부과 등 부정적인 경제적 유인을 제공함으로써 외부 효과를 개선할 수 있다.

3 (1) **갑** 5점 **을** 3점

(2) **모범답안:** ㉡이 행해졌을 때 갑은 '배당금을 받을 수 있다.'가 적힌 카드를, 을은 '금융 자산이다.'가 적힌 카드를 가져가야 을이 갑보다 높은 점수를 얻을 수 있다. 갑과 을의 점수 차이는 ㉠이 행해졌을 때와 ㉡이 행해졌을 때가 각각 2점으로 같다.

4 (1) ① Y재 1/2개 ② Y재 1/3개 ③ X재 2개 ④ X재 3개

(2) **모범답안:** 갑국은 을국에 비해 Y재 1개 생산의 기회비용이 작으므로 Y재 생산에 비교 우위가 있고, 을국은 갑국에 비해 X재 1개 생산의 기회비용이 작으므로 X재 생산에 비교 우위가 있다.

2026 마더텅
전국연합 학력평가 기출문제집

고1 통합사회2

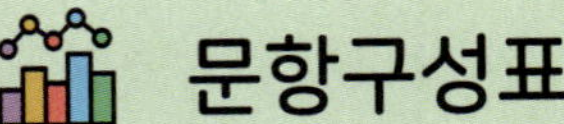

문항구성표

[2026 마더텅 전국연합 학력평가 기출문제집 고1 통합사회2]는
총 395문항의 기출문제를 단원별로 구성하였습니다.

- 고1, 고2 전국연합 학력평가 12개년 기출문제 중 고1 통합사회2 교육과정에 맞는 우수 문항 선별 수록(총 395문항)
- 기출문제를 5개 단원으로 나누어 수록하여 단원별 학습에 최적화
- 개념 확인을 위한 OX & 빈칸 채우기 문제와 내신을 잡는 서술형 문제 추가 제공(총 192문항)
- 특별 부록
  ① 실력 확인을 위한 미니모의고사 2회분(총 20문항) 제공
  ② 2028학년도 대학수학능력시험 예시문항 [25. 04. 15 발표 - 25문항], [24. 09. 26 발표 - 14문항] 전격 수록

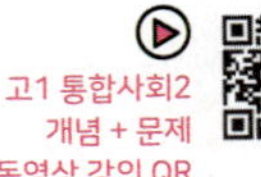
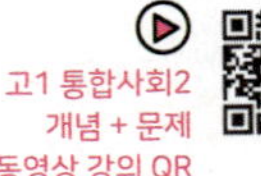
고1 통합사회2
개념 + 문제
동영상 강의 QR

단원별 문항 구성표

대단원	OX & 빈칸 채우기	핵심 문제 풀기	심화 문제 풀기	서술형 문제 풀기	합계
Ⅰ. 인권 보장과 헌법	35	93	20	4	152
Ⅱ. 사회정의와 불평등	35	41	12	4	92
Ⅲ. 시장경제와 지속가능발전	34	71	16	4	125
Ⅳ. 세계화와 평화	33	45	10	4	92
Ⅴ. 미래와 지속가능한 삶	34	67	20	5	126
합계	**171**	**317**	**78**	**21**	**587**

연도별 문항 구성표

시행연도	3월 학평	6월 학평	9월 학평	10(11)월 학평	고2 3월 학평	연도별 문항 수
2025	5	-	9	-	-	14
2024	4	3	7	9	-	23
2023	9	3	8	11	-	31
2022	3	3	9	10	-	25
2021	4	3	7	10	-	24
2020	3	3	6	10	34	56
2019	2	2	6	11	33	54
2018	6	6	6	11	12	41
2017	-	13	11	17	-	41
2016	-	7	16	14	-	37
2015	-	6	9	11	-	26
2014	-	6	4	13	-	23
OX & 빈칸 채우기	171					
서술형 문제	21					
총 수록 문항 수						587

목차

21일 완성 학습계획표

- 마더텅 기출문제집을 100% 활용할 수 있도록 도와주는 학습계획표입니다. 계획표를 활용하여 학습 일정을 계획하고 자신의 성적을 체크해 보세요. 꼭 21일 완성을 목표로 하지 않더라도, 스스로 학습 현황을 체크하면서 공부하는 습관은 문제집을 끝까지 푸는 데 도움을 줍니다.
- 날짜별로 정해진 분량에 맞춰 공부하고 학습 결과를 기록합니다.
- 계획은 도중에 틀어질 수 있습니다. 하지만 계획을 세우고 지키는 과정은 그 자체로 효율적인 학습에 큰 도움이 됩니다. 학습 중 계획이 변경될 경우에 대비해 마더텅 홈페이지에서 학습계획표 PDF 파일을 제공하고 있습니다.

Day	학습 내용		성취도 100%	99~75%	74~50%	49~25%	24~0%
1일차	Ⅰ. 인권 보장과 헌법	p.4 ~ p.10					
2일차		p.11 ~ p.19					
3일차		p.20 ~ p.31					
4일차		p.32 ~ p.43					
5일차	Ⅱ. 사회정의와 불평등	p.44 ~ p.50					
6일차		p.51 ~ p.58					
7일차		p.59 ~ p.67					
8일차	Ⅲ. 시장경제와 지속가능발전	p.68 ~ p.74					
9일차		p.75 ~ p.81					
10일차		p.82 ~ p.89					
11일차		p.90 ~ p.98					
12일차	Ⅳ. 세계화와 평화	p.99 ~ p.105					
13일차		p.106 ~ p.112					
14일차		p.113 ~ p.122					
15일차	Ⅴ. 미래와 지속가능한 삶	p.123 ~ p.129					
16일차		p.130 ~ p.138					
17일차		p.139 ~ p.146					
18일차		p.147 ~ p.154					
19일차	미니모의고사 1회, 2회	p.155 ~ p.160					
20일차	수능 예시문항 1	p.161 ~ p.171					
21일차	수능 예시문항 2	p.172 ~ p.178					

I 인권 보장과 헌법

1. 인권의 의미 변화 양상

1) 인권의 의미와 특징 및 발전 과정

① 인권의 의미

- 인간으로서 당연히 누려야 할 기본적인 권리
- 절대적 가치를 지닌 존재로서 오직 인간이라는 이유만으로 자신의 존엄성을 보장받으며 행복하게 살아갈 권리

② 인권의 특징

- 보편성: 인권은 인종·성별·종교·사회적 신분 등과 관계없이 누구나 가질 수 있음
- 천부성: 인권은 태어나면서부터 갖게 되는 당연한 권리임
- 불가침성: 인권은 누구라도 침해할 수 없음
- 항구성: 인권은 영구히 보장되는 권리임

③ 인권의 발전 과정

근대 이전

- 대다수 사람이 왕과 소수의 귀족에게 부당한 차별을 받음

⇩

근대 시민 혁명

- 천부 인권 사상의 확산으로 시민 혁명 발생: 영국 명예혁명(1688), 미국 독립 혁명(1776), 프랑스 혁명(1789)
- 인권 선언 발표: 미국 독립 선언, 프랑스 인권 선언 등 → 자유롭고 평등한 시민 사회 강조
- 자유권, 평등권, 참정권의 강조

⇩

참정권 확대 운동

- 시민 혁명 이후에도 직업, 재산, 성별 등에 따른 차별적 선거권이 부여되어 노동자, 여성 등이 참정권 확대 운동을 진행함
- 차티스트 운동(1838~1848), 여성 참정권 운동 → 20세기 이후 각국에서 보통 선거가 확립됨

⇩

20세기 초: 사회권(2세대 인권) 등장

- 산업 혁명 이후 열악한 노동 환경, 빈부 격차 등으로 인해 인간다운 생활이 어려워짐
- 독일 바이마르 헌법(1919)에서 처음으로 사회권이 명시된 이후 여러 나라의 헌법에 사회권을 본격적으로 도입함
- 헌법에 인간다운 생활 보장을 명시함

● 개념 돋보기

인권의 발전 과정
- 1세대: 자유권 중심
- 2세대: 사회권 중심
- 3세대: 연대와 단결의 권리

미국 독립 선언(1776)
- 모든 사람은 평등하게 태어났으며 생명, 자유, 행복 추구 등 양도할 수 없는 확실한 권리를 부여받았다.
- 만약 어떤 정부든 이 권리를 침해한다면 그 정부의 형태를 바꾸거나 폐지하는 것은 국민의 권리이다.

→ 자유, 평등, 재산 등 인간의 기본권과 폭력적인 정부에 대한 저항의 정당성 주장

프랑스 인권 선언(1789)
- 인간은 자유롭고 평등하게 태어나 살아간다.
- 모든 정치적 결사의 목적은 자유, 재산, 안전, 압제에 대한 저항이라는 인간의 천부적 권리를 보존하는 데 있다.
- 모든 주권의 원리는 본질적으로 국민에게 있다.

→ 자유와 평등, 재산권 보호 등을 내세움

차티스트 운동
- 영국의 노동자들이 선거권 확대, 무기명 투표 등 보통 선거권을 요구한 운동
- 여성의 참정권이 배제된 채 진행되었다는 한계를 지님

바이마르 헌법(1919)
- 제1차 세계 대전 이후 독일에서 군주제를 폐지하고 공화국을 선포한 후 바이마르에서 헌법을 채택하였는데 이를 바이마르 헌법이라고 함
- 사회권을 최초로 헌법에 규정하여 이후 여러 나라의 헌법에서도 사회권이 도입되는 계기가 됨

⇩

제2차 세계 대전 이후: 연대권(3세대 인권) 등장
• UN 총회에서 세계 인권 선언(1948) 발표: 인권 보장의 국제적 기준 마련 • 내용: 누구나 평등하게 대우받을 권리, 평화의 권리, 재난으로부터 구제받을 권리 등

⇩

사회적 약자의 인권 보호를 위한 국제적 연대
• 흑인 민권 운동(1950~1960년대), 인종 차별 철폐 협약(1965), 여성 차별 철폐 협약(1979), 아동의 권리에 관한 협약(1989) 등

2) 현대 사회의 인권의 확장

: 사회 변화, 도시 환경의 변화에 따른 사회 문제 해결을 위해 현대 사회에서는 환경권, 주거권, 안전권 등과 같은 새로운 인권이 대두됨

① 주거권

- 쾌적하고 안정적인 주거 환경에서 인간다운 주거 생활을 할 권리
- 「주거 기본법」 제정 → 국민의 주거권 보장, 주거 안정과 주거 수준 향상을 위한 정책 추진
- 최저 주거 기준 설정 → 주거 약자 지원

  ↳ 인간이라면 기본적으로 누려야 할 최소한의 주거 수준

② 안전권

- 각종 위험으로부터 안전을 보호받을 권리
- 「재난 및 안전 관리 기본법」, 「산업 안전 보건법」 등

③ 환경권

- 건강하고 쾌적한 환경에서 생활할 권리
- 「환경 정책 기본법」, 유엔 기후 변화 협약 등
- 우리나라 헌법에서는 환경권을 국민의 권리로 보장함과 동시에 국민의 의무로 규정함

④ 문화권

- 누구나 자유롭게 문화생활에 참여하고 이를 누릴 권리, 문화생활에서 차별을 받지 않고 문화적 접근과 참여 활동을 보장받을 권리
- 문화 누리 카드 등

⑤ 연대권: 자신이 소속되어 있는 공동체에서 더 나아가 국제적인 연대와 협력을 할 수 있는 권리

⑥ 잊힐 권리

- 정보 사회의 발달에 따라 새롭게 등장한 권리
- 인터넷상에 있는 자신과 관련된 각종 정보의 삭제를 요구할 수 있는 권리

● 개념 돋보기

세계 인권 선언

- 권리의 주체가 시민 계급이었던 프랑스 인권 선언문과 달리, 세계 인권 선언의 권리 주체는 모든 사람들임
- 제2차 세계 대전 이후 인류가 전쟁 없는 평화로운 삶을 살 수 있도록 인간의 존엄성 확인을 위한 선언문을 UN에서 발표함
- 자유권, 평등권, 사회권, 참정권, 연대권 등 모든 인권을 포괄함

2. 헌법의 역할과 시민 참여

1) 인권 보장을 위한 헌법의 역할

① 헌법: 국가의 최고법, 국민의 인권을 기본권으로 규정하여 보장함

② 기본권의 종류

기본권	의미	내용
인간의 존엄과 가치 및 행복 추구권	• 인간으로서의 존엄과 가치: 인간이라는 이유만으로 존중받아야 할 권리 • 행복 추구권: 안락하고 만족스러운 삶을 추구할 수 있는 권리	• 헌법이 명시적으로 규정하지 아니하는 기본권 도출 • 생명권, 인격권, 알 권리, 일반적인 행동권 등
자유권	모든 국민이 국가 권력의 억압을 받지 않고 개인의 의사에 따라 자유롭게 살아갈 수 있다는 권리	신체의 자유, 거주·이전의 자유, 직업 선택의 자유, 사생활의 비밀과 자유, 양심의 자유, 언론·출판·집회·결사의 자유, 학문과 예술의 자유, 재산권 행사의 자유 등
평등권	모든 국민은 성별, 종교, 사회적 신분 등에 의해 법 앞에서 차별을 받지 않는다는 권리	• 법 앞의 평등, 양성평등 등 • 법 앞의 평등은 절대적 평등이 아니라 상대적·비례적·실질적 평등이므로 합리적 이유에 의한 차별은 가능
참정권	주권자로서 국가의 정책 결정 과정에 참여하여 정치적 의사를 표출할 수 있는 권리	선거권, 공무 담임권, 국민 투표권 등
청구권	국민의 기본권이 국가나 타인에 의해 침해되었을 때 그 구제를 청구할 수 있는 권리	청원권, 재판 청구권, 범죄 피해자 구조 청구권, 형사 보상 청구권, 국가 배상 청구권 등
사회권	모든 국민이 인간다운 생활의 보장을 국가에 요구할 수 있는 권리	인간다운 생활을 할 권리, 교육을 받을 권리, 근로의 권리, 노동 3권, 환경권, 보건권 등

③ 인권 보장을 위한 헌법상의 제도적 장치

- 권력 분립 제도: 국가 권력을 하나의 기관에 집중시키지 않고 각각 다른 기관에 분담시켜 상호 견제와 균형을 이루도록 하는 것 → 입법부(국회), 행정부(정부), 사법부(법원)
- 민주적 선거 제도: 국민은 선거를 통해 국가를 운영할 국민의 대표자를 선출하여 국민의 의사와 이익을 정치에 반영하도록 함
  예 보통 선거 제도, 공무 담임권
- 복수 정당제: 정당 설립의 자유 보장
- 기본권 구제 제도: 인권을 침해받은 국민은 사안에 따라 국가의 기본권 구제 기관을 통해 권리를 구제받을 수 있음
  예 법원의 재판, 헌법 재판소의 헌법 소원 심판 등

● 개념 돋보기

헌법 제10조
모든 국민은 인간으로서의 존엄과 가치를 가지며, 행복을 추구할 권리를 가진다. 국가는 개인이 가지는 불가침의 기본적 인권을 확인하고 이를 보장할 의무를 진다.

헌법 제37조 제2항
국민의 모든 자유와 권리는 국가안전보장, 질서유지, 공공복리를 위하여 필요한 경우에 한하여 법률로써 제한할 수 있으며, 제한하는 경우에도 자유와 권리의 본질적인 내용은 침해할 수 없다.

공무 담임권
공적인 사무를 담당할 수 있는 권리

형사 보상 청구권
형사 피의자 또는 피고인으로 구금되었다가 불기소 처분이나 무죄 판결을 받았을 때 국가에 정당한 보상을 청구할 수 있는 권리

국가 배상 청구권
공무원의 직무상 불법 행위로 피해를 보았을 때 국민이 국가 또는 공공단체를 상대로 배상을 청구할 수 있는 권리

보통 선거
선거인의 자격에 재산·신분·성별·교육 등의 제한을 두지 않고 일정한 연령에 달하면 누구에게나 선거권을 주는 것

복수 정당제
두 개 이상의 정당이 정권 획득을 목표로 경쟁하며 활동함으로써 다원주의에 입각하여 국민의 다양한 의사를 국가 정책에 반영할 수 있어 국민주권의 원리를 실현할 수 있도록 함

헌법 소원 심판
국가 권력이 헌법상 보장된 국민의 기본권을 침해하는 경우 기본권을 침해받은 국민이 헌법 재판소에 자신의 기본권을 침해하는 국가 권력의 행위가 헌법에 위반되는지를 가려내어 그 행위의 효력을 없애 줄 것을 요청하는 심판

Ⅰ

- 법치주의: 국가의 운영은 국회가 제정한 법률에 근거하여 수행되어야 함
- 적법 절차의 원리: 국민의 자유와 권리를 제한할 때에는 적법한 절차에 따라야 함

2) 시민의 권익 보호를 위한 시민 참여

① 시민 참여

- 의미: 시민들이 참여 의식을 갖고 정치 과정이나 사회의 공공 문제에 적극적으로 개입하는 것
- 역할: 정의로운 사회 실현, 대의 민주주의 보완
- 시민 참여의 방법

합법적 방법	선거와 투표, 서명 운동, 1인 시위, 민원 제기, 청원 운동, 집회 참가, 이익 집단 및 시민 단체 활동, 국가 기관이나 언론 및 인터넷 게시판 등에 의견 표현 등
비합법적 방법	시민 불복종

② 시민 불복종

- 의미: 정의롭지 못한 법이나 정책을 변혁시켜 공공의 이익을 지키려는 목적에서 양심적으로 행하는 비폭력적 위법 행위
- 일반적인 정당화 조건

행위 목적의 정당성	자신의 이익 때문이 아니라 사회 정의를 훼손한 법이나 정책에 항의해야 함
비폭력적 방법	정의롭지 못한 법에 반대한다는 이유로 폭력적인 행동을 선동하는 행위는 정당화될 수 없음
최후의 수단	합법적인 방법을 동원했으나 소용없을 때, 피해가 점점 심각해질 때와 같은 긴급한 상황에서 시도해야 함
처벌 감수	위법 행위에 대한 처벌을 기꺼이 받아들임으로써 기본적으로는 법을 존중하고 정당한 법체계를 세우려는 운동임을 보여야 함
공개적 행동	공동체의 정의감에 호소하는 행위이므로 공개적으로 행해야 함

- 주요 사상가

소로	롤스
• 소로의 부정의한 판단은 법을 넘어선 개인의 양심이 저항 판단의 최종 근거임 • "우리는 먼저 인간이어야 하고, 그다음에 국민이어야 한다."	• 롤스의 부정의한 판단은 사회적 다수에 의해 공유된 정의관이 저항의 기준임 • 시민 불복종은 법에 대한 충실성의 한계 내에서 법에 대한 불복종을 나타내는 것임 • 시민 불복종을 정의의 제1원칙인 평등한 자유의 원칙에 대한 심한 위반이나 제2원칙의 두 번째 부분인 공정한 기회균등의 원칙에 대한 현저한 위배에 국한시킴

개념 돋보기

마틴 루터 킹 목사의 불복종 운동
마틴 루터 킹 목사는 인간의 존엄성과 인격을 존중하지 않는 법에 반대하며, 비폭력적인 방법으로 흑인 인권을 위해 힘씀

간디의 소금법 폐지 운동
간디는 영국 정부의 소금에 대한 부당한 법률 폐지를 위한 합법적인 노력이 수포로 돌아가자 최후의 수단으로 소금법 폐지 행진을 전개함

3. 인권 문제와 해결 방안

1) 우리 사회의 인권 문제와 해결 방안

① 사회적 소수자 차별

- 사회적 소수자: 한 사회에서 신체적 또는 문화적 특징 때문에 다른 구성원에게 차별을 받으며, 스스로 차별받는 집단에 속해 있다는 의식을 가진 사람
- 사회적 소수자의 유형: 장애인, 이주 외국인, 노인, 여성, 북한이탈주민 등
- 사회적 소수자 차별 양상
  - 장애인: 이동 등 일상 활동의 불편, 교육 및 취업에서의 차별 등
  - 이주 노동자: 주변의 편견 어린 시선, 불합리한 대우, 장시간 근로와 저임금 등
- 해결 방안
  - 개인적 차원: 사회적 소수자에 대한 편견 버리기
  - 사회적 차원: 사회적 소수자 차별을 금지하는 정책·법률 정비
    예 적극적 평등 실현 조치, 「장애인 차별 금지 및 권리 구제 등에 관한 법률」, 「외국인 근로자의 고용 등에 관한 법률」 등

② 청소년 노동권 침해

- 청소년 노동권: 청소년이 노동할 기회나 근로관계, 임금이나 근로 시간 등에서 정당한 대우를 받을 권리
- 청소년 노동권 침해 실태: 비인간적인 대우, 최저 임금보다 낮은 임금 지급 등
- 청소년 노동권 침해 원인: 청소년의 자신의 노동권에 대한 이해 부족, 고용주의 준법 의식 결여, 관련 법이나 제도 미흡 등
- 해결 방안
  - 개인적 차원: 청소년 스스로 노동권에 대한 지식을 갖추고 부당한 대우를 받았을 때에는 이를 바로 잡기 위해 적극적으로 대처해야 하며, 고용주는 준법 의식을 함양하고 관련 법규를 준수해야 함
  - 사회적 차원: 「근로 기준법」, 「최저 임금법」 등 청소년 노동 관련 법률이나 제도를 보완해야 함

[청소년 아르바이트 십계명]

1계명	15세 이상이어야 근로가 가능해요.
2계명	부모님 동의서와 나이를 알 수 있는 증명서가 필요해요.
3계명	근로계약서를 반드시 작성해야 해요.
4계명	성인과 동일한 최저 임금을 적용받아요.
5계명	하루 7시간 일주일에 35시간 이상 일할 수 없어요.
6계명	휴일에 일하거나 초과근무를 했을 경우 50%의 가산임금을 받을 수 있어요.
7계명	일주일을 개근하고 15시간 이상 일을 하면 하루의 유급휴일을 받을 수 있어요.
8계명	청소년은 위험한 일이나 유해업종의 일을 할 수 없어요.
9계명	일을 하다 다치면 산재보험으로 치료와 보상을 받을 수 있어요.
10계명	상담은 청소년 신고 대표전화 1644-3119

- 고용 노동부 -

● 개념 돋보기

사회적 소수자의 특징
- 주류 집단에 비해 다양한 사회적 자원을 획득하기가 불리함
- 반드시 수적으로 적은 사람들을 의미하는 것은 아님
- 시대와 사회에 따라 사회적 소수자에 해당하는 구성원은 달라질 수 있음

북한이탈주민
"북한이탈주민"이란 군사분계선 이북지역(이하 "북한"이라 한다)에 주소, 직계가족, 배우자, 직장 등을 두고 있는 사람으로서 북한을 벗어난 후 외국 국적을 취득하지 아니한 사람을 말한다.
(북한이탈주민의 보호 및 정착지원에 관한 법률 제2조)

적극적 평등 실현 조치
역사적으로 오랜 기간 차별받아 온 집단에 대하여 진학이나 취업 등에 혜택을 주는 정책으로, 적극적 차별 시정 조치라고도 함

청소년 근로자 근무시간
청소년 근로자의 법정 근로시간은 1일 7시간, 1주 35시간이지만, 사용자와 청소년 근로자가 합의하면, 법정 근로시간을 초과하여 1일 1시간, 1주 5시간 이내에서 연장근로를 할 수 있다.
-고용 노동부-

2) 세계 인권 문제와 해결 방안

① 국제 사회의 인권 문제

- 빈곤 문제
  - 세계 기아 지수를 통해 파악
  - 최소한의 인간다운 삶을 어렵게 하는 심각한 문제
  - 특징: 가뭄이나 기근 등으로 식량 생산이 어렵거나 잦은 내전으로 삶의 기반이 흔들리는 지역에서 심각하게 나타남
- 성차별 문제
  - 세계 성 격차 지수를 통해 파악
  - 특징: 대체로 종교나 관습에 따른 여성 차별 관행이 남아 있으며, 사회 구조와 편견 등이 성차별 문제의 해결을 어렵게 함
- 국민의 기본권 침해 문제
  - 시민 자유권 지수를 통해 파악
  - 특징: 국가 권력이 국민의 일상생활을 통제, 전통적인 종교 관습을 유지하기 위해 국민의 자유를 억압
- 난민 문제: 전쟁이나 독재, 자연재해 등으로 난민이 발생함 → 인간 존엄성을 누리기 어려운 환경에서 생활함
- 아동 인권 침해 문제: 아동이 생존을 위한 과중한 노동을 하거나 부모, 사회, 국가에게 적절한 보호와 배려 등을 받지 못하는 경우가 발생함
- 인종 차별 문제: 종교적 이유 또는 문화적 요인으로 특정 인종이나 소수 민족에게 부당한 대우를 하는 경우가 발생함

② 해결 방안

- 국제적 차원
  - 국제 연합 인권 이사회, 국제 연합 아동 기금(UNICEF), 국제 연합 개발 계획(UNDP), 세계 식량 계획(WFP), 국제 연합 난민 기구(UNHCR) 등의 기구를 통해 각국의 인권 보장 실태와 상황을 조사하고 인권 문제의 해결을 위해 노력함
  - 국제 사면 위원회, 국경 없는 의사회와 같은 국제 비정부 기구도 세계의 인권 문제 해결을 위해 노력함
- 국가적 차원
  - 인권 보장을 위한 국제기구의 노력에 연대하여야 함
  - 빈곤 등의 문제를 겪는 나라에 지원 등
- 개인적 차원
  - 인류가 하나의 공동체임을 인식하고 전 지구적 문제 개선을 위해 적극적으로 노력하고자 하는 세계시민 의식을 함양해야 함
  - 빈곤 국가의 아이들을 지원하거나 인권 보호를 위해 노력하는 기업의 제품을 구매하는 등의 구체적인 노력을 할 수 있음

● 개념 돋보기

세계 기아 지수
영양실조 상태인 인구 비율로, 5세 이하 아동의 급성·만성 영양 결핍과 사망률 등의 항목으로 산출함

세계 성 격차 지수
남녀 간 경제 참여 기회, 교육 성취, 정치적 힘, 건강 등의 항목으로 산출함

시민 자유권 지수
언론 및 출판의 자유, 신체의 자유, 사생활 보호, 사상 및 양심의 자유, 집회 및 결사의 자유 등의 항목으로 산출함

OX & 빈칸 채우기

1 ________은/는 인간으로서 당연히 누려야 할 기본적인 권리를 말한다.

2 ________은/는 개인이 자신의 자유로운 영역에 대해 국가 권력에 의한 간섭이나 침해를 받지 않을 권리이다.

3 ________은/는 부당한 차별 대우를 받지 않을 권리이다.

4 ________은/는 정치에 참여할 수 있는 권리이다.

5 ________은/는 최소한의 인간다운 생활의 보장을 국가에 요구할 수 있는 권리이다.

6 ________은/는 건강하고 쾌적한 환경에서 생활할 권리이다.

7 ________은/는 쾌적하고 안정적인 주거 환경에서 인간다운 주거 생활을 할 권리이다.

8 ________은/는 각종 위험으로부터 안전을 보호받을 권리이다.

9 ________은/는 자유롭게 문화생활에 참여하고 이를 누릴 권리이다.

10 ________은/는 자신이 소속된 공동체에서 더 나아가 국제적인 연대와 협력을 할 수 있는 권리이다.

11 ________은/는 인터넷상에 있는 자신과 관련된 각종 정보의 삭제를 요구할 수 있는 권리이다.

12 인권은 타인에게 양도할 수 없다는 특징을 갖는다. (O / X)

13 인권은 일정 기간에 한시적으로 보장되는 특징을 갖는다. (O / X)

14 자유권은 어떠한 경우에도 제한할 수 없는 권리이다. (O / X)

15 자유권과 평등권은 근대 시민 혁명을 계기로 확립되었다. (O / X)

16 차티스트 운동은 자유권 쟁취를 목적으로 하였다. (O / X)

17 바이마르 헌법은 사회권을 최초로 명시하여 이후 여러 나라의 헌법에서도 사회권이 도입되는 계기가 되었다. (O / X)

18 제2차 세계 대전 이후에는 자신의 인권을 포함하여 세계 구성원의 인권 보장을 위해 함께 노력하는 평등권이 강조되었다. (O / X)

19 ________은/는 국가의 최고법으로, 국민의 인권을 기본권으로 규정하여 보장한다.

20 헌법은 하위 법령의 정당성을 평가하는 기준이 된다. (O / X)

21 헌법은 국민 주권주의와 권력 분립의 원리를 담고 있다. (O / X)

22 국민은 민주적 선거 제도를 통해 국가를 운영할 국민의 대표자를 선출할 수 있다. (O / X)

23 인권을 침해받은 국민은 사안에 따라 국가의 기본적 구제 기관을 통해 권리를 구제받을 수 있다. (O / X)

24 정치 참여 집단 중 시민 단체는 정권 획득을 목적으로 행위한다. (O / X)

25 정치 참여 집단 중 이익 집단은 공공선과 공익 실현을 목적으로 활동한다. (O / X)

26 정치 참여 집단 중 정당은 정치적 책임을 지지 않는다. (O / X)

27 ________은/는 부정의한 법이나 정책을 변혁시켜 공익을 지키려는 목적에서 양심적으로 행하는 비폭력적 위법 행위이다.

28 시민 불복종은 합법적인 방법이 소용이 없을 때 사용되는 최후의 수단이어야 한다. (O / X)

29 시민 불복종은 비공개적이고 은밀하게 이루어져야 한다. (O / X)

30 ________은/는 신체적 또는 문화적 특징 때문에 차별을 받으며, 스스로 차별받는 집단에 속해 있다는 의식을 가진 사람을 말한다.

31 ________은/는 청소년이 노동할 기회나 근로관계, 근로 시간 등에서 정당한 대우를 받을 권리를 말한다.

32 사회적 소수자 차별 문제 해결을 위한 방안에는 적극적 평등 실현 조치가 있다. (O / X)

33 청소년 근로자는 성인과 달리 최저 임금을 적용받지 않는다. (O / X)

34 청소년 근로자는 근로 계약을 체결할 때 법정 대리인의 동의가 필요하다. (O / X)

35 국제 사회의 인권 문제에는 절대 빈곤, 종교나 관습에 따른 여성 차별, 인종 차별 등이 있다. (O / X)

1. 인권 2. 자유권 3. 평등권 4. 참정권 5. 사회권 6. 환경권 7. 주거권 8. 안전권 9. 문화권 10. 연대권 11. 잊힐 권리 12. ○ 13. ×(인권은 영구히 보장됨) 14. ×(우리나라에서 자유권은 공공복리 등 필요한 경우에 한해 법률로써 제한될 수 있음) 15. ○ 16. ×(참정권 쟁취를 목적으로 함) 17. ○ 18. ×(연대권이 강조됨) 19. 헌법 20. ○ 21. ○ 22. ○ 23. ○ 24. ×(정당에 해당하는 설명임) 25. ×(시민 단체에 해당하는 설명임) 26. ×(정당은 정치적 책임을 짐) 27. 시민 불복종 28. ○ 29. ×(시민 불복종은 공개적 행위여야 함) 30. 사회적 소수자 31. 청소년 노동권 32. ○ 33. ×(성인과 동일한 최저 임금을 적용받음) 34. ○ 35. ○

핵심 문제 풀기 1회차

1 대표 문제

[22년 6월 10번]

다음 자료에서 게임 규칙에 따라 말을 이동시켰을 때, 말의 최종 위치로 옳은 것은? (단, 말의 최종 위치는 A~E 중 한 칸임.) 2점

<인권의 특징 알아보기>

※ 게임 규칙

- 인권의 특징에 관한 진술 (가)~(마)를 순서대로 읽고, 옳고 그름을 판단한다.
- 각 진술이 옳으면 말을 오른쪽으로 한 칸만 이동시키고, 틀리면 말을 이동시키지 않는다.

(가) 인간이라면 누구나 누릴 수 있다.
(나) 일정 기간에 한시적으로 보장된다.
(다) 태어나면서부터 자연스럽게 가진다.
(라) 필요한 경우 타인에게 양도할 수 있다.
(마) 국가나 다른 사람이 침해해서는 안 된다.

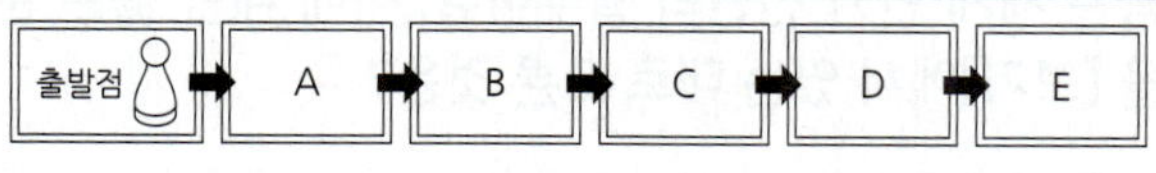

① A ② B ③ C ④ D ⑤ E

2

[22년 11월 7번]

다음 자료에 대한 옳은 설명만을 [보기]에서 있는 대로 고른 것은? 3점

(가) 미국 독립 선언문	(나) 유엔 아동 권리 협약
…모든 사람은 평등하게 태어났고, 조물주는 몇 개의 양도할 수 없는 권리를 부여했으며, …㉠정부의 정당한 권력은 시민의 동의로부터 유래하고….	당사국은 아동이 …건강의 회복을 위한 시설을 이용할 권리를 인정한다. …권리의 완전한 실현을 점진적으로 달성하기 위해 ㉡국제 협력을 증진하고 장려해야 한다.

[보기]

ㄱ. (나)는 아동이 인권의 주체임을 전제하고 있다.
ㄴ. (가)와 달리 (나)는 천부 인권 사상을 제시하고 있다.
ㄷ. ㉠을 통해 (가)가 국민 주권의 원리를 제시하고 있음을 알 수 있다.
ㄹ. ㉡을 통해 (나)가 아동 권리 보장을 위한 국제적 연대를 강조하고 있음을 알 수 있다.

① ㄱ, ㄴ ② ㄱ, ㄹ ③ ㄴ, ㄷ
④ ㄱ, ㄷ, ㄹ ⑤ ㄴ, ㄷ, ㄹ

3

[24년 6월 13번]

밑줄 친 '인민 헌장'에 대한 설명으로 가장 적절한 것은? 2점

① 명예 혁명의 배경이 되었다.
② 참정권 확장의 계기가 되었다.
③ 미국 독립 선언의 기초가 되었다.
④ 인권 보장의 국제적 기준을 제시하였다.
⑤ 모든 사회적 차별 철폐를 주요 내용으로 한다.

4

[19년 6월 15번]

밑줄 친 ㉠~㉣에 대한 설명으로 가장 적절한 것은? 3점

- 마샬은 인권을 권리 개념으로 정리하였다. ㉠시민적 권리는 외적 억압으로부터 개인의 자유를 보장하는 것이고, ㉡정치적 권리는 정치 제도에 참여하는 것이고, 사회적 권리는 최소한의 경제적 복리나 보호를 요구하는 것이다.
- 카렐 바작은 인권 세대론을 주장하였다. 1세대 인권은 자유와 정치적 참여를 보장하는 시민·정치적 권리로, ㉢2세대 인권은 국가에게 인간다운 생활을 요구할 수 있는 경제·사회·문화적 권리로, ㉣3세대 인권은 국가의 경계를 초월하는 집단적 또는 연대적 권리로 구분하였다.

① ㉠은 영국의 차티스트 운동을 계기로 확보되었다.
② ㉡은 바이마르 헌법에서 최초로 보장하였다.
③ ㉢은 국가 개입을 최소화하면서 개인의 자유를 보호하고자 한다.
④ ㉣은 환경 파괴와 같은 국제 문제를 해결하기 위한 인식에서 나왔다.
⑤ ㉡이 ㉠보다 인권의 역사적 발전 과정에서 제도적으로 먼저 보장되었다.

정답과 해설	1 p.2	2 p.2	3 p.2	4 p.3

5 대표 문제

[21년 6월 15번]

(가), (나)에 대한 옳은 설명만을 [보기]에서 고른 것은? 2점

(가) 프랑스 인권 선언(1789)

제1조 인간은 태어나면서부터 자유로우며 평등한 권리를 가진다.
제17조 소유권은 신성불가침의 권리이므로 법에서 규정한 공공의 필요에 의해 명백히 요구되는 때 이외에는 누구도 박탈할 수 없다.

(나) 세계 인권 선언(1948)

제1조 모든 사람은 태어날 때부터 자유롭고 존엄하며 평등하다.
제22조 모든 사람에게는 사회의 일원으로서 사회 보장을 요구할 권리가 있으며 …
제26조 ① 모든 사람에게는 교육을 요구할 권리가 있다.

[보기]

ㄱ. (가)는 사유 재산 제도를 부정하고 있다.
ㄴ. (나)의 인권 범위에는 사회권이 포함되어 있다.
ㄷ. (나)로 인해 국가의 필요에 따라 임의로 인권을 제한할 수 있게 되었다.
ㄹ. (가), (나) 모두에서 천부 인권이 나타나 있다.

① ㄱ, ㄴ ② ㄱ, ㄷ ③ ㄴ, ㄷ ④ ㄴ, ㄹ ⑤ ㄷ, ㄹ

6

[23년 9월 11번]

기본권 유형 A~C에 대한 설명으로 옳은 것은? (단, A~C는 각각 자유권, 평등권, 참정권 중 하나임.) 3점

아래 그림은 [질문1], [질문2]에 대해 '예', '아니요' 중 같은 답을 할 수 있는 것끼리 점선으로 묶은 것이다.

[질문1] 국가의 존재를 전제로 보장되는 권리인가?

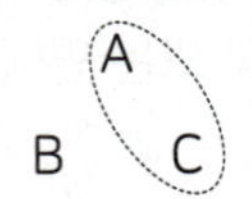

[질문2] 다른 기본권 보장의 전제 조건인가?

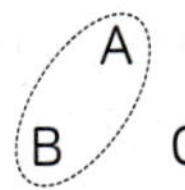

① A는 가장 최근에 등장한 권리이다.
② B는 국가의 정치 과정에 참여할 수 있는 권리이다.
③ C는 자본주의의 문제점을 해결하는 과정에서 등장한 권리이다.
④ A는 B, C와 달리 적극적 성격의 권리이다.
⑤ C는 A, B와 달리 다른 기본권 구제를 위한 수단적 권리이다.

7

[20년 11월 7번]

(가), (나)는 인권의 역사적 발달 과정과 관련된 문서의 일부이다. 이에 대한 옳은 설명만을 [보기]에서 고른 것은? 2점

(가)

<프랑스 인권 선언>
제1조 인간은 태어나면서부터 자유로우며 평등한 권리를 가진다.
제3조 모든 주권의 원천은 본래 국민에게 있다. …

(나)

<바이마르 헌법>
제163조 ② 모든 국민에게는 노동할 기회가 주어진다. 적절한 일자리를 얻지 못한 국민은 필요한 생계비를 지원받을 수 있다.

[보기]

ㄱ. (가)는 차티스트 운동을 계기로 선포되었다.
ㄴ. (가)는 자유와 평등의 이념을 강조하였다.
ㄷ. (나)는 사회권을 최초로 명시하였다.
ㄹ. (가)는 (나)와 달리 연대권의 보장을 명시하였다.

① ㄱ, ㄴ ② ㄱ, ㄷ ③ ㄴ, ㄷ ④ ㄴ, ㄹ ⑤ ㄷ, ㄹ

8

[19년 9월 4번]

다음은 세계 인권 선언의 일부이다. 이에 대한 옳은 분석만을 [보기]에서 있는 대로 고른 것은? 2점

제1조: 모든 사람은 태어나면서부터 자유로우며, 그 존엄과 권리에 있어 평등하다.
제21조: 모든 사람은 직접 또는 자유롭게 선출된 대표자를 통하여 자국의 정치에 참여할 권리를 가진다.
제25조: 모든 사람은 의식주, 의료 및 필요한 사회복지를 포함하여 자신과 가족의 건강과 안녕에 적합한 생활수준을 누릴 권리를 가진다.
제27조: 모든 사람은 그 사회의 문화생활에 자유롭게 참여하고, 예술을 즐기며 과학의 진보와 그 혜택을 공유할 권리를 가진다.

[보기]

ㄱ. 모든 사람에게 참정권이 있음을 밝히고 있다.
ㄴ. 문화권 등 새롭게 등장한 인권의 내용이 포함되어 있다.
ㄷ. 천부 인권은 보편적인 권리로 타인에게 양도할 수 있다.
ㄹ. 모든 사람이 인간다운 생활을 할 권리가 있음을 명시하고 있다.

① ㄱ, ㄴ ② ㄱ, ㄷ ③ ㄷ, ㄹ
④ ㄱ, ㄴ, ㄹ ⑤ ㄴ, ㄷ, ㄹ

정답과 해설 5 p.3 6 p.3 7 p.3 8 p.4

9 대표 문제

[24년 6월 14번]

다음은 교사가 학생에게 쓴 메일의 일부이다. 이에 대한 설명으로 옳은 것은? 3점

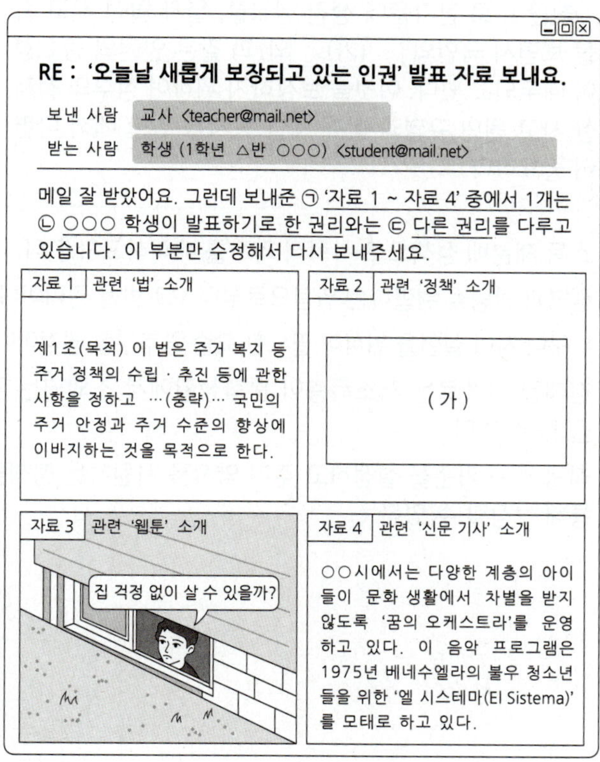

RE : '오늘날 새롭게 보장되고 있는 인권' 발표 자료 보내요.

보낸 사람 교사 <teacher@mail.net>

받는 사람 학생 (1학년 △반 ○○○) <student@mail.net>

메일 잘 받았어요. 그런데 보내준 ㉠ '자료 1 ~ 자료 4' 중에서 1개는 ㉡ ○○○ 학생이 발표하기로 한 권리와는 ㉢ 다른 권리를 다루고 있습니다. 이 부분만 수정해서 다시 보내주세요.

자료 1 관련 '법' 소개

제1조(목적) 이 법은 주거 복지 등 주거 정책의 수립 · 추진 등에 관한 사항을 정하고 …(중략)… 국민의 주거 안정과 주거 수준의 향상에 이바지하는 것을 목적으로 한다.

자료 2 관련 '정책' 소개

(가)

자료 3 관련 '웹툰' 소개

자료 4 관련 '신문 기사' 소개

○○시에서는 다양한 계층의 아이들이 문화 생활에서 차별을 받지 않도록 '꿈의 오케스트라'를 운영하고 있다. 이 음악 프로그램은 1975년 베네수엘라의 불우 청소년들을 위한 '엘 시스테마(El Sistema)'를 모태로 하고 있다.

① ㉠에 해당하는 자료는 '자료 1'이다.

② ㉢은 각종 위험으로부터 안전을 보호받을 권리이다.

③ ㉡은 ㉢과 달리 인권의 범위가 넓어지면서 등장한 권리이다.

④ ㉢은 ㉡과 달리 대기의 질이 나빠지면서 등장한 권리이다.

⑤ (가)에는 취약 계층에게 임대 주택을 우선 공급하는 정책의 내용이 들어갈 수 있다.

10

[23년 6월 7번]

다음은 인권 확장의 역사적 전개 과정에서 발표된 문서의 일부이다. 이에 대한 옳은 설명만을 [보기]에서 고른 것은? 3점

(가)	(나)
권리 장전 (1689년) 1. '국왕은 의회의 동의 없이 법의 효력을 정지하거나 법의 집행을 정지할 수 있는 권력이 있다.'는 주장은 위법이다. 4. 국왕의 대권을 구실로 의회의 승인 없이 … (중략) … 국왕이 쓰기 위한 금전을 징수하는 것은 위법이다.	**인간과 시민의 권리 선언** (1789년) 제1조 인간은 자유롭게, 그리고 평등한 권리를 가지고 태어난다. 제2조 모든 정치적 결사의 목적은 인간의 자연적이고 침해할 수 없는 권리를 보존하는 데 있다. 제3조 모든 주권 원칙은 국민에게 있다.

[보 기]

ㄱ. (가)는 사회권이 명시된 최초의 문서이다.

ㄴ. (나)는 천부 인권과 국민 주권의 원리를 반영하고 있다.

ㄷ. (가)와 (나)는 모두 계몽사상의 영향을 받았다.

ㄹ. (가)는 (나)와 달리 사회 계약설을 근거로 하고 있다.

① ㄱ, ㄴ ② ㄱ, ㄷ ③ ㄴ, ㄷ ④ ㄴ, ㄹ ⑤ ㄷ, ㄹ

11

[18년 6월 19번]

지도는 어느 자연재해의 주요 발생지를 표시한 것이다. 이 자연재해와 이로 인해 보장되어야 할 인권을 연결한 것으로 옳은 것은? 2점

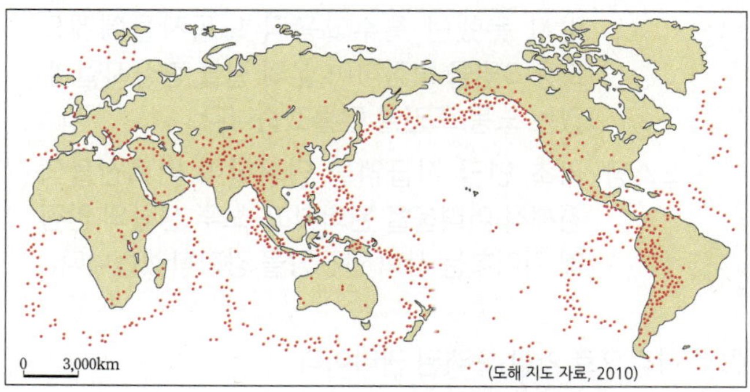

	자연재해	보장되어야 할 인권
①	태풍	주거권
②	태풍	안전권
③	화산	잊힐 권리
④	지진	안전권
⑤	지진	잊힐 권리

정답과 해설 9 p.4 10 p.4 11 p.4

12

[22년 9월 12번]

(가)에 들어갈 기본권에 대한 설명으로 옳은 것은? 2점

> A는 국회의원 피선거권 연령을 25세 이상으로 정한 공직선거법 제16조 2항이 (가) 와 평등권을 침해한다고 주장하며 헌법재판소에 헌법 소원 심판을 청구하였다. 이에 대해 헌법재판소는 국회의원에게 요구되는 능력 등을 고려할 때, 국가의 존재를 전제로 인정되는 권리인 (가) 가 침해되지 않는다고 결정하였다. 하지만 그 이후에도 피선거권 연령 하향에 대한 사회적 요구는 지속되었고, 결국 국회에서 해당 연령을 18세로 낮추는 개정안이 통과되었다.

① 침해된 기본권을 구제하기 위한 권리이다.
② 국가의 정치 과정에 참여할 수 있는 권리이다.
③ 다른 기본권 실현의 전제 조건이 되는 권리이다.
④ 국가에게 인간다운 생활의 보장을 요구하는 권리이다.
⑤ 정당하고 합리적 이유 없는 차별을 받지 않을 권리이다.

13

[18년 11월 8번]

다음 공약 내용이 공통적으로 추구하는 기본권에 대한 설명으로 가장 적절한 것은? 3점

> • ◇◇당: 1인 자영업자로 분류되어 노동자로 인정받지 못했던 특수고용직 노동자들에게도 노동 3권을 보장하여 삶의 질을 향상시킬 수 있는 노동 조건을 만들겠습니다.
> • △△당: 기초 연금 지급액을 인상하여 어르신들의 경제적 어려움을 완화하고, 노후 생활의 안정에 기여하는 사회 안전망을 강화하겠습니다.

① 역사적으로 가장 오래된 권리이다.
② 국가에 의해 인간다운 삶을 보장받을 권리이다.
③ 국가의 의사 결정 과정에 참여할 수 있는 권리이다.
④ 국가로부터 간섭받지 않고 자유롭게 생활할 권리이다.
⑤ 기본권이 침해당했을 때 구제를 청구할 수 있는 권리이다.

14

[19년 6월 13번]

(가)에 대한 설명으로 가장 적절한 것은? 2점

> 최근 도로 한가운데 생긴 싱크홀, 열차 탈선 사고 등을 보면서 국민의 (가) 와/과 같은 인권의 중요성이 대두되고 있다. 이것을 보장하기 위하여 정부의 철저한 사고 원인 규명과 함께 재발 방지를 위한 대책 마련이 필요하다.

① 소득 재분배 정책으로 사회적 약자를 배려하고자 한다.
② 생명과 안녕을 위협하는 위험으로부터 보호받을 권리이다.
③ 누구나 자아 실현을 위하여 필요한 학습을 추구할 권리이다.
④ 침해된 사례로는 저소득층이 문화생활에서 소외되는 것을 들 수 있다.
⑤ 최저 주거 기준을 설정하고 주거 약자를 지원하는 정책을 통해 보장할 수 있다.

15

[21년 11월 2번]

기본권 A, B에 대한 설명으로 옳은 것은? 3점

> 갑은 범죄 행위로 유죄를 선고받고 집행 유예 중이라는 이유로 자신의 선거권을 제한하는 ○○법이 국가의 정치 과정에 국민이 참여할 수 있는 권리인 A 를 침해하는 것은 물론 일반 국민과 집행 유예 중인 자를 차별 취급하는 것이므로 B 를 침해한다고 판단하여 헌법 소원 심판을 청구하였다.

① A의 예로 공무 담임권을 들 수 있다.
② A는 법률로도 제한할 수 없는 권리이다.
③ B는 다른 기본권 침해 시 이를 구제받기 위한 수단적 권리이다.
④ A는 B와 달리 모든 사회생활 영역에서 차별받지 않을 권리이다.
⑤ B는 A와 달리 적극적 성격의 권리이다.

정답과 해설 | 12 p.5 | 13 p.5 | 14 p.5 | 15 p.5

I

16 대표 문제

[22년 6월 18번]

밑줄 친 ㉠에 대한 옳은 설명만을 [보기]에서 고른 것은? 2점

교사: 현대사회에서 인권의 개념이 확장되면서 나타나게 된 ㉠ ○○권에 대해 설명해 볼까요?

갑: 경제적, 문화적 배경과 상관없이 누구나 문화 생활을 향유할 수 있는 권리를 말합니다.

을: 표현의 자유 보장을 통해 차별화된 문화 양식을 만들 수 있는 권리를 말합니다.

교사: 모두 옳게 대답했습니다. 잘했습니다.

[보기]
ㄱ. 사회의 다양성 확대에 기여하는 권리이다.
ㄴ. 문화적 정체성 확립에 도움을 주는 권리이다.
ㄷ. 쾌적한 주거 환경 조성을 강조하는 권리이다.
ㄹ. 전염병으로부터 자신의 안전을 보장해 주는 권리이다.

① ㄱ, ㄴ ② ㄱ, ㄷ ③ ㄴ, ㄷ ④ ㄴ, ㄹ ⑤ ㄷ, ㄹ

17

[21년 3월 19번]

다음은 ○○시가 주민 갑에게 통보한 문자 내용이다. ○○시가 밑줄 친 조치를 취할 때 유의해야 할 내용으로 적절하지 않은 것은? 3점

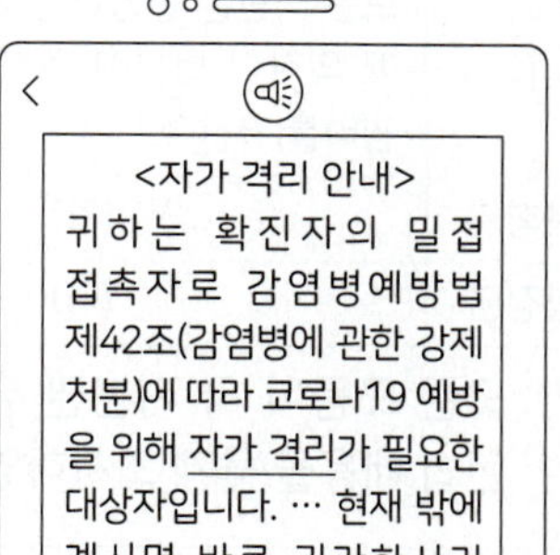

<자가 격리 안내>
귀하는 확진자의 밀접 접촉자로 감염병예방법 제42조(감염병에 관한 강제 처분)에 따라 코로나19 예방을 위해 자가 격리가 필요한 대상자입니다. … 현재 밖에 계시면 바로 귀가하시기 바랍니다.

① 법률에 근거해야 한다.
② 질서유지, 공공복리 등을 목적으로 해야 한다.
③ 갑의 권리보다 타인의 권리를 우선시해야 한다.
④ 자유와 권리의 본질적 내용을 침해해서는 안 된다.
⑤ 달성하려고 하는 공익이 침해되는 갑의 이익보다 커야 한다.

18

[일사 17년 11월 4번]

헌법 조항 (가)~(라)에 대한 옳은 설명을 [보기]에서 고른 것은? 3점

(가) 제 1 조 ② 대한민국의 주권은 국민에게 있고, 모든 권력은 국민으로부터 나온다.
(나) 제23조 ① 모든 국민의 재산권은 보장된다. 그 내용과 한계는 법률로 정한다.
(다) 제24조 모든 국민은 법률이 정하는 바에 의하여 선거권을 가진다.
(라) 제34조 ① 모든 국민은 인간다운 생활을 할 권리를 가진다.

[보기]
ㄱ. (가)에는 국민 주권 사상이 나타나 있다.
ㄴ. (나)의 재산권은 사회권에 해당한다.
ㄷ. (다)는 국민이 국가의 정치 활동에 참여할 수 있는 권리를 규정하고 있다.
ㄹ. (라)는 침해된 기본권을 구제받기 위한 수단적 권리에 해당한다.

① ㄱ, ㄴ ② ㄱ, ㄷ ③ ㄴ, ㄷ ④ ㄴ, ㄹ ⑤ ㄷ, ㄹ

19 대표 문제

[22년 11월 17번]

다음은 뉴스 보도의 일부이다. 밑줄 친 ㉠~㉤에 대한 설명으로 옳지 않은 것은? 2점

제헌절 기념행사가 지난 7월 17일 ㉠ 국회에서 열렸습니다. 한 정치인은 언론과의 인터뷰에서 ㉡ 권력 분립 제도를 확립하고 ㉢ 헌법 재판소의 기본권 구제 제도를 활성화하여 국민의 ㉣ 자유권을 비롯한 ㉤ 헌법상 기본권을 실질적으로 보장해야 한다는 의견을 피력하였습니다.

① ㉠은 법률의 적용 및 해석을 통한 재판을 담당한다.
② ㉡은 국가 기관 간 견제를 통해 권력 남용을 방지하고자 한다.
③ ㉢은 국민의 기본권 침해를 막기 위해 헌법 소원 심판을 담당한다.
④ ㉣은 개인이 국가의 부당한 간섭을 받지 않을 권리이다.
⑤ ㉤은 인권 보장을 위한 국가의 최고법이다.

정답과 해설 16 p.5 17 p.5 18 p.5 19 p.6

20

[23년 11월 3번]

밑줄 친 '권리'에 해당하는 기본권에 대한 설명으로 옳은 것은? 2점

> 헌법 재판소는 대통령 관저로부터 100미터 이내의 장소에서 옥외 집회 또는 시위를 금지하고 위반 시 형사 처벌하도록 규정한 ○○법 해당 조항이 헌법에 위반된다고 판단하였다. 해당 조항은 대통령의 원활한 직무 수행을 보장하기 위한 것이지만, 대통령 관저 인근 일대에서의 모든 집회를 예외 없이 금지하는 것은 공동의 목적을 가진 다수의 사람이 자유롭게 일시적인 모임을 가질 수 있는 권리를 침해하기 때문이라고 본 것이다.

① 다른 기본권을 보장하기 위한 수단적 권리이다.
② 국가 권력의 간섭을 받지 않을 소극적 권리이다.
③ 바이마르 헌법에서 최초로 보장되기 시작한 권리이다.
④ 인간다운 생활 보장을 국가에 요구할 수 있는 권리이다.
⑤ 정치적 의사 형성 과정에 참여할 수 있는 능동적 권리이다.

21 대표 문제

[23년 9월 16번]

다음 자료는 기본권 제한에 관한 우리나라 헌법 조항 중 일부이다. 이에 대한 옳은 설명만을 [보기]에서 고른 것은? 3점

> 제37조 ② 국민의 모든 자유와 권리는 국가안전보장·질서유지 또는 공공복리를 위하여 필요한 경우에 한하여 ㉠ 법률로써 제한할 수 있으며, 제한하는 경우에도 자유와 권리의 본질적인 내용을 침해할 수 없다.

[보기]

ㄱ. 국민의 기본권은 어떠한 경우에도 제한할 수 없다.
ㄴ. 기본권 제한을 통해 보호하려는 공익보다 침해되는 개인의 이익이 커야 한다.
ㄷ. 기본권을 제한할 때는 정당한 목적을 달성하는 데 필요한 범위 안에서만 제한하여야 한다.
ㄹ. ㉠의 이유는 국민의 기본권이 국가에 의해 함부로 침해당하지 않도록 보장하기 위함이다.

① ㄱ, ㄴ ② ㄱ, ㄷ ③ ㄴ, ㄷ ④ ㄴ, ㄹ ⑤ ㄷ, ㄹ

22

[일사 17년 6월 2번]

밑줄 친 ㉠을 실현하기 위한 방안으로 옳지 않은 것은? 2점

> ㉠ 이것은 개인의 자유를 최대한 보장해야 한다는 자유주의와 국민이 주권을 가지고 국가를 다스려야 한다는 민주주의가 결합된 헌법의 기본 원리이다. 이를 실현함으로써 개인의 자유와 권리를 최대한 보장할 수 있다.

① 합리적이고 정당한 법에 따라 통치한다.
② 정당 설립의 자유와 복수 정당제를 보장한다.
③ 신속한 정책 추진을 위해 하향식 의사 결정을 강화한다.
④ 보통·평등·직접·비밀 선거를 통해 대표자를 선출한다.
⑤ 권력의 집중과 남용을 막기 위해 권력 분립 제도를 채택한다.

23

[정법 고2 20년 3월 7번]

다음은 모둠별 활동과 그에 대한 교사의 평가이다. 이에 대한 설명으로 옳은 것은? (단, A~C는 각각 자유권, 평등권, 청구권 중 하나이다.) 2점

• 활동 과제: 각 모둠별로 서로 다른 기본권 유형을 1가지씩 정한 후, 관련 헌법 내용을 조사하시오.

• 모둠별 활동 결과

모둠	기본권 유형	관련 헌법 내용
1모둠	A	모든 국민은 법 앞에 평등하다.
2모둠	B	모든 국민은 언론·출판의 자유와 집회·결사의 자유를 가진다.
3모둠	C	모든 국민은 헌법과 법률이 정한 법관에 의하여 법률에 의한 재판을 받을 권리를 가진다.
4모둠	사회권	(가)
5모둠	참정권	(나)

• 교사의 평가: 모든 모둠이 각 기본권 유형에 관련된 헌법 내용을 옳게 조사하였음.

① A는 다른 기본권 보장을 위한 절차적 권리이다.
② B는 국가의 존재를 전제로 하는 권리이다.
③ 교육을 받을 권리는 C에 해당한다.
④ (가)에 '모든 국민은 인간다운 생활을 할 권리를 가진다.'가 들어갈 수 없다.
⑤ (나)에 '모든 국민은 법률이 정하는 바에 의하여 선거권을 가진다.'가 들어갈 수 있다.

정답과 해설 20 p.6 21 p.6 22 p.6 23 p.6

24

[일사 17년 6월 3번]

밑줄 친 ㉠, ㉡이 공통적으로 해당되는 기본권에 대한 설명으로 가장 적절한 것은? 2점

- 갑은 집 근처의 공군 비행장에서 발생하는 소음으로 인한 피해를 입어 관할 행정 기관에 ㉠민원을 제기하였다.
- 을은 범죄 혐의로 구금되어 재판을 받았지만 대법원에서 무죄 판결을 받아 관할 법원에 ㉡보상을 청구하였다.

① 소극적이고 방어적인 성격을 갖는 권리이다.
② 국가의 정치 과정에 참여할 수 있는 권리이다.
③ 국가의 성립 이전부터 보장된 천부적 권리이다.
④ 다른 기본권을 보장하기 위한 수단적 권리이다.
⑤ 국가 권력의 부당한 간섭을 받지 않을 권리이다.

25

[23년 6월 20번]

다음 자료에 대한 분석으로 옳은 것은? 3점

표는 ○○시 「학생 인권 실태 조사」에서 '학생이 동의하지 않은 개인정보가 공개되고 있는가?'라는 항목에 대한 조사 결과이다. 단, 조사 대상인 중학생의 수와 고등학생의 수는 두 시기 각각 동일하며, 무응답이나 복수 응답은 없다.

(단위: %)

연도	2015년				2019년			
응답 / 구분	전혀 그렇지 않다	그렇지 않다	그렇다	매우 그렇다	전혀 그렇지 않다	그렇지 않다	그렇다	매우 그렇다
중학생	43.6	34.8	15.7	5.9	40.0	48.7	6.7	4.6
고등학생	32.7	42.8	18.5	6.0	38.2	51.9	7.8	2.1

① 2019년이 2015년보다 '전혀 그렇지 않다'에 응답한 중학생의 수가 많다.
② 2019년이 2015년보다 '그렇지 않다'에 응답한 중학생의 비율이 낮다.
③ 2015년과 비교하여 2019년의 '그렇다' 응답 비율 감소 폭은 고등학생보다 중학생이 크다.
④ 2015년이 2019년보다 '매우 그렇다'에 응답한 고등학생의 수가 적다.
⑤ 2015년 대비 2019년의 '매우 그렇다' 응답 비율은 중학생이 고등학생보다 높다.

26

[일사 16년 9월 19번]

다음 기사에 대한 옳은 분석만을 [보기]에서 있는 대로 고른 것은? 3점

○○ 신문 ○○○○년 ○월 ○○일

우리나라에서는 ○○바이러스 확산을 둘러싼 사회적 논란이 계속 되고 있다. A시는 ○○환자가 발생한 병원과 ㉠의심 환자의 개인 정보를 공개하기로 하였다. ㉡'국민 다수의 안전과 알 권리를 위해 환자와 병원 정보를 공개하는 것은 불가피하다.'는 판단에 따른 것이다. 하지만 ○○환자라도 구체적인 개인 정보를 동의 없이 공개하는 것은 ㉢'사생활 침해'라는 주장이 제기되고 있다.

[보 기]

ㄱ. ㉠을 위해서는 법률에 근거가 있어야 한다.
ㄴ. A시는 ㉠을 통해 달성되는 공익이 침해되는 사익보다 크다고 판단하였다.
ㄷ. ㉡은 국민의 기본권 제한의 정당한 사유가 될 수 있다.
ㄹ. ㉢이 공익을 추구하는 과정에서 나타난 결과라면 구제받지 못한다.

① ㄱ, ㄴ　② ㄴ, ㄹ　③ ㄷ, ㄹ
④ ㄱ, ㄴ, ㄷ　⑤ ㄱ, ㄷ, ㄹ

27 대표 문제

[19년 9월 7번]

밑줄 친 ㉠에 해당하는 기본권에 대한 설명으로 옳은 것은? 3점

2018년 6월 헌법재판소는 대체 복무제를 병역 종류로 규정하지 않는 현 병역법 조항이 헌법에 합치되지 않는다고 판단했다. 대체 복무제가 규정되지 않은 상황에서 양심적 병역 거부자를 처벌한다면 ㉠양심의 자유를 침해하는 것이라며, 병역 종류 조항에 대한 헌법 불합치 결정을 하였다.

① 국가 권력에 의한 간섭을 받지 않을 권리이다.
② 최소한의 인간다운 생활을 보장받기 위한 권리이다.
③ 다른 기본권을 보장하기 위한 수단적 성격의 권리이다.
④ 국가의 정치 과정에 적극적으로 참여할 수 있는 권리이다.
⑤ 불합리한 기준에 의해 차별받지 않고 동등하게 대우받을 권리이다.

정답과 해설 24 p.7 25 p.7 26 p.7 27 p.7

28 대표 문제

[22년 9월 14번]

밑줄 친 ㉠~㉣에 대한 옳은 설명만을 [보기]에서 고른 것은? 3점

교사: ○○법 개정을 위해서 국민이 할 수 있는 정치 참여 방법을 제시해 봅시다.

정책 제안 홈페이지에 ㉠ ○○법 개정 관련 정책 아이디어를 온라인으로 제출할 수 있습니다.

국회의원 선거에서 ○○법의 개정을 공약으로 내세운 ㉡ 후보자에게 투표를 할 수 있습니다.

○○법의 개정을 촉구하는 ㉢ 집회에 참석하거나 ㉣ 청원서를 작성할 수 있습니다.

[보 기]

ㄱ. ㉠은 정치 참여 주체의 정치적 효능감을 향상시킨다.
ㄴ. ㉢은 정치 권력에 대한 국민의 감시 기능을 강화시킨다.
ㄷ. ㉡은 ㉠과 달리 대의 민주주의의 한계를 보완할 수 있다.
ㄹ. ㉡, ㉣은 모두 집단적 정치 참여 방법에 해당한다.

① ㄱ, ㄴ ② ㄱ, ㄷ ③ ㄴ, ㄷ ④ ㄴ, ㄹ ⑤ ㄷ, ㄹ

29

[22년 3월 15번]

자료의 ㉠, ㉡에 들어갈 카드로 옳은 것은? 3점

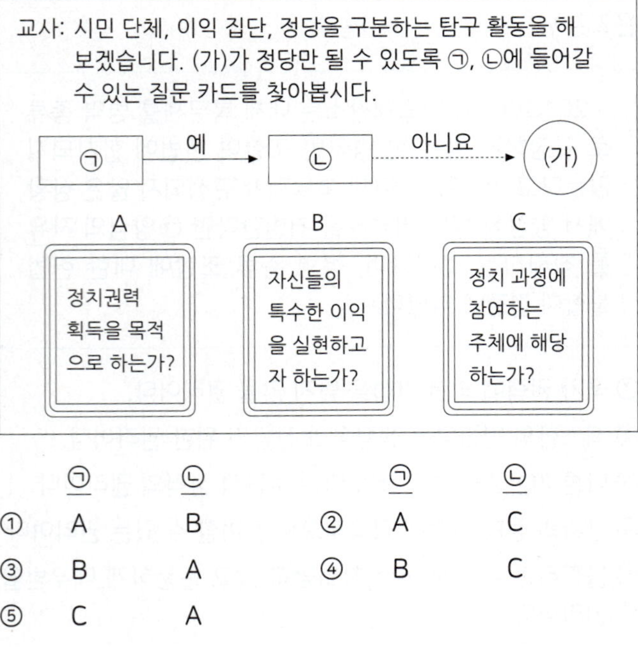

	㉠	㉡		㉠	㉡
①	A	B	②	A	C
③	B	A	④	B	C
⑤	C	A			

30

[일사 14년 11월 8번]

갑~병의 사회 참여 방법에 대한 설명으로 옳지 않은 것은? 3점

- 갑은 자신이 가입한 시민 단체가 주최하는 환경보호 캠페인에 참여하였다.
- 을은 국회의원 보궐 선거에서 자신이 지지하는 후보에게 투표하였다.
- 병은 자신들의 이익을 저해하는 ○○법률안에 대한 반대 의사를 표시하기 위해 열린 집회에 참여하였다.

① 갑의 활동은 공공선을 실현하기 위한 것이다.
② 을의 행위는 주권자로서의 가장 기본적인 참여 방법에 해당한다.
③ 병의 참여 방법은 공간적 제약으로부터 자유롭다.
④ 을은 개인적 방법, 갑과 병은 집단적 방법으로 참여한 것이다.
⑤ 갑, 을, 병의 행위는 모두 정책 결정 과정에 영향력을 행사한 것이다.

31

[생윤 15년 11월 14번]

그림의 수업 장면에서 교사의 질문에 대해 옳게 대답한 학생을 고른 것은? 2점

① 갑, 을 ② 갑, 병 ③ 을, 병 ④ 을, 정 ⑤ 병, 정

정답과 해설 28 p.7 29 p.8 30 p.8 31 p.8

I

32

[생윤 16년 11월 19번]

(가)의 입장을 (나) 그림으로 탐구하고자 할 때, A, B에 들어갈 옳은 질문을 [보기]에서 고른 것은? 2점

(가)	법이 당신으로 하여금 다른 사람에게 불의를 행하는 하수인이 되라고 요구한다면 그 법을 어겨야 한다. …(중략)… 내가 해야 할 일은 내가 비난하는 해악에게 나 자신을 빌려주는 일은 없도록 하는 것이며, 내가 떠맡아야 할 유일한 책무는 양심에 따라 불의한 법에 저항하는 것이다.
(나)	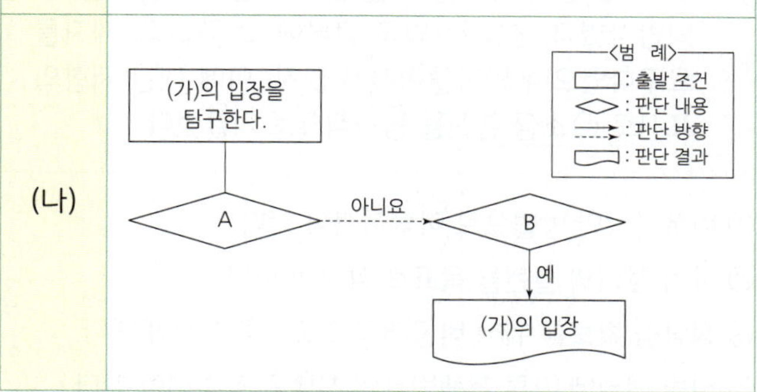

[보기]

ㄱ. A: 정의롭지 못한 법일지라도 지켜야 하는가?

ㄴ. A: 부정의한 법에 대한 저항은 양심에 의해 정당화되는가?

ㄷ. B: 불의한 법에 대한 저항은 정의의 실현을 위한 행위인가?

ㄹ. B: 법에 대한 존경심은 정의에 대한 존경심에 우선하는가?

① ㄱ, ㄴ ② ㄱ, ㄷ ③ ㄴ, ㄷ ④ ㄴ, ㄹ ⑤ ㄷ, ㄹ

33

[생윤 고2 20년 3월 13번]

다음 연설문을 작성한 사람의 입장으로 가장 적절한 것은? 2점

오늘 우리는 ○○국의 부당한 소금 제조 금지법에 저항하고 있습니다. 내일도 우리는 불의한 다른 법들에 저항해야 합니다. 우리가 비폭력적인 방법으로 불복종을 실행하면 결국 행정은 마비될 것입니다. 만약 ○○국 정부가 법에 따라 우리를 감옥에 보낸다면 우리는 기꺼이 응할 것입니다.

① 불복종에 대한 어떠한 처벌도 거부해야 한다.

② 불의한 법에 대해 평화적으로 불복종해야 한다.

③ 사회 질서 유지를 위해 모든 법을 준수해야 한다.

④ 불복종은 개인의 이익 추구를 목표로 삼아야 한다.

⑤ 정의 실현을 위해 어떠한 수단이라도 동원해야 한다.

34

대표 문제

[24년 10월 3번]

그림의 강연자가 지지할 입장으로 가장 적절한 것은? 2점

① 시민 불복종은 공공의 이익을 위해 시행되어야 한다.

② 시민 불복종에 따른 처벌을 받아들이지 않아야 한다.

③ 시민 불복종은 정의로운 법을 대상으로 실시되어야 한다.

④ 시민 불복종은 합법적인 노력보다 먼저 이루어져야 한다.

⑤ 시민 불복종의 목적 달성을 위해서는 폭력도 허용되어야 한다.

35

[18년 9월 20번]

다음 사례에 나타난 운동이 정당화되기 위한 조건만을 [보기]에서 있는 대로 고른 것은? 3점

1950년대 미국 앨라배마주에는 흑백 분리법에 따라 버스 내 흑인과 백인의 좌석이 나뉘어 있었고, 흑인은 백인에게 자리를 양보해야 한다는 규정이 있었다. 그런데 만석이 된 버스에서 백인에게 자리를 양보할 것을 요구받은 흑인 여성 로자 파크스가 이를 거부하였고, 이로 인해 체포되었다. 흑인 사회는 로자 파크스 사건에 분노했고, 흑인들은 마틴 루터 킹 목사를 중심으로 그들에게 허용되지 않은 구역에서 자신들의 권리를 주장하다 경찰에 연행되었다. 1년간의 노력 끝에 결국 흑백 분리법은 위헌 판결을 받았다.

[보기]

ㄱ. 어떠한 경우에도 법률을 준수해야 한다.

ㄴ. 폭력적 행위를 해서라도 목적을 달성해야 한다.

ㄷ. 합법적으로 문제를 해결할 수 없을 때 사용되어야 한다.

ㄹ. 사익 추구가 아닌 사회 정의 실현을 목적으로 해야 한다.

① ㄱ, ㄴ ② ㄴ, ㄹ ③ ㄷ, ㄹ

④ ㄱ, ㄴ, ㄷ ⑤ ㄱ, ㄷ, ㄹ

정답과 해설 | 32 p.8 | 33 p.9 | 34 p.9 | 35 p.9

36

[19년 11월 5번]

다음 글을 통해 추론할 수 있는 ㉠의 정당화 조건에만 모두 '√'를 표시한 학생은? (2점)

> ㉠ 은/는 정의롭지 못한 법과 제도를 바꾸기 위한 위법 행위이다. 이것은 여러 가지 합법적 방법으로 법과 제도의 변화를 시도했으나 실패했을 경우 마지막 방법으로 시행되어야 하며, 공개적으로 이루어져야 한다. 또한 이것에 참여하는 사람은 법을 어긴 행위에 대한 결과를 기꺼이 받아들임으로써 법을 존중한다는 사실을 분명히 해야 하며, 정의롭지 못한 법에 반대한다는 이유로 폭력적인 행동을 하면 안 된다.

조건 \ 학생	갑	을	병	정	무
최후의 수단으로 사용해야 한다.	√		√	√	
비폭력적인 방법으로 시행해야 한다.	√	√			√
위법 행위에 대한 처벌을 감수해야 한다.	√			√	√
정의를 실현할 목적으로 은밀히 행해져야 한다.		√	√		√

① 갑 ② 을 ③ 병 ④ 정 ⑤ 무

37

[20년 3월 4번]

다음 가상 편지에서 강조하는 내용으로 가장 적절한 것은? (3점)

> ○○에게
>
> 자네가 불의한 법을 따라야 할지 고민한다고 들었네. 내 생각을 말하자면 우리는 먼저 인간이어야 하고, 그다음에 국민이어야 하네. 법에 대한 존경심보다는 먼저 정의에 대한 존경심을 기르는 것이 바람직하지. 불의한 법이 그대에게 불의를 저지르게 한다면, 분명히 말하지만 그 법을 어기도록 하게. … (후략)

① 개인의 이익 실현을 목표로 삼아 법을 어겨야 한다.
② 준법의 의무가 불의한 법에 대한 저항보다 중요하다.
③ 국가의 법이 정의롭지 않더라도 비판을 해서는 안 된다.
④ 시민은 정의 실현을 위해 국가의 모든 법을 지켜야 한다.
⑤ 정의를 실현하려는 양심에 따라 불의한 법에 저항해야 한다.

38

[23년 9월 17번]

밑줄 친 ㉠, ㉡과 같은 행위가 정당화되기 위한 조건으로 적절하지 않은 것은? (2점)

> • 마틴 루터 킹은 흑인 차별 문제의 심각성을 일깨우는 데 중요한 역할을 한 인물이다. 그는 1955년 시내 버스 이용의 흑인 차별 대우에 반대하여 5만 명의 흑인 시민이 참가한 ㉠몽고메리 버스 승차 거부 운동을 비폭력적으로 이끌었다.
>
> • 1930년 영국 정부는 '소금법'으로 인도 사람들을 억압하였다. 간디는 영국 정부에 '소금법'의 폐지를 요구하였으나 받아들여지지 않자, 이에 대한 저항의 표시로 ㉡소금 행진을 평화적으로 이끌었다.

① 비폭력적인 방법으로 이루어져야 한다.
② 사회 정의의 실현을 목표로 삼아야 한다.
③ 정당성 확보를 위해 비공개적으로 이루어져야 한다.
④ 위법 행위에 따른 현행법상의 처벌을 감수해야 한다.
⑤ 합법적 방법으로 문제를 해결할 수 없을 때 최후의 수단으로 사용해야 한다.

39

[18년 6월 9번]

다음은 법원 판결과 관련한 기사의 일부이다. 판결에 대한 옳은 설명을 [보기]에서 고른 것은? (3점)

> 제 △호 ○○ 신문 ○○○○년 ○○월 ○○일
>
> **"영화관들, 시청각 장애인에게 자막·화면 해설 제공하라"**
>
> 시청각 장애인을 위한 배리어 프리* 버전 영화는 현재 한 달에 한 번 정도 상영된다. 그마저도 특정 상영관에서 정해진 날짜와 시간에만 볼 수 있다.
>
> 이에 □□법원 재판부는 "영화관 사업자는 일반 영화를 상영할 때에도 시청각 장애인들의 영화 관람을 위해 자막과 화면 해설 파일 및 보청기를 제공해야 한다. 또한 웹 사이트를 통해 상영관과 상영 시간 등의 정보도 제공해야 한다."라고 판결했다.
>
> * 배리어 프리(barrier free): 사회·문화적 공간에서 장애인과 비장애인의 장벽을 없애자는 사회 운동

[보기]

ㄱ. 수혜 대상자의 인권을 고려하였다.
ㄴ. 형평성보다는 효율성을 추구하였다.
ㄷ. 시청각 장애인에 대한 차별을 금지하였다.
ㄹ. 제도의 개선보다 의식의 변화를 강조하였다.

① ㄱ, ㄴ ② ㄱ, ㄷ ③ ㄴ, ㄷ ④ ㄴ, ㄹ ⑤ ㄷ, ㄹ

정답과 해설 36 p.9 37 p.9 38 p.10 39 p.10

40

[23년 3월 4번]

그림의 강연자가 지지할 입장으로 가장 적절한 것은? 2점

> 노예 제도를 시행하고 영토 확장을 위해 전쟁을 벌이는 정부는 정의롭지 않기에 나는 이 정부에 세금을 낼 수 없습니다. 세금을 납부하여 정부가 폭력을 행사하게 하는 것은 법을 어기는 것보다 더 정의롭지 않습니다. 법에 대한 존경심보다 먼저 정의에 대한 존경심을 기르는 것이 바람직합니다.

① 합법적인 절차로 제정된 모든 법을 지켜야 한다.
② 정의롭지 못한 국가의 법에 비판 없이 복종해야 한다.
③ 부정의한 법에 불복종하는 것은 정의 실현에 기여한다.
④ 법을 지키는 것이 정의를 실현하는 것보다 올바른 일이다.
⑤ 국가가 시행하는 정책에 대한 불복종은 정당화될 수 없다.

42

[18년 9월 2번]

㉠~㉤에 대한 설명으로 옳지 않은 것은? 3점

> **근로 계약서**
>
> 김○○(40세, 이하 "사업주"라 함)과 ㉠박○○(17세, 이하 "근로자"라 함)은 다음과 같이 ㉡근로 계약을 체결한다.
> 1. 계약 기간: 2018. 1. 1.~2018. 2. 28.
> 2. 근무 장소: ○○편의점(주소)
> 3. 업무 내용: 제품 진열 및 계산
> 4. 근무일/휴일: 주 5일 근무
> 5. ㉢근로 시간: 10:00~15:00
> 6. ㉣임금: ㉤시간급 6,000원을 매월 1일 근로자 명의 예금 통장에 입금
>
> * 단, 2018년 최저 임금은 시간급 7,530원임.

① ㉠은 연소 근로자에 해당한다.
② ㉢의 경우 사용자는 휴게 시간을 주어야 한다.
③ ㉠은 ㉡을 체결할 경우 법정 대리인의 동의가 필요하다.
④ ㉠은 법정 대리인의 동의 없이 독자적으로 ㉣을 청구할 수 있다.
⑤ ㉠은 ㉤에 합의한 경우 최저 임금을 요구할 수 없다.

41

대표 문제

[23년 9월 12번]

다음 질문에 대해 옳은 답변을 한 사람만을 고른 것은? 2점

> www.청소년 노동인권 상담소.kr
>
> (질문) 저는 올해 16세가 된 고등학생입니다. 근로 계약서를 쓰기 전에 제가 알아 두어야 할 근로 기준이나 근로자의 권리에는 무엇이 있을까요?
>
> (답변)
> ↳ 갑: 연소 근로자도 성인과 동일하게 최저 임금을 적용받습니다.
> ↳ 을: 연소 근로자는 임금 청구 시 반드시 법정 대리인의 동의가 필요합니다.
> ↳ 병: 연소 근로자는 법정 대리인의 동의가 있어도 보건상 유해 업종에서 근로할 수 없습니다.
> ↳ 정: 연소 근로자는 단결권, 단체 교섭권, 단체 행동권과 같은 노동 3권을 보장 받을 수 없습니다.

① 갑, 을 ② 갑, 병 ③ 을, 병 ④ 을, 정 ⑤ 병, 정

43

[정법 고2 20년 3월 11번]

다음은 인터넷 포털 사이트의 질문 및 답변 화면이다. 갑~정 중 법적으로 타당하게 조언한 사람만을 고른 것은? 3점

> Q 저는 17세 고등학생인데요. 방학 중에 빵집에서 일하기로 했어요. 사장님이 제가 연소 근로자라며 올해 최저 임금인 시간급 8,590원보다 적은 7,000원을 주시겠대요. 평일 09시부터 18시까지 근무하는데, 12시부터 13시까지는 휴게 시간이에요. 내일 근로 계약서를 쓰기로 했는데, 별 문제 없겠죠?
>
> └ 갑 연소 근로자도 최저 임금을 보장받으니, 시간급 인상을 요구하세요.
>
> └ 을 연소 근로자의 근로 시간은 어떤 경우에도 1일에 7시간을 초과할 수 없어요.
>
> └ 병 휴게 시간은 법적으로 문제가 없네요.
>
> └ 정 부모님이 학생을 대리하여 근로 계약을 체결하는 것이 안전하겠네요.

① 갑, 을 ② 갑, 병 ③ 을, 병 ④ 을, 정 ⑤ 병, 정

정답과 해설 40 p.10 | 41 p.10 | 42 p.10 | 43 p.10

44

[19년 9월 15번]

교사의 질문에 옳게 답한 학생만을 고른 것은? (3점)

① 갑, 을 ② 갑, 병 ③ 을, 병 ④ 을, 정 ⑤ 병, 정

46

[생윤 고2 19년 3월 17번]

그림은 인터넷 게시판 화면이다. 밑줄 친 '나'의 입장을 지지하는 댓글을 ㉠~㉣ 중에서 고른 것은? (2점)

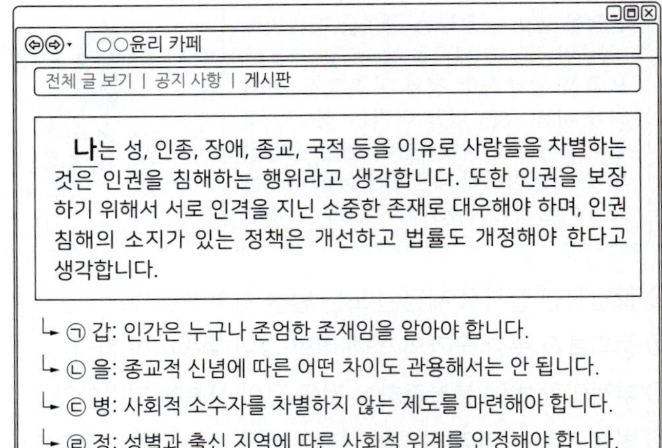

○○윤리 카페
전체 글 보기 | 공지 사항 | 게시판
나는 성, 인종, 장애, 종교, 국적 등을 이유로 사람들을 차별하는 것은 인권을 침해하는 행위라고 생각합니다. 또한 인권을 보장하기 위해서 서로 인격을 지닌 소중한 존재로 대우해야 하며, 인권 침해의 소지가 있는 정책은 개선하고 법률도 개정해야 한다고 생각합니다.
↳ ㉠ 갑: 인간은 누구나 존엄한 존재임을 알아야 합니다.
↳ ㉡ 을: 종교적 신념에 따른 어떤 차이도 관용해서는 안 됩니다.
↳ ㉢ 병: 사회적 소수자를 차별하지 않는 제도를 마련해야 합니다.
↳ ㉣ 정: 성별과 출신 지역에 따른 사회적 위계를 인정해야 합니다.

① ㉠, ㉡ ② ㉠, ㉢ ③ ㉡, ㉢ ④ ㉡, ㉣ ⑤ ㉢, ㉣

45

[24년 10월 13번]

다음은 통합사회 형성 평가지이다. 학생이 표시한 답이 옳은 것만을 ㉠~㉣ 중에서 고른 것은? (2점)

<형성 평가>

※ 고등학생(17세)이 근로 계약 체결 시 알아 두어야 할 유의 사항에 대한 진술이 맞으면 '예', 틀리면 '아니요'에 ✔표시하시오.

1. 임금을 독자적으로 청구할 수 있다. 예☑ 아니요☐ ……㉠
2. 법정 대리인이 근로 계약을 대신 체결해야 한다. 예☐ 아니요☑ ……㉡
3. 성인과 동일하게 법정 최저 임금을 보장받는다. 예☐ 아니요☑ ……㉢
4. 근로 시간은 원칙적으로 1일 7시간을 초과하지 못한다. 예☐ 아니요☑ ……㉣

① ㉠, ㉡ ② ㉠, ㉢ ③ ㉡, ㉢ ④ ㉡, ㉣ ⑤ ㉢, ㉣

47

[생윤 고2 20년 3월 8번]

다음 가상 편지를 쓴 사상가의 입장으로 가장 적절한 것은? (2점)

○○에게

자네가 해외 원조를 해야 하는 이유에 대해 궁금해 한다고 들었네. 나는 굶주림과 죽음에 대한 방치는 인류 전체의 고통을 증가시키는 것이라고 생각하네. 그리고 내가 돕는 사람이 내 이웃의 아이인지, 다른 나라에 사는 사람인지는 도덕적으로 아무런 차이가 없다고 생각하네. 따라서 기본적 욕구를 충족하고 남는 소득이 있으면 소득의 일부를 기부하여 세계의 빈민들을 돕는 것은 당연한 의무이네. …(후략).

① 해외 원조는 지구적 차원에서 반드시 이행되어야 한다.
② 해외 원조는 인류의 고통과 무관하게 이루어져야 한다.
③ 해외 원조의 이행 주체는 개인이 아닌 국가가 되어야 한다.
④ 해외 원조의 대상은 지리적 근접성에 따라 선정되어야 한다.
⑤ 해외 원조는 전적으로 개인의 자율적인 선택에 맡겨야 한다.

정답과 해설 | 44 p.11 | 45 p.11 | 46 p.11 | 47 p.11

48

[25년 9월 7번]

다음은 인권 확장의 역사적 전개 과정에서 발표된 문서의 일부이다. 밑줄 친 ㉠~㉢에 대한 설명으로 옳은 것은? 2점

㉠ 인간과 시민의 권리 선언 (1789년)	제1조 인간은 태어나면서부터 자유로우며 평등한 권리를 가진다. 제6조 법은 일반 의지의 표현이다. 모든 시민은 직접 또는 대표를 통해서 법 제정에 참여할 수 있는 권리가 있다.
㉡ 바이마르 헌법 (1919년)	제109조 모든 국민은 법률 앞에 평등하다. 남녀는 원칙적으로 국민으로서의 동일한 권리를 가지며 의무를 진다. 제151조 경제생활의 질서는 모든 사람에게 인간다운 생활을 보장할 것을 목적으로 하는 정의의 원칙에 기초하여야 한다.
㉢ 세계 인권 선언 (1948년)	제1조 모든 사람은 태어날 때부터 자유롭고 존엄하며 평등하다. 제22조 모든 사람은 사회의 구성원으로서 사회 보장을 받을 권리가 있다. 또한 모든 사람은, 국가의 자체적인 노력과 국제적인 협력을 통해 … (후략).

① ㉠은 차티스트 운동을 계기로 선포되었다.
② ㉡에서 최초로 사회권을 명시하였다.
③ ㉠과 달리 ㉡에는 자유와 평등을 국민의 권리로 명시하였다.
④ ㉠과 달리 ㉢에는 천부 인권 사상이 나타나 있다.
⑤ ㉢과 달리 ㉡에는 연대권이 나타나 있다.

49

[25년 9월 16번]

다음 교사의 질문에 대해 옳게 답변한 학생만을 고른 것은? 1.5점

수업 자료 | 과제 게시판 | 자유 게시판 — 통합사회 E-class

○ 교사: 우리나라 헌법에 명시된 인권 보장을 위한 제도적 장치에 대해 답변해 볼까요?
↳ 갑: 국가 권력의 행사는 국민의 대표 기관인 국회에서 제정한 법률에 따라 이루어져야 해요.
↳ 을: 기본권 제한의 요건을 헌법에 명시하여 부당한 국가 권력의 행사로부터 국민의 기본권을 보장하고 있어요.
↳ 병: 기본권을 침해받은 국민은 국가인권위원회에 헌법 소원 심판을 청구하여 침해받은 기본권을 구제받을 수 있어요.
↳ 정: 권력 분립 제도에 따라 국회는 입법권, 정부는 사법권, 법원은 행정권을 각각 담당하고 있어요.

① 갑, 을 ② 갑, 병 ③ 을, 병 ④ 을, 정 ⑤ 병, 정

정답과 해설 48 p.12 49 p.12

1 대표 문제 [18년 6월 17번]

교사의 질문에 옳은 답변을 한 학생을 고른 것은? ②점

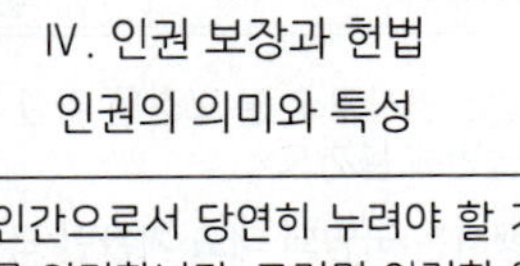

① 갑, 을 ② 갑, 병 ③ 을, 병 ④ 을, 정 ⑤ 병, 정

2 [24년 10월 10번]

(가), (나)는 인권의 역사적 발달 과정에서 발표된 문서의 일부이다. 이에 대한 옳은 설명만을 [보기]에서 고른 것은? ②점

(가)	(나)
인간과 시민의 권리 선언(1789)	**바이마르 헌법(1919)**
제1조 인간은 태어나면서부터 자유로우며 평등한 권리를 가진다. 제17조 소유권은 신성불가침의 권리이므로 법에서 규정한 공공의 필요에 의해 명백히 요구되는 때 이외에는 누구도 박탈할 수 없다.	제153조 소유권은 헌법에 의하여 보장된다. … (중략) … 소유권의 행사는 동시에 공공의 복리에 적합해야 한다. 제163조 모든 국민에게는 노동할 기회가 주어진다. 일자리를 얻지 못한 국민은 생계비를 지원받을 수 있다.

[보기]
ㄱ. (가)는 천부 인권 사상을 반영하고 있다.
ㄴ. (나)는 사회권을 명시하고 있다.
ㄷ. (가)는 (나)와 달리 국가의 적극적인 역할을 강조하고 있다.
ㄹ. (나)는 (가)와 달리 사유 재산 제도를 부정하고 있다.

① ㄱ, ㄴ ② ㄱ, ㄷ ③ ㄴ, ㄷ ④ ㄴ, ㄹ ⑤ ㄷ, ㄹ

3 [20년 3월 7번]

다음은 어느 선언문의 일부이다. 이 조항들이 강조하는 내용만을 [보기]에서 고른 것은? ③점

제1조 모든 사람은 태어날 때부터 자유로우며 똑같은 존엄과 권리를 가진다. 사람은 이성과 양심을 타고났으므로 서로를 형제애의 정신으로 대해야 한다.
제29조 모든 사람은 자신의 권리와 자유를 온전하게 행사할 수 있다. 그러나 이를 제한할 수 있는 예외적인 경우가 있다. 즉, 타인의 권리와 자유를 보장하기 위한 법률과 사회 질서와 사회 전체의 복리를 위한 법률에 의해서 권리와 자유를 제한할 수 있다.

[보기]
ㄱ. 개인의 권리뿐만 아니라 공동체의 이익도 중요하다.
ㄴ. 인간은 천부적으로 동등한 권리를 부여받은 존재이다.
ㄷ. 어떠한 경우에도 개인의 권리와 자유를 제한할 수 없다.
ㄹ. 누구에게나 적용되는 보편적인 가치는 존재하지 않는다.

① ㄱ, ㄴ ② ㄱ, ㄷ ③ ㄴ, ㄷ ④ ㄴ, ㄹ ⑤ ㄷ, ㄹ

4 [22년 9월 4번]

밑줄 친 ㉠에 대한 옳은 설명만을 [보기]에서 고른 것은? ②점

< 인간과 시민의 권리 선언 >
제1조 인간은 태어나면서부터 자유로우며 평등한 권리를 가진다.
제3조 모든 주권의 원리는 본질적으로 국민에게 있다.
제17조 소유권은 신성불가침의 권리이므로, 법에서 규정한 공공의 필요에 의해 명백히 요구되는 때 이외에는 누구도 박탈당할 수 없다.

[보기]
ㄱ. 사유 재산 제도를 부정한다.
ㄴ. 자유와 평등의 이념을 강조한다.
ㄷ. 사회권을 자유권보다 우선하는 권리로 본다.
ㄹ. 천부 인권 사상과 국민 주권 사상을 반영하고 있다.

① ㄱ, ㄴ ② ㄱ, ㄷ ③ ㄴ, ㄷ ④ ㄴ, ㄹ ⑤ ㄷ, ㄹ

정답과 해설 1 p.13 2 p.13 3 p.13 4 p.14

5 대표 문제

[20년 6월 12번]

A, B에 대한 옳은 설명만을 [보기]에서 고른 것은? 3점

> • 영국의 노동자들은 선거권의 확대, 무기명 투표 등을 요구하는 인민헌장(People's Charter)을 발표하고 [A]을/를 전개하였다. 이 운동은 1838년부터 10여 년간 진행되었으나 지도부의 분열과 정부의 탄압 등으로 어려움을 겪었다.
> • 산업 혁명 이후 사회적 불평등이 심화되면서 국가가 사회적 약자를 보호해야 한다는 생각이 널리 퍼졌다. 이에 1919년 독일의 [B]에 처음으로 국가가 모든 국민의 인간다운 생활을 보장해야 한다는 내용이 명시되었다.

[보기]

ㄱ. A는 노동자들의 참정권이 보장되지 않는 것에 반발해 일어났다.
ㄴ. B에 명시된 사회권은 이후 여러 국가의 헌법 제정에 영향을 미쳤다.
ㄷ. A로 인해 B에서 최초로 자유와 평등이 국민의 권리로 명시되었다.
ㄹ. A와 B 모두 연대권의 보장을 목적으로 한다.

① ㄱ, ㄴ ② ㄱ, ㄷ ③ ㄴ, ㄷ ④ ㄴ, ㄹ ⑤ ㄷ, ㄹ

6

[20년 6월 18번]

다음은 '세계 인권 선언' 중 일부이다. 이에 대한 옳은 분석만을 [보기]에서 있는 대로 고른 것은? 3점

> 제1조 모든 사람은 태어날 때부터 자유롭고 존엄하며 평등하다.
> 제27조 모든 사람은 자기가 속한 사회의 문화생활에 자유롭게 참여하고 예술을 즐기며 과학의 진보와 혜택을 공유할 권리가 있다.

[보기]

ㄱ. 인권은 보편적이고 천부적인 것이다.
ㄴ. 인권은 누구나 차별 없이 누릴 수 있는 것이다.
ㄷ. 모든 사람에게 문화권이 있음을 명시하고 있다.
ㄹ. 인권은 필요한 경우 타인에게 양도 가능한 것이다.

① ㄱ, ㄴ ② ㄱ, ㄹ ③ ㄷ, ㄹ
④ ㄱ, ㄴ, ㄷ ⑤ ㄴ, ㄷ, ㄹ

7

[22년 6월 11번]

다음 자료에 대한 옳은 설명만을 [보기]에서 고른 것은? 3점

(가) <바이마르 헌법>	(나) <인종 차별 철폐 협약>
제109조 모든 국민은 법률 앞에 평등하다. 남녀는 원칙적으로 국민으로서의 동일한 권리를 가지며 의무를 진다. 제111조 모든 국민은 전 국가 내에서 이전의 자유를 가진다. 제159조 노동 조건 및 거래 조건의 유지 및 개선을 위한 결사의 목적은 누구에게 대하여도 또한 어떠한 직업에 대하여도 보장한다.	제1조 1. ㉠ 인종 차별은 인종, 피부색 등에 근거를 둔 어떠한 구별, 배척, 제한 또는 우선권을 말하며, … 제2조 2. 협약 체결국은 … 사회적, 경제적, 문화적 등에 있어서 특정 인종 집단 또는 개인의 적절한 발전과 보호를 보증하는 특수하고 구체적인 조치를 취하여 이들에게 완전하고 평등한 인권과 기본적 자유의 향유를 보장토록 한다.

[보기]

ㄱ. ㉠은 후천적 차이에 의한 불평등이다.
ㄴ. (가)는 사회권이 문서에 명시된 최초의 헌법이다.
ㄷ. (가)와 달리 (나)에는 합리적인 이유 없이 차별받지 않을 권리가 반영되어 있다.
ㄹ. (가), (나) 모두 국가 권력의 간섭에서 벗어나 자유롭게 생활할 수 있는 권리가 반영되어 있다.

① ㄱ, ㄴ ② ㄱ, ㄷ ③ ㄴ, ㄷ ④ ㄴ, ㄹ ⑤ ㄷ, ㄹ

8

[생윤 고2 20년 3월 6번]

다음 수업 장면에서 교사의 질문에 적절한 대답을 한 학생만을 있는 대로 고른 것은? 3점

① 갑, 병 ② 갑, 정 ③ 을, 정
④ 갑, 을, 병 ⑤ 을, 병, 정

정답과 해설 5 p.14 6 p.14 7 p.14 8 p.14

9

[20년 9월 3번]

(가), (나)의 A에 공통으로 들어갈 기본권에 대한 설명으로 옳은 것은? 3점

> (가) 고등학교 기숙사 입소자를 성적순으로 선발하는 것은 차별이라고 국가인권위원회는 판단했다. 국가인권위원회는 학업 성적을 우선 기준으로 삼아 입소자를 선발하는 것은 [A]를 침해하는 것이라고 판단하고, 해당 고등학교에 관련 차별 규정을 개선할 것을 권고했다.
>
> (나) 보험사가 장애 아동들의 여행자보험 가입을 거부했다면 이는 불법행위라는 법원의 판결이 나왔다. 법원은 '객관적이고 합리적인 기준에 근거한 것이 아니라 단지 장애가 있다는 이유만으로 원고들에 대해 일률적으로 보험 가입을 거부한 것은 장애인의 행복추구권과 [A]를 침해하는 불합리한 차별행위'라고 규정했다.

① 국가의 존재를 전제로 한 적극적 권리이다.
② 다른 기본권 보장의 전제가 되는 권리이다.
③ 국가의 정치 과정에 참여할 수 있는 권리이다.
④ 국가 권력의 간섭이나 침해를 받지 않을 방어적 권리이다.
⑤ 인간다운 생활의 보장을 국가에 요구할 수 있는 권리이다.

10

[19년 3월 15번]

다음 표의 기본권 A, B에 대한 설명으로 옳은 것은? 2점

기본권	의미
A	개인의 자유로운 활동을 국가에 의해 간섭받지 않을 권리
B	인간다운 생활의 보장을 국가에 요구할 수 있는 권리

① A에는 선거권, 국민 투표권이 포함된다.
② A는 어떠한 경우에도 제한할 수 없는 권리이다.
③ B에는 교육을 받을 권리가 포함된다.
④ B는 침해된 기본권을 구제받기 위한 수단적 권리이다.
⑤ A와 B는 모두 성인이 되어야 얻을 수 있는 권리이다.

11 대표 문제

[21년 6월 7번]

밑줄 친 ㉠~㉣에 대한 옳은 설명만을 [보기]에서 있는 대로 고른 것은? 3점

> 과거에는 신분제에 따른 차별에서 벗어나거나 정치적 권리를 보장받는 것 등과 관련된 ㉠인권이 강조되었다. 현대 사회에서는 사회·경제적 환경이 변화하면서 ㉡주거권, ㉢문화권, 안전권, 환경권 등 다양한 분야에서의 인권이 중시되고 있다. 또한 국가와 개인의 관계를 넘어서 국제적 연대와 협력을 중시하는 ㉣연대권도 강조되고 있다.

[보 기]

ㄱ. 자유권, 평등권은 ㉠에 해당한다.
ㄴ. 층간 소음 피해 구제 방안은 ㉡의 보장과 관련 있다.
ㄷ. ㉢은 재난, 사고의 위험으로부터 안전을 보장 받을 권리이다.
ㄹ. 인종, 국적 등과 관계없이 인도주의적 구제를 받을 권리는 ㉣에 해당한다.

① ㄱ, ㄴ ② ㄱ, ㄷ ③ ㄷ, ㄹ
④ ㄱ, ㄴ, ㄹ ⑤ ㄴ, ㄷ, ㄹ

12

[일사 16년 9월 4번]

(가)에 들어갈 기본권에 대한 설명으로 옳은 것은? 2점

> 당장 먹을 음식이 없어 죽어가는 사람들에게 학문의 자유나 표현의 자유를 보장하는 것이 어떤 의미가 있을까? 기초적인 생활을 할 수 없을 정도로 궁핍한 사람에게는 한낱 명목상의 자유와 권리일 뿐이다. 따라서 인간이 인간답게 살고, 헌법에서 보장된 자유를 누리며 살기 위해서는 최소한의 생활수준이 보장되어야 한다. 이를 위해 등장한 것이 [(가)]이다.

① 현대 복지 국가에서 강조되는 권리이다.
② 국가 성립 이전부터 보장된 천부적 권리이다.
③ 국가의 의사 결정에 참여할 수 있는 권리이다.
④ 국가로부터의 간섭을 배제하는 소극적 성격의 권리이다.
⑤ 다른 기본권이 침해된 경우 이를 구제받기 위한 수단적 권리이다.

정답과 해설 9 p.15 10 p.15 11 p.15 12 p.15

13

[20년 6월 14번]

다음 법률 조항이 보장하고자 하는 권리에 대한 옳은 설명만을 [보기]에서 고른 것은? 2점

> 제1조 이 법은 …… 국민의 주거 안정과 주거 수준의 향상에 이바지하는 것을 목적으로 한다.
> 제2조 국민은 …… 물리적·사회적 위험으로부터 벗어나 쾌적하고 안정적인 주거 환경에서 인간다운 주거 생활을 할 권리를 갖는다.

[보기]

ㄱ. 근대 시민 혁명을 계기로 확립된 권리이다.
ㄴ. 현대 사회에서 새롭게 강조되고 있는 권리이다.
ㄷ. 국가의 간섭에서 벗어나 자유로운 생활을 보장하기 위한 권리이다.
ㄹ. 주거 취약 계층의 안정적인 주거 환경을 보장하기 위한 권리이다.

① ㄱ, ㄴ ② ㄱ, ㄷ ③ ㄴ, ㄷ ④ ㄴ, ㄹ ⑤ ㄷ, ㄹ

14

[일사 17년 9월 1번]

밑줄 친 부분에 해당하는 기본권에 대한 설명으로 옳은 것은? 2점

> ○○지구 주택 재개발 지역 주민들은 아파트 신축 공사로 인해 일조권*이 침해되었다며 건설사를 상대로 손해 배상 청구 소송을 제기하였다. 법원은 '쾌적한 환경에서 생활할 권리가 침해되었다.'며 건설사가 주민에게 손해 배상을 하라고 판결하였다.
>
> *일조권: 최소한의 햇빛을 확보할 수 있는 권리

① 국가로부터 인간다운 생활을 보장받는 권리이다.
② 다른 기본권 보장의 전제 조건이 되는 권리이다.
③ 국가의 정치 활동에 능동적으로 참여할 수 있는 권리이다.
④ 국가에 대하여 침해된 권리 구제를 요구할 수 있는 권리이다.
⑤ 불합리한 기준에 의해 차별받지 않고 동등하게 대우받을 권리이다.

15

[24년 6월 20번]

다음 자료에 대한 옳은 분석만을 [보기]에서 고른 것은? 3점

표는 갑국의 「문화 예술 공연 관람 현황 조사」에서 '지난 1년 동안 관람한 문화 예술 공연은 무엇입니까?'라는 항목에 대한 조사 결과이다. 단, 2018년의 도시와 농어촌의 인구수는 같고, 2023년의 도시와 농어촌의 인구수도 같으며, 무응답이나 복수 응답은 없다.

(단위: %)

구분 \ 연도·항목	2018년				2023년			
	영화	뮤지컬	전시회	기타	영화	뮤지컬	전시회	기타
도시	54.1	11.1	11.2	23.6	47.4	10.5	12.1	30.0
농어촌	57.2	3.5	4.6	34.7	58.5	4.6	5.1	31.8

[보기]

ㄱ. '전시회'에 응답한 관람자 비율은 2018년에 비해 2023년에 증가하였다.
ㄴ. 농어촌 지역에서 '뮤지컬'에 응답한 관람자 수는 2018년에 비해 2023년에 증가하였다.
ㄷ. 2023년에 '기타'에 응답한 도시 지역의 관람자 수에 비해 '영화'에 응답한 농어촌 지역의 관람자 수가 더 많다.
ㄹ. 2018년에 '전시회'에 응답한 농어촌 지역의 관람자 수와 2023년에 '뮤지컬'에 응답한 농어촌 지역의 관람자 수는 같다.

① ㄱ, ㄴ ② ㄱ, ㄷ ③ ㄴ, ㄷ ④ ㄴ, ㄹ ⑤ ㄷ, ㄹ

정답과 해설 13 p.15 14 p.16 15 p.16

16

[정법 고2 19년 3월 2번]

우리나라의 '이것'에 대한 설명으로 옳지 않은 것은? (2점)

> '이것'은 국민의 기본적 인권을 규정하고 이를 보장할 수 있도록 국가의 통치 조직과 운영 원리를 정한 국가의 최고 규범이다. 법률이나 명령, 규칙 등 다른 모든 법이나 정책은 '이것'이 정한 바에 따라 제정되고 시행된다.

① 국제 평화를 지향하고 있다.
② 하위 법령의 정당성을 평가하는 기준이 된다.
③ 입헌주의를 실현하기 위해서 반드시 필요하다.
④ 국민 주권주의와 권력 분립의 원리를 담고 있다.
⑤ 기본권을 제한하여 통치권을 강화하는 것이 목적이다.

17

[20년 9월 7번]

밑줄 친 ㉠~㉤에 대한 설명으로 옳은 것은? (3점)

> 제32조 ① 모든 국민은 ㉠근로의 권리를 가진다. 국가는 사회적·경제적 방법으로 근로자의 고용의 증진과 적정 임금의 보장에 노력하여야 하며, 법률이 정하는 바에 의하여 ㉡최저임금제를 시행하여야 한다.
> 제33조 ① 근로자는 ㉢근로조건의 향상을 위하여 자주적인 ㉣단결권·㉤단체교섭권 및 단체행동권을 가진다.

① ㉠은 의무의 성격도 갖는다.
② ㉡은 연소 근로자에게는 적용되지 않는다.
③ ㉢에는 근로 시간이 포함되지 않는다.
④ ㉣은 파업 등의 방법으로 사용자에게 대항할 수 있는 권리이다.
⑤ ㉤은 근로자들이 자주적으로 노동조합을 조직·운영할 수 있는 권리이다.

18

[일사 17년 11월 9번]

다음 사례의 헌법 재판소 결정에 대한 설명으로 옳은 것은? (3점)

> 헌법 재판소는 학원의 심야 교습을 제한하는 각 지방자치 단체 조례가 청구인들의 기본권을 침해하지 않는다고 결정하였다. 청구인들은 관련 조례가 자녀 교육권, 학원 운영자의 직업 수행의 자유 등을 침해한다는 이유로 헌법 소원 심판을 청구하였다. 그러나 헌법 재판소는 "해당 조례 조항은 학원 심야 교습을 제한해 학생들의 건강과 안전을 지키면서 자습 능력을 향상시키고, 학교 교육을 정상화한다."라며 제한되는 사익이 공익보다 중대한 것으로 보기 어렵다고 결정 이유를 밝혔다.

① 해당 조례 조항이 헌법에 어긋나지 않는다고 판단하였다.
② 제한되는 사익이 달성되는 공익에 비해 크다고 판단하였다.
③ 공공복리를 이유로 기본권을 제한할 수 없음을 밝히고 있다.
④ 기본권 제한이 필요한 정도를 넘어 과도한 정도라고 판단하였다.
⑤ 직업 수행의 자유가 학생들의 건강권보다 우선되어야 한다고 보고 있다.

19 대표 문제

[18년 9월 4번]

기본권 (가)~(라)에 대한 옳은 설명을 [보기]에서 고른 것은? (2점)

기본권	우리나라 헌법 관련 조항
(가)	제11조 ① 모든 국민은 법 앞에 평등하다.
(나)	제12조 ① 모든 국민은 신체의 자유를 가진다.
(다)	제24조 모든 국민은 법률이 정하는 바에 의하여 선거권을 가진다.
(라)	제31조 ① 모든 국민은 능력에 따라 균등하게 교육받을 권리를 가진다.

[보기]

ㄱ. (나)는 적극적 성격의 권리에 해당한다.
ㄴ. (다)는 국가의 정치 과정에 참여할 수 있는 권리이다.
ㄷ. (라)는 (나)와 달리 현대 복지 국가에서 그 중요성이 약해지고 있다.
ㄹ. (가)와 (나)는 모두 천부인권의 성격을 가진다.

① ㄱ, ㄴ ② ㄱ, ㄷ ③ ㄴ, ㄷ ④ ㄴ, ㄹ ⑤ ㄷ, ㄹ

정답과 해설 16 p.16 17 p.16 18 p.17 19 p.17

20

[20년 11월 5번]

기본권 (가), (나)에 대한 옳은 설명만을 [보기]에서 고른 것은? 3점

기본권	우리나라의 관련 헌법 조항
(가)	제24조 모든 국민은 법률이 정하는 바에 의하여 선거권을 가진다.
(나)	제26조 ① 모든 국민은 법률이 정하는 바에 의하여 국가 기관에 문서로 청원할 권리를 가진다.

[보기]

ㄱ. (가)는 정치 과정에 참여할 수 있는 권리이다.
ㄴ. (가)는 법률로도 제한할 수 없는 절대적 권리이다.
ㄷ. (나)는 침해된 권리를 구제하기 위한 수단적 권리이다.
ㄹ. (나)는 국가 권력의 간섭을 받지 않을 소극적 권리이다.

① ㄱ, ㄴ ② ㄱ, ㄷ ③ ㄴ, ㄷ ④ ㄴ, ㄹ ⑤ ㄷ, ㄹ

21

[19년 11월 17번]

우리나라 헌법 조항 (가), (나)에 대한 설명으로 옳지 않은 것은? 2점

(가) 제23조 ② 재산권의 행사는 공공복리에 적합하도록 하여야 한다.
(나) 제37조 ② 국민의 모든 자유와 권리는 국가 안전 보장·질서 유지 또는 공공복리를 위하여 필요한 경우에 한하여 법률로써 제한할 수 있으며, 제한하는 경우에도 자유와 권리의 본질적인 내용을 침해할 수 없다.

① (가)는 재산권의 공공성을 강조하고 있다.
② (나)는 그린벨트를 설정하는 헌법적 근거가 될 수 있다.
③ (나)는 국가 권력에 의한 기본권의 자의적 제한을 허용하지 않고 있다.
④ (가), (나)는 모두 기본권의 천부 인권적 성격을 강조한 규정이다.
⑤ (가)와 (나)를 통해 국민의 재산권을 법률로써 제한하는 경우에도 본질적인 내용을 침해할 수 없음을 알 수 있다.

22

[19년 11월 7번]

기본권 (가)~(다)에 대한 설명으로 옳은 것은? 3점

기본권	관련 헌법 조항
(가)	• 모든 국민은 신체의 자유를 가진다. • 모든 국민은 학문과 예술의 자유를 가진다.
(나)	• 모든 국민은 근로의 권리를 가진다. • 모든 국민은 교육을 받을 권리를 가진다.
(다)	• 모든 국민은 청원권을 가진다. • 모든 국민은 재판을 청구할 권리를 가진다.

① (가)는 차티스트 운동에 의해 보장된 권리이다.
② (나)는 국가 권력의 간섭을 배제하는 권리이다.
③ (다)는 다른 기본권을 보장하기 위한 수단적 권리이다.
④ (나)는 (가)보다 역사적으로 앞서서 보장되었다.
⑤ (가)~(다)는 모두 바이마르 헌법에 최초로 명시되었다.

23

[일사 17년 6월 16번]

밑줄 친 ㉠에 해당하는 진술로 옳지 않은 것은? 3점

인간다운 삶이란 기본적인 의식주의 해결뿐만 아니라 사회·문화적 측면, 환경적 측면, 정치적 측면 등을 통해 인간의 존엄성을 보호받는 것이다. 이를 위해 국가는 다양한 ㉠제도적 차원의 방안을 마련해야 한다.

① 저소득층을 위한 의료 급여 제도를 시행한다.
② 지속 가능한 발전을 위해 환경 영향 평가를 실시한다.
③ 일과 가정 생활의 양립 지원을 위해 육아 휴직 제도를 확대한다.
④ 근로 시간과 여가 시간의 균형을 위해 적정 근로 시간을 정한다.
⑤ 나눔을 실천하는 기부 문화 확산을 위해 지속적인 캠페인을 실시한다.

정답과 해설 | 20 p.17 | 21 p.17 | 22 p.17 | 23 p.18

24

[23년 3월 17번]

밑줄 친 ㉠~㉣에 대한 설명으로 옳지 않은 것은? 2점

> ㉠인권은 모든 인간이 마땅히 누려야 할 권리이다. 이를 확인하고 보장하기 위해 헌법에 기본적인 내용을 규정하고 있고, 이렇게 헌법에 보장된 인권을 ㉡기본권이라고 한다. 기본권은 누구에게나 인정되고 소중한 것이지만 언제 어디서나 보장되는 것은 아니다. 어떤 사람의 기본권 행사가 다른 사람의 기본권 행사를 침해하거나 ㉢공동체의 이익을 해칠 염려가 있으면 국가는 ㉣법률로써 기본권을 제한할 수 있다.

① ㉠은 다른 사람에게 양도할 수 없다.
② 자유권과 평등권은 ㉡에 해당한다.
③ 질서 유지와 공공복리는 ㉢에 해당한다.
④ ㉣의 경우라도 기본권의 본질적인 내용은 침해할 수 없다.
⑤ ㉠은 ㉡과 달리 법률에 규정되어 있어야 보장된다.

26

[19년 3월 17번]

정치 참여 집단 A~C에 대한 설명으로 옳은 것은? (단, A~C는 각각 시민 단체, 이익 집단, 정당 중 하나이다.) 3점

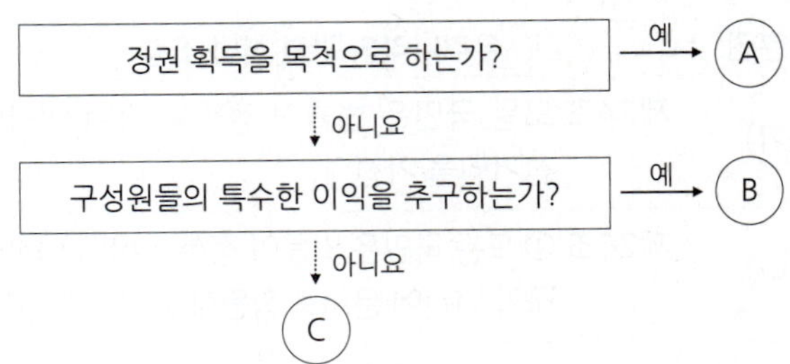

① A는 정치적 책임을 지지 않는다.
② B는 국가 정책을 결정할 권한을 갖는다.
③ C는 정부를 감시하고 비판하는 활동을 한다.
④ B는 A와 달리 여론을 수렴하여 정부에 전달한다.
⑤ C는 B와 달리 활동 과정에서 공익을 저해할 우려가 있다.

25

[23년 3월 16번]

그림은 정치 주체 A~C를 구분한 것이다. 이에 대한 설명으로 옳은 것은? (단, A~C는 각각 시민 단체, 이익 집단, 정당 중 하나임.) 3점

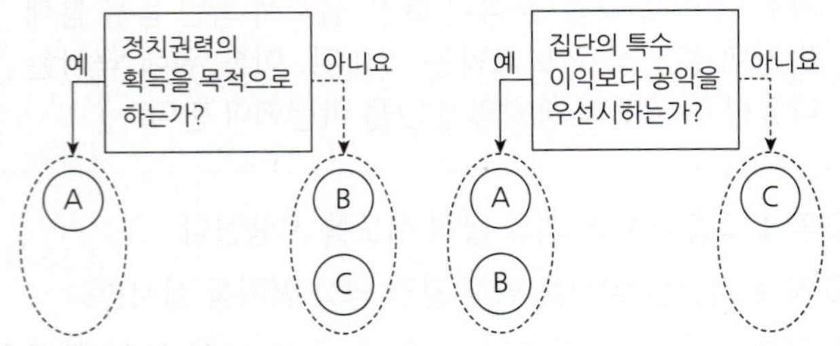

① A는 정치적 책임을 진다.
② B는 공직 선거에 후보자를 공천한다.
③ C는 국가 정책을 수립하고 집행한다.
④ B는 A와 달리 시민의 여론을 수렴하여 법률안을 발의한다.
⑤ C는 B와 달리 시민들이 자발적으로 만든 집단이다.

27 대표 문제

[일사 16년 9월 17번]

(가)~(마)에 대한 설명으로 옳지 않은 것은? 2점

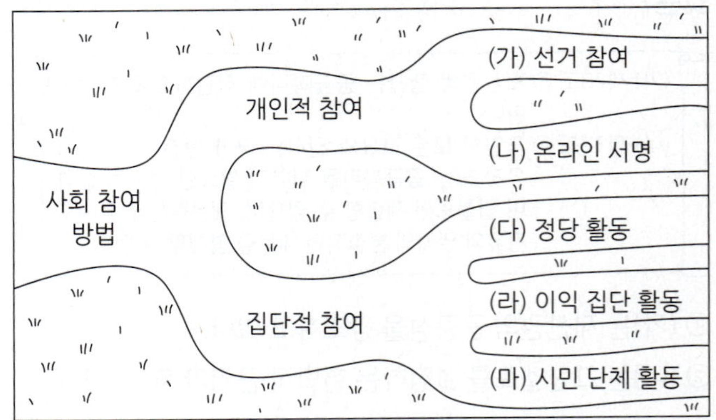

① (가)는 가장 기본적인 참여 방법이다.
② (나)는 정보 매체의 발달로 가능해진 참여 방법이다.
③ (다)는 자신의 정치적 의사를 표현하는 방법이다.
④ (라)는 (마)와 달리 공공선의 실현을 추구한다.
⑤ (다), (라), (마) 모두 정책 결정 과정에 영향을 미친다.

정답과 해설 24 p.18 25 p.18 26 p.18 27 p.18

I

28 대표 문제

[21년 9월 7번]

다음은 통합사회 형성평가 문항지이다. 학생이 받을 점수로 옳은 것은? 3점

1학년 □반 이름: □□□

[문제] 시민 불복종의 정당화 조건에 관한 설명이 맞으면 ○에, 틀리면 X에 √ 표시하시오. (맞은 항목당 1점 부여)

시민 불복종의 정당화 조건	○	X
위법 행위에 대한 처벌을 감수해야 한다.	√	
비폭력적인 방법을 통해서 이루어져야 한다.	√	
공익을 위하여 비공개적으로 이루어져야 한다.	√	
사회 정의 실현을 목표로 하는 행위이어야 한다.	√	
다른 방법으로는 해결할 수 없는 최후의 수단이어야 한다.		√

① 1점 ② 2점 ③ 3점 ④ 4점 ⑤ 5점

29

[생윤 14년 11월 5번]

다음 글의 입장에서 긍정의 대답을 할 질문을 [보기]에서 고른 것은? 3점

우리는 누구에게 강요받기 위해 태어난 것이 아니다. 만약 정의롭지 못한 법이 당신에게 불의(不義)를 행하는 하수인이 되도록 강요한다면 그 법을 어겨라. 즉 법이 독단에 치우쳐 있다고 판단되면 순순히 따르지 말고, 양심에 따라 행동하라.

[보기]

ㄱ. 정의의 추구보다 법의 준수를 우선해야 하는가?
ㄴ. 시민은 어떠한 법이라도 지켜야 할 의무가 있는가?
ㄷ. 법이 인권을 부당하게 침해한다면 저항해야 하는가?
ㄹ. 정의롭지 못한 법에는 복종하지 않을 권리가 있는가?

① ㄱ, ㄴ ② ㄱ, ㄷ ③ ㄴ, ㄷ ④ ㄴ, ㄹ ⑤ ㄷ, ㄹ

30

[22년 9월 13번]

다음 글에서 강조하는 내용으로 가장 적절한 것은? 2점

나는 극단적인 인종 차별주의자들처럼 법률을 무시하라고 주장하는 것이 아니다. 그렇게 되면 우리 사회는 무정부 상태가 될 것이다. 부당한 법률을 위반하는 사람은 어떠한 형벌도 달갑게 받아들여야 한다. 양심적으로 볼 때 부당하다고 판단되는 법률을 위반하되 지역 사회의 양심에 그 법률의 부당성을 호소하기 위해서 징역형도 불사하는 사람이야말로 법률을 지극히 존중하는 사람이다.

① 모든 법률을 그 자체로 정당한 것으로 보아야 한다.
② 법률은 특정 인종의 이익을 위해서 제정되어야 한다.
③ 법률을 강자의 이익을 정당화하는 도구로 사용해야 한다.
④ 법률이 없는 무정부 상태를 이상적인 상태로 보아야 한다.
⑤ 부당한 법률에 불복종하기 위해서는 처벌을 감수해야 한다.

31

[생윤 고2 19년 3월 8번]

그림의 강연자가 지지할 주장으로 가장 적절한 것은? 2점

노예 제도를 유지하며 불의를 편드는 정부는 야만적인 정부입니다. 내가 인정하는 유일한 정부는 이 땅에 정의를 세우는 정부입니다. 악법이 만들어졌다면 결코 그 법에 따라서는 안 됩니다. 인간은 양심에 어긋나는 일을 결코 해서는 안 됩니다.

① 양심에 따라 정의롭지 못한 법과 정책에 저항해야 한다.
② 개인적 이익을 추구하기 위해 법에 복종하지 말아야 한다.
③ 제정된 법이 옳지 않더라도 시민들은 반드시 따라야 한다.
④ 국가 이익이 증진된다면 부도덕한 제도라도 시행해야 한다.
⑤ 다수가 인정하는 법에 대해서 도덕 판단을 해서는 안 된다.

정답과 해설 | 28 p.19 | 29 p.19 | 30 p.19 | 31 p.19

32

[24년 9월 19번]

다음 자료는 서술형 평가 문항 및 답안의 채점 결과이다. 이에 대한 옳은 설명만을 [보기]에서 고른 것은? 3점

[문항] ㉠시민 불복종이 정당화되기 위한 조건을 3가지 서술하시오. (각 조건별로 채점하며, 옳은 조건 1개당 1점을 부여함.)

[답안] ○ 비폭력적인 방법으로 이루어져야 한다.
○ 사회 정의 실현을 목표로 삼아야 한다.
○ (가)

채점 결과	(㉡)

[보기]

ㄱ. ㉠은 시민 참여의 한 방법이다.

ㄴ. ㉡이 2점이라면 (가)에는 '현행 법규를 위반하지 않는 범위 내에서 이루어져야 한다.'가 들어갈 수 있다.

ㄷ. (가)에 '정당성 확보를 위해 비공개적으로 이루어져야 한다.'가 들어간다면 ㉡은 3점이다.

ㄹ. (가)에 '합법적 방법으로 문제를 해결할 수 없을 때 최후의 수단으로 사용해야 한다.'가 들어간다면 ㉡은 2점이다.

① ㄱ, ㄴ ② ㄱ, ㄷ ③ ㄴ, ㄷ ④ ㄴ, ㄹ ⑤ ㄷ, ㄹ

33

[18년 11월 18번]

다음에서 추론할 수 있는 밑줄 친 ㉠의 정당화 조건으로 적절하지 않은 것은? 2점

국가가 정당하지 못한 권력을 행사할 때, 합법적인 절차와 다양한 시민 참여를 통해 이를 바로잡을 것을 국가에 요청할 수 있다. 그러나 이러한 모든 수단을 동원했음에도 국가의 부당한 권력 행사가 계속된다면 ㉠시민 불복종도 고려할 수 있다. 시민 불복종은 잘못된 법이나 정의롭지 못한 정책에 대하여 비폭력적 수단으로 준법을 거부하는 것을 말한다. 이것은 제재와 불이익을 감수하면서도 잘못된 제도에 저항하는 행위이다.

① 비공개적이고 은밀하게 이루어져야 한다.
② 사회 정의의 실현을 목표로 하는 행동이어야 한다.
③ 위법 행위에 따른 현행법상의 처벌을 감수해야 한다.
④ 다른 방법으로는 해결할 수 없는 최후의 수단이어야 한다.
⑤ 부당한 사회 제도에 변혁을 가져올 목적으로 행해져야 한다.

34

[20년 9월 6번]

밑줄 친 ㉠이 시민 불복종으로서 정당화되기 위한 조건만을 [보기]에서 있는 대로 고른 것은? 2점

2014년에 일어난 홍콩의 ㉠우산 혁명은 홍콩 행정 장관 선거의 완전 직선제를 요구하며 79일간 이어진 시위를 말한다. 시민들이 시위 과정에서 경찰이 뿌리는 최루액을 막기 위해 들기 시작한 우산이 시위의 상징이 되면서 우산 혁명으로 불리게 되었다.

[보기]

ㄱ. 공개적이며 비폭력적이어야 한다.

ㄴ. 현행 법규를 위반하지 않는 범위 내에서 행해져야 한다.

ㄷ. 사회 정의 실현을 목표로 하는 양심적인 행동이어야 한다.

ㄹ. 다른 방법으로는 문제를 해결할 수 없을 때 사용되는 최후의 수단이어야 한다.

① ㄱ, ㄴ ② ㄴ, ㄹ ③ ㄷ, ㄹ
④ ㄱ, ㄴ, ㄷ ⑤ ㄱ, ㄷ, ㄹ

35

[생윤 17년 11월 8번]

그림은 어느 학생의 필기 내용이다. ㉠~㉤ 중 옳지 않은 것은? 2점

주제: 시민 불복종의 이해

◎ 학습 목표
- 롤스의 시민 불복종의 의미와 정당화 조건에 대해 설명할 수 있다.

1. 시민 불복종의 의미
- 법의 바깥 경계선에 있긴 하지만 법에 대한 충실성의 한계 내에서 부정의한 법에 대한 불복종을 나타내는 행위이다.

2. 시민 불복종의 근거
- 다수에 의해 공유된 정의관에 의거해야 한다. ··········㉠

3. 시민 불복종의 정당화 조건
- 공공적이고 공개적으로 이루어져야 한다. ··········㉡
- 행위 결과에 대한 법적 처벌을 감수해야 한다. ··········㉢
- 합법적 방법이 소용없을 때 최후의 수단으로 해야 한다. ··㉣
- 행위 목적의 달성을 위해 폭력의 사용이 용인되어야 한다. ··········㉤

① ㉠ ② ㉡ ③ ㉢ ④ ㉣ ⑤ ㉤

정답과 해설 32 p.19 33 p.20 34 p.20 35 p.20

36 대표 문제

[21년 11월 4번]

다음 글에서 강조하는 내용으로 가장 적절한 것은? 2점

> 우리 사회에서 장애인은 취업에서 차별을 겪는 경우가 많다. 이러한 차별을 개선하기 위해 정부는 장애인의 의무 고용률을 중앙 정부와 지방 자치 단체 등에서는 3.4%, 일정 규모 이상의 일반 사업장에서는 3.1%로 정하고 이를 이행하지 않으면 부담금을 부과하고 있다. 지속적인 정부 정책의 시행으로 장애인의 고용 여건은 점차 개선되고 있는데, 이는 사회 문제 해결을 위한 정부 정책의 수립이 중요하다는 점을 보여주는 사례이다.

① 사회적 소수자 우대 정책으로 인한 역차별 문제를 해결해야 한다.
② 사회적 소수자가 겪는 차별을 개선하기 위한 법과 제도의 도입이 필요하다.
③ 집단의 크기에 의해 사회적 소수자가 결정되는 것이 아님을 인식해야 한다.
④ 사회적 소수자들은 자신들이 차별받는 집단에 속해 있다는 의식을 가져야 한다.
⑤ 사회적 소수자가 겪는 인권 문제에 대한 사회 구성원들의 의식 개선이 필요하다.

37

[22년 9월 19번]

갑, 을, 병에 대한 옳은 설명만을 [보기]에서 고른 것은? 3점

* 2022년 법정 최저 임금은 시간당 9,160원이다.

[보 기]

ㄱ. 갑은 A에게 법정 최저 임금을 요구할 수 없다.
ㄴ. 을이 계약대로 근무할 경우 을의 1일 임금은 70,000원이다.
ㄷ. 병은 부모님의 동의 없이 B에게 단독으로 임금을 청구할 수 있다.
ㄹ. 갑, 을, 병은 모두 야간 근로가 원칙적으로 금지된다.

① ㄱ, ㄴ ② ㄱ, ㄷ ③ ㄴ, ㄷ ④ ㄴ, ㄹ ⑤ ㄷ, ㄹ

38 대표 문제

[21년 9월 5번]

다음 사례에 대한 옳은 설명만을 [보기]에서 고른 것은? 3점

> 중학교를 졸업한 A(16세)는 1개월 동안 ○○ 편의점에서 상품 판매를 업무로, 편의점 사장 B와 근로 계약을 체결하였다. A는 주 5일(월~금) 근무하기로 하였으며, 다음은 주요 계약 내용 중 일부이다.
> 1. 임금: 시간당 10,000원
> 2. 근로 시간: 9시~16시(휴게 시간: 12시~13시)
> * 법정 최저 임금은 시간당 8,720원이다.

[보 기]

ㄱ. A는 독자적으로 임금을 청구할 수 있다.
ㄴ. A의 연장 근로는 어떤 경우에도 허용되지 않는다.
ㄷ. A의 계약에는 친권자 또는 후견인의 동의가 필요하다.
ㄹ. A가 계약대로 근무할 경우 1일 임금은 70,000원이다.

① ㄱ, ㄴ ② ㄱ, ㄷ ③ ㄴ, ㄷ ④ ㄴ, ㄹ ⑤ ㄷ, ㄹ

39

[22년 11월 13번]

다음은 청소년 노동 인권에 대한 수업 장면이다. (가)에 들어갈 학생의 옳은 답변만을 [보기]에서 고른 것은? 3점

> Q. 안녕하세요? 저는 현재 16살인 A입니다. 편의점에서 하루 7시간 근무하는 것을 조건으로 아르바이트를 하려고 하는데, 근로 계약에 필요한 조언을 부탁드려요.

A에게 법적 조언을 해 볼까요?

(가)

[보 기]

ㄱ. 성인과 동일한 최저 임금을 보장받습니다.
ㄴ. 자신의 임금을 독자적으로 청구할 수 있습니다.
ㄷ. 보호자가 대리하여 근로 계약을 체결해야 합니다.
ㄹ. 근무 시간 도중의 휴게 시간을 요구할 수 없습니다.

① ㄱ, ㄴ ② ㄱ, ㄷ ③ ㄴ, ㄷ ④ ㄴ, ㄹ ⑤ ㄷ, ㄹ

정답과 해설 36 p.20 37 p.21 38 p.21 39 p.21

40

[24년 9월 12번]

다음은 청소년 노동권에 대한 수업 활동을 정리한 자료이다. 이에 대한 설명으로 옳은 것은? (3점)

<규칙> 사례에 대한 법적 판단이 옳으면 '○', 옳지 않으면 'X'로 표시한다. '○', 'X'를 옳게 표시하면 배정된 점수를 획득한다.

<사례> 사업주 A(45세)와 고등학생 B(17세)가 1일 5시간, 주 25시간의 근로 계약을 체결했다.

<갑, 을, 병의 답변 결과>

<사례>에 대한 법적 판단	배점	갑	을	병
B는 A에게 단독으로 임금을 청구할 수 있다.	1점	○	X	○
B는 A에게 근무 시간 중 휴게시간을 요구할 수 없다.	2점	○	X	○
A와 B의 합의가 있을 경우, 최저임금제를 적용하지 않을 수 있다.	3점	X	○	X
법정 대리인의 동의가 있더라도 B는 보건상 유해한 업종에 종사할 수 없다.	4점	X	○	○

① 갑이 획득한 점수는 5점이다.
② 획득한 점수의 합이 가장 높은 사람은 을이다.
③ 옳게 답한 개수가 가장 많은 사람은 병이다.
④ 을이 갑보다 옳게 답한 개수가 1개 더 많다.
⑤ 병이 획득한 점수는 갑이 획득한 점수보다 3점이 더 높다.

41

[22년 9월 8번]

다음 신문 칼럼의 입장으로 가장 적절한 것은? (2점)

○○ 신문

코로나-19가 확산되는 상황에서 외국의 한 신문사가 '황색 경보'라는 인종차별적 제목과 함께 마스크를 쓴 특정 인종의 사진을 1면에 싣는 일이 발생하였다. 이후 누리소통망(SNS)에서는 '#나는바이러스가아니다'라는 해시태그를 붙이며 인종차별 행위에 반대하는 사회적 차원의 캠페인이 활발하게 전개되었고, 결국 해당 신문사는 사과하였다. 이처럼 인종차별 행위를 해결하기 위해서는 개인적인 노력뿐만 아니라 시민들 간의 연대, 관련 제도 개선 등이 전개되어야 한다.

① 인종차별을 방지하기 위해 사회적 차원의 노력이 필요하다.
② 사회적 안정을 위해 허위 정보 유포를 일부 허용해야 한다.
③ 인종 혐오 표현도 표현의 자유로서 폭넓게 보장되어야 한다.
④ 누리소통망(SNS)에서의 인권 운동은 인권 문제 해결에 악영향을 미친다.
⑤ 특정 민족의 신체적 특성에 관한 언론 매체의 표현은 인종 혐오로 볼 수 없다.

42

[24년 9월 10번]

다음 사례에서 부각되는 사회적 소수자의 특징으로 가장 적절한 것은? (2점)

유럽의 식민지 경쟁으로 흑인들이 살고 있던 ○○국에 백인들이 유입되었다. ○○국 전체 인구의 10% 정도를 차지하는 백인들이 점차 권력을 잡아갔다. 정권을 잡은 소수의 백인들로부터 다수의 흑인들은 거주 공간·직업·투표권을 제한당하는 등 사회 전반에 걸쳐 차별을 받았다.

① 사회적 소수자는 집단의 크기에 의해 결정되는 것이 아니다.
② 사회적 소수자에 대한 차별은 개인적 능력 차이에 기인한다.
③ 사회적 소수자를 규정하는 기준은 절대적이며 변하지 않는다.
④ 사회적 소수자는 해당 사회에서 지배적인 영향을 끼치는 집단과 동일한 신체적 특징을 가지고 있다.
⑤ 사회적 소수자는 해당 사회에서 지배적인 영향을 끼치는 집단보다 경제적 자원 획득에 유리한 위치에 있다.

정답과 해설 40 p.21 41 p.22 42 p.22

43

[25년 9월 15번]

A~C에 대한 설명으로 옳은 것은? (단, A~C는 각각 문화권, 안전권, 환경권 중 하나임.) 1.5점

인권	학교 생활 속 인권 보장 사례
A	각 교실에 공기 청정기를 설치하여 미세 먼지와 각종 유해 물질로 오염된 공기를 정화함으로써 실내 공기질을 관리하여 쾌적한 환경을 제공한다.
B	이중 언어 말하기 대회, 다문화 급식 체험의 날 등을 실시하여 학생이 다양한 문화를 이해하고 체험할 수 있는 기회를 제공한다.
C	학생 보호 인력인 배움터 지킴이는 등·하굣길 교통 안전 지도, 학교 내·외부인 출입 관리 등으로 학생 및 교직원에게 안전한 학교 생활을 지원한다.

① A는 재난과 사고의 위험으로부터 안전을 보장받을 권리이다.

② B는 다양한 문화에 대한 이해를 증진하는 데 기여하는 권리이다.

③ C는 쾌적하고 안정적인 주거 환경에서 인간다운 생활을 할 권리이다.

④ C와 달리 B는 타인에게 양도 가능한 권리이다.

⑤ A와 달리 B, C는 현대 사회에서 확장된 인권이다.

44

[25년 9월 4번]

밑줄 친 행위들이 정당화되기 위한 조건만을 [보기]에서 고른 것은? 2점

<사례 1>
1930년대 인도를 식민 지배하던 영국은 인도인의 소금 제조와 판매를 금지하고, 반드시 영국으로부터 소금을 구매하도록 하는 소금법을 제정했다. 이에 대해 부당함을 느낀 간디는 <u>소금법 폐지를 주장하는 행진</u>을 평화적으로 이끌어 소금법 폐지라는 결과를 얻었다.

<사례 2>
1950년대 미국 정부는 흑인과 백인을 차별하는 인종 분리법을 시행하였다. 흑인 여성 로자 파크스는 백인에게 버스 자리를 양보하지 않아 경찰에 체포되었다. 이 사건을 계기로 <u>몽고메리의 흑인들은 버스 승차거부 운동</u>을 시작했고, 흑인들의 인권 운동이 확산되었다.

[보기]

ㄱ. 위법 행위에 대한 법적인 처벌을 받아들여야 한다.
ㄴ. 효율적인 목표 달성을 위해 폭력이 허용되어야 한다.
ㄷ. 개인의 이익이 아닌 사회정의 실현을 목적으로 해야 한다.
ㄹ. 합법적인 노력이 시도되기 전에 공개적으로 이루어져야 한다.

① ㄱ, ㄴ ② ㄱ, ㄷ ③ ㄴ, ㄷ ④ ㄴ, ㄹ ⑤ ㄷ, ㄹ

정답과 해설 43 p.22 44 p.23

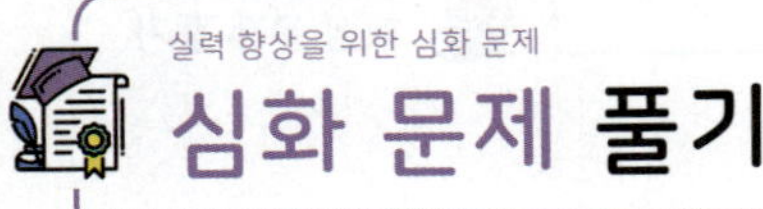

심화 문제 풀기

1

[18년 6월 18번]

밑줄 친 내용과 관련된 기본권 ㉠~㉢에 대한 설명으로 옳은 것은? (단, ㉠~㉢은 각각 자유권, 평등권, 사회권 중 하나이다.) 3점

청문회 주제	관련 기본권
여성 차별 금지 관련 입법안	㉠
재개발 과정에서의 학습권 보장 방안	㉡
범죄 예방용 CCTV 설치로 인한 인권 침해와 이에 대한 사생활 보장 방안	㉢

① ㉠은 국가 권력의 간섭을 받지 않을 권리이다.
② ㉡은 바이마르 헌법에서 최초로 규정된 권리이다.
③ ㉢은 국가 의사 결정 과정에 참여할 수 있는 권리이다.
④ ㉠과 달리 ㉡은 프랑스 인권 선언에 명시되었다.
⑤ ㉡에 비해 ㉢은 국가의 적극적인 역할을 강조한다.

2 대표 문제

[21년 9월 8번]

A에 해당하는 기본권의 특징에 대한 질문에 모두 옳게 응답한 학생은? 3점

한 장애인 단체가 국가인권위원회에 진정을 냈다. 이 단체는 "선거관리위원회는 사전투표소 대부분이 1층에 설치돼 투표소 접근이 가능하다고 했지만, 발달장애인의 투표를 돕는 투표보조인이 기표소에 들어가지 못하게 제지당하는 등 장애인의 [A] 침해 사례가 여전했다."고 주장했다.

질문 \ 학생	갑	을	병	정	무
핵심적이고 포괄적인 권리인가?	○	○	X	X	X
국가 권력의 간섭을 받지 않을 방어적 권리인가?	X	○	○	X	X
국가의 의사 결정 과정에 참여할 수 있는 권리인가?	○	X	○	X	○
다른 기본권을 보장하기 위한 수단적 성격의 권리인가?	X	○	○	○	X

(○: 예, X: 아니요)

① 갑 ② 을 ③ 병 ④ 정 ⑤ 무

3

[정법 고2 19년 3월 4번]

다음은 근대 시민 혁명 과정에서 발표된 선언문의 일부이다. 이에 대해 옳게 이해한 학생을 [보기]에서 고른 것은? 3점

모든 사람은 평등하게 창조되었으며, 그들은 창조주로부터 양도할 수 없는 일정한 권리를 부여받았다. 여기에는 생명, 자유, 행복을 추구할 권리가 포함되어 있다. 그리고 이러한 권리를 확보하기 위하여 인류는 정부를 수립하였으며, 정부의 정당한 권력은 국민의 동의로부터 나온다. 만약 어떠한 형태의 정부라 하더라도 이러한 목적을 파괴한다면 그 정부를 개혁하거나 폐지하여 새로운 정부를 조직하는 것은 국민의 권리이다.

[보 기]

갑: 복지 국가를 추구하고 있네.
을: 국민의 저항권을 인정하고 있군.
병: 사회 계약론과 국민 주권론을 반영하고 있군.
정: 인권을 국가에 의해 부여되는 권리로 보고 있네.

① 갑, 을 ② 갑, 병 ③ 을, 병 ④ 을, 정 ⑤ 병, 정

4 대표 문제

[21년 9월 4번]

다음은 프랑스 인권 선언의 일부이다. 이에 대한 옳은 분석만을 [보기]에서 있는 대로 고른 것은? 3점

제1조 인간은 태어나면서부터 자유로우며 평등한 권리를 가진다.
제2조 모든 정치적 결사의 목적은 그 무엇도 침해할 수 없는 인간의 자연권을 보전하는데 있다. 그 권리는 자유, 재산, 안전 및 압제에 대한 저항이다.
제3조 모든 주권의 원천은 본래 국민에게 있다. 어떤 개인이나 단체라 하더라도 국민에게서 나오지 않은 권위를 행사할 수 없다.
제16조 법의 준수가 보장되지 않거나, 권력 분립이 확정되지 않은 사회는 결코 헌법을 갖추었다고 할 수 없다.

[보 기]

ㄱ. 국민 주권 사상이 반영되어 있다.
ㄴ. 권력 분립을 전제로 한 입헌주의가 나타나 있다.
ㄷ. 환경권과 같은 사회권 중심의 인권이 강조되어 있다.
ㄹ. 시민의 자유, 평등에 관한 기본적인 권리가 명시되어 있다.

① ㄱ, ㄴ ② ㄱ, ㄷ ③ ㄷ, ㄹ
④ ㄱ, ㄴ, ㄹ ⑤ ㄴ, ㄷ, ㄹ

정답과 해설 1 p.23 2 p.23 3 p.23 4 p.24

I

5

[23년 6월 15번]

표는 현대 사회의 인권 (가), (나)와 관련된 사례를 나타낸 것이다. 이에 대한 옳은 설명만을 [보기]에서 고른 것은? (단, (가), (나)는 각각 주거권, 환경권 중 하나임.) 3점

인권	사 례
(가)	프랑스 파리의 일부 청년들은 9m^2 크기의 '하녀방(Chambre de bonne)'에 살고 있다. 이는 소설 소공녀의 세라가 하녀로 전락했을 때 머문 다락방과 비슷하다고 붙여진 별명이다. 이 방은 엘리베이터나 화장실도 없고 주택이나 아파트 건물의 꼭대기 층에 있다. 여름에 옥탑방 온도는 40℃까지 올라간다. 파리도 런던과 마찬가지로 소득 대비 임대료가 비싼 도시 중 하나이다. - ○○ 신문, ○월 ○일 -
(나)	◇◇ 지역 산업단지에서 화석연료 대량 사용으로 대기오염이 심각하게 발생하였고, 이와 관련된 사망자가 약 500명에 이른다고 △△ 환경단체연합이 밝혔다. 이 단체는 호흡기 질환 등으로 인한 사회적 손실을 금액으로 환산하면 2022년 기준 약 3조 원에 이를 것으로 추산했다. 또한 화석연료에 계속 의존할 경우, 대기오염 물질로 인한 누적 사망자가 2050년에는 2만여 명까지 증가할 것이라고 주장하였다. - □□ 신문, □월 □일 -

[보 기]

ㄱ. (가)는 (나)와 달리 천부 인권적 성격을 가진다.
ㄴ. (가)와 (나)는 모두 현대 사회에서 확장된 인권이다.
ㄷ. (가)의 사례에서 쾌적한 주거환경이 보장되고 있음을 알 수 있다.
ㄹ. (나)의 사례를 통해 과거에 비해 환경권이 더 강조될 것으로 예상할 수 있다.

① ㄱ, ㄴ ② ㄱ, ㄷ ③ ㄴ, ㄷ ④ ㄴ, ㄹ ⑤ ㄷ, ㄹ

6

[21년 11월 19번]

밑줄 친 ㉠~㉢에 대한 옳은 설명만을 [보기]에서 고른 것은? 3점

<카렐 바작의 인권 3세대론>

구분	인권 목록
1세대 인권	• ㉠노예적 예속 상태로부터의 자유 • 생명과 자유, 안전에 관한 권리 등
2세대 인권	• ㉡사회 보장을 받을 권리 • 교육에 관한 권리 등
3세대 인권	• 평화에 관한 권리 • ㉢인도주의적 재난 구제를 받을 권리 등

[보 기]

ㄱ. ㉠은 국가의 적극적인 개입을 요구하는 권리이다.
ㄴ. ㉡은 자본주의의 문제점을 해결하는 과정에서 등장하였다.
ㄷ. ㉢은 집단적이고 연대적인 성격의 권리이다.
ㄹ. ㉢은 서구 사회의 시민 혁명을 계기로 보장받기 시작하였다.

① ㄱ, ㄴ ② ㄱ, ㄷ ③ ㄴ, ㄷ ④ ㄴ, ㄹ ⑤ ㄷ, ㄹ

7

[24년 9월 9번]

기본권의 유형 A~C에 대한 설명으로 옳은 것은? (단, A~C는 각각 자유권, 평등권, 사회권 중 하나임.) 3점

○ 갑은 출근하던 중 지하철에서 경찰관에게 체포되었다. 하지만 이 과정에서 체포의 이유 및 변호인의 조력을 받을 권리를 전혀 고지받지 못해 [A]를 침해당했다.

○ 을은 열악한 고시원에서 살고 있다. 최저 주거 기준에 미치지 못하는 고시원 시설로 인해 인간다운 생활을 할 권리인 [B]를 침해당했다.

○ 평소 간호사가 되고 싶었던 병은 ○○병원 간호사 채용 시험에 응시하였다. 그러나 합리적 이유 없이 성별만을 이유로 채용에서 배제되어 [C]를 침해당했다.

① A의 예로 교육을 받을 권리를 들 수 있다.
② B는 국가 권력으로부터 간섭받지 않을 방어적 권리이다.
③ C는 가장 최근에 등장한 현대적 권리이다.
④ B는 A와 달리 국가의 존재를 전제로 한 적극적 권리이다.
⑤ C는 B와 달리 다른 기본권 보장을 위한 수단적 성격의 권리이다.

정답과 해설 | 5 p.24 | 6 p.24 | 7 p.24

8

[18년 6월 14번]

다음 자료에 대한 분석 및 추론으로 옳은 것은? 3점

프리덤 하우스(Freedom House)는 매년 세계 여러 국가를 대상으로 언론 자유 지수*를 산정한다. 지수 산정을 위하여 다음과 같은 질문을 만든다. '헌법과 법률이 언론과 표현의 자유를 보호하는가? 정부 또는 특정 집단의 영향력으로부터 언론 기관이 자유로운가?' 이와 같은 질문에 대하여 부정적 응답이 많을수록 점수가 높아진다.

<갑국과 을국의 언론 자유 지수>

구분	2005년	2010년	2015년
갑국	30	32	34
을국	46	47	48

* 언론 자유 지수: 총점 100점을 기준으로 0~30점은 '언론 자유국', 31~60점은 '부분적 언론 자유국', 61~100점은 '언론 비자유국'으로 분류함.

① 2015년 갑국은 언론 자유국에 해당한다.
② 갑국은 을국보다 언론 활동이 자유롭지 못하다.
③ 갑국과 을국 모두 언론의 자유가 확대되고 있다.
④ 언론 매체의 독립성이 보장될 때 지수가 낮아질 것이다.
⑤ 2005년 대비 2015년의 언론 자유 지수 증가율은 갑국이 을국보다 낮다.

9 대표 문제

[정법 고2 20년 3월 2번]

우리나라 헌법의 기본 원리 A~D에 대한 설명으로 옳은 것은? 2점

기본 원리	관련 헌법 내용
A	모든 국민은 신체의 자유를 가진다.
B	모든 권력은 국민으로부터 나온다.
C	대한민국은 …… 침략적 전쟁을 부인한다.
D	국가는 …… 적정한 소득의 분배를 유지하고 …….

① A에 따라 최저 임금제를 시행하고 있다.
② 민주적 선거 제도는 B를 실현하기 위한 것이다.
③ 사회 보장 제도는 C를 실현하기 위한 것이다.
④ D에 따라 외국인의 법적 지위를 보장한다.
⑤ 복수 정당제는 B의 실현에는 기여하지만, A의 실현에는 기여하지 못한다.

10

[21년 6월 20번]

다음 자료에 대한 옳은 분석만을 [보기]에서 고른 것은? 3점

연구자 갑은 A와 B 지역의 주민 각각 1,000명씩, 총 2,000명을 대상으로 '인권 의식 실태 조사'를 실시하였다. 표는 '국내 체류 외국인에게 기본적인 사회 보장을 해주어야 한다.' 항목에 대한 조사 결과를 나타낸 것이다. 단, 무응답이나 복수 응답은 없었다.

(단위: %)

지역 / 응답 / 성별	A지역			B지역		
	그렇다	보통이다	그렇지 않다	그렇다	보통이다	그렇지 않다
남성	49	29	22	65	20	15
여성	48	30	22	67	19	14

[보 기]

ㄱ. A 지역 응답자의 절반 이상이 '그렇다'에 응답하였다.
ㄴ. '그렇지 않다'에 응답한 사람은 A 지역이 B 지역보다 많다.
ㄷ. A 지역이 B 지역보다 국내 체류 외국인에 대한 사회 보장 정책 수립에 긍정적이다.
ㄹ. 응답 항목별 비율에서 지역별 차이는 성별 차이보다 크다.

① ㄱ, ㄴ ② ㄱ, ㄷ ③ ㄴ, ㄷ ④ ㄴ, ㄹ ⑤ ㄷ, ㄹ

11

[정법 고2 19년 3월 9번]

그림에서 갑과 을의 주장을 뒷받침할 수 있는 공통적인 근거로 가장 적절한 것은? 3점

① 사회 질서 유지보다 개인의 자유가 중요하다.
② 공공복리를 위해서는 기본권을 제한할 수 있다.
③ 기본권을 제한해야만 국가 안전을 보장할 수 있다.
④ 국민의 기본권을 과도하게 제한하는 것은 헌법에 위반된다.
⑤ 자유와 권리의 본질적인 내용은 어떤 경우에도 침해할 수 없다.

정답과 해설 8 p.25 9 p.25 10 p.25 11 p.25

I

12

[18년 3월 6번]

갑은 부정, 을은 긍정의 대답을 할 질문으로 옳은 것은? 

> 갑: 정부의 정의롭지 못한 정책에 대해 시민은 불복종할 수 있다고 생각합니다.
>
> 을: 동의합니다. 단, 부정의한 정책을 바로잡기 위한 시민 불복종은 비폭력적이어야만 정당화될 수 있습니다.
>
> 갑: 그렇지 않습니다. 정의 실현에 도움이 된다면 때로는 폭력적인 방법도 사용할 필요가 있습니다.
>
> 을: 아닙니다. 정의 실현을 명목으로 폭력적인 방법을 사용한다면 그것은 또 다른 폭력을 야기할 뿐입니다.

① 시민 불복종은 도덕적으로 정당화될 수 있는가?
② 시민 불복종은 사회 정의 실현에 기여할 수 있는가?
③ 시민 불복종은 모든 정책에 대해 저항하는 행위인가?
④ 시민 불복종은 부정의한 정책을 바꾸기 위한 수단인가?
⑤ 시민 불복종은 어떠한 경우에도 비폭력적이어야 하는가?

13 대표 문제

[18년 6월 5번]

다음 사례에 나타난 시민 참여가 정당화되기 위한 조건으로 옳지 않은 것은? 3점

> 인도를 지배하던 영국은 인도인의 소금 제조 및 판매를 금지하는 소금법을 시행하였다. 인도인들은 소금에 붙는 세금이 너무 비싸 소금을 사먹지 못하는 상황이 벌어졌다.
>
> 간디는 이 법의 폐지를 지속적으로 요구하였으나 받아들여지지 않았다. 이에 군중들과 함께 소금법 폐지를 요구하는 평화적인 행진을 하였다. 이 과정에서 영국 경찰들의 폭력적인 진압으로 많은 사람들이 투옥되었으나 인도인들은 행진을 멈추지 않았다.

① 사회 정의의 실현을 위해서 행해져야 한다.
② 비폭력적인 방법을 통해서 이루어져야 한다.
③ 공익을 위하여 공개적으로 이루어져야 한다.
④ 합법적으로 해결되지 않을 때 최후의 수단이어야 한다.
⑤ 잘못된 법을 위반하는 행위이므로 처벌을 거부해야 한다.

14 대표 문제

[20년 11월 19번]

다음은 근로 계약서의 일부이다. 이에 대한 설명으로 옳은 것은? 3점

> < 근로 계약서 >
>
> 사업자 갑(40세)과 근로자 을(17세)은 다음과 같이 근로 계약을 체결한다.
>
> 1. 계약 기간: 2020. 1. 1.~2020. 2. 29.
> 2. 근무 장소 및 업무 내용: ○○ 제과점 / 상품 계산 및 청소
> 3. ㉠근로 시간: ㉡오전 9시~오후 3시
> 4. 근무일 / 휴일: 월~금 / 토, 일
> 5. ㉢임금: 시간당 7,000원

* 2020년의 법정 최저 임금은 시간당 8,590원임.

① ㉠은 근로 계약서에 명시하지 않아도 된다.
② ㉡의 경우 을은 갑에게 휴게 시간을 요구할 수 있다.
③ 을은 ㉢에 합의했으므로 법정 최저 임금을 요구할 수 없다.
④ 근로 계약 시 을의 부모 동의는 필요하지 않다.
⑤ 갑은 을에게 임금 전액을 현금이 아닌 상품권으로 지급할 수 있다.

15

[19년 11월 15번]

다음 사례에 대한 옳은 법적 판단만을 [보기]에서 고른 것은? 3점

> 갑(16세)은 방학 동안 용돈을 벌기 위해 편의점 사장인 을과 매주 월요일부터 금요일에 걸쳐 오전 9시부터 오후 6시까지 휴게 시간 없이 근무하기로 근로 계약을 체결하였다. 그러나 첫 월급을 수령하던 날에 갑은 최저 임금의 80%에 해당하는 급여를 받았다는 사실을 확인하고 을에게 이의를 제기하였다. 이에 을은 상호 합의하에 작성한 근로 계약서에 근거하여 명시된 임금을 지급한 것이므로 더 줄 수 없다고 주장하였다.

[보기]

ㄱ. 갑은 미성년자이므로 휴게 시간 보장을 요구할 수 없다.
ㄴ. 당사자 간 합의하에 이루어진 계약이므로 을의 갑에 대한 추가 임금 지급 거부 행위는 정당하다.
ㄷ. 갑과 을이 체결한 근로 시간에 대한 계약 사항은 근로 기준법 위반에 해당한다.
ㄹ. 갑은 을을 상대로 부당한 근로 계약에 대해 고용 노동부에 신고할 수 있다.

① ㄱ, ㄴ ② ㄱ, ㄷ ③ ㄴ, ㄷ ④ ㄴ, ㄹ ⑤ ㄷ, ㄹ

정답과 해설	12 p.25	13 p.26	14 p.26	15 p.26

16

[정법 고2 19년 3월 7번]

자료에 나타난 갑의 사례에 대해 법적으로 옳게 판단한 내용을 [보기]에서 고른 것은? 3점

법률 상담 게시판 | 묻고 답하기

Q: 제 친구인 갑은 17세 고등학생입니다. 친구는 부모님 동의하에 주유소에서 일하고 있는데, 방학이 끝나서 일을 그만두려고 합니다. 그런데 친구가 처음 고용될 때 3개월 이상 일하지 않으면 위약금을 내기로 약속했으니 지금 그만두려면 위약금을 내라고 주유소 사장님이 요구했답니다. 정말 내야 하나요?

A: 아니요. 근로기준법에서는 사용자가 근로자에게 근로 계약 불이행에 대한 위약금을 예정하는 계약은 체결할 수 없도록 규정하고 있습니다.

[보 기]

ㄱ. 갑이 주유소 사장과 맺은 근로 계약의 전체 내용은 무효이다.

ㄴ. 주유소 사장은 갑의 임금 중 일부를 상품권으로 지급해도 된다.

ㄷ. 주유소 사장은 갑의 부모 동의서와 가족 관계 증명서를 사업장에 갖추어 두어야 한다.

ㄹ. 갑은 1일 법정 근로 시간이 7시간이지만 주유소 사장과 합의하에 1시간 연장하여 일할 수 있다.

① ㄱ, ㄴ ② ㄱ, ㄷ ③ ㄴ, ㄷ ④ ㄴ, ㄹ ⑤ ㄷ, ㄹ

17

[23년 11월 9번]

다음 사례에 대한 설명으로 옳은 것은? 3점

중학교를 졸업한 갑(16세)은 ○○ 대형 마트 사장 을(41세)과 2023년 1월 2일부터 2023년 2월 1일까지 매장 내 상품 진열 및 정리를 하기로 근로 계약을 체결하였다. 다음은 계약 내용 중 일부이다.

○ 근로 시간: 13시~21시(휴게 시간: 17시~18시)

○ 근무일: 월~금(휴일: 토, 일)

○ 임금: 시간당 9,000원

* 갑의 친권자는 부모이며, 2023년 법정 최저 임금은 시간당 9,620원임.

① 갑은 부모의 동의 없이도 근로 계약을 체결할 수 있다.

② 갑과 을은 근로 계약의 내용을 문서로 작성하지 않아도 된다.

③ 갑의 근로 시간은 근로 기준법에 위반되지 않는다.

④ 갑은 근로 계약대로 시간당 9,000원의 임금만 요구할 수 있다.

⑤ 갑과 을이 합의하더라도 갑은 연장 근로를 할 수 없다.

18 대표 문제

[20년 9월 11번]

자료에 나타난 세계 인권 문제에 대한 적절한 해결 방안만을 [보기]에서 고른 것은? 2점

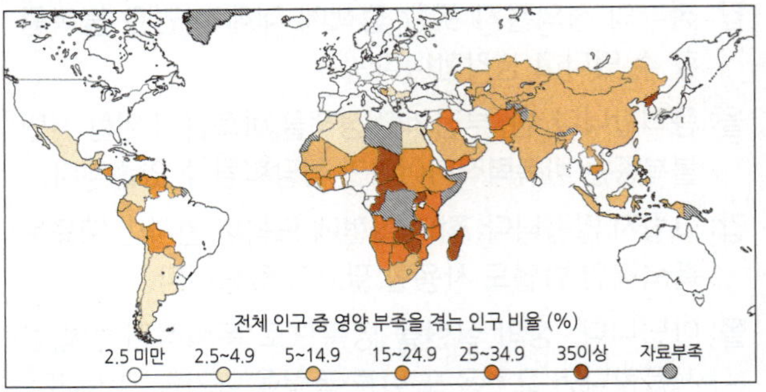

[보 기]

ㄱ. 세계 시민 의식과 공동체 의식을 함양한다.

ㄴ. 해당 국가의 주권에 해당하는 영역이므로 국제사회는 관심을 자제해야 한다.

ㄷ. 국제 연합이나 국제 비정부 기구를 통해 영양 부족 문제를 겪고 있는 국가에 경제적 지원을 한다.

ㄹ. 가난한 국가에 대한 원조의 의무를 이행하지 않을 경우 국제 형사 재판소에 제소하여 처벌한다.

① ㄱ, ㄴ ② ㄱ, ㄷ ③ ㄴ, ㄷ ④ ㄴ, ㄹ ⑤ ㄷ, ㄹ

19

[25년 9월 13번]

기본권 유형 A, B에 대한 설명으로 옳은 것은? 

○ 사회적 편견이나 차별적 관행이 반영된 데이터를 학습한 인공 지능을 활용하여 재판을 할 경우, 합리적이지 않은 이유로 차별받지 않을 권리인 [A]를 침해할 우려가 있다.

○ 판례에 대한 빅데이터를 학습한 인공 지능을 법관의 재판 업무에 보조적으로 활용할 경우, 재판 지연 해소에 도움이 된다. 이를 통해 기본권 보장을 위한 수단적 권리인 [B]를 더 많은 사람이 보장받을 수 있다.

① A는 다른 기본권 보장의 전제 조건이 되는 권리이다.

② B는 국가 권력의 간섭을 배제하는 권리이다.

③ A와 달리 B는 인간의 존엄과 가치를 보장하기 위한 권리이다.

④ B와 달리 A는 국가의 의사 결정 과정에 참여할 수 있는 권리이다.

⑤ A, B는 모두 국가의 존재를 전제로 한 적극적 권리이다.

정답과 해설 | 16 p.26 | 17 p.26 | 18 p.27 | 19 p.27

I

20

[25년 9월 10번]

다음 자료에 대한 옳은 설명만을 <보기>에서 고른 것은?

2.5점

< 근로 계약서 >

사용자 갑과 근로자 을(16세)은 다음과 같이 근로 계약을 체결한다.

1. 근로 계약 기간: 2025.7. 21.(월) ~ 2025.8.1.(금)

…(중략)…

4. 근로 시간: 09:00 ~17:00
(휴게 시간: 13:00 ~14:00)
5. 근무일: 매주 월요일 ~ 금요일
6. 임 금: 시간당 11,000원

* 2025년의 법정 최저 임금은 시간당 10,030원이고, 을은 고등학생임.

[보기]

ㄱ. 을이 계약대로 근무할 경우 1일 임금은 88,000원 이다.

ㄴ. 을의 법정 대리인은 을의 근로 계약을 대리하여 체결할 수 있다.

ㄷ. 갑과 을이 합의하면 1일 1시간의 연장 근로가 가능하다.

ㄹ. 갑은 을의 연령을 증명하는 가족 관계 기록 사항에 관한 증명서를 사업장에 갖추어야 한다.

① ㄱ, ㄴ ② ㄱ, ㄷ ③ ㄴ, ㄷ ④ ㄴ, ㄹ ⑤ ㄷ, ㄹ

정답과 해설 20 p.27

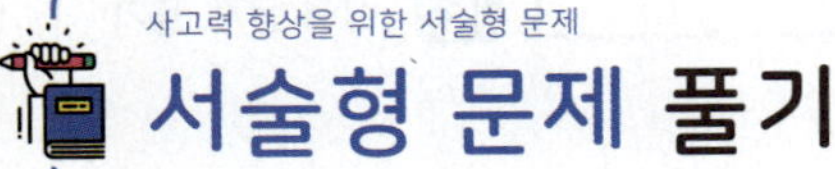

사고력 향상을 위한 서술형 문제

서술형 문제 풀기

1 다음 글을 읽고 물음에 답하시오.

> 우리가 사는 세상에는 여자와 남자, 어린이와 어른, 피부가 어두운 사람과 밝은 사람, 부자와 가난한 자 등 다양한 사람들이 살아가고 있다. 이렇게 사람들은 서로 다른 모습과 특성을 보이지만, 가장 큰 공통점이 있다. 바로 인간이라는 점이다. 인간은 단지 인간이라는 이유만으로도 존엄한 가치를 지닌 존재이다. 따라서 인간은 누구나 성별, 나이, 피부색, 종교, 국적, 지위 등에 관계없이 자유롭고 평등하며 인간답게 살아갈 권리인 ㉠이것을 가지고 있다.

(1) 위 글의 밑줄 친 ㉠이 무엇인지 쓰시오.

(2) 위 글의 밑줄 친 ㉠의 특징 네 가지를 서술하시오.

2 다음은 20세기 초반 A국의 헌법 조항이다. 물음에 답하시오.

> • 경제생활의 질서는 모든 사람에게 인간으로서의 가치 있는 생활을 보장할 목적을 갖는 정의의 원칙에 적합하지 않으면 안 된다. 이 한계 내에서 개인의 경제적 자유는 확보되어야 한다.
> • 모든 A국 국민에게는 경제적 노동에 의해 그의 생계를 유지할 수 있는 가능성이 부여되어야 한다. 그에게 적당한 노동의 기회가 주어지지 않는 한, 그는 그에게 필요한 생계에 대해 배려받아야 한다.

(1) 위 A국의 헌법을 무엇이라고 하는지 쓰시오.

(2) 위의 헌법이 갖는 의의를 서술하시오.

3 다음 대화를 읽고 물음에 답하시오.

(1) A가 무엇인지 쓰시오.

(2) A의 정당화 조건을 세 가지 이상 서술하시오.

4 다음 자료를 읽고 물음에 답하시오.

<체험 일지>

○월 ○일 맑음

오늘은 친구들과 함께 '어둠 속의 여행'이라는 이색적인 체험을 했다. 말 그대로 아무것도 보이지 않는 암흑 속에서 여행을 하는 체험이었다. 어둠 속에서 계곡도 들렀다가 숲도 갔다가 시장에도 갔다가 카페에도 다니면서 시각 없이 다른 감각에만 의존하면서 미션들을 수행하였다. 서로 손을 잡고 더듬거리다가 몇 번이나 넘어질 뻔했다. 이 체험에는 엄청난 반전이 있었다. 안내자가 시각 장애인이었던 것이다. 어둠 속에서는 시각 장애인이 그 사회의 주류였고, 100분 동안의 어둠 속에서 나를 포함한 체험자 8명은 안내자 1명에게 생사를 맡겨야 할 정도였다. 나를 포함한 체험자 8명은 어둠 속에서 [㉠]였다. 어둠밖에 없는 공간에서 아무것도 보이지 않아 무서움을 많이 느꼈는데, 이 과정에서 일상 속 우리가 자주 생각하지 않은 상황들이 시각 장애인들에게 어려운 상황일 수 있다는 점을 깨달을 수 있었던 소중한 체험이었다.

(1) 빈칸 ㉠에 들어갈 개념을 쓰시오.

(2) 위의 글을 통해 파악할 수 있는 ㉠의 특성을 서술하시오.

정답과 해설 3 p.28 4 p.28

Ⅱ 사회정의와 불평등

통사2-개념 2

1. 정의의 의미와 실질적 기준

1) 정의의 의미와 필요성

① 정의의 일반적 의미: 각자가 마땅한 몫을 공정하게 받는 것

② 아리스토텔레스의 정의관

- 일반적 정의: 공동선과 덕을 위한 법을 준수하는 것
- 특수적 정의
  - 분배적 정의: 각자가 지닌 가치에 따라 권력, 명예, 재화 등을 분배하여 공정함을 실현하는 것
  - 교정적 정의: 손익의 관점에서 서로 간에 동등하지 않은 상태를 바로잡는 것
  - 교환적 정의: 같은 가치의 물건끼리 교환하여 교환의 결과를 공정하게 하는 것

[교정적 정의 실현을 위한 형벌에 관한 관점]

교정적 정의를 실현하기 위한 사법적 처벌, 즉 형벌에 관한 입장은 크게 응보주의 관점과 공리주의 관점으로 나누어진다.

칸트는 응보주의 관점에서 형벌의 본질이 범죄 행위에 상응하는 처벌을 가하는 것이라고 보았다. 따라서 그는 타인의 생명을 앗아간 범죄를 저질렀을 경우, 그에 상응하는 형벌로서 사형을 선고하는 것이 정의로운 것이라고 보았다. 반면, 베카리아는 공리주의 관점에서 형벌의 본질이 범죄 예방 및 공동체 전체의 이익 증진에 있다고 보았다. 그는 종신 노역형에 비해 사형이 범죄 예방 효과가 떨어진다고 보아 사형 제도에 반대하였다.

③ 정의의 필요성

- 사회 구성원의 기본적 권리 보장: 사회 구성원이 기본적 권리를 보장받으며 인간다운 삶을 살 수 있음
- 개인선과 공동선의 실현: 개인과 사회가 추구하는 바를 실현할 수 있음
- 사회 통합의 기반 마련: 이해 갈등을 공정하게 처리하면 사회 구성원들이 서로 신뢰하고 협력할 수 있음

2) 정의의 실질적 기준

① 능력에 따른 분배

- 의미: 신체적·정신적 능력에 따라 분배하는 것
  예 빵집에서 빵을 가장 잘 만드는 직원에게 더 많은 급여를 주는 것
- 긍정적 효과
  - 개인에게 잠재력 실현의 기회를 제공함
  - 업무의 효율성을 제고함
- 한계
  - 능력을 측정하는 정확한 기준을 마련하기 어려움 → 객관적 평가 어려움
  - 능력은 타고난 재능이나 환경 등 우연적·선천적 요인에 영향을 받음 → 이를 고려하지 않으면 사회적 불평등이 심화될 우려가 있음

● 개념 돋보기

정의관
- 무엇이 정의로운지에 대한 생각으로, 정의에 대한 관점을 말함
- 정의관은 어떤 가치를 중요하다고 생각하느냐에 따라 달라질 수 있으므로 다양한 정의관이 존재함

정의에 대한 사상가들의 관점

공자	자신의 삶의 목표를 '천하의 바른 도덕적 올바름(正道)'을 이루는 것'으로 삼음
플라톤	• 정의는 인간이 갖추어야 할 덕목 • 생산자, 방위자, 통치자 각 계층이 주어진 역할을 잘 수행하여 조화를 이루면 정의로운 국가가 될 수 있음

개인선
- 개인이 좋은 것[선(善)]이라고 여기며 추구하는 것
- 개인에게 이익이 되는 것으로, 주로 개인의 행복과 자아실현 등을 추구하는 것을 의미함

공동선
- 사회가 좋은 것[선(善)]이라고 여기며 추구하는 것
- 사회 구성원 모두에게 이익이 되거나 사회 발전에 도움이 되는 것을 의미함

절대적 평등에 따른 분배
- 의미: 구성원 모두에게 동일한 몫을 분배하는 것
- 긍정적 효과: 기회나 혜택 등을 모두에게 고루 분배할 수 있음
- 한계: 서로 다른 특성과 상황에 놓인 사람들에게 똑같은 분배를 하는 것이 오히려 공정하지 않은 것일 수 있음

② 업적에 따른 분배

- 의미: 달성한 업적, 성과 등에 따라 분배하는 것

  예 빵집에서 빵을 가장 많이 만든 직원에게 더 많은 급여를 주는 것

- 긍정적 효과
  - 객관화 가능한 지표가 있으므로 마땅한 분배의 몫을 정하기가 쉬움
  - 성취동기를 제공하여 생산성과 효율성을 높일 수 있음
- 한계
  - 서로 다른 종류의 업적은 비교하기가 어려움
  - 많은 업적을 내기 어려운 사회적 약자에 대한 배려가 부족함
  - 경쟁이 과열되거나 사회적 갈등을 유발할 수 있음

③ 필요에 따른 분배

- 의미: 기본적 필요를 충족하기 어려운 사람에게 우선적으로 분배하는 것

  예 경제 형편 등을 고려하여 가장 빵을 필요로 하는 사람에게 우선적으로 빵을 주는 것

- 긍정적 효과
  - 사회적 약자를 포함하여 사회 구성원의 인간다운 삶을 보장할 수 있음
  - 사회 불평등을 해소하여 경제적 안정을 도모할 수 있음
- 한계
  - 한정된 자원으로 모든 사람의 필요를 충족시킬 수 없음
  - 성취동기가 약해질 수 있음 → 생산성과 효율성을 떨어뜨릴 수 있음

[다양한 분배 기준]
미국의 정치 철학자 왈처는 획득한 하나의 가치를 통해 다른 가치들도 쉽게 차지할 수 있는 사회는 정의롭지 않다고 보았다. 그는 영역 간 경계와 독립성을 강조하며 서로 다른 영역의 분배는 서로 다른 기준에 의해 이루어져야 한다고 보았다. 예를 들어 이윤 추구가 목적인 회사의 경우에는 능력이나 업적을 기준으로 급여를 분배할 수 있지만, 안전과 복지와 관련된 경우에는 능력이나 업적이 아닌 필요를 기준으로 분배되어야 한다고 보았다.

2. 다양한 정의관

1) 자유주의적 정의관

① 자유주의와 개인주의: 자유주의적 정의관은 자유주의와 개인주의를 사상의 근거로 삼음

- 자유주의: 개인의 자유를 가장 큰 가치로 여기는 사상
- 개인주의: 공동체보다 개인이 우선한다고 보는 사상

② 기본 입장

- 다른 사람의 자유와 권리를 침해하지 않는 한에서, 개인의 자유와 권리는 최대한 보장되어야 하며, 이를 통해 개인선을 실현하는 것이 정의로운 것임
- 타인의 자유와 권리를 침해하는 경우를 제외하고, 사회나 국가는 개인에게 특정 가치관을 강제할 수 없으며 개인의 선택권과 자율성을 최대한 보장해 주어야 함

개념 돋보기

능력과 업적
능력은 일을 감당할 수 있는 힘을 의미하고, 업적은 어떤 사업이나 연구 등에서 세운 공적, 성취해 놓은 일이나 이룩해 놓은 성과를 의미함. 그러므로 능력을 갖추고 있어야 업적을 이루기 용이함. 하지만 능력이 있다 하더라도 노력을 하지 않거나 상황이 여의치 않을 경우 업적을 내지 못할 수도 있음

자유주의적 인간관
자유주의는 개인이 공동체의 전통이나 가치로부터 독립된 존재라고 인식함

소극적 자유와 적극적 자유
- 소극적 자유: 타인이나 국가와 같은 외부로부터 간섭이나 방해가 없는 상태 → 국가로부터의 자유
- 적극적 자유: 개인이 자신의 선택과 결정에 따라 행위의 목적을 설정하고 그것을 실현할 수 있는 상태 → 국가에 의한 자유

Ⅱ

③ 한계

• 이기주의로의 변질 가능성: 개인선만을 지나치게 추구하다 보면 다른 사람의 자유와 권리를 침해하거나 공동선을 훼손하여 사회적 갈등을 유발할 수 있음

• 공동선에 대한 무관심: 자신만의 이익을 추구하다 보면 타인에게 무관심해져 공동선을 경시할 수 있으며, 이에 따라 사회 구성원 모두가 피해를 입을 수 있음

④ 대표 사상가

• 롤스

- 공정으로서의 정의: 절차의 공정성이 보장된다면 그 결과도 공정한 것으로 보는 입장으로, 사회 정의의 기준을 결과의 공정성이 아닌 절차의 공정성에 둠

→ 사회 운영 원칙을 사회 구성원끼리 합의할 때, 그 합의의 절차가 공정하다면 그 절차를 통해 나온 결과도 공정하다고 간주함

- 정의의 원칙: 무지의 베일로 가려진 원초적 입장에서 구성원은 공정한 합의의 결과로 다음과 같은 정의의 원칙을 도출함

제1원칙	평등한 자유의 원칙	모든 사람은 기본적 자유에 대하여 동등한 권리를 가져야 함
제2원칙	차등의 원칙	사회적·경제적 불평등은 최소 수혜자에게 최대 이익을 보장하는 경우에만 정당화될 수 있음
	기회 균등의 원칙	불평등의 계기가 되는 지위는 모든 사람에게 개방되어야 함
→ 정의의 원칙은 서열적으로 배열되어 있으며, 제2원칙은 제1원칙보다 우선할 수 없음		

• 노직

- 자유 지상주의적 분배 원칙: 올바른 재화의 분배는 개인의 자유에 전적으로 위임해야 함

- 소유 권리로서의 정의: 각 개인이 정당하게 소유한 재화에 대해서 그 개인은 완전한 소유권을 지님

취득의 원칙	정당한 노동을 통해 취득한 재화는 취득한 사람에게 소유 권리가 있음
양도(이전)의 원칙	정당한 소유권을 타인에 의해 자유롭고 정당하게 양도(이전) 받은 경우, 해당 재화에 대해서는 정당한 소유 권리가 있음
교정의 원칙	재화를 취득하거나 양도받는 과정에서 과오나 잘못이 있다면 바로잡아야 함

• 롤스와 노직의 비교

롤스	노직
사회적·경제적 불평등을 줄이기 위한 국가의 개입을 인정 → 국가의 소득 재분배 정책에 찬성	개인의 권리와 재산 보호의 최소한의 임무를 제외한 국가의 개입을 인정하지 않음 → 국가의 소득 재분배 정책에 반대

● 개념 돋보기

롤스의 정의론
• 인간에 대한 가정: 자신의 이익에는 관심이 있지만 상호 무관심한 합리적 인간
• 무지의 베일: 자신의 천부적 재능, 사회적 지위와 같은 개인적 정보를 모르는 상황을 만들기 위한 가상의 도구
• 원초적 입장: 천부적 재능, 사회적 지위와 같은 사회적·자연적 우연성의 배제를 위해 무지의 베일을 씌우고 사회 기본 제도를 정하는 가상 상황
• 합의 결과: 원초적 상황에서 개인은 최선보다 최악의 경우를 고려하므로 최소 수혜자가 최대 이익을 받는 것이 자신이 최소 수혜자가 되는 최악의 경우에 유리하다는 판단 아래 정의의 원칙을 세우게 됨

소득 재분배 정책
국가가 소득 불평등을 완화하기 위해 펼치는 정책으로 정부가 고소득자에게 높은 세금을 적용하고, 복지 제도를 시행하는 등의 정책을 말함

Ⅱ

2) 공동체주의적 정의관

① 기본 입장

- 공동체의 구성원들이 서로 유대감을 가지고 각자의 역할을 잘 수행하면서 공동선을 실현하는 것이 정의로운 것임
- 공동체는 개인이 공동체의 가치를 내면화하여 소속감을 느끼게 하고 공동체가 추구하는 미덕을 따르는 좋은 삶을 살 수 있도록 장려해야 함

② 한계

- 집단주의로의 변질 가능성: 공동체의 가치와 목적만을 지나치게 추구하다 보면 개인의 자유와 권리 희생을 강요하는 집단주의로 변질될 가능성이 있음
- 부당한 문화의 답습: 공동체의 전통과 제도를 보전한다는 명목 등으로 부당한 관습을 정당화하는 근거로 사용될 우려가 있음
- 연고주의: 개인의 능력이나 노력과 관계없이 가치를 불평등하게 배분할 가능성이 있음

③ 대표 사상가

- 매킨타이어: 개인은 사회적 역할을 통해 자아 정체성을 형성하는 존재이며, 공동체의 역사와 맥락 속에서 파악해야 하는 서사적 존재임

> 나는 공동체와 분리되어 존재하는 것이 아니다. 나는 이 친족에 속하고, 저 부족에 속하며, 이 민족에 속한다. 따라서 나에게 좋은 것은 이러한 역할을 담당하는 사람에게도 좋아야 한다. 나는 나의 가족, 나의 도시, 나의 부족, 나의 민족으로부터 다양한 빚과 유산, 정당한 기대와 의무를 물려받는다. 이것들은 내 삶에 주어진 바이고 나의 도덕적 출발점을 구성한다.
>
> - 매킨타이어『덕의 상실』

- 샌델
  - 개인은 무연고적 자아가 아니라 연고적 자아임
  - 개인은 개인의 책임 의식을 가지고 공동선 증진에 기여해야 함
- 왈처: 공동체의 문화적 특수성과 차이를 고려하여 사회적 가치를 분배해야 하며, 각기 다른 사회적 가치는 각기 다른 기준에 의해 분배되어야 함

3) 자유주의적 정의관과 공동체주의적 정의관의 조화

① 개인선과 공동선에 대한 자유주의와 공동체주의의 관점

- 자유주의: 개인의 자유와 권리 보장이 국부 증진 등의 공동선으로 이어짐
- 공동체주의: 공동선의 실현은 공동체 구성원의 개인선으로 이어짐
- 공통점: 자유주의와 공동체주의는 우선하는 것은 다르지만, 개인선과 공동선의 조화를 중시함

② 개인과 공동체의 바람직한 관계: 개인선과 공동선이 조화를 이루어 개인과 공동체가 서로 상호 보완적 관계를 갖는 것이 바람직함

● 개념 돋보기

공동체주의
개인의 좋은 삶은 공동체로부터 많은 영향을 받기 때문에 공동선을 추구해야 할 의무가 있다는 사상

공동체주의적 인간관
공동체주의는 개인을 공동체의 전통이나 가치로부터 영향을 받아 자아 정체성을 형성해가는 존재라고 인식함

연고주의
혈연이나 학연, 지연 등으로 맺어진 관계를 중요하게 여기거나 우선으로 여기는 태도

연고적 자아
특정한 공동체의 문화와 역사 등의 영향을 받아 자신의 정체성을 형성한 자아

3. 사회 및 공간 불평등 현상과 해결 방안

1) 불평등 현상

① 사회 불평등의 의미: 부, 권력, 명예 등 사회적 희소가치가 개인이나 집단에 고루 분배되지 않아 개인이나 집단이 사회적으로 평등한 지위를 갖지 못하고 서열화되어 있는 현상

② 사회 불평등의 종류

• 사회 계층의 양극화

구분	내용
의미	사회 구성원의 불평등이 심화되어 사회 계층에서 중간 계층이 감소하고 상층과 하층으로 몰리는 것
원인	주로 재산과 소득에 의한 경제적 차이가 정치적·사회적 불평등으로 이어짐
영향	• 개인의 능력이나 업적에 따른 사회 계층 간 이동이 어려워져 계층 대물림이 발생함 • 양극화가 지속되면 계층 간 위화감이 조성되고 이는 사회 통합을 어렵게 함

• 공간 불평등

구분	내용
의미	지역 간 경제적·사회적·문화적으로 차이가 발생하는 것 → 주로 수도권과 비수도권, 도시와 농촌 등이 차이를 보임
원인	• 성장 거점 개발: 우리나라는 경제 성장 초기에 성장 가능성이 높은 지역을 선발하고 해당 지역을 집중 개발함으로써 집중 개발에서 제외된 지역은 상대적으로 투자를 소홀히 하면서 지역 간 불평등이 발생함 • 1960년대 이후 급격한 도시화·산업화: 도시화·산업화가 빠르게 진행되면서 비수도권, 농촌 등은 수도권과 도시에 비해 사회적 자원이 부족하게 됨
영향	• 수도권과 도시 지역으로 인구, 편의 시설, 문화 시설 등이 지나치게 집중됨 • 상대적으로 발전한 지역과 그렇지 못한 지역 간에 갈등이 발생함

• 사회적 약자에 대한 차별

구분	내용
의미	경제 수준이나 사회적 지위에서 열악한 위치에 있는 개인이나 집단에 대한 차별 → 주로 여성, 아동, 노인, 장애인, 이주 노동자, 북한이탈주민 등에 대한 차별을 일컬음
원인	• 편견과 선입견: 성별, 나이, 장애, 국적, 경제적 지위 등을 근거로 삼아 해당 개인이나 집단에 대해 갖는 편견과 선입견 • 사회적으로 차별을 용인하는 분위기: 사회가 사회적 약자에 대한 차별을 적극적으로 타개하고자 하는 의지가 없으면 개인의 노력만으로는 한계가 있음
영향	• 사회적 약자의 기본적 권리를 침해함 • 개인의 능력이나 업적과 무관하게 발생하는 차별은 사회적 불평등을 심화시키고 정의로운 사회 구현을 방해함

● 개념 돋보기

사회 계층
일반적으로 사회에서는 사회·경제적 특성에 따라 위계가 발생하는데, 이때 같거나 비슷한 위계의 구성원들을 사회 계층이라고 일컬음

사회적 약자의 조건
사회적 약자는 사회적 소수자라고도 하는데, 이는 구성원의 수를 말하는 것이 아니라 자신들이 속해있는 사회 내에서 발휘하는 영향력 등을 고려한 표현임. 즉, 귀족과 농노로 구성된 계급 사회에서 귀족 구성원보다 농노 구성원이 많더라도 농노가 사회적 약자에 해당하며, 남성 위주의 사회 구조가 고착화된 사회에서는 여성들이 수가 더 많아도 사회적 약자가 될 수 있음

2) 정의로운 사회 실현을 위한 노력

① 사회 복지 제도

- 사회 보험: 국민에게 발생할 수 있는 사회적 위험을 개인, 정부, 기업이 보험 형식으로 대비하는 제도 → 의무(강제) 가입을 원칙으로 함
  예 국민 연금, 국민 건강 보험, 고용 보험, 산업 재해 보상 보험, 노인 장기 요양 보험 등
- 공공 부조: 국가가 생활 유지 능력이 없거나 생활이 어려운 국민을 대상으로 전액 지원을 통해 최소한의 삶을 누리고 자립할 수 있도록 돕는 제도
  예 국민 기초 생활 보장 제도, 기초 연금, 의료 급여 등
- 사회 서비스: 도움이 필요한 사회적 취약 집단에게 상담, 재활, 돌봄 등의 서비스를 제공하는 제도
  예 노인 돌봄 서비스, 장애인 활동 지원, 가사·간병 서비스 등

② 지역 격차 완화 정책

- 의미: 공간 불평등을 해소하여 국토 균형 개발을 도모하는 정책
- 실천 방안
  - 공공 기관 및 기업의 지방 이전: 수도권에 위치한 공공 기관을 지방으로 이전하거나 지방으로 이전하는 기업에게 세금 감면 및 규제 완화 등의 혜택을 제공하여 수도권으로 집중된 기능을 분산시킴
  - 지역 경쟁력 제고: 지방 자치 단체가 지역 특산품이나 관광 자원을 개발하는 등의 노력을 통해 자립형 지역 발전의 기반을 구축함
  - 도시 내부의 불평등 완화: 공공 임대 주택 공급, 도시 기반 시설 확충, 환경 정비 사업 실시 등을 제공하여 도시 내부의 불평등을 완화함

③ 적극적 평등 실현 조치(명칭 변경: 적극적 우대 조치 → 적극적 평등 실현 조치)

- 의미: 사회적으로 차별을 받는 사회적 약자에게 실질적인 기회의 평등을 제공하고자 여러 혜택을 제공하는 제도
- 사례
  - 여성 할당제: 기존 남성 중심적 사회에서 여러 가지 불이익을 받아온 여성에게 채용과 승진, 공직 진출의 혜택을 제공하는 것
  - 장애인 의무 고용 제도: 관공서나 일정 규모 이상의 기업에서 근로자를 고용할 때 일정 비율 이상의 장애인을 고용하도록 하는 제도
  - 대학 입학 전형: 사회적 배려 대상자 전형, 장애인 전형, 농어촌 학생 전형, 기회 균등 전형 등 다양한 방법으로 실질적으로 평등한 대학 입학의 기회를 제공하고자 함
- 부당한 차별을 받는 집단에게 혜택을 제공하는 것이 심해지면 오히려 반대편이 차별받는 결과를 일으킨다는 역차별의 상황이 발생하지 않도록 유의하여야 함

④ 시민의 노력

- 편견이나 고정 관념을 가지지 않아야 함
- 다양한 방법으로 정치에 참여하여 불평등한 제도나 정책을 개선해야 함
- 사회적 약자의 고통에 공감하고 배려하는 자세를 지녀야 함

개념 돋보기

사회 복지 제도
사회 구성원의 최소한의 삶을 보장하고 사회 통합 도모를 위해 필요한 제도로, 사회 계층의 양극화를 완화하고 사회적 약자를 보호하는 기능을 함

역차별
부당한 차별을 받는 쪽을 보호하기 위해 마련한 제도나 장치로 인해 오히려 반대쪽이 차별을 받는 것

OX & 빈칸 채우기

1 ________은/는 일반적으로 각자가 마땅한 몫을 공정하게 받는 것을 말한다.

2 ________은/는 개인이 좋은 것[선(善)]이라고 여기며 추구하는 것이다.

3 ________은/는 사회가 좋은 것[선(善)]이라고 여기며 추구하는 것이다.

4 아리스토텔레스의 ________은/는 공동선과 덕을 위한 법을 준수하는 것을 말한다.

5 아리스토텔레스의 ________은/는 각자가 지닌 가치에 따라 권력, 명예, 재화 등을 분배하여 공정함을 실현하는 것을 말한다.

6 아리스토텔레스의 ________은/는 손익의 관점에서 서로 동등하지 않은 상태를 바로잡는 것을 말한다.

7 아리스토텔레스의 ________은/는 같은 가치의 물건끼리 교환하여 교환의 결과를 공정하게 하는 것을 말한다.

8 능력에 따른 분배는 신체적·정신적 능력에 따라 재화를 분배하는 것이다. (O / X)

9 능력에 따른 분배는 능력을 측정하는 기준 마련이 쉽기 때문에 객관적 평가에 용이하다. (O / X)

10 업적에 따른 분배는 달성한 업적, 성과 등에 따라 재화를 분배하는 것이다. (O / X)

11 업적에 따른 분배는 많은 업적을 내기 어려운 사회적 약자에 대한 배려가 부족하다는 한계가 있다. (O / X)

12 필요에 따른 분배는 구성원 모두에게 동일한 몫을 분배하는 것이다. (O / X)

13 필요에 따른 분배는 한정된 자원으로 모든 사람의 필요를 충족시킬 수 없다는 한계가 있다. (O / X)

14 ________적 정의관은 각 개인의 자유와 권리를 최대한 보장하여 개인선을 실현하는 것이 정의롭다고 보는 관점이다.

15 ________적 정의관은 각 개인이 속한 공동체의 공동선을 실현하는 것이 정의롭다고 보는 관점이다.

16 자유주의적 정의관은 지나친 ________ 추구로 인해 이기주의로 변질될 가능성을 갖는다.

17 공동체주의적 정의관은 지나친 ________ 추구로 인해 집단주의로 변질될 가능성을 갖는다.

18 롤스는 정의의 제1원칙으로 '평등한 자유의 원칙', 제2원칙으로 '차등의 원칙', '공정한 기회 균등의 원칙'을 제시한다. (O / X)

19 노직은 취득과 양도의 과정이 정의로웠다면 개인은 해당 소유물에 대한 배타적 권리를 갖는다고 본다. (O / X)

20 매킨타이어는 개인을 공동체의 역사와 맥락 속에서 파악해야 하는 서사적 존재로 본다. (O / X)

21 샌델은 개인을 무연고적 자아로 간주한다. 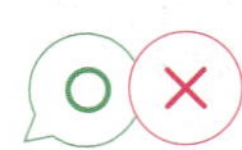

22 왈처는 상이한 사회적 가치들이 하나의 기준에 의해 분배되어야 한다고 본다. 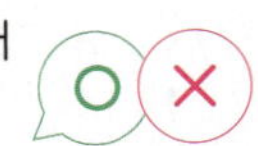

23 ________은/는 사회적 희소가치가 고루 분배되지 않아 개인이나 집단이 사회적으로 서열화되어 있는 현상을 말한다.

24 사회 계층의 ________은/는 불평등의 심화로 사회 계층에서 중간 계층이 감소하고 상층과 하층으로 몰리는 현상을 말한다.

25 ________은/는 지역 간 경제적·사회적·문화적으로 차이가 발생하는 것을 말한다.

26 ________은/는 국민에게 발생할 수 있는 사회적 위험을 보험 형식으로 대비하는 제도이다.

27 ________은/는 국가가 생활이 어려운 국민을 대상으로 전액 지원을 통해 자립할 수 있도록 돕는 제도이다.

28 ________은/는 사회적 취약 집단에게 제공되는 상담, 재활, 돌봄 등의 서비스를 말한다.

29 ________은/는 실질적인 기회의 평등을 위해 사회적으로 차별 받는 사회적 약자에게 여러 혜택을 제공하는 제도이다.

30 사회적 약자는 해당 구성원의 수에 의해 결정된다. 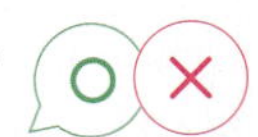

31 사회 복지 제도는 개인의 노력이 없더라도 일정 수준 이상의 삶이 보장되도록 지원하는 제도이다. 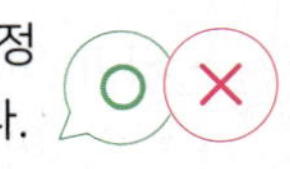

32 노인 돌봄 서비스, 장애인 활동 지원은 사회 보험의 사례이다. 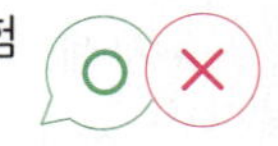

33 국민 기초 생활 보장 제도, 기초 연금은 공공 부조의 사례이다. 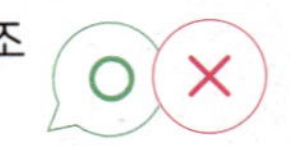

34 우리나라의 지역 격차 완화 정책 사례로 수도권 소재 공공 기관의 지방 이전을 들 수 있다. 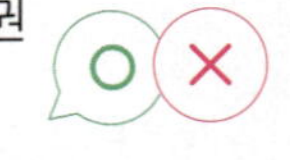

35 여성 할당제, 장애인 의무 고용 제도는 적극적 평등 실현 조치의 사례이다. 

1. 정의 2. 개인선 3. 공동선 4. 일반적 정의 5. 분배적 정의 6. 교정적 정의 7. 교환적 정의 8. ○ 9. ×(능력을 측정하는 기준 마련이 어려워 객관적 평가가 어려움) 10. ○ 11. ○ 12. ×(필요에 따른 분배는 기본적 필요를 충족하기 어려운 사람에게 재화를 우선 배분하는 것임) 13. ○ 14. 자유주의 15. 공동체주의 16. 개인선 17. 공동선 18. ○ 19. ○ 20. ○ 21. ×(연고적 자아로 간주함) 22. ×(왈처에 따르면, 상이한 사회적 가치에는 각각 다른 분배 기준이 적용되어야 함) 23. 사회 불평등 24. 양극화 25. 공간 불평등 26. 사회 보험 27. 공공 부조 28. 사회 서비스 29. 적극적 평등 실현 조치 30. ×(구성원의 수가 아니라 사회 내 영향력 등을 고려한 표현임) 31. ×(사회 복지 제도는 개인과 국가 모두의 노력이 조화를 이루어야 효과적으로 작용함) 32. ×(사회 서비스의 사례임) 33. ○ 34. ○ 35. ○

Ⅱ

1

[일사 16년 6월 18번]

밑줄 친 (가)에 들어갈 내용으로 적절하지 않은 것은? (3점)

> 오늘날 공동체 안에서는 개인의 권리와 국가 정책이 충돌하거나, 개인과 개인 간의 권리가 충돌하는 등 갈등의 양상이 복잡하고 다양하게 나타나고 있다. 이러한 갈등을 합리적으로 해결하기 위해서는 ______(가)______

① 사익과 공익의 조화를 추구해야 한다.
② 갈등의 원인을 명확하게 이해해야 한다.
③ 서로 간의 차이를 인정하는 태도를 가져야 한다.
④ 개인보다는 국가를 우선하는 태도를 가져야 한다.
⑤ 대화를 통해 서로를 이해하려는 자세를 가져야 한다.

2 대표 문제

[생윤 고2 20년 3월 12번]

다음 강연자의 입장만을 [보기]에서 고른 것은? (3점)

[보기]

ㄱ. 각 사람의 필요에 따른 분배가 정의로운 분배이다.
ㄴ. 공동체의 법규를 잘 지키는 것은 정의로운 행위이다.
ㄷ. 교정적 정의는 이익과 손해의 동등함을 회복하는 것이다.
ㄹ. 분배적 정의는 만인에게 재화를 동일하게 분배하는 것이다.

① ㄱ, ㄴ ② ㄱ, ㄷ ③ ㄴ, ㄷ ④ ㄴ, ㄹ ⑤ ㄷ, ㄹ

3

[윤사 고2 19년 3월 3번]

다음을 주장한 고대 서양 사상가의 입장으로 가장 적절한 것은? (3점)

> 분배에 있어 정의란 각자의 가치에 비례하여 각자의 몫이 분배되는 것이다. 서로 동등하지 않은 사람들이 동등한 몫을, 서로 동등한 사람들이 동등하지 않은 몫을 차지하는 경우 불평과 싸움이 생겨난다. 정의는 일종의 비례적인 것이다.

① 업적에 따라 몫을 분배하는 것은 허용된다.
② 어떠한 경우에도 경제적 불평등은 허용될 수 없다.
③ 재화는 구성원 각자의 필요에 따라 분배되어야 한다.
④ 분배 정의의 실현을 위해 사적 소유는 허용될 수 없다.
⑤ 재화는 능력이 부족한 사람에게 더 많이 분배되어야 한다.

4

[일사 16년 11월 7번]

다음 주장에 부합하는 사례로 적절하지 않은 것은? (2점)

> 만약 모든 사람이 자신의 신분, 능력, 재산 등을 알지 못하는 상황에서 사회적 가치의 분배에 관한 협상을 한다고 하자. 사람들은 자신이 가장 약자일 경우를 가정하여 사회적 약자에게 가장 큰 몫을 분배하는 데 찬성할 것이다. 그러므로 가난하고 힘없는 사회적 약자를 우선적으로 배려하는 것은 사회 정의에 부합한다.

① 전통 시장 반경 1km 이내에 대형 마트의 입점을 금한다.
② 정부가 장애인을 소속 공무원 정원의 3% 이상 고용한다.
③ 대학이 저소득층의 자녀를 대상으로 특별 입학 전형을 실시한다.
④ 동일한 업무를 수행하는 여성에게 남성보다 높은 임금을 지급한다.
⑤ 지방 자치 단체가 소득이 기준 금액 이하인 65세 이상의 노인에게 매달 연금을 지급한다.

정답과 해설 | 1 p.29 | 2 p.29 | 3 p.29 | 4 p.29

5 대표 문제

[18년 3월 4번]

(가)의 입장에서 (나)의 A에게 제시할 조언으로 가장 적절한 것은? 2점

(가)	사회 구성원이 인간으로서 기본적인 삶을 유지할 수 있도록 최소한의 필요를 충족시키는 분배를 해야 한다.
(나)	○○시의 △△자선단체에서 근무하는 A는 연말에 모금된 불우 이웃 돕기 성금을 어떻게 분배해야 할지 고민하고 있다.

① 모든 시민들에게 균등하게 분배해야 합니다.
② 나이가 많은 사람에게 우선적으로 분배해야 합니다.
③ 직업이 있는 사람에게 우선적으로 분배해야 합니다.
④ 가장 빈곤한 사람에게 우선적으로 분배해야 합니다.
⑤ 부양가족이 적은 사람에게 우선적으로 분배해야 합니다.

6

[윤사 고2 19년 3월 14번]

사회사상 (가), (나)의 입장에 대한 옳은 설명을 [보기]에서 고른 것은? 2점

(가) 개인의 자유가 가장 소중하다. 각 개인에게는 자신이 원하는 삶을 살아갈 자유가 있다. 개인은 공동체에 우선하며, 공동체는 개인의 자유를 보장하기 위한 수단이다.
(나) 개인은 공동체적 삶에 헌신해야 한다. 개인은 공동체를 선택하기 이전에 이미 특정한 공동체에서 태어났고, 그 공동체의 문화와 역사를 바탕으로 자신의 삶을 구성한다.

[보기]

ㄱ. (가)는 공동체가 개인의 삶에 적극 간섭해야 한다고 본다.
ㄴ. (나)는 개인의 정체성이 공동체를 토대로 형성된다고 본다.
ㄷ. (나)는 (가)에 비해 공동체에 대한 개인의 책무를 강조한다.
ㄹ. (가)는 개인을 연고적 자아로, (나)는 독립된 자아로 본다.

① ㄱ, ㄴ ② ㄱ, ㄷ ③ ㄴ, ㄷ ④ ㄴ, ㄹ ⑤ ㄷ, ㄹ

7

[생윤 고2 19년 3월 13번]

갑, 을의 입장만을 [보기]에서 있는 대로 고른 것은? 2점

갑: 개인은 공동체의 전통이나 가치로부터 독립적이고 자율적인 존재이다. 공동체는 개인의 자유와 권리를 보장하기 위해서만 존재한다.
을: 개인은 공동체 속에서만 정체성을 형성할 수 있는 존재이다. 개인은 공동체적 관계에 기반을 두고 공동체가 추구하는 좋은 삶을 지향해야 한다.

[보기]

ㄱ. 갑: 개인의 권리보다 공동체의 이익이 더 중요하다.
ㄴ. 갑: 개인은 자율적 선택에 따라 살아가는 주체이다.
ㄷ. 을: 개인은 공동체와 유기적인 관계를 맺으며 살아간다.
ㄹ. 갑, 을: 사회는 개인의 권리 보장을 위한 수단에 불과하다.

① ㄱ, ㄴ ② ㄱ, ㄹ ③ ㄴ, ㄷ
④ ㄱ, ㄷ, ㄹ ⑤ ㄴ, ㄷ, ㄹ

8

[윤사 고2 20년 3월 7번]

사회사상 (가), (나)의 입장만을 [보기]에서 고른 것은? 2점

(가) 개인의 자유와 권리가 중요하다. 개인은 타인에게 피해를 주지 않는 한, 개인 선을 추구하는 자유를 보장받아야 한다. 사회는 개인의 가치관이나 삶의 방식에 간섭해서는 안 된다.
(나) 공동선과 연대성이 중요하다. 개인의 정체성은 공동체의 역사와 전통 속에서 형성되므로 개인은 사회적·역사적 책무를 적극 수용해야 한다. 사회는 구성원들이 공동체의 가치를 받아들이도록 해야 한다.

[보기]

ㄱ. (가): 개인은 스스로 자신의 가치관을 선택할 수 있다.
ㄴ. (나): 공동체는 개인에게 사회적 책임을 부과할 수 있다.
ㄷ. (나): 개인은 공동체와 무관하게 정체성을 확립해야 한다.
ㄹ. (가), (나): 공동체는 개인의 자유 실현을 위한 수단일 뿐이다.

① ㄱ, ㄴ ② ㄱ, ㄷ ③ ㄴ, ㄷ ④ ㄴ, ㄹ ⑤ ㄷ, ㄹ

정답과 해설 5 p.30 6 p.30 7 p.30 8 p.30

9

[19년 11월 13번]

(가)의 입장에 비해 (나)의 입장이 갖는 상대적 특징을 그림의 ㉠~㉤ 중에서 고른 것은? 3점

(가) 공동체는 개인이 자신의 목적을 달성하기 위해 선택하는 수단이다. 공동체는 개인이 자신의 목적을 효과적으로 성취할 수 있도록 구성되어야 한다.

(나) 공동체는 개인이 자아 정체성을 구성하고 삶의 방향을 형성하는 데 중요한 기반이 된다. 개인은 공동체의 가치와 전통을 내면화하여 자아를 실현해야 한다.

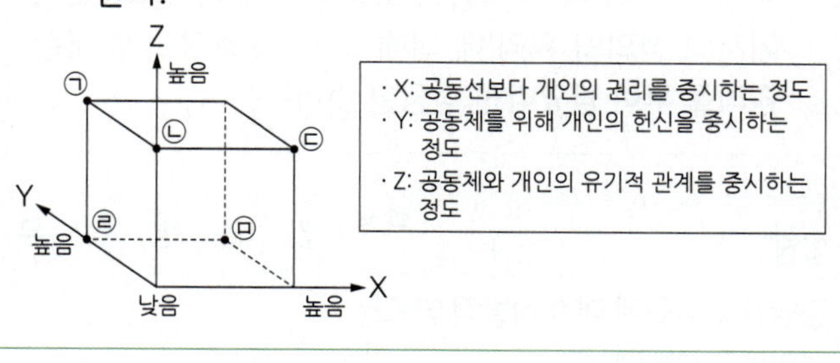

① ㉠　② ㉡　③ ㉢　④ ㉣　⑤ ㉤

10

[24년 10월 16번]

갑, 을의 입장에 대한 설명으로 옳은 것은? 3점

갑: 개인의 자유는 무엇보다 중요하다. 따라서 타인의 자유를 침해하지 않는 범위에서 개인의 자유가 최대한 보장되어야 모든 사람들이 좋은 삶을 누릴 수 있다. 이를 위해 공동체는 개인에게 특정한 가치를 강요해서는 안 된다.

을: 개인의 정체성은 공동체의 영향을 받으며 형성된다. 따라서 개인이 공동체가 요구하는 책무를 이행하여 공동체 발전에 기여해야 모든 사람들이 좋은 삶을 누릴 수 있다. 이를 위해 공동체는 개인에게 공동체의 가치를 적극적으로 장려해야 한다.

① 갑은 개인의 자유가 무제한적으로 보장되어야 한다고 본다.

② 을은 공동체 발전을 위해 개인에게 주어지는 의무가 있다고 본다.

③ 갑은 을과 달리 개인이 공동체의 가치를 내면화해야 한다고 본다.

④ 을은 갑과 달리 개인이 공동체와 무관하게 정체성을 형성한다고 본다.

⑤ 갑과 을은 모두 개인이 좋은 삶을 누리는 데 공동체의 역할은 불필요하다고 본다.

11

[21년 11월 12번]

갑, 을의 입장으로 적절하지 않은 것은? 2점

개인은 공동체에 우선하기 때문에 공동체는 개인의 독립성과 자율성을 중시해야 합니다. 따라서 개인의 기본권을 보장하여 개인선을 실현하는 것이 정의라고 할 수 있습니다.

공동체는 개인에 우선하기 때문에 개인은 공동체의 문화와 역사, 전통과 규범을 중시해야 합니다. 따라서 공동선을 실현하는 것이 정의라고 할 수 있습니다.

① 갑: 개인의 좋은 삶의 모습은 공동체에 의해 결정된다.

② 갑: 개인선의 실현이 공동선의 실현으로 이어질 수 있다.

③ 갑: 개인의 선택은 자아 정체성 형성에 중요한 역할을 한다.

④ 을: 개인은 연대 의식을 갖고 사회 문제 해결에 참여해야 한다.

⑤ 을: 개인은 공동체가 지향하는 가치와 규범을 내면화해야 한다.

12 대표 문제

[22년 11월 18번]

(가), (나) 사상에 대한 옳은 설명만을 [보기]에서 고른 것은? 2점

(가) 개인은 공동체의 전통이나 가치로부터 독립적이고 자율적인 존재이다. 공동체의 이익은 공동체에 속한 개인이 자유롭게 이익을 추구함으로써 증가할 수 있다.

(나) 개인은 공동체의 영향을 받으며 정체성을 형성해 나가는 존재이다. 공동체 속에서 살아가는 구성원 각자는 공동체가 발전함으로써 행복한 삶을 영위할 수 있다.

[보기]

ㄱ. (가)는 개인의 자유와 권리의 보장을 중시한다.

ㄴ. (가)는 공동체가 개인의 삶의 방식을 결정한다고 본다.

ㄷ. (나)는 공동체의 발전을 위한 개인의 책무를 강조한다.

ㄹ. (가), (나)는 모두 개인의 이익과 공동체의 이익이 항상 배타적이라고 본다.

① ㄱ, ㄴ　② ㄱ, ㄷ　③ ㄴ, ㄷ　④ ㄴ, ㄹ　⑤ ㄷ, ㄹ

정답과 해설 9 p.30 10 p.31 11 p.31 12 p.31

13 대표 문제 [18년 11월 16번]

다음 정의의 원칙에 대한 입장으로 옳지 않은 것은? 3점

> 정의의 두 원칙은 다음과 같다. 첫째, 개인은 기본적 자유에 있어 평등한 권리를 가져야 한다. 둘째, 사회적·경제적 불평등은 다음과 같은 두 가지 조건이 충족될 때 허용된다. 최소 수혜자에게 우선적으로 최대의 이익을 보장하도록 이루어져야 하고, 공정한 기회균등의 원칙에 따라 모든 사람에게 지위와 직책이 개방되어야 한다.

① 양심의 자유나 언론의 자유를 최대한 보장해야 한다.
② 사회 구성원의 경제적 이익 추구가 허용되어야 한다.
③ 개인의 자유를 침해하더라도 최소 수혜자를 도와야 한다.
④ 정의로운 사회에서도 사회적·경제적 불평등은 존재할 수 있다.
⑤ 지위나 직책에 오를 기회가 모두에게 공평하게 개방되어야 한다.

14 대표 문제 [25년 3월 4번]

그림은 인터넷 게시판 화면이다. 밑줄 친 '나'의 입장을 지지하는 댓글만을 ㉠~㉣ 중에서 있는 대로 고른 것은? 3점

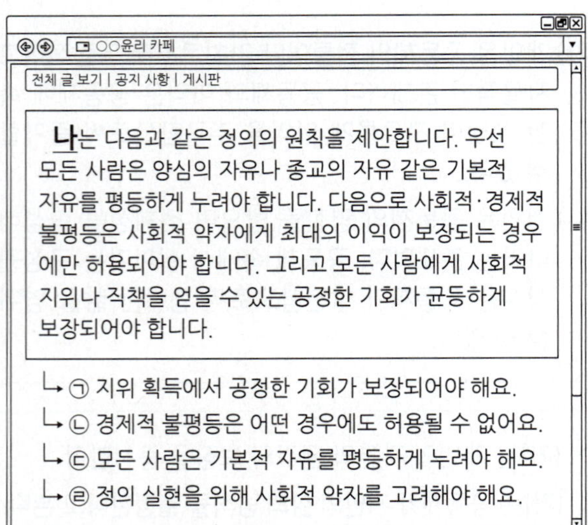

① ㉠, ㉡　② ㉠, ㉣　③ ㉡, ㉢
④ ㉠, ㉢, ㉣　⑤ ㉡, ㉢, ㉣

15 [생윤 16년 11월 7번]

다음을 주장한 사상가의 입장에만 모두 '√'를 표시한 학생은? 3점

> • 정의로운 국가는 강요, 절도, 사기 등으로부터의 보호와 같은 좁은 기능들에 제한된 최소 국가이다. 그 이상의 포괄적 국가는 개인이 원하지 않는 특정의 것들을 하도록 강제하므로 강제 받지 않을 개인의 권리를 침해한다.
> • 각 개인의 소유권은 자발적 취득과 교환 행위로부터 발생한다. 이 때 한 사람의 소유물은 '취득·양도·교정에서의 정의의 원리'에 의해 그가 그 소유물에 대한 권리를 부여 받았다면 정당한 것이다.

입장 \ 학생	갑	을	병	정	무
정당한 소유물에 대한 자발적 양도는 정의로운 분배다.	√		√	√	
분배 정의는 국가 주도의 재분배 정책을 통해 실현된다.		√	√		√
국가의 역할은 범죄 예방과 같은 소극적 기능에 한정된다.	√			√	√
개인은 정당하게 얻은 소유물에 대해 절대적 권리를 지닌다.		√		√	√

① 갑　② 을　③ 병　④ 정　⑤ 무

정답과 해설 | 13 p.31 | 14 p.32 | 15 p.32

16

[윤사 고2 19년 3월 15번]

(가)의 현대 사상가 갑, 을의 입장을 (나) 그림으로 표현할 때, A~C에 해당하는 적절한 진술을 [보기]에서 고른 것은? 3점

(가)	갑: 정의의 원칙은 개인의 소유 권리를 최우선적으로 보장한다. 정당하게 소유물을 취득하고 양도받았다면, 빈부 격차가 크더라도 그 소유 상태는 정의롭다. 을: 정의의 원칙은 가상적 상황에서 합의된다. 이 원칙은 기회균등과 최소 수혜자의 최대 이익이 보장되는 한에서 사회적·경제적 불평등을 허용한다.
(나)	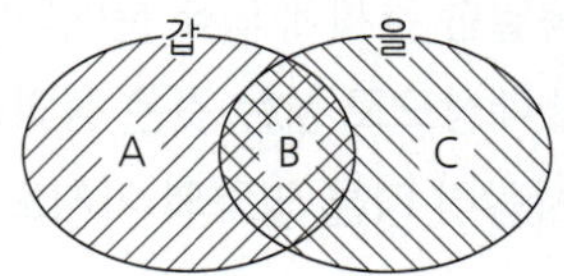 <범 례> A: 갑만의 입장 B: 갑, 을의 공통 입장 C: 을만의 입장

[보 기]

ㄱ. A: 개인의 소유권은 정당한 과정을 통해 인정되어야 한다.
ㄴ. B: 개인 간의 빈부 격차는 정의로운 사회에도 존재할 수 있다.
ㄷ. C: 국가는 사적 소유에 대한 개인의 자유를 보장해야 한다.
ㄹ. C: 국가는 정책을 통해 사회적 약자의 복지를 증진해야 한다.

① ㄱ, ㄴ ② ㄱ, ㄷ ③ ㄴ, ㄷ ④ ㄴ, ㄹ ⑤ ㄷ, ㄹ

17

[생윤 고2 19년 3월 18번]

다음을 주장한 사상가의 입장으로 가장 적절한 것은? 3점

원초적 입장에서 사람들은 다음과 같은 정의의 원칙에 합의할 것이다. 첫째, 개인은 기본적 자유에 있어서 평등한 권리를 가진다. 둘째, 사회적·경제적 불평등은 최소 수혜자에게 최대의 이익이 보장되고, 공정한 기회균등의 원칙이 충족될 때 허용된다.

① 사회적 불평등은 정의 실현을 위한 필요충분조건이다.
② 정의로운 사회에서도 분배의 결과는 불평등할 수 있다.
③ 공정한 기회를 보장하면 결과의 평등을 실현할 수 있다.
④ 사회 전체의 부를 위해서 기본적 자유를 제한할 수 있다.
⑤ 평등 실현을 위해 모든 사회적 가치를 똑같이 분배해야 한다.

18

[21년 3월 5번]

다음을 주장한 사상가의 입장으로 적절하지 않은 것은? 3점

정의로운 사회에서 모든 사람들은 표현의 자유, 신체의 자유 등 기본적 자유를 누릴 수 있는 평등한 권리를 가져야 한다. 그리고 사회적 지위나 직책을 얻을 수 있는 기회를 공정하게 보장받아야 한다. 단, 사회적·경제적 불평등은 가장 불리한 여건에 있는 사람들에게 최대 이익이 보장되는 경우에만 허용된다.

① 기본적 자유는 모두가 평등하게 누려야 한다.
② 재화는 모든 사람에게 똑같이 분배되어야 한다.
③ 사회적 약자의 처지를 개선하는 제도가 필요하다.
④ 정의로운 사회에서도 경제적 불평등은 허용될 수 있다.
⑤ 공직자가 될 수 있는 기회는 모두에게 개방되어야 한다.

19

[23년 3월 2번]

다음 가상 편지를 쓴 사상가의 입장으로 적절한 것만을 [보기]에서 고른 것은? 3점

○○에게

자네가 정의의 원칙에 대해 물었기에 나의 생각을 말하겠네. 정의의 원칙은 누구에게도 유리하거나 불리하지 않도록 설정된 가상 상황에서 도출될 때 공정성이 보장된다네. 내가 제시하는 정의의 원칙은 다음과 같다네. 첫째, 모든 사람은 기본적 자유를 평등하게 누려야 한다. 둘째, 사회적 · 경제적 불평등은 최소 수혜자에게 최대의 이익을 보장하도록, 그리고 공정한 기회균등의 조건 아래 모든 사람에게 개방된 직책이나 직위와 결부되도록 편성되어야 한다. 이러한 정의의 원칙이 적용된다면 공정성이 확보된 정의로운 사회가 될 것이네.

[보 기]

ㄱ. 정의로운 사회에서는 경제적 불평등이 존재하지 않는다.
ㄴ. 정의의 원칙은 누구에게도 유리하거나 불리하지 않은 상황에서 선택된다.
ㄷ. 정의로운 사회 실현을 위해서는 최소 수혜자의 이익을 고려할 필요가 없다.
ㄹ. 정의의 원칙에 의하면 모든 사람의 기본적 자유는 평등하게 보장되어야 한다.

① ㄱ, ㄴ ② ㄱ, ㄷ ③ ㄴ, ㄷ ④ ㄴ, ㄹ ⑤ ㄷ, ㄹ

정답과 해설 16 p.32 17 p.32 18 p.33 19 p.33

20

[18년 3월 7번]

㉠에 들어갈 내용으로 가장 적절한 것은? 2점

	정의의 원칙
1	모든 사람들은 표현의 자유, 신체의 자유 등 기본적 자유를 누려야 한다.
2	• 사회적 · 경제적 불평등은 가장 불리한 여건에 있는 사람들에게 최대의 이익이 보장되는 경우에만 허용된다. • 사회적 지위나 직책을 얻을 수 있는 기회가 공정하게 보장되어야 한다.

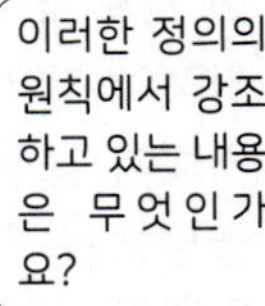

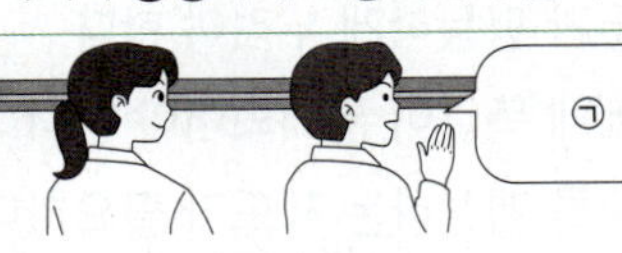

① 표현의 자유를 제한해야 함을 강조합니다.

② 사회적 약자를 배려해서는 안 된다는 점을 강조합니다.

③ 기본적 자유를 모두가 평등하게 누려야 함을 강조합니다.

④ 재화를 모든 사람에게 똑같이 분배해야 함을 강조합니다.

⑤ 경제적 불평등은 어떤 경우에도 허용될 수 없음을 강조합니다.

21

[22년 3월 5번]

그림의 강연자가 지지할 입장으로 가장 적절한 것은? 3점

① 사회적 약자를 배려하는 제도를 시행해야 한다.

② 소득에 따라 직업에 대한 접근 기회를 제한해야 한다.

③ 특정 계층만이 사회 지도층 자리에 오를 수 있어야 한다.

④ 사회 정의 실현을 위해 빈부 격차가 모두 사라져야 한다.

⑤ 기본적 자유를 개인의 능력에 따라 차등적으로 보장해야 한다.

22

[유사 고2 19년 3월 18번]

다음을 주장한 사상가의 입장으로 옳은 것은? 3점

> 상이한 사회적 가치들은 상이한 이유에 따라, 상이한 절차를 통해, 상이한 주체에 의해 분배되어야 한다. 어떤 사회적 가치와 관련하여 한 시민이 지닌 어떠한 지위도 다른 가치와 관련된 그의 지위 때문에 침해당해서는 안 된다. 다원적 평등이 실현될 때 정의로운 사회가 된다.

① 분배 영역별로 고유한 분배의 기준과 절차가 존재한다.

② 정의로운 사회에서는 어떠한 불평등도 존재하지 않는다.

③ 모든 사회적 가치는 동일한 주체에 의해 분배되어야 한다.

④ 사회적 가치를 분배의 대상으로 삼는 것은 정의롭지 않다.

⑤ 한 영역에서 성공한 사람이 다른 영역의 가치도 소유해야 한다.

23

[18년 11월 11번]

다음에서 나타나는 건강 불평등 문제에 대한 옳은 설명을 [보기]에서 고른 것은? 3점

> 주로 숲 모기에 의해 전염되는 지카 바이러스는 태아의 뇌 기능을 저하시켜 소두증을 일으킨다. 임산부와 태아의 건강을 위협하는 이 바이러스는 방충망을 살 돈이 없는 빈곤층, 하수 처리 시설이 미흡한 지역, 방역 시스템이 제대로 작동하지 않는 저소득 국가에서 주로 발생한다. 또한 이러한 건강 불평등 현상은 건강 보험 제도와 같은 사회 보장 제도가 취약한 지역에서 더 심각하게 나타난다.

[보기]

ㄱ. 사회 계층에 따라 건강 불평등이 나타날 수 있다.

ㄴ. 공간 불평등은 건강 불평등을 초래하는 요인이 된다.

ㄷ. 선진국에서는 건강 불평등 문제가 나타나지 않는다.

ㄹ. 건강 불평등 문제는 개인의 의식 개혁만으로 해결 가능하다.

① ㄱ, ㄴ ② ㄱ, ㄷ ③ ㄴ, ㄷ ④ ㄴ, ㄹ ⑤ ㄷ, ㄹ

Ⅱ

24 대표 문제

[23년 11월 18번]

다음 글의 (가)에 들어갈 내용으로 가장 적절한 것은? 2점

> 제목: (가)
>
> 과거 우리나라는 정부 주도의 성장 중심 개발을 추진하였다. 이 과정에서 수도권은 인구와 산업 및 편의 시설 등의 기능이 집중되어 크게 성장하였지만, 비수도권은 상대적으로 성장이 정체되고, 낙후되는 문제가 발생하였다. 이를 해결하기 위해 정부는 다양한 정책을 추진하고 있다. 대표적인 정책으로 공공 기관 지방 이전 계획이 있으며, 이에 따라 전국에 주요 혁신 도시를 지정하여 수도권 소재의 공공 기관을 지방으로 이전하고 있다.

① 공간 불평등 해소를 위한 정부의 노력
② 저출산·고령화 문제 해결을 위한 정책
③ 다문화 사회의 갈등 해소를 위한 개인적 노력
④ 시장 경제 질서의 효율성 향상을 위한 기업의 노력
⑤ 과시 소비로 인한 계층 간 위화감 해소를 위한 정책

25

[20년 11월 17번]

(가)에 들어갈 내용으로 가장 적절한 것은? 2점

> 우리나라 수도권의 면적은 전체 국토 면적의 약 12%에 불과하지만, 경제 발전 과정에서 추진된 성장 위주의 개발 정책의 영향으로 기업, 공공 기관 및 각종 교육·문화·의료 시설 등이 수도권에 집중되었다. 이로 인해 비수도권에서 수도권으로 인구 유입은 지속되고 있으며, 2020년에는 수도권 인구가 비수도권 인구를 처음으로 넘어섰다. 따라서 수도권에 집중된 인구와 다양한 기능을 비수도권으로 분산하고, 비수도권의 경제 활성화와 생활 환경 개선에 힘써 (가) 을/를 완화해야 한다.

① 세대 간 차이에 따른 갈등
② 개인주의적 가치관의 확산
③ 성별에 따른 선입견과 편견
④ 노동자와 사용자 사이의 갈등
⑤ 지역 격차에 따른 공간 불평등 현상

26

[22년 11월 14번]

밑줄 친 ㉠~㉣에 대한 옳은 설명만을 [보기]에서 있는 대로 고른 것은? 2점

> 우리나라는 1970년대에 정부 주도의 ㉠성장 거점 개발을 추진하였다. 이로 인해 ㉡수도권은 인구와 자본의 유입으로 크게 성장했지만, 비수도권은 상대적으로 성장이 정체되거나 낙후되었다. 우리나라는 이러한 ㉢수도권과 비수도권 간의 격차를 해결하기 위해 다양한 ㉣지역 격차 완화 정책을 추진하고 있다.

[보기]

ㄱ. ㉠은 투자의 효율성보다 지역 간 형평성을 강조한다.
ㄴ. ㉡은 국토의 공간적 불평등이 심화하였음을 의미한다.
ㄷ. ㉢은 사회 통합을 저해하는 요인으로 작용할 수 있다.
ㄹ. ㉣의 사례로 '수도권 소재 공공 기관의 지방 이전'을 들 수 있다.

① ㄱ, ㄷ ② ㄱ, ㄹ ③ ㄴ, ㄹ
④ ㄱ, ㄴ, ㄷ ⑤ ㄴ, ㄷ, ㄹ

27

[21년 11월 15번]

다음은 학생 필기 내용의 일부이다. 밑줄 친 ㉠~㉣에 대한 옳은 설명만을 [보기]에서 있는 대로 고른 것은? 3점

> <우리나라의 ㉠공간 불평등 현상>
>
> • 원인
> - 정부 주도의 ㉡성장 중심 개발 전략 추진
>
> • 문제점
> - 국토의 균형 발전을 저해함.
> - 사회 통합을 어렵게 하는 요인으로 작용함.
>
> • 해결 방안
> - ㉢중앙 정부의 지방 육성 정책
> - 지방 자치 단체와 지역 주민 중심의 ㉣지역 경쟁력 강화

[보기]

ㄱ. ㉠: 도시와 촌락 간의 경제적 수준 차이를 포함한다.
ㄴ. ㉡: 국토 개발의 효율성보다는 형평성을 추구한 전략이다.
ㄷ. ㉢: '공공기관 지방 이전'을 예로 들 수 있다.
ㄹ. ㉣: '지역의 특성을 살릴 수 있는 지역 브랜드 개발'을 예로 들 수 있다.

① ㄱ, ㄴ ② ㄱ, ㄹ ③ ㄴ, ㄷ
④ ㄱ, ㄷ, ㄹ ⑤ ㄴ, ㄷ, ㄹ

정답과 해설 24 p.34 25 p.35 26 p.35 27 p.35

28

[일사 15년 6월 3번]

밑줄 친 ㉠에 대한 설명으로 옳은 것은? 3점

> 최근 ○○시는 기초 생활 보장 기준을 완화하는 ㉠새로운 복지 제도를 도입하였다. 이 제도의 시행으로 그동안 부모를 부양하지 않는 자녀의 소득 때문에 국민 기초 생활 보장 대상에서 제외되었던 독거 노인과 같은 빈곤층이 최저 생계비를 받을 수 있게 되었다. 이와 같은 제도는 전국의 지방 자치 단체 중에서 유일하게 시행된 것이다.

① 비금전적 지원 방식을 원칙으로 한다.
② 복지 혜택을 받는 사람이 비용을 부담하는 제도이다.
③ 자녀와의 동거 여부가 지원 대상자 선정의 기준이 된다.
④ 지원이 필요하지만 복지 혜택을 받지 못하는 사람이 줄어들 것이다.
⑤ 지방 자치 단체 간에 복지 혜택을 받는 대상자 범위의 격차가 줄어들 것이다.

29

[일사 17년 11월 14번]

밑줄 친 '이 제도'에 대한 옳은 설명을 [보기]에서 고른 것은? 3점

> 이 제도는 노인들의 안정된 노후 생활에 도움을 주기 위해 2014년 7월부터 시행되었다. 수혜 대상은 65세 이상의 전체 노인 중 가구의 소득 인정액이 기준액 이하인 노인들로서 정부로부터 매달 일정액의 연금을 지급받는다. 연금액은 본인의 소득 수준, 국민 연금 수령액, 단독 가구 또는 부부 가구 여부 등에 따라 차등적으로 지급된다.

[보기]

ㄱ. 소득 재분배 효과가 있다.
ㄴ. 복지 비용을 복지 수혜자가 부담한다.
ㄷ. 사회적 차원에서 인간다운 삶을 보장하기 위한 제도이다.
ㄹ. 보험 방식을 통해 개인과 국가가 공동으로 사회적 위험을 대비하는 제도이다.

① ㄱ, ㄴ ② ㄱ, ㄷ ③ ㄴ, ㄷ ④ ㄴ, ㄹ ⑤ ㄷ, ㄹ

30

[일사 17년 9월 2번]

다음 대화에 대한 옳은 설명을 [보기]에서 고른 것은? 3점

[보기]

ㄱ. 갑은 사회적 약자에 대한 적극적 우대 조치가 필요함을 강조하고 있다.
ㄴ. 갑은 여성 공학 인재 양성 사업이 남성 공학도에 대한 역차별을 초래할 수 있다고 본다.
ㄷ. 을은 여성 공학 인재 양성을 위한 지원이 합리적 차별이라고 보고 있다.
ㄹ. 을은 형식적 평등만으로 사회적 약자에 대한 차별이 사라질 수 있다고 생각한다.

① ㄱ, ㄴ ② ㄱ, ㄷ ③ ㄴ, ㄷ ④ ㄴ, ㄹ ⑤ ㄷ, ㄹ

31

[일사 14년 11월 7번]

다음 제도들의 공통점으로 옳은 것은? 2점

> • **농어촌 학생 특별 전형**
> 대학의 장은 교육 환경이 열악한 농어촌 지역의 학생을 입학 정원의 4% 이내에서 정원 외로 선발하여야 한다.
> • **장애인 의무 고용제**
> 국가와 지방 자치 단체의 장은 소속 공무원의 3% 이상을, 50인 이상의 근로자를 채용하고 있는 민간 사업주는 그 근로자 총수의 5% 범위에서 장애인을 고용해야 한다.

① 역차별을 줄이기 위한 조치이다.
② 형식적 평등을 실현하기 위한 제도이다.
③ 사회적 약자를 배려하는 적극적인 우대 조치이다.
④ 정책의 방법과 수준을 수혜 대상자가 자유롭게 정한다.
⑤ 소외된 지역의 열악한 생활 여건을 개선할 목적으로 추진된다.

정답과 해설 28 p.35 29 p.35 30 p.36 31 p.36

32

[일사 16년 9월 15번]

갑, 을의 견해에 대한 옳은 진술을 [보기]에서 고른 것은? 3점

아직도 여성이라는 이유로 능력 계발에 제한을 많이 받기에 여성 고용 할당제가 적극적으로 시행되어야 해.

NEWS 이 시각 주요 뉴스
○○기업에서 채용과 승진 시 일정 수의 인원을 여성에게 배분하는 여성 고용 할당제 도입

이 제도는 여성보다 능력 있는 남성이 채용 및 승진에서 배제되는 결과를 가져오므로 시행되어서는 안 돼.

갑 을

[보기]

ㄱ. 갑은 여성 고용 할당제가 실질적 평등에 기여한다고 본다.
ㄴ. 을은 역차별 문제를 제기하고 있다.
ㄷ. 을은 여성이 사회적 약자임을 전제로 한 적극적 우대 조치에 찬성한다.
ㄹ. 갑에 비해 을은 결과의 평등을 더 중요시한다.

① ㄱ, ㄴ ② ㄱ, ㄷ ③ ㄴ, ㄷ ④ ㄴ, ㄹ ⑤ ㄷ, ㄹ

33

[생윤 고2 19년 3월 14번]

그림은 서술형 평가 문제와 학생 답안이다. 학생 답안의 ㉠~㉤ 중 옳지 않은 것은? 3점

서술형 평가

◎ **문제:** 갑, 을의 입장을 비교하여 서술하시오.

> 갑: 공정한 사회는 차별로 고통받은 이에게 실질적인 기회를 제공한다. 적극적 우대 조치는 차별로 인한 고통을 보상할 수 있으며, 사회 내의 다양성 증진에 기여할 수 있다.
> 을: 공정한 사회는 모든 이에게 동등한 기회를 제공한다. 적극적 우대 조치는 특혜를 받지 못하는 일반인을 역차별할 수 있으며, 개인의 능력이나 노력의 결과를 무시할 수 있다.

◎ **학생 답안**

갑, 을의 입장을 비교해 보면, 갑은 적극적 우대 조치를 실시하면 ㉠차별받은 사람의 고통을 보상할 수 있다고 보며, ㉡사회적 약자에게 실질적인 기회를 줄 수 있다고 본다. 이에 비해 을은 적극적 우대 조치를 실시하면 ㉢개인의 업적을 지나치게 강조하여 불평등을 심화시킬 수 있다고 보며, ㉣우대를 받지 못하는 개인의 기회가 박탈될 수 있다고 본다. 한편 갑, 을은 모두 ㉤공정한 사회의 실현이 필요하다고 본다.

① ㉠ ② ㉡ ③ ㉢ ④ ㉣ ⑤ ㉤

34

[일사 15년 9월 7번]

다음 사례에 대한 진술로 가장 적절한 것은? 3점

> A시에서는 건물 출입구와 가까운 곳에 장애인 전용 주차 구역을 지정하고, 비장애인이 이 구역에 주차하면 일반 구역 주차 요금의 5배를 과태료로 부과하는 제도를 시행하였다. 하지만 비싼 과태료를 지불하더라도 편리함을 얻는 것이 더 이익이라고 생각하는 비장애인들이 점차 증가하여, 결국 비장애인들이 장애인 전용 주차 구역의 대부분을 차지하게 되었다.

① A시는 형식적 평등을 추구하고자 하였다.
② 비장애인들은 A시의 정책 의도대로 행동하였다.
③ A시의 정책은 장애인들에 대한 역차별 논란을 일으킬 수 있다.
④ 장애인을 배려하려는 A시 정책은 목표대로 실현되지 않았다.
⑤ 비장애인들의 행위와 무관하게 결과적으로 실질적 평등이 실현되었다.

35 대표 문제

[20년 11월 16번]

갑, 을의 입장만을 [보기]에서 고른 것은? 3점

> 갑: 사회적 약자를 위한 적극적 우대 조치가 필요하다. 왜냐하면 적극적 우대 조치는 오랫동안 부당한 차별을 받아 온 사회적 약자들의 불이익을 보상해 주고, 사회 구성원들 간의 갈등을 줄일 수 있는 제도이기 때문이다.
> 을: 사회적 약자를 위한 적극적 우대 조치는 시행되어서는 안 된다. 왜냐하면 적극적 우대 조치는 업적주의 원칙에 위배되고, 사회적 약자가 아닌 사람들의 기본적 권리를 침해할 수 있으며, 사회 구성원들 간의 갈등을 초래할 수 있기 때문이다.

[보기]

ㄱ. 갑: 적극적 우대 조치는 사회 불평등을 완화하기 위한 것이다.
ㄴ. 을: 적극적 우대 조치는 능력에 따른 분배를 실현하는 것이다.
ㄷ. 을: 적극적 우대 조치가 시행되면 역차별이 발생할 수 있다.
ㄹ. 갑, 을: 적극적 우대 조치는 사회 통합을 어렵게 만들 수 있다.

① ㄱ, ㄴ ② ㄱ, ㄷ ③ ㄴ, ㄷ ④ ㄴ, ㄹ ⑤ ㄷ, ㄹ

정답과 해설 32 p.36 33 p.36 34 p.36 35 p.37

36

[일사 17년 6월 6번]

(가), (나)에 대한 옳은 설명만을 [보기]에서 있는 대로 고른 것은? 3점

(가) 전체 노인 중 소득이 일정 기준 이하인 노인에게 매달 일정액을 지급하는 기초 연금법을 제정하였다.
(나) 고령자의 고용 촉진을 위해 고령자에게 적합한 직종을 선정하여 그 직종에 고령자를 우선적으로 채용할 수 있도록 고령자 고용법을 제정하였다.

[보기]
ㄱ. (가)는 사회적 약자 보호의 취지를 담고 있다.
ㄴ. (나)는 실질적 평등의 실현을 추구한다.
ㄷ. (나)는 적극적 우대 조치 시행의 근거가 된다.
ㄹ. (가), (나) 모두 역차별을 해소하는 데 기여한다.

① ㄱ, ㄷ ② ㄱ, ㄹ ③ ㄴ, ㄹ
④ ㄱ, ㄴ, ㄷ ⑤ ㄴ, ㄷ, ㄹ

37

[23년 9월 15번]

(가), (나)에서 공통으로 추론할 수 있는 내용으로 가장 적절한 것은? 2점

(가) 장애인 의무 고용 제도란 국내 사업주에게 일정 비율 이상의 장애인을 고용하도록 의무를 부과하는 제도로, 이를 이행하지 않으면 부담금을 내야 한다. 그러나 아직 우리 사회에서는 장애인에 관한 사회적 인식이 크게 바뀌지 않아 여전히 장애인 고용은 저조한 수준에 머물러 있다.
(나) 남녀 고용 평등법은 고용 시장에서의 여성의 채용·승진·임금 차별을 막기 위해서 제정되었다. 하지만 법이 시행된 이후에도 성차별적 인식으로 인해 여전히 여성은 임금과 고용에서 차별을 받고 있다.

① 성별에 따른 차별이 장애에 따른 차별보다 강하다.
② 사회적 소수자를 규정하는 기준은 절대적이며 변하지 않는다.
③ 장애인과 여성에 대한 사회적 차별은 개인적 능력 차이에서 기인한다.
④ 사회적 소수자 우대 정책으로 인한 역차별 문제도 함께 해소해야 한다.
⑤ 사회적 소수자에 대한 차별을 해소하기 위해서는 법과 제도의 시행뿐만 아니라 의식 개선도 이루어져야 한다.

38

[일사 15년 11월 9번]

밑줄 친 '어퍼머티브 액션'에 대한 옳은 설명을 [보기]에서 고른 것은? 2점

어퍼머티브 액션(Affirmative Action)*은 '소수자 우대 조치'라는 뜻으로, 흑인·히스패닉·여성 등 소수 인종 및 사회적 소수자에게 대학 입학·취업 등에서 혜택을 주는 제도이다. 구체적인 사례로 대입 전형 시 소수 인종 출신자에게 가산점을 주거나 대학 입학 정원의 일정 비율을 그들에게 배정하는 정책을 들 수 있다.

* 어퍼머티브 액션: 1961년 미국의 존 F. 케네디 대통령이 '고용과 교육에서 인종·종교·출신 국가 등을 이유로 차별하지 않는다.'는 행정 명령에 서명하면서 등장한 정책

[보기]
ㄱ. 역차별을 유발한다는 논쟁이 발생할 수 있다.
ㄴ. 모든 사회 구성원에 대한 절대적 평등을 추구한다.
ㄷ. 사회적 약자에 대한 적극적 우대 조치를 강조한다.
ㄹ. 수적으로 소수인 집단 구성원 모두에게 특혜를 부여한다.

① ㄱ, ㄴ ② ㄱ, ㄷ ③ ㄴ, ㄷ ④ ㄴ, ㄹ ⑤ ㄷ, ㄹ

39

[25년 9월 22번]

다음 자료에 대한 설명으로 옳은 것은? (단, A, B는 각각 공공 부조, 사회 보험 중 하나임.) 2.5점

우리 헌법은 "국가는 사회 보장·사회 복지 증진에 노력할 의무를 진다."라고 규정하고 있다. 이를 통해 우리나라는 인간다운 생활의 보장을 국가에 요구할 수 있는 권리인 (가) 를 보장하고자 사회 복지 제도를 운영하고 있다. 그중 A는 일정 수준의 소득이 있는 개인, 기업, 정부가 비용을 분담하여 구성원에게 발생하는 사회적 위험에 대비하는 제도이다. 또한 B는 국가의 책임하에 생활 유지 능력이 없거나 어려운 국민의 최저 생활을 보장하고 자립을 지원하는 제도이다.

① (가)는 소극적이고 방어적인 성격의 권리이다.
② A는 사전 예방보다 사후 처방 성격이 강하다.
③ B의 사례로 국민 기초 생활 보장 제도를 들 수 있다.
④ A에 비해 B는 소득 재분배 효과가 작다.
⑤ A, B는 모두 비금전적 지원을 원칙으로 한다.

정답과 해설 36 p.37 | 37 p.37 | 38 p.37 | 39 p.37

40

[25년 9월 24번]

밑줄 친 ㉠~㉢에 대한 옳은 진술에만 모두 '✔'를 표시한 학생은? 2점

오늘날 우리 사회에는 다양한 불평등 현상이 나타나고 있다. 정의 실현을 가로막는 사회 불평등의 대표적 사례로는 ㉠사회 계층의 양극화와 ㉡사회적 약자에 대한 차별이 있고, 지역 간 경제적·사회적·문화적으로 격차가 발생하는 ㉢공간 불평등이 있다.

진술 \ 학생	갑	을	병	정	무
㉠은 중위층의 비율이 증가하고 상위층과 하위층의 비율이 감소하는 현상이다.	✔	✔			
㉡의 사례로는 이주 노동자에 대한 임금 체불 문제가 있다.		✔	✔	✔	
㉢의 원인으로 지역 개발의 형평성보다 효율성을 강조한 성장 거점 개발 정책의 추진이 있다.		✔	✔		✔
㉡은 적극적 평등의 실현, ㉢은 수도권으로의 공공 기관 이전을 통해 해소할 수 있다.	✔			✔	✔

① 갑 ② 을 ③ 병 ④ 정 ⑤ 무

41

[25년 9월 6번]

갑, 을 사상가들의 입장으로 가장 적절한 것은? 2점

갑: 정의로운 사회에서 사회적·경제적 불평등은 다음 조건을 충족하는 경우에 허용될 수 있다. 최소 수혜자에게 최대의 이익을 보장하고, 모든 사람에게 직책이나 직위에 오를 기회가 균등하게 주어져야 한다.

을: 정의로운 사회에서는 개인의 자유와 소유권을 최우선적인 가치로 여겨야 한다. 어떤 소유물의 취득과 이전의 과정이 부당하다면 국가가 교정해야 하지만, 정당하다면 그 소유물에 대한 소유 권리를 보장해야 한다.

① 갑: 최소 수혜자의 이익을 위해 기본적 자유는 제한될 수 있다.

② 갑: 타고난 재능에 따라 기회가 차등적으로 분배되어야 한다.

③ 을: 사유 재산권은 공공의 복지 정책을 위해 제한되어야 한다.

④ 을: 개인의 소유권 보호를 위한 국가의 개입은 정당화될 수 있다.

⑤ 갑과 을: 정의로운 사회에서는 모든 사회적·경제적 불평등이 사라져야 한다.

정답과 해설 40 p.38 41 p.38

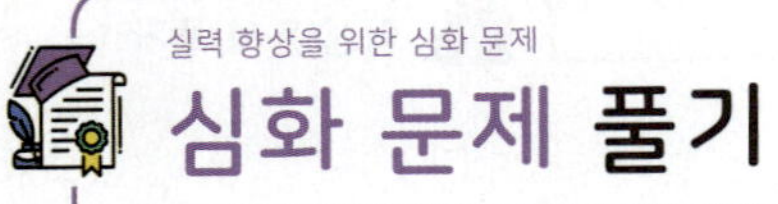

심화 문제 풀기

1 대표 문제 [윤사 고2 20년 3월 10번]

다음을 주장한 고대 서양 사상가가 긍정의 대답을 할 질문으로 가장 적절한 것은? 3점

> 서로 동등한 사람들이 동등하지 않은 몫을, 혹은 서로 동등하지 않은 사람들이 동등한 몫을 분배받게 되면, 바로 거기서 싸움과 불평이 생겨난다. 왜냐하면 정의로운 분배는 각자의 가치에 따라 이루어져야 하기 때문이다.

① 각자가 지니게 된 가치에 따라 마땅한 몫을 분배해야 하는가?
② 업적과 무관하게 누구에게나 동일한 재화를 분배해야 하는가?
③ 분배 정의를 실현하기 위해서 사적 소유를 철폐해야 하는가?
④ 필요를 공정한 분배를 위한 유일한 기준으로 삼아야 하는가?
⑤ 사회적 약자에게 언제나 더 많은 재화를 분배해야 하는가?

2 [18년 11월 19번]

㉠에 들어갈 진술로 가장 적절한 것은? 3점

> 나는 한정된 재화로 모든 사람의 욕구를 충족시킬 수 없기 때문에 분배의 몫을 결정할 때에는 당사자들이 성취하고 이바지한 업적의 정도에 따라 분배해야 한다고 생각한다. 그런데 어떤 사람은 업적에 따라 분배할 경우 능력이 부족한 사람에게 불리한 결과가 나타나므로 사회 불평등의 문제를 개선하기 위해서는 사회 구성원들의 필요를 기준으로 분배해야 한다고 주장한다. 나는 필요에 따른 분배 방식이 '(㉠)'는 문제점이 있다고 생각한다.

① 타고난 능력의 우열이 지나치게 중시될 수 있다.
② 사회 구성원들 간의 경제적 격차가 커질 수 있다.
③ 경쟁을 과열시켜 비인간적인 사회를 만들 수 있다.
④ 열심히 일하려는 사람의 노동 의욕이 저하될 수 있다.
⑤ 사회적·경제적 약자에 대한 배려가 부족해질 수 있다.

3 대표 문제 [생윤 고2 20년 3월 7번]

그림은 서술형 평가 문제와 학생 답안이다. 학생 답안의 ㉠~㉤ 중 옳지 않은 것은? 3점

> **서술형 평가**
>
> • 문제: (가), (나)의 입장을 비교하여 서술하시오.
>
> (가) 개인은 독립적이고 자율적인 존재이며, 개인이 사회보다 우선한다. 개인의 자유로운 이익 추구가 사회 전체의 이익 증대로 이어질 수 있다.
> (나) 공동체는 개인 존재의 출발점이며, 개인은 공동체 속에서 자신의 역할과 삶의 목적을 찾을 수 있다. 공동체가 발전함으로써 개인은 행복한 삶을 영위할 수 있다.
>
> • 학생 답안
>
> (가)는 ㉠사회가 개인의 자유를 보호하기 위해 존재한다고 보며, ㉡개인선의 실현이 사회 발전으로 이어질 수 있다고 본다. 이에 비해 (나)는 ㉢공동체가 개인이 자아 정체성을 형성하는 데 중요한 기반이 된다고 보며, ㉣공동선의 실현이 구성원 각자의 개인선으로 이어질 수 있다고 본다. 한편 (가)는 (나)와 달리 ㉤개인을 공동체의 발전을 위한 하나의 수단이라고 본다.

① ㉠ ② ㉡ ③ ㉢ ④ ㉣ ⑤ ㉤

4 [윤사 고2 18년 3월 6번]

현대 사상가 갑, 을의 입장으로 옳은 것은? 3점

> 갑: 정의의 원칙은 사회의 기본 조건을 규정하는 것으로 원초적 합의의 대상이다. 자신의 이익을 추구하는 자유롭고 합리적인 개인들이 평등한 원초적 입장에서 채택하는 정의의 원칙은 이후 모든 사회적 합의를 규제한다.
>
> 을: 정의의 원칙은 다원적이다. 서로 다른 사회적 가치들은 서로 다른 근거에 따라, 서로 다른 절차를 통해, 서로 다른 주체에 의해 분배되어야 한다. 이 차이들은 사회적 가치들에 대한 서로 다른 이해에서 유래한다.

① 갑: 정의의 원칙은 복지를 위한 재분배 정책과 대립된다.
② 갑: 정의의 원칙은 가상적 상황에서의 합의를 통해 도출된다.
③ 을: 사회적 가치들은 단일한 기준에 의해 분배되어야 한다.
④ 을: 사회적 가치들은 사회적 맥락과 무관하게 규정되어야 한다.
⑤ 갑, 을: 정의의 원칙이 실현되면 경제적 불평등은 사라진다.

정답과 해설 | 1 p.39 | 2 p.39 | 3 p.39 | 4 p.39

5

[생윤 고2 20년 3월 11번]

(가)의 사상가 갑, 을의 입장을 (나) 그림으로 탐구할 때, A~C에 들어갈 옳은 질문만을 [보기]에서 있는 대로 고른 것은? 3점

(가)

갑: 개인은 평등한 기본적 자유를 최대한 누려야 하며, 사회적·경제적 불평등은 최소 수혜자에게 최대 이익이 되도록 편성될 때 정당화된다.

을: 개인은 정당한 취득과 양도 과정을 거쳐 획득한 소유물에 대한 배타적 권리를 가져야 한다. 최소 국가만이 이러한 소유 권리를 보장한다.

(나)

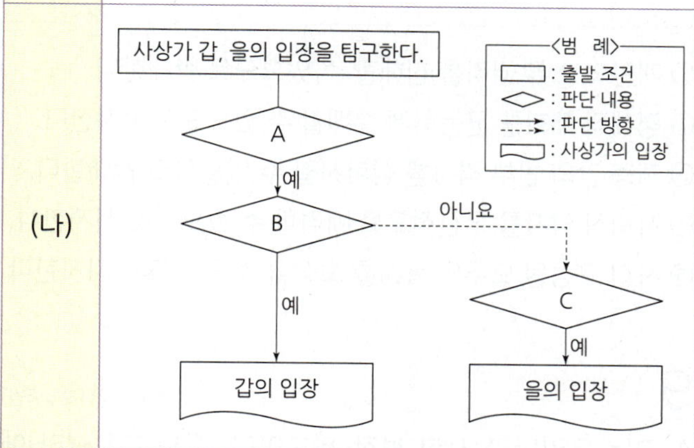

[보 기]

ㄱ. A: 공정한 절차를 통해 재화가 분배되어야 하는가?

ㄴ. B: 정의로운 사회에 경제적 불평등이 존재할 수 있는가?

ㄷ. B: 사회적 약자를 위한 재분배 정책은 정당화될 수 있는가?

ㄹ. C: 국가는 개인의 자유와 재산 보호에 주력해야 하는가?

① ㄱ, ㄴ ② ㄱ, ㄷ ③ ㄴ, ㄹ
④ ㄱ, ㄷ, ㄹ ⑤ ㄴ, ㄷ, ㄹ

6

[생윤 15년 11월 15번]

(가)를 주장한 사상가의 입장에서 (나) 퍼즐의 세로 낱말 (A)가 실현된 사회의 특징을 [보기]에서 고른 것은? 3점

(가)

- 원초적 입장의 당사자들은 자신의 지위나 계층, 타고난 능력 등을 모르므로 최소 수혜자의 처지를 우선적으로 고려하는 원칙에 합의하게 된다.
- 불평등의 계기가 되는 직위는 단지 형식적 의미에서만 개방되어서는 안 되고, 모든 사람이 그것을 획득할 공정한 기회를 가져야만 한다.

(나)

				(A)		
	(B)					

[가로 열쇠]
(A): 마음에 거짓이나 꾸밈이 없이 바르고 곧은 특성. ○○성
(B): 국가의 주권이 국민에게 있고 국민을 위하여 정치를 행하는 사회사상.

[세로 열쇠]
(A): …… 개념

[보 기]

ㄱ. 능력과 관계없이 재화가 균등하게 분배된다.

ㄴ. 재화의 분배가 전적으로 개인의 자유에 위임된다.

ㄷ. 우대받을 수 있는 직책이나 지위가 모든 사람에게 개방된다.

ㄹ. 기본적 자유의 보장이 최소 수혜자에 대한 배려보다 우선된다.

① ㄱ, ㄴ ② ㄱ, ㄷ ③ ㄴ, ㄷ ④ ㄴ, ㄹ ⑤ ㄷ, ㄹ

정답과 해설 5 p.40 6 p.40

7

[23년 11월 19번]

(가)의 갑, 을의 입장에서 서로에게 제기할 수 있는 비판을 (나) 그림으로 표현할 때, A, B에 해당하는 내용으로 가장 적절한 것은? 3점

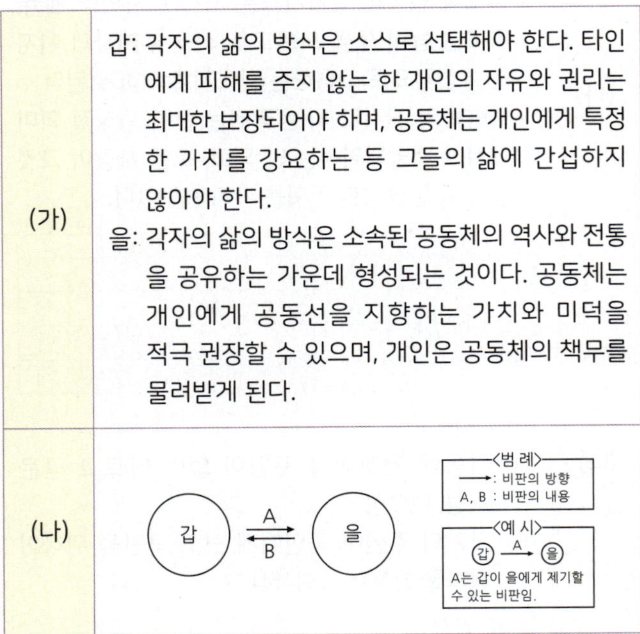

(가)	갑: 각자의 삶의 방식은 스스로 선택해야 한다. 타인에게 피해를 주지 않는 한 개인의 자유와 권리는 최대한 보장되어야 하며, 공동체는 개인에게 특정한 가치를 강요하는 등 그들의 삶에 간섭하지 않아야 한다. 을: 각자의 삶의 방식은 소속된 공동체의 역사와 전통을 공유하는 가운데 형성되는 것이다. 공동체는 개인에게 공동선을 지향하는 가치와 미덕을 적극 권장할 수 있으며, 개인은 공동체의 책무를 물려받게 된다.
(나)	(그림)

① A: 공동체가 개인의 삶의 방식을 규제해야 함을 간과한다.

② A: 개인의 자유는 어떤 경우에도 제한될 수 없음을 간과한다.

③ A: 개인은 공동체가 권장하는 미덕을 함양해야 함을 간과한다.

④ B: 공동체는 개인의 정체성 형성의 중요한 토대가 됨을 간과한다.

⑤ B: 공동체는 개인의 권리를 보장하는 수단에 불과함을 간과한다.

8

[생윤 고2 19년 3월 11번]

다음 갑 사상가가 <사례> 속 A 국가의 정책에 대해 취할 입장으로 가장 적절한 것은? 3점

> 갑: 취득·양도·교정의 과정에서 정당하게 얻은 재화는 전적으로 자신의 것이므로 배타적 소유권을 인정해야 한다. 그러므로 근로 소득에 대한 과세는 강제 노동과 같다.
>
> <사례>
>
> A 국가는 복지 제도 확대를 위해 높은 소득을 올리는 개인에게 고율의 세금을 부과하는 부유세를 도입했다.

① 개인의 소유 권리를 침해할 수 있으므로 반대한다.

② 경제적 재화를 균등하게 분배할 수 있으므로 지지한다.

③ 계층 간의 빈부 격차를 심화시킬 수 있으므로 반대한다.

④ 사회적 약자를 우선적으로 배려할 수 있으므로 지지한다.

⑤ 사회 구성원 모두의 복지를 보장할 수 있으므로 지지한다.

9 대표 문제

[일사 17년 9월 6번]

A, B는 우리나라 사회 보장 제도이다. 표의 (가)~(라)에 들어갈 답변을 모두 옳게 한 것은? (단, A, B는 각각 사회 보험, 공공 부조 중 하나이다.) 3점

> • 이 제도는 A의 하나로서, 개인과 회사, 국가 및 지방 자치 단체가 보험료를 분담하여 국가가 기금으로 모아두었다가 개인이 의료 서비스를 받을 때 저렴하게 이용할 수 있도록 운영한다.
>
> • 이 제도는 B의 하나로서, 노인의 생활 안정을 지원하고 복지를 증진하기 위해 만 65세 이상 노인 중 소득과 재산이 적은 하위 70% 노인에게 매월 일정액의 연금을 국가가 지급한다.

사회 보장 제도 / 질문	A	B
강제 가입을 원칙으로 하는가?	(가)	(나)
금전적 지원을 원칙으로 하는가?	(다)	(라)

	(가)	(나)	(다)	(라)
①	예	예	예	아니요
②	예	아니요	예	예
③	예	아니요	예	아니요
④	아니요	예	예	예
⑤	아니요	예	아니요	예

정답과 해설 7 p.41 8 p.41 9 p.41

10 대표 문제

[24년 10월 14번]

갑, 을의 입장에 대한 옳은 설명만을 [보기]에서 고른 것은? 3점

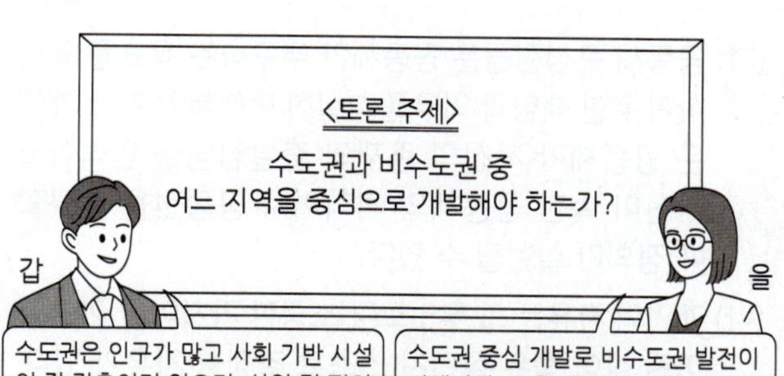

[보기]

ㄱ. 갑은 수도권과 비수도권 간 균형 개발을 중시하고 있다.

ㄴ. 을은 지역 격차 완화를 위한 개발이 필요함을 강조하고 있다.

ㄷ. 갑은 을과 달리 인구가 적은 지역을 중심으로 개발해야 한다는 주장에 동의할 것이다.

ㄹ. 을은 갑과 달리 수도권 소재 공공 기관의 지방 이전 정책을 지지할 것이다.

① ㄱ, ㄴ ② ㄱ, ㄷ ③ ㄴ, ㄷ ④ ㄴ, ㄹ ⑤ ㄷ, ㄹ

11 대표 문제

[19년 11월 4번]

갑의 입장에서 을의 입장에 대해 제기할 수 있는 반론으로 가장 적절한 것은? 3점

갑: 적극적 우대 정책은 과거부터 차별로 인해 고통받아 온 사회적 약자에게 유리한 기회를 제공한다. 이러한 정책은 궁극적으로 모든 사회 성원이 동등한 이익을 누리기 위해 필요하다.

을: 적극적 우대 정책은 수혜자를 제외한 사람들의 기회를 박탈하여 또 다른 차별을 유발한다. 이러한 정책은 소수자에게 개인의 노력과 무관하게 과도한 혜택을 주어 새로운 차별을 야기할 수 있다.

① 적극적 우대 정책이 업적주의 원칙에 충실한 제도임을 간과하고 있다.

② 적극적 우대 정책이 집단 간 불평등을 심화시킬 수 있음을 간과하고 있다.

③ 적극적 우대 정책이 개인의 정당한 성취를 무시할 수 있음을 간과하고 있다.

④ 적극적 우대 정책이 수혜자를 제외한 사람들의 권리를 침해할 수 있음을 간과하고 있다.

⑤ 적극적 우대 정책이 사회적 다양성을 증진시켜 공동선 실현에 기여할 수 있음을 간과하고 있다.

12

[생윤 고2 20년 3월 14번]

갑, 을의 입장으로 옳지 않은 것은? 3점

갑: 사회적 약자가 차별받지 않도록 법과 제도를 보완할 필요는 있다. 하지만 그들에게 직간접적 혜택을 주는 우대 조치의 시행은 바람직하지 않다. 사회적 약자에 대한 특혜는 일반 사람들의 기회를 박탈할 수 있기 때문이다.

을: 사회적 약자를 차별하지 않기 위한 법과 제도뿐만 아니라 그들의 처지를 개선할 수 있는 우대 조치를 시행해야 한다. 이것은 사회의 다양성을 증대하고 모든 사회 구성원이 다함께 이익을 누리기 위해 필요하다.

① 갑: 사회적 약자를 위한 적극적 우대 조치는 옳지 않다.

② 갑: 사회적 약자에 대한 특혜는 역차별을 낳을 수 있다.

③ 을: 개인의 능력과 업적만을 분배의 기준으로 삼아야 한다.

④ 을: 실질적 평등 실현을 위해 사회적 약자를 지원해야 한다.

⑤ 갑, 을: 사회적 약자에 대한 차별 해소를 위해 노력해야 한다.

정답과 해설 | 10 p.41 | 11 p.42 | 12 p.42

서술형 문제 풀기

해설편 p.42

1 다음 대화를 읽고 물음에 답하시오.

> 사회자: 장학금을 분배하는 공정한 기준에 대해 토론해 보도록 하겠습니다.
> 갑: 경제적 형편이 어려운 학생에게 장학금을 지급해야 한다고 생각합니다.
> 을: 성장 가능성이 높은 능력 있는 학생을 선정하여 장학금을 지급해야 한다고 생각합니다.
> 병: 우수한 성적을 거두고 대회 입상 실적이 많은 학생에게 장학금을 지급해야 한다고 생각합니다.

(1) 갑~병이 중시하는 공정한 분배의 기준을 각각 쓰시오.

(2) 갑, 을과 달리 병이 중시하는 분배 기준이 갖는 장점을 서술하시오.

2 다음 글을 읽고 물음에 답하시오.

> (가) 공동체 구성원들은 공동체가 추구하는 목표를 달성하기 위한 책임과 의무를 성실히 이행해야 한다. 개인은 공동체가 자신의 존재의 출발점임을 인식하고 자신이 속한 공동체의 이익이나 공동선을 추구할 때 정의가 실현될 수 있다.
> (나) 개인의 자유는 그 무엇보다 소중한 가치이며, 개인은 어떤 삶이 좋은 삶인지 스스로 결정할 자유가 있다. 타인의 자유를 침해하지 않는 한에서 개인의 자유와 권리를 최대한 보장할 때 정의가 실현될 수 있다.

(1) (가)와 (나)에 나타난 정의관을 각각 쓰시오.

(2) (가)와 (나)에 나타난 정의관의 장단점을 각각 서술하시오.

정답과 해설 1 p.42 2 p.42

3 다음은 정부가 추진하려는 정책이다. 물음에 답하시오.

(가)

차별로 인해 특정 성별의 참여가 현저히 부진한 분야에 대해 합리적인 범위에서 해당 성별의 참여를 촉진하기 위한 적극적 조치를 취한다.

(나)

국민 생활의 균등한 향상과 국가 균형 발전을 위해 지역 간의 불균형을 해소하고, 지역의 특성에 맞는 자립적 발전을 추구한다.

(1) 정책 (가)와 (나)에 나타난 불평등을 각각 쓰시오.

(2) 정책 (가), (나)의 공통점을 서술하시오.

4 다음 글을 읽고 물음에 답하시오.

- A~C는 각각 사회 보험, 공공 부조, 사회 서비스 중 하나이다.
- '강제 가입을 원칙으로 하는가?'라는 질문으로는 A와 C를 구분할 수 없다.
- '금전적 지원을 원칙으로 하는가?'라는 질문으로는 B와 C를 구분할 수 있다.

(1) A~C에 해당하는 우리나라의 복지 제도 유형을 쓰시오.

(2) A와 B의 공통점과 차이점을 각각 서술하시오.

정답과 해설 | 3 p.43 | 4 p.43

시장경제와 지속가능발전

통사2-개념 3

1. 자본주의 시장경제의 발전

1) 자본주의의 특징과 전개 과정

① 자본주의의 의미와 특징

- 의미: 사유 재산 제도를 바탕으로 시장을 통해 경제의 기본 문제를 해결하는 경제 체제
- 특징
  - 사유 재산권 보장: 개인이 재산을 자유롭게 소유·관리·처분할 수 있는 권리를 보장함
  - 경제 활동의 자유 보장: 개인이 자유롭게 경제적 의사 결정을 내릴 수 있음
  - 사적 이익의 추구 인정

② 자본주의의 전개 과정

상업 자본주의(16세기~18세기)

- 배경: 신항로 개척을 통해 교역망이 확대되면서 상업 자본이 발달함
- 상품의 생산보다 상품의 유통 과정에서 이윤을 추구함
- 절대 왕정의 중상주의 정책을 통해 발달함

⇩

산업 자본주의(18세기~19세기)

- 배경: 산업 혁명으로 공장제 기계 공업에 의한 상품의 대량 생산 체제가 실현됨
- 상품 유통보다 생산 활동을 통한 이윤 추구를 중시함
- 애덤 스미스(Smith, A.)의 자유방임주의를 바탕으로 한 작은 정부를 추구함
  → '보이지 않는 손' 강조

⇩

수정 자본주의(20세기)

- 배경: 19세기 후반 독과점과 노동 착취 등의 시장 실패로 1929년 대공황이 일어남
- 다양한 정책을 통해 정부가 시장에 적극적으로 개입하여 시장의 한계를 보완하고자 함
- 정부가 적극적으로 시장에 개입하는 큰 정부를 추구함
- 케인스(Keynes, J. M.)는 경기 침체를 해결하기 위해 정부의 역할을 강조하는 경제 이론을 제시함
- 미국의 뉴딜정책: 미국의 대규모 공공 사업으로 실업자들에게 일자리를 제공하여 대공황을 극복한 정책

⇩

신자유주의(20세기 후반)

- 배경: 두 차례에 걸친 석유 파동에 따른 스태그플레이션 발발과 정부 실패
- 하이에크(Hayek, F. A.) 등은 지나치게 커진 정부의 역할을 축소하고 시장의 자유로운 경제 활동을 강조함
- 공기업의 민영화, 기업에 대한 세금 감면 및 규제 완화, 노동 시장의 유연화, 자유 무역 등을 실시함
  → 시장의 효율성은 높아졌지만 빈부 격차가 심화됨

개념 돋보기

사유 재산 제도
토지, 공장, 기계와 같은 생산 수단을 포함한 재산을 개인이 소유·관리·처분할 수 있도록 허용하는 제도

중상주의
국가의 보호 아래 상업 및 수출 중심의 무역으로 국가의 부를 늘리려는 사상

자유방임주의
개인의 경제 활동의 자유를 최대한으로 보장하고, 이에 대한 국가의 간섭을 최대한 배제하려는 경제 사상 및 정책

보이지 않는 손
18세기 영국의 애덤 스미스가 「국부론」에서 자원의 효율적 배분을 이끌어내는 시장의 기능을 '보이지 않는 손'에 비유함

석유 파동
중동 전쟁 이후(1973~1974년)와 이란 혁명 이후(1978~1980년) 두 차례에 걸쳐 국제 석유 가격이 상승하여 전 세계적으로 경제적 어려움을 겪은 사건

스태그플레이션
경기 침체와 물가 상승이 동시에 발생하는 상태

민영화
국가가 운영하는 공공 기관, 공기업 등을 민간이 운영하도록 하는 것

2) 경제 체제

① 경제 체제의 의미와 분류

의미	기본적인 경제 문제를 해결하기 위해 합의된 제도나 방식	
분류	생산 수단의 소유 형태에 따라	• 자본주의: 생산 수단의 사유 • 사회주의: 생산 수단의 국유(공유)
	경제 문제의 해결 방식에 따라	• 시장경제 체제: 시장 가격을 통한 자율적인 경제 문제 해결 • 계획경제 체제: 정부의 계획과 명령에 따라 경제 문제 해결

② 경제 체제에 따른 우리의 삶

- 시장경제 체제
  - 특징: 일반적으로 자본주의와 결합, 개별 경제 주체의 자유로운 의사 결정 보장
  - 장점: 효율적인 자원 배분, 자유로운 이익 추구 등
  - 한계: 빈부 격차(형평성 저해), 급격한 경기 변동으로 인한 혼란 발생 등
- 계획경제 체제
  - 특징: 일반적으로 사회주의와 결합, 개별 경제 주체의 경제 활동 자유 제한
  - 장점: 분배의 형평성 추구, 정책 목표의 효과적인 달성 등
  - 한계: 개인의 자유로운 선택 제한, 경제 전체의 효율성 감소 등
- 혼합 경제 체제
  - 시장경제 체제 요소와 계획경제 체제 요소가 혼합된 경제 체제
    → 오늘날 대부분의 국가에서 채택

2. 경제 주체의 합리적 선택과 역할

1) 합리적 선택의 의미와 중요성

① 합리적 선택

- 최소의 비용으로 최대의 편익을 얻을 수 있는 선택, 순편익이 0보다 큰 선택이 합리적 선택임
  (순편익 → 편익-기회비용)
- 매몰 비용을 고려해서는 안 됨
- 한계: 합리성과 효율성만을 추구하였을 때 부정적 결과를 초래할 수 있음, 각자의 이익만 추구할 경우 이익 충돌이 발생할 수 있음, 개별 경제 주체의 이득으로 인해 사회 전체의 손해가 발생할 수 있음, 독과점, 외부 효과, 공공재 부족, 정보의 비대칭성으로 시장의 자원이 효율적으로 배분되지 않을 수 있음(시장 실패)

② 기회 비용

- 의미: 어떤 대안을 선택할 때 실제로 지출되는 비용과 그 선택으로 인해 포기한 대안의 가치 중 가장 큰 것을 합한 것 → 명시적 비용+암묵적 비용
- 경제 문제는 희소성으로 인한 선택의 문제이므로 모든 선택에는 기회비용이 발생함

개념 돋보기

사회주의
생산 수단의 사회적 소유와 관리, 계획적인 생산과 평등한 분배를 주장하는 사상

우리나라 헌법에 나타난 경제 체제

> **제119조** ① 대한민국의 경제 질서는 개인과 기업의 경제상의 자유와 창의를 존중함을 기본으로 한다.
> ② 국가는 균형 있는 국민 경제의 성장 및 안정과 적정한 소득의 분배를 유지하고, 시장의 지배와 경제력의 남용을 방지하며, 경제 주체 간의 조화를 통한 경제의 민주화를 위하여 경제에 관한 규제와 조정을 할 수 있다.

우리나라는 시장경제 체제를 기본으로 하고 있으며(제1항), 필요에 따라 국가가 시장경제에 개입하고 있다(제2항).

편익
경제적 선택을 통해 얻게 되는 이익으로, 금전적인 이익뿐만 아니라 선택을 통해 얻어지는 만족감과 같은 비금전적인 것도 포함함

매몰 비용
이미 지불해서 회수할 수 없는 비용으로, 합리적 선택을 위해서는 고려하지 않아야 함

2) 시장 실패

① 의미: 개별 경제 주체의 합리적 선택이 사회 전체에 비효율적인 결과를 초래하여 자원이 비효율적으로 배분되는 상태

② 시장 실패의 요인

- 독과점(불완전 경쟁)
  - 독점 시장에서는 공급자가 독점 지위를 이용하여 가격이나 공급량을 임의로 결정할 수 있음
  - 과점 시장에서는 시장 지배력을 가진 공급자들이 담합을 통해 공급량을 조절하거나 가격을 높게 책정할 수 있음
  - 독과점 시장에서의 공급자는 생산량을 줄이고 가격을 올려 이윤을 극대화하고자 함 → 자원의 비효율적 배분
- 공공재 부족
  - 공공재는 비경합성과 비배제성을 가짐
  - 비배제성으로 인해 무임승차자 문제가 발생함
  - 공공재의 공급을 시장에 맡기면 사회적으로 필요한 만큼 충분히 공급되지 못함
- 외부 효과
  - 긍정적 외부 효과(외부 경제): 제3자에게 의도하지 않은 이익을 주고도 이에 대한 대가를 받지 않는 상태 → 사회적 최적 수준보다 과소 생산·소비됨
  - 부정적 외부 효과(외부 불경제): 제3자에게 의도하지 않은 피해를 주고도 이에 대한 대가를 지불하지 않는 상태 → 사회적 최적 수준보다 과다 생산·소비됨
- 정보의 비대칭성
  - 거래 당사자들 간의 정보의 양과 질이 서로 달라 나타남
  - 역선택: 정보가 부족한 사람이 불합리한 선택을 하는 것
  - 도덕적 해이: 정보를 잘 알고 있는 사람이 정보가 부족한 상대방에게 바람직하지 않은 행위를 하는 것

3) 지속가능한 발전을 위한 경제 주체의 역할

정부	• 외부 효과 개선 - 긍정적 외부 효과: 보조금 지급, 세금 감면 등을 통해 생산·소비의 증대를 꾀함 - 부정적 외부 효과: 세금이나 벌금 부과 등을 통해 생산·소비의 감소를 꾀함 • 공정한 경쟁 촉진: 「독점 규제 및 공정 거래에 관한 법률」, 공정 거래 위원회 등 • 공공재 공급 • 소득 재분배, 누진세 제도, 사회 보장 제도 실시
기업	• 재화와 서비스를 생산함으로써 이윤 극대화를 추구함 • 생산 요소 시장에서 생산 요소를 구입하고 임금, 지대, 이자 등의 요소 소득을 지급함 → 가계의 소득 창출 • 기업가 정신 및 사회적 책임이 요구됨

개념 돋보기

독점 시장과 과점 시장
- 독점 시장: 한 상품의 공급이 하나의 기업에 의해서만 이루어지는 시장
- 과점 시장: 두 개 이상의 소수 기업이 특정 상품을 공급하는 시장

담합
비슷한 재화나 서비스를 생산하는 기업들이 서로 경쟁할 때, 보다 더 높은 이익을 얻으려고 생산량과 가격을 사전에 협의하여 결정하는 행위

공공재
국방, 치안 등 다수의 사람이 공동으로 소비할 수 있는 재화나 서비스

비경합성과 비배제성
비경합성은 한 사람의 소비가 다른 사람의 소비량을 감소시키지 않는 특성을 말하고, 비배제성은 대가를 지불하지 않은 사람을 소비에서 배제할 수 없는 특성을 말함

기업가 정신
불확실성 속에서도 창의성을 바탕으로 기업을 성장시키려는 도전 정신

기업의 사회적 책임
사회 구성원들과 환경에 대해 책임감을 가지고 협력하여 지속가능한 발전에 기여하려는 기업의 노력

소비자	• 합리적 소비를 통한 효용 극대화를 추구하는 경제 주체 • 지속가능한 발전을 위해 윤리적 소비가 요구됨
노동자	• 기업에 노동을 제공한 대가로 임금을 받아 생활함 • 노동 3권과 직업 윤리, 사용자와의 상생 의식 등의 의무가 동시에 필요함

3. 자산 관리와 금융 생활

1) 자산 관리

① 자산의 의미와 금융 자산의 종류

• 자산의 의미

- 경제 주체가 소유한 유·무형의 재산을 의미함
- 금융 자산(예금, 주식, 채권 등)과 실물 자산(부동산, 자동차 등)으로 구분됨

• 금융 자산의 종류

예금	• 금융 기관에 돈을 맡기고 일정한 이자를 받는 금융 자산 • 요구불 예금: 돈을 맡기는 기간과 금액에 제한이 없고 입출금이 자유로움 • 저축성 예금: 정해진 기간 동안 돈을 맡겨 두거나 적립하고 만기 시에 찾는 금융 자산 → 일반적으로 요구불 예금보다 높은 이자 수익을 기대할 수 있음 • 일반적으로 다른 금융 자산보다 안전성과 유동성이 높으나, 수익성이 낮은 편임
주식	• 주식회사가 운영에 필요한 자금을 조달하기 위해 투자자에게 돈을 받고 그 대가로 발행해 준 증서 • 주식을 보유한 사람은 주식회사의 주주(株主)로서 회사의 의사 결정이나 이익 배당 등에 관한 권리를 행사할 수 있음 (→ 주식회사의 주인, 즉 주식회사의 주식을 보유하고 있는 사람) • 배당금과 시세 차익을 기대할 수 있음 • 일반적으로 예금, 채권보다 수익성이 높으나 안전성이 낮은 편임
채권	• 정부나 공공 기관, 지방 자치 단체, 기업 등이 미래에 일정한 시기에 원금과 이자를 지급할 것을 약속하고 투자자로부터 돈을 빌린 후 발행하는 증서 • 이자 수익이나 시세 차익을 기대할 수 있음 • 일반적으로 주식보다 안전성이 높으나 수익성이 낮은 편임

② 자산 관리의 원칙

• 안전성: 투자한 자산의 가치가 보전될 수 있는 정도

• 수익성: 투자한 자산의 가치 상승이나 이자 수익 등을 기대할 수 있는 정도

• 유동성(환금성): 보유하고 있는 자산을 현금으로 쉽게 바꿀 수 있는 정도

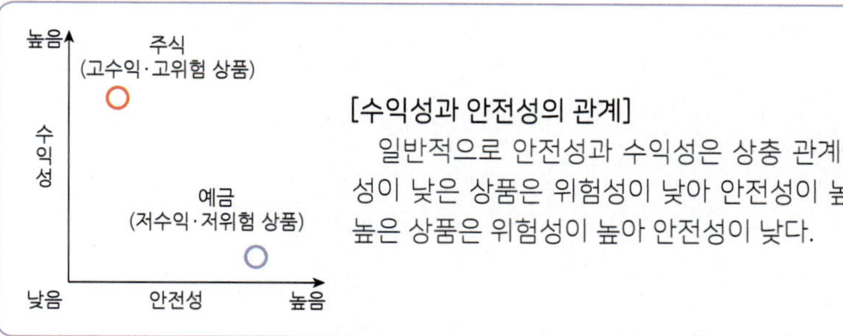

[수익성과 안전성의 관계]

일반적으로 안전성과 수익성은 상충 관계에 있다. 수익성이 낮은 상품은 위험성이 낮아 안전성이 높고, 수익성이 높은 상품은 위험성이 높아 안전성이 낮다.

● 개념 돋보기

윤리적 소비
상품, 서비스 등을 구매할 때 합리적인 소비뿐만 아니라 환경과 공동체를 고려하고 윤리적으로 소비하는 것

노동 3권

단결권	노동조합을 결성할 수 있는 권리
단체 교섭권	노동조합이 근로 조건에 관해 사용자와 집단적으로 교섭할 수 있는 권리
단체 행동권	교섭이 원만하게 이루어지지 않을 때 파업 등 쟁의 행위를 할 수 있는 권리

저축성 예금의 종류

정기 예금	계약 기간 동안 목돈을 맡기고 만기 시 원금과 이자를 받는 금융 자산
정기 적금	계약 기간 동안 일정 금액을 정기적으로 납입하고 만기 시 원금과 이자를 받는 금융 자산

예금자 보호 제도
금융 기관이 파산 등으로 예금을 지급하지 못할 경우 예금 보험 공사가 금융 기관별로 각각 1인당 원리금 5천만 원까지 지급을 보장하는 제도

배당금
기업이 얻은 이익의 일부를 주식을 소유한 주주들에게 분배하는 것

시세 차익
자산을 산 뒤에 자산 가격이 오른 시점에 팔아서 얻는 이익

포트폴리오 투자
'달걀을 한 바구니에 담지 말라.'라는 말은 달걀을 한 바구니에 담으면 전부 깨질 수 있는 것처럼 투자할 때에도 한 자산에만 투자해서는 안 된다는 의미임

2) 금융 생활 설계

① 생애 주기: 시간의 흐름에 따라 삶이 변화하는 일련의 단계
→ 시기에 따라 수입과 지출의 규모가 달라짐

② 금융 생활 설계(재무 설계)

- 의미: 생애 주기별 과업을 고려하여 재무 목표를 설정하고, 이를 달성하기 위해 자산을 효율적으로 관리하는 것
- 필요성: 제한된 소득을 활용하여 현재의 생활을 유지하고, 안정적인 미래를 설계하는 데 도움을 줄 수 있음
- 과정: 재무 목표 설정 → 재무 상태 분석 → 재무 계획 수립 → 재무 계획 실행 → 평가 및 수정

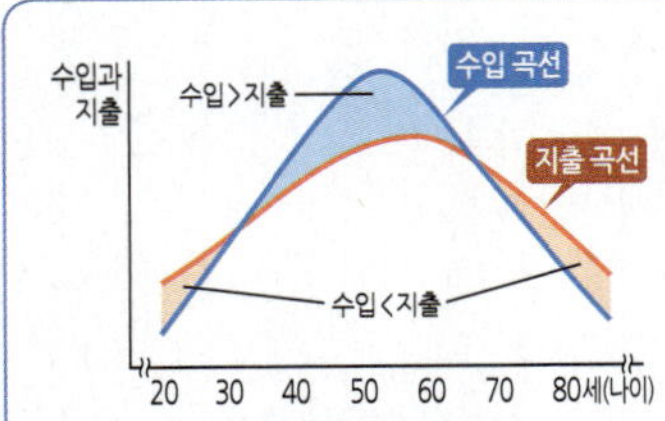

[생애 주기별 수입과 지출 곡선]
수입이 지출보다 많은 시기가 있고, 지출이 수입보다 많은 시기가 있으므로 생애 주기에 따른 수입과 지출이 변화하는 큰 흐름을 이해하여 현명한 금융 생활 설계가 필요하다.

③ 금융 의사 결정

- 의미: 금융과 관련된 다양한 문제를 해결하기 위한 의사 결정
- 국·내외 거시적요인
  - 금리가 상승하면 예금 등과 같은 안전 자산의 선호가 높아지고 투자가 위축될 수 있음

[금리 변화에 따른 채권과 주식]
금리가 상승할 때에는 변동성이 있는 채권이나 주식 투자보다 예금의 이자 수익이 이득이므로 예금을 선호한다. 한편 금리가 하락하면 예금의 이자 수익이 감소하므로 상대적으로 수익성이 높은 채권이나 주식을 선호한다.

  - 환율이 상승하면 원화의 가치가 하락하므로 해외여행을 계획하고 있는 사람의 부담이 증가함
  - 전쟁, 테러 등 국내외의 정치 상황이 불안한 경우 주식보다 안전성이 높은 금융 자산을 선호함
  - 이외에도 물가, 경기 변동, 정부 정책, 국제 관계 변화, 전염병 등 다양한 경제적, 정치적, 사회적 요인이 개인의 금융 의사 결정에 영향을 미침

개념 돋보기

재무
돈이나 재산에 관한 일

금리
원금에 대해 지급되는 이자를 비율로 나타낸 것으로, 이자율이라고도 함

환율
한 나라의 화폐와 다른 나라 화폐의 교환 비율. 달러 환율이 오르면 1달러를 얻기 위해 원화가 더 많이 필요하다는 뜻이므로 원화의 가치는 하락함

4. 국제 무역과 지속가능발전

1) 무역과 국제 분업의 의미와 필요성

① 무역

- 의미: 국경을 넘어 국가 간에 상품, 서비스, 생산 요소 등을 거래하는 것
- 발생 이유: 생산 요소의 차이 → 생산비의 차이 → 특화 및 교환 → 거래 당사국에 이익 발생
- 무역 이론
  - 절대 우위론: 다른 나라보다 생산비가 적게 들어가는 재화, 즉 절대 우위에 있는 재화를 특화하여 교역하면 무역의 이익이 발생한다고 보는 이론
  - 비교 우위론: 다른 나라보다 기회비용이 적게 들어가는 재화, 즉 비교 우위에 있는 재화를 특화하여 교역하면 무역의 이익이 발생한다고 보는 이론

② 국제 분업

- 의미: 각 국가가 무역에 유리한 상품을 특화하여 생산하는 것
- 필요성
  - 자국에서 얻기 힘든 상품을 다른 국가로부터 얻을 수 있음
  - 다른 국가보다 더 잘 만드는 물건을 팔아 이익을 얻을 수 있음

2) 지속가능발전과 국제 무역

국제 무역의 흐름	• 재화와 서비스뿐만 아니라 노동, 자본, 기술 등이 자유롭게 이동하면서 국제 교역량이 증가하고 있음 • 세계 무역 기구(WTO)의 출범으로 국제 무역의 규모가 확대됨 • 경제 블록 형성 및 자유 무역 협정(FTA) 체결을 통해 국가 간 상호 의존 관계가 강화됨
국제 거래 확대의 영향	• 긍정적 영향: 소비자에게 다양한 상품의 선택 기회 제공, 기업에게 규모의 경제 실현 및 경쟁을 통한 기술 발전의 기회 제공, 일자리 창출 및 국내 경기 활성화 등 • 부정적 영향: 국가 간 불평등 심화, 경제 성장에 따른 자원 고갈 및 환경 파괴 등의 문제 초래 등
지속가능발전을 위한 국제 무역 방안	• 무역의 이익이 공정하게 공유되어야 함(공정 무역) • 친환경적인 상품을 생산 및 교역하도록 노력해야 함 • 선진국의 개발 도상국으로의 기술 이전 및 협력을 통해 국가 간 불평등을 완화해야 함 • 국제적 차원의 협력과 노력이 필요함

● 개념 돋보기

특화
각 나라가 생산에 유리한 상품이나 서비스만을 전문적으로 생산하는 것

비교 우위가 나타나는 이유
비교 우위는 국가마다 보유한 자원의 종류와 양, 기술 수준, 기후 조건, 특정 상품을 만들어온 기간 등이 다르기 때문임

세계 무역 기구(WTO)
세계의 교역 증진과 경제 발전을 목적으로 설립된 국제기구

경제 블록
여러 나라가 공통된 경제적 목적을 가지고 단합하여 이룬 배타적 성격의 경제권으로, 회원국 간에는 여러 경제적 혜택을 주고받지만, 비회원국에는 이러한 혜택을 주지 않음

규모의 경제
생산 규모가 커지면서 제품 단위당 평균 생산 비용이 감소하는 현상

지속가능한 소비와 지속가능한 생산

지속 가능한 소비	환경과 사회에 미치는 영향을 고려하여 상품을 구매하거나 소비하는 것
지속 가능한 생산	친환경 생산 기술을 개발하고, 제품 사용 후에 재활용이 가능하도록 설계하는 등 상품 생산 과정에서 환경에 미치는 영향을 최소화하여 생산하는 것

OX & 빈칸 채우기

1 자본주의는 상업 자본주의, 산업 자본주의, 수정 자본주의, 신자유주의 순으로 전개되었다. 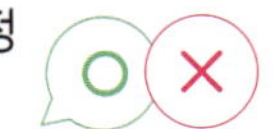

2 산업 자본주의는 애덤 스미스의 자유방임주의를 바탕으로 한 작은 정부를 지향한다. 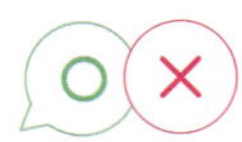

3 수정 자본주의는 대공황으로 인한 기업의 도산과 실업의 급증으로 정부의 시장 개입의 필요성이 대두되며 등장하였다.

4 신자유주의는 석유 파동에 따른 스태그플레이션 발발과 정부 실패를 배경으로 등장하였다. 

5 ____________은/는 기본적인 경제 문제를 해결하기 위해 합의된 제도나 방식이다.

6 ____________체제는 시장 가격을 통해 자율적으로 경제 문제를 해결하고, ____________체제는 정부의 계획과 명령에 따라 경제 문제를 해결한다.

7 오늘날 대부분의 국가들은 시장경제 체제와 계획경제 체제가 함께 섞여 있는 ____________체제를 채택한다.

8 ____________은/는 최소의 비용으로 최대의 편익을 얻을 수 있도록 선택하는 것이다.

9 ____________은/는 선택한 대안을 위해 포기해야 하는 대안 중 가장 큰 가치를 말한다.

10 ____________ 비용은 이미 지불하여 회수할 수 없는 비용을 말한다.

11 합리적 선택을 하기 위해서는 기회비용과 매몰 비용을 함께 고려해야 한다. 

12 기회비용은 명시적 비용과 암묵적 비용의 합이다. 

13 ____________은/는 시장에서 자원 배분이 효율적으로 이루어지지 않은 상태를 말한다.

14 ____________은/는 시장 지배력을 가진 하나 또는 소수의 공급자가 담합하여 생산량을 조절하는 것이다.

15 ____________은/는 타인에게 혜택을 주지만 그에 대한 대가를 받지 않는 경우를 말한다.

16 ____________은/는 타인에게 손해를 끼치지만 그에 대한 보상을 하지 않는 경우를 말한다.

17 시장 참여자로서 정부는 불공정 거래를 규제하여 경제 질서를 유지하고 소비자의 권리를 보호해야 한다. 

18 시장 참여자로서 기업가는 이윤 추구보다 공공의 이익을 우선해야 한다. 

19 시장 참여자로서 노동자는 근로 계약에 따라 성실하게 업무를 수행해야 한다. 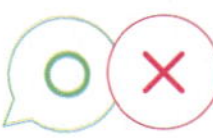

20 시장 참여자로서 소비자는 소득 수준에 맞지 않더라도 유행하는 상품은 구매할 필요가 있다. 

21 ____________은/는 금융 자산 중 하나로, 금융 기관에 돈을 맡기고 일정한 이자를 받는 것이다.

22 ____________은/는 금융 자산 중 하나로, 주식회사가 사업 자금 조달을 위해 투자자에게 돈을 받고 발행하는 증서이다.

23 ____________은/는 금융 자산 중 하나로, 정부, 공공 기관, 기업 등이 필요한 자금을 빌리면서 발행하는 차용 증서이다.

24 생애 주기 중 중·장년기는 노후 대비를 위한 저축이 필요한 시기이다. 

25 생애 주기 중 노년기는 소득 대비 소비의 비중이 작아지는 시기이다. 

26 ____________은/는 자산 관리의 기본 원칙으로, 자신이 투자한 자산의 가치가 안전하게 보호될 수 있는 정도를 말한다.

27 ____________은/는 자산 관리의 기본 원칙으로, 투자 자산의 가격 상승이나 이자 수익을 기대할 수 있는 정도를 말한다.

28 ____________은/는 자산 관리의 기본 원칙으로, 보유하고 있는 자산을 쉽게 현금으로 바꿀 수 있는 정도를 말한다.

29 금융 의사 결정에 영향을 미치는 거시적 요인에는 원금에 대한 이자율을 의미하는 ____________, 서로 다른 두 나라 화폐의 교환 비율을 의미하는 ____________, 재화나 서비스의 가치를 평균적이고 종합적으로 나타내는 ____________와 같은 경제적 환경 변화뿐만 아니라 사회적 환경 변화, 정치적 환경 변화 등이 있다.

30 ____________은/는 국가별로 무역에 유리한 것을 특화하여 생산하는 것을 말한다.

31 ____________은/는 국제 무역에서 한 나라가 교역 상대국보다 더 적은 생산비로 재화를 생산할 수 있는 능력을 말한다.

32 ____________은/는 국제 무역에서 한 나라가 교역 상대국보다 더 적은 기회비용으로 재화를 생산할 수 있는 능력을 말한다.

33 국제 무역이 확대되면 소비자가 선택 가능한 재화와 서비스의 폭이 줄어든다. 

34 지속가능한 발전을 위한 국제 무역의 방안으로는 세계 무역 기구, 자유 무역 협정 체결, 공정 무역, 지역 경제 협력체 결성, 환경 문제 해결을 위한 노력 등이 있다.

1. ○ 2. ○ 3. ○ 4. ○ 5. 경제 체제 6. 시장경제, 계획경제 7. 혼합 경제 8. 합리적 선택 9. 기회비용 10. 매몰 11. ×(매몰 비용은 고려하면 안 됨) 12. ○ 13. 시장 실패 14. 독과점 15. 외부 경제 16. 외부 불경제 17. ○ 18. ×(기업의 본질적 목적은 이윤 추구임) 19. ○ 20. ×(소득 수준에 맞는 건전한 소비를 해야 함) 21. 예금 22. 주식 23. 채권 24. ○ 25. ×(소득 대비 소비의 비중이 커지는 시기임) 26. 안전성 27. 수익성 28. 유동성(환금성) 29. 금리, 환율, 물가 30. 국제 분업 31. 절대 우위 32. 비교 우위 33. ×(선택 가능한 재화와 서비스의 폭이 확대됨) 34. ○

1 대표 문제
[19년 11월 10번]

그림은 자본주의의 전개 과정 중 일부를 나타낸 것이다. 이에 대한 설명으로 옳은 것은? 2점

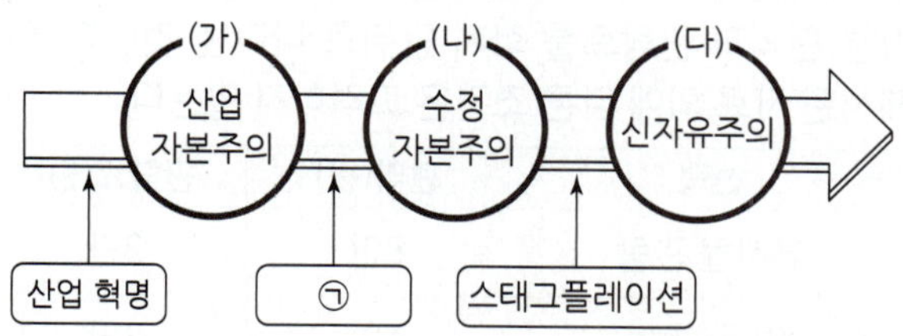

① ㉠에는 세계 대공황이 들어갈 수 있다.
② (가)는 국내 산업 보호를 위한 중상주의를 지향한다.
③ (가)에서 (나)로의 변화는 정부 실패로 인해 나타났다.
④ (가), (다)는 (나)와 달리 사유 재산 제도를 인정한다.
⑤ (나), (다)는 모두 공기업 민영화, 복지 예산 축소를 지향한다.

2
[윤사 고2 18년 3월 9번]

(가)의 사회사상가 갑, 을의 입장을 (나) 그림으로 표현할 때, A~C에 해당하는 적절한 진술을 [보기]에서 고른 것은? 2점

(가)	갑: 개개인이 자유롭게 자신의 이익을 추구하게 하라. 그러면 '보이지 않는 손'에 이끌려 개인의 이익은 물론 전혀 의도하지 않았던 사회의 이익도 증가할 것이다. 을: 정부가 병에 지폐를 채워 폐광에 묻은 후, 민간 기업들로 하여금 그 지폐를 다시 파내게 해 보라. 그러면 실업이 줄어들고 유효 수요가 늘어날 것이다.
(나)	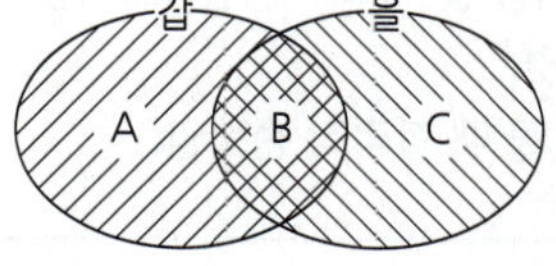 〈범 례〉 A: 갑만의 입장 B: 갑, 을의 공통 입장 C: 을만의 입장

[보 기]
ㄱ. A: 계획 경제를 통해 공익과 사익을 조화시켜야 한다.
ㄴ. B: 사익 추구를 위한 자유 경쟁 원리를 인정해야 한다.
ㄷ. C: 모든 재화가 균등하게 분배되는 사회를 지향해야 한다.
ㄹ. C: 정부가 실업 문제 해결을 위해 시장에 개입해야 한다.

① ㄱ, ㄴ ② ㄱ, ㄷ ③ ㄴ, ㄷ ④ ㄴ, ㄹ ⑤ ㄷ, ㄹ

3
[23년 9월 13번]

그림의 A, B는 각각 수정 자본주의와 신자유주의 중 하나이다. 이에 대한 설명으로 옳은 것은? 3점

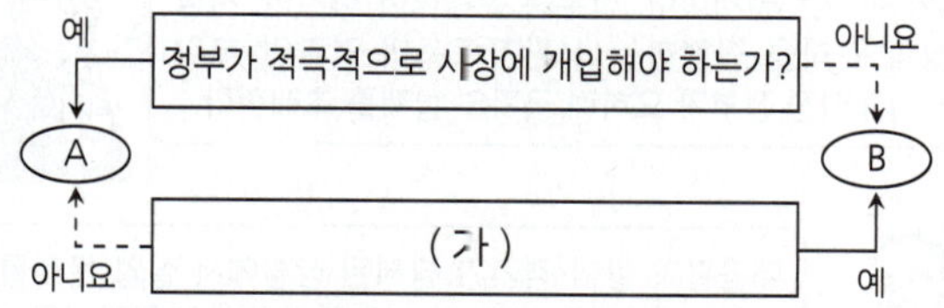

① A는 시장 실패에 대한 대응으로 등장하였다.
② A는 큰 정부보다 작은 정부를 지향할 것을 주장한다.
③ B는 '보이지 않는 손'의 역할을 인정하지 않는다.
④ B는 자원 배분에 있어 효율성보다 형평성을 추구한다.
⑤ (가)에는 '복지 정책을 강화해야 하는가?'가 들어갈 수 있다.

4
[19년 9월 14번]

경제학자 갑, 을의 주장에 대한 옳은 설명만을 [보기]에서 고른 것은? 3점

> 갑: 개인의 이익 추구가 사회 전체의 조화와 이익을 가져온다. 왜냐하면 개인이 사익을 추구하는 과정에서 누가 의도하지 않아도 효율적인 자원 배분이 이루어져 국부의 증대로 이어지기 때문이다.
> 을: 대공황과 같이 경기가 침체된 상황에서는 정부가 지출을 확대하여 일자리를 창출함으로써 실업 문제를 해결하고 유효 수요를 늘려야 한다.

[보 기]
ㄱ. 갑은 큰 정부를 지향한다.
ㄴ. 을은 정부의 시장 개입이 필요하다고 본다.
ㄷ. 갑은 을보다 '보이지 않는 손'의 역할을 강조한다.
ㄹ. 을은 갑과 달리 경제 주체들 간의 자유로운 경쟁을 중시한다.

① ㄱ, ㄴ ② ㄱ, ㄷ ③ ㄴ, ㄷ ④ ㄴ, ㄹ ⑤ ㄷ, ㄹ

정답과 해설 | 1 p.43 | 2 p.44 | 3 p.44 | 4 p.44

5

[18년 9월 10번]

다음은 경제학자 갑, 을의 대화이다. 이에 대한 옳은 설명을 [보기]에서 고른 것은? (단, 갑, 을은 수정 자본주의, 신자유주의 중 하나를 주장함.) 3점

[보기]

ㄱ. 갑은 공기업의 민영화를 지지할 것이다.
ㄴ. 을은 정부의 시장 개입이 필요하다고 본다.
ㄷ. 갑은 을과 달리 자원 배분에 있어 효율성보다 형평성을 추구한다.
ㄹ. 을은 갑과 달리 경제활동의 자유를 인정한다.

① ㄱ, ㄴ ② ㄱ, ㄷ ③ ㄴ, ㄷ ④ ㄴ, ㄹ ⑤ ㄷ, ㄹ

6

[경제 고2 19년 3월 2번]

그림 (가), (나)의 상황이 발생한 공통적인 원인으로 가장 적절한 것은? 2점

(가)

(나)

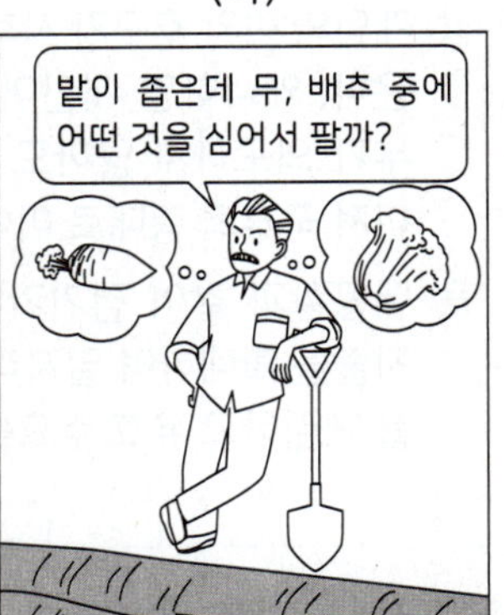

① 자원이 희소하기 때문이다.
② 판매 수입을 극대화하려 하기 때문이다.
③ 효율성보다 형평성을 추구하기 때문이다.
④ 소비에 따른 만족감을 극대화하려 하기 때문이다.
⑤ 인간의 욕구가 재화의 존재량보다 작기 때문이다.

7 대표 문제

[22년 9월 20번]

자료에 대한 옳은 설명만을 [보기]에서 고른 것은? 3점

갑은 한정된 용돈으로 ㉠뮤지컬 관람과 ㉡연극 관람 중 하나를 합리적으로 선택한다. 표는 갑의 각 선택에 따른 편익과 관람료를 화폐 단위로 나타낸 것이다. 단, 제시된 자료 외에 다른 조건은 고려하지 않는다.

선택	편익(원)	관람료(원)
뮤지컬 관람	8만	3만
연극 관람	4만	2만

[보기]

ㄱ. ㉠은 ㉡보다 명시적 비용이 크다.
ㄴ. ㉠은 ㉡보다 암묵적 비용이 크다.
ㄷ. ㉠을 선택하는 것이 합리적이다.
ㄹ. ㉠, ㉡의 편익이 50%씩 감소하면 갑의 선택은 달라진다.

① ㄱ, ㄴ ② ㄱ, ㄷ ③ ㄴ, ㄷ ④ ㄴ, ㄹ ⑤ ㄷ, ㄹ

8

[경제 고2 20년 3월 2번]

그림은 경제 수업에서 학생이 필기한 내용이다. 이에 대한 옳은 설명만을 [보기]에서 고른 것은? 3점

1. 합리적 선택의 의미
(1) 편익: 선택을 통해 얻는 만족이나 이득.
(2) A: 경제적 선택을 할 때 포기하는 대안 중 가장 가치가 큰 것.
(3) 편익이 A보다 클 때 합리적 선택임.

[보기]

ㄱ. A는 명시적 비용과 암묵적 비용의 합이다.
ㄴ. 동일한 경제적 선택을 한 사람은 모두 A가 같다.
ㄷ. 합리적 선택을 하려면 A는 고려하되, 매몰 비용은 고려해서는 안 된다.
ㄹ. 아르바이트를 포기하고 무료로 영화를 관람할 경우, 영화 관람에 대한 A는 발생하지 않는다.

① ㄱ, ㄴ ② ㄱ, ㄷ ③ ㄴ, ㄷ ④ ㄴ, ㄹ ⑤ ㄷ, ㄹ

정답과 해설 5 p.44 6 p.44 7 p.44 8 p.45

Ⅲ

9

[18년 11월 10번]

밑줄 친 ㉠~㉣에 대한 옳은 설명을 [보기]에서 고른 것은? 3점

㉠합리적 선택은 비용과 ㉡편익을 고려하여 이루어진다. 그런데 어떤 이들은 특정 재화를 소비하면서 비용을 과소평가하는 오류를 범하곤 한다. 예를 들어 흡연자는 담뱃값만을 흡연의 비용으로 생각하지만, 흡연은 각종 질병의 원인이 되어 ㉢흡연하지 않았다면 유지할 수 있었던 건강을 해친다. 따라서 흡연자는 ㉣흡연을 위해 지불해야 하는 담뱃값뿐만 아니라 더 큰 비용을 지불해야 한다는 점을 유념하여야 한다.

[보기]

ㄱ. ㉠은 비용보다 편익이 큰 선택을 의미한다.
ㄴ. ㉡에는 심리적 만족과 같은 비금전적 이익은 제외된다.
ㄷ. ㉢은 흡연의 기회비용에 포함된다.
ㄹ. ㉣은 흡연의 기회비용에 포함되지 않는다.

① ㄱ, ㄴ ② ㄱ, ㄷ ③ ㄴ, ㄷ ④ ㄴ, ㄹ ⑤ ㄷ, ㄹ

10 대표 문제

[23년 9월 18번]

밑줄 친 ㉠~㉣에 대한 옳은 분석만을 [보기]에서 고른 것은? (단, 수강료는 환불되지 않으며, 다른 조건은 고려하지 않음.) 3점

갑은 한정판 '아이돌 포토 카드' 판매 시간과 요가 수업 시간이 겹치자 둘 중 무엇을 선택할 것인지 고민하였다. '아이돌 포토 카드'는 재판매 시장에서 ㉠기존 가격보다 5배 이상 비싼 가격에 판매될 정도로 인기가 높다. 결국 갑은 ㉡월 20만 원의 수강료를 지불한 요가 수업 대신 ㉢3만 원을 주고 ㉣'아이돌 포토 카드'를 구매하는 합리적 선택을 하였다.

[보기]

ㄱ. ㉠은 '아이돌 포토 카드'의 희소성 때문에 발생한다.
ㄴ. ㉡은 ㉣의 기회비용에 포함된다.
ㄷ. ㉢은 ㉣의 명시적 비용이다.
ㄹ. 갑은 ㉣의 편익이 기회비용보다 작다고 판단했다.

① ㄱ, ㄴ ② ㄱ, ㄷ ③ ㄴ, ㄷ ④ ㄴ, ㄹ ⑤ ㄷ, ㄹ

11

[경제 고2 20년 3월 4번]

밑줄 친 전망이 나타나게 된 원인으로 가장 적절한 것은? 2점

미국 프로 야구 시장에서 갑을 영입하려는 경쟁이 심화되고 있다. 갑과 비슷한 실력을 갖춘 을이 전날 ○○ 구단과 계약하면서 뛰어난 실력을 갖춘 선발 투수 중 갑만 아직 계약이 확정되지 않았다. 갑을 영입하려는 7개 구단의 경쟁으로 갑의 연봉이 2,000만 달러까지 치솟을 것으로 전망되고 있다.

① 선발 투수가 희귀하기 때문이다.
② 갑과 을의 성적 경쟁이 치열해졌기 때문이다.
③ 구단 간에 공정한 영입 경쟁이 보장되지 않기 때문이다.
④ 각 구단이 갑의 영입에 따른 효용을 극대화하려하기 때문이다.
⑤ 각 구단의 기대를 충족시킬 수 있는 선발 투수가 부족하기 때문이다.

12

[24년 9월 15번]

다음 자료에 대한 옳은 분석 및 추론만을 [보기]에서 고른 것은? 3점

갑은 여행을 가기 위해 이동 수단 A~C 중 하나를 합리적으로 선택하려고 한다. 표는 A~C의 가격과 갑의 선택으로 발생하는 편익을 나타낸다. 단, 제시된 자료 외에 다른 조건은 고려하지 않는다.

이동 수단	가격(만 원)	편익(만 원)
A	4	7
B	5	9
C	㉠ 7	15

[보기]

ㄱ. A 선택의 암묵적 비용은 4만 원이다.
ㄴ. B 선택의 명시적 비용은 5만 원이다.
ㄷ. C 선택의 기회비용이 가장 크다.
ㄹ. ㉠이 '10'으로 변동하면 B 선택의 기회비용은 감소한다.

① ㄱ, ㄴ ② ㄱ, ㄷ ③ ㄴ, ㄷ ④ ㄴ, ㄹ ⑤ ㄷ, ㄹ

정답과 해설 | 9 p.45 | 10 p.45 | 11 p.45 | 12 p.45

13

[19년 11월 8번]

밑줄 친 ㉠~㉣에 대한 옳은 설명만을 [보기]에서 고른 것은? 2점

> 갑은 자신과 아내를 위해 ㉠통신 회사의 부사장을 그만두고 미스터 맘*이 되었다. 시간이 무한하다면 갑은 부사장직과 가사를 전담하는 일 중에서 하나를 ㉡선택할 필요가 없다. 하지만 ㉢세상에 공짜 점심은 없다는 말처럼 모든 선택에는 대가가 따른다. 갑처럼 기꺼이 ㉣미스터 맘을 선택한 사람들은 가사와 육아를 전담하는 것이 직장을 다니는 것보다 합리적이라고 판단한 것이다.
>
> * 미스터 맘: 직장 생활 대신 가사와 육아를 전담하는 남편

[보기]

ㄱ. ㉠은 갑이 미스터 맘을 선택한 것에 따른 편익이다.

ㄴ. ㉡의 문제는 욕구에 비해 자원이 희소하기 때문에 발생한다.

ㄷ. ㉢은 모든 선택에는 기회비용이 따른다는 것을 의미한다.

ㄹ. ㉣은 직장 생활의 편익이 기회비용보다 크다고 판단한 것이다.

① ㄱ, ㄴ ② ㄱ, ㄷ ③ ㄴ, ㄷ ④ ㄴ, ㄹ ⑤ ㄷ, ㄹ

14 대표 문제

[21년 9월 14번]

경제 주체 A~C에 대한 옳은 설명만을 [보기]에서 고른 것은? (단, A~C는 각각 가계, 기업, 정부 중 하나이다.) 3점

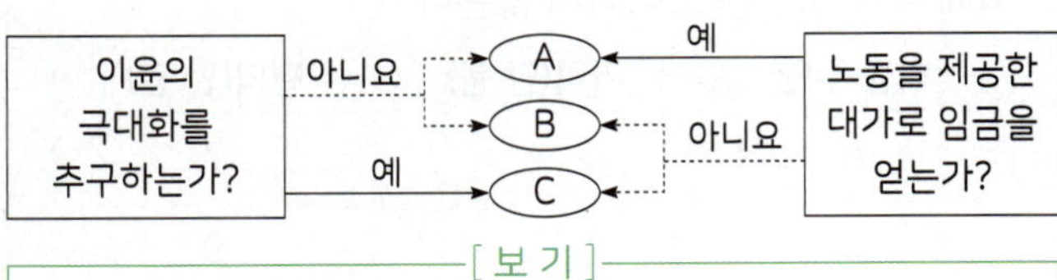

[보기]

ㄱ. A는 소비를 통해 효용을 얻고자 한다.

ㄴ. B는 공공 서비스를 제공한다.

ㄷ. C는 생산 요소의 공급자이다.

ㄹ. A와 B는 C에게 조세를 납부한다.

① ㄱ, ㄴ ② ㄱ, ㄷ ③ ㄴ, ㄷ ④ ㄴ, ㄹ ⑤ ㄷ, ㄹ

15

[경제 고2 19년 3월 4번]

다음 토론에 대한 옳은 설명을 [보기]에서 고른 것은? 2점

> 사회자: 제조업의 부진, 어떻게 해결해야 할까요?
>
> 갑: 제조업은 우리나라 산업의 근간을 이루고 있습니다. 따라서 정부가 경영난을 겪는 기업에 자금을 지원하여 제조업을 활성화시킬 필요가 있습니다.
>
> 을: 정부가 자금 지원을 하는 것은 기업이 스스로 회복할 수 있는 기회를 빼앗는 것입니다. 자금 지원을 하지 말고 시장의 원리가 작동하도록 하는 것이 바람직합니다.

[보기]

ㄱ. 갑은 정부의 적극적인 역할을 강조한다.

ㄴ. 을은 '보이지 않는 손'의 기능을 중시한다.

ㄷ. 을은 정부 실패보다 시장 실패를 더 문제시한다.

ㄹ. 을과 달리 갑은 민간의 자유로운 의사 결정을 중시한다.

① ㄱ, ㄴ ② ㄱ, ㄷ ③ ㄴ, ㄷ ④ ㄴ, ㄹ ⑤ ㄷ, ㄹ

16 대표 문제

[18년 9월 17번]

A, B에 대한 설명으로 옳은 것은? 2점

> • [A]의 대표적인 사례로는 국방 및 치안 서비스가 있다. 이것은 대가를 지불하지 않아도 누구든지 사용할 수 있으며, 한 사람이 사용하여도 다른 사람이 얼마든지 사용할 수 있다.
>
> • 어떤 경제 주체들의 경제 활동이 다른 경제 주체에게 의도하지 않은 이익을 주거나, 의도하지 않게 피해를 주는데도 이에 대해 아무런 경제적 대가를 받거나 치르지 않는 경우를 [B]라고 한다.

① A는 무임승차자 문제가 발생하지 않는다.

② A는 시장에만 맡길 경우 일반적으로 과잉 생산된다.

③ B는 보조금 지급이나 조세 제도로 해결될 수 있다.

④ B는 시장에서 자원이 효율적으로 배분됨을 보여준다.

⑤ B는 정부 개입을 축소해야 한다는 주장의 근거가 된다.

17

[23년 11월 5번]

밑줄 친 '독감 백신 접종'의 사례에서 나타나는 시장의 한계에 대한 설명으로 옳은 것은? 3점

> 독감 백신 접종은 독감에 걸릴 확률을 현저히 줄이거나 걸리더라도 큰 증상 없이 지나가게 해 준다. 사람들은 이러한 효과를 고려하여 대가를 지불하고 독감 백신을 접종한다. 그런데 어떤 사람이 독감 백신을 접종하면 주변의 백신 미접종자는 독감에 걸릴 확률이 낮아지는 효과를 얻는다. 그럼에도 불구하고 백신 접종자는 백신 미접종자에게 어떠한 대가도 받지 않는다.

① 독점 시장에서 거래된다.
② 시장의 공정한 경쟁을 저해한다.
③ 사회적으로 필요로 하는 양보다 적게 소비된다.
④ 대가를 지불하지 않더라도 누구나 소비할 수 있다.
⑤ 한 사람의 소비가 다른 사람이 소비할 수 있는 양을 감소시키지 않는다.

18

[24년 10월 6번]

다음 자료에서 공통으로 추론할 수 있는 시장 실패의 요인으로 옳은 것은? 2점

> ○ 마당을 아름다운 정원으로 꾸민 집주인은 그 정원을 보게 되는 행인들에게 의도치 않은 만족감을 주지만, 만족감을 얻은 이들로부터 이에 대한 대가를 받을 수 없다.
> ○ 거리에서 무분별하게 흡연을 하는 사람은 그 주변의 행인들에게 의도치 않은 피해를 주지만, 피해를 입은 이들에게 이에 대한 대가를 지불하지 않는다.

① 독과점 형성
② 공공재 부족
③ 외부 효과 발생
④ 불공정 거래 행위
⑤ 경제적 불평등 심화

19

[23년 9월 20번]

(가), (나)에서 공통으로 도출할 수 있는 기업의 역할로 가장 적절한 것은? 2점

> (가) A 기업은 글로벌 탄소 감축 기여도를 높이기 위해 넷제로*와 RE100** 실현 의지를 담은 보고서를 발간했다. A 기업은 해당 보고서를 통해 2030년 넷제로와 RE100을 도든 계열사에서 동시에 달성하겠다는 의지를 밝히고, 온실가스 감축 목표 달성을 위한 중장기 전략도 공개했다.
> (나) B 기업은 해양 폐기물을 자사 제품의 부품 소재로 재활용하고 있다. 더 나아가 모든 신제품에 재활용 소재 적용, 제품 패키지에서 플라스틱 소재 제거, 매립 폐기물 제로화 등의 비전을 실천 중이다.
>
> * 넷제로(net-zero): 6대 온실가스의 순 배출량을 0(zero)으로 만드는 것
> ** RE100: 기업의 소비 전력 100%를 재생 에너지로 충당하겠다는 글로벌 캠페인

① 회계를 투명하게 운영해야 한다.
② 노동자의 근로 조건을 개선해야 한다.
③ 소비자의 경제적 이익을 보호해야 한다.
④ 공정한 경쟁을 통해 이윤을 추구해야 한다.
⑤ 친환경적인 생산을 통해 환경 보호에 기여해야 한다.

20 대표 문제

[생윤 15년 11월 16번]

㉠을 실천한 사례만을 [보기]에서 있는 대로 고른 것은? 2점

> 기업은 사회와의 상호 작용 속에서만 번영할 수 있는 존재이다. 따라서 기업은 이윤을 극대화해야 하는 책임뿐만 아니라 자선 사업, 환경 보호, 사회적 약자에 대한 지원 등 ㉠사회적 책임도 함께 가진다.

[보기]

ㄱ. 생태 공원을 조성하여 시민들에게 무료로 개방한 기업
ㄴ. 양질의 일자리를 창출하여 장애인 고용을 확대한 기업
ㄷ. 수익의 일부를 소외된 지역의 교육 사업에 지원한 기업
ㄹ. 비용 절감을 위해 폐수정화처리 시설을 가동하지 않은 기업

① ㄱ, ㄴ ② ㄷ, ㄹ ③ ㄱ, ㄴ, ㄷ
④ ㄱ, ㄴ, ㄹ ⑤ ㄴ, ㄷ, ㄹ

정답과 해설 | 17 p.47 | 18 p.47 | 19 p.47 | 20 p.47

21

[생윤 고2 20년 3월 15번]

다음 토론의 핵심 쟁점으로 가장 적절한 것은? 2점

> 갑: 기업은 생산 활동을 통한 이윤 추구만을 목적으로 삼아야 합니다.
> 을: 그렇지 않습니다. 기업은 실업, 빈곤, 환경 등에 대한 사회적 책임을 적극적으로 이행해야 합니다.
> 갑: 아닙니다. 기업에게 적극적인 사회적 책임을 요구하면 기업의 권익이 침해될 수 있습니다. 기업은 시장의 규칙을 준수하면서 이윤을 추구하는 것만으로도 모든 책임을 다하는 것입니다.
> 을: 기업의 본래 목적이 이윤 추구라는 것은 인정합니다. 하지만 기업도 사회의 한 구성원이고, 사회와 관계를 맺고 있으므로 사회적 책임을 다해야 합니다.

① 기업은 법규를 준수하면서 이윤을 추구해야 하는가?
② 기업은 이윤 추구 외에 사회적 책임도 다해야 하는가?
③ 기업은 생산성을 높이기 위해 기술 혁신을 해야 하는가?
④ 기업은 이윤 추구를 위해 생산 비용을 감소시켜야 하는가?
⑤ 기업의 설립 목적을 공공의 이익 실현이라고 보아야 하는가?

22

[일사 16년 9월 6번]

밑줄 친 ㉠~㉢에 대한 옳은 설명을 [보기]에서 고른 것은? 3점

> 갑은 ○○회사에 근무하면서 ㉠회사 내 노동조합 간부로 활동하고 있다. 최근 이 회사에서는 ㉡근로 조건 개선을 문제로 노사 협상이 시작되었으나 결렬되었고, 뒤이어 노사 간 조정도 실패로 돌아갔다. 결국 조정이 실패한 후에 노동조합은 갑의 주도 하에 ㉢적법한 파업에 돌입하였다.

[보 기]

ㄱ. ㉠은 불법 행위에 해당한다.
ㄴ. ㉡은 근로자 개개인이 회사와 협상할 수 있는 권리이다.
ㄷ. ㉢은 근로자의 단체 행동권 행사에 해당한다.
ㄹ. ㉡, ㉢ 모두 헌법에 보장된 권리이다.

① ㄱ, ㄴ ② ㄱ, ㄷ ③ ㄴ, ㄷ ④ ㄴ, ㄹ ⑤ ㄷ, ㄹ

23

[일사 14년 11월 17번]

다음 사례에 나타난 갑의 소비를 평가한 내용으로 가장 적절한 것은? 2점

> 갑은 요즘 휴대 전화 할부금 때문에 고민이다. 많은 친구들이 갖고 있다는 최신 휴대 전화를 사달라고 조르는 아들의 요구를 거절하지 못하고, 요즘 가장 많이 판매되는 제품이라고 알려진 비싼 휴대 전화를 사주고 말았다. 이로 인해 자신과 아내, 아들의 할부금과 통화 요금을 합하여 한 달에 30만 원 가까운 비용이 지출되고 있다.

① 상품의 정보를 비교·분석한 후 구매하였다.
② 다른 사람과의 차별성을 중시한 소비 행위이다.
③ 자신의 소득 범위 안에서 계획적으로 소비하였다.
④ 다른 사람의 소비에 영향을 받아 상품을 구매한 것이다.
⑤ 신분을 과시하기 위한 소비로 사회적 낭비를 초래할 수 있다.

24

[일사 15년 11월 10번]

(가), (나)에 대한 설명으로 옳은 것은? 2점

> (가) 남에게 돋보이고 싶어서 고급 승용차나 고가의 외제품을 소비하는 현상을 베블렌 효과(Veblen effect)라고 한다.
> (나) 유행에 따라 그 재화가 좋을 것이라고 생각하여 자기도 소비하는 현상을 밴드왜건 효과(Bandwagon effect)라고 한다.

① (가)는 수요 곡선이 좌측으로 이동하는 요인이다.
② (나)는 공급 곡선이 우측으로 이동하는 요인이다.
③ (가)보다 (나)에서 상품에 대한 소비자의 만족도가 더 크다.
④ (나)는 (가)와 달리 과소비로 이어질 수 있다.
⑤ (가), (나)에서는 모두 타인을 의식하는 소비 행위가 나타난다.

정답과 해설 | 21 p.48 | 22 p.48 | 23 p.48 | 24 p.48

25

[일사 16년 11월 3번]

다음에서 부각되는 소비 행태에 대한 옳은 설명을 [보기]에서 고른 것은? 2점

'파노폴리 효과'란 어떤 제품을 소비할 때 그 제품을 소비하는 특정 집단에 속한 것 같은 착각에 빠지는 현상을 말한다. 인기 연예인이나 부유층, 유명 인사들이 사용하는 값비싼 상품을 소비함으로써 자신도 그들과 같은 상류층에 속해 있다는 환상을 갖게 되는 것이다. 이러한 효과는 상품의 본래 용도가 아니라 상품 간 서열이 주는 이미지를 소비하게 하므로 자신의 소득 규모를 고려하지 않는 소비를 조장한다.

[보 기]

ㄱ. 개인의 만족을 극대화하는 바람직한 소비이다.
ㄴ. 타인의 소비에 영향을 받아 이루어지는 소비이다.
ㄷ. 지불 능력을 초과한 소비로 인해 개인의 신용 상태를 악화시킬 수 있다.
ㄹ. 고가품의 소비 주체가 상류층에 한정되므로 사회적 위화감을 조장할 수 있다.

① ㄱ, ㄴ ② ㄱ, ㄷ ③ ㄴ, ㄷ ④ ㄴ, ㄹ ⑤ ㄷ, ㄹ

26 대표 문제

[19년 9월 20번]

다음 글에 나타난 소비 형태에 대한 설명으로 가장 적절한 것은? 2점

환경과 동물 보호에 대한 소비자의 인식이 높아짐에 따라 화장품 업계에도 '친환경', '유기농' 열풍이 일고 있다. 유기농 인증을 받은 안전한 화장품, 재활용 가능한 원료와 용기를 사용한 화장품, 그리고 동물 실험을 하지 않으며 동물성 성분을 배제한 '비건 화장품'이 새로운 소비 트렌드로 자리 잡고 있다. '친환경은 필(必)환경'이라는 시대적 흐름에 맞추어 친환경 화장품이 착한 화장품으로 주목을 받고 있다.

* 비건(vegan): 엄격한 채식주의자. 고기는 물론 우유, 달걀도 먹지 않음. 어떤 이들은 실크나 가죽 같이 동물로부터 원료를 얻는 제품도 사용하지 않음.

① 소비 주체의 자율적 선택권을 보장하지 않는다.
② 소비가 생태계에 미치는 영향력을 고려하지 않는다.
③ 가격 대비 성능을 중시하며 최저가 제품만을 구입한다.
④ 동물을 비롯한 자연에 해를 끼친 상품의 구매를 자제한다.
⑤ 상품 선택 시 생태적 지속성보다 경제적 효율성을 우선한다.

27

[일사 17년 9월 3번]

표는 저축 수단을 구분한 것이다. (가)에 들어갈 질문으로 옳은 것은? (단, A~C는 각각 예금, 주식, 채권 중 하나이다.) 3점

질문 \ 저축 수단	A	B	C
예금자 보호 제도가 적용되는가?	X	X	○
배당 수익을 기대할 수 있는가?	○	X	X
(가)	○	○	X

(○: 예, X: 아니요)

① 원금 손실의 위험이 낮은가?
② 공공 기관만 발행이 가능한가?
③ 이자 수입을 목적으로 하는가?
④ 시세 차익을 기대할 수 있는가?
⑤ 만기가 되면 수익이 발생하는가?

28

[경제 고2 18년 3월 3번]

자산 관리의 주요 판단 기준인 A~C와 관련한 진술 중 옳은 것은? (단, A~C는 각각 수익성, 안전성, 유동성 중 하나이다.) 2점

A	원금이 보전될 수 있는 정도
B	시세 차익, 이자 수익 등을 기대할 수 있는 정도
C	필요할 때 현금으로 전환하기 쉬운 정도

① 채권은 예금에 비해 A가 높다.
② 부동산은 금융 자산에 비해 C가 높다.
③ B가 높은 자산일수록 A가 낮은 경향이 있다.
④ 예금은 A와 C가 모두 낮은 편이다.
⑤ 주식은 C가 높지만 B는 낮은 편이다.

정답과 해설 25 p.48 26 p.48 27 p.49 28 p.49

29

[일사 17년 11월 16번]

다음 사례에 대한 설명으로 옳지 않은 것은? 3점

> 갑, 을, 병은 친한 직장 동료의 결혼 축하 선물로 전기밥솥을 사 주기로 하였다. 세 사람은 전자제품 판매장을 방문해 가격이 30만 원인 제품을 선택한 후, 갑은 현금으로, 을은 직불 카드로, 병은 신용 카드로 각자 10만 원씩 결제하였다. 전기밥솥을 선물로 받은 직장 동료는 매우 기뻐하였다.

① 갑은 소비 지출로 인해 부채가 증가하였다.
② 을의 결제 수단은 예금 계좌 잔액을 초과하여 사용할 수 없다.
③ 병의 결제 수단은 당장 현금이 없더라도 상품을 구매할 수 있다.
④ 갑과 달리 병은 신용 거래를 하였다.
⑤ 병보다 을의 결제 수단은 과소비를 방지하는 데 유리하다.

30 대표 문제

[23년 11월 14번]

표는 자산 관리의 원칙 A~C를 정리한 것이다. 이에 대한 옳은 설명만을 [보기]에서 고른 것은? (단, A~C는 각각 수익성, 안전성, 유동성 중 하나임.) 2점

구분	내용
A	금융 자산의 원금이 보전될 수 있는 정도
B	금융 자산을 쉽고 빠르게 현금화할 수 있는 정도
C	금융 자산의 가격 상승이나 이자 수익을 기대할 수 있는 정도

[보기]

ㄱ. A는 유동성, B는 안전성, C는 수익성이다.
ㄴ. 일반적으로 A가 높은 금융 자산은 C도 높다.
ㄷ. 예금은 채권보다 B가 높다.
ㄹ. 주식은 예금보다 A, B가 모두 낮다.

① ㄱ, ㄴ ② ㄱ, ㄷ ③ ㄴ, ㄷ ④ ㄴ, ㄹ ⑤ ㄷ, ㄹ

31

[일사 15년 6월 15번]

(가)에 들어갈 내용으로 가장 적절한 것은? 2점

① 적은 돈이라도 낭비하지 말고 저축하는 습관을 기르는 것
② 주식 시세 같은 금융 정보를 활용해 주식에 집중 투자하는 것
③ 위험이 높더라도 수익이 높은 자산에만 투자하는 자세를 가지는 것
④ 예금 이자보다 수익성이 낮아도 안전성이 높으면 채권을 구입하는 것
⑤ 안전성, 수익성, 유동성을 고려하여 자금을 다양한 자산에 분산 투자하는 것

32

[일사 16년 6월 19번]

(가)~(다)에 대한 옳은 진술을 [보기]에서 고른 것은? (단, (가)~(다)는 각각 안전성, 수익성, 유동성 중의 하나이다.) 2점

> 투자자들은 은행 예금, 주식, 부동산 등의 투자 상품들을 다양한 기준에 따라 선택한다. 은행 예금보다 주식을 선호하는 사람들은 (가) 보다 (나) 을 중시하는 경향이 있고, 보유 자산의 환금성을 중시하는 사람들에게는 (다) 이 중요한 판단 기준이다.

[보기]

ㄱ. 수익성은 (가)에 해당한다.
ㄴ. 일반적으로 은행 예금은 부동산보다 (다)가 높다.
ㄷ. (가)가 높을수록 (나)는 낮아지는 경향이 있다.
ㄹ. 저위험 자산을 선호하는 경우 (다)보다 (나)를 중시한다.

① ㄱ, ㄴ ② ㄱ, ㄷ ③ ㄴ, ㄷ ④ ㄴ, ㄹ ⑤ ㄷ, ㄹ

정답과 해설 29 p.49 30 p.49 31 p.49 32 p.49

33

[20년 11월 18번]

밑줄 친 ㉠~㉢의 일반적 특징에 대한 설명으로 옳은 것은? 2점

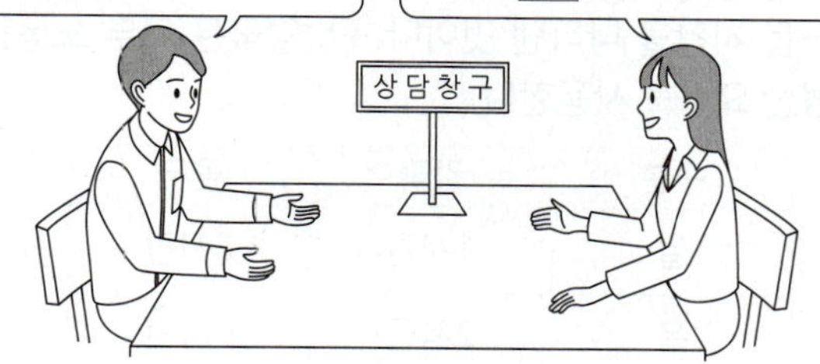

① ㉠은 배당금을 기대할 수 있다.
② ㉡은 이자 수익을 기대할 수 있다.
③ ㉢은 예금자 보호 제도의 대상이다.
④ ㉠은 ㉡에 비해 안전성이 높다.
⑤ ㉡은 ㉢과 달리 만기가 있다.

34

[22년 11월 15번]

밑줄 친 ㉠~㉢의 일반적인 특징에 대한 설명으로 옳은 것은? 2점

갑: ㉠○○ 정기 예금과 ㉡△△ 채권에 각각 투자하려고 하는데 조언을 부탁드립니다.
을: ○○ 정기 예금의 수익률이 낮기 때문에, △△ 채권과 함께 ㉢□□ 주식에 투자하는 것을 추천해 드립니다.

① ㉠은 배당 수익을 기대할 수 있다.
② ㉡은 예금자 보호 제도의 적용 대상이다.
③ ㉢은 ㉠보다 안전성이 높다.
④ ㉠과 ㉡은 모두 이자 수익을 기대할 수 있다.
⑤ ㉡과 ㉢은 모두 시세 차익을 기대할 수 없다.

35

[23년 3월 14번]

다음 자료에 대한 설명으로 옳은 것은? 2점

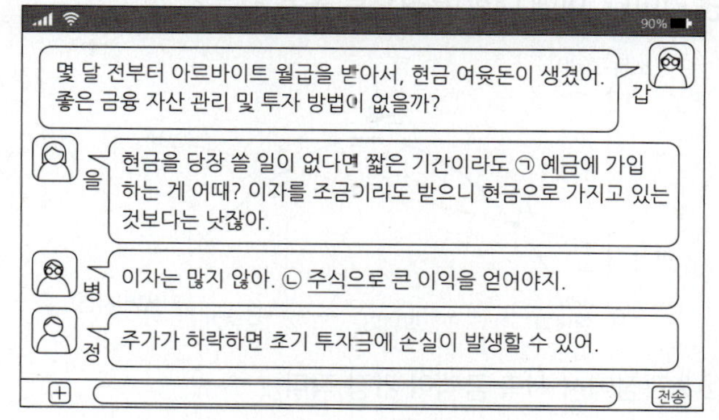

① 갑은 소득보다 지출이 큰 상황일 것이다.
② 을은 병과 달리 수익성을 강조하고 있다.
③ 원금을 잃지 않을 가능성은 ㉠이 ㉡보다 높다.
④ 정은 ㉡을 ㉠보다 선호할 것이다.
⑤ ㉡과 달리 ㉠은 시세 차익을 기대할 수 있다.

36 대표 문제

[일사 16년 11월 4번]

그림은 사회 수업 장면이다. 교사의 질문에 옳은 내용을 발표한 학생을 [보기]에서 고른 것은? 3점

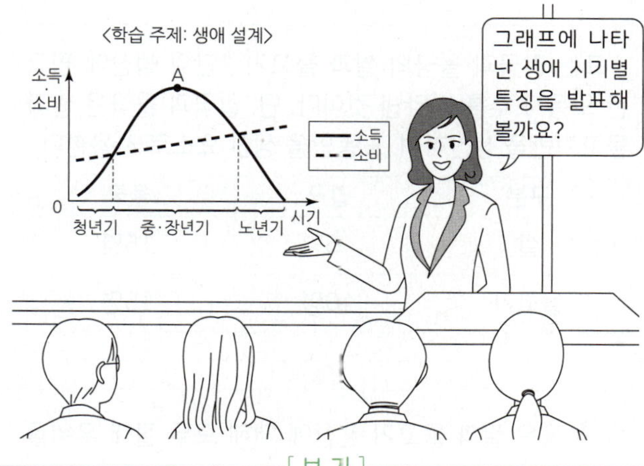

[보기]

갑: 청년기에는 소득보다 소비가 작아요.
을: 중·장년기의 저축이 클수록 노후 생활의 안정성에 기여할 수 있어요.
병: 노년기에는 소득 대비 소비의 비중이 커져요.
정: 소득이 A일 때 누적 저축액이 가장 커요.

① 갑, 을 ② 갑, 병 ③ 을, 병 ④ 을, 정 ⑤ 병, 정

정답과 해설 | 33 p.49 | 34 p.50 | 35 p.50 | 36 p.50

37

[일사 14년 6월 16번]

그래프는 일생에 걸친 개인의 소득과 소비의 변화를 나타낸 것이다. 이에 대한 분석으로 옳은 것은? 2점

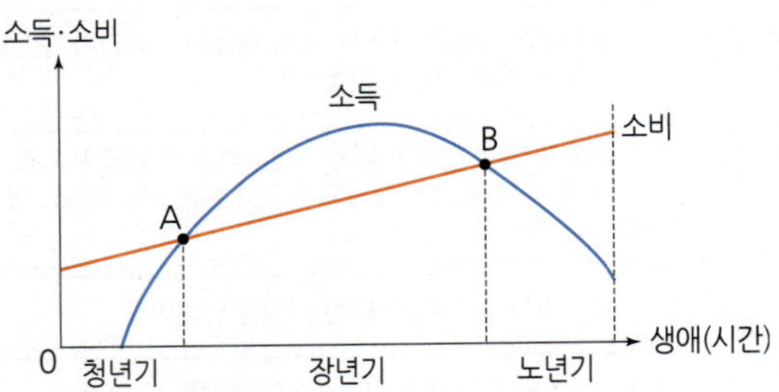

① A지점에서 저축 금액이 가장 적다.
② 노후 준비는 B지점에서 시작해야 한다.
③ 소득과 저축 사이에는 반비례 관계가 나타난다.
④ 전 생애에 걸친 변화 폭은 소득이 소비보다 크다.
⑤ 청년기에는 취업으로 인해 소득이 소비보다 많다.

38 대표 문제

[23년 11월 16번]

다음 자료에 대한 옳은 분석만을 [보기]에서 고른 것은? 3점

표는 갑국과 을국의 쌀과 물고기 1단위 생산에 필요한 노동자 수를 나타낸 것이다. 단, 갑국과 을국은 쌀과 물고기만을 생산하며, 노동만을 생산 요소로 사용한다.

구분	갑국	을국
쌀	5명	15명
물고기	10명	15명

[보기]

ㄱ. 을국은 쌀과 물고기 생산에 대해 모두 절대 우위를 가진다.
ㄴ. 갑국의 물고기 1단위 생산의 기회비용은 쌀 2단위이다.
ㄷ. 물고기 1단위 생산의 기회비용은 을국이 갑국보다 크다.
ㄹ. 갑국은 쌀 생산에 대해 비교 우위를 가진다.

① ㄱ, ㄴ ② ㄱ, ㄷ ③ ㄴ, ㄷ ④ ㄴ, ㄹ ⑤ ㄷ, ㄹ

39

[21년 11월 16번]

다음 자료에 대한 옳은 분석만을 [보기]에서 고른 것은? 3점

쌀과 옷만을 생산하는 갑국과 을국은 비교 우위를 가지는 재화만을 특화하여 두 국가끼리만 교역하고자 한다. 표는 쌀 1단위 또는 옷 1단위를 생산하는 데 필요한 노동 시간을 나타낸 것이다. 단, 양국은 모두 노동만을 생산 요소로 사용한다.

구분	갑국	을국
쌀	1시간	2시간
옷	2시간	6시간

[보기]

ㄱ. 갑국에서 쌀 1단위 생산에 대한 기회비용은 옷 2단위이다.
ㄴ. 을국의 노동 시간이 10시간일 경우 쌀 2단위와 옷 2단위를 동시에 생산할 수 있다.
ㄷ. 갑국은 쌀과 옷 생산에 대해 모두 절대 우위를 가진다.
ㄹ. 을국은 쌀 생산에 대해 비교 우위를 가진다.

① ㄱ, ㄴ ② ㄱ, ㄷ ③ ㄴ, ㄷ ④ ㄴ, ㄹ ⑤ ㄷ, ㄹ

정답과 해설 37 p.50 38 p.50 39 p.51

개념 이해를 위한 핵심 문제

핵심 문제 풀기 2회차

해설편 p.51

1

[20년 11월 6번]

경제학자 갑, 을의 입장에 대한 설명으로 옳은 것은? (단, 갑, 을은 각각 수정 자본주의, 신자유주의 중 하나를 주장함.) 3점

> 갑: 대공황과 같이 경기가 침체된 상황에서는 정부가 시장에 적극적으로 개입하여 일자리를 창출하고 소비를 증진시켜야 한다.
>
> 을: 정부의 적극적 시장 개입은 정부 실패를 초래한다. 시장에서의 경쟁의 자유야말로 사회 발전의 필수적인 요소이기 때문에 시장의 자유를 지켜야 한다.

① 갑은 공기업 민영화와 복지 정책의 축소를 주장한다.
② 갑은 자유 시장 경제를 부정하고 계획 경제를 주장한다.
③ 을은 큰 정부보다 작은 정부를 지향할 것을 주장한다.
④ 을은 개인이 재산을 자유롭게 소유할 수 있음을 부정한다.
⑤ 갑은 을과 달리 '보이지 않는 손'의 원리를 인정한다.

2

[윤사 고2 20년 3월 11번]

(가)의 입장에 비해 (나)의 입장이 갖는 상대적 특징을 그림의 ㉠~㉤ 중에서 고른 것은? 2점

> (가) 정부는 개인만큼 자본 활용에 능하지 않다. 개인은 자기 이익을 위해 일하지만 보이지 않는 손에 이끌려 의도하지 않은 공공의 이익까지도 증진한다.
>
> (나) 정부가 지폐를 땅에 묻고 이를 다시 파게 하는 정책을 실시한다면 사회의 부가 늘어날 것이다. 실업을 없애기 위해서 정부는 유효 수요를 창출해야 한다.

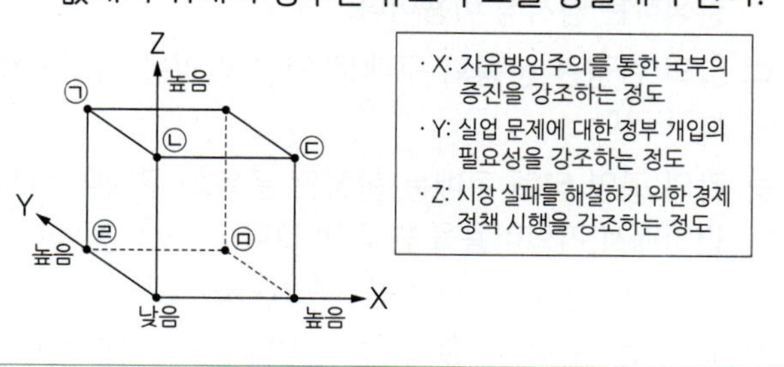

① ㉠ ② ㉡ ③ ㉢ ④ ㉣ ⑤ ㉤

3

대표 문제

[20년 9월 16번]

자본주의 전개 과정에서 나타난 (가)~(다)에 대한 설명으로 옳은 것은? 3점

> • 산업 혁명으로 상품의 대량 생산이 가능해지면서 산업 자본주의가 성장하게 되었다. 당시 애덤 스미스는 '보이지 않는 손'의 기능을 강조하며 (가) 사상을 제시하였다.
>
> • 1970년대 석유 파동을 겪으면서 정부의 역할을 제한하고 시장의 자유로운 경제활동을 강조하는 (나) 사상이 확산되었다.
>
> • 대공황의 결과 나타난 대량 실업과 경기 침체를 극복하고자 정부의 적극적인 시장 개입을 강조하는 (다) 사상이 등장하게 되었다.

① (가)는 큰 정부를 지향한다.
② (나)를 토대로 '뉴딜 정책'이 추진되었다.
③ (다)는 공기업의 민영화, 복지 축소를 지향한다.
④ (가), (다)는 (나)와 달리 사유 재산 제도를 인정한다.
⑤ 역사적으로 (가)-(다)-(나) 순으로 등장하였다.

4

[22년 9월 16번]

다음은 자본주의의 전개 과정을 도식화한 것이다. 이에 대한 설명으로 옳은 것은? (단, (가), (나)는 각각 신자유주의, 수정 자본주의 중 하나이다.) 3점

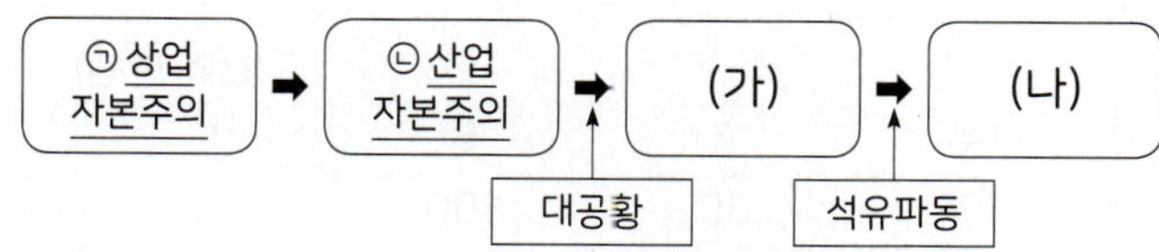

① 산업 혁명은 ㉠의 등장 배경으로 작용하였다.
② ㉠은 ㉡과 달리 '보이지 않는 손'의 역할을 중시하였다.
③ (나)는 공기업의 민영화에 적극적이다.
④ (가)는 (나)와 달리 정부의 시장 개입을 축소해야 한다고 본다.
⑤ (나)는 (가)와 달리 복지 예산의 확대를 추구한다.

정답과 해설	1 p.51	2 p.51	3 p.51	4 p.51

5

[19년 9월 17번]

표에 대한 분석으로 옳은 것은? 3점

합리적 소비자인 갑은 휴대폰을 새로 구입할 예정이며, 갑의 휴대폰 선택의 기준은 표와 같다. (단, 편익의 크기는 점수로 표시하였다.)

평가 항목 / 휴대폰	가격 (40점)	디자인 (30점)	기능 (20점)	인기도 (10점)
A	35	30	20	10
B	35	25	18	8
C	40	20	16	9

① A를 선택하는 것이 합리적이다.
② 기능만을 고려한다면 B를 선택할 것이다.
③ 갑은 평가 항목 중 디자인을 가장 중시한다.
④ 총편익의 순위는 인기도의 순위와 일치한다.
⑤ 가격 항목에 10%의 가중치 부여 시 A보다 C의 총편익이 크다.

6

[22년 11월 19번]

다음 자료에 대한 옳은 분석만을 [보기]에서 고른 것은? (단, 제시된 내용 외에 다른 요인은 고려하지 않는다.) 3점

갑은 환경을 보호하기 위한 실천 방법으로 전기 자전거를 구매하여 이동 수단으로 사용하고자 한다. 갑은 전기 자전거 A~C 중 하나를 선택하여 구매하려고 하며, 표는 화폐 단위로 표시한 A~C 각각의 편익과 가격을 나타낸다.

(단위: 만 원)

구분	A	B	C
편익	80	100	120
가격	60	70	110

[보기]

ㄱ. B를 선택하는 것이 합리적이다.
ㄴ. B를 선택할 경우의 명시적 비용은 100만 원이다.
ㄷ. C를 선택할 경우의 암묵적 비용은 30만 원이다.
ㄹ. A를 선택할 경우의 기회비용은 C를 선택할 경우보다 크다.

① ㄱ, ㄴ ② ㄱ, ㄷ ③ ㄴ, ㄷ ④ ㄴ, ㄹ ⑤ ㄷ, ㄹ

7 대표 문제

[24년 10월 4번]

다음 자료에 대한 분석 및 추론으로 옳은 것은? 3점

갑은 주말 저녁 3시간 동안의 여가를 즐기기 위해 체험료가 3만 원인 ㉠도자기 공예 체험과 관람료가 2만 원인 ㉡밴드 공연 관람 중 하나를 합리적으로 선택하고자 한다. 갑의 선택에 따른 편익을 화폐 가치로 표시하면 각각 ㉢4만 원으로 같다. 단, 제시된 내용 이외의 조건은 고려하지 않는다.

① ㉠ 선택에 따른 명시적 비용은 1만 원이다.
② ㉡ 선택에 따른 암묵적 비용은 3만 원이다.
③ ㉠은 ㉡보다 선택에 따른 기회비용이 작다.
④ ㉡은 ㉠과 달리 선택에 따른 편익이 기회비용보다 크다.
⑤ ㉢이 5만 원으로 상승하면 ㉠을 선택하는 것이 합리적이다.

8

[20년 11월 8번]

갑의 선택에 대한 옳은 설명만을 [보기]에서 고른 것은? 3점

갑은 좋아하는 가수의 공연 티켓과 평소 갖고 싶던 브랜드의 한정판 운동화 구매 여부를 놓고 ㉠고민에 빠졌다. 왜냐하면 현재 갑이 가진 용돈으로는 둘을 모두 구매할 수 없기 때문이다. 결국 갑은 ㉡시험공부까지 포기해야 하는 공연 관람 대신에 한정판 운동화를 구매하는 합리적 선택을 하였다.

[보기]

ㄱ. ㉠은 희소성 때문에 발생한다.
ㄴ. ㉡으로 인한 편익은 갑이 공연 티켓을 구매할 경우 발생하는 명시적 비용이다.
ㄷ. 갑의 한정판 운동화 구매로 인한 편익은 기회비용보다 크다.
ㄹ. 갑의 공연 티켓 구매는 한정판 운동화 구매에 비해 편익에서 기회비용을 뺀 값이 크다.

① ㄱ, ㄴ ② ㄱ, ㄷ ③ ㄴ, ㄷ ④ ㄴ, ㄹ ⑤ ㄷ, ㄹ

정답과 해설 5 p.52 6 p.52 7 p.52 8 p.53

9

[21년 11월 8번]

다음 갑의 선택에 대한 분석으로 옳은 것은? (단, 갑이 예매한 해외 패키지 여행 상품은 환불이나 재판매가 되지 않으며, 제시된 내용 외의 다른 요인은 고려하지 않는다.) 3점

> 대학생 갑은 여름 방학 중 2주 동안 ㉠커피 전문점에서 아르바이트를 할지 해외로 패키지 여행을 떠날지 고민하고 있다. 얼마 전 해외 패키지 여행 상품을 ㉡100만 원에 예매하였지만, 같은 기간에 커피 전문점에서 아르바이트를 할 경우 ㉢100만 원의 돈을 벌 수 있기 때문이다. 고민 끝에 갑은 커피 전문점에서 아르바이트를 하기로 하였다.

① ㉠에서는 희소성으로 인한 경제 문제가 발생하지 않는다.
② ㉡은 매몰 비용에 해당한다.
③ ㉢은 커피 전문점에서 아르바이트를 할 경우에 발생하는 명시적 비용이다.
④ 해외로 패키지 여행을 떠날 경우에 발생하는 암묵적 비용은 없다.
⑤ 커피 전문점에서 아르바이트를 할 경우에 얻는 편익은 기회비용보다 작다.

11

[경제 고2 20년 3월 1번]

다음 자료는 갑국 헌법의 경제 관련 내용이다. 이를 통해 추론할 수 있는 갑국 경제 체제의 특징만을 [보기]에서 고른 것은? 2점

> • 모든 국민의 재산권은 보장된다.
> • 경제 질서는 개인과 기업의 경제 상의 자유와 창의를 존중함을 기본으로 한다.

[보기]
ㄱ. 경제적 유인을 중시한다.
ㄴ. 생산 수단을 국가가 소유한다.
ㄷ. 시장 가격에 의한 자원 배분이 강조된다.
ㄹ. 정부의 계획에 의해 기본적인 경제 문제가 해결된다.

① ㄱ, ㄴ ② ㄱ, ㄷ ③ ㄴ, ㄷ ④ ㄴ, ㄹ ⑤ ㄷ, ㄹ

10

[20년 9월 10번]

밑줄 친 ㉠~㉢에 대한 설명으로 옳은 것은? 3점

> 점심을 먹기 위해 중국집을 찾은 갑은 짜장면과 짬뽕 중 하나를 선택할 수밖에 없어 고민에 빠졌다. ㉠5,500원을 주고 짜장면을 먹을 것인지, ㉡6,000원을 주고 짬뽕을 먹을 것인지 한참 고민하던 갑은 ㉢짜장면을 선택했다.

① ㉠은 짜장면 선택의 명시적 비용이다.
② ㉡은 짬뽕 선택의 암묵적 비용이다.
③ ㉢의 편익이 작을수록 갑의 선택은 합리적이다.
④ 짜장면 선택의 기회비용은 ㉠과 ㉡의 합이다.
⑤ ㉠과 ㉡의 차는 매몰 비용이므로 선택 시 고려해서는 안 된다.

12 대표 문제

[일사 15년 6월 5번]

그림은 사회 수업 시간에 사용한 학습지이다. (가)에 들어갈 경제적 개념으로 옳은 것은? 3점

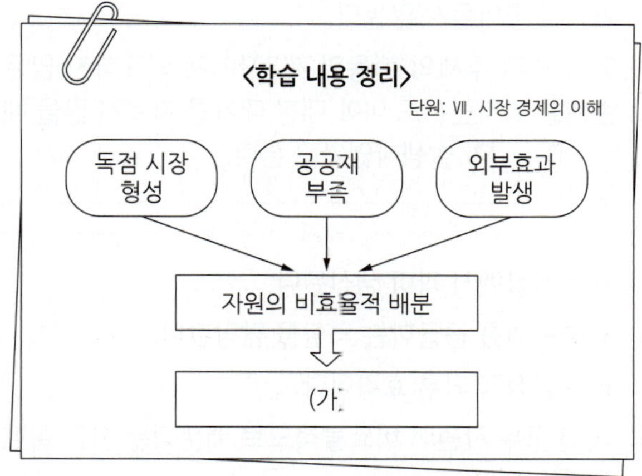

① 자유재 ② 기회비용 ③ 정부 실패
④ 초과 공급 ⑤ 시장 실패

13

[22년 9월 10번]

시장 실패의 사례 (가), (나)에 대한 옳은 설명만을 [보기]에서 고른 것은? 3점

(가) 국내 ○○ 제품 시장에서 점유율이 높은 4개 기업이 담합을 통해 제품 가격을 공동으로 인상하였다. 이에 공정거래위원회는 해당 기업들에게 시정 명령을 내리고 과징금을 부과하기로 결정하였다.

(나) ◇◇ 공장이 주변 하천에 폐수를 몰래 방출하여 많은 물고기가 폐사하였다. 이 하천은 농업용수로 이용될 뿐 아니라, 인근 해안가와 연결되어 있어 생태계의 피해가 더욱 심각해질 것으로 예상된다.

[보 기]

ㄱ. (가)는 전체 공급자 간에 공정한 경쟁이 이루어지고 있다.
ㄴ. (나)는 시장에 대한 정부 개입의 근거가 된다.
ㄷ. (나)는 (가)와 달리 긍정적 외부 효과가 발생한 사례이다.
ㄹ. (가), (나)는 모두 자원의 효율적인 배분이 저해되고 있다.

① ㄱ, ㄴ ② ㄱ, ㄷ ③ ㄴ, ㄷ ④ ㄴ, ㄹ ⑤ ㄷ, ㄹ

14 대표 문제

[24년 9월 16번]

A, B에 대한 옳은 설명만을 [보기]에서 고른 것은? 3점

○ [A]는 일반적인 재화나 서비스와는 다른 특성을 가진다. 대가를 지급하지 않은 사람도 소비할 수 있고, 한 사람이 소비한다고 해서 다른 사람의 소비 기회가 줄어들지 않는다.

○ 어떤 경제 주체의 행동이 제3자에게 의도하지 않은 손해를 끼치면서도 이에 대한 대가를 치르지 않을 때 [B]가 발생하였다고 본다.

[보 기]

ㄱ. A는 시장에서 과다 생산된다.
ㄴ. 정부는 A를 공급하는 역할을 담당한다.
ㄷ. B는 긍정적 외부 효과이다.
ㄹ. A, B 모두 자원이 비효율적으로 배분되는 시장 실패의 요인이다.

① ㄱ, ㄴ ② ㄱ, ㄷ ③ ㄴ, ㄷ ④ ㄴ, ㄹ ⑤ ㄷ, ㄹ

15

[생윤 17년 11월 10번]

갑은 긍정, 을은 부정의 대답을 할 질문으로 옳은 것은? 3점

갑: 시장 경제에서 기업의 사회적 책임은 오직 하나뿐이다. 그것은 게임의 규칙을 준수하는 한에서 기업 이익 극대화를 위해 자원을 활용하고 이를 위한 활동에 전념하는 것이다.

을: 시장 경제에서 기업은 합법적인 이윤 추구 이외에 사회의 목표와 가치에 부응해야 한다는 사회적 책임을 수행해야 한다. 즉 기업은 환경 개선, 빈곤 감소, 고용 창출 등과 같은 사회 문제 해결을 위해 적극적인 관심을 가져야 한다.

① 기업의 사회적 책임을 이윤 극대화로 한정해야 하는가?
② 기업은 이윤 추구보다 공공의 이익을 우선해야 하는가?
③ 기업은 자유로운 경쟁 속에서 이윤을 추구해야 하는가?
④ 기업의 이윤 추구는 법의 테두리 안에서 이루어져야 하는가?
⑤ 기업의 이윤 추구는 자선적 책임을 수행해야만 정당화되는가?

16

[생윤 고2 19년 3월 3번]

다음 글의 입장에서 부정의 대답을 할 질문으로 옳은 것은? 2점

기업은 합법적이고 자유로운 경쟁을 통해 이윤을 추구해야 한다. 또한 기업도 전체 사회의 일원임을 인식하여 이윤 추구에만 전념하지 말고 실업, 빈곤, 환경 등과 관련한 사회적 책임을 의무로 알고 적극적으로 이행해야 한다.

① 기업은 환경오염을 예방하기 위해서 노력해야 하는가?
② 기업은 사회적 책무를 이행하기 위해 노력해야 하는가?
③ 기업의 유일한 사회적 책임은 기업 이윤의 극대화인가?
④ 기업은 법을 준수하면서 기업 이윤을 창출해야 하는가?
⑤ 기업은 공정 경쟁을 통해 기업 목적을 달성해야 하는가?

정답과 해설 | 13 p.54 | 14 p.54 | 15 p.54 | 16 p.54

17

[일사 15년 11월 8번]

밑줄 친 ㉠~㉣에 대한 옳은 설명을 [보기]에서 고른 것은? 3점

> 갑은 5년 전 ○○버스 회사에 입사하면서 노동조합에 가입하지 않는 조건으로 ㉠근로 계약을 체결하였지만, 입사 후 노동조합에 가입하여 활동하였다. 최근 노동조합은 ㉡근로 조건의 개선을 요구하였지만, 오히려 회사는 ㉢정당한 사유 없이 단체 교섭을 거부하고, 노동조합에 가입했다는 이유로 갑에게 ㉣해고를 통보하였다. 갑은 그동안 업무상 징계 없이 매년 높은 점수를 받으면서 근무해 왔다.

[보기]

ㄱ. ㉠에는 근로 3권을 침해하는 부분이 있다.
ㄴ. ㉡은 부당노동행위가 발생했을 때만 가능하다.
ㄷ. ㉢에 대해 노동조합은 노동위원회에 구제 신청을 할 수 있다.
ㄹ. ㉣은 정당한 해고에 해당된다.

① ㄱ, ㄴ ② ㄱ, ㄷ ③ ㄴ, ㄷ ④ ㄴ, ㄹ ⑤ ㄷ, ㄹ

18

[일사 14년 9월 16번]

갑~정의 소비 행태에 대한 옳은 설명만을 [보기]에서 있는 대로 고른 것은? 3점

> 갑: ○○○ 청바지가 유행이라고 해서 나도 하나 구입했어.
> 을: 구매 계획이 없었어도, 홈쇼핑을 보다가 상품이 마음에 들면 자주 사게 돼.
> 병: 월급이 너무 적어서 항상 적자이지만 사고 싶은 것은 사. 인생은 한 번 뿐인걸.
> 정: 내 소득은 또래보다 10배는 많아. 남들보다 돋보이고 싶어서 고가의 명품을 사는데 소득의 반을 지출해.

[보기]

ㄱ. 갑은 타인을 모방하는 소비를 하고 있다.
ㄴ. 을은 충동적으로 소비하고 있다.
ㄷ. 병은 자신의 소득을 고려한 소비를 하고 있다.
ㄹ. 정은 과시 욕구에 의한 소비를 하고 있다.

① ㄱ, ㄴ ② ㄱ, ㄷ ③ ㄷ, ㄹ
④ ㄱ, ㄴ, ㄹ ⑤ ㄴ, ㄷ, ㄹ

19 대표 문제

[19년 11월 6번]

갑, 을의 소비 유형에 대한 분석으로 가장 적절한 것은? 3점

> 갑: 나는 명품을 소비할 때 행복하다. 소득 수준에 비해 비싸긴 하지만 명품을 구매할 때면, 마치 내 자신이 상류층이 된 듯한 기분 좋은 착각에 빠진다. 나는 상품이 지닌 본래의 용도가 아니라 상품이 주는 이미지에 따라 소비한다.
> 을: 나는 돈을 더 쓰더라도 개발 도상국 생산자의 경제적 자립과 지속 가능한 발전에 기여하는 상품을 소비한다. 나는 개발 도상국 노동자들의 삶의 질 향상에 도움을 줄 수 있다는 생각에 행복을 느끼며 기꺼이 소비한다.

① 갑은 생태계를 고려한 친환경 상품을 소비한다.
② 을은 소비를 통해 사회적 공익을 실현하고 있다.
③ 갑은 을과 달리 최소의 비용으로 최대의 만족을 추구한다.
④ 을은 갑과 달리 상품 그 자체가 아니라 상품이 주는 상징을 소비한다.
⑤ 갑, 을은 모두 도덕적 실천을 행복의 조건으로 여긴다.

20

[생윤 고2 20년 3월 18번]

다음 글의 입장만을 [보기]에서 있는 대로 고른 것은? 2점

> 올바른 소비는 자신을 넘어 사회와 환경 등을 고려하는 소비이다. 소비자는 자신이 구매하는 것이 어떻게 만들어졌는지, 그 과정에서 노동자의 권리가 보장되었는지, 혹은 자연을 훼손하지는 않았는지를 고려하여 소비해야 한다.

[보기]

ㄱ. 사회적 책임 의식을 바탕으로 소비해야 한다.
ㄴ. 지속가능한 발전에 도움이 되도록 소비해야 한다.
ㄷ. 인권과 같은 보편적 가치를 고려하여 소비해야 한다.
ㄹ. 경제적 효용성을 유일한 기준으로 삼아 소비해야 한다.

① ㄱ, ㄴ ② ㄱ, ㄹ ③ ㄷ, ㄹ
④ ㄱ, ㄴ, ㄷ ⑤ ㄴ, ㄷ, ㄹ

정답과 해설 17 p.55 18 p.55 19 p.55 20 p.55

21

[일사 17년 11월 15번]

밑줄 친 금융 상품 ㉠~㉣의 일반적인 특징에 대한 설명으로 옳은 것은? 3점

> 갑은 ㉠정기 적금의 만기 수령액을 다음 중 하나의 방안을 선택해서 투자하려고 한다.
> • 1안: 전부를 ㉡주식에 투자한다.
> • 2안: 절반은 ㉢정기 예금에, 그리고 나머지 절반은 정부가 발행한 3년 만기의 ㉣채권에 투자한다.

① ㉠은 이자 수익을 얻을 수 있다.
② ㉡은 투자 원금이 보장되는 장점이 있다.
③ ㉣은 만기 전에 팔 수 없는 단점이 있다.
④ ㉡은 ㉢보다 안전성이 높다.
⑤ ㉡과 달리 ㉣은 배당금을 받을 수 있다.

23

[일사 15년 9월 11번]

갑, 을의 금융 자산 포트폴리오에 대한 옳은 분석을 [보기]에서 고른 것은? 3점

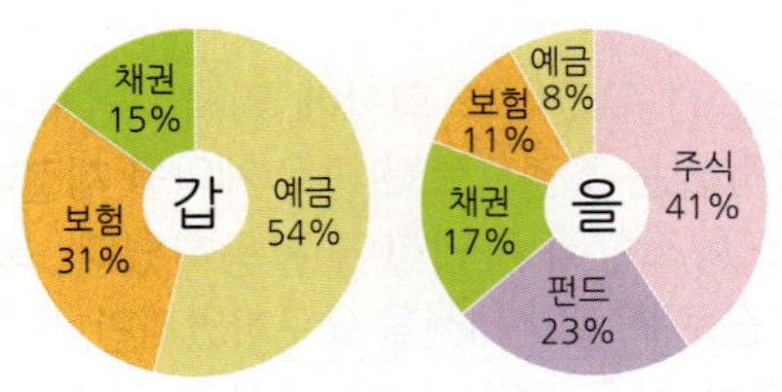

[보기]
ㄱ. 갑은 을과 달리 분산 투자를 하고 있다.
ㄴ. 갑은 을에 비해 안전성을 중시하는 투자 성향을 지녔다.
ㄷ. 을은 갑에 비해 원금이 보장되는 금융 상품을 선호한다.
ㄹ. 을은 갑에 비해 '고위험-고수익' 금융 자산의 비중이 높다.

① ㄱ, ㄴ ② ㄱ, ㄷ ③ ㄴ, ㄷ ④ ㄴ, ㄹ ⑤ ㄷ, ㄹ

22 대표 문제

[24년 10월 8번]

그림은 갑과 을의 금융 자산별 보유액을 나타낸다. 이에 대한 설명으로 옳은 것은? 3점

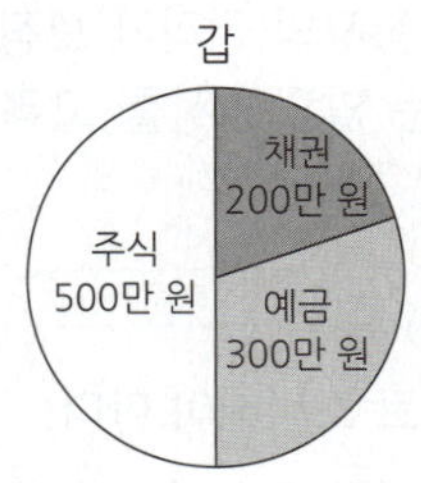

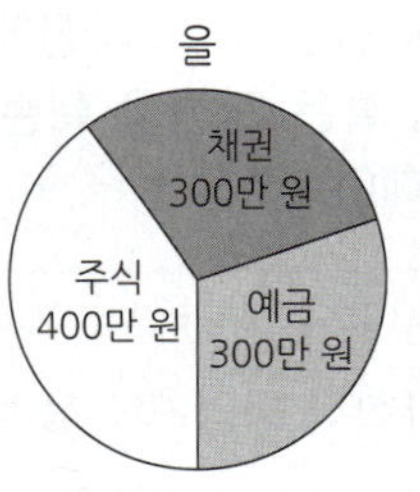

① 배당금을 기대할 수 있는 금융 자산의 보유액은 을이 갑보다 크다.
② 이자 수익을 기대할 수 있는 금융 자산의 보유액은 갑과 을이 같다.
③ 시세 차익을 기대할 수 있는 금융 자산의 보유액은 갑과 을이 같다.
④ 예금자 보호 제도의 적용을 받는 금융 자산의 보유액은 갑이 을보다 크다.
⑤ 정부나 기업 등이 자금을 빌린 후 제공하는 증서인 금융 자산의 보유액은 갑과 을이 같다.

24

[일사 16년 11월 15번]

저축 수단 A~C의 일반적인 특징으로 옳은 것은? (단, A~C는 각각 주식, 채권, 요구불 예금 중 하나이다.) 3점

> A: 기업이 사업 자금을 마련하기 위해 발행하는 증권으로서 회사 소유권의 일부를 투자자에게 주는 증표이다.
> B: 입출금이 자유로운 예금으로 금융 기관은 고객이 요구하면 언제라도 지급해야 한다.
> C: 정부나 기업 등이 일반인으로부터 비교적 거액의 자금을 일시에 조달 받기 위해 발행하는 차용 증서이다.

① A는 B보다 안전성이 높다.
② B는 C보다 유동성이 높다.
③ C는 A보다 수익성이 높다.
④ A, B는 C와 달리 예금자 보호 제도의 적용을 받는다.
⑤ B, C는 A와 달리 시세 차익이 발생할 수 있다.

정답과 해설 | 21 p.55 | 22 p.55 | 23 p.56 | 24 p.56

25

[21년 11월 18번]

표는 갑이 보유하고 있는 금융 자산의 비중 변화를 나타낸 것이다. 이에 대한 설명으로 옳은 것은? 3점

(단위: %)

구분	㉠예금	㉡주식	㉢채권	계
2019년	40.5	31.5	28.0	100.0
2020년	29.5	31.5	39.0	100.0

① ㉡은 ㉠에 비해 일반적으로 안전성이 높다.
② ㉢은 ㉡과 달리 만기가 없다.
③ ㉠, ㉡은 모두 배당 수익을 기대할 수 있다.
④ 2019년에 이자 수익을 기대할 수 있는 금융 자산의 비중은 60%보다 크다.
⑤ 2020년에 시세 차익을 기대할 수 있는 금융 자산의 비중은 2019년보다 감소하였다.

27

[일사 16년 9월 5번]

(가)~(다)에 대한 설명으로 옳은 것은? (단, (가)~(다)는 각각 현금, 신용 카드, 직불 카드 중 하나이다.) 3점

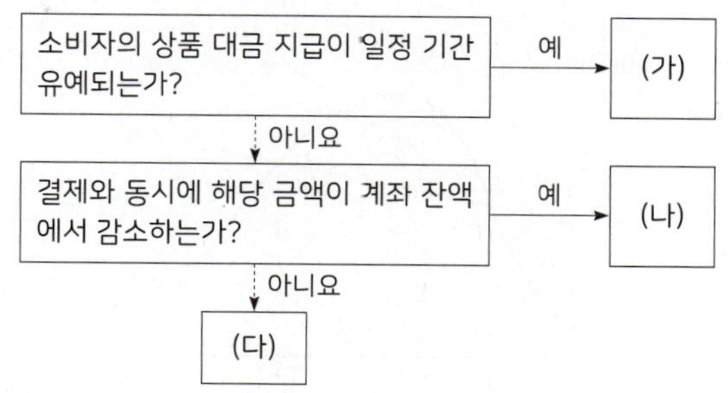

① (가)는 탈세가 용이하여 정부의 조세 행정에 어려움이 발생한다.
② (나)는 할부 서비스를 통한 분할 상환이 가능하다.
③ (다)는 구매자와 판매자의 계좌 번호를 알아야만 사용 가능하다.
④ (다)는 (가)에 비해 과소비를 예방하기에 용이하다.
⑤ (다)는 (가), (나)와 달리 투명한 상거래 정착에 기여한다.

26

[일사 16년 9월 9번]

(가), (나)에 들어갈 내용으로 옳은 것은? (단, A, B는 각각 주식과 예금 중 하나이다.) 2점

구분	특성
A	은행 등 금융 기관에 돈을 맡기고 원리금을 받음
B	주식회사가 투자자에게 발행한 증서이며, 배당금을 받음

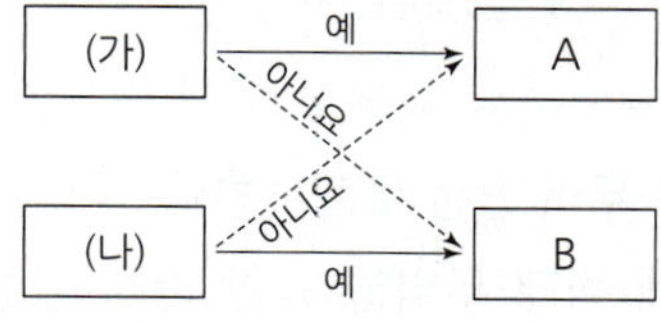

① (가) - 시세 차익을 얻을 수 있는가?
② (가) - 예금자 보호 제도가 적용되는가?
③ (나) - 금융 자산에 해당하는가?
④ (나) - 원금 손실의 위험성이 없는가?
⑤ (나) - 이자 수익을 목적으로 하는가?

28

[일사 17년 6월 17번]

갑~병의 자산 관리 성향에 대한 옳은 추론을 [보기]에서 고른 것은? 2점

- 갑은 ○○회사에 취직하자 월급 전액을 수시로 입출금이 가능한 예금에 넣기로 하였다.
- 을은 아버지로부터 물려받은 10억 원과 자신이 가진 재산을 모두 주식에 투자하기로 하였다.
- 병은 치킨 전문점을 운영하여 얻은 이익을 채권과 주식에 나누어 투자하기로 하였다.

[보기]

ㄱ. 갑은 을에 비해 안전성을 중시할 것이다.
ㄴ. 을은 갑에 비해 유동성을 중시할 것이다.
ㄷ. 병은 갑과 달리 분산 투자를 선호할 것이다.
ㄹ. 병은 을과 달리 수익성을 중시할 것이다.

① ㄱ, ㄴ ② ㄱ, ㄷ ③ ㄴ, ㄷ ④ ㄴ, ㄹ ⑤ ㄷ, ㄹ

정답과 해설 25 p.56 26 p.56 27 p.57 28 p.57

29 대표 문제

[일사 17년 11월 11번]

그림은 갑의 생애 주기를 고려한 소득과 소비 계획을 나타낸다. 이에 대한 옳은 설명을 [보기]에서 고른 것은? ③점

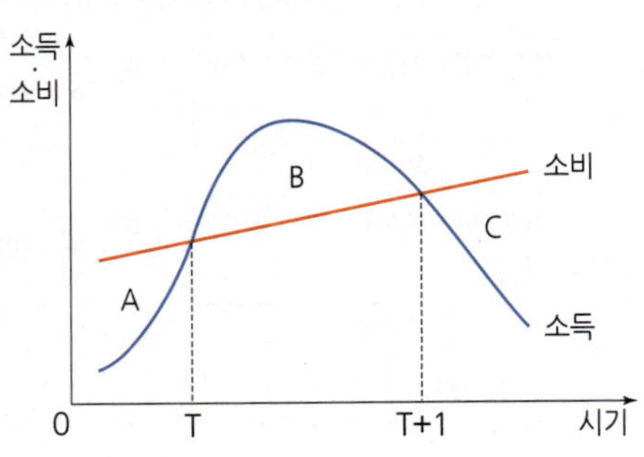

[보기]

ㄱ. B는 저축이다.

ㄴ. A+C가 B보다 크면 노후의 안정적인 경제생활을 저해한다.

ㄷ. T 시기부터 소득이 발생한다.

ㄹ. T+1 시기에 누적 저축액은 0이다.

① ㄱ, ㄴ ② ㄱ, ㄷ ③ ㄴ, ㄷ ④ ㄴ, ㄹ ⑤ ㄷ, ㄹ

30

[일사 16년 9월 12번]

그래프는 생애 주기별 수입, 지출 곡선을 나타낸 것이다. 이에 대한 분석으로 옳은 것은? ③점

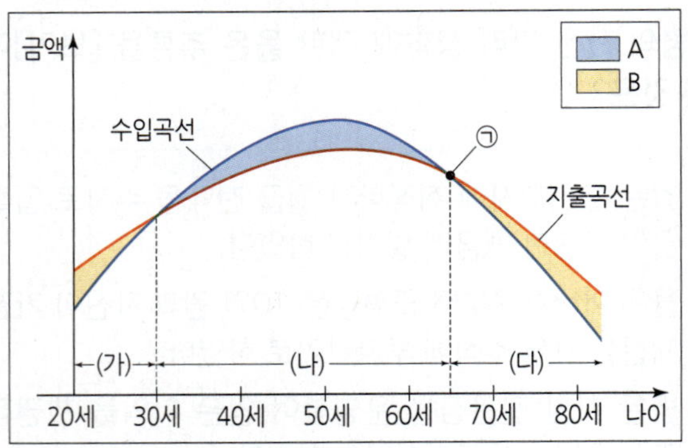

① ㉠은 지출이 '0'이 되는 지점이다.

② B가 A보다 클 때 안정된 노후 대비가 가능해진다.

③ (가) 시기는 수입만으로 지출을 충당할 수 없다.

④ (나) 시기는 수입보다 지출이 많아 부채가 증가한다.

⑤ (다) 시기는 (나) 시기에 비해 수입 대비 저축의 비중이 높다.

31 대표 문제

[24년 10월 12번]

다음 자료에 대한 분석으로 옳은 것은? ③점

갑국과 을국은 각각 쌀과 반도체만을 생산한다. 표는 갑국과 을국의 각 재화 1단위 생산에 필요한 노동자 수를 나타낸다. 단, 양국의 생산 요소는 노동뿐이며, 노동자 수는 동일하다.

구분	갑국	을국
쌀	2명	3명
반도체	4명	5명

① 쌀의 최대 생산 가능량은 갑국이 을국보다 적다.

② 을국은 쌀과 반도체 생산에 모두 절대 우위를 가진다.

③ 갑국의 쌀 1단위 생산의 기회비용은 반도체 2단위이다.

④ 반도체 1단위 생산의 기회비용은 갑국이 을국보다 작다.

⑤ 갑국은 쌀 생산에, 을국은 반도체 생산에 비교 우위를 가진다.

32

[경제 고2 20년 3월 12번]

그림의 대화에 대한 옳은 설명만을 [보기]에서 고른 것은? ③점

[보기]

ㄱ. 갑은 자유 무역 협정 체결에 반대한다.

ㄴ. 갑은 을에 비해 무역을 통한 경제 성장의 효과를 중시할 것이다.

ㄷ. 을은 갑에 비해 소비자의 다양한 상품 선택 기회를 중시할 것이다.

ㄹ. ㉠에는 '경쟁력을 갖추지 못한 국내 산업의 쇠퇴'가 들어갈 수 있다.

① ㄱ, ㄴ ② ㄱ, ㄷ ③ ㄴ, ㄷ ④ ㄴ, ㄹ ⑤ ㄷ, ㄹ

정답과 해설 29 p.57 30 p.57 31 p.57 32 p.58

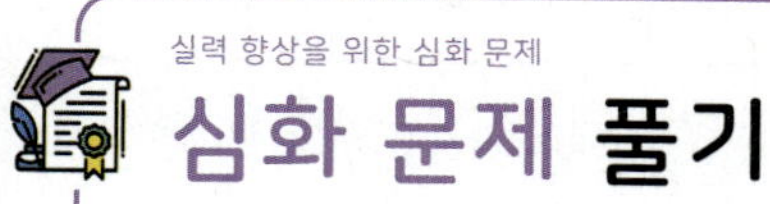

실력 향상을 위한 심화 문제

심화 문제 풀기

해설편 p.58

Ⅲ

1

[생윤 고2 19년 3월 10번]

다음을 주장한 사상가의 관점에만 모두 '√'를 표시한 학생은? 3점

> • 우리들이 저녁을 먹을 수 있는 것은 고기, 술, 빵 등의 판매자가 베푸는 친절이나 자비심 때문이 아니라, 그들 자신의 이기심 때문이다.
> • 분업을 하면 직공들은 같은 일을 반복함으로써 기능이 향상되고, 한 사람이 서로 다른 일을 할 때 낭비되는 시간을 절약하여, 결국 한 사람이 더 많이 생산할 수 있게 된다.

관점 \ 학생	갑	을	병	정	무
인간의 이기심은 경제 발전의 원동력이 될 수 있다.	√	√		√	
사익 추구를 허용하면 물질적 생산이 줄어들게 된다.			√	√	√
노동의 분업화는 사회적 부의 창출에 기여하지 못한다.	√		√		√
작업 과정을 분담하여 일하면 생산의 효율성이 증가한다.		√		√	√

① 갑 ② 을 ③ 병 ④ 정 ⑤ 무

2 대표 문제

[24년 9월 5번]

표의 A, B는 각각 수정 자본주의와 신자유주의 중 하나이다. 이에 대한 설명으로 옳은 것은? (단, 질문에 대한 대답은 '예', '아니요'로만 할 수 있음.) 3점

질문	A	B
복지 정책을 강화해야 하는가?	아니요	예
(가)	㉠	㉡

① A를 토대로 뉴딜 정책이 추진되었다.
② B는 노동 시장의 유연화를 지향한다.
③ (가)가 '공기업의 민영화를 찬성하는가?'라면, ㉠은 '아니요', ㉡은 '예'이다.
④ ㉠과 ㉡이 서로 다른 대답이라면, (가)에는 '사유 재산 제도를 인정하는가?'가 들어갈 수 없다.
⑤ ㉠과 ㉡이 동일한 대답이라면, (가)에는 '큰 정부보다 작은 정부를 지향하는가?'가 들어갈 수 있다.

3

[21년 9월 9번]

표에 대한 설명으로 옳은 것은? (단, A, B는 각각 수정 자본주의, 신자유주의 중 하나이다.) 3점

질문	A	B
대공황을 배경으로 등장하였나?	예	아니요
정부의 적극적 시장 개입을 옹호하는가?	예	㉠
(가)	아니요	예

① A는 작은 정부를 지향한다.
② B는 공기업의 민영화를 지지한다.
③ B는 자원 배분에 있어서 효율성보다 형평성을 추구한다.
④ ㉠에는 '예'가 적절하다.
⑤ (가)에는 '사유 재산 제도를 인정하는가?'가 적절하다.

4 대표 문제

[21년 9월 19번]

자료에 대한 옳은 분석만을 [보기]에서 고른 것은? 3점

> 합리적 소비자인 갑은 실내화를 구입하려 한다. 실내화는 A, B, C 세 가지 종류가 있다. 표는 갑이 세 가지 실내화에 대해 화폐 단위로 평가한 결과를 나타낸다.
>
> (단위: 원)
>
> | 실내화 종류 | 가격 | 편익 |
> |---|---|---|
> | A | 20,000 | 56,000 |
> | B | 25,000 | 50,000 |
> | C | 18,000 | 60,000 |

[보 기]

ㄱ. A는 B보다 명시적 비용이 크다.
ㄴ. B가 C보다 선택에 따른 기회비용이 작다.
ㄷ. C를 선택하는 것이 합리적이다.
ㄹ. A~C의 편익이 50%씩 감소해도 갑의 선택은 같다.

① ㄱ, ㄴ ② ㄱ, ㄷ ③ ㄴ, ㄷ ④ ㄴ, ㄹ ⑤ ㄷ, ㄹ

정답과 해설 1 p.58 2 p.58 3 p.59 4 p.59

5

[18년 9월 15번]

다음 사례에 대한 옳은 분석을 [보기]에서 고른 것은? 3점

> 갑이 운영하는 동네 빵집의 월 평균 매출액은 1,200만 원이다. 빵집 운영에는 월세 200만 원, 종업원 월급 300만 원, 재료비 등 기타 비용 월 500만 원이 든다. 그런데 갑이 ㉠회사에 취업할 경우 월 250만 원의 임금을 받을 수 있다. 갑은 빵집을 계속 운영할지, 회사에 취업할지 고민하고 있다.

[보 기]

ㄱ. ㉠은 빵집 운영의 암묵적 비용이다.
ㄴ. 빵집을 계속 운영하는 것은 비합리적 선택이다.
ㄷ. 빵집 운영의 명시적 비용은 월 500만 원이다.
ㄹ. 빵집 운영의 기회비용은 월 1,200만 원이다.

① ㄱ, ㄴ ② ㄱ, ㄷ ③ ㄴ, ㄷ ④ ㄴ, ㄹ ⑤ ㄷ, ㄹ

6

[경제 고2 20년 3월 3번]

표는 X재를 판매하는 상점 A~C의 가격 할인 방식이다. 이에 대한 옳은 설명만을 [보기]에서 고른 것은? (단, X재 한 개의 가격은 1,000원이고, 한 상점에서 모두 구입한다.) 3점

구입 개수 \ 상점	A	B	C
두 개	개당 10% 할인	개당 20% 할인	할인 없음
세 개	개당 10% 할인된 가격에서 추가로 20% 할인	개당 20% 할인된 가격에서 추가로 10% 할인	세 개 모두 30% 할인

[보 기]

ㄱ. X재 두 개를 구입할 때 최소 비용은 1,700원이다.
ㄴ. X재 세 개를 구입하려면 C에서 사는 것이 합리적이다.
ㄷ. X재 세 개를 A에서 구입한다면, 개당 가격은 700원이다.
ㄹ. X재 세 개를 구입할 경우, 세 상점 중 두 곳의 개당 가격은 같다.

① ㄱ, ㄴ ② ㄱ, ㄷ ③ ㄴ, ㄷ ④ ㄴ, ㄹ ⑤ ㄷ, ㄹ

7

[21년 3월 15번]

다음 자료의 밑줄 친 두 시장의 공통점으로 옳은 것은? 3점

국토교통부	보 도 자 료
전월 토지 시장 동향 토지 거래 가격 3.9% 상승, 토지 거래 8.9% 감소	

고용노동부	보 도 자 료
전월 노동 시장 동향 서비스업 고용 증가폭 둔화, 제조업 고용 감소폭 개선	

① 공공재가 거래된다.
② 가계가 수요자이다.
③ 정부가 공급자이다.
④ 생산 요소가 거래된다.
⑤ 정부가 가격을 결정한다.

8

[경제 고2 19년 3월 11번]

(가), (나)의 상황에 대한 설명으로 옳은 것은? 

> (가) 갑국에서는 석유 제품을 공급하는 소수의 기업들이 담합을 통해 가격을 올리자 소비자들이 석유 제품을 필요한 만큼 사용하지 못하고 있다.
> (나) 을국에서는 가죽 제품 생산 과정에서 환경오염 물질이 과다하게 배출되고 있지만, 가죽 제품을 생산하는 어떤 기업도 환경 정화 비용을 부담하지 않고 있다.

① (가)에서는 공공재의 공급 부족이 나타난다.
② (나)는 생산 과정에서 나타나는 부정적인 외부 효과를 보여 준다.
③ (나)에서는 가죽 제품의 시장 거래량이 사회적으로 적정한 수량보다 적다.
④ (가)와 달리 (나)에서는 자원이 시장에서 효율적으로 배분된다.
⑤ (나)와 달리 (가)에서는 정부의 시장 개입을 통해 생산량을 줄일 필요가 있다.

정답과 해설 5 p.59 6 p.59 7 p.60 8 p.60

Ⅲ

9

[일사 17년 9월 15번]

밑줄 친 ㉠~㉣에 대한 옳은 설명을 [보기]에서 고른 것은? 3점

최근 스마트 기기를 이용해 ㉠야간과 휴일에도 업무를 처리하는 사례가 늘어나고 있다. 실제로 스마트 기기로 인해 근로자들은 법정 근로 시간보다 주당 11.3시간을 더 일하는 것으로 나타났다. 이 때문에 퇴근 후 스마트 기기를 이용한 업무 처리에도 ㉡초과 근로 수당을 지급해야 한다는 주장이 제기되고 있다. 한 국회의원은 ㉢근로 시간 외의 시간에 통신 수단을 이용하여 업무에 관한 지시를 내리는 행위를 제한하고, ㉣스마트 기기 이용과 관련한 노사 교섭을 매년 의무적으로 진행하도록 하는 근로 기준법 개정안을 대표 발의했다.

[보기]

ㄱ. ㉠으로 여가 시간이 감소되어 근로자의 삶의 질이 저하될 수 있다.
ㄴ. ㉡은 근로자의 안정적인 생활을 위해 최소한의 임금을 보장하기 위한 것이다.
ㄷ. ㉢은 근로자의 권리를 보장하기 위해 근로 조건을 개선하려는 것이다.
ㄹ. ㉣은 근로 3권 중 단체 행동권과 관련된다.

① ㄱ, ㄴ ② ㄱ, ㄷ ③ ㄴ, ㄷ ④ ㄴ, ㄹ ⑤ ㄷ, ㄹ

10

[일사 16년 9월 8번]

다음 사례에 나타난 소비 행태에 대한 옳은 설명을 [보기]에서 고른 것은? 2점

○○슈퍼마켓에서는 모든 상품의 실시간 판매량을 매장 중앙 스크린에 게시한다. 고객들은 그것을 보고 각 상품이 얼마나 인기가 있는지 알게 된다. 판매량이 많은 상품으로 드러나면 그 상품이 필요하지 않은 사람들도 덩달아 구입한다.

[보기]

ㄱ. 타인을 의식한 비합리적 소비 활동이다.
ㄴ. 유행에 따른 의류 구매를 사례로 들 수 있다.
ㄷ. 자신의 부와 지위를 과시하기 위한 소비이다.
ㄹ. 어떤 상품을 소비하는 사람이 증가할수록 그 상품에 대한 소비가 줄어든다.

① ㄱ, ㄴ ② ㄱ, ㄷ ③ ㄴ, ㄷ ④ ㄴ, ㄹ ⑤ ㄷ, ㄹ

11

[일사 14년 11월 18번]

다음 사례를 통해 추론할 수 있는 을의 조언으로 적절한 것은? 3점

갑은 효과적인 자산 관리를 위해 전문가인 을에게 어떻게 자금을 운용하면 좋을지 상담을 의뢰했다. 을의 조언을 받아들인 갑의 지출 내역은 다음과 같이 바뀌었다.

상담 전	
적금	170만 원
청약저축	20만 원
생활비 지출	185만 원
합계	375만 원

➡

상담 후	
적금	60만 원
주식형 펀드	70만 원
채권혼합형 펀드	45만 원
청약저축	20만 원
연금저축	30만 원
생활비 지출	150만 원
합계	375만 원

① 수익성이 큰 금융 상품에의 투자가 필요합니다.
② 미래의 소비보다 현재의 소비를 더 중시해야 합니다.
③ 원금 손실의 위험성을 낮추기 위한 설계가 필요합니다.
④ 금융 자산보다 실물 자산의 브유 비중을 높여야 합니다.
⑤ 노후 대비보다 단기적인 목적 자금의 안정적 마련이 시급합니다.

12 대표 문제

[일사 15년 11월 15번]

그림은 금융 상품 A, B를 특성에 따라 구분한 것이다. 이에 대한 분석 및 추론으로 옳은 것은? (단, A, B는 각각 예금, 주식 중 하나이다.) 3점

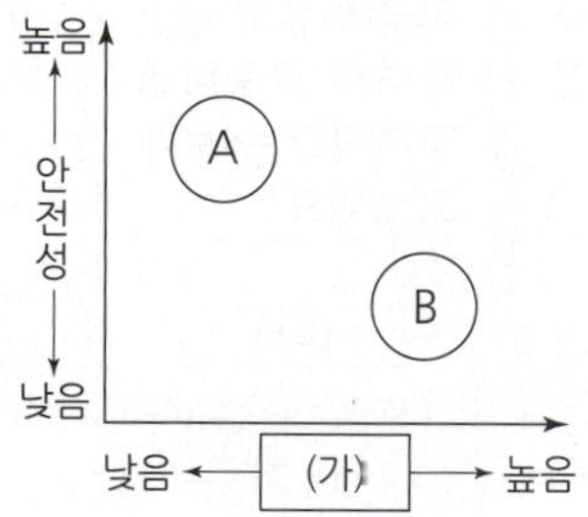

① A는 기업이 자금 조달을 목적으로 발행한다.
② B는 국가 및 지방 정부에서 발행할 수도 있다.
③ 유동성은 A보다 B가 높다.
④ 이자율이 낮아지면 B보다 A의 선호가 높아진다.
⑤ (가)에는 '수익성'이 적합하다.

정답과 해설 | 9 p.60 | 10 p.60 | 11 p.60 | 12 p.60

13

[일사 15년 9월 13번]

다음 자료에 대한 설명으로 옳은 것은? 3점

그림은 갑이 생애 주기 곡선을 학습한 후, 자신의 생애 주기에 따른 소비와 소득의 변화를 예측하여 나타낸 것이다. 갑은 자신의 소비가 지속적으로 상승할 것으로 예측하고 있다.

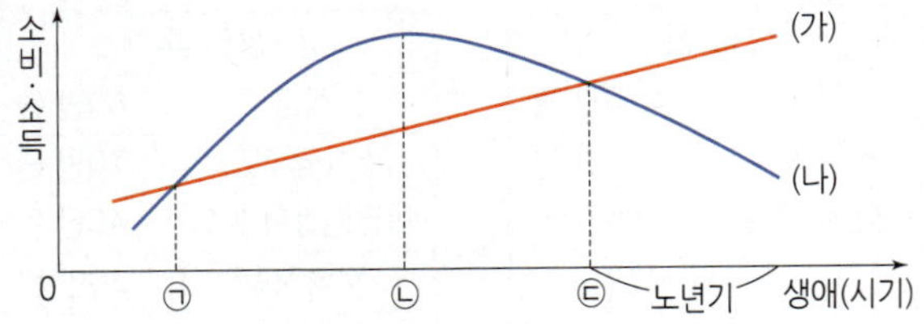

① ㉠ 지점 전까지는 소득만으로 소비를 충당할 수 없다.
② ㉡ 지점에서 생애 동안 누적된 저축액이 가장 많다.
③ ㉢ 시기 이후부터 실질적인 자산 증식이 가능하다.
④ ㉠에서 ㉢ 시기까지 소비를 늘리고 저축을 줄이는 것이 노후 대비에 도움이 된다.
⑤ (가)는 소득, (나)는 소비를 나타낸다.

14 대표 문제

[25년 3월 16번]

다음 자료의 (가)~(다)에 들어갈 내용으로 옳게 작성된 댓글만을 [보기]에서 있는 대로 고른 것은? 3점

원/달러 환율 상승 추세가 지속되고 있는 상황입니다. 이러한 추세가 지속된다는 가정하에 갑~병의 글에 대한 댓글을 작성해 봅시다. (단, 갑~병은 모두 우리나라에 있는 거주자임.)

여행	송금	주식 투자
갑 한 달 후에 미국 여행을 가려고 합니다. ♡0 ○0 └ (가)	을 미국에 유학 중인 자녀의 교육비를 정기적으로 보내고 있어요. ♡0 ○0 └ (나)	병 미국 주식을 많이 보유하고 있어요. ♡0 ○0 └ (다)

[보 기]

ㄱ. (가) - 원화를 달러로 서둘러 환전하세요.
ㄴ. (나) - 갈수록 교육비 부담이 커지겠네요.
ㄷ. (다) - 보유 주식의 달러화 표시 가격이 변함없다면 원화로 환산한 보유 주식의 가치가 떨어지겠군요.

① ㄱ　② ㄷ　③ ㄱ, ㄴ　④ ㄴ, ㄷ　⑤ ㄱ, ㄴ, ㄷ

15

[18년 11월 12번]

㉠에 들어갈 진술로 적절하지 않은 것은? 2점

노인과 청년만이 무인도에 남게 되었다. 청년은 노인보다 식량을 구하는 데는 3배, 물을 구하는 데는 2배 뛰어나다. 청년은 노인보다 식량과 물을 구하는 데 우위에 있기 때문에 청년 혼자서 두 가지 모두를 구하는 것이 생존에 유리해 보인다. 하지만 청년과 노인이 상대적으로 우위에 있는 부분을 전담하여 서로 교환하는 것이 둘 모두의 생존을 유리하게 한다. 이러한 원리를 두 나라 간의 무역에 적용하면 [㉠]는 점을 알 수 있다.

① 개발 도상국도 선진국에 수출할 수 있다
② 무역에 참여한 두 나라 모두가 이득을 본다
③ 무역의 이득이 사회 구성원에게 균등하게 분배된다
④ 절대 열위에 있는 국가도 비교 우위를 가질 수 있다
⑤ 국내에서 생산하지 않은 상품도 소비가 가능해진다

16

[22년 11월 20번]

다음 자료에 대한 옳은 분석만을 [보기]에서 고른 것은? 3점

갑과 을은 함께 제과점을 열어 마카롱과 샌드위치만 만들어 팔기로 하고 각자 두 상품을 만들고 있다. 그림은 갑과 을이 각각 1시간 동안 최대한 만들 수 있는 마카롱 수 또는 샌드위치 수를 나타낸다.

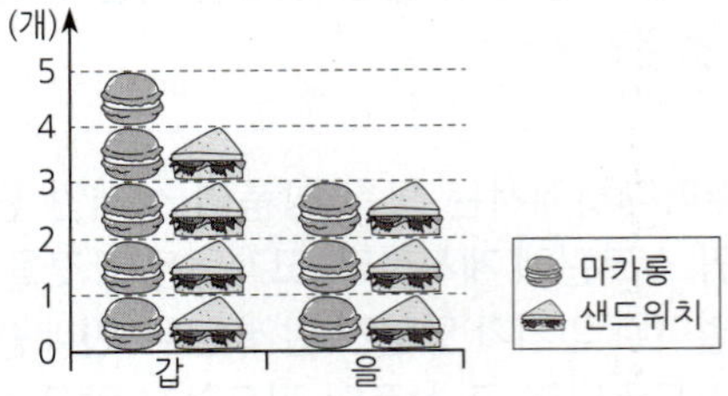

[보 기]

ㄱ. 갑은 마카롱을 만드는 데 절대 우위를 가진다.
ㄴ. 을은 샌드위치를 만드는 데 비교 우위를 가진다.
ㄷ. 갑이 샌드위치를 1개 만드는 데 따른 기회비용은 마카롱 5개이다.
ㄹ. 을은 1시간 동안 마카롱 3개와 샌드위치 3개를 동시에 만들 수 있다.

① ㄱ, ㄴ　② ㄱ, ㄷ　③ ㄴ, ㄷ　④ ㄴ, ㄹ　⑤ ㄷ, ㄹ

정답과 해설 13 p.61 14 p.61 15 p.61 16 p.61

사고력 향상을 위한 서술형 문제

서술형 문제 풀기

해설편 p.62

1 다음 글을 읽고 물음에 답하시오.

19세기 후반부터 20세기 초, 자본주의 세계에서는 경제 주체의 제한 없는 자유를 강조하는 경제 체제로 인해 대규모 독점 기업이 등장하고, 실업 및 빈곤 문제가 심화되었다. 또한 이 시기에는 생산이 소비를 창출한다는 믿음으로 인해 과잉 생산 문제가 심화되었는데, 실업과 빈곤의 확산으로 기업이 생산한 상품이 판매되지 않아 수많은 기업이 도산하였다.

(1) 자본주의의 전개 과정과 관련하여 위의 배경으로 인해 발생한 역사적 사건을 쓰시오.

(2) 위의 배경으로 인해 발생한 역사적 사건이 경제 정책에 미친 영향을 서술하시오.

2 다음 글을 읽고 물음에 답하시오.

(가) 갑국 주민들은 독감 예방을 위해 자발적으로 비용을 들여 백신 접종을 받았고, 이로 인해 갑국의 독감 발병률은 역대 최저를 기록하였다.

(나) 을국의 한 아파트에서는 일부 주민들의 흡연으로 인해 발생한 담배 연기가 환풍구를 타고 퍼져 다른 주민들에게 피해를 주고 있다.

(1) (가)와 (나)에 나타난 외부 효과의 유형을 쓰시오.

(2) (가)와 (나)에 나타난 외부 효과를 해결하기 위한 방안을 각각 서술하시오.

정답과 해설 | 1 p.62 | 2 p.62

3 다음 자료를 읽고 물음에 답하시오.

㉠갑과 을은 각각 2장의 카드를 배부받았다. 이후 ㉡갑은 을의 카드 중 1장을, 을은 갑의 카드 중 1장을 가져갔고, 갑과 을이 2장의 카드로 획득한 점수를 각각 계산해 보니 을이 갑보다 높은 점수를 얻었다. 단, 각 카드의 내용이 예금, 채권, 주식 중 하나에만 해당하는 내용이면 1점, 두 개에 해당하는 내용이면 2점, 세 개에 해당하는 내용이면 3점을 부여한다. 그림은 갑과 을이 처음에 배부받은 카드이다.

<갑이 배부받은 카드>

금융 자산이다.	일반적으로 이자 수익이 발생한다.

<을이 배부받은 카드>

시세 차익을 얻을 수 있다.	배당금을 받을 수 있다.

(1) ㉠이 행해졌을 때 갑과 을의 점수를 각각 쓰시오.

(2) ㉡이 행해졌을 때 갑과 을이 각각 가져간 카드를 쓰고, ㉠과 ㉡이 행해졌을 때 갑과 을의 점수 차이를 비교하여 서술하시오.

4 다음 자료를 읽고 물음에 답하시오.

표는 갑국과 을국에서 X재와 Y재 1개를 각각 생산하는 데 필요한 노동자의 수를 나타낸다. 양국은 X재와 Y재만 생산하며, 비교 우위에 있는 재화에 특화하여 교역한다.

(단위: 명)

구분	갑국	을국
X재	2	3
Y재	4	9

(1) 갑국과 을국의 X재 1개 생산의 기회비용과 Y재 1개 생산의 기회비용을 각각 구하시오.

구분	갑국	을국
X재 1개 생산의 기회비용	①	②
Y재 1개 생산의 기회비용	③	④

(2) 갑국과 을국이 비교 우위에 있는 재화가 무엇인지 각각 쓰고, 왜 비교 우위가 있는지 서술하시오.

정답과 해설 3 p.62 4 p.62

Ⅳ 세계화와 평화

1. 세계화의 양상과 문제 해결 방안

1) 세계화와 지역화

① 세계화

- 의미: 전 세계가 긴밀하게 상호 의존하면서 국가의 경계를 넘어 하나로 통합되는 현상
- 배경: 교통·통신의 발달과 개방화로 인해 국가 및 지역 간 상호 의존성이 높아짐
  → 이동 시간과 비용이 감소하면서 물리적 거리의 중요성이 감소함, 세계 무역 기구(WTO) 출범 및 자유 무역이 확대됨
- 영향: 경제 활동에서 기능적 통합이 일어남, 세계의 문화들이 빠른 속도로 동질화됨, 세계 도시와 다국적 기업의 활동 촉진

② 지역화

- 의미: 세계화의 흐름 속에서 특정 지역이 정치·경제·문화적 측면에서 세계적인 가치를 지니게 되는 현상
- 배경: 점차 국가 단위가 아닌 각 지역이 세계의 주체로 등장하여 다른 지역과 관계를 맺는 범위가 넓어지며, 특수한 지역적 요소들이 지역의 수준을 넘어 세계적으로 그 가치를 얻게 됨
- 지역화 전략: 다른 곳과 차별화된 그 지역만의 고유한 정체성을 강조하는 전략

③ 글로컬라이제이션(Glocalization)

- 의미: 세계화를 추구하면서 동시에 지역의 문화와 특성을 존중하는 전략, 세계화(Globalization)와 지역화(Localization)를 합성한 용어
- 사례: 우리나라의 불고기버거, 힌두교의 닭고기버거 등

2) 세계화의 다양한 양상

① 세계 도시의 형성

- 세계 도시의 의미와 성장 배경
  - 의미: 세계의 경제, 문화, 정치의 중심지 역할을 수행하는 도시로, 활발한 인적·물적 교류가 이루어짐 예 뉴욕, 런던, 도쿄, 파리 등
  - 성장 배경: 세계 무역 기구(WTO) 출범 이후 국가 간 자유 무역 확대, 국제 협력과 분업의 확대, 생산의 국제화, 정보 통신의 발달 등
- 세계 도시의 특징
  - 전 세계의 자본 및 정보 집중: 생산자 서비스업 발달, 다국적 기업의 본사, 대형 금융 기관 밀집
  - 국제 정치의 중심: 다양한 국제기구의 본부 입지, 국제회의 및 행사 개최

● 개념 돋보기

세계 무역 기구(WTO)
자유 무역주의를 적용하여 국제 무역을 진흥하고, 이를 지키지 않을 경우 제재를 가하기도 하는 국제기구

세계화 시대의 지역화 전략

장소 마케팅	보령 머드 축제, 에스파냐의 부뇰 토마토 축제, 영국의 런던아이, 이집트의 피라미드와 스핑크스 등
지리적 표시제	콜롬비아의 커피 후안 발데스, 프랑스의 노르망디 카망베르 치즈 등
지역 브랜드	미국의 뉴욕 'I♥NY', 네덜란드 암스테르담 'I amsterdam', 비베를린 'be Berlin' 등

주요 세계 도시
- 뉴욕: 세계적인 기업들의 본사와 은행·증권 회사 등 금융 기관이 집결해 있고, 국제 연합(UN) 본부가 있음 → 세계의 경제, 문화, 정치의 중심지 역할
- 런던: 영국의 수도, 세계 경제의 중심지 기능 수행
- 도쿄: 일본의 수도, 다국적 기업의 본사가 집중 분포

생산자 서비스업
상품과 서비스의 생산 및 유통 과정에 필요한 서비스업으로, 주로 금융, 보험, 부동산 임대업, 회계 서비스, 연구 개발 등이 이에 해당함

② 다국적 기업의 등장

• 다국적 기업의 특징 → 세계 각 지역에 자회사, 지점, 생산 공장 등을 두고 세계적인 규모로 생산 및 판매 활동을 하는 기업

- 공간적 분업

a. 의미: 기업의 규모가 커지면서 각각의 기능이 공간적으로 분리되는 현상으로, 기업에서 본사, 연구·개발, 생산 기능 등을 분리하여 각 기능을 가장 잘 수행할 수 있는 지역에 입지시키는 것

b. 목적: 경영의 효율성 제고와 이윤 극대화

c. 설립 양상: 본사와 연구 및 개발을 담당하는 연구소는 선진국에, 생산 공장은 생산비가 저렴한 개발 도상국 또는 시장 확보를 위해 선진국에 설립함

③ 활발한 문화 교류 확대

• 배경: 세계화로 인해 국가 간 교류가 증가하면서 문화의 이동이 활발해짐

• 양상: 통신 기술의 발달 및 국가 간 이동 증가로 세계의 다양한 문화를 경험할 수 있게 됨

• 영향: 다양한 문화를 직접 경험함으로써 삶이 풍요로워짐

3) 세계화에 따른 문제와 해결 방안

① 국가 간 빈부 격차

• 자유 무역의 확대로 기술과 자본이 풍부한 선진국에 부(富)가 집중되어 상대적으로 경쟁력이 약한 개발 도상국은 도태되기 쉬워 빈부 격차가 발생함

• 해결 방안

- 국제적 차원: 국제기구와 선진국의 공적 개발 원조 및 기술 이전을 통해 개발 도상국에 대한 지원과 협력이 필요함

- 개인적 차원: 개발 도상국의 생산자에게 경제적으로 도움이 될 수 있는 소비의 실천, 공정 무역 또는 공정 여행 등을 수행

② 문화의 획일화

• 의미: 국가 간 문화 교류로 서로에게 미치는 영향력이 증가하면서 전 세계의 문화가 비슷해져 가는 현상 → 문화의 다양성 훼손 우려

• 선진국 문화의 보편화: 선진국의 제도나 생활 양식의 확산, 문화의 상품화 측면에서 선진국이 유리 → 각국 고유문화의 정체성 상실

• 해결 방안: 능동적인 외래문화의 수용 및 자국 문화의 고유성과 다양성을 보존하기 위한 국제적 노력 필요

③ 보편 윤리와 특수 윤리 간 입장 갈등

• 보편 윤리: 세계시민으로서 인간 존엄성 존중, 인권 보장, 자유와 평등, 평화 등과 같은 인류의 보편적 가치 중시

• 특수 윤리: 특정 사회에서 공유하는 규범이나 국가의 주권, 자국 시민의 복지 등을 보편적 가치의 실현보다 우선시함

• 해결 방안

- 다른 국가의 입장을 존중하면서 지구촌 문제에 관심을 가지는 세계시민 의식 함양

- 보편 윤리를 존중하면서 각 사회의 특수 윤리를 성찰하는 태도 필요

개념 돋보기

공정 무역
개발 도상국의 기업과 생산자가 정당한 보상을 받을 수 있는 무역

공정 여행
현지 주민의 경제적 자립을 돕고, 환경 보존을 추구하는 여행 형태로, 공정 무역에서 유래된 개념

세계시민 의식
지구촌 문제에 책임 의식을 갖고 그 문제를 해결하기 위해 적극적으로 행동하려는 마음가짐

2. 평화의 중요성과 국제 사회의 노력

1) 평화의 의미와 중요성

① 평화의 구분

- 소극적 평화: 직접적 폭력의 사용이나 위협이 없고, 각 나라의 주권이 외부의 간섭을 받지 않는 상태, 국내외적으로 전쟁, 테러, 범죄, 폭행이 발생하지 않는 상태 → 직접적 폭력의 원인이 근본적으로 해결되지 않은 상태임
- 적극적 평화: 직접적 폭력뿐만 아니라 구조적 폭력과 문화적 폭력까지 사라진 상태, 국내외적으로 전쟁이 없을 뿐만 아니라 빈곤, 기아, 정치적 억압, 종교와 사상적 차별 등이 제거된 상태 → 인간다운 삶을 살아가기 위해서는 소극적 평화를 넘어 적극적 평화가 필요함

② 평화가 중요한 이유

- 인류 생존과 안전의 바탕(소극적 평화의 실현)
  - 전쟁과 폭력의 위협으로부터 벗어날 수 있음
- 국제 정의의 실현으로 삶의 질 향상(적극적 평화의 개념과 상통)
  - 국가 간 빈부 격차 해소, 반인도주의적 범죄를 방지하여 인권 증진
- 인류의 번영 도모와 지혜, 가치 보존
  - 자연환경과 문화유산을 보존하여 미래 세대에 전수
  - 현재의 세대뿐만 아니라 미래 세대의 생존과 안정까지 고려

③ 국제 사회의 갈등과 협력

- 국제 사회
  - 의미: 다양한 행위의 주체들이 한 국가의 영역을 넘어 상호 교류하는 사회
  - 특징: 자국 이익 우선, 힘의 논리 작용, 중앙 정부 부재(국가 간에 갈등이 발생할 경우 이를 중재할 세계 정부가 존재하지 않음, 국제법이나 국제기구는 강제력 행사에 한계가 있음)
- 국제 갈등
  - 원인: 민족·종교·문화의 차이, 지하자원·영토 등 자국의 이익 추구
  - 사례: 종교 분쟁(카슈미르, 팔레스타인 분쟁 등), 자원 분쟁(카스피해, 나일강 유역 등), 영토 분쟁(난사 군도, 쿠릴 열도 등)
  - 특징: 특정 국가에만 국한된 것이 아니라 전 세계적으로 영향을 끼침, 다양한 원인이 복합적으로 작용함
  - 해결 방안: 갈등 당사자 간 대화와 타협을 통한 평화적 해결, 국제기구나 국제 비정부 기구를 통한 갈등 조정, 국가 간 협약 등 국제법을 통한 해결
- 국제 협력
  - 의미: 국제적 사항에 관한 국가 간의 모든 협력
  - 필요성: 국가 간 상호 의존도가 높아지면서 한 국가의 노력만으로는 해결하기 어려운 문제가 증가함

● 개념 돋보기

평화의 사전적 의미
인간 집단 간에 무력 충돌이 일어나지 않는 상태

직접적 폭력
직접적이고 의도적으로 물리적 폭력을 가하는 것

구조적 폭력
빈곤, 정치적 억압, 경제적 착취, 차별 등 사회 구조 자체가 가하는 폭력

문화적 폭력
종교·사상·언어·예술·과학 등의 문화적 영역이 직접적 폭력이나 구조적 폭력을 정당화하는 데 이용되는 것

갈퉁
노르웨이의 평화학자. 갈퉁은 폭력을 직접적 폭력과 간접적 폭력으로 구분하고, 간접적 폭력에는 구조적 폭력과 문화적 폭력이 있다고 보았음. 그는 직접적 폭력이 없는 상태를 소극적 평화, 간접적 폭력까지 없는 상태를 적극적 평화로 설명함

아파르트헤이트
아프리칸스어로 분리, 격리를 뜻하며 남아프리카공화국의 악명 높은 인종차별 정책이었음. 넬슨 만델라는 이 정책을 평화적 방식으로 해소하여 적극적 평화 실현에 기여함

국제법
국가 간 협의에 따라 국가 간 권리, 의무 등을 규정한 국제 사회의 법률

2) 국제 사회 행위 주체의 노력

① 국가

- 의미: 독립된 주권을 행사하는 국제 사회의 가장 기본적이고 대표적인 행위 주체
- 목표: 자국의 이익과 자국민 보호를 위한 외교 활동을 최우선으로 하고 국제 사회에서 법적 지위를 가지고 공식적으로 활동
- 역할: 정상 회담, 국교 수립, 조약 체결, 국제기구 설립이나 가입, 동맹 형성 등

② 정부 간 국제기구

- 의미: 국제적 목적이나 활동을 위해 각국의 정부를 회원으로 하는 행위 주체
- 목표: 평화 유지, 경제·사회 협력 등
- 역할: 국가들 사이의 이해관계 조정 및 국가 간 분쟁 중재, 국가의 행위를 규율하는 국제 규범 정립
- 종류: 국제 연합(UN), 유럽 연합(EU), 국제 통화 기금(IMF), 세계 보건 기구(WHO) 등

→ 제2차 세계 대전 이후 전쟁 방지와 평화 유지를 위해 설립된 대표적인 정부 간 국제기구

③ 국제 비정부 기구

- 의미: 공공의 이익을 실현하기 위해 개인이나 민간단체 주도로 만들어진 자발적인 조직
- 목표: 환경, 평화, 인권 등 인류 공동의 이익을 위해 활동함
- 역할: 국제적 연대를 통해 범세계적 문제를 제기하고 공동의 노력을 이끌어 냄
- 종류: 국경 없는 의사회, 국제엠네스티, 그린피스 등

④ 세계시민

- 의미: 전 세계를 하나의 공동체로 보는 세계 공동체의 일원
- 목표: 어느 특정 국가나 집단의 이익이 아닌 인류의 보편적 가치와 지속가능한 환경을 위해 활동함, 평화를 위협하는 폭력을 인식하고 평화 문화를 만들어 감
- 역할: 국가 운영의 주체로서 감시, 국제 사회에서의 주체적 활동, 국제기구 활동의 지지나 비판, 국제 활동과 정책 수립에 참여 등

[유네스코가 정의한 세계시민의 역량]

영역	내용
인지 영역	세계적 문제에 대한 깊은 이해를 바탕으로 비판적, 세계적, 창의적으로 사고하는 역량
사회·정서적 영역	세계 공동체 일원으로서 다른 나라의 문화와 다양성에 대한 이해하고 공감하는 역량
행동 영역	세계적 문제를 해결하기 위해 책임감 있게 행동하며 실천하는 역량

⑤ 기타: 다국적 기업, 개발 국가 내의 지방 정부 등

● 개념 돋보기

그린피스(Green Peace)
1971년 결성된 국제 환경 단체로, 해양 보호를 위한 다큐멘터리 제작, 플라스틱 감축 협약 촉구 캠페인 등의 활동을 하고 있음

3. 남북 분단 및 동아시아의 역사 갈등과 세계 평화

1) 남북 분단의 배경과 통일의 필요성

① 남북 분단의 배경

- 국제적 배경: 제2차 세계 대전 이후 미국(자유주의 진영)과 소련(공산주의 진영) 양축을 중심으로 하는 냉전 질서로 세계 질서가 재편되었음
- 국내적 배경: 민족 내부의 응집력 부족과 민족 내부의 이념적 갈등, 신탁 통치에 대한 찬반 논쟁에서 기인한 6·25 전쟁의 발발

② 남북 분단의 과정

- 8·15 광복(1945년): 우리 민족의 지속적 독립운동과 제2차 세계 대전에서 일본의 패전 선언으로 연합국이 승리함
- 연합국의 한반도 점령으로 국토 분단: 광복 후 일본군을 무장 해제시킨다는 명분으로 북위 38도선을 기준으로 남쪽에는 미군이, 북쪽에는 소련군이 점령함
- 분단의 고착화: 남과 북의 대립 격화, 냉전 체제 속에서 미국과 소련의 대립
  → 남한만의 총선거(5·10 총선거)로 대한민국 정부 수립(1948년)
- 6·25 전쟁: 1950년 6월 25일, 북한의 남침으로 전쟁 발발
  → 1953년 휴전 협정 체결 이후 휴전선을 경계로 남과 북으로 나뉘어 지금까지 지속

③ 통일의 의의와 필요성

- 통일의 의의: 민족의 생존과 번영을 위해 필요, 세계 평화에 기여
- 통일의 필요성
  - 개인적 차원: 이산가족과 실향민의 아픔 해소
  - 민족적 차원: 민족의 동질성 회복
  - 정치적 차원: 분단에서 벗어나 정치적 안정과 평화, 세계 평화에 기여
  - 사회·문화적 차원: 다양한 갈등의 해소 기회, 전통문화 유산의 발전
  - 경제적 차원: 국내 경제 활성화, 분단 비용 감소, 국가 경쟁력 향상, 통일 편익 (통일에 따른 장기적 차원의 편익(이익))

④ 통일을 위한 노력: 남북한 간의 평화적 교류와 협력, 통일에 우호적인 국제 환경 조성

[남북한 간 교류와 협력]

- 7·4 남북 공동 성명(1972)
  - 내용: 자주·평화·민족 대단결의 통일 3대 원칙에 합의
  - 의의: 최초로 평화 통일 원칙에 합의
- 남북 기본 합의서(1991): 남북한 정부 간 최초의 공식 합의서, 서로의 체제 인정, 상호 불가침에 합의
- 6·15 남북 공동 선언(2000)
  - 의의: 최초의 남북 정상 회담
  - 영향: 이후 남북 간 교류가 빠르게 진행됨
- 10·4 남북 공동 선언(2007): 남북 관계 발전과 평화 번영을 위한 선언
- 4·27 판문점 선언(2018): 남북 평화 번영의 시대에 대한 합의, 한반도 비핵화 의지

개념 돋보기

냉전
- 직접적으로 무력을 사용하지 않고, 경제·외교·정보 등을 수단으로 하는 국제적 대립을 뜻함
- 특히 제2차 세계 대전 이후 미국을 중심으로 한 자본주의 진영과 소련을 중심으로 한 사회주의 진영이 이념을 중심으로 대립한 것을 일컬음

신탁 통치
국제 연합의 감독 하에 위임을 받은 나라가 일정 지역에 대하여 실시하는 특수 통치 제도

6·25 전쟁의 피해와 교훈
- 피해: 수많은 사상자, 전쟁고아와 이산가족 발생, 각종 산업 시설의 파괴 → 전쟁으로 입은 인적·물적 피해와 이념 대립으로 남북 간의 적대감 강화
- 교훈: 전쟁을 통한 통일은 불가능하다는 교훈을 얻음

통일 비용
통일 이후 남북한 체제가 통합되는 데 소요되는 비용으로 통일에 따른 편익을 증진시키는 투자적 성격

분단 비용
남북이 분단되어 있기 때문에 지속적으로 발생하는 일체의 비용

Ⅳ

2) 동아시아의 역사 갈등과 해결 방안

① 동아시아의 역사 갈등

- 역사 인식 문제
  - 일본의 역사 교과서 왜곡
  - 일본의 독도 영유권 주장
  - 일본군 '위안부' 문제
  - 중국의 동북공정
- 영토 분쟁
  - 쿠릴 열도(북방 도서) 분쟁: 일본과 러시아의 영토 분쟁
  - 센카쿠 열도(댜오위다오) 분쟁: 일본과 중국, 타이완의 영토 분쟁
  - 시사 군도(파라셀 제도) 분쟁: 베트남과 중국, 타이완의 영토 분쟁
  - 난사 군도(스프래틀리 군도) 분쟁: 중국, 필리핀, 베트남, 말레이시아, 브루나이, 타이완의 영토 분쟁

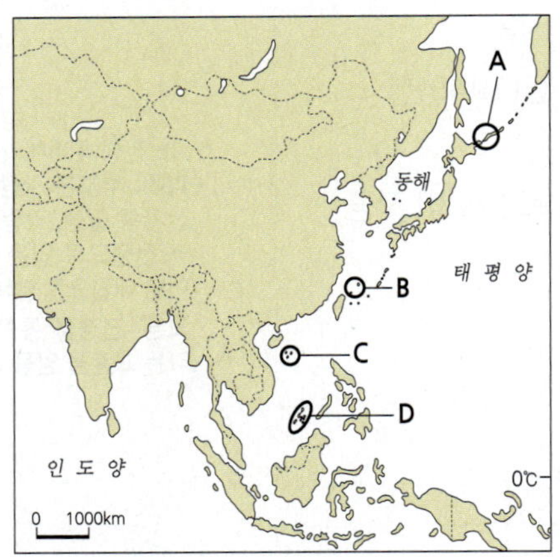

▲ 영토 분쟁 지역

② 동아시아의 역사 갈등 해결을 위한 노력

- 한·일 역사 공동 연구위원회(2002년)
- 동북아 역사 재단 설립
- 공동 역사 연구 진행: 동아시아 근현대 공동 역사 교재 발행
- 국제 연대와 교류의 확대: 문화 교류와 청소년 교류를 통해 상호 이해 증진

3) 세계 평화를 위한 우리나라의 노력

① 분단 극복: 동아시아 지역의 군사적 대립과 긴장을 완화해야 함

② 평화 유지 활동: 분쟁, 테러, 전쟁 등의 평화적 해결을 위한 국제 연합 평화 유지군 파견

③ 해외 원조: 빈곤국과 빈곤으로 고통받는 사람들에게 원조

④ 환경 보호: 친환경적인 산업의 발전, 탄소 배출량 감소, 지구 온난화 방지와 환경 보호에 적극 동참

⑤ 국제기구 가입: 다른 나라들과의 협력

● 개념 돋보기

동북공정
중국의 역사 왜곡으로 동북 3성(지린성, 랴오닝성, 헤이룽장성)의 역사, 지리, 민족에 대한 문제를 집중적으로 연구하는 사업

역사 갈등 해결을 위한 외교적 노력
- 1993년: 고노 요헤이 관방 장관의 일본군 '위안부'에 대한 사과
- 1995년: 무라야마 총리의 식민 지배에 대한 사죄 담화 발표
- 1998년: 한국과 일본 두 국가 정상이 한·일 파트너십 공동 선언 발표
- 2002년: 한·일 역사 공동 연구 위원회 설립

국제 사회에서 우리나라의 중요성

지정학적 측면	유라시아 대륙과 태평양을 연결하는 지리적 위치에 있음
경제적 측면	세계 10위권의 경제 대국으로 성장
정치적 측면	각종 국제기구에서 활동하여 국제 사회 내 영향력 증가
문화적 측면	많은 문화재가 유네스코 세계 문화유산으로 등재, 한류 열풍 확산

OX & 빈칸 채우기

1 ______은/는 전 세계가 상호 의존하며 국경을 넘어 하나로 통합되는 현상이다.

2 ______은/는 세계화의 흐름 속에서 특정 지역이 다양한 측면에서 세계적 가치를 지니게 되는 현상이다.

3 ______은/는 세계의 경제, 문화, 정치의 중심지 역할을 수행하는 도시를 말한다.

4 ______은/는 세계 각지에 자회사, 생산 공장 등을 두고 세계적 규모로 생산 및 판매 활동을 하는 기업이다.

5 ______은/는 기업의 규모가 커지면서 각 기능이 공간적으로 분리되는 현상이다.

6 다국적 기업은 본사를 주로 저임금 노동력이 풍부한 국가에 입지시킨다.

7 다국적 기업은 진출한 국가에 일자리 창출 및 기술 이전을 통해 긍정적 영향을 끼칠 수 있다.

8 공정 무역, 공정 여행은 국가 간 빈부 격차의 해결 방안 중 하나가 될 수 있다.

9 문화의 획일화는 각 지역이 갖는 고유한 전통 문화의 정체성이 강화되는 현상이다.

10 세계화에 따라, 보편 윤리와 특수 윤리 간의 입장 갈등이 생길 수 있다.

11 ______은/는 직접적 폭력의 사용이나 위협이 없는 상태를 말한다.

12 ______은/는 직접적 폭력뿐 아니라 구조적, 문화적 폭력까지 사라진 상태를 말한다.

13 ______은/는 다양한 행위의 주체들이 한 국가의 영역을 넘어 상호 교류하는 사회를 말한다.

14 ______은/는 민족·종교·문화의 차이, 지하자원·영토 등 자국의 이익 추구 등을 이유로 일어나는 국가 간 분쟁을 말한다.

15 ______은/는 국제적 사항에 관한 국가 간의 모든 협력을 말한다.

16 구조적 폭력은 직접적이고 의도적으로 물리적 폭력을 가하는 것을 말한다.

17 문화적 폭력은 다양한 문화적 영역이 직접적 폭력이나 구조적 폭력을 정당화하는 데 이용되는 것을 말한다.

18 갈퉁에 따르면, 종교에 대한 차별은 소극적 평화의 실현을 어렵게 만든다.

19 갈퉁에 따르면, 정의롭지 못한 제도는 적극적 평화의 실현을 어렵게 만든다.

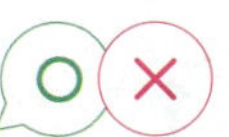

20 갈퉁에 따르면, 정치적 억압과 경제적 빈곤은 폭력이 아니다.

21 국제 사회의 행위 주체로서, 국가는 자국의 이익보다 공공의 이익을 위한 외교 활동을 최우선으로 한다.

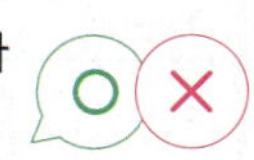

22 국제 사회의 행위 주체로서, 정부 간 국제기구는 국가 간 분쟁을 중재하고 국제 규범을 정립한다.

23 국제 사회의 행위 주체로서, 국제 비정부 기구는 범세계적 문제를 제기하고 공동의 노력을 이끌어내고자 한다.

24 국제 사회의 행위 주체로서, 세계시민은 폭력을 정당화하는 문화를 지지하고자 한다.

25 ______은/는 남북 분단의 국제적 배경으로, 제2차 세계 대전 이후 미국과 소련이 이념적으로 대립한 것을 말한다.

26 ______ 비용은 통일 이후 남북한 체제가 통합되는 데 소요되는 비용을 말한다.

27 ______ 비용은 남북이 분단되어 있기 때문에 지속적으로 발생하는 일체의 비용을 말한다.

28 ______은/는 중국의 역사 왜곡으로 동북 3성의 역사, 지리, 민족에 대한 문제를 집중적으로 연구하는 사업을 말한다.

29 남북 분단은 민족의 동질성을 회복하기 위해 필요하다.

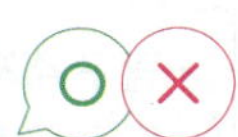

30 쿠릴 열도(북방 도서) 분쟁은 일본과 중국, 타이완의 영토 분쟁을 말한다.

31 시사 군도(파라셀 제도) 분쟁은 베트남과 중국, 타이완의 영토 분쟁을 말한다.

32 난사 군도(스프래틀리 군도) 분쟁은 중국, 필리핀, 베트남, 말레이시아, 브루나이, 타이완의 영토 분쟁을 말한다.

33 우리나라는 분단 극복을 통해 동아시아 지역의 군사적 대립과 긴장을 완화할 수 있다.

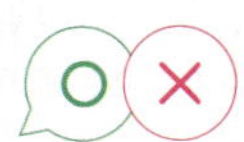

1. 세계화 2. 지역화 3. 세계 도시 4. 다국적 기업 5. 공간적 분업 6. ×(다국적 기업의 본사는 주로 자본과 우수 인력 확보가 용이한 본국의 대도시에 입지함) 7. ○ 8. ○ 9. ×(문화의 획일화는 전 세계의 문화가 비슷해져 가는 현상임) 10. ○ 11. 소극적 평화 12. 적극적 평화 13. 국제 사회 14. 국제 갈등 15. 국제 협력 16. ×(직접적 폭력에 해당하는 설명임) 17. ○ 18. ×(적극적 평화의 실현을 어렵게 만듦) 19. ○ 20. ×(정치적 억압과 경제적 빈곤 또한 폭력임) 21. ×(국가는 자국의 이익, 자국민 보호를 위한 외교 활동을 최우선적으로 함) 22. ○ 23. ○ 24. ×(폭력을 정당화하는 문화를 개선하고자 함) 25. 냉전 26. 통일 27. 분단 28. 동북공정 29. ×(남북 분단은 민족의 동질성 회복을 어렵게 함) 30. ×(일본과 러시아의 영토 분쟁임) 31. ○ 32. ○ 33. ○

1 대표 문제

[지리 15년 11월 9번]

다음 (가)에 들어갈 검색어로 적절한 것은? 2점

주소(D)

(가) 검 색

교통·통신 기술의 발달로 국가 간의 상호 의존성이 높아지고 국제 사회가 국경을 초월하여 하나의 지구촌으로 통합되어 가는 과정을 말한다. 이로 인해 공간 이동의 제약이 작아져 개인의 활동 범위가 넓어지고, 국가 간 경제 교류가 증가한다. 또한 문화 교류가 활발해져 문화가 더욱 다양해질 수 있다.

① 도시화 ② 산업화 ③ 세계화
④ 지역화 ⑤ 문화 융합

2

[18년 11월 3번]

㉠에 들어갈 내용으로 가장 적절한 것은? 2점

탐구 활동 보고서 모둠명: □□□□

• 탐구 주제: ㉠
• 탐구 목적: 세계의 다양한 커피가 수입되고 우리나라에서 커피 소비가 급증하면서 녹차 수요는 오히려 감소 추세에 있다. 그래서 우리 모둠은 우리 지역의 대표 상품인 'ㅇㅇ녹차'를 세계에 알리는 방안을 모색해 보고자 한다.
• 탐구 내용
- 세계인의 입맛에 맞는 녹차 음식(녹차 식빵, 녹차 잼 등) 개발하기
- 'ㅇㅇ녹차' 축제에서 다양한 녹차 체험 부스 만들기(녹차 화장품 체험)
- 'ㅇㅇ녹차' 홍보 영상을 제작하고 누리 소통망(SNS)을 통해 전 세계에 홍보하기

① 세계화 시대의 지역화 전략
② 세계 도시의 형성과 발전 과정
③ 세계화를 통한 인류의 보편적 가치 확산
④ 공정 무역을 통한 지구촌 분배 정의의 실현
⑤ 무역 장벽의 극복을 통한 다국적 기업의 성장

3 대표 문제

[24년 3월 12번]

다음 자료의 (가)에 들어갈 내용으로 가장 적절한 것은? 2점

세계적으로 유명한 커피 생산국 중 하나인 콜롬비아는 자국 커피의 국제 경쟁력을 높이기 위한 (가) 의 일환으로 '콜롬비아 커피(Café de Colombia)'를 지리적 표시제에 등록하였다. 또한 안데스 산지를 배경으로 커피 농장의 농부와 당나귀의 모습을 담은 마크를 만들었다. 이 마크는 콜롬비아에서 생산된 원두를 100% 사용한 제품에만 표시할 수 있게 함으로써 콜롬비아 커피의 품질에 대한 신뢰도를 높였다.

① 적정 기술 ② 환경 규제 ③ 공간적 분업
④ 지역화 전략 ⑤ 공적 개발 원조

4

[지리 16년 11월 13번]

다음은 학생의 필기 내용이다. ㉠~㉤에 대한 설명으로 옳지 않은 것은? 2점

※ 세계화의 의미와 영향
• 의미: 세계 여러 나라가 정치·경제·사회·문화 등의 분야에서 교류가 많아지는 현상
• 배경 - ㉠ 교통과 정보 통신 기술의 발달
- 세계 무역 기구(WTO)의 출범 → ㉡ 자유 무역 확대
• 영향

구분	경제적 측면	문화적 측면
긍정적 영향	㉢	㉣ 다양한 문화 체험 기회 확대
부정적 영향	㉤ 국가 간 빈부 격차 심화	문화적 차이로 인한 갈등 심화

① ㉠으로 경제 활동의 시·공간적 제약이 커졌다.
② ㉡으로 국가 간 상호 의존성이 강화되었다.
③ ㉢에는 '소비자의 상품 선택 폭 확대'가 들어갈 수 있다.
④ ㉣은 국가 간 인적 교류가 늘어났기 때문이다.
⑤ ㉤은 선진국과 개발 도상국의 불평등한 무역 구조가 한 원인이다.

정답과 해설 1 p.63 2 p.63 3 p.63 4 p.63

5

[지리 17년 11월 11번]

다음 글의 ㉠~㉤에 대한 설명으로 옳지 않은 것은? 3점

㉠교통과 통신의 발달로 지역 간 이동과 소통이 수월해지면서 세계화 시대가 열리게 되었다. 이에 ㉡외국인의 해외 투자가 증가하고 있으며, ㉢다국적 기업의 활동이 두드러지고 있다. 지리적으로 인접하거나 상호 의존성이 높은 국가 간에는 ㉣지역 경제 협력체를 형성하기도 한다. 또한 국가 간 ㉤자유 무역 협정(FTA) 체결을 통해 무역 장벽을 낮추고 있다.

① ㉠으로 국제 교류의 시·공간적 제약이 감소한다.
② ㉡은 선진국이 개발 도상국보다 투자하는 규모가 크다.
③ ㉢의 생산 공장이 들어서는 국가에 고용 창출 효과가 나타난다.
④ ㉣의 사례로 유럽 연합(EU), 동남아시아 국가 연합(ASEAN)이 있다.
⑤ ㉤은 협정 당사국 간의 사회·정치적 통합을 목적으로 한다.

6

[22년 11월 2번]

다음은 학생이 작성한 주제 탐구 보고서의 일부이다. (가)에 들어갈 내용으로 가장 적절한 것은? 2점

주제 탐구 보고서 1학년 □반 이름: □□□

○ 주제: (가)

○ 사례 조사하기

(사례 1) 에스파냐의 작은 마을 부뇰은 지역 전통의 토마토 축제를 활성화하기 위해 노력했다. 지역의 특산품인 토마토를 던지는 모습이 유명해지면서 매년 전 세계에서 수만 명이 축제 참가를 위해 부뇰로 모여든다.

(사례 2) 프랑스의 카망베르 마을은 지역 특산품인 치즈를 지리적 표시제로 등록하여 상표로 인정받았다. 이를 계기로 카망베르 치즈가 세계적으로 더욱 널리 알려지면서 카망베르 마을도 함께 유명해졌다.

① 다국적 기업의 공간적 분업
② 세계화에 따른 문화 획일화 현상
③ 지역 경쟁력 강화를 위한 지역화 전략
④ 국제적 중심지 역할을 하는 세계 도시의 등장
⑤ 세계 무역 기구의 등장과 자유 무역 협정의 확대

7

[20년 11월 13번]

밑줄 친 ㉠~㉣에 대한 옳은 설명만을 [보기]에서 고른 것은? 2점

세계화가 가속화되면서 ㉠다국적 기업의 활동이 활발해졌고, ㉡세계 도시가 등장하였다. 이로 인해 자본, 상품, 노동력뿐만 아니라 문화 교류가 더욱 활발해졌다. 하지만 보편 윤리와 특수 윤리 간의 갈등, ㉢국가 간 빈부 격차 심화, ㉣문화의 획일화 등의 문제가 나타날 수 있다.

[보기]

ㄱ. ㉠의 본사는 주로 저임금 노동력이 풍부한 국가에 입지한다.
ㄴ. ㉡은 정치, 경제 등의 측면에서 세계의 중심지 역할을 한다.
ㄷ. ㉢을 해결하기 위한 노력으로 공정 무역을 들 수 있다.
ㄹ. ㉣로 인해 각 지역 고유문화의 정체성이 강화된다.

① ㄱ, ㄴ ② ㄱ, ㄷ ③ ㄴ, ㄷ ④ ㄴ, ㄹ ⑤ ㄷ, ㄹ

8

[일사 15년 11월 19번]

다음에서 세계화에 대한 필자의 주장에 부합하는 진술을 [보기]에서 고른 것은? 2점

세계화를 찬성하는 입장에서는 국가 간의 자유로운 이동과 교역을 통해 세계의 부가 증가하여 선진국과 저개발국의 빈부 격차가 줄어들 것이라고 주장한다. 하지만, 국가 간의 자유로운 상품 이동으로 인해 경쟁력이 약한 저개발국은 선진국에 경제적으로 종속될 가능성이 크고, 결국 지구촌의 빈곤과 실업은 더 증가할 수밖에 없다. 게다가 저개발국이 거대 자본을 바탕으로 한 선진국의 문화를 어쩔 수 없이 수용하게 되면서 문화적으로 종속되는 문제도 발생하게 된다.

[보기]

ㄱ. 국가 간 빈부 격차가 확대된다.
ㄴ. 저개발국의 문화적 정체성이 약화된다.
ㄷ. 지구촌 문제에 대한 국제적 협력이 증가한다.
ㄹ. 국가 간의 경쟁을 통해 자원이 효율적으로 배분된다.

① ㄱ, ㄴ ② ㄱ, ㄷ ③ ㄴ, ㄷ ④ ㄴ, ㄹ ⑤ ㄷ, ㄹ

정답과 해설 | 5 p.63 | 6 p.64 | 7 p.64 | 8 p.64

9

[일사 17년 11월 8번]

다음 글의 필자가 예상하는 세계화의 영향에 대한 진술로 가장 적절한 것은? (2점)

> 세계화로 인해 해외 자본의 유치가 중요해지면서 국가 간에 임금, 환경 기준 등을 낮은 수준으로 유지하려는 경쟁이 심화되고 있다. 왜냐하면 어떤 국가가 임금 인상을 억제하는 정책을 펼친다면, 다른 국가들도 그렇게 해야만 해외 자본을 유치할 수 있기 때문이다. 따라서 개별 국가들은 해외 자본 유치에 우호적인 기업 환경을 조성하기 위해 노동자의 이익을 억제하는 다양한 정책을 펼치게 된다. 이 과정에서 노동자의 몫이 기업의 이익을 위해 희생당하게 되고 노동자의 삶의 질은 지속적으로 악화될 수밖에 없다.

① 국가 간 경계 개념이 강화될 것이다.
② 국가 간 정부 정책의 유사성이 약화될 것이다.
③ 해외 자본에 대한 정부의 규제가 강화될 것이다.
④ 국가 내의 계층 간 소득 양극화가 심화될 것이다.
⑤ 기업에 대한 증세로 국가의 복지 재정이 확충될 것이다.

10

[23년 11월 6번]

(가), (나)에 들어갈 내용으로 가장 적절한 것은? (2점)

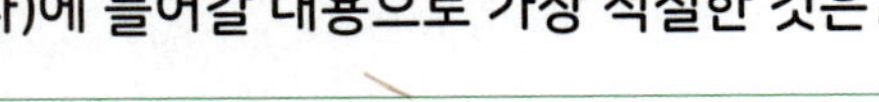

> ○ 뉴욕의 월가는 세계적인 금융 기관과 증권 거래소 등이 있어 세계 경제에 큰 영향을 미친다. 또한 뉴욕에는 국제 연합(UN)의 본부가 있어 주요 국제회의가 개최되며, 세계 공연 예술의 중심지인 브로드웨이가 있다. 이처럼 뉴욕은 세계적으로 중심지 역할을 수행하는 [(가)]이다.
>
> ○ 뉴욕은 1970년대 경제 불황으로 생긴 부정적인 이미지를 탈피하고자 'I♥NY'이라는 도시 브랜드를 만들었다. 뉴욕은 이를 활용해 다양한 문화 상품을 개발하고 관광 수익을 올리고 있다. 이처럼 뉴욕은 지역 브랜드화를 통한 [(나)] 전략으로 지역 경제를 활성화하고, 긍정적 이미지를 만들 수 있었다.

	(가)	(나)
①	세계 도시	지역화
②	세계 도시	문화의 획일화
③	세계 도시	다국적 기업의 현지화
④	생태 도시	지역화
⑤	생태 도시	다국적 기업의 현지화

11

[일사 17년 6월 19번]

세계화에 대한 갑, 을의 주장에 부합하는 진술만을 [보기]에서 있는 대로 고른 것은? (3점)

세계화로 인해 자유 무역이 확대되어 생산자와 소비자에게 더 많은 기회를 제공하고, 선진국의 정치 이념과 제도가 전 세계로 확산될 것입니다.

세계화로 인해 개인 간, 국가 간 빈부 격차가 심화될 뿐만 아니라 거대 자본의 영향으로 사회·문화적 영역의 갈등도 더욱 커질 것입니다.

[보 기]

ㄱ. 갑은 재화와 서비스 선택의 폭이 확대될 수 있다고 본다.
ㄴ. 갑은 민주주의 가치의 확산으로 인권이 신장될 것이라고 본다.
ㄷ. 을은 경쟁력이 취약한 산업이 위기에 처할 수 있다고 본다.
ㄹ. 을은 선진국 문화의 확산으로 문화의 다양성이 확대될 수 있다고 본다.

① ㄱ, ㄷ ② ㄱ, ㄹ ③ ㄴ, ㄹ
④ ㄱ, ㄴ, ㄷ ⑤ ㄴ, ㄷ, ㄹ

12

[21년 11월 17번]

다음 글의 주제로 가장 적절한 것은? (2점)

> 전 세계에 판매망을 가지고 있는 햄버거 업체 A사는 각 나라 사람들의 문화와 취향을 고려한 경영 전략으로 큰 수익을 내고 있다. 그 사례로 인도에서는 힌두교 신자가 많은 그들의 문화를 고려하여 닭고기나 양고기에 향신료를 사용해 만든 햄버거가 고객들의 입맛을 사로잡았다. 또한 일본에서는 빵보다 밥을 더 선호하는 고객들의 입맛에 맞춰 밥에 간장 소스를 곁들여 만든 햄버거가 좋은 평가를 받고 있다.

① 다국적 기업의 공간적 분업
② 세계화 시대의 현지화 전략
③ 지리적 표시제를 통한 장소 마케팅
④ 세계화 시대의 세계 시민 의식 향상
⑤ 공정 무역을 통한 생산자의 이윤 확대

정답과 해설 | 9 p.64 | 10 p.64 | 11 p.65 | 12 p.65

13

[19년 11월 14번]

다음은 학생이 '세계화' 단원의 내용을 정리한 것이다. 밑줄 친 ㉠~㉤에 대한 설명으로 옳지 않은 것은? 3점

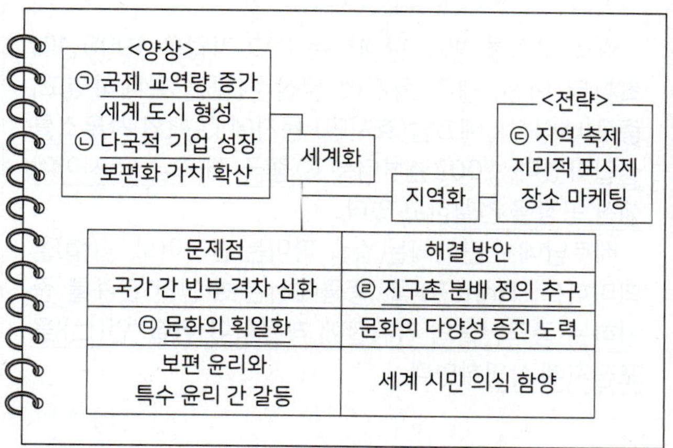

① ㉠의 배경으로 교통과 정보 통신 기술의 발달이 있다.
② ㉡은 공간적 분업을 통해 경영의 효율성을 추구한다.
③ ㉢은 지역의 정체성 강화와 지역 경제 활성화에 기여할 수 있다.
④ ㉣의 사례로 개발 도상국의 생산자에게 정당한 대가를 지불하는 공정 무역이 있다.
⑤ ㉤은 지역 고유의 전통 문화 정체성이 강화되는 현상이다.

14 대표 문제

[한지 고2 19년 3월 20번]

다음 자료의 (가)에 들어갈 내용으로 가장 적절한 것은? 2점

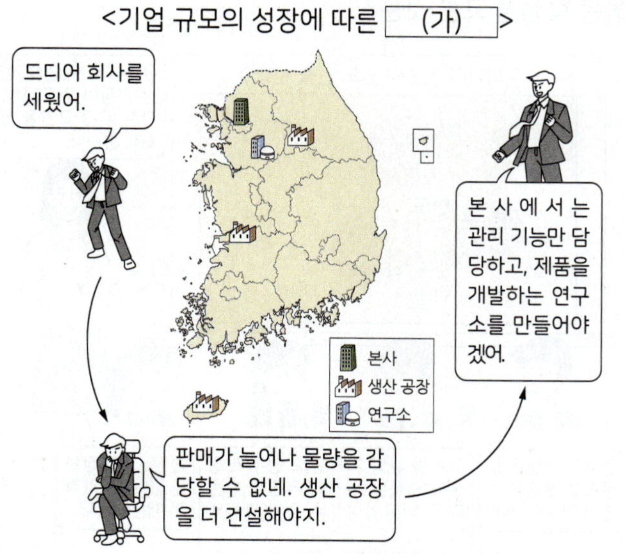

① 집적 불이익　② 공간적 분업
③ 산업 공동화　④ 공업의 이중 구조
⑤ 공업 구조의 고도화

15 대표 문제

[세지 고2 20년 3월 18번]

(가)~(다)에 들어갈 내용으로 가장 적절한 것은? 2점

> 다국적 기업은 본부, 연구 개발, 제품 및 부품 생산 등의 기능과 시설을 여러 국가에 분산하여 입지시킨다. 특히 세계적인 다국적 기업의 경우, 본사는 주로 (가) 에 입지하고, 연구 개발 시설의 주요 기능은 (나) 이며, 생산 공장은 (다) 이 풍부한 지역에 입지한다.

	(가)	(나)	(다)
①	선진국의 대도시	신제품 개발	저임금 인력
②	선진국의 대도시	경영 전략 구상	전문 경영인
③	선진국의 지방 도시	신제품 개발	전문 경영인
④	개발 도상국의 대도시	경영 전략 구상	고급 기술 인력
⑤	개발 도상국의 대도시	제품의 대량 생산	저임금 인력

16

[18년 3월 8번]

다음 글은 어느 다국적 기업의 생산 활동을 설명한 것이다. ㉠, ㉡의 이유로 옳은 것은? 2점

> ○○ 휴대 전화는 미국의 캘리포니아주에 있는 △△ 기업에서 기획하고 디자인하였다. 하지만 이 휴대 전화의 ㉠ 주요 부품들은 미국, 일본, 한국, 독일 등에서 생산된 것이다. 이러한 부품들은 ㉡ 중국에 위치한 공장에서 완제품으로 조립되어 전 세계로 수출되고 있다.

	㉠	㉡
①	낮은 임금	풍부한 원료
②	낮은 임금	우수한 생산 기술
③	풍부한 원료	낮은 임금
④	우수한 생산 기술	낮은 임금
⑤	우수한 생산 기술	풍부한 원료

정답과 해설 13 p.65 14 p.65 15 p.65 16 p.66

17

[지리 16년 11월 9번]

지도는 어떤 기업의 기능별 입지 분포를 나타낸 것이다. 이 기업에 대한 설명으로 옳지 않은 것은? (3점)

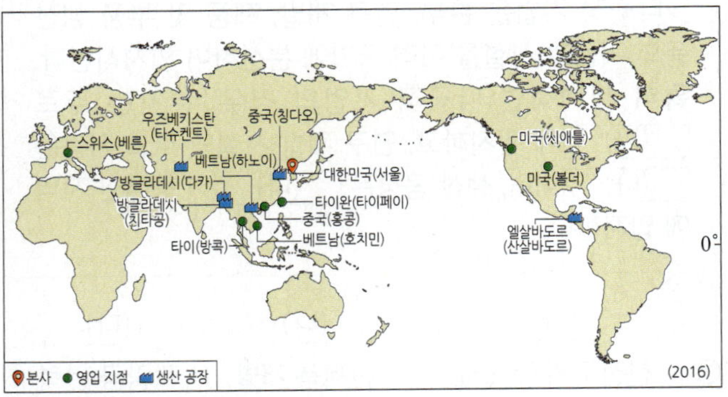

① 여러 국가에서 활동하는 다국적 기업이다.
② 관리, 생산, 판매 기능의 공간적 분업이 나타난다.
③ 최종 결정 및 총괄 기능은 우리나라에서 이루어진다.
④ 영업 지점의 입지는 소비 시장 확보가 중요한 요인이 된다.
⑤ 생산 공장은 고급 연구 인력을 확보하기 유리한 곳에 입지한다.

19

[지리 15년 9월 9번]

다음 글은 우리나라에 본사를 둔 ○○ 기업에 관한 것이다. 이에 대한 설명으로 옳지 않은 것은? (3점)

☆☆ 파이를 생산·판매하는 ○○ 기업은 1990년대 초부터 이천, 청주 등지에 생산 시설을 확대하였고, 중국(베이징), 베트남(호치민) 등지에 ㉠해외 사무소를 설립하였다. 2002년부터는 ㉡중국, 베트남, 러시아에 생산 공장을 건설하고 있다.

베트남에서 판매되는 ☆☆ 파이는 현지어로 정(情)을 의미하는 'Tinh(띤)'을, 중국에서는 ㉢인간 관계를 중시하는 중국인들의 가치관에 착안하여 어질 '인(仁)'을 포장지에 삽입하였다.

① ○○ 기업은 다국적 기업에 해당된다.
② ㉠으로 인해 본사의 의사 결정 기능이 약화된다.
③ ㉡으로 인해 생산비를 절감하는 효과가 있다.
④ ㉡으로 인해 해당 국가에서는 일자리가 창출된다.
⑤ ㉢은 해당 국가의 문화적 특성을 반영한 사례이다.

18

[지리 16년 9월 7번]

지도는 우리나라 ○○ 기업의 해외 진출 현황이다. 이에 대한 설명으로 옳지 않은 것은? (3점)

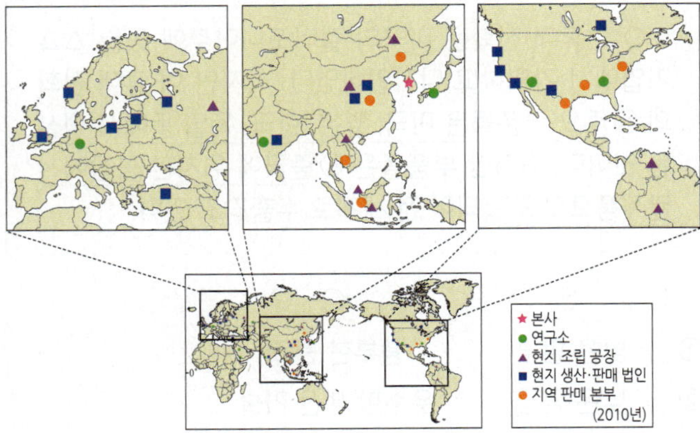

① 여러 국가에 진출한 다국적 기업이다.
② 연구소는 전문 인력의 확보가 유리한 지역에 입지한다.
③ 해외 진출을 통해 생산비 절감이나 시장 확보가 가능하다.
④ 교통·통신의 발달로 기업의 기능이 세계 각지로 분리된다.
⑤ 아시아 지역에 입지한 현지 조립 공장은 아메리카보다 적다.

20

[지리 16년 6월 15번]

다음은 다국적 기업에 대한 수업 장면이다. 발표 내용이 옳은 학생을 고른 것은? (2점)

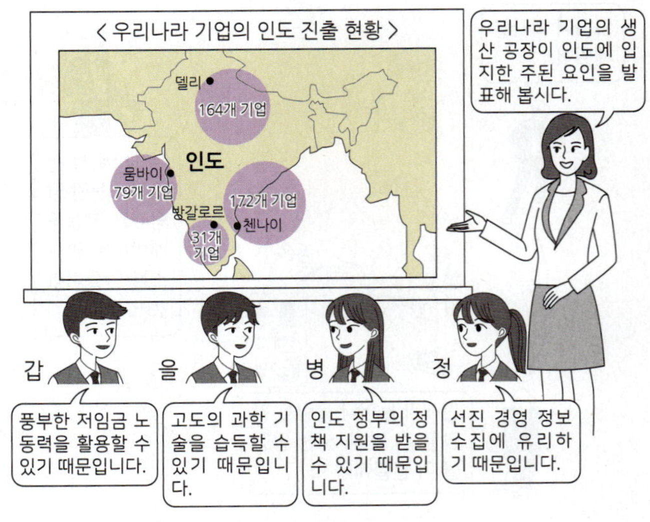

① 갑, 을 ② 갑, 병 ③ 을, 병 ④ 을, 정 ⑤ 병, 정

정답과 해설 | 17 p.66 | 18 p.66 | 19 p.66 | 20 p.67

21

[세지 고2 18년 3월 12번]

다음 글의 (가)에 들어갈 내용으로 가장 적절한 것은? 2점

> 일본의 다국적 의류 기업인 ○○은/는 아프리카에 있는 에티오피아에 생산 공장을 세우기로 했다. 이 기업의 주요 생산 공장은 중국과 베트남에 있었는데, 최근 이들 국가에서 생산할 때 얻게 되는 이점이 감소하고 있기 때문이다. 이에 따라 상대적으로 ___(가)___ 아프리카로 관심을 돌리게 된 것이다.
>
> - □□신문, 2017년 -

① 수요가 많은 ② 원료가 풍부한
③ 기술력이 높은 ④ 자본이 풍부한
⑤ 인건비가 저렴한

22

[21년 3월 12번]

㉠ 현상이 중국 후이저우에 미칠 영향으로 옳은 내용만을 [보기]에서 고른 것은? 2점

대한민국 기업, 베트남에 대규모 투자

대한민국의 다국적 기업 ○○은/는 중국 후이저우에 공장을 설립하여 2007년부터 스마트폰을 생산해 왔다. 그러나 임금이 상승하고 실적 부진이 계속되자 2019년에 ㉠후이저우의 공장 가동을 중단하고 스마트폰 생산 공장을 베트남으로 이전하였다. 베트남의 경우, 생산된 제품의 품질을 유지하면서도 중국보다 저렴한 임금의 생산직 직원을 대규모로 고용할 수 있기 때문이다. 또한 세금 면제나 감세의 혜택도 기대할 수 있다.

- 「○○신문」, 2019년 ○월 ○일 -

[보 기]

ㄱ. 일자리가 감소하여 실업 문제가 발생할 것이다.
ㄴ. 상인들의 매출 감소로 지역 경제가 침체될 것이다.
ㄷ. 다양한 중소기업들이 들어서면서 인구가 증가할 것이다.
ㄹ. 금융 자본이 집중되어 다른 국가와의 경제 협력이 강화될 것이다.

① ㄱ, ㄴ ② ㄱ, ㄷ ③ ㄴ, ㄷ ④ ㄴ, ㄹ ⑤ ㄷ, ㄹ

23 대표 문제

[생윤 고2 19년 3월 16번]

그림은 신문 칼럼이다. ㉠에 들어갈 제목으로 가장 적절한 것은? 2점

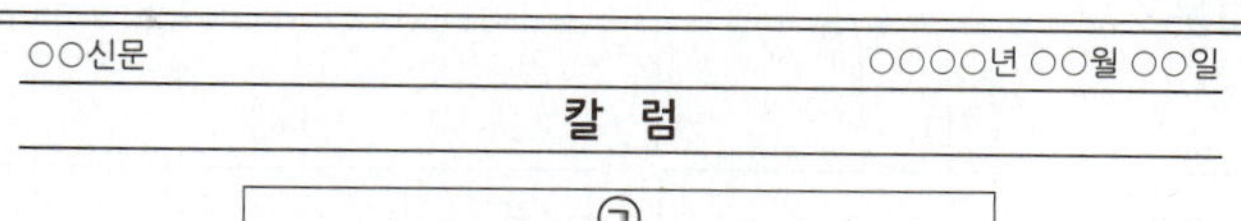

초콜릿의 주원료인 카카오를 생산하는 많은 농가들은 극히 적은 소득만을 얻고 있다. 그 이유는 초콜릿에서 발생하는 이익의 대부분이 몇몇 거대 유통 업체와 제조업체에 돌아가기 때문이다. 이러한 가난한 농가들의 경제적 자립과 지속 가능한 발전을 위해 생산 농가에게 유리한 판매 조건을 제공하고, 복잡한 유통 구조를 개선해야 한다.

① 기업들의 경제적 자립을 도와야!
② 농작물 생산량의 증대를 도모해야!
③ 유통 단계를 늘려 이익을 창출해야!
④ 정당한 이익을 카카오 생산자들에게!
⑤ 칼로리가 높은 초콜릿 소비의 자제를!

24

[세지 고2 19년 3월 18번]

(가), (나)에 들어갈 용어로 가장 적절한 것은? 2점

- 지리적 표시제에 등록된 프랑스 샹파뉴 지역의 샴페인은 (가) 의 대표적 사례이다. 이곳은 프랑스에서 연평균 기온이 상대적으로 낮아 신맛이 강한 포도가 재배된다. 이 포도를 이용해 발포성 와인인 샴페인을 생산하여 지역 경쟁력을 갖추게 되었다.
- (나) 은 무역을 통한 이익이 생산자에게 돌아갈 수 있도록 유리한 조건을 제공하는 무역 형태이다. 이를 통해 개발 도상국의 농부는 커피, 카카오 등의 상품을 정당한 가격에 판매할 수 있고 경제적으로 자립할 기회를 얻을 수 있다.

	(가)	(나)
①	세계화	보호 무역
②	정보화	공정 무역
③	정보화	자유 무역
④	지역화	공정 무역
⑤	지역화	자유 무역

정답과 해설 21 p.67 22 p.67 23 p.67 24 p.67

25

[지리 14년 11월 11번]

그림은 두 무역 방식에 따른 커피의 공급 과정을 나타낸 것이다. (가), (나) 무역의 상대적 특징을 그래프에서 고른 것은? 2점

(가)

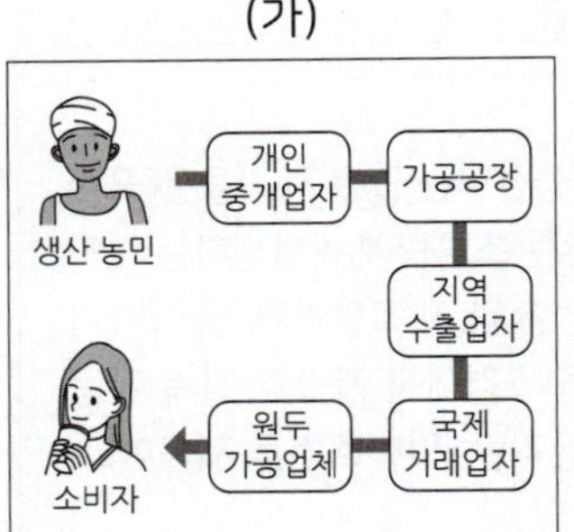

(나)

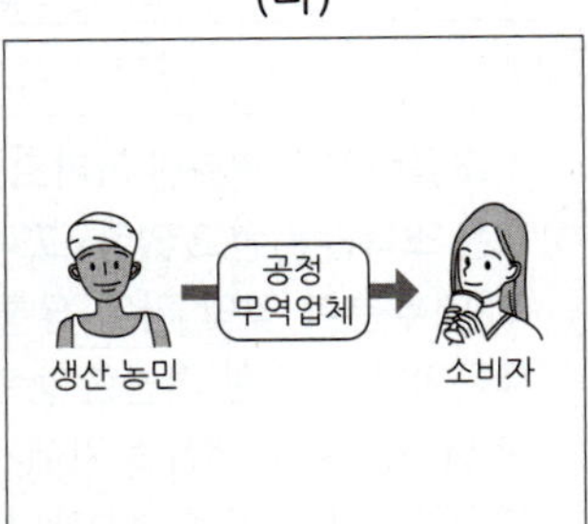

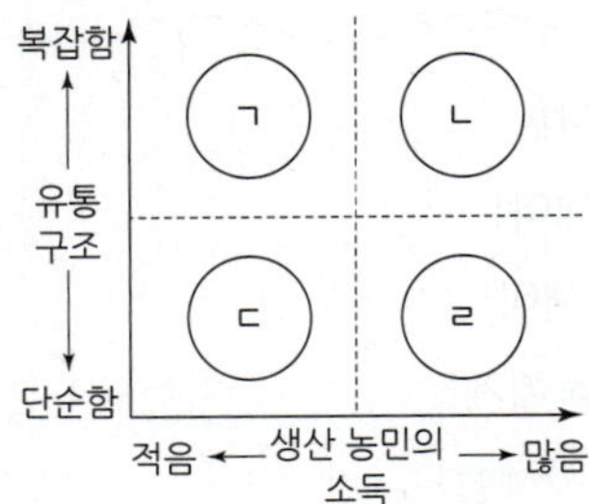

	(가)	(나)
①	ㄱ	ㄴ
②	ㄱ	ㄹ
③	ㄴ	ㄷ
④	ㄷ	ㄴ
⑤	ㄹ	ㄱ

26

[지리 17년 11월 2번]

다음 자료의 (가)에 들어갈 내용으로 가장 적절한 것은? 2점

> 제목: (가)
>
> • 영국의 스포츠 기업은 파키스탄의 노동력을 활용하여 축구공을 만든다. 이때 영국 기업이 얻는 수익은 판매액의 약 62%인 반면, 파키스탄 노동자가 받는 수익은 판매액의 약 1%에 불과하다. 이와 같은 수익 배분 구조를 개선하기 위해 여러 시민 단체들이 다양한 방안을 논의하고 있다.
>
> • 선진국의 커피 회사는 생산국으로부터 커피콩을 헐값에 사들이고, 이를 가공·유통하여 비싼 값으로 판매한다. 커피 소비는 전 세계적으로 늘어났지만 생산국의 농부들은 가난에서 벗어나지 못하고 있다. 이에 따라 농부들에게 정당한 가격을 지불하자는 움직임이 나타나고 있다.

① 다문화 사회의 갈등 해결 방안
② 지역 개발을 둘러싼 갈등과 님비 현상
③ 민족 및 종교의 차이로 인한 갈등과 분쟁
④ 세계의 경제 불평등과 공정 무역의 필요성
⑤ 환경 문제 해결을 위한 국가 간 협약 체결

27

[지리 17년 6월 20번]

밑줄 친 '공정 무역'이 활성화될 때 나타날 수 있는 변화로 옳게 추론한 것을 [보기]에서 고른 것은? 2점

> 일반 커피의 경우, 최종 소비자 가격에서 농민이 차지하는 몫은 0.5%에 불과했다. 이러한 문제에 주목하여 선진국 시민 단체들은 커피 생산자 조합과 직접 계약을 맺어 정당한 대가를 지불하는 공정 무역을 시작했다. 커피 수입 가격에 포함된 사회 기금을 이용하여 도로·주택·병원·학교 건설에 사용하도록 하는 한편, 재배 과정에서 농약을 쓰지 않도록 하고 있다.

<커피의 이익 배분 구조> (단위: %)

구분	일반 커피	공정 무역 커피
커피 재배 농민	0.5	6.0
소매상	94.0	50.0
기타/제3세계 기금	5.5	44.0
합계	100.0	100.0

[보기]

ㄱ. 세계 경제의 불평등 정도가 심화될 것이다.
ㄴ. 공정 무역 커피의 유통 단계가 늘어날 것이다.
ㄷ. 낙후 지역의 생활 기반 시설이 확충될 것이다.
ㄹ. 공정 무역 커피 생산 농가의 소득이 늘어날 것이다.

① ㄱ, ㄴ ② ㄱ, ㄷ ③ ㄴ, ㄷ ④ ㄴ, ㄹ ⑤ ㄷ, ㄹ

28 대표 문제

[21년 11월 7번]

㉠, ㉡에 대한 설명으로 옳지 않은 것은? 3점

> 평화는 ㉠ 과 ㉡ 으로 구분할 수 있다. ㉠ 은 직접적 폭력이 없는 상태로 국내외적으로 전쟁, 분쟁, 테러 등이 발생하지 않는 상태를 뜻한다. ㉡ 은 직접적 폭력이 없을 뿐 아니라 구조적 폭력과 문화적 폭력까지 제거된 상태를 가리킨다.

① ㉠은 무력 충돌이 없는 상태를 포함한다.
② ㉠의 실현은 빈곤 문제의 해결을 보장한다.
③ ㉡은 각종 억압과 차별이 사라진 상태를 포함한다.
④ ㉡을 실현하기 위해 사회 제도의 개선이 요구된다.
⑤ ㉠, ㉡은 모두 물리적 폭력이 제거된 상태를 포함한다.

정답과 해설 25 p.68 26 p.68 27 p.68 28 p.68

29

[18년 11월 13번]

그림의 강연자가 지지할 입장으로 옳은 것을 [보기]에서 고른 것은? 3점

평화는 소극적 평화와 적극적 평화로 나눌 수 있습니다. 소극적 평화는 물리적 폭력이 제거되어 직접적인 폭력의 사용이나 위협이 없는 상태를 의미합니다. 이와 달리 적극적 평화는 직접적 폭력뿐만 아니라 구조적이고 문화적 측면의 폭력까지 제거하여 모든 사람이 인간답게 살아갈 삶의 조건이 조성된 상태를 가리킵니다. 진정한 평화를 이루기 위해서는 소극적 평화에 머무르지 말고 적극적 평화를 실현하도록 노력해야 합니다.

[보기]

ㄱ. 물리적 폭력의 제거만으로도 진정한 평화가 실현된다.
ㄴ. 적극적 평화의 실현과 삶의 질 향상은 서로 관련이 없다.
ㄷ. 종교에 대한 차별은 적극적 평화의 실현을 어렵게 만든다.
ㄹ. 정의롭지 못한 사회 제도는 적극적 평화 실현에 위협이 된다.

① ㄱ, ㄴ ② ㄱ, ㄷ ③ ㄴ, ㄷ ④ ㄴ, ㄹ ⑤ ㄷ, ㄹ

30

[생윤 고2 20년 3월 3번]

다음을 주장한 사상가가 긍정의 대답을 할 질문으로 옳은 것은? 3점

소극적 평화는 직접적 폭력이 없는 상태이다. 그러나 인간은 빈곤이나 인권 침해와 같은 간접적 폭력으로 인해 삶의 질이 저하될 때에도 고통을 느끼고 절망에 빠진다. 따라서 사회 구조나 문화에 의해 발생하는 간접적 폭력까지 제거해야 진정한 평화가 실현된다. 간접적 폭력이 없는 상태인 적극적 평화는 소극적 평화의 한계를 극복하고 진정한 평화를 누리기 위해 필요하다.

① 물리적 폭력만 제거되면 진정한 평화가 달성되는가?
② 적극적 평화는 전쟁의 종식으로 완전하게 실현되는가?
③ 소극적 평화는 구조적 폭력이 제거되어야 이룰 수 있는가?
④ 평화 실현을 위해서라면 어떠한 수단도 정당화될 수 있는가?
⑤ 인간 존엄성 실현을 위해 적극적 평화가 달성되어야 하는가?

31

[23년 11월 8번]

밑줄 친 ㉠~㉢에 대한 옳은 설명만을 [보기]에서 고른 것은? 2점

폭력을 줄이는 것도 중요하지만, 폭력을 예방하는 것이 더 중요하다. 전자는 ㉠소극적 평화를 목표로 하지만, 후자는 ㉡적극적 평화를 지향한다. ㉢진정한 평화를 실현하려면 전쟁, 테러 등 신체에 직접 해를 가하는 직접적 · 물리적 폭력이 제거된 소극적 평화 상태뿐만 아니라, 억압, 착취 등의 구조적 폭력과 종교와 사상, 언어와 예술 등의 내부에 존재하는 문화적 폭력까지 사라진 적극적 평화 상태를 추구해야 한다.

[보기]

ㄱ. ㉠의 실현은 구조적 폭력의 해소를 보장한다.
ㄴ. ㉡은 경제적 착취와 빈곤이 제거된 상태를 포함한다.
ㄷ. ㉢은 모든 종류의 폭력이 사라진 상태를 지향한다.
ㄹ. ㉢은 ㉡ 없이 ㉠의 달성만으로도 실현된다.

① ㄱ, ㄴ ② ㄱ, ㄷ ③ ㄴ, ㄷ ④ ㄴ, ㄹ ⑤ ㄷ, ㄹ

32

[23년 3월 5번]

다음을 주장한 사상가의 입장으로 적절한 것만을 [보기]에서 고른 것은? 2점

모든 사람의 인간다운 삶을 위해 소극적 평화뿐만 아니라 적극적 평화까지 이루어야 한다. 신체적 폭력, 전쟁, 테러 등의 직접적 폭력을 제거할 때 소극적 평화가 실현된다. 또한 빈곤, 기아 차별 등과 같은 잘못된 사회 제도나 구조에 의한 간접적 폭력이 존재한다. 간접적 폭력은 의도하지 않아도 발생하며 이 폭력마저 사라져야 적극적 평화를 이룩할 수 있다.

[보기]

ㄱ. 모든 사람은 폭력이 없는 평화로운 삶을 누려야 한다.
ㄴ. 의도 없이 발생한 빈곤이나 차별은 폭력으로 볼 수 없다.
ㄷ. 적극적 평화 실현을 위해 불평등한 제도를 개선해야 한다.
ㄹ. 적극적 평화는 전쟁이 사라지는 것만으로도 실현될 수 있다.

① ㄱ, ㄴ ② ㄱ, ㄷ ③ ㄴ, ㄷ ④ ㄴ, ㄹ ⑤ ㄷ, ㄹ

정답과 해설 29 p.68 30 p.69 31 p.69 32 p.69

33

[22년 11월 8번]

그림의 강연자가 지지할 입장으로 가장 적절한 것은? 3점

전쟁, 범죄와 같은 직접적 폭력만이 사라진 상태인 소극적 평화는 언제든지 깨어질 수 있으므로 진정한 평화라고 할 수 없습니다. 우리는 진정한 평화를 위해 직접적 폭력뿐만 아니라 사회 제도에서 나타나는 억압과 착취와 같은 구조적 폭력 그리고 이러한 폭력들을 정당화하는 문화적 폭력까지 모두 사라진 적극적 평화를 실현해야 합니다.

① 소극적 평화만으로도 진정한 평화가 실현된다.
② 소극적 평화는 구조적 폭력이 제거된 상태이다.
③ 적극적 평화는 직접적 폭력의 제거만으로도 달성된다.
④ 진정한 평화는 문화적 폭력이 존재하더라도 가능하다.
⑤ 진정한 평화는 적극적 평화를 달성함으로써 이루어진다.

34

[20년 11월 9번]

다음은 학생이 작성한 탐구 보고서의 일부이다. (가)에 들어갈 적절한 내용만을 [보기]에서 있는 대로 고른 것은? 2점

탐구 보고서

탐구 주제: 평화의 의미와 중요성
1. 평화의 의미
   ① 소극적 평화: 전쟁이나 테러와 같은 직접적 폭력이 없는 상태
   ② 적극적 평화: 직접적 폭력과 구조적·문화적 폭력까지 모두 제거된 상태
2. 평화의 실현이 중요한 이유

(가)

[보기]

ㄱ. 인류의 다양한 문화유산을 보존하게 해 줌.
ㄴ. 인류를 전쟁의 위협으로부터 벗어나게 해 줌.
ㄷ. 인류를 각종 차별과 불평등으로부터 벗어나게 해 줌.
ㄹ. 현세대가 아닌 미래 세대의 번영만을 가능하게 해 줌.

① ㄱ, ㄴ　② ㄱ, ㄹ　③ ㄷ, ㄹ
④ ㄱ, ㄴ, ㄷ　⑤ ㄴ, ㄷ, ㄹ

35

[19년 11월 20번]

다음에서 제시하는 난민 문제의 해결 방안으로 가장 적절한 것은? 3점

난민은 전쟁, 내전, 종교, 인종, 정치·경제적 이유 등으로 인한 심각한 박해를 피해 국외로 떠도는 사람들이다. 난민 문제를 해결하기 위해서는 인간 안보의 개념이 고려되어야 한다. 인간 안보란 외부의 침략이나 내전으로부터 국가를 지키는 것뿐 아니라 환경 오염, 질병, 소수자 차별, 불평등과 빈곤 등 인간에게 위협이 되는 모든 문제로부터 인간의 존엄과 가치를 지키는 확장된 인권 개념이다. 그러므로 난민 문제의 실마리는 인간 안보를 가로막는 모든 장애물을 허물고자 하는 노력에서 찾아야 한다.

① 난민에게 이동권을 보장함으로써 난민 문제를 해결할 수 있다.
② 자유주의적 정의관을 함양함으로써 난민 문제를 해결할 수 있다.
③ 국제기구가 개별 국가의 모든 행위를 규제함으로써 난민 문제를 해결할 수 있다.
④ 난민과 난민 수용국 간의 대화를 통해 난민 문제를 완전히 해결할 수 있다.
⑤ 물리적 폭력뿐 아니라 구조적·문화적 폭력을 제거함으로써 난민 문제를 해결할 수 있다.

36 대표 문제

[지리 14년 11월 8번]

A, B 지역의 주요 갈등 요인으로 옳은 것은? 3점

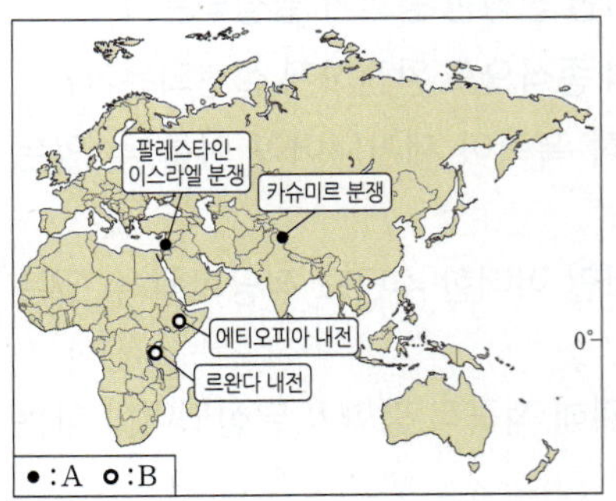

	A	B
①	자원	종교
②	종교	자원
③	종교	종족
④	종족	자원
⑤	종족	종교

37

[세지 고2 18년 3월 16번]

다음 자료의 (가)에 들어갈 내용으로 가장 적절한 것은? ②점

> 제목: (가)
>
> 사례 1: '평화의 도시'라는 의미를 가진 예루살렘은 그 의미가 무색할 만큼 대표적인 갈등 지역이다. 이스라엘은 예루살렘을 수도로 규정하고 있지만, 팔레스타인과 주변 국가는 이를 인정하고 있지 않다.
>
> 사례 2: 카슈미르는 인도와 파키스탄이 독립하는 과정에서 귀속 문제로 갈등이 발생한 지역이다. 국제 연합의 중재로 카슈미르의 영토가 분할되었으나 갈등은 지속되고 있다.

① 언어 차이에 따른 갈등
② 석유 자원을 둘러싼 갈등
③ 서로 다른 종교 간의 갈등
④ 물 자원 확보에 따른 갈등
⑤ 같은 종교 내 종파 간의 갈등

38

[세지 고2 20년 3월 4번]

다음 영화의 배경 지역을 지도의 A~E에서 고른 것은? ②점

> ◎ 영화 소개 자료
>
> 
>
> 영국으로부터 독립하는 과정에서 이슬람교와 힌두교 간의 갈등이 발생한 지역을 배경으로 한 영화로, 길 잃은 모슬렘 소녀가 힌두교 가족을 만나 종교적 갈등을 극복하고 집으로 돌아가는 과정을 휴머니즘으로 표현한 영화이다.

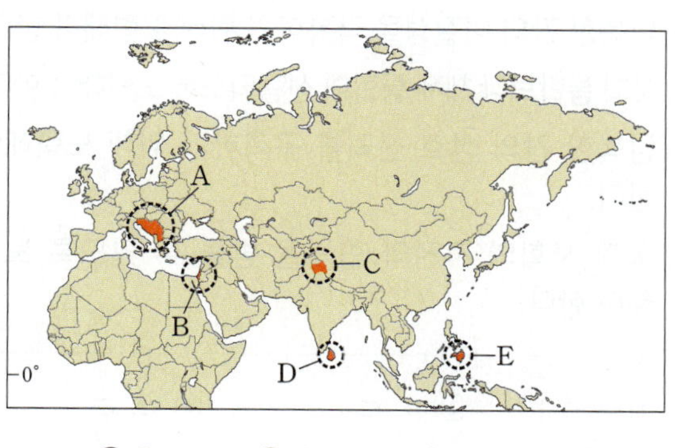

① A ② B ③ C ④ D ⑤ E

39 대표 문제

[24년 3월 20번]

<자료 1>은 국제 사회의 행위 주체를 학습하기 위한 십자말풀이이고, <자료 2>는 <자료 1>을 활용한 수업 장면이다. 갑~무 중 옳지 않은 진술을 한 학생은? ③점

> <자료 1>
>
> 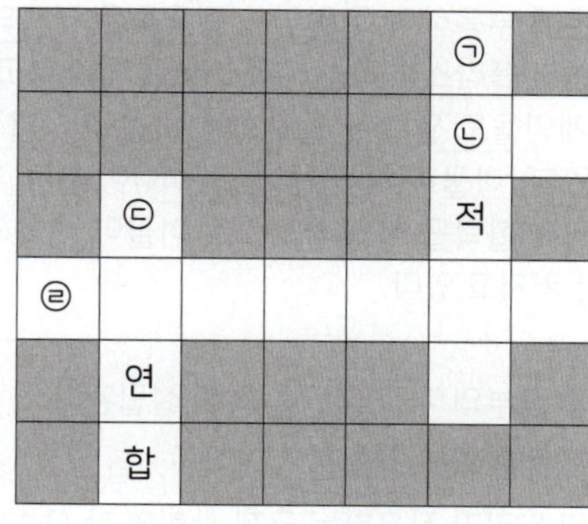
>
>
> [가로 열쇠]
> ㉡ 영토, 국민, 주권을 가진 국제 사회의 행위 주체
> ㉣ 개인과 민간단체가 회원으로 가입할 수 있는 국제기구
>
> [세로 열쇠]
> ㉠ (가)
> ㉢ 영어 약자로 UN
>
> <자료 2>
>
> 교사: 힌트 하나 줄까요? ㉠은 '다'로 시작합니다.
> 갑: ㉠의 예로 그린피스, 국경 없는 의사회를 들 수 있지요.
> 을: ㉡은 '국가'입니다.
> 병: ㉢은 정부 간 국제기구의 예에 해당해요.
> 정: ㉣은 '국제 비정부 기구'이지요.
> 무: (가)에는 '세계 여러 나라에서 생산과 판매를 하며 국제적으로 활동하는 기업'이 들어갈 수 있어요.

① 갑 ② 을 ③ 병 ④ 정 ⑤ 무

정답과 해설 37 p.70 38 p.70 39 p.71

40

[정법 고2 19년 3월 10번]

밑줄 친 ㉠~㉣에 대한 설명으로 옳은 것은? 2점

> 플라스틱 쓰레기로 인한 바다 오염 문제를 해결하기 위해 국제 사회가 함께 노력하고 있다. 그린피스와 같은 ㉠국제 환경 단체들이 적극적으로 앞장서고 있으며, 국제 여론에 부응하여 ㉡일부 선진국들은 자국의 법적 규제를 통해 플라스틱의 생산과 소비를 억제하고 있다. 또한 ㉢개인들도 일회용 플라스틱 사용을 자발적으로 줄이고 있다. 아울러 ㉣국제 연합(UN)이 문제 해결을 위해 국제적 협력을 더 적극적으로 이끌어 내야 한다는 목소리가 커지고 있다.

① ㉠은 각국 정부의 기금 출연을 통해 설립된다.
② ㉡은 국제법에 의해 강제된 것이다.
③ ㉢은 힘의 논리가 작용하는 국제 사회의 한 모습이다.
④ ㉣의 형식상 최고 의결 기구는 안전 보장 이사회이다.
⑤ ㉣은 ㉠과 달리 정부 간 국제기구이다.

41

[일사 17년 11월 17번]

다음 사례에 나타난 지구촌 문제 해결의 시사점으로 가장 적절한 것은? 2점

> 유럽 연합은 난민이 처음 입국한 국가에서 난민 자격 심사를 처리해 왔다. 이로 인해 지리적 특성상 북아프리카 및 중동 지역 난민의 유럽 관문에 해당되는 유럽 일부 국가들의 부담이 커졌다. 그래서 유럽 연합은 난민을 고루 나누어 수용하는 난민 쿼터제(할당제)를 마련하여, 유럽 일부 국가들이 겪고 있었던 부담을 완화시키고 각국의 협력을 강화하기로 하는 등 난민 문제 해결을 위한 의미 있는 진전을 이뤄냈다.

① 비정부 기구의 주도적인 역할이 필요하다.
② 개인의 적극적인 관심과 참여가 필요하다.
③ 물리적 강제력을 동원한 해결이 필요하다.
④ 국가 간 상호 협력을 통한 해결이 필요하다.
⑤ 이해 당사국을 배제한 제3자에 의한 해결이 필요하다.

42

[생윤 고2 19년 3월 12번]

다음 토론의 핵심 쟁점으로 가장 적절한 것은? 3점

> 갑: 전쟁은 인명을 살상하는 조직화된 폭력이므로 완전히 사라져야 합니다.
> 을: 전쟁이 갖는 폭력적 성격은 인정합니다. 하지만 전쟁이 정당화될 수 있는 경우도 있습니다.
> 갑: 아닙니다. 전쟁을 정당화하면 인간에 대한 폭력이 용인되므로 어떠한 전쟁도 정당화될 수 없습니다.
> 을: 모든 전쟁을 정당화하자는 것은 아닙니다. 대량 살상이나 인종 청소를 막기 위한 전쟁은 도덕적으로 정당화될 수 있습니다.

① 전쟁은 생명을 파괴하는 폭력적 사건인가?
② 전쟁보다도 더 심각한 폭력이 존재하는가?
③ 전쟁은 우연적 요소로도 발생할 수 있는가?
④ 전쟁이 인종 갈등의 해결에 도움이 되는가?
⑤ 전쟁은 도덕적으로 용인될 가능성이 있는가?

43

[생윤 고2 20년 3월 5번]

㉠에 들어갈 적절한 진술만을 [보기]에서 있는 대로 고른 것은? 2점

> 남북 분단은 많은 사람에게 고통을 주고 국가의 발전을 저해하고 있다. 남북 분단의 문제점을 극복하고 통일을 이루기 위해서는 독일의 통일에서 교훈을 얻어야 한다. 독일은 동독과 서독으로 분단되었을 때에도 문화 및 경제 교류를 통해 서로를 이해하고 협력하기 위해 노력했다. 또한 동서독은 점진적인 관계 개선을 위한 노력과 함께 통일을 우려하는 주변국을 설득하는 작업도 병행했다. 이러한 독일의 사례에 비추어 볼 때, 남북한이 바람직한 통일을 이루기 위해서는 [㉠]

[보기]

ㄱ. 남북한 간의 이질성을 극복하기 위해 노력해야 한다.
ㄴ. 사회 통합보다 체제 통합이 선행되도록 노력해야 한다.
ㄷ. 남북한 간의 상호 신뢰를 구축하기 위해 노력해야 한다.
ㄹ. 국제 사회의 지지와 협력을 받을 수 있도록 노력해야 한다.

① ㄱ, ㄴ ② ㄱ, ㄷ ③ ㄴ, ㄹ
④ ㄱ, ㄷ, ㄹ ⑤ ㄴ, ㄷ, ㄹ

정답과 해설 40 p.71 41 p.71 42 p.71 43 p.71

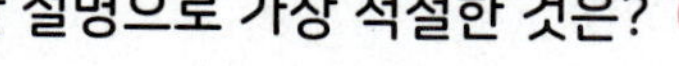

44 대표 문제

[25년 3월 5번]

다음 자료에 대한 설명으로 가장 적절한 것은? 2점

여행 일지

20○○.○○.○○.

국가 A의 수도에 도착해서 베를린 장벽을 보러 갔다. 베를린을 동서로 갈라놓았던 장벽은 이제 평화를 상징하는 예술 작품이 되었다. 놀랍게도 이 장벽은 서울에도 있다고 한다. 분단 국가인 우리나라의 통일을 기원하는 의미에서 A가 장벽의 일부를 기증한 것이다. A는 이념적 차이를 극복하고 활발히 소통하며 평화적인 방식으로 통일을 이루었다. 국제적으로는 자국의 통일이 주변국에 평화를 가져올 것임을 설득하였고, 국내적으로는 ㉠ 사회 통합을 위한 다양한 노력을 기울였다. 이는 우리나라의 ㉡ 통일에 시사하는 바가 크다고 생각한다.

① A는 20세기에 극심한 종교 갈등으로 인해 분단되었다.
② A는 경도상 우리나라의 동쪽에 위치하여 표준시가 빠르다.
③ ㉠에는 주변국의 우려를 불식하기 위한 휴전 협정 체결이 있다.
④ ㉡에는 분단 극복을 위해 이념적 갈등을 확대하는 것이 있다.
⑤ ㉡에는 이질화 문제 해소를 위한 교류 협력의 활성화가 있다.

45

[지리 17년 6월 5번]

지도에 표시된 두 분쟁 지역의 공통점으로 옳은 것은? 3점

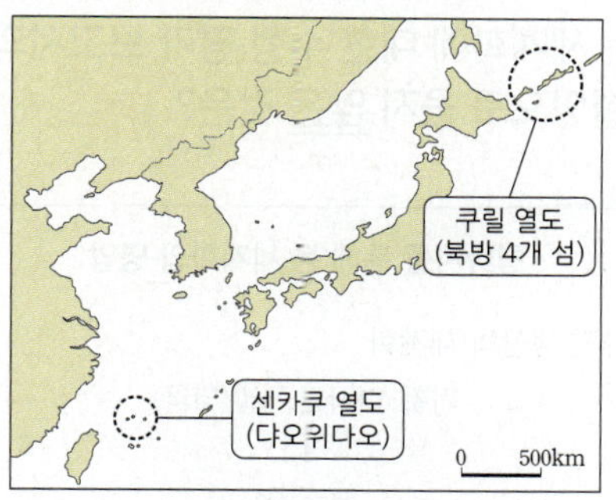

① 종교적 문제로 갈등을 빚고 있다.
② 분쟁 당사국에 일본이 포함되어 있다.
③ 현재 일본이 실효적 지배를 하고 있다.
④ 러시아와 중국 간의 영토 분쟁 지역이다.
⑤ 육상 교통로 확보가 주요 갈등 원인이다.

IV

정답과 해설 44 p.72 45 p.72

심화 문제 풀기

1

[세지 고2 19년 3월 4번]

다음 자료는 세계화에 대한 수행 평가 보고서의 일부이다. 이에 대한 설명으로 옳지 않은 것은? 3점

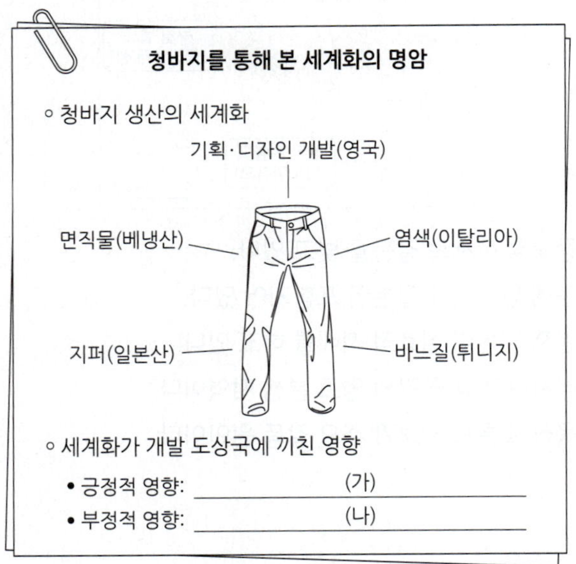

① 청바지 생산 과정에서 국제 분업이 이루어진다.
② 영국은 튀니지보다 노동자의 평균 임금이 높다.
③ 튀니지는 경영·관리 기능, 영국은 생산 기능을 담당한다.
④ (가)에는 '고용 창출'이 들어갈 수 있다.
⑤ (나)에는 '선진국에 대한 경제 의존도 심화'가 들어갈 수 있다.

2 대표 문제

[23년 3월 8번]

다음 자료의 (가)에 들어갈 내용으로 가장 적절한 것은? 3점

그림은 휴대 전화가 세계 여러 국가의 협력 업체에서 생산된 부품으로 만들어진다는 것을 나타내고 있습니다. 이는 (가) 의 사례입니다.

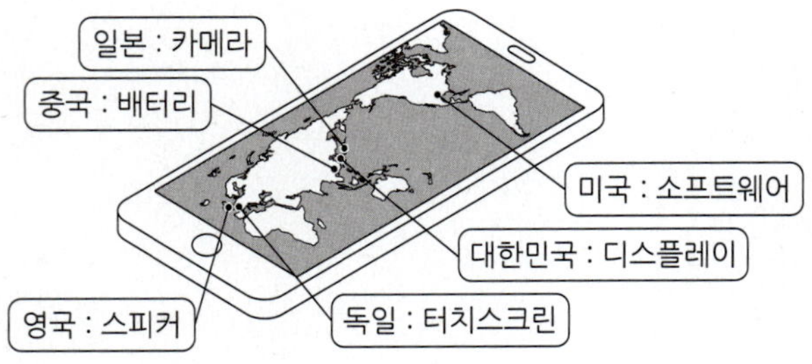

① 플랜테이션
② 공간적 분업
③ 산업 공동화
④ 지역 브랜드
⑤ 탄소 발자국

3

[세지 고2 18년 3월 2번]

다음 자료의 (가), (나) 축제가 개최되는 지역을 지도의 A~D에서 고른 것은? 2점

<2018년 2월에 열리는 세계의 주요 축제>

축제	특징
(가)	눈과 얼음을 이용한 크고 작은 조형물이 전시되며 눈과 관련된 다양한 행사가 열린다.
(나)	화려한 의상을 입은 무용수들이 흥겨운 삼바 리듬에 맞춰 춤을 추면서 각종 퍼레이드를 펼친다.

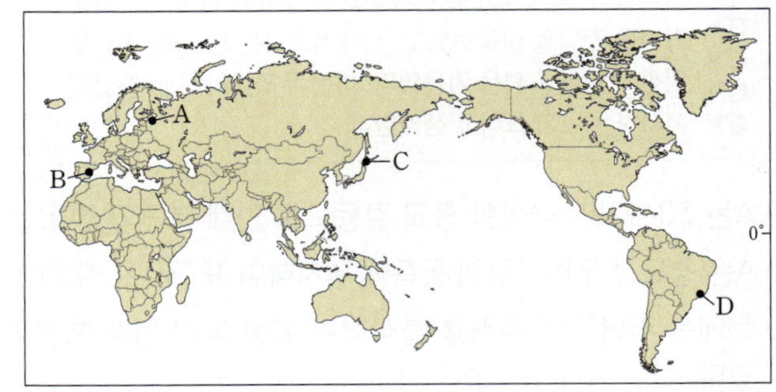

	(가)	(나)
①	A	B
②	B	C
③	B	D
④	C	A
⑤	C	D

4 대표 문제

[윤사 고2 20년 3월 14번]

다음을 주장한 사상가의 입장만을 [보기]에서 고른 것은? 3점

우리는 적극적 평화를 추구해야 한다. 적극적 평화란 물리적 폭력과 같은 직접적 폭력뿐만 아니라, 사회적 약자에 대한 구조적 착취, 폭력을 정당화하는 문화 등 구조적·문화적 폭력까지도 사라진 상태이다. 평화를 실현하는 과정에서 나타나는 갈등은 비폭력적으로 해결되어야 한다.

[보기]

ㄱ. 정치적 억압과 경제적 빈곤은 폭력으로 볼 수 없다.
ㄴ. 평화는 평화적 수단으로 성취되는 것이 바람직하다.
ㄷ. 직접적 폭력만 제거되면 진정한 평화가 이루어진다.
ㄹ. 인종 차별을 정당화하는 문화도 폭력으로 보아야 한다.

① ㄱ, ㄴ ② ㄱ, ㄷ ③ ㄴ, ㄷ ④ ㄴ, ㄹ ⑤ ㄷ, ㄹ

정답과 해설 1 p.72 2 p.72 3 p.73 4 p.73

5

[지리 16년 11월 16번]

밑줄 친 '이 땅'을 지도의 A~E에서 고른 것은? ③점

이 땅을 빼앗기고 국가 없이 떠돌던 유대인들이 2천여 년 만에 민족 국가를 만들었습니다.

이 땅은 오랫동안 우리가 살던 터전입니다. 팔레스타인의 독립 국가 건설을 위해 노력할 것입니다.

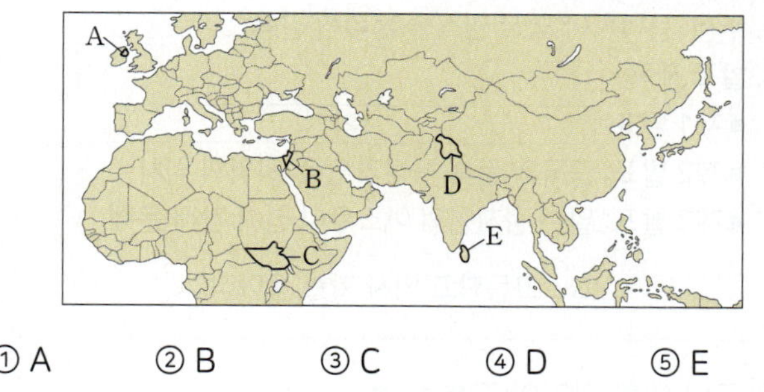

① A ② B ③ C ④ D ⑤ E

6

[세지 고2 19년 3월 20번]

(가), (나)와 같은 분쟁이 있는 지역을 지도의 A~C에서 고른 것은? ③점

(가) 종교가 다른 국가 또는 집단 간의 영토를 확보하기 위한 분쟁

(나) 자원이 매장된 지역을 확보하기 위한 주변 국가 간의 외교 분쟁

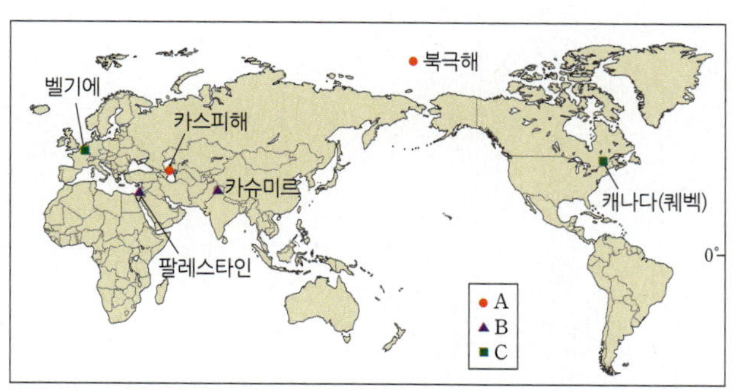

	(가)	(나)		(가)	(나)
①	A	B	②	A	C
③	B	A	④	B	C
⑤	C	A			

7

[지리 17년 11월 18번]

신문 기사에서 설명하는 분쟁 지역을 지도의 A~E에서 고른 것은? ③점

□□ 신문

제 △△호 2017년 ○○월 ○○일

센카쿠 열도(댜오위다오)는 동중국해 남서부에 위치하고 있으며 무인도와 암초로 구성되어 있다. 이 지역은 일본, 중국, 타이완의 분쟁 지역이며 현재 일본이 실효 지배하고 있다. 인근 해역에는 석유와 천연가스가 매장되어 있어 이 지역을 둘러싼 국가 간의 갈등이 첨예하다.

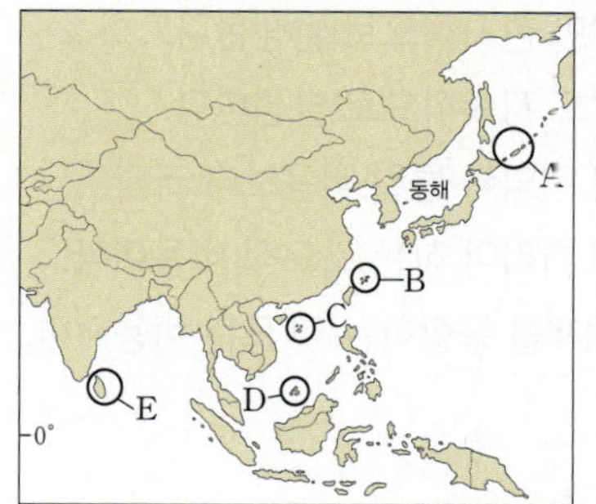

① A
② B
③ C
④ D
⑤ E

8 대표 문제

[정법 고2 20년 3월 13번]

밑줄 친 ㉠~㉣에 대한 옳은 설명만을 [보기]에서 고른 것은? ②점

최근 ㉠세계 무역 기구(WTO)는 ㉡갑국이 방사능 오염 우려가 있는 을국의 수산물에 대해 수입을 금지한 조치가 ㉢WTO 협정에 위배되지 않는다고 판정하였다. 이와 관련하여 국제 환경 단체 ㉣그린피스는 "을국은 방사능 오염수를 바다에 방류하는 계획을 즉각 철회하라."라고 요구하였다.

[보 기]

ㄱ. ㉠은 국제 연합(UN)과 달리 정부 간 국제기구에 해당한다.

ㄴ. ㉢은 국제 분쟁을 해결하는 기준으로 작용하고 있다.

ㄷ. ㉣은 국제 비정부 기구에 해당한다.

ㄹ. ㉣은 ㉡과 달리 국제 문제 해결의 주체가 될 수 없다.

① ㄱ, ㄴ ② ㄱ, ㄷ ③ ㄴ, ㄷ ④ ㄴ, ㄹ ⑤ ㄷ, ㄹ

정답과 해설 | 5 p.73 | 6 p.73 | 7 p.73 | 8 p.73

9 대표 문제

[24년 3월 3번]

다음 글의 입장으로 가장 적절한 것은? 2점

> 남북한의 서로 다른 체제를 통합하는 데 드는 통일 비용으로 인해 통일에 부정적인 사람들이 있다. 그러나 통일 비용은 크게 걱정할 문제가 아니다. 분단이 지속되는 한 국방비·외교비와 같은 분단 비용은 계속 발생하지만, 통일 비용은 통일 전후 한시적으로만 발생한다. 장기적으로 볼 때 통일로 인한 이익의 합, 즉 통일 편익이 통일 비용보다 더 크다.

① 통일 비용은 통일 이전에만 한시적으로 발생한다.
② 분단 비용은 통일 이후에도 지속적으로 발생한다.
③ 통일로 얻게 되는 장기적 이익이 통일 비용보다 크다.
④ 통일 편익은 분단 때문에 치러야 하는 소모적 비용이다.
⑤ 분단 비용은 서로 다른 체제를 통합하는 데 드는 비용이다.

10

[동아사 고2 18년 3월 15번]

(가)에 들어갈 내용으로 가장 적절한 것은? 2점

> **초 청 장**
>
> 동아시아 각국의 역사 인식 차이는 각종 문제를 야기하고 있습니다. 이에 동아시아가 화해와 협력의 공동체로 나아가기 위한 해결의 실마리를 찾아보고자 학술 발표회를 개최합니다.
>
> 1. 일시: 2018년 3월 ○○일 17시
> 2. 장소: △△고등학교 소강당
> 3. 주제: 동아시아 역사 인식을 둘러싼 갈등
> 4. 발표 제목
>   - 제1 발표: (가)
>   - 제2 발표: 중국의 동북 공정과 만주 지역의 역사
>   - 제3 발표: 일본 정치인의 야스쿠니 신사 참배 문제
>
> △△고등학교 역사 학습 동아리

① 한국의 외환 위기와 극복 노력
② 일본군 '위안부' 문제의 해결 방안
③ 5·18 민주화 운동의 전개와 영향
④ 베트남 도이머이 정책의 추진 배경
⑤ 문화 대혁명과 마오쩌둥의 권력 강화

정답과 해설 9 p.74 10 p.74

사고력 향상을 위한 서술형 문제

서술형 문제 풀기

1 다음 글을 읽고 물음에 답하시오.

세계화가 진행되면서 자회사, 지점, 생산 공장 등을 세계 각 지역에서 운영하고, 세계적으로 제품을 생산 및 판매하는 (㉠)이/가 등장하였다. 다음은 (㉠)의 대표적인 활동 사례이다.

> 세계적인 스포츠용품 회사인 N사는 미국 오리건주 비버턴에 본사가 있으며, 네덜란드와 중국에는 지역 본부를 두고 있다. N사는 전 세계 42개국에 있는 600개가 넘는 공장에서 100만여 명의 노동자들이 제품을 생산하고, 전 세계 판매망을 통해 소비자에게 판매하고 있다.

위 사례와 같이 (㉠)은/는 경영 효율성을 높이고 이윤을 극대화하기 위해 본사, 연구소, 생산 공장 등의 입지를 전 세계에서 가장 적절한 지역으로 선정하며, 이 과정에서 (㉡)이/가 나타난다.

(㉡)의 일반적인 경향은 본국의 대도시에는 경영 기획 및 관리를 담당하는 본사가, 기술 수준이 높은 선진국에는 연구 및 개발을 담당하는 연구소가 입지한다. 한편, 생산 기능을 담당하는 공장은 (㉢)을/를 목적으로 개발 도상국에 입지하기도, (㉣)을/를 목적으로 선진국에 입지하기도 한다.

(1) ㉠, ㉡에 들어갈 용어를 쓰시오.

(2) ㉠이 진출한 지역에서 나타나는 긍정적인 영향과 부정적인 영향에 대해 각각 서술하시오.

(3) ㉢, ㉣에 들어갈 내용을 쓰시오.

2 다음 자료를 읽고 물음에 답하시오.

<국제 평화를 염원하는 세계 여행기>

2○○○년 ○월 ○일

드디어 아프리카 대륙 최남단에 위치한 남아프리카공화국에 도착했어. 남아프리카공화국은 아름다운 경관과 다르게 역사적 비극이 있는 나라야. 악명 높은 인종 차별 정책인 ㉠ 으로 인해 많은 사람들이 고통받았고 국가 자체도 오랫동안 국제사회의 제재를 받았거든. 인종 차별 정책은 흑인으로 대표되는 ㉡유색인종에 대한 기본권 침해, 경제적 착취에서 시작되었어. 이에 항의하는 흑인들을 경찰이 무자비하게 진압하여 많은 사람들이 다치거나 심지어는 목숨도 잃는 사건도 있었지. 그 과정에서 넬슨 만델라의 저항 운동과 더불어 수많은 노력이 있었고 그 결과 1994년, 남아프리카공화국 역사상 최초로 모든 인종이 평등하게 참여하는 대통령 선거가 실시되었어. 그로 인해 만델라가 최초의 흑인 대통령으로 당선되며 길고 긴 인종 차별의 역사는 공식적으로 끝나게 되었어. 게다가 만델라는 당선 후 백인들을 대상으로 어떠한 보복 정책도 실시하지 않아 많은 사람들에게 귀감이 되었지. 남아공의 역사를 통해 평화의 소중함을 성찰할 수 있어서 뜻깊은 시간이었어.

(1) 빈칸 ㉠에 들어갈 용어를 쓰시오.

(2) 갈퉁의 폭력 유형 구분을 바탕으로 밑줄 친 ㉡에 해당하는 폭력의 종류를 쓰시오.

(3) 갈퉁의 평화 사상을 바탕으로 만델라가 주는 의의를 서술하시오.

정답과 해설 1 p.74 2 p.74

3 다음 글을 읽고 물음에 답하시오.

국제 사회는 다양한 행위 주체가 서로 협력하고 갈등하는 모습을 보인다. 국제 사회의 행위 주체로는 국가, (㉠), (㉡) 등이 있다. (㉠)은/는 주권 국가들을 구성원으로 하며 국가들 사이의 이해관계를 조정하거나 국가 간 분쟁을 중재하는 역할을 한다. 또한 국가의 행위를 규율하는 국제 규범을 정립함으로써 국제 관계에 영향을 미친다. 대표적인 (㉠)(으)로는 국제 연합(UN), 유럽 연합(EU), 경제 협력 개발 기구(OECD) 등이 있다. (㉡)은/는 개별 국가의 이해관계에서 벗어나 개개인이나 민간단체를 중심으로 국제적 연대를 통해 범세계적 문제를 제기하고 공동의 노력을 이끌어 내는 데 기여한다. 대표적인 (㉡)(으)로는 ㉢그린피스, 국제 사면 위원회, ㉣국경 없는 의사회 등이 있다.

(1) ㉠, ㉡에 들어갈 용어를 쓰시오.

(2) ㉢, ㉣이 하는 주요 활동에 대해 쓰시오.

(3) 자신이 가입하여 활동하고 싶은 ㉡에 대해 서술하시오.

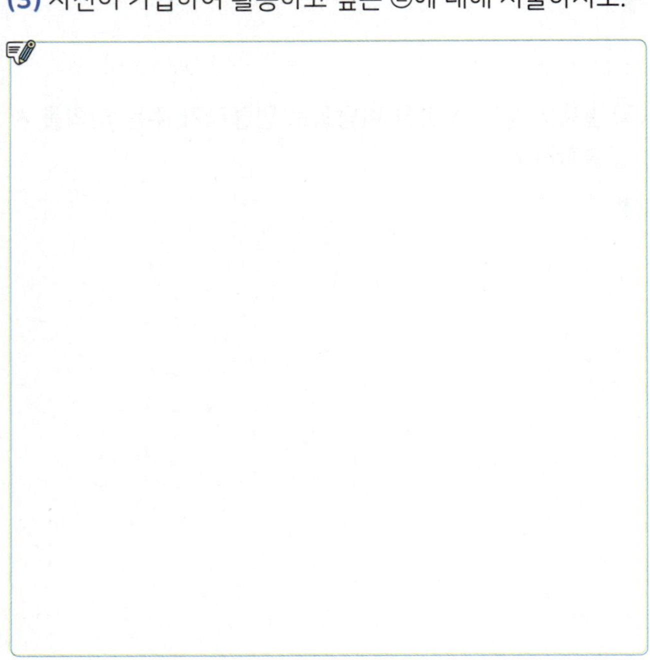

4 다음 글을 읽고 물음에 답하시오.

수업 주제: ㉠

- 남북 정상 회담
  - 2000년 1차 남북 정상 회담: 6·15 남북 공동 선언
  - 2007년 2차 남북 정상 회담: 10·4 남북 공동 선언
  - 2018년 남북 정상 회담: 4·27 판문점 선언
- 남북 스포츠 교류
  - 2018년 남북 탁구 단일팀 결성
  - 2018년 평창 동계 올림픽 개막식에서 한반도기를 들고 입장
- 남북이 공동 편찬한 최초의 우리말 사전, 『겨레말큰사전』

(1) 빈칸 ㉠에 들어갈 수업 주제를 쓰시오.

(2) ㉠이 필요한 이유 두 가지를 서술하시오.

정답과 해설 | 3 p.75 | 4 p.75

V 미래와 지속가능한 삶

1. 인구 문제의 양상과 해결 방안

1) 세계의 인구 성장과 분포

① 세계의 인구 변화

- 산업 혁명 이전(1650년) 약 5억 명에서 2020년 약 78억 명으로 급증
- 세계 인구 증가 전망: 2030년에 85억 명을 넘어서고 2050년 97억 명에 도달한 뒤, 2100년이면 112억 명이 될 것으로 전망[유엔경제사회국(UNDESA) '2015 세계 인구 보고서']
- 2022년경 인도 인구 수가 중국 인구 수를 추월할 것으로 예상했으며, 실제로 2023년 이후 인도 인구 수가 중국 인구 수를 추월하며 세계에서 가장 많은 인구 수를 가진 나라가 중국에서 인도로 바뀜[KOSIS, UN, 대만통계청]

② 세계의 인구 성장 요인: 생활 수준 향상, 의료 기술 발달, 인구 부양력 증대 등

③ 세계의 인구 분포

- 인구 분포의 특징: 세계 인구의 90% 이상이 북반구에 분포, 세계 인구의 80%가 해발 고도 500m 이하 지역에 분포, 세계 인구 60% 이상이 해안으로부터 500km 이내의 지역에 분포
- 인구 밀집 지역과 인구 희박 지역
  - 인구 밀집 지역: 농경에 유리한 지역, 공업이 발달한 지역 등
  - 인구 희박 지역: 자연환경(기후 및 지형)이 불리한 지역, 교통이 불편한 지역, 정치적으로 불안한 지역 등

2) 선진국과 개발 도상국의 인구 구조

선진국	개발 도상국
• 20세기 중반까지 세계 인구 성장을 주도 • 1차 산업 종사자↓, 3차 산업 종사자↑ • 인구 증가율이 낮음(출생률↓) <인구 구조 변화> 1950년 → 2010년 (남자, 여자)	• 최근 세계 인구 성장을 주도 • 1차 산업 종사자↑, 3차 산업 종사자↓ • 인구 증가율이 높음(사망률↓, 출생률↑) <인구 구조 변화> 1950년 → 2010년 (남자, 여자)

● 개념 돋보기

대륙별 인구 비중 변화

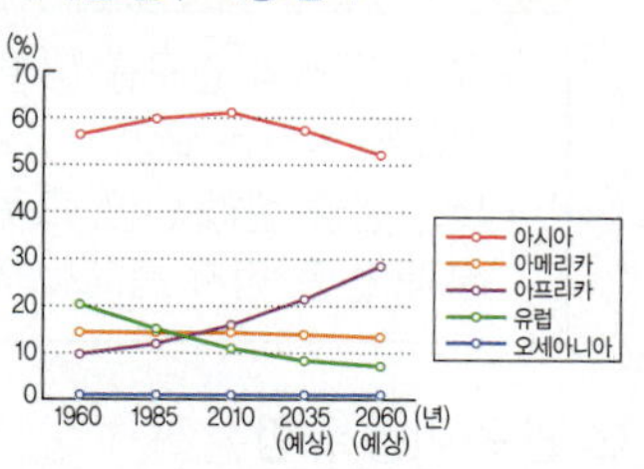

- 아시아의 비중이 가장 큼
- 아프리카의 비중이 크게 증가함 (개발 도상국이 많이 포함됨)
- 유럽의 비중이 지속적으로 감소함 (선진국이 많이 포함됨)

인구 변천 단계 모형

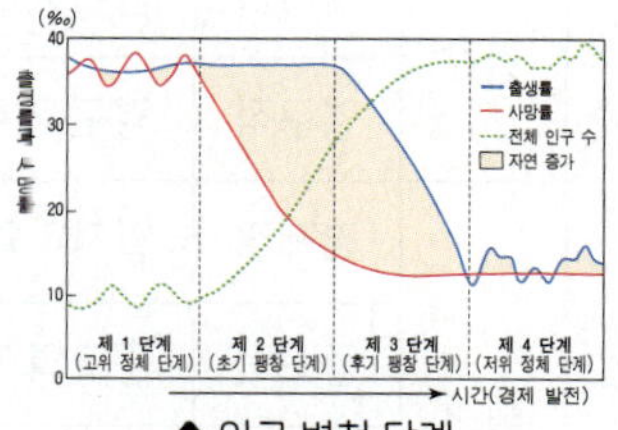

▲ 인구 변천 단계

- 1단계: 출생률이 높고 질병, 자연 재해, 식량 부족 등으로 사망률도 높아 인구 성장이 정체된 시기
- 2단계: 의학 기술 발달, 생활환경 개선, 식량 생산 증가 등으로 사망률이 감소하여 인구가 폭발적으로 증가하는 시기
- 3단계: 여성의 사회 활동 증가, 산아 제한 정책 등으로 출생률이 감소하여 인구 성장이 둔화되는 시기
- 4단계: 출생률과 사망률이 모두 낮아지면서 인구 성장이 정체되는 시기

인구 증가율 비교

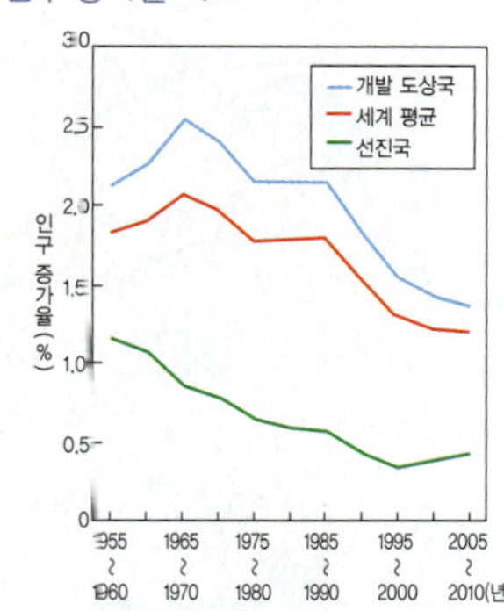

- 선진국은 출산율 감소로 인해 인구 증가율이 정체 또는 감소하고 있으며, 개발 도상국은 사망률이 낮아지는 반면 출생률은 여전히 높아 인구 증가율이 높은 상태임
- 이러한 인구 증가율 차이로 인해 세계 인구에서 개발 도상국의 인구 비중이 높아지고 있음

3) 인구 이동

① 인구 이동 요인

인구 배출 요인	인구 흡인 요인
• 특정 지역의 인구를 다른 지역으로 이동하도록 만드는 요인 • 낮은 임금, 실업, 빈곤, 교육·문화·보건 시설 부족, 인종·정치·종교적 억압, 자연재해 등	• 다른 지역으로부터 인구를 끌어들여 머무르도록 하는 요인 • 풍부한 일자리와 높은 임금, 교육·문화·보건 시설 풍부, 쾌적한 거주 환경 등

② 인구 이동 유형

구분	유형	특징	사례
동기	자발적	자신의 의사에 의해 스스로 이동	화교의 동남아시아로의 이동
	강제적	자신의 의사와 상관없이 이동	노예 무역에 의한 흑인의 이동
기간	일시적	단기 거주를 목적으로 이동	휴가를 즐기기 위한 이동
	영구적	영구 거주를 목적으로 이동	이민을 위한 이동
원인	경제적	일자리와 높은 임금을 찾아 이동	취업을 위해 선진국으로 이동
	종교적	종교의 자유를 찾아 이동	영국 청교도의 아메리카 이동
	정치적	정치적 억압 및 전쟁으로 인한 이동	내전으로 인한 난민 이동
	환경적	휴가 및 기후 변화 등으로 인한 이동	지구 온난화로 인한 기후 난민 이동

③ 인구 이동에 따른 영향

인구 유출국	• 실업률 하락 및 외화 유입 • 인구 유출로 인한 자국 내 노동력 부족 우려
인구 유입국	• 노동력 부족 해소 및 문화의 다양성 증가 • 이주민들과의 문화적 차이로 인한 갈등 발생 우려

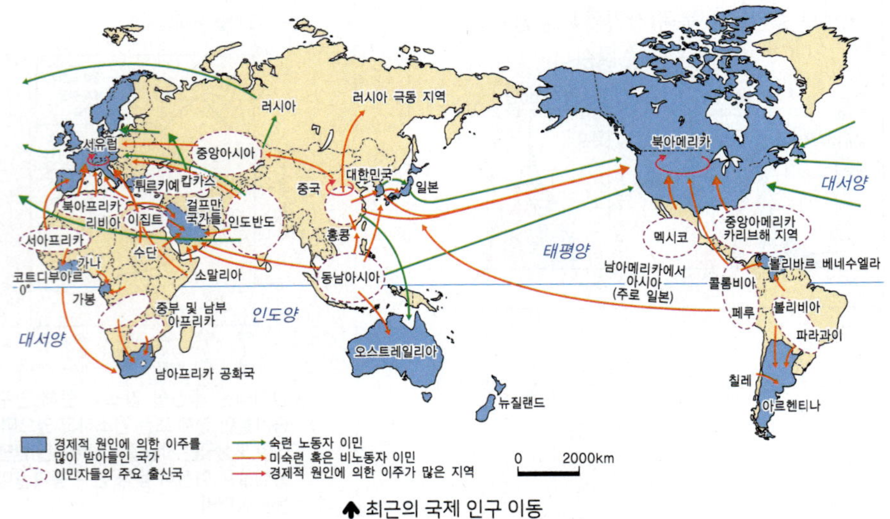

▲ 최근의 국제 인구 이동

● 개념 돋보기

인구 유출국과 인구 유입국
- 개발 도상국이 많고 비교적 경제 수준이 낮은 아프리카와 아시아, 라틴 아메리카는 유출 인구가 많음
- 선진국이 많고 비교적 경제 수준이 높은 유럽과 앵글로아메리카는 유입 인구가 많음

4) 세계 인구 문제와 해결 방안

① 선진국의 인구 문제

- 저출산 문제: 합계 출산율 감소에 따른 경제 활동 인구 감소, 고령 인구 비중 증가로 고령화의 가속화
- 인구 고령화 문제: 노년 인구 부양 부담 증가, 노인 복지 비용 상승 등 사회·경제적 문제 유발

② 개발 도상국의 인구 문제

- 인구 급증 문제: 식량 및 자원 부족, 기아 및 빈곤 등
- 대도시 인구 과밀 문제: 지역 간 불균형 발전으로 인한 갈등 심화, 도시 내 기반 시설 부족 등

③ 세계의 인구 문제 해결 방안

- 정책적 방안
  - 저출산: 국가적 차원의 출산 및 육아 비용 보조, 세제 혜택, 양육 및 보육 시설 확충 등
  - 인구 고령화: 노년 인구의 재취업 기회 제공, 노인 복지 대책 마련, 사회 보장 제도 정비 등
  - 인구 급증: 산아 제한 등 국가적 차원의 인구 성장 억제 정책 시행
  - 대도시 인구 과밀: 인구 분산 정책 등
- 가치관 변화: 가족 친화적 가치관 확산, 양성평등 문화 확립, 세대 간 정의 실현, 노인에 대한 인식 변화 등

5) 우리나라의 인구 문제와 해결 방안

① 우리나라의 인구 문제

- 저출생: 현재 우리나라의 합계 출산율은 2022년 기준 세계 최저 수준임
- 인구 고령화: 초고령 사회 진입
- 인구의 불평등한 분포 : 이촌향도 현상 심화, 지역별 인구 격차(전체 인구의 절반 이상이 수도권 거주), 지역 소멸(소멸 위험 지수가 매우 높은 지방의 소도시)

② 우리나라의 인구 문제 해결 방안

- 출산 장려 정책: 아동 수당, 출산 장려 수당, 출산 휴가 등
- 사회 제도적 지원 정책 : 저출산 고령 사회 위원회의 제4차 기본 계획(2021~2025) 수립, 지자체별 출산 장려금, 노인 사회 활동 지원 사업 등
- 개인적 차원: 공동체의 소중함 인식, 가족 친화적 가치관 형성
- 지역 간 불균형 해소 노력: 지방 거점 도시 개발 예 부산, 대전, 대구, 광주 등, 공공 기관 지방 이전 등

개념 돋보기

고령화
전체 인구 중 65세 이상 인구의 비율이 높아지는 현상으로 그 정도에 따라 사회를 고령화 사회, 고령 사회, 초고령 사회로 나눌 수 있음
- 고령화 사회: 65세 인구 비율이 7% 이상 14% 미만
- 고령 사회: 65세 이상 인구 비율이 14% 이상 20% 미만
- 초고령 사회: 65세 이상 인구 비율이 20% 이상

세제(稅制)
세금에 관한 제도

산아 제한 정책
급격한 인구 성장 등의 문제 해결을 위해 인위적 피임 등의 방법으로 임신 및 출산을 억제하여 가족 구성원 수를 계획적으로 조절하는 정책

저출산·고령사회위원회
제23조 ① 저출산·고령사회정책에 관한 중요사항을 심의하기 위하여 대통령 소속하에 저출산·고령사회위원회(이하 "위원회"라 한다.)를 둔다.「저출산·고령사회 기본법」

2. 에너지 자원과 지속가능한 발전

1) 자원의 분포와 소비

① 자원의 특성 → 자연으로부터 얻을 수 있는 것 중 인간에게 유용하면서 기술적·경제적으로 개발이 가능한 것

- 유한성: 대부분의 자원은 매장량이 한정되어 있음
- 편재성: 특정 지역에 집중 분포함
- 가변성: 기술·경제·문화적 조건 등의 변화에 따라 자원의 가치가 달라짐

② 주요 에너지 자원

자원명	국가별 생산량 비중	국가별 수출량·수입량
석탄	석탄 중국 52.8(%) 인도 8.6 인도네시아 8.0 미국 6.9 오스트레일리아 6.6 러시아 5.4 기타 14.2	수출량(2022) 오스트레일리아 29.0(%) 인도네시아 26.6 러시아 16.5 미국 6.3 남아프리카 공화국 5.6 콜롬비아 4.8 기타 11.2 수입량(2022) 중국 20.6(%) 일본 15.1 인도 13.6 타이완 5.0 대한민국 9.1 독일 3.4 기타 33.2
	주요 특성	• 제철 공업, 발전, 가정용으로 주로 이용 • 철광석과 함께 산업 혁명의 원동력 • 고기 조산대의 고생대 지층에 주로 매장 • 석유에 비해 국제 이동량이 적음
석유	석유 미국 18.9(%) 사우디아라비아 12.9 러시아 11.9 캐나다 5.9 이라크 4.8 중국 4.4 기타 41.2	수출량(2022) 사우디아라비아 16.9 러시아 11.0 미국 8.3 아랍 에미리트 6.2 이라크 8.5 캐나다 7.7 기타 41.4(%) 수입량(2022) 중국 22.8 미국 14.1 인도 10.3 일본 6.1 대한민국 6.2 독일 4.0 기타 36.5(%)
	주요 특성	• 수송, 석유 화학 공업, 발전용 등으로 이용 • 세계 1차 에너지 소비 구조에서 가장 높은 비중 • 신생대 제3기 배사 구조에 주로 매장 • 편재성이 높고 사용량이 많아 국제 이동량이 많음
천연 가스	천연 가스 미국 24.2(%) 러시아 15.3 이란 6.4 중국 5.5 캐나다 4.6 카타르 4.4 기타 39.6	수출량(2022) 미국 13.9 러시아 13.1 카타르 9.6 노르웨이 8.4 오스트레일리아 7.6 캐나다 6.0 기타 41.4(%) 수입량(2022) 중국 11.1 독일 9.5 미국 5.9 이탈리아 5.1 네덜란드 4.3 멕시코 4.4 기타 59.7(%)
	주요 특성	• 가정용으로 주로 이용 • 냉동 액화 기술의 발달과 함께 수요 증가 • 신생대 제3기 배사 구조에 주로 매장 • 오염 물질 배출: 석탄 > 석유 > 천연가스 • 상용화 시기: 석탄 → 석유 → 천연가스

● 개념 돋보기

세계의 에너지 소비 구조

석유>석탄>천연가스>수력>신·재생 에너지>원자력

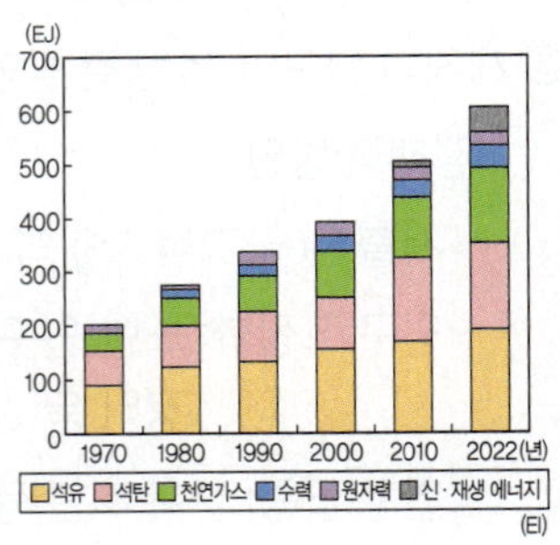

석탄과 석유의 지역별 생산과 이동

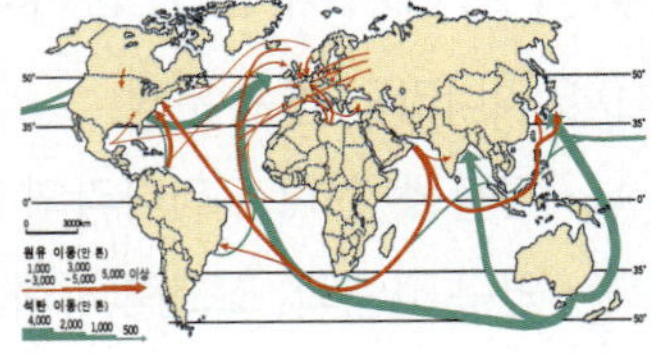

배사 구조

양쪽에서 미는 힘을 받아 지층이 솟아오른 습곡 지층의 구조

냉동 액화 기술

냉동 액화 기술이란 기체 상태의 천연가스를 약 -162℃로 냉각하여 액체로 응축하는 기술로, 천연가스를 냉동 액화시키게 되면 부피가 줄어들면서 액체로 변하게 되며 액화된 천연가스는 장거리 수송에 유리해짐

③ 자원의 분포와 소비에 따른 문제와 해결 방안

- 자원의 분포와 소비에 따른 문제
  - 국가 간 갈등 발생: 자원 보유국의 자원 민족주의로 인한 국가 간 분쟁 발생, 자원 수송(통행) 관련 문제 발생
  - 자원 고갈 문제: 인구 증가와 산업 발달로 자원의 소비가 증가함에 따라 에너지 부족 문제 발생
  - 환경 문제: 화석 연료 연소 시 배출되는 대기 오염 물질로 인해 환경 오염, 지구 온난화, 산성비 등의 문제 발생
- 해결 방안: 신·재생 에너지 개발, 자원의 안정적 확보, 지속가능하고 환경 친화적인 방식으로 자원 이용 등

2) 기후 변화와 지속가능한 발전을 위한 노력

① 기후 변화

- 원인
  - 자연적 요인: 태양 활동의 변화, 화산 활동 등
  - 인위적 요인: 도시화와 산업화로 인한 개발, 화석 에너지 사용 증가 등
- 문제점: 이상 기후 현상 증가, 해수면 상승으로 인한 저지대 침수, 생태계 교란, 기후 변화의 원인을 제공하는 선진국보다 저개발국, 미래 세대에 더 큰 피해 발생
- 대응 방법
  - 국제 사회: 기후 변화 협약 체결 탄소 배출권 거래제 등
  - 개인: 다양한 시민 실천 운동, 자원 절약 실천, 산림 보호 등

② 지속가능한 발전

- 의미: 미래 세대가 사용할 경제·사회·환경 등의 자원을 낭비하거나 여건을 저해하지 않으면서 현세대의 성장을 추구하는 발전으로, 경제 성장과 함께 환경 보호, 사회의 안정도 충분히 고려하는 발전 방식
- 필요성
  - 기존의 발전 방식의 결과로 자원 고갈, 환경 오염, 갈등과 분쟁 등의 다양한 문제들이 등장
  - 한정된 자원을 지나치게 사용할 경우 현세대와 미래 세대 모두에게 해가 됨

③ 지속가능한 발전을 위한 노력

- 국가적·사회적 차원의 노력
  - 경제적 측면: 신·재생 에너지 보급 확대
  - 환경적 측면: 온실가스 감축을 위한 제도 시행
    예 국제 협약 체결, 온실가스 배출 거래제 시행 등
  - 사회적 측면: 사회 취약 계층 지원 제도 예 기초 생활 보장 제도, 사회 복지 서비스 등
- 개인적 노력: 친환경적인 생활 방식 실천 예 로컬푸드 구매, 공정 무역 제품 이용 등

● 개념 돋보기

지구 온난화
대기 중 온실가스 농도 상승으로 인해 지구의 평균 기온이 상승하며 이로 인해 기후 변화가 나타나는 환경 문제를 말함. 대기 중 온실가스 농도 상승의 주된 요인으로 화석 에너지 사용량 증가에 따른 이산화 탄소 배출량 증가가 제시되고 있음

환경 문제 해결을 위한 국제 협력 사례

환경 협약	주요 내용
람사르 협약	습지 및 물새 서식지 보호와 지속 가능한 이용
런던 협약	폐기물의 해양 투기로 인한 해양 오염 방지
제네바 협약	국경을 넘어 이동하는 대기 오염 물질의 감소 및 통제
몬트리올 의정서	오존층 보호를 위한 염화 플루오린화 탄소의 사용 규제
바젤 협약	유해 폐기물의 국가 간 이동에 관한 규제
유엔 기후 변화 협약	이산화 탄소를 비롯한 각종 온실 기체의 방출 제한
생물 다양성 협약	생태계 보호와 생물 종 보존
사막화 방지 협약	사막화가 발생하는 개발 도상국의 재정·기술적 지원
교토 의정서	유엔 기후 변화 협약(UNFCCC)의 주요 내용 정의, 선진국의 온실가스 감축 및 탄소 배출권 거래제 도입
파리 협정	선진국과 개발 도상국 모두 온실 가스 감축을 포함한 포괄적인 대응에 동참하도록 규정

3. 미래 사회와 세계시민으로서의 삶

1) 미래 사회 예측

① 미래 예측의 필요성: 미래에 발생할 수 있는 위험을 막고 미래 사회에 유연하게 대응하기 위해 필요함

② 미래 예측의 변천: 과거에는 과학적 근거가 부족했으나 최근에는 기술·학문의 발달로 과학적이고 체계적인 미래 예측 가능

2) 미래 지구촌의 모습

① 정치·경제·사회적 문제에 따른 국가 간 협력과 갈등

- 정치·경제적으로 국가 간 협력이 강화되는 동시에 갈등도 커질 것
- 빈부 격차, 문화적 차이, 영토 분쟁 등의 갈등 심화
- 자유 무역의 확대, 국제기구 활동 등으로 국가 간 상호 의존성 증가

② 과학 기술 발전에 따른 공간과 삶의 변화

- 과학 기술의 비약적 발전으로 생활이 보다 편리해지며, 활동 범위가 우주로 넓어질 것
- 생명 윤리 문제, 신종 바이러스 등장, 특정 직업 소멸로 인한 실업 문제 등에 대한 대비 필요
- 컴퓨터와 인터넷을 기반으로 하는 3차 산업 혁명의 시대를 지나 4차 산업 혁명 시대를 맞이할 것으로 예상됨

③ 생태 환경의 변화

- 미래의 경제 성장과 인구 증가에 따른 환경 파괴, 자원 소비 증가 등
- 근본적 해결을 통한 청정한 생태 환경 보존

3) 미래를 위한 세계시민으로서의 방향

① 올바른 인성과 가치관 정립

: 구성원 간의 소통과 화합을 이룰 수 있는 역량을 강화하고, 개방적 태도와 관용적 태도를 길러야 함

② 세계시민으로서 공동체 의식 함양

: 세계 곳곳에서 발생하는 다양한 문제와 갈등을 해결하기 위한 적극적 노력이 필요하며, 민주 시민 의식, 도덕성, 폭넓은 시야와 포용력을 갖춘 세계시민의 자질을 함양해야 함

③ 적극적인 자세와 태도

: 미래는 정해져 있는 것이 아니라 우리가 준비하고 대처하는 만큼 달라지는 것이므로 미래를 두려워하지 말고 적극적으로 준비해야 함

● 개념 돋보기

미래 예측 방법

- 전문가 합의법(델파이 기법): 각 분야의 전문가에게 설문을 반복하여 특정한 주제에 대한 전문가 집단의 합의를 도출하는 방법
- 시나리오 기법: 시나리오를 작성하여 미래에 대비하는 방법으로, 복수의 미래를 가정하여 대비함으로써 미래의 위험을 줄일 수 있으나, 미래에 중요할 수도 있는 시나리오가 무시될 수도 있다는 단점이 있음

개념 확인을 위한 OX & 빈칸 채우기

OX & 빈칸 채우기

1 세계 인구의 90% 이상은 남반구에 분포한다.

2 세계 인구의 60% 이상은 해안으로부터 500km 이내 지역에 분포한다.

3 선진국은 개발 도상국에 비해 인구 증가율이 낮다.

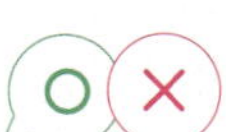

4 개발 도상국은 선진국보다 노년층 인구 비중이 높다.

5 아프리카계 노예의 아메리카 이동은 자발적 이동에 해당한다.

6 영국 청교도의 아메리카 이동은 종교적 이동에 해당한다.

7 아프가니스탄 난민의 주변국 이동은 정치적 이동에 해당한다.

8 지구 온난화로 인한 기후 난민 이동은 경제적 이동에 해당한다.

9 인구 이동에 따라, 인구 유출국은 자국 내 노동력이 부족해질 수 있다.

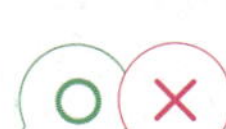

10 인구 이동에 따라, 인구 유입국은 이주민들과의 문화적 차이로 갈등이 발생할 수 있다.

11 선진국은 의학 발달 및 생활 수준 향상으로 사망률이 감소하면서 인구 고령화 현상이 나타나고 있다.

12 선진국은 인구 급증으로 인한 기아 및 빈곤 등의 문제를 겪고 있다.

13 개발 도상국은 여성의 사회 진출 증가 등의 원인으로 저출산 문제가 나타나고 있다.

14 개발 도상국은 급속한 산업화에 따른 이촌 향도 현상으로 도시 내 기반 시설 부족 등의 문제를 겪고 있다.

15 자원의 ________ 은/는 매장량이 한정되어 있는 자원의 특성을 나타내는 말이다.

16 자원의 ________ 은/는 특정 지역에 집중 분포하는 자원의 특성을 나타내는 말이다.

17 자원의 ________ 은/는 기술·경제·문화적 조건 등의 변화에 따라 가치가 달라지는 자원의 특성을 나타내는 말이다.

18 ________ 은/는 산업용으로 주로 이용되고 고기 조산대의 고생대 지층에 주로 매장되어 있다.

19 ________ 은/는 수송용으로 주로 이용되고 세계 1차 에너지 소비 구조에서 가장 높은 비중을 차지한다.

20 ________ 은/는 가정용으로 주로 이용되고 냉동 액화 기술의 발달과 함께 수요가 증가했다.

21 석탄은 천연가스에 비해 오염 물질 배출량이 적다.

22 석탄은 석유보다 본격적으로 산업에 사용되기 시작한 시기가 이르다.

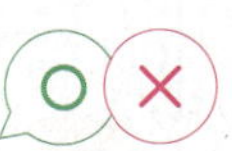

23 석유는 석탄과 달리 화석 에너지이다.

24 석유는 석탄에 비해 국제 이동량이 적다.

25 천연가스는 철광석과 함께 산업혁명의 원동력이 되었다.

26 오늘날의 기후 변화는 자연적 요인의 영향이 더 크다.

27 지속가능한 발전은 자원 고갈, 환경 오염 등과 같은 기존 발전 방식의 한계로 인해 등장했다.

28 지속가능한 발전을 위한 국가적·사회적 노력에는 신·재생 에너지 보급 확대가 있다.

29 지속가능한 발전을 위한 개인적 노력에는 로컬 푸드 구매, 공정 무역 제품 이용 등이 있다.

30 ________ 은/는 각 분야의 전문가에게 설문을 반복하여 특정 주제에 대한 전문가 집단의 합의를 도출하는 방법이다.

31 ________ 은/는 시나리오를 작성하여 미래를 예측하여 대비하는 방법이다.

32 미래를 위해 각 개인은 구성원 간 소통의 중요성을 깨닫고 개방적이고 관용적인 태도를 길러야 한다.

33 미래를 위해 각 개인은 세계시민으로서 공동체 의식을 함양해야 한다.

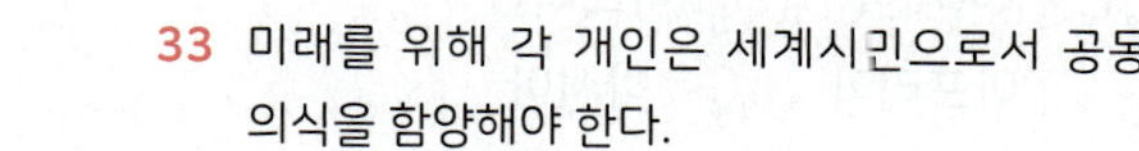

34 미래는 정해져 있는 것이기 때문에 각 개인은 미래 대비에 소극적인 자세로 임해야 한다.

1. ×(북반구에 분포함) 2. ○ 3. ○ 4. ×(노년층 인구 비중이 낮음) 5. ×(강제적 이동에 해당함) 6. ○ 7. ○ 8. ×(환경적 이동에 해당함) 9. ○ 10. ○ 11. ○ 12. ×(개발 도상국의 인구 문제임) 13. ×(선진국의 인구 문제임) 14. ○ 15. 유한성 16. 편재성 17. 가변성 18. 석탄 19. 석유 20. 천연가스 21. ×(천연가스가 오염 물질 배출량이 더 적음) 22. ○ 23. ×(둘 다 화석 에너지임) 24. ×(석유는 석탄에 비해 국제 이동량이 많음) 25. ×(석탄에 대한 설명임) 26. ×(인위적 요인의 영향이 더 큼) 27. ○ 28. ○ 29. ○ 30. 전문가 합의법(델파이 기법) 31. 시나리오 기법 32. ○ 33. ○ 34. ×(미래는 정해져 있지 않기 때문에 적극적으로 미래를 준비해야 함)

Ⅴ

1
[지리 14년 6월 18번]

(가)~(다) 지역의 인구가 희박한 공통된 요인으로 옳은 것은? 3점

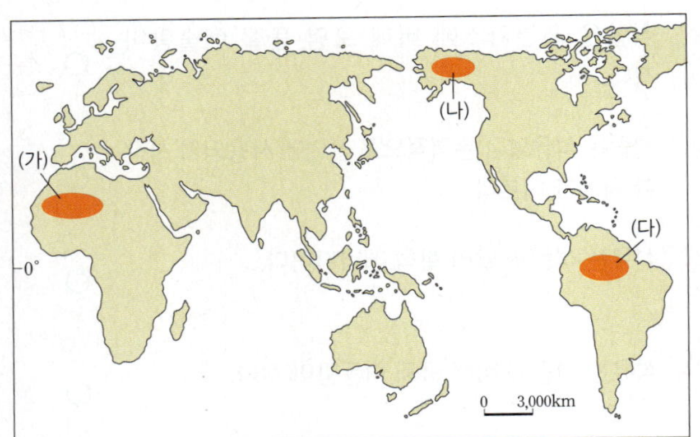

① 불안정한 지각
② 높고 험한 산지
③ 빈약한 식생 분포
④ 하천의 잦은 범람
⑤ 거주에 불리한 기후

2
[지리 16년 11월 12번]

그래프는 세 대륙의 시기별 인구 규모를 나타낸 것이다. (가)~(다)에 해당하는 대륙으로 옳은 것은? 2점

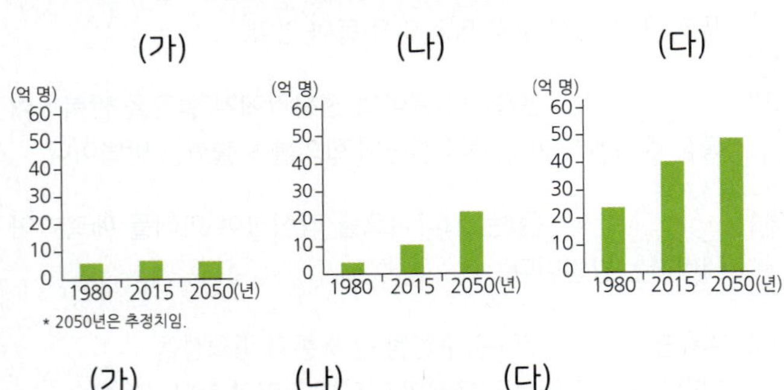

	(가)	(나)	(다)
①	유럽	아시아	아프리카
②	유럽	아프리카	아시아
③	아시아	유럽	아프리카
④	아시아	아프리카	유럽
⑤	아프리카	유럽	아시아

3
[지리 14년 11월 16번]

그래프는 두 국가의 인구 구조를 나타낸 것이다. (가), (나) 국가에 대한 옳은 설명을 [보기]에서 고른 것은? 2점

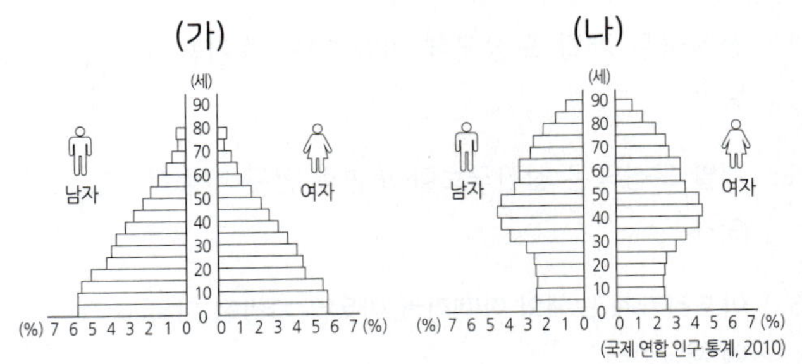

[보기]
ㄱ. (가)는 (나)보다 평균 수명이 짧다.
ㄴ. (가)는 (나)보다 유소년층의 비율이 높다.
ㄷ. (가)는 (나)보다 노년층에 대한 부양 부담이 크다.
ㄹ. (가)는 선진국, (나)는 개발 도상국이다.

① ㄱ, ㄴ
② ㄱ, ㄷ
③ ㄴ, ㄷ
④ ㄴ, ㄹ
⑤ ㄷ, ㄹ

4
[지리 16년 9월 11번]

(가), (나) 국가의 인구 특성에 대한 옳은 추론을 [보기]에서 고른 것은? 3점

[보기]
ㄱ. (가)는 피라미드형 인구 구조가 나타날 것이다.
ㄴ. (나)는 저출산 문제가 나타날 것이다.
ㄷ. (가)는 (나)보다 평균 수명이 길 것이다.
ㄹ. (나)는 (가)보다 유소년 인구 비중이 높을 것이다.

① ㄱ, ㄴ
② ㄱ, ㄷ
③ ㄴ, ㄷ
④ ㄴ, ㄹ
⑤ ㄷ, ㄹ

5 대표 문제

[20년 3월 12번]

그래프는 두 지역의 인구 구조를 나타낸 것이다. (가), (나) 지역에 대한 설명으로 옳지 않은 것은? (단, (가), (나)는 각각 서울특별시, 의성군 중 하나임.) 3점

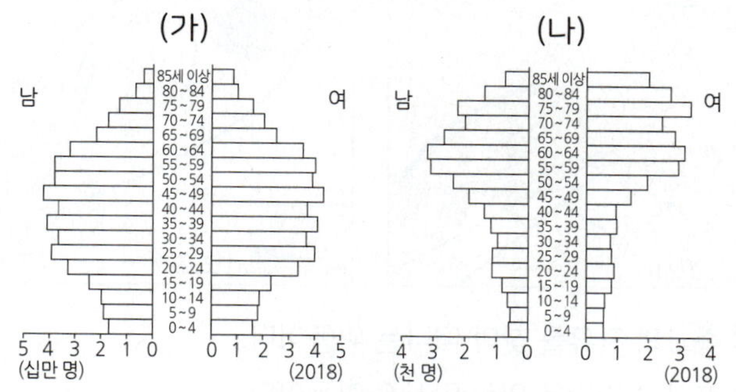

① (가)는 노년층에서 여자가 남자보다 많다.

② (나)는 노년층 인구가 유소년층 인구보다 많다.

③ (가)는 (나)보다 고령화 현상이 심하다.

④ (가)는 (나)보다 3차 산업 종사자 수 비율이 높다.

⑤ (가)는 서울특별시, (나)는 의성군이다.

6 대표 문제

[일사 17년 11월 20번]

표는 갑국의 연령별 인구 구성비를 나타낸 것이다. 2005년 대비 2015년의 변화에 대한 분석으로 옳은 것은? 3점

(단위: %)

구분	2005년	2015년
0~14세 인구	20	15
15~64세 인구	70	65
65세 이상 인구	10	20
계	100	100

* 유소년 부양비(%) = (0~14세 인구 / 15~64세 인구) × 100
** 노년 부양비(%) = (65세 이상 인구 / 15~64세 인구) × 100
*** 총부양비(%) = 유소년 부양비 + 노년 부양비

① 15~64세 인구가 감소하였다.

② 65세 이상 인구가 증가하였다.

③ 노년 부양비가 증가하였다.

④ 총부양비가 감소하였다.

⑤ 인구 구성비의 변화 폭은 0~14세 인구에서 가장 크다.

7

[일사 15년 6월 18번]

자료에 대한 분석 및 추론으로 옳지 않은 것은? 3점

<연령별 인구 구성비* 예상 추이>

(단위: %)

구분	2020	2030	2040	2050
유소년 인구 (0~14세)	13.2	12.6	11.2	9.9
생산 가능 인구 (15~64세)	71.1	63.1	56.5	52.7
고령 인구 (65세 이상)	15.7	24.3	32.3	37.4

* 연령별 인구 구성비(%) = $\frac{\text{해당 연령의 인구수}}{\text{총인구수}} \times 100$

① 고령화로 인한 사회 문제가 나타날 수 있다.

② 출산율 저하는 이러한 변화의 원인이 될 수 있다.

③ 2050년까지 고령 인구수가 지속적으로 증가할 것이다.

④ 2050년까지 고령 인구에 대한 유소년 인구의 비율은 지속적으로 감소할 것이다.

⑤ 2050년까지 생산 가능 인구의 고령 인구 부양 부담이 지속적으로 증가할 것이다.

8

[일사 16년 9월 10번]

다음은 갑국의 연령별 인구 구성비 변화 추이를 나타낸 것이다. 이에 대한 분석 및 추론으로 옳은 것은? 3점

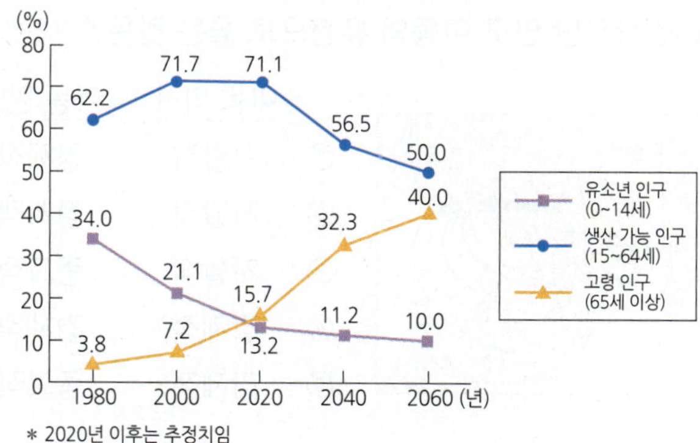

* 2020년 이후는 추정치임

① 2020년에는 유소년 인구가 고령 인구보다 많을 것이다.

② 2000년은 1980년에 비해 고령 인구 대비 유소년 인구의 비율이 낮다.

③ 2060년까지 유소년 인구의 감소로 인해 평균 수명이 지속적으로 연장될 것이다.

④ 2040년은 2020년에 비해 노인을 대상으로 한 산업 시장의 규모가 감소할 것이다.

⑤ 2000년부터 2060년까지 생산 가능 인구의 노인 부양 부담은 지속적으로 감소할 것이다.

정답과 해설 5 p.76 6 p.76 7 p.77 8 p.77

9

[지리 17년 6월 4번]

인구 이동 단원의 학습을 위한 신문 기사이다. 이에 해당하는 인구 이동 유형과 그 사례로 가장 적절한 것은? 2점

○○ 신문

2015년 ○월 ○○일

파도에 밀려온 세 살 아기, 세계를 울리다.

튀르키예 해안에서 세 살배기 아기가 숨진 채 발견됐다. 내전에 휩싸인 시리아를 떠나 튀르키예를 거쳐 그리스로 가려다 배가 뒤집힌 것이다. …(중략)… 그들은 대부분 튀르키예와 레바논, 요르단, 이라크로 이주하여 거주하고 있으며, 일부는 독일과 스웨덴 등으로도 이주하였다. …(후략)

① 강제적 - 멕시코인이 미국으로 이동
② 계절적 - 영국 청교도가 아메리카로 이동
③ 환경적 - 미국 북동부 주민이 선벨트로 이동
④ 경제적 - 아프리카계 노예가 아메리카로 이동
⑤ 정치적 - 아프가니스탄 난민이 주변국으로 이동

10

[지리 16년 9월 10번]

지도에 나타난 인구 이동의 유형으로 옳은 것은? 2점

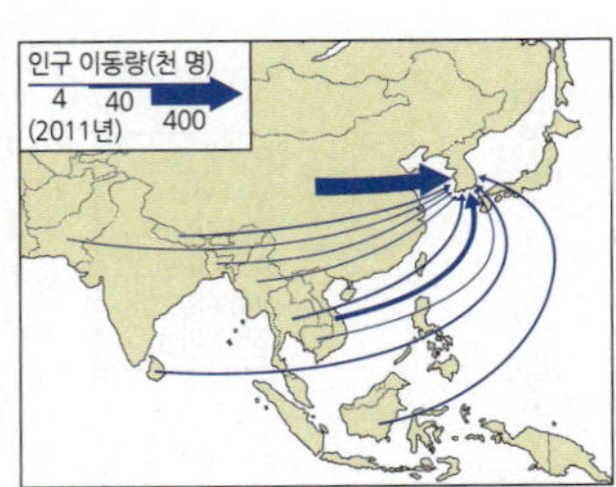

	이동 의사	이동 원인
①	자발적	경제적
②	자발적	정치적
③	자발적	종교적
④	강제적	경제적
⑤	강제적	종교적

11

[지리 14년 9월 10번]

(가), (나) 인구 이동의 공통점으로 옳은 것은? 3점

(가)

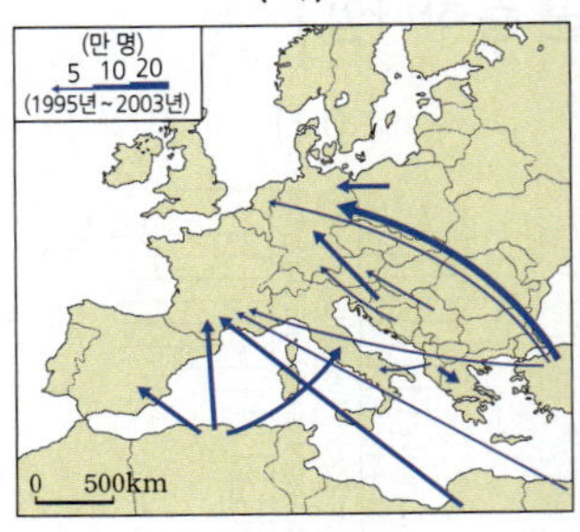

(나)

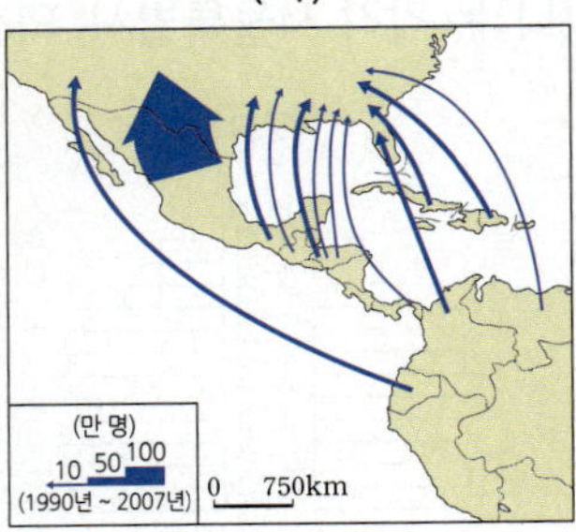

① 종교의 자유를 찾아 떠나는 이동이다.
② 휴양과 관광을 위한 일시적 이동이다.
③ 일자리를 얻기 위한 노동력의 이동이다.
④ 식민 통치 지배국에 의한 강제적 이동이다.
⑤ 전쟁과 굶주림으로 인한 난민들의 이동이다.

12

[세지 고2 20년 3월 7번]

㉠~㉥에 대한 옳은 설명만을 [보기]에서 고른 것은? 3점

- 인도 남부의 ㉠벵갈루루에는 선진국 기업에 납품하는 의류 회사가 많다. 인도 북부의 ㉡파리드코트에서 벵갈루루로 온 ㉢아신은 그런 의류 회사에 다니고 있는데, 회사에는 아신처럼 농촌에서 도시로 이주한 노동자가 많다.
- 유럽에 위치한 ㉣에스파냐 농촌에는 외국 출신의 노동자가 많다. 아프리카의 ㉤나이지리아에서 온 ㉥라사르도 그중 한 명이다. 그는 10년 전 일자리를 찾아 에스파냐로 이주하였다.

[보기]

ㄱ. ㉡은 ㉠보다 고용 기회가 많다.
ㄴ. ㉣은 ㉤보다 노동자의 평균 임금 수준이 높다.
ㄷ. ㉢과 ㉥은 경제적 요인으로 이주하였다.
ㄹ. ㉢은 국제 이주, ㉥은 국내 이주를 하였다.

① ㄱ, ㄴ ② ㄱ, ㄷ ③ ㄴ, ㄷ ④ ㄴ, ㄹ ⑤ ㄷ, ㄹ

정답과 해설 9 p.77 10 p.77 11 p.77 12 p.78

13

[지리 14년 11월 18번]

그래프는 시·도별 고령 인구 수 및 비율을 나타낸 것이다. 이에 대한 옳은 분석을 [보기]에서 고른 것은? 3점

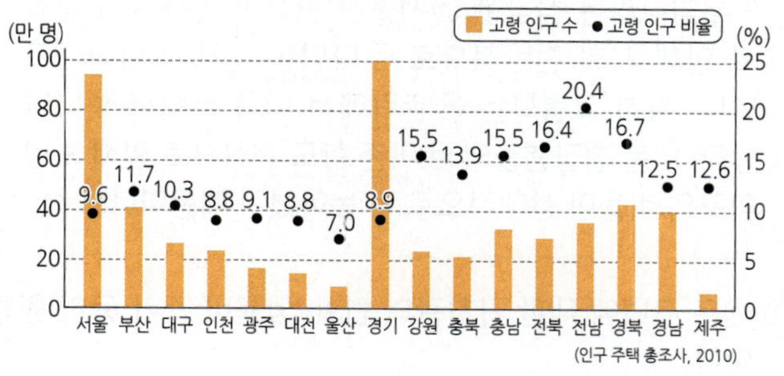

[보기]

ㄱ. 고령 인구 수는 경기가 가장 많다.
ㄴ. 고령 인구 비율은 인천이 제주보다 높다.
ㄷ. 인구 고령화 현상은 전남에서 가장 두드러진다.
ㄹ. 도(道)의 고령 인구 총합은 특별·광역시의 총합보다 적다.

① ㄱ, ㄴ ② ㄱ, ㄷ ③ ㄴ, ㄷ
④ ㄴ, ㄹ ⑤ ㄷ, ㄹ

14

[일사 14년 6월 19번]

그래프는 우리나라 고령 인구 비율 및 고령화 지수 추이를 나타낸 것이다. 이로 인해 나타날 수 있는 현상으로 적절하지 <u>않은</u> 것은? 3점

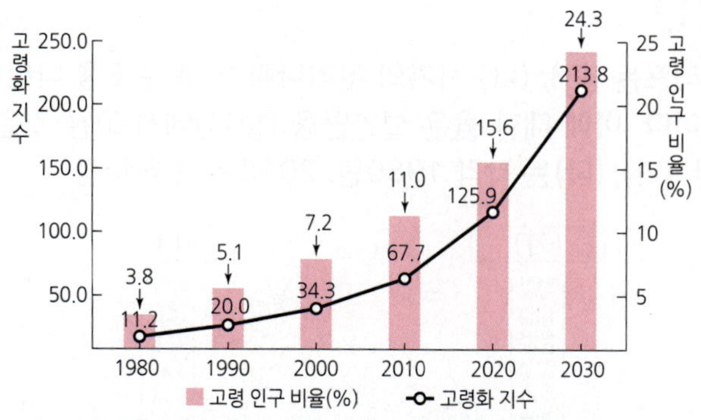

*고령 인구 비율: 전체 인구에 대한 고령 인구(65세 이상)의 비율
**고령화 지수: 유소년 인구(0~14세) 100명에 대한 고령 인구(65세 이상)의 비율

① 노년층의 정치적 영향력이 약화될 것이다.
② 노인을 대상으로 하는 실버 산업이 발달할 수 있다.
③ 노인 일자리 창출을 위한 정책 수립의 필요성이 커질 것이다.
④ 노후 생활 및 의료 비용에 관련된 정부 부담이 증가할 것이다.
⑤ 청·장년층의 노인 부양 부담이 늘어나 세대 갈등이 심화될 수 있다.

15

[지리 17년 6월 12번]

다음은 수업 장면의 일부이다. 교사의 질문에 옳은 내용을 말한 학생을 고른 것은? 2점

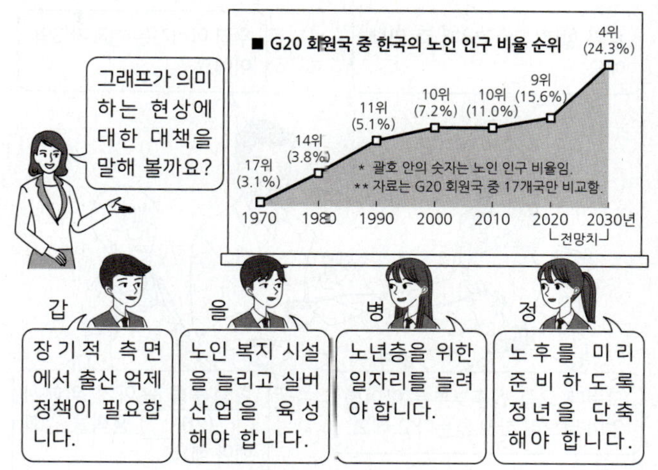

① 갑, 을 ② 갑, 병 ③ 을, 병 ④ 을, 정 ⑤ 병, 정

16

[일사 14년 6월 5번]

다음 글에 나타난 현상에 대한 옳은 진술을 [보기]에서 고른 것은? 2점

○○ 신문

○○시에 사는 70대 A씨는 이틀에 한 번 아랫집에 사는 자신보다 나이가 많은 B씨 집 현관문을 두드린다. 혹시 B씨가 죽은 것이 아닌가 염려해서이다.

외로운 죽음을 우려하는 것은 젊은 층 역시 예외는 아니다. 2년째 취업 준비 중인 C씨는 독서실 총무에게 건네는 인사가 하루 중 유일한 대화이다. 그는 공부를 마치고 돌아온 자취집에서 혼자 죽으면 아무도 모를 수 있겠다는 걱정을 하고 있다.

[보기]

ㄱ. 사회보다 개인이 복지의 책임을 져야 한다.
ㄴ. 경쟁 중심의 경제 성장 정책이 해결 방안이다.
ㄷ. 1인 가구 증가와 같은 가족 구조의 변화가 영향을 주었다.
ㄹ. 가족의 범위를 넘어서는 대안적 공동체 형성이 해결책이 될 수 있다.

① ㄱ, ㄴ ② ㄱ, ㄷ ③ ㄴ, ㄷ ④ ㄴ, ㄹ ⑤ ㄷ, ㄹ

정답과 해설 13 p.78 14 p.78 15 p.78 16 p.78

17

[한지 고2 19년 3월 11번]

다음 대화의 (가)에 들어갈 내용으로 적절하지 않은 것은? 2점

① 직장 내 보육 시설을 확대하는
② 교육에 대한 공공 지원을 늘리는
③ 출산한 부부에게 장려금을 지급하는
④ 신혼부부에게 주택 자금을 지원하는
⑤ 다자녀 가구에 대한 지원을 축소하는

18

[지리 15년 6월 9번]

그래프는 우리나라의 연령별 인구 구성비 변화를 나타낸 것이다. 이와 같은 변화의 원인으로 옳지 않은 것은? 3점

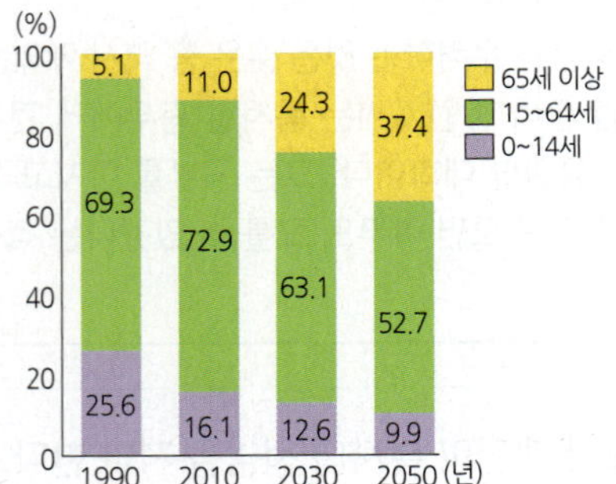

① 의료 기술의 향상
② 평균 수명의 연장
③ 출산 장려 정책 추진
④ 여성의 사회 진출 증가
⑤ 자녀 양육비 부담 증가

19

[지리 17년 11월 17번]

다음 글의 ㉠~㉤에 대한 설명으로 옳지 않은 것은? 3점

> 우리나라는 심각한 ㉠저출산 현상과 함께 ㉡고령화로 인해 사회 전반적으로 ㉢다양한 문제가 나타나고 있다. 특히 고령화는 ㉣촌락에서 더욱 뚜렷하게 나타난다. 이는 청장년층의 ㉤이촌 향도 현상으로 인해 노년 인구의 비율이 상대적으로 더 높아졌기 때문이다.

① ㉠은 자녀에 대한 가치관의 변화, 양육비 증가 등이 원인이다.
② ㉡은 의학 기술의 발달에 따라 평균 수명이 늘어났기 때문이다.
③ ㉢의 해결 방안으로는 출산 장려금 확대와 노인 복지 정책 마련 등이 있다.
④ ㉣에서는 노동력 부족과 휴경지 증가 등의 문제점이 나타난다.
⑤ ㉤은 1970년대보다 2000년대에 뚜렷하게 나타났다.

20

[한지 고2 20년 3월 17번]

그래프는 (가), (나) 시기의 우리나라 인구 구조를 나타낸 것이다. 이에 대한 옳은 설명만을 [보기]에서 고른 것은? (단, (가), (나)는 각각 1960년, 2015년 중 하나임.) 3점

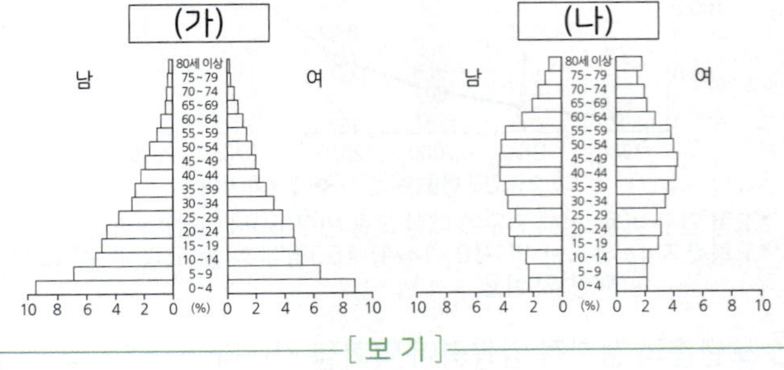

[보기]

ㄱ. (가)는 유소년층 인구보다 노년층 인구가 많다.
ㄴ. (나)는 노년층에서 남성보다 여성 인구가 많다.
ㄷ. (가)는 (나)보다 합계 출산율이 낮다.
ㄹ. (나)는 (가)보다 총인구가 많다.

① ㄱ, ㄴ ② ㄱ, ㄷ ③ ㄴ, ㄷ ④ ㄴ, ㄹ ⑤ ㄷ, ㄹ

정답과 해설 17 p.79 18 p.79 19 p.79 20 p.79

21

[지리 16년 9월 17번]

그래프는 세계 에너지 자원의 소비 비중을 나타낸 것이다. A~C 자원에 대한 설명으로 옳은 것은? (단, A~C는 석유, 석탄, 천연가스 중 하나임.) 3점

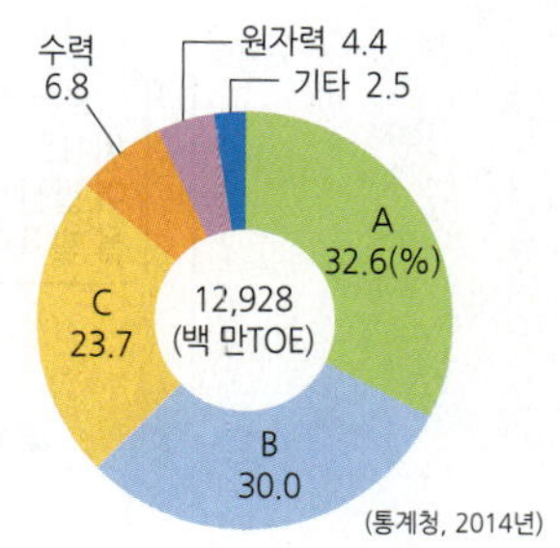

① A는 산업혁명 당시 주요 연료로 이용되었다.
② B는 주로 자동차 연료 및 화학 공업의 원료로 이용된다.
③ C는 냉동 액화 기술의 발달로 소비량이 증가하였다.
④ B는 A보다 일부 지역에 편중되어 국제 이동량이 많다.
⑤ C는 B보다 연소 시 대기 오염 물질 배출량이 많다.

22

[지리 16년 11월 10번]

표는 두 에너지 자원의 국가별 생산량 상위 5개국을 나타낸 것이다. (가), (나) 자원에 대한 설명으로 옳은 것은? (단, (가), (나)는 석유, 석탄 중 하나임.) 3점

(가)

순위	국가	생산량 비중(%)
1	사우디아라비아	12.9
2	러시아	12.6
3	미국	12.1
4	중국	5.0
5	캐나다	4.9

(나)

순위	국가	생산량 비중(%)
1	중국	46.1
2	미국	11.6
3	인도	8.4
4	오스트레일리아	6.2
5	인도네시아	5.9

(2015)

① (가)는 산업 혁명 시기의 주요 에너지 자원이었다.
② (나)는 운송 수단의 연료로 주로 이용된다.
③ (나)는 신기 조산대 주변에 주로 분포한다.
④ (가)는 (나)보다 국제 이동량이 많다.
⑤ (나)는 (가)보다 세계 에너지 소비량에서 차지하는 비중이 크다.

23

[지리 17년 11월 7번]

지도는 (가), (나) 에너지 자원의 주요 국가별 생산량을 나타낸 것이다. 이 자원에 대한 설명으로 옳은 것은? (단, (가), (나)는 석유, 석탄 중 하나임.) 3점

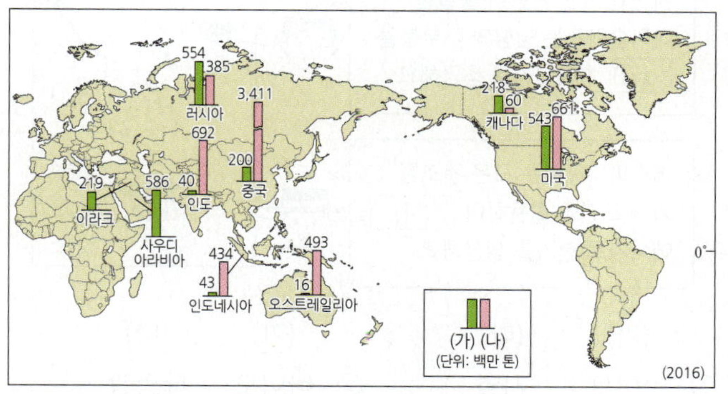

① (가)는 고생대 지층에 주로 매장되어 있다.
② (가)는 산업 혁명 시기에 주요 에너지 자원이었다.
③ (나)는 자동차와 항공기 등의 연료로 주로 사용된다.
④ (가)는 (나)보다 국제 이동량이 많다.
⑤ (가)는 (나)보다 상용화 시기가 이르다.

24 대표 문제

[18년 11월 17번]

그래프는 (가), (나) 에너지 자원의 국가별 생산 비중을 나타낸 것이다. 이에 대한 옳은 설명을 [보기]에서 고른 것은? (단, (가), (나)는 석유, 석탄 중 하나임.) 3점

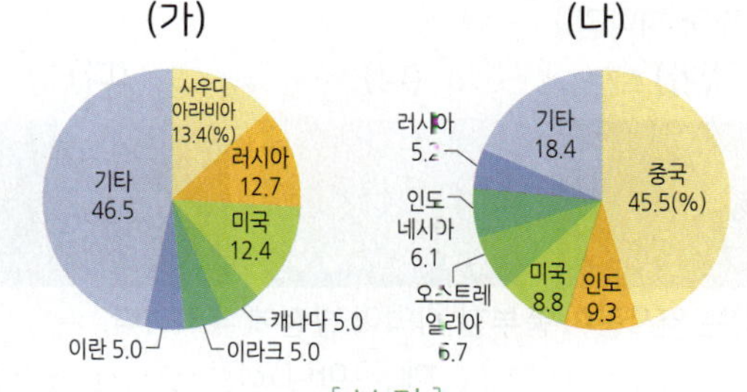

[보기]

ㄱ. (가)는 산업 혁명 시기에 주요 에너지 자원이었다.
ㄴ. (나)는 자동차와 항공기 등의 연료로 주로 사용된다.
ㄷ. (가)는 (나)보다 국제 이동량이 많다.
ㄹ. (가)는 (나)보다 세계에서 소비되는 양이 많다.

① ㄱ, ㄴ ② ㄱ, ㄷ ③ ㄴ, ㄷ ④ ㄴ, ㄹ ⑤ ㄷ, ㄹ

정답과 해설 21 p.79 22 p.79 23 p.80 24 p.80

25 대표 문제 [23년 3월 13번]

다음 자료의 (가), (나)에 들어갈 신·재생 에너지로 옳은 것은? 3점

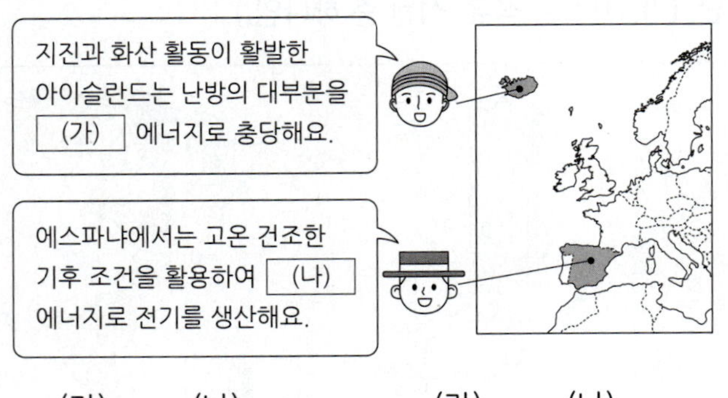

	(가)	(나)		(가)	(나)
①	바이오	지열	②	바이오	태양광
③	지열	바이오	④	지열	태양광
⑤	태양광	지열			

26 [지리 16년 9월 15번]

다음 자료는 형성 평가지의 일부이다. 학생이 옳게 표시한 것을 고른 것은? 3점

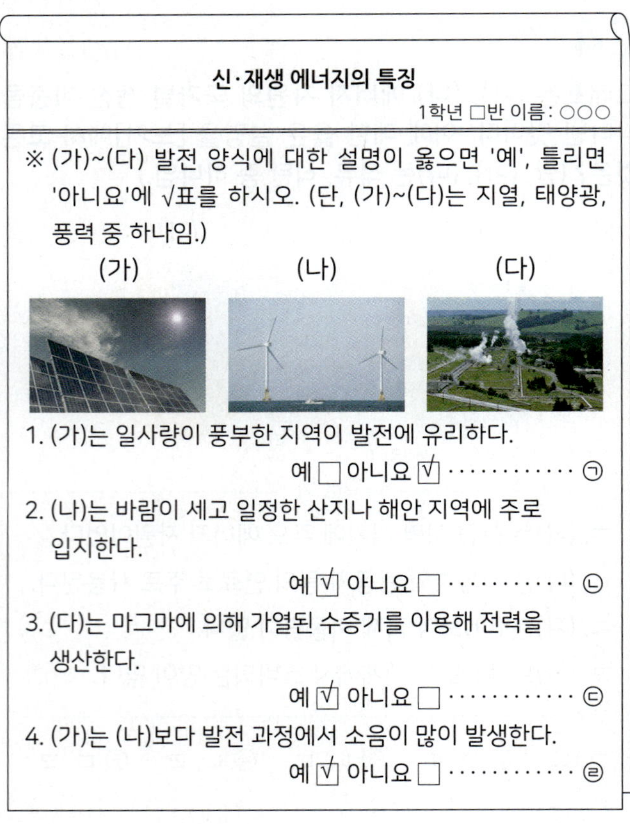

신·재생 에너지의 특징

1학년 □반 이름: ○○○

※ (가)~(다) 발전 양식에 대한 설명이 옳으면 '예', 틀리면 '아니요'에 √표를 하시오. (단, (가)~(다)는 지열, 태양광, 풍력 중 하나임.)

(가) (나) (다)

1. (가)는 일사량이 풍부한 지역이 발전에 유리하다.
예 □ 아니요 ☑ ············ ㉠
2. (나)는 바람이 세고 일정한 산지나 해안 지역에 주로 입지한다.
예 ☑ 아니요 □ ············ ㉡
3. (다)는 마그마에 의해 가열된 수증기를 이용해 전력을 생산한다.
예 ☑ 아니요 □ ············ ㉢
4. (가)는 (나)보다 발전 과정에서 소음이 많이 발생한다.
예 ☑ 아니요 □ ············ ㉣

① ㉠, ㉡ ② ㉠, ㉢ ③ ㉡, ㉢
④ ㉡, ㉣ ⑤ ㉢, ㉣

27 [지리 15년 6월 10번]

다음은 지리 수업의 한 장면이다. 교사의 질문에 옳게 답한 학생을 고른 것은? 2점

① 갑, 을 ② 갑, 병 ③ 을, 병
④ 을, 정 ⑤ 병, 정

28 [지리 17년 6월 16번]

다음은 신·재생 에너지와 관련한 수업 장면이다. ㉠에 들어갈 내용으로 가장 적절한 것은? 2점

교사: 주요 태양광 발전소의 분포를 나타낸 지도입니다. 이러한 분포가 나타나는 이유를 말해 볼까요?

학생: 태양광 발전소는 ___㉠___ 에 위치하는 것이 유리하기 때문입니다.

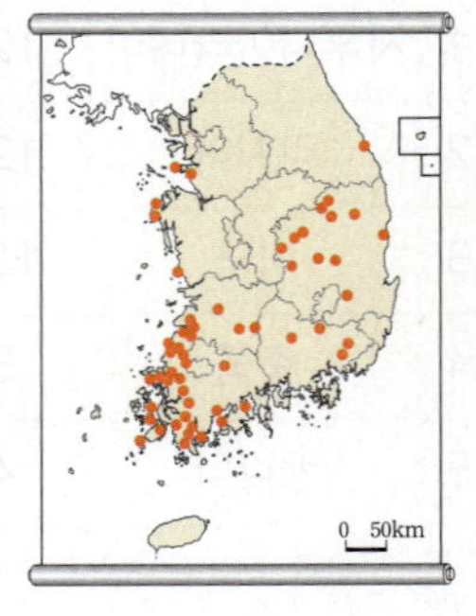

① 인구가 밀집한 곳
② 일사량이 풍부한 지역
③ 산지 정상이나 바닷가
④ 조수 간만의 차가 큰 곳
⑤ 냉각수를 구하기 쉬운 지역

정답과 해설 25 p.80 26 p.80 27 p.80 28 p.81

29

[지리 17년 9월 4번]

다음 자료의 (가)~(다) 발전소를 지도의 A~C에서 고른 것은? 3점

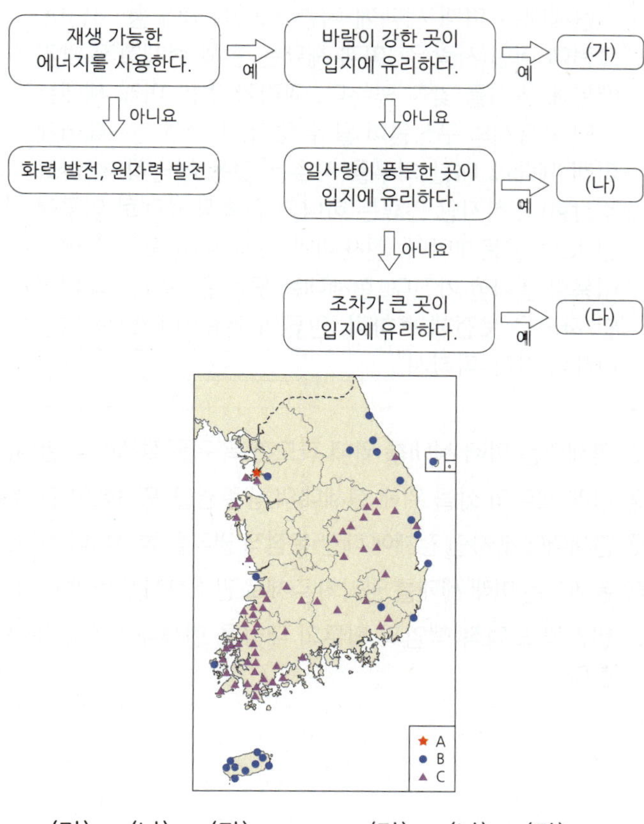

	(가)	(나)	(다)
①	A	B	C
②	B	A	C
③	B	C	A
④	C	A	B
⑤	C	B	A

30

[지리 14년 6월 1번]

사진에 나타난 발전 시설에서 생산된 에너지 자원에 대한 설명으로 옳은 것은? 2점

① 탄소 배출량이 많은 에너지이다.
② 사용량이 많아짐에 따라 고갈된다.
③ 안전성과 폐기물 처리 문제가 있다.
④ 친환경적이며 자연적 제약이 크다.
⑤ 산업 혁명의 에너지 자원으로 사용되었다.

31 대표 문제

[23년 11월 20번]

다음 자료의 (가)에 해당하는 환경 문제가 심화될 경우 우리나라에 나타날 수 있는 변화에 대한 추론으로 가장 적절한 것은? 2점

(가)(으)로 사라질지도 모르는 여행지

이탈리아 항구 도시 베네치아가 (가)(으)로 인한 해수면 상승으로 홍수 위험에 자주 노출되고 있다. 이 같은 현상이 지속된다면 베네치아는 앞으로 100년 안에 물에 잠겨 사라질지도 모른다.

오스트레일리아 대보초 해안의 산호초가 백화 현상으로 사라지고 있다. 백화 현상이란 산호초가 하얗게 죽어가는 것을 말하는데, (가)(으)로 인한 수온 상승이 주된 요인으로 꼽힌다.

① 봄꽃의 개화 시기가 빨라질 것이다.
② 서리가 내리는 날이 증가할 것이다.
③ 냉대림의 분포 면적이 넓어질 것이다.
④ 여름이 짧아지고 겨울이 길어질 것이다.
⑤ 열대성 질병의 발병률이 감소할 것이다.

32

[지리 14년 11월 4번]

자료의 ㉠에 들어갈 용어에 대한 설명으로 옳지 않은 것은? 2점

1987년에 발표된 '우리 공동의 미래'라는 보고서에서 ㉠ 은/는 '미래 세대가 그들의 필요를 충족시킬 수 있는 능력을 위태롭게 하지 않으면서 현재 세대의 필요를 충족시키는 발전 방식'이라고 정의하였다.

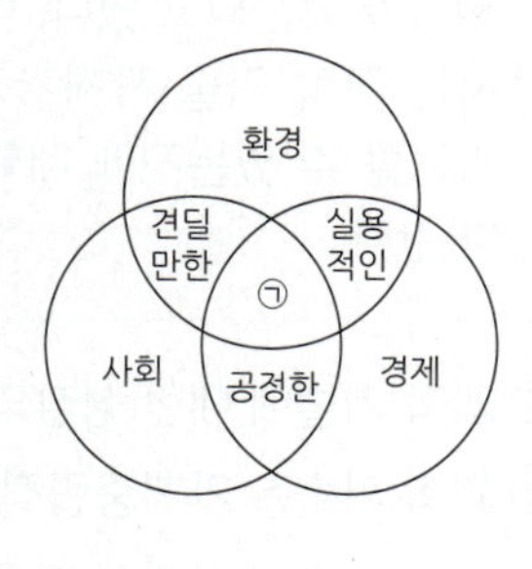

① 자연과 인간의 조화를 추구한다.
② 미래 세대를 고려한 개발 방식이다.
③ 자원을 무한한 것으로 보고 개발을 추진한다.
④ 상호 존중과 협력을 토대로 갈등을 해결한다.
⑤ 빈곤의 해소를 통해 삶의 질을 향상시키고자 한다.

정답과 해설 29 p.81 30 p.81 31 p.81 32 p.82

33

[일사 16년 6월 6번]

다음 글에 대한 추론으로 적절하지 않은 것은? 3점

> 교토 의정서 이후의 새 기후 변화 체제로 195개국이 참가한 파리 협정이 극적으로 타결되었다. 교토 의정서에서는 선진국만 온실 가스 감축 의무가 있었지만, 파리 협정에서는 개발 도상국에게도 감축 의무를 부과하고 있다. 또한 2023년부터 5년 마다 온실 가스 감축 상황을 보고하도록 하여 파리 협정 이행에 대해 점검을 실시하게 된다.

① 자원의 낭비를 줄이고 재활용에 힘쓸 것이다.
② 저탄소 친환경 사업에 대한 관심이 높아질 것이다.
③ 지속 가능한 개발을 위한 국제적 협력이 증대될 것이다.
④ 인간이 자연의 일부라는 생태학적 관점이 중시될 것이다.
⑤ 환경 오염에 대한 사후 대책이 사전 예방보다 중시될 것이다.

34

[생윤 15년 9월 4번]

다음 관점과 일치하는 주장으로 가장 적절한 것은? 2점

> 과학 기술의 발전으로 핵 문제, 생태계 파괴 등의 여러 문제들이 발생하였고, 인류에게 재앙이 될 것이라는 우려가 확산되고 있다. 이러한 문제점을 예방하기 위해서는 과학 기술 자체가 인간의 삶과 행복에 진정으로 기여할 수 있는지에 대해 도덕적인 관점에서 평가되어야 한다.

① 과학 기술에 대한 성찰의 자세를 지녀야 한다.
② 과학 기술은 가치중립적인 것임을 인식해야 한다.
③ 과학 기술의 발전에 따른 부작용을 감수해야 한다.
④ 과학 기술의 발전을 최우선의 가치로 여겨야 한다.
⑤ 과학 기술의 발전과 인간의 삶이 무관함을 알아야 한다.

35

[생윤 17년 9월 15번]

㉠에 들어갈 내용으로 가장 적절한 것은? 2점

> 현세대는 미래 세대에 대한 도덕적 의무를 지닌다. 그런데 어떤 사람은 "미래 세대는 현재 존재하지 않기 때문에 권리를 갖지 않는다. 권리가 없는 미래 세대는 도덕 공동체의 구성원이 될 수 없다. 따라서 현세대에게 미래 세대에 대한 의무를 지우는 것은 부당하다."라고 주장한다. 하지만 인류는 하나의 연속적 세대로 이루어진 도덕 공동체이며, 현세대와 미래 세대 모두 자연을 이용할 권리를 가진다. 현세대는 모든 존재의 삶의 터전인 자연을 보전해야 하며, 인류의 존속에 대한 책임을 다해야 한다. 따라서 [㉠]

① 현세대는 미래 세대를 위해 과도한 욕구를 절제해야 한다.
② 미래 세대의 삶을 위해 현세대의 생존권을 포기해야 한다.
③ 현세대에게 자연 전체에 대한 독점적 권리를 부여해야 한다.
④ 현세대는 미래 세대를 권리의 주체로 간주하지 말아야 한다.
⑤ 인간의 도덕적 책임과 의무의 대상을 현세대로 한정해야 한다.

36

[일사 17년 9월 20번]

다음 사례에 나타난 문제점을 해결하기 위한 적절한 방안만을 [보기]에서 있는 대로 고른 것은? 2점

> 과학 기술의 발달로 등장한 드론(Drone)은 무선전파로 조종할 수 있는 무인 항공기이다. 최근엔 고공 촬영과 상품 배달, 농약 살포 등 여러 영역에서 활용되고 있다. 그러나 드론을 이용한 촬영으로 인해 사생활 침해가 나타나기도 하고, 드론이 추락하여 사람을 다치게 하는 등 여러 문제가 발생하고 있다.

[보기]

ㄱ. 과학 기술 활용에 대한 제도적 장치를 마련한다.
ㄴ. 과학 기술을 활용할 때 가치 중립적 태도를 취한다.
ㄷ. 과학 기술을 비판적으로 바라보는 자세를 함양한다.
ㄹ. 과학 기술이 가져올 결과를 사전에 예측하고 평가한다.

① ㄱ, ㄴ ② ㄱ, ㄹ ③ ㄴ, ㄷ
④ ㄱ, ㄷ, ㄹ ⑤ ㄴ, ㄷ, ㄹ

정답과 해설 | 33 p.82 | 34 p.82 | 35 p.82 | 36 p.82

1

[지리 16년 6월 10번]

다음은 지리 수행 평가지의 일부이다. 학생이 서술한 답안의 내용이 옳지 않은 것은? 3점

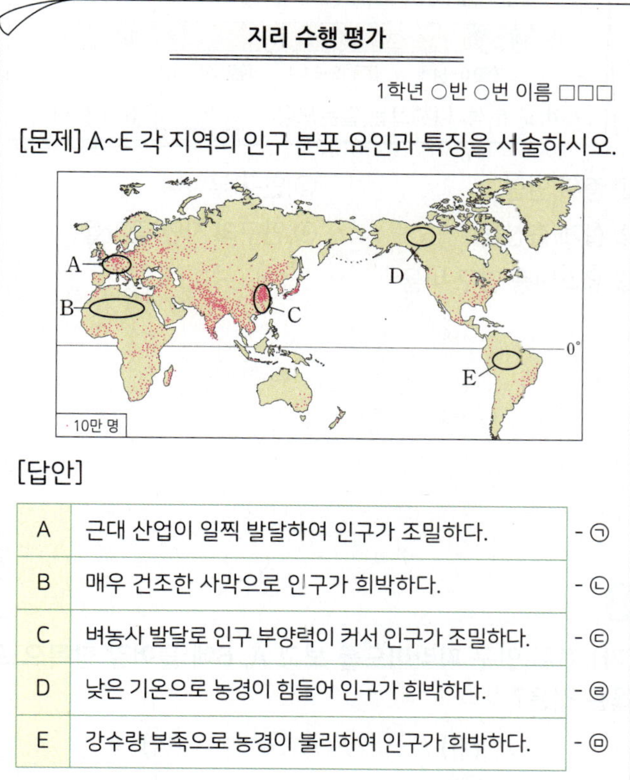
지리 수행 평가

1학년 ○반 ○번 이름 □□□

[문제] A~E 각 지역의 인구 분포 요인과 특징을 서술하시오.

[답안]

A	근대 산업이 일찍 발달하여 인구가 조밀하다.	- ㉠
B	매우 건조한 사막으로 인구가 희박하다.	- ㉡
C	벼농사 발달로 인구 부양력이 커서 인구가 조밀하다.	- ㉢
D	낮은 기온으로 농경이 힘들어 인구가 희박하다.	- ㉣
E	강수량 부족으로 농경이 불리하여 인구가 희박하다.	- ㉤

① ㉠ ② ㉡ ③ ㉢ ④ ㉣ ⑤ ㉤

2

[지리 16년 11월 4번]

지도에 표현된 인구 지표로 옳은 것은? 3점

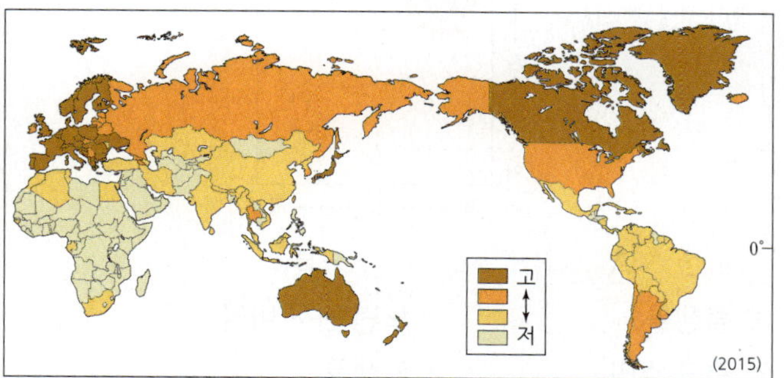

① 인구 밀도 ② 유아 사망률
③ 인구 증가율 ④ 합계 출산율
⑤ 노년 인구 비율

3

[세지 고2 18년 3월 17번]

(가) 국가군과 비교한 (나) 국가군의 상대적 특징으로 옳은 것은? 2점

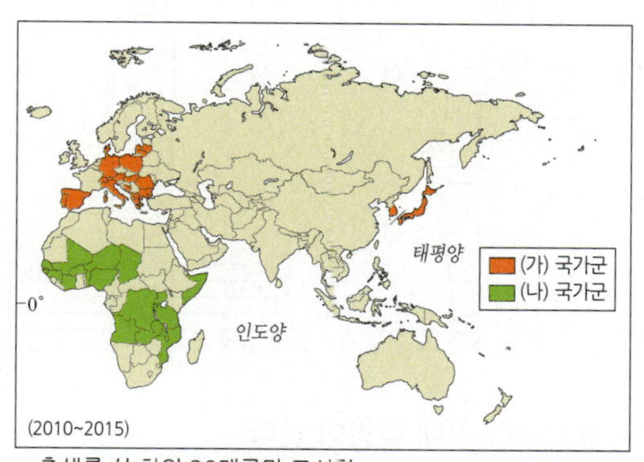

* 출생률 상·하위 20개국만 표시함.
** (가) 국가군에는 싱가포르가 포함됨.

① 중위 연령이 높다.
② 1인당 국내 총생산이 많다.
③ 유소년층 인구 비율이 높다.
④ 인구의 자연 증가율이 낮다.
⑤ 1차 산업 종사자 비율이 낮다.

4 대표 문제

[24년 3월 13번]

다음은 세계의 인구에 대한 수업 장면이다. 교사의 질문에 옳게 대답한 학생만을 고른 것은? (단, A, B는 각각 아프리카, 유럽 중 하나임.) 3점

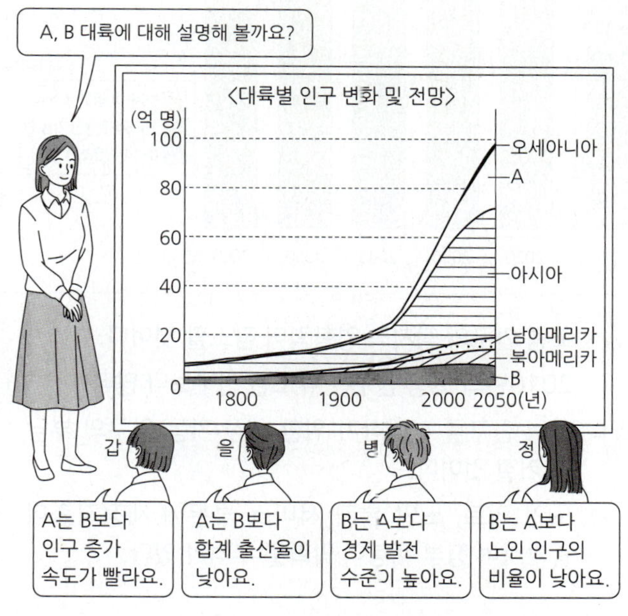

① 갑, 을 ② 갑, 병 ③ 을, 병 ④ 을, 정 ⑤ 병, 정

정답과 해설 | 1 p.83 | 2 p.83 | 3 p.83 | 4 p.83

5
[18년 11월 6번]

그래프는 (가), (나) 국가의 인구 구조를 나타낸 것이다. 이에 대한 분석으로 옳은 것은? (단, (가), (나)는 독일, 우간다 중 하나임.) 3점

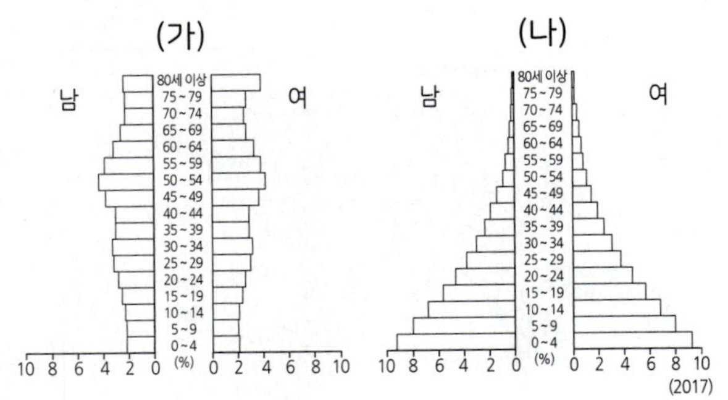

① (가)는 (나)보다 기대 수명이 낮다.
② (가)는 (나)보다 인구 증가율이 높다.
③ (가)는 (나)보다 고령화 현상이 뚜렷하다.
④ (나)는 (가)보다 경제 발전 수준이 높다.
⑤ (나)는 (가)보다 출산 장려 정책의 필요성이 크다.

6
[일사 14년 9월 11번]

그림은 갑국의 연령별 인구 구성비 예상 추이를 나타낸 것이다. 이에 대한 옳은 분석 및 추론을 [보기]에서 고른 것은? 3점

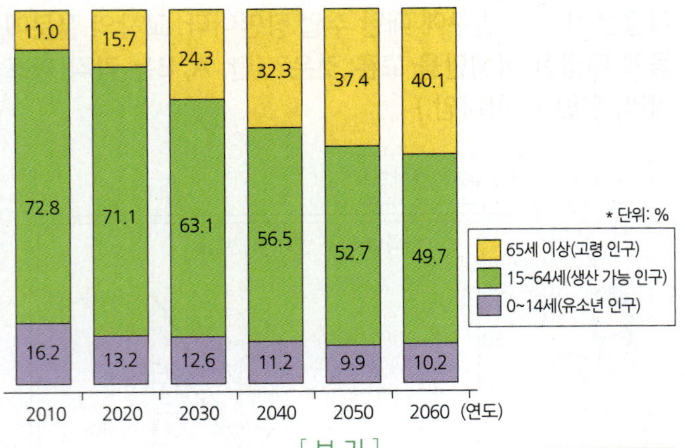

[보기]
ㄱ. 고령 인구의 정치적 영향력이 감소할 것이다.
ㄴ. 2010년의 고령 인구는 유소년 인구보다 많다.
ㄷ. 고령 인구를 부양하기 위한 생산 가능 인구의 부담이 커질 것이다.
ㄹ. 노인 의료, 노인 복지 서비스 부문에 재정지출이 증가하여 정부 재정이 악화될 우려가 있다.

① ㄱ, ㄴ ② ㄱ, ㄷ ③ ㄴ, ㄷ ④ ㄴ, ㄹ ⑤ ㄷ, ㄹ

7
[세지 고2 20년 3월 11번]

(가)에 들어갈 내용으로 옳지 않은 것은? 3점

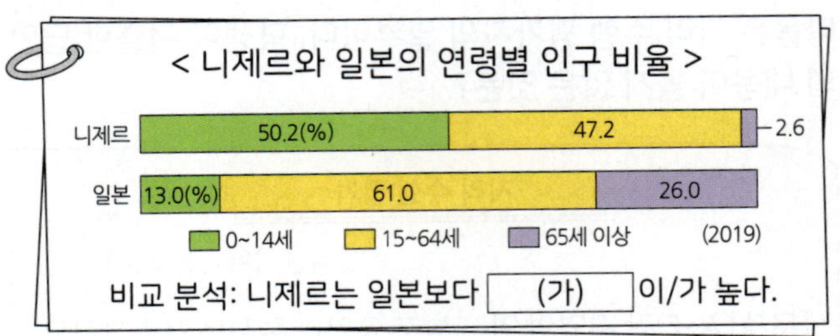

① 중위 연령
② 인구 부양비
③ 합계 출산율
④ 인구의 자연 증가율
⑤ 유소년층 인구 비율

8
[지리 14년 6월 17번]

(가), (나) 인구 피라미드를 보고 A, B에 들어갈 항목으로 옳은 것은? 3점

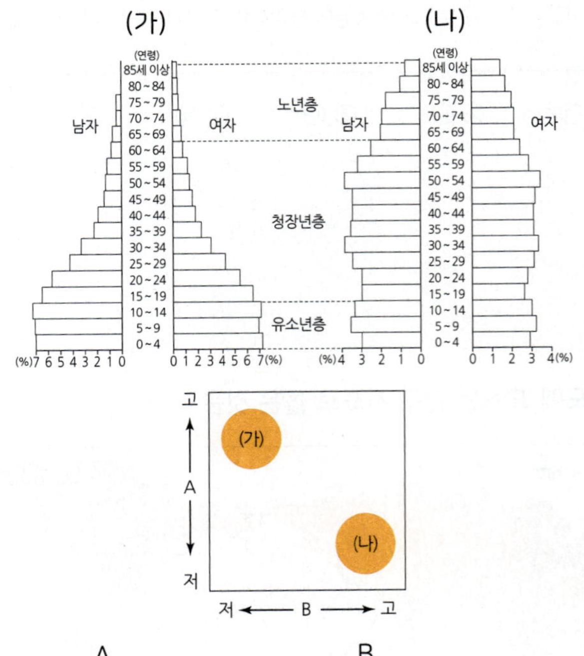

	A	B
①	출생률	노년 인구 비율
②	평균 수명	출생률
③	노년 인구 비율	평균 수명
④	노년 인구 비율	유소년 인구 비율
⑤	유소년 인구 비율	출생률

정답과 해설 5 p.84 6 p.84 7 p.84 8 p.84

9

[지리 16년 6월 11번]

그래프는 어느 국가의 시기별 노동인구 변화를 나타낸 것이다. 이를 통해 파악할 수 있는 문제에 대한 적절한 대책을 [보기]에서 고른 것은? 3점

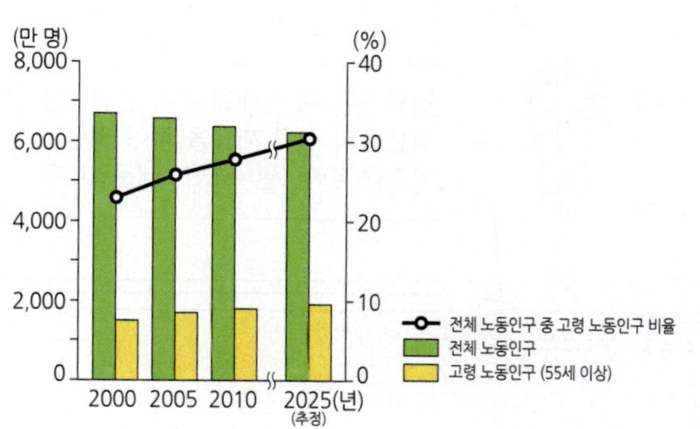

[보기]

ㄱ. 보육 시설을 확충하고 양육비를 지원한다.
ㄴ. 한 자녀 정책으로 총 인구부양비 부담을 줄인다.
ㄷ. 노인 복지 시설을 확충하고 실버산업을 육성한다.
ㄹ. 정년 단축을 통해 고령 노동인구의 귀농을 장려한다.

① ㄱ, ㄴ ② ㄱ, ㄷ ③ ㄴ, ㄷ ④ ㄴ, ㄹ ⑤ ㄷ, ㄹ

10

대표 문제

[22년 3월 12번]

다음 자료는 인구 이동의 사례이다. 이에 대한 옳은 설명만을 [보기]에서 고른 것은? 3점

(가) 아프리카 소말리아에 살던 라흐마는 자기 집을 떠나야 했다. ㉠지속된 가뭄으로 강바닥이 드러나고 가축에게 먹일 풀이 말라 죽었기 때문이다. 난민촌에 거주하고 있는 그는 고향으로 돌아갈 날을 기다리고 있다.

(나) 베트남에 살던 응옥 뚜엔은 돈을 벌기 위해 ㉡싱가포르로 이주하였다. 그녀는 이곳에서 가사 도우미로 일하며 소득의 대부분을 베트남에 있는 가족에게 송금한다.

[보기]

ㄱ. ㉠의 주요 발생 원인은 인구 증가이다.
ㄴ. ㉡은 인구 유입이 인구 유출보다 활발하다.
ㄷ. (가)는 환경적 요인, (나)는 경제적 요인으로 발생하였다.
ㄹ. (가), (나)는 모두 강제적 이동에 해당한다.

① ㄱ, ㄴ ② ㄱ, ㄷ ③ ㄴ, ㄷ ④ ㄴ, ㄹ ⑤ ㄷ, ㄹ

11

[지리 14년 11월 13번]

지도에 표시된 인구 이동의 주된 목적으로 적절한 것은? 2점

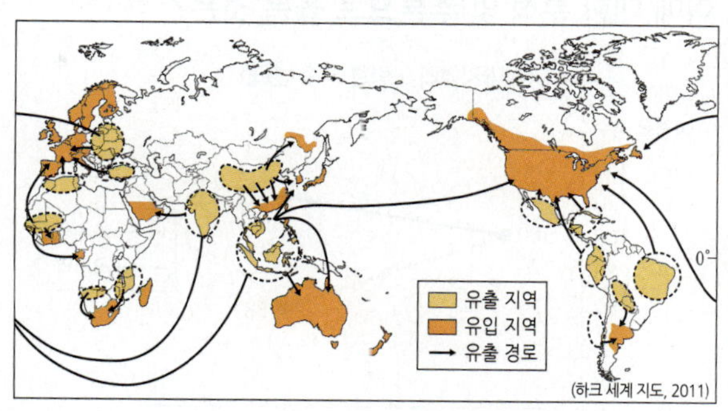

① 전쟁으로 인한 피난
② 종교 성지 방문을 위한 순례
③ 자연재해가 적은 지역으로의 이민
④ 상대적 빈곤을 해결하기 위한 구직
⑤ 쾌적한 기후 지역을 찾아가는 관광

12

[지리 15년 9월 7번]

지도에 나타난 인구 이동의 주된 요인으로 적절한 것은? 3점

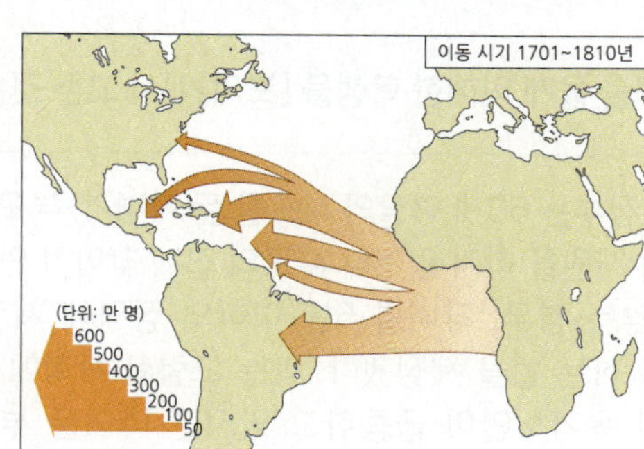

① 노예 무역으로 인한 이동이다.
② 휴가를 즐기기 위한 이동이다.
③ 국제결혼을 하기 위한 이동이다.
④ 종교의 자유를 찾기 위한 이동이다.
⑤ 전쟁에 따른 난민 발생으로 인한 이동이다.

정답과 해설 | 9 p.85 | 10 p.85 | 11 p.85 | 12 p.85

13

[일사 15년 11월 20번]

그림은 A, B 두 지역의 고령화 지수 변화를 나타낸 것이다. 이에 대한 분석 및 추론으로 옳은 것은? 3점

〈A, B지역의 고령화 지수 변화〉

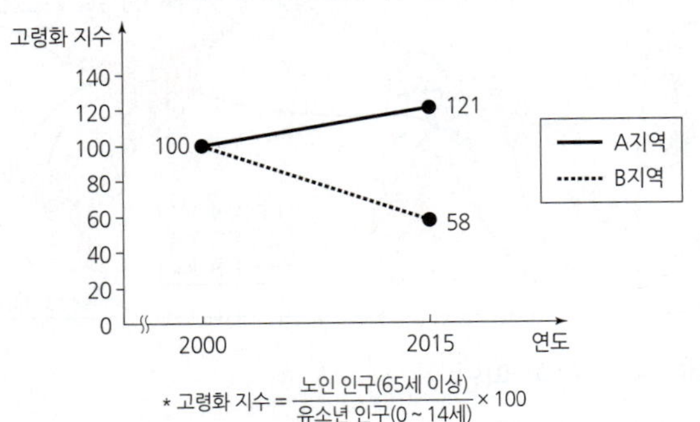

* 고령화 지수 = $\frac{\text{노인 인구(65세 이상)}}{\text{유소년 인구(0 ~ 14세)}} \times 100$

① 2000년 A 지역과 B 지역의 노인 인구는 같다.
② 2015년 A 지역은 노인 인구보다 유소년 인구가 많다.
③ 2000년과 2015년 모두 B 지역에서는 유소년 인구가 노인 인구보다 많다.
④ 노인 인구가 증가하고 저출산 문제가 심화되면 A 지역과 같은 변화가 나타날 수 있다.
⑤ 노인들을 위한 일자리를 마련하고 노인 복지를 강화하면 B 지역과 같은 변화가 나타날 수 있다.

14

[일사 14년 11월 6번]

다음 자료를 옳게 이해한 학생을 [보기]에서 고른 것은? 2점

> A국 정부는 60세 이상의 부모를 둔 자녀가, 부모에게 금전적 지원을 하지 않거나 부모의 집에 찾아가 안부를 묻지 않는 경우, 자녀를 5년 이하의 징역에 처할 수 있도록 하는 법을 제정했다. 이는 고령화 사회에 진입하면서 독거노인이 급증하고 있지만 나이든 부모에 대한 기초적인 부양 의무마저 저버리는 젊은이들이 급격히 확산되고 있는 현실을 반영한 것이다.

[보기]

갑: 가족의 노인 부양 기능을 강화하려는 거야.
을: 젊은이들의 과중한 세금 부담이 우려되는군.
병: 부모 부양이라는 도덕의 영역을 법으로 의무화한 거야.
정: 정부는 노인 부양의 1차적 책임이 가족보다는 국가에 있다고 보고 있군.

① 갑, 을 ② 갑, 병 ③ 을, 병 ④ 을, 정 ⑤ 병, 정

15

[일사 17년 9월 8번]

다음 주장에 대한 반대의 근거로 가장 적절한 것은? 3점

① 노후에 경제적 안정성이 높아질 수 있다.
② 노동 환경 변화에 유연하게 대처할 수 있다.
③ 청년층과 노년층 간의 임금 격차가 작아질 수 있다.
④ 노인 인구 비율이 감소하여 경제가 활성화될 수 있다.
⑤ 고령 근로자에 대한 기업의 임금 부담이 증가할 수 있다.

16 대표 문제

[사문 고2 20년 3월 15번]

갑국과 을국에 나타난 사회 현상을 초래할 수 있는 요인으로 적절한 것은? 2점

> • 갑국: 전체 인구에서 65세 이상 인구가 차지하는 비율이 2000년 7%에서 2019년 20%로 매년 상승하였다.
> • 을국: 전체 가구에서 1인 가구가 차지하는 비율이 2000년 15%에서 2019년 25%로 매년 상승하였다.

① 갑국 - 평균 수명 연장
② 갑국 - 핵가족 비율 상승
③ 갑국 - 집단주의적 가치관 확산
④ 을국 - 출산율 상승
⑤ 을국 - 확대 가족 비율 상승

정답과 해설 | 13 p.85 | 14 p.86 | 15 p.86 | 16 p.86

17

[지리 15년 9월 8번]

우리나라의 인구 구조가 (가)에서 (나)로 변화될 때 예상되는 인구 문제에 대한 대책으로 옳지 않은 것은? 3점

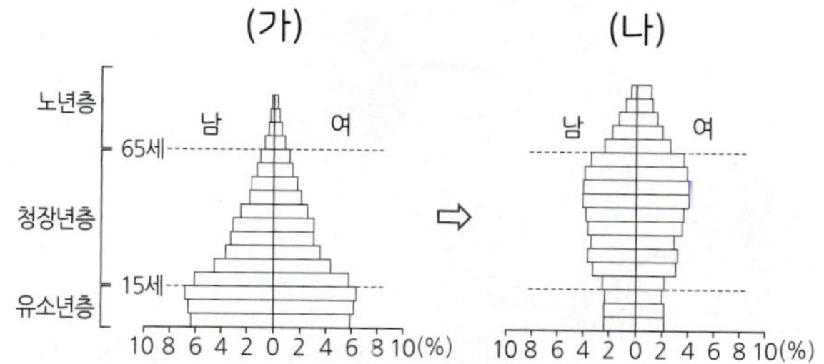

① 직장 내 보육 시설을 확충한다.
② 노인 복지를 위해 실버산업을 활성화한다.
③ 출산 장려금 지급과 양육비 지원을 확대한다.
④ 다자녀 가구를 우대하는 사회 분위기를 조성한다.
⑤ 청·장년층의 고용 기회 확대를 위해 정년을 단축한다.

18

[지리 16년 6월 4번]

자료는 어떤 자원의 국가별 매장량 상위 10개국을 나타낸 것이다. 이 자원에 대한 설명으로 옳은 것은? 3점

순위	국가 명	매장량 비중(%)	순위	국가 명	매장량 비중(%)
1	사우디아라비아	19.1	6	아랍에미리트	7.1
2	베네수엘라 볼리바르	15.3	7	러시아	5.6
3	이란	9.9	8	리비아	3.4
4	이라크	8.3	9	카자흐스탄	2.9
5	쿠웨이트	7.3	10	나이지리아	2.7

(BP 세계 에너지 통계, 2011)

① 산업 혁명의 원동력이 된 자원이다.
② 방사능 누출과 폐기물 처리의 문제가 뒤따른다.
③ 세계에서 가장 많이 소비되는 에너지 자원이다.
④ 소비지와 매장지가 일치하여 국제적 이동량이 적다.
⑤ 대기 오염 물질의 배출이 적은 청정에너지 자원이다.

19

[18년 3월 11번]

(가), (나) 국가군에 해당하는 것을 그림의 A~D에서 고른 것은? 3점

<자원과 경제 발전의 관계에 따른 국가 구분>
(가) 국가군 - 오스트레일리아, 캐나다 등
(나) 국가군 - 한국, 일본 등

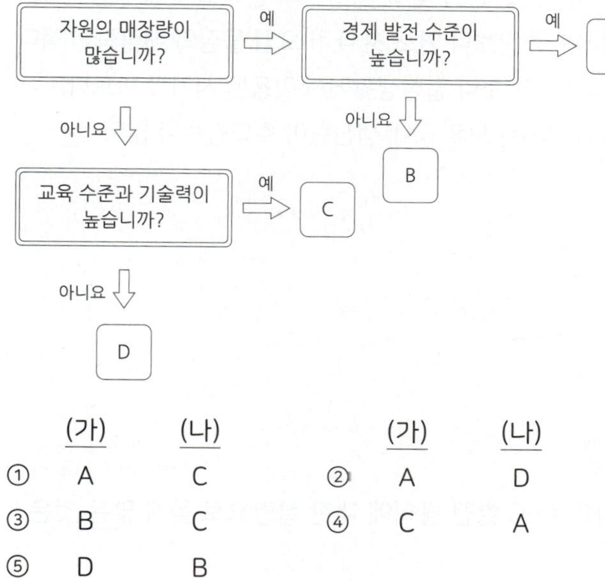

	(가)	(나)		(가)	(나)
①	A	C	②	A	D
③	B	C	④	C	A
⑤	D	B			

20

[지리 17년 6월 9번]

지도는 어떤 에너지 자원의 생산지와 이동을 나타낸 것이다. 이 자원에 대한 설명으로 옳은 것은? 3점

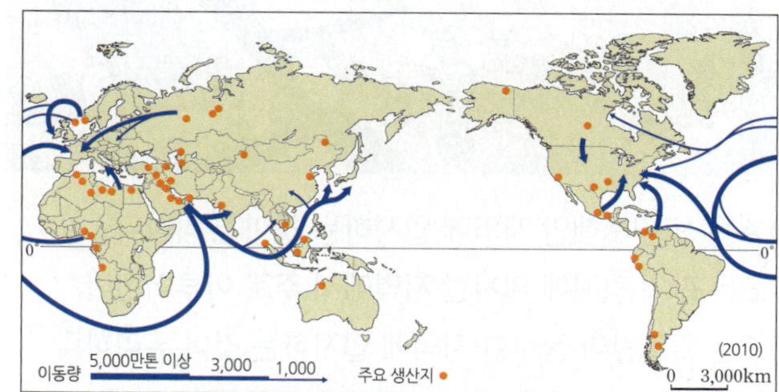

① 오염 물질의 배출이 없다.
② 산업혁명의 원동력이 되었다.
③ 재생 가능한 자원으로 분류된다.
④ 방사능 누출 피해의 우려가 크다.
⑤ 에너지 자원 중 세계 소비량이 가장 많다.

정답과 해설 17 p.86 | 18 p.86 | 19 p.87 | 20 p.87

21

[한지 고2 20년 3월 18번]

그래프는 우리나라의 에너지원별 소비 비율 변화를 나타낸 것이다. (가), (나)에 대한 설명으로 옳은 것은? (단, (가), (나)는 각각 석유, 천연가스 중 하나임.) 3점

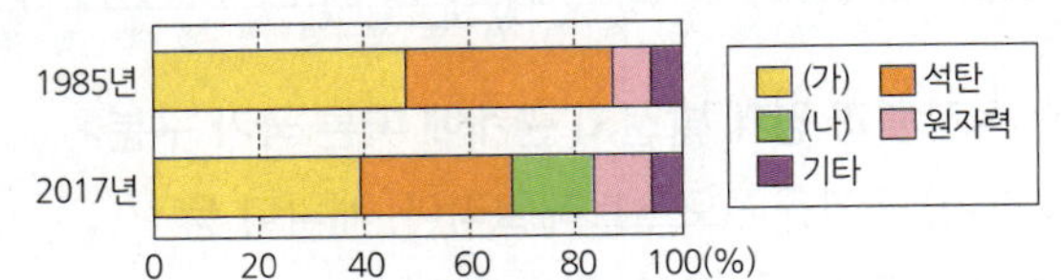

① (가)는 냉동 액화 기술의 발달로 소비량이 급증하였다.
② (나)는 제철 공업 및 화력 발전의 연료로 주로 이용된다.
③ (나)는 석탄보다 연소 시 대기 오염 물질의 배출량이 적다.
④ (나)는 (가)보다 일상생활에서 이용된 시기가 이르다.
⑤ (가), (나)는 모두 국내 생산량이 수입량보다 많다.

22

[지리 16년 11월 11번]

그림의 A~C 발전 방식에 대한 설명으로 옳지 않은 것은? 2점

① A는 산지나 해안 지역에 입지하는 것이 유리하다.
② B는 판의 경계에 위치한 지역에서 주로 이루어진다.
③ C는 일조량이 풍부한 지역에 입지하는 것이 유리하다.
④ A는 B보다 우리나라에서 전력 생산량이 적다.
⑤ B는 C보다 기후 조건의 영향을 적게 받는다.

23

[한지 고2 18년 3월 10번]

다음 자료의 (가)~(다) 에너지에 대한 설명으로 옳지 않은 것은? (단, (가)~(다)는 수력, 풍력, 태양광 중 하나임.) 3점

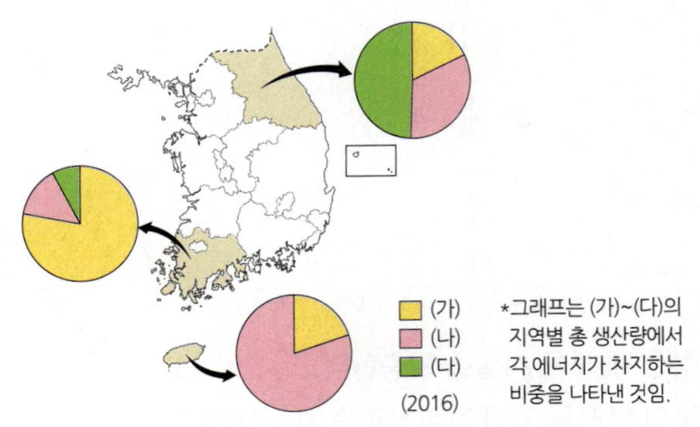

① (가)는 일조량이 많은 지역이 발전에 유리하다.
② (나)는 바람이 많은 산지나 해안 지역에서 생산량이 많다.
③ (다)의 생산량은 하천의 유량과 낙차에 영향을 크게 받는다.
④ (가)는 (다)보다 상용화된 시기가 이르다.
⑤ (나)는 (가)보다 낮과 밤의 평균 발전량 차가 작다.

24 대표 문제

[세지 고2 18년 3월 19번]

다음 자료의 A~C에 해당하는 에너지로 옳은 것은? 3점

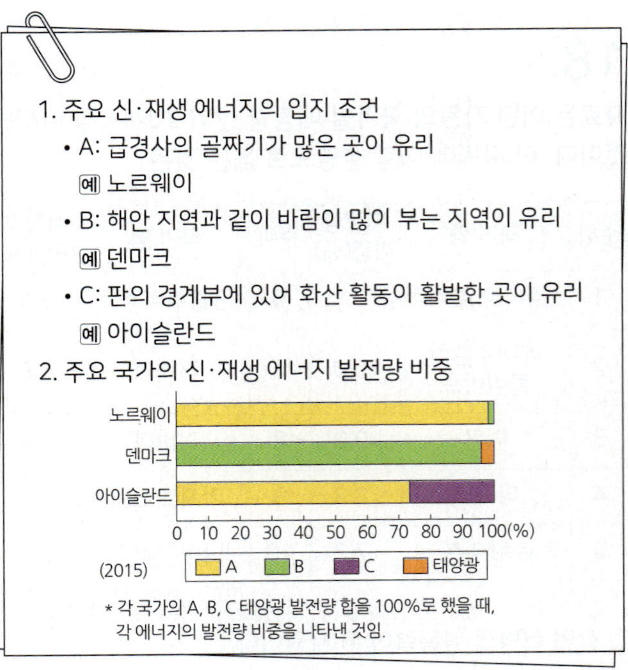

	A	B	C
①	수력	풍력	지열
②	지열	수력	풍력
③	지열	풍력	수력
④	풍력	수력	지열
⑤	풍력	지열	수력

정답과 해설 21 p.87 22 p.87 23 p.87 24 p.88

25

[지리 15년 9월 17번]

다음 자료는 우리나라 신·재생 에너지의 주요 발전소 분포를 나타낸 것이다. (가)~(다) 발전소의 주된 입지 요인을 [보기]에서 고른 것은? 2점

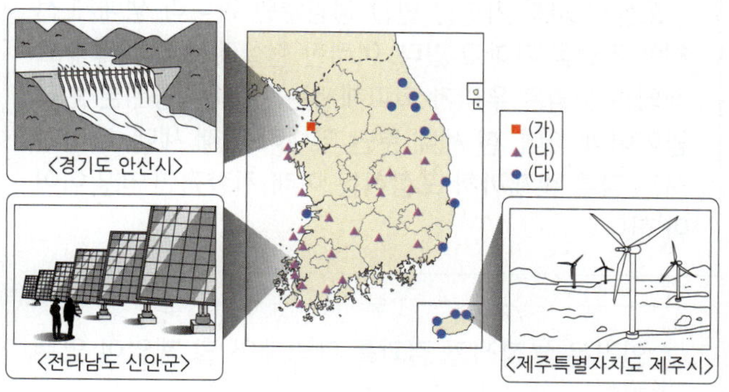

[보기]

ㄱ. 바람이 강하고 일정하게 부는 지역인가?

ㄴ. 조석 간만의 차가 크게 나타나는 지역인가?

ㄷ. 연중 일조 시간이 길게 지속되는 지역인가?

	(가)	(나)	(다)		(가)	(나)	(다)
①	ㄱ	ㄴ	ㄷ	②	ㄴ	ㄱ	ㄷ
③	ㄴ	ㄷ	ㄱ	④	ㄷ	ㄱ	ㄴ
⑤	ㄷ	ㄴ	ㄱ				

26

[생윤 16년 9월 6번]

다음 주장에 대한 적절한 설명을 [보기]에서 고른 것은? 3점

태아의 유전자 검사, 인간 배아 복제 등 생명 과학 기술의 목적은 질병의 원인을 찾아 치료하는 것에 한정되어야 한다. 만약 생명 과학 기술이 우수한 유전자를 지닌 인류를 인위적으로 탄생시키기 위한 것이라면 인간의 존엄성이 위협 받을 수 있다. 따라서 우리는 생명 과학 기술을 그 목적에 맞게 활용해야 하며 이를 넘어서는 오남용에 대해서는 거부해야 한다.

[보기]

ㄱ. 생명 과학 기술을 제한 없이 사용해야 한다고 본다.

ㄴ. 모든 생명 과학 기술의 발전을 중지시켜야 한다고 본다.

ㄷ. 치료 목적의 인간 배아 복제는 허용되어야 한다고 본다.

ㄹ. 우월한 인간을 만들기 위한 유전자 조작에 반대해야 한다고 본다.

① ㄱ, ㄴ ② ㄱ, ㄷ ③ ㄴ, ㄷ ④ ㄴ, ㄹ ⑤ ㄷ, ㄹ

27

[일사 14년 11월 15번]

밑줄 친 '적정 기술'에 대한 옳은 설명을 [보기]에서 고른 것은? 2점

○○ 신문 2014년 ○월 ○일

세계 각국 기업들, '착한 기술' 개발에 나서

세계 각국의 많은 기업들이 착한 기술로도 불리는 <u>적정 기술</u>을 적극적으로 개발하여 보급함으로써 빈곤국에 큰 도움을 주고 있다. 라이프스트로, 큐드럼은 그 대표적인 사례이다.

라이프스트로(LifeStraw)

휴대용 정수기로, 물이 부족한 지역에서 이 제품으로 흙탕물을 빨아들이면 불순물을 걸러내 깨끗한 물을 마실 수 있다.

큐드럼(Q-drum)

이동 가능한 식수통으로, 아이들이나 여성들도 큰 힘을 들이지 않고 한 번에 50리터 정도의 물을 나를 수 있다.

[보기]

ㄱ. 인위적인 에너지 소비가 많아 지속 가능성이 낮다.

ㄴ. 새로운 과학적 이론과 첨단 기술이 결합된 고급 기술이다.

ㄷ. 제품의 사용 방법이 간단하여 누구나 쉽게 이용할 수 있다.

ㄹ. 해당 지역의 환경적 조건을 고려한 기술로 지역 공동체의 삶의 질을 높인다.

① ㄱ, ㄴ ② ㄱ, ㄷ ③ ㄴ, ㄷ ④ ㄴ, ㄹ ⑤ ㄷ, ㄹ

정답과 해설 25 p.88 | 26 p.88 | 27 p.88

28

[생윤 고2 20년 3월 20번]

다음을 주장한 사상가의 관점에서 <사례> 속 A에게 제시할 조언으로 가장 적절한 것은? 3점

> 인간의 뛰어난 사고 능력으로 인하여 가능했던 기술 문명의 힘이 이제는 다른 모든 것을 위험에 빠뜨리게 되었다. 이성과 결합한 권력은 그 자체로 책임을 동반한다. 이러한 책임의 범위는 자연과 미래 세대의 생존 가능성으로 더욱 확장되어야 한다.

> <사례>
>
> 연구원 A는 맞춤형 아기 출산을 가능하게 하는 유전자 조작 기술의 개발과 적용을 의뢰받고 이를 받아들일지 고민하고 있다.

① 유전자 조작 기술의 경제적 효과를 먼저 고려해야 합니다.
② 유전자 조작을 통해서 현세대의 이익만을 추구해야 합니다.
③ 유전자 조작이 인류에 미칠 부정적 영향을 고려해야 합니다.
④ 유전자 조작을 통해 신체 능력을 강화시킬 수 있어야 합니다.
⑤ 유전자 조작의 사회적 효용을 최우선적으로 고려해야 합니다.

29 대표 문제

[18년 3월 12번]

다음 자료의 ㉠~㉢에 들어갈 내용으로 옳은 것은? 3점

	㉠	㉡	㉢
①	길어	감소	증가
②	길어	증가	감소
③	짧아	감소	감소
④	짧아	감소	증가
⑤	짧아	증가	증가

30

[생윤 17년 6월 7번]

다음 사상가가 긍정의 대답을 할 질문만을 [보기]에서 있는 대로 고른 것은? 3점

> 오늘날 과학 기술은 인간 생명뿐만 아니라 생태계 전체에 위협을 가하고 있다. 이러한 현실에서 우리에게 요청되는 책임은 우리가 회피해서는 안 되는 당위론적 책임이어야 하며, 현 세대 뿐만 아니라 미래 세대, 나아가서는 다른 존재까지 포함하는 미래 지향적인 책임이어야 한다.

[보 기]

ㄱ. 인간은 부정적인 결과를 예방해야 할 책임이 있는가?
ㄴ. 책임의 범위를 인간 이외의 존재로 확대해야 하는가?
ㄷ. 자연에 대한 책임은 의무가 아니라 선택의 문제인가?
ㄹ. 현 세대는 미래 세대의 존속을 위해 노력해야 하는가?

① ㄱ, ㄴ ② ㄴ, ㄷ ③ ㄷ, ㄹ
④ ㄱ, ㄴ, ㄹ ⑤ ㄱ, ㄷ, ㄹ

31

[생윤 14년 9월 15번]

(가)의 입장에서 (나)의 주제에 대한 적절한 답변을 제시한 사람을 고른 것은? 3점

(가) 지구는 토양 오염, 수질 오염, 대기 오염 등 생태계 전반이 심각한 위기에 처해 있다. 따라서 우리는 미래 세대가 자신의 필요를 충족시킬 수 있는 능력을 해치지 않으면서도 현세대의 필요를 충족시키는 '지속 가능한 개발'을 지향해야 한다.

(나)

① 갑, 을 ② 갑, 병 ③ 을, 병 ④ 을, 정 ⑤ 병, 정

정답과 해설 28 p.88 29 p.89 30 p.89 31 p.89

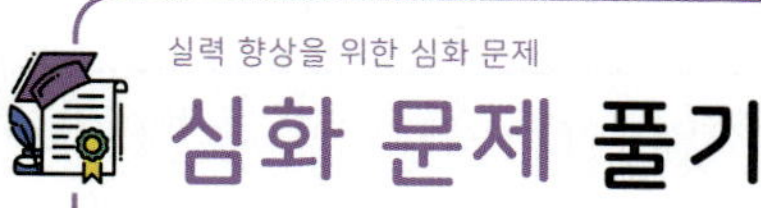

실력 향상을 위한 심화 문제

심화 문제 풀기

해설편 p.89

1

[지리 15년 11월 18번]

지도는 세계 인구 분포를 나타낸 것이다. A~E 지역의 인구 분포에 영향을 미친 요인으로 적절하지 않은 것은? 2점

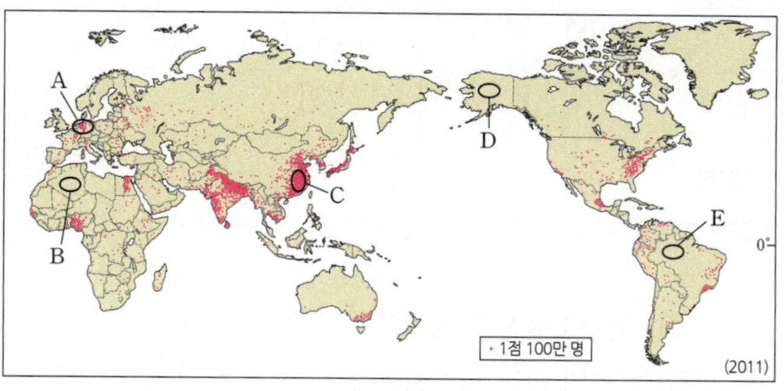

① A - 공업 및 서비스업이 발달해 있다.
② B - 강수량이 적어 건조하며 용수 확보가 어렵다.
③ C - 평야가 넓고 비옥하여 농업 생산량이 많다.
④ D - 기후가 한랭하여 농경에 불리하다.
⑤ E - 해발 고도가 높아 연중 서늘한 기후가 나타난다.

3

[일사 16년 11월 11번]

표는 갑국 인구 구성비의 변화를 나타낸다. 이에 대한 옳은 분석을 [보기]에서 고른 것은? 3점

(단위: %)

구분	1995년	2005년	2015년
0~14세 인구	25	20	10
65세 이상 인구	7	10	25

* 노년 부양비(%) = (65세 이상 인구 / 15~64세 인구) × 100

[보기]

ㄱ. 2005년은 0~14세 인구가 65세 이상 인구의 2배이다.
ㄴ. 1995년 대비 2005년에 15~64세 인구 비중은 증가하였다.
ㄷ. 1995년 대비 2015년에 노년 부양비는 감소하였다.
ㄹ. 2005년 대비 2015년에 0~14세 인구는 절반으로 감소하였다.

① ㄱ, ㄴ ② ㄱ, ㄷ ③ ㄴ, ㄷ ④ ㄴ, ㄹ ⑤ ㄷ, ㄹ

2

[세지 고2 19년 3월 7번]

그래프는 세 국가의 연령층별 인구 비율을 나타낸 것이다. 이에 대한 설명으로 옳은 것은? (단, (가)~(다)는 나이지리아, 미국, 중국 중 하나임.) 3점

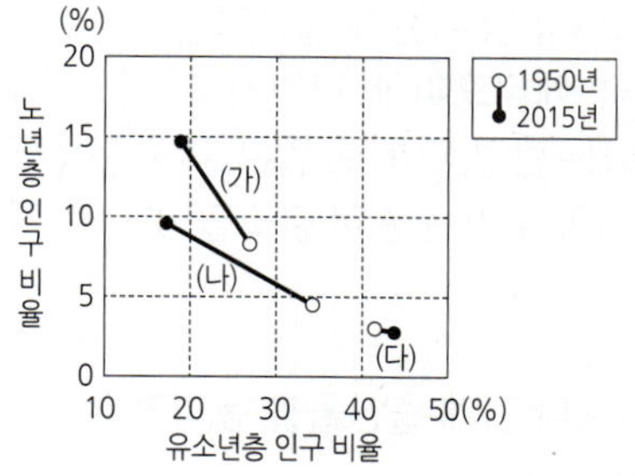

① 1950년에 (나)는 (가)보다 노년층 인구 비율이 높다.
② 2015년에 (가)는 (나)보다 청장년층 인구 비율이 낮다.
③ 2015년에 (다)는 (가)보다 합계 출산율이 낮다.
④ 1950~2015년에 세 국가 모두 유소년층 인구 비율이 감소하였다.
⑤ (가)는 중국, (나)는 나이지리아, (다)는 미국이다.

4 대표 문제

[23년 11월 11번]

그래프는 지도에 표시된 두 국가의 연령층별 인구 비율과 총인구를 나타낸 것이다. (가), (나) 국가에 대한 설명으로 옳은 것은? 3점

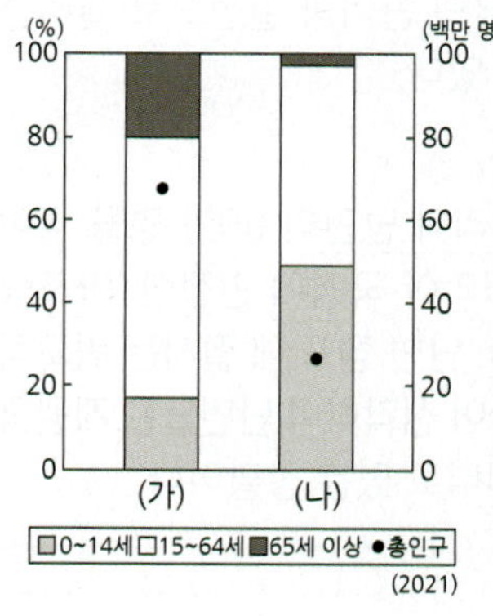

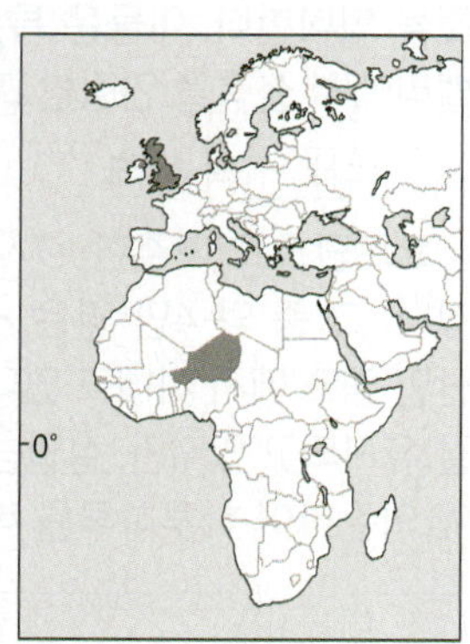

① (가)는 (나)보다 중위 연령이 낮다.
② (가)는 (나)보다 경제 발전 수준이 높다.
③ (나)는 (가)보다 인구 밀도가 낮다.
④ (나)는 (가)보다 출산 장려 정책의 필요성이 크다.
⑤ (가)는 아프리카, (나)는 유럽에 위치한다.

정답과 해설 1 p.89 2 p.89 3 p.90 4 p.90

5

[지리 17년 11월 13번]

그래프는 세 국가의 출생률과 사망률 변화를 나타낸 것이다. (가)~(다) 국가에 대한 옳은 추론을 [보기]에서 고른 것은? ③점

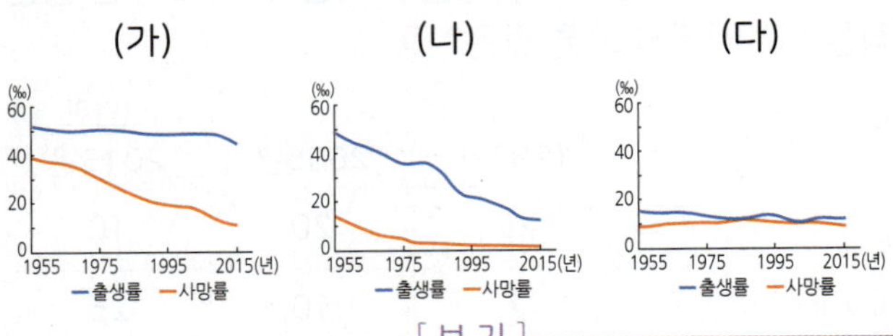

[보 기]

ㄱ. (가)는 1955년 이후 기대 수명이 낮아졌을 것이다.

ㄴ. (나)는 1955년 이후 인구의 자연적 증가가 나타났을 것이다.

ㄷ. (나)는 (다)보다 산업화 시작 시기가 늦었을 것이다.

ㄹ. (다)는 (가)보다 2015년의 노년 인구 비율이 낮을 것이다.

① ㄱ, ㄴ ② ㄱ, ㄷ ③ ㄴ, ㄷ ④ ㄴ, ㄹ ⑤ ㄷ, ㄹ

6

[세지 고2 19년 3월 19번]

다음 자료는 인구 이동의 사례이다. 이에 대한 옳은 설명을 [보기]에서 고른 것은? (단, (가), (나)는 경제적 이동, 정치적 이동 중 하나임.) ③점

◦ (가) 의 사례

미국의 실리콘밸리는 'IC' 위에 만들어졌다는 말이 있다. 여기서 'I'는 인도[India], 'C'는 중국[China]을 나타내는데, 그만큼 ㉠인도와 중국 출신의 기술자가 많다는 것을 의미한다. 이들은 특유의 끈기와 열정으로 실리콘밸리에서 실력을 인정받고 있다.

◦ (나) 의 사례

요르단으로 이주한 ㉡시리아 난민이 60만 명을 넘어섰다. 그 중 약 4만 명은 시리아 국경에 인접한 '아즈락 난민 캠프'에서 지내고 있다. 난민 캠프 내 질서는 비교적 잘 유지되고 있지만, 실업난이 심각하여 난민들은 지원금에 의존하여 하루하루를 버티고 있는 상황이다.

[보 기]

ㄱ. (가)는 경제적 이동이다.

ㄴ. (나)는 (가)보다 세계 총 이주자 수가 많다.

ㄷ. ㉡은 내전으로 인해 비자발적으로 이동하였다.

ㄹ. ㉡은 ㉠보다 평균 수입이 높다.

① ㄱ, ㄴ ② ㄱ, ㄷ ③ ㄴ, ㄷ ④ ㄴ, ㄹ ⑤ ㄷ, ㄹ

7

[일사 17년 9월 19번]

자료에 대한 옳은 분석을 [보기]에서 고른 것은? ③점

< 합계 출산율 및 연령별 인구 구성비 >

구분	합계 출산율 (명)		2010년 연령별 인구 구성비 (%)	
	2010년	2015년	유소년 인구 (0~14세)	노인 인구 (65세 이상)
갑국	2	2.4	35	5
을국	1.3	1.2	25	15

* 합계 출산율: 여성 1명이 가임 기간 동안 낳는 평균 출생아 수

[보 기]

ㄱ. 2010년의 생산 가능 인구는 갑국과 을국이 같다.

ㄴ. 2010년의 합계 출산율은 갑국에 비해 을국이 낮다.

ㄷ. 2010년의 유소년 대비 노인 인구 비율은 갑국에 비해 을국이 높다.

ㄹ. 2015년에 갑국의 출생아 수는 을국의 2배이다.

① ㄱ, ㄴ ② ㄱ, ㄷ ③ ㄴ, ㄷ ④ ㄴ, ㄹ ⑤ ㄷ, ㄹ

8 대표 문제

[23년 3월 11번]

다음 글의 ㉠, ㉡ 국가에 대한 옳은 설명만을 [보기]에서 고른 것은? ③점

국제 연합(UN)은 2022년 11월 15일 세계 인구가 80억 명을 넘어섰으며, 2080년에 104억 명으로 정점을 찍을 것이라고 예측했다. 인구 정점 시기까지 늘어날 세계 인구 24억 명 가운데 출생아는 대부분 ㉠콩고 민주 공화국, 에티오피아, 나이지리아 등 개발 도상국에서 태어나는 반면 ㉡독일, 일본, 미국 등 선진국에서는 오히려 출생아 수가 꾸준히 감소할 것으로 예상했다.

[보 기]

ㄱ. ㉠은 ㉡보다 합계 출산율을 높이기 위한 정책이 필요하다.

ㄴ. ㉠은 ㉡보다 청장년층 인구의 감소로 노동력 부족 문제가 심각하다.

ㄷ. ㉠은 ㉡보다 이촌향도 현상으로 인해 도시 인구가 빠르게 증가한다.

ㄹ. ㉠은 ㉡보다 각 국가의 총인구에서 유소년층 인구가 차지하는 비율이 높다.

① ㄱ, ㄴ ② ㄱ, ㄷ ③ ㄴ, ㄷ ④ ㄴ, ㄹ ⑤ ㄷ, ㄹ

정답과 해설 5 p.90 6 p.90 7 p.90 8 p.91

9

[25년 3월 13번]

다음 자료는 A~C 국가의 연령층별 인구 비율을 나타낸 것이다. 이에 대한 설명으로 옳은 것만을 [보기]에서 고른 것은? (단, A~C는 각각 말리, 베트남, 프랑스 중 하나임.) 3점

구분/국가	연령층별 인구 비율(%)		
	유소년층 (0~14세)	청장년층 (15~64세)	노년층 (65세 이상)
A	46.8	50.8	2.4
B	17.0	61.6	21.4
C	23.9	67.9	8.2

(2022)

[보기]

ㄱ. A는 B보다 출산 장려 정책의 필요성이 클 것이다.
ㄴ. A는 C보다 청장년층 인구 대비 노년층 인구 비율이 낮다.
ㄷ. B는 A보다 평균 수명이 길 것이다.
ㄹ. B는 C보다 청장년층 인구의 비율이 높다.

① ㄱ, ㄴ ② ㄱ, ㄷ ③ ㄴ, ㄷ ④ ㄴ, ㄹ ⑤ ㄷ, ㄹ

10

[한지 고2 18년 3월 20번]

그래프는 우리나라의 인구 구조 변화를 나타낸 것이다. 이를 토대로 추론한 내용으로 적절한 것을 [보기]에서 고른 것은? 2점

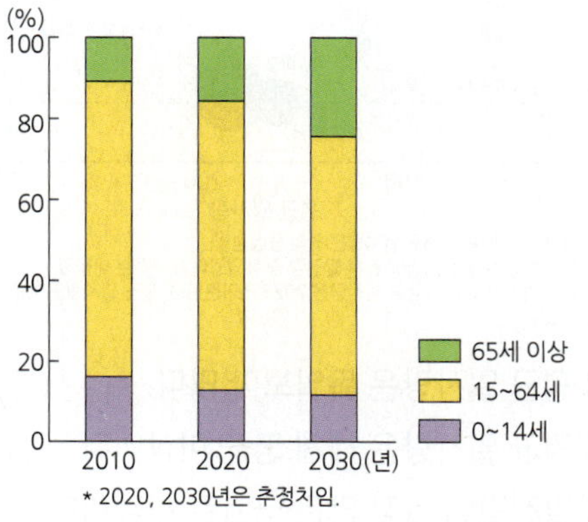

* 2020, 2030년은 추정치임.

[보기]

ㄱ. 총부양비가 감소할 것이다.
ㄴ. 노령화 지수가 높아질 것이다.
ㄷ. 출산 장려 정책이 필요할 것이다.
ㄹ. 피라미드형 인구 구조가 뚜렷해질 것이다.

① ㄱ, ㄴ ② ㄱ, ㄷ ③ ㄴ, ㄷ ④ ㄴ, ㄹ ⑤ ㄷ, ㄹ

11

[한지 고2 19년 3월 17번]

다음은 한국 지리 수업 장면이다. 교사의 질문에 옳게 답한 학생을 고른 것은? 3점

① 갑, 을 ② 갑, 병 ③ 을, 병
④ 을, 정 ⑤ 병, 정

12

[세지 고2 19년 3월 11번]

그래프는 두 화석 에너지의 국가별 생산량 비율을 나타낸 것이다. (가), (나)에 대한 설명으로 옳은 것은? (단, (가), (나)는 석유, 석탄 중 하나임.) 3점

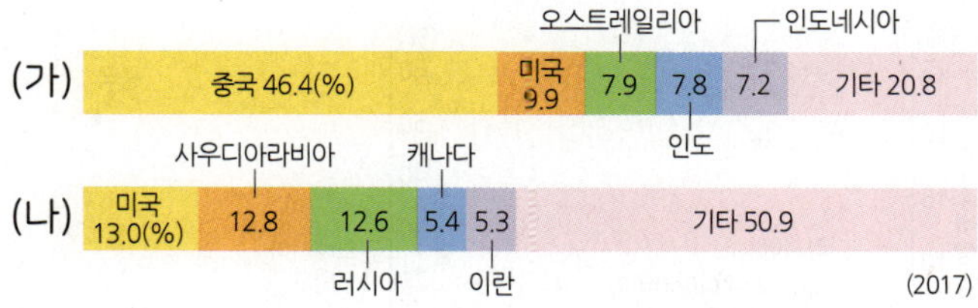

① (가)는 산업 혁명 당시 주요 에너지원이었다.
② (가)는 세계 1차 에너지 중 소비량이 가장 많다.
③ (나)는 주로 고생대 지층에 매장되어 있다.
④ (가)는 (나)보다 국제 이동량이 많다.
⑤ (가)는 (나)보다 수송용 연료로 사용되는 비율이 높다.

13

[지리 17년 9월 16번]

지도는 화석 연료의 지역별 생산량을 나타낸 것이다. A~C 자원에 대한 설명으로 옳은 것은? (단, A~C는 석유, 석탄, 천연가스 중 하나임.) 3점

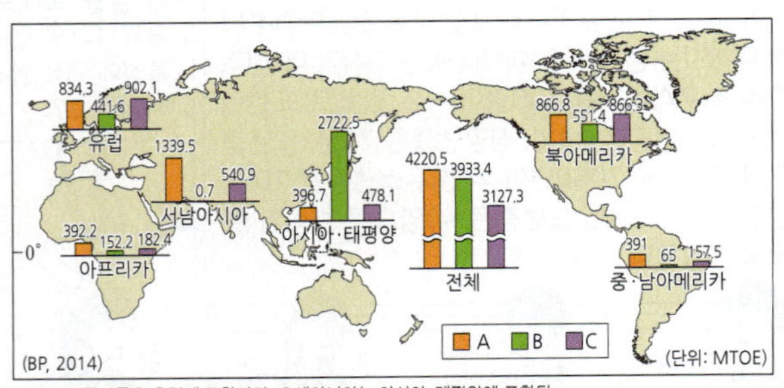

* 구소련 국가들은 유럽에 포함되며, 오세아니아는 아시아·태평양에 포함됨.

① A는 산업 혁명 시기에 주요 연료로 이용되었다.
② B는 수송용 연료 및 화학 공업의 원료로 주로 이용된다.
③ C는 저장 및 수송 기술의 발달로 소비량이 증가하고 있다.
④ A는 B보다 생산지에서 소비 비중이 높아 국제 이동량이 적다.
⑤ B는 C보다 연소 시 대기 오염 물질의 배출량이 적다.

14

[세지 고2 18년 3월 8번]

그래프는 주요 국가의 두 화석 에너지 생산량 비중과 소비량 비중을 나타낸 것이다. (가), (나) 화석 에너지에 대한 설명으로 옳지 않은 것은? (단, (가), (나)는 석유, 석탄 중 하나임.) 3점

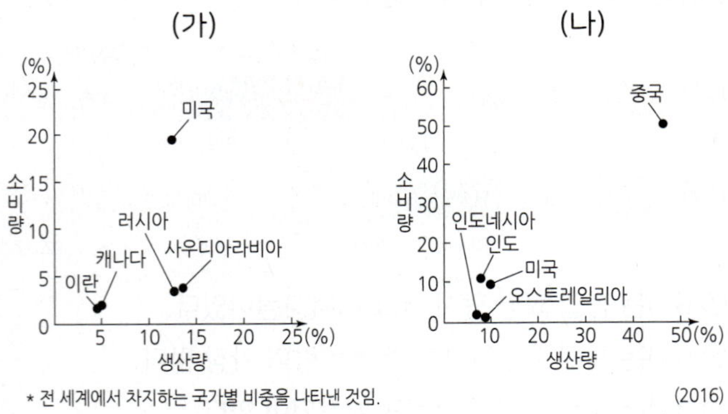

* 전 세계에서 차지하는 국가별 비중을 나타낸 것임. (2016)

① (가)는 석유, (나)는 석탄이다.
② (가)는 자동차와 항공기의 연료로 주로 사용된다.
③ (나)는 주로 고기 습곡 산지 주변에 매장되어 있다.
④ (가)는 (나)보다 세계 1차 에너지 소비 구조에서 차지하는 비중이 낮다.
⑤ (나)는 (가)보다 본격적으로 산업에 사용되기 시작한 시기가 이르다.

15

[세지 고2 20년 3월 16번]

(가), (나)에 대한 설명으로 옳지 않은 것은? (단, (가), (나)는 각각 석유, 석탄 중 하나임.) 3점

> • 사탕수수와 쌀이 주요 생산물인 가이아나에 [(가)] 생산의 행운이 찾아왔다. 가이아나는 인근 바다에서 이 자원을 채굴하는데, 국민 1인당 매장량은 주요 생산국인 사우디아라비아보다 많은 것으로 알려져 있다.
> • 중국 산둥성에 위치한 [(나)] 광산이 붕괴되어 다수의 사상자가 발생하였다. 이 자원의 세계 최대 생산국인 중국에서는 광산 매몰 사고가 종종 발생하고 있다.

① (가)는 자동차 및 항공기의 주요 연료로 이용된다.
② (나)는 산업 혁명 당시 주요 에너지원이었다.
③ (가)는 (나)보다 국제 이동량이 많다.
④ (나)는 (가)보다 전 세계적으로 많이 소비된다.
⑤ (가), (나)는 모두 화석 에너지로 고갈의 우려가 있다.

16 대표 문제

[25년 3월 14번]

그래프는 국가별 태양광 발전 현황을 나타낸 것이다. 이에 대한 분석으로 옳은 것은? 3점

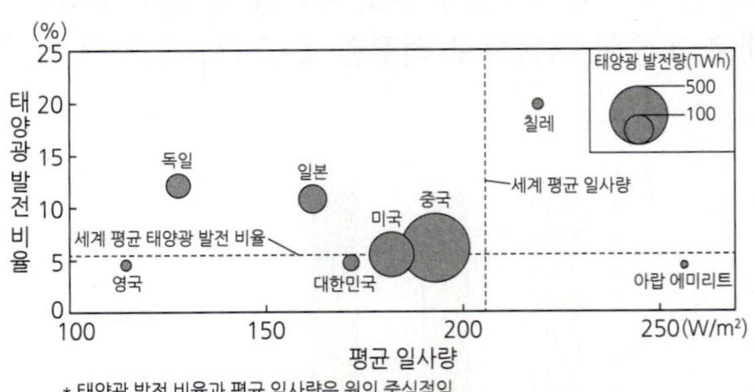

* 태양광 발전 비율과 평균 일사량은 원의 중심점임.
** 태양광 발전 비율은 국가별 전체 발전량 중 태양광이 차지하는 비율임.
*** 태양광 발전 비율과 태양광 발전량은 2023년 기준이며, 평균 일사량은 1990~2023년 평균값임.

① 영국의 평균 일사량은 독일보다 많다.
② 중국의 평균 일사량은 세계 평균 이상이다.
③ 태양광 발전량이 가장 많은 국가는 칠레이다.
④ 대한민국의 태양광 발전 비율은 세계 평균 미만이다.
⑤ 평균 일사량이 많은 국가일수록 태양광 발전량이 많다.

정답과 해설 | 13 p.92 | 14 p.92 | 15 p.92 | 16 p.92

17

[한지 고2 19년 3월 10번]

표는 세 도(道)의 A~C 신·재생 에너지 발전량을 나타낸 것이다. A~C 에너지로 옳은 것은? 3점

(단위: 천 MWh)

지역 \ 에너지	A	B	C
강원	642	820	384
전남	306	66	1,684
제주	537	2	170

(2017년)

	A	B	C
①	수력	풍력	태양광
②	수력	태양광	풍력
③	풍력	수력	태양광
④	풍력	태양광	수력
⑤	태양광	풍력	수력

18

[한지 고2 20년 3월 19번]

지도는 신·재생 에너지 (가)~(다)의 발전소 분포를 나타낸 것이다. 이에 대한 설명으로 옳은 것은? (단, (가)~(다)는 각각 조력, 풍력, 태양광 중 하나임.) 3점

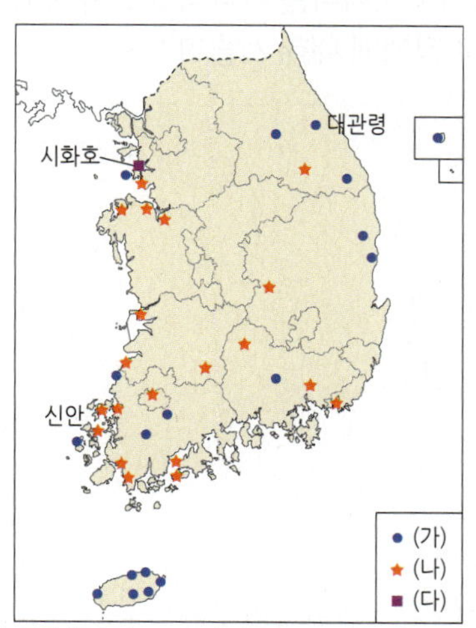

* 태양광·풍력 발전소는 2016년 기준 5MW 이상 규모만 나타냄.

① (가)는 조수 간만의 차가 큰 지역이 생산에 유리하다.
② (나)는 강한 바람이 지속적으로 부는 곳이 생산에 유리하다.
③ (다)는 일사량이 풍부한 지역이 생산에 유리하다.
④ (가)는 (나)보다 발전 과정에서 소음으로 인한 피해가 크다.
⑤ (나)는 (다)보다 밤 시간대 발전량이 많다.

19 대표 문제

[생윤 고2 19년 3월 7번]

다음 가상 대담 속 A 학자의 입장에 대한 설명으로 가장 적절한 것은? 3점

> 사회자: 현대 과학 기술은 환경 파괴와 관련된 여러 문제들을 발생시킵니다. 이러한 문제들을 해결하기 위해 어떤 자세를 가져야 할까요?
>
> A 학자: 인간의 이익을 위하여 과학 기술을 남용한 결과 환경 문제가 발생했습니다. 이런 인간 중심적 사고에서 벗어나, 인간은 자연의 한 구성원으로서 자연에 대해 책임져야 한다는 관점으로의 전환이 필요합니다. 더불어 윤리적 책임의 범위를 현세대에만 한정하지 말고 미래 세대까지 확대해야 합니다.

① 과학 기술의 발전 그 자체를 목적으로 간주하고 있다.
② 미래 세대에 대해 져야 할 윤리적 책임을 부정하고 있다.
③ 자연을 인간이 지배하고 정복해야 할 대상으로 보고 있다.
④ 미래 세대의 이익만을 윤리적 책임의 기준으로 삼고 있다.
⑤ 인간의 윤리적 책임의 범위에 대한 확장을 요구하고 있다.

20

[일사 15년 9월 18번]

갑, 을의 주장에 대한 적절한 분석을 [보기]에서 고른 것은? 3점

> 갑: 과학 기술의 발달로 인하여 자연 환경이 파괴되어 인류의 생존이 위협받고 있습니다. 모든 나라가 지구 환경 보호를 위해 과학 기술 개발을 최소화해야 하며, 과학 기술 연구의 시작에서부터 적용 단계까지 환경에 대한 책임감과 윤리 의식을 가져야 합니다.
>
> 을: 과학 기술의 발달을 통해 환경 문제를 해결하거나 완화시킬 수 있습니다. 신·재생 에너지를 개발하거나 오염 물질 처리의 기술 수준을 높여 환경 위기에 능동적으로 대처할 수 있습니다.

[보기]

ㄱ. 갑은 과학 기술 무용론(無用論)을 주장하고 있다.
ㄴ. 갑은 과학 기술 발달에 따른 환경 문제를 지구촌 공동의 문제로 인식하고 있다.
ㄷ. 을은 과학 기술의 긍정적 측면에 주목하고 있다.
ㄹ. 갑, 을 모두 과학 기술 활용에 대해 가치중립적인 입장이다.

① ㄱ, ㄴ ② ㄱ, ㄷ ③ ㄴ, ㄷ ④ ㄴ, ㄹ ⑤ ㄷ, ㄹ

정답과 해설 | 17 p.93 | 18 p.93 | 19 p.93 | 20 p.93

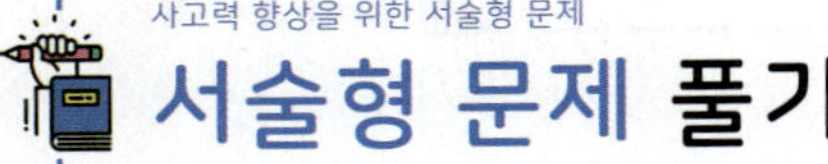

사고력 향상을 위한 서술형 문제

서술형 문제 풀기

1 다음은 우리나라의 시대별 가족계획 표어이다. 물음에 답하시오.

구분	표어
(가)	- 한 가정 한 자녀 사랑 가득 건강 가득 - 하나씩만 낳아도 삼천리는 초만원 - 늘어나는 인구만큼 줄어드는 복지후생
(나)	- 아들 바람 부모 세대 짝꿍 없는 우리 세대 - 사랑으로 낳은 자식 아들, 딸로 판단 말자
(다)	- 한 자녀보다는 둘, 둘보단 셋이 더 행복합니다. - 하나의 촛불보다는 여러 개의 촛불이 더 밝습니다.

(1) (가)~(다)를 시대 순으로 배열하시오.

(2) (가)~(다)가 사용된 시기의 주요 인구 문제에 대해 서술하시오.

2 다음 자료를 보고 물음에 답하시오.

지역(대륙) \ 인구 부양비	노년 부양비		유소년 부양비		인구 총부양비	
	1970년	2015년	1970년	2015년	1970년	2015년
앵글로아메리카	16	22	46	29	62	51
라틴 아메리카	7	12	80	39	87	51
오세아니아	12	18	54	37	66	55
(가)	6	6	84	74	90	80
(나)	7	11	73	36	80	47
(다)	16	26	39	24	55	50

(1) (가)~(다)에 해당하는 지역(대륙)을 쓰시오. (단, (가), (나), (다)는 각각 유럽, 아시아, 아프리카 중 하나이다.)

(2) (가), (다)에서 나타나는 각각의 인구 문제와 이를 해소하기 위한 인구 정책에 대해 서술하시오.

3 다음 자료를 보고 물음에 답하시오.

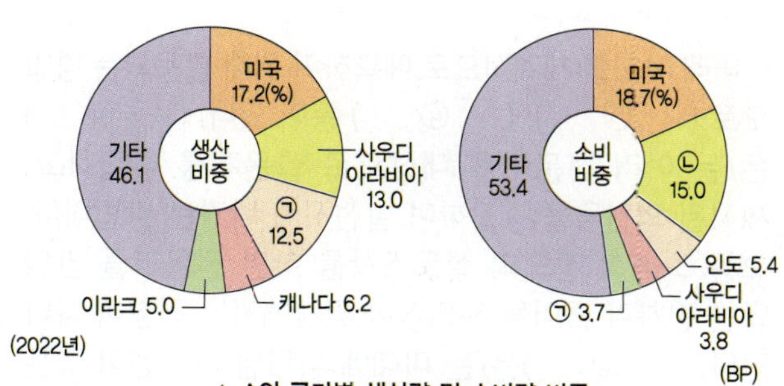

▲ A의 국가별 생산량 및 소비량 비중

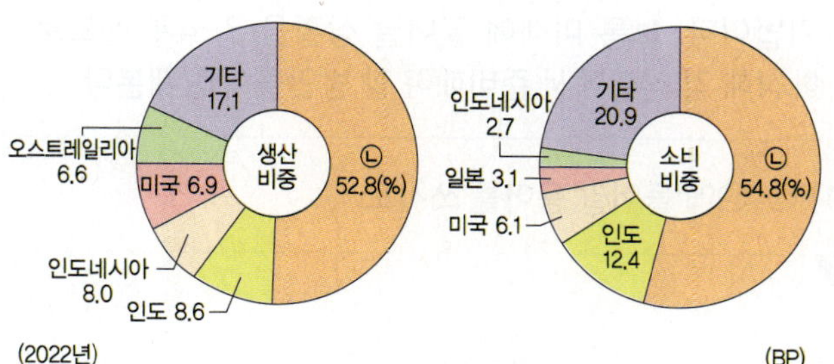

▲ B의 국가별 생산량 및 소비량 비중

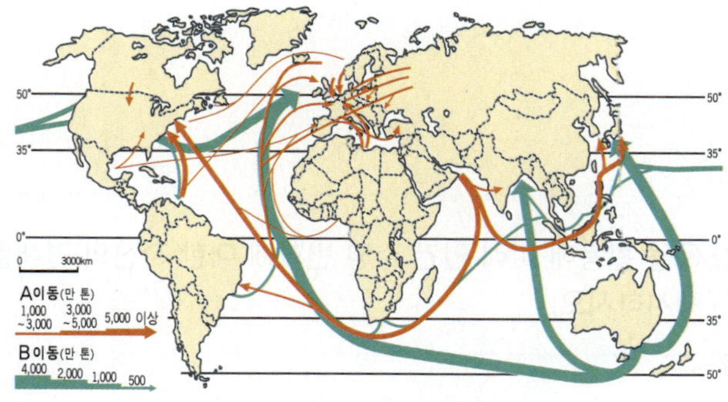

▲ A와 B의 지역별 생산과 이동

(A)은/는 현재 세계에서 소비 비중이 가장 큰 에너지 자원으로, 내연 기관의 연료로 활용되면서 수요가 급증하였다. 수송용으로 많이 사용되며, 각종 화학 공업의 원료로 이용되고 있다. (B)은/는 화석 연료 중 가장 먼저 상용화된 자원으로, 산업 혁명의 주요 동력원이었다. 주로 제철 공업이나 화력 발전 등에 이용된다. 천연가스는 화석 연료 중 비교적 대기 오염 물질의 배출이 적은 편이다. 그러나 (A), (B)에 비해 상용화된 시기가 늦었고, 가정용 에너지로 이용되는 비중이 상대적으로 높은 편이다.

(1) A, B에 들어갈 자원을 쓰시오.

(2) ㉠, ㉡에 들어갈 국가를 쓰시오.

(3) A, B 자원이 매장된 지층의 특성을 지질 시대와 연관하여 서술하시오.

정답과 해설 3 p.94

4 다음 글을 읽고 물음에 답하시오.

오늘날 에너지 자원의 소비량이 폭발적으로 증가하면서 자원 고갈 및 부족 문제에 직면하고 있다. 또한 자원 보유국이 자원 생산량과 가격을 임의로 조정하면서 자원을 정치적 목적으로 이용하려는 (㉠)이/가 확산되고 있다. 이 밖에도 자원 채굴 과정에서 생태계가 파괴되고, ㉡화석 에너지 사용 증가로 인한 환경문제도 심화되고 있다. 이러한 문제를 해결하기 위해 각국에서는 ㉢신·재생 에너지의 개발과 보급을 확대하고 있다. 그러나 신·재생 에너지는 에너지 효율이 낮아 대부분 소규모로 생산하고 있어 화석 에너지를 대체하기 위해서는 기술 개발, 투자 증가 등 더 많은 노력이 필요하다.

(1) ㉠에 들어갈 용어를 쓰시오.

(2) ㉡의 사례 2개를 쓰시오.

(3) ㉢에 해당하는 에너지들을 3개 이상 쓰고, 각각의 에너지별 개발 잠재력이 높은 지역의 자연환경에 대해 서술하시오.

5 다음 글을 읽고 물음에 답하시오.

미래 사회를 체계적으로 예측하기 위해 활용되는 방법으로 (㉠), (㉡) 등이 있다. (㉠)은/는 여러 전문가를 대상으로 설문지를 수집하고, 제시된 의견들을 종합하여 발전시켜 나가는 방법이다. 보통 3~4회 정도의 설문조사를 하면 전문가들 간의 답변 편차가 줄어들고 의견이 유사해지는 경향이 나타난다. (㉡)은/는 미래에 나타날 가능성이 있는 다양한 상황을 구상해 각각의 전개 과정을 예측하는 기법이다. 보통 미래에 일어날 상황을 3~4개 정도로 예상해 각 상황에서 준비해야 할 방안을 구상해본다.

(1) ㉠, ㉡에 들어갈 용어를 쓰시오.

(2) ㉡을 활용해 미래 인간 수명 변화에 대한 자신의 견해를 제시하시오.

정답과 해설 4 p.94 5 p.95

1회 미니모의고사

해설편 p.95

1

[22년 6월 18번]

밑줄 친 ㉠에 대한 옳은 설명만을 [보기]에서 고른 것은? (2점)

교사: 현대사회에서 인권의 개념이 확장되면서 나타나게 된 ㉠ ○○권에 대해 설명해 볼까요?

갑: 경제적, 문화적 배경과 상관없이 누구나 문화생활을 향유할 수 있는 권리를 말합니다.

을: 표현의 자유 보장을 통해 차별화된 문화 양식을 만들 수 있는 권리를 말합니다.

교사: 모두 옳게 대답했습니다. 잘했습니다.

[보기]

ㄱ. 사회의 다양성 확대에 기여하는 권리이다.
ㄴ. 문화적 정체성 확립에 도움을 주는 권리이다.
ㄷ. 쾌적한 주거 환경 조성을 강조하는 권리이다.
ㄹ. 전염병으로부터 자신의 안전을 보장해 주는 권리이다.

① ㄱ, ㄴ ② ㄱ, ㄷ ③ ㄴ, ㄷ ④ ㄴ, ㄹ ⑤ ㄷ, ㄹ

2

[24년 10월 3번]

그림의 강연자가 지지할 입장으로 가장 적절한 것은? (2점)

우리는 법을 지키며 살아가야 합니다. 나아가 인권을 침해하는 어떤 법이 있다면 이를 합법적인 방법으로 바로잡기 위해 노력해야 합니다. 만약 이러한 노력이 모두 실패했을 때는 시민 불복종을 고려해야 합니다. 다만, 시민 불복종은 공공성, 비폭력성, 처벌 감수 등의 정당화 조건을 갖추어야 합니다. 이러한 시민 불복종은 법에 위배되지만, 사회 정의를 실현하는 행위입니다.

① 시민 불복종은 공공의 이익을 위해 시행되어야 한다.
② 시민 불복종에 따른 처벌을 받아들이지 않아야 한다.
③ 시민 불복종은 정의로운 법을 대상으로 실시되어야 한다.
④ 시민 불복종은 합법적인 노력보다 먼저 이루어져야 한다.
⑤ 시민 불복종의 목적 달성을 위해서는 폭력도 허용되어야 한다.

3

[18년 3월 4번]

(가)의 입장에서 (나)의 A에게 제시할 조언으로 가장 적절한 것은? (2점)

(가)	사회 구성원이 인간으로서 기본적인 삶을 유지할 수 있도록 최소한의 필요를 충족시키는 분배를 해야 한다.
(나)	○○시의 △△자선단체에서 근무하는 A는 연말에 모금된 불우 이웃 돕기 성금을 어떻게 분배해야 할지 고민하고 있다.

① 모든 시민들에게 균등하게 분배해야 합니다.
② 나이가 많은 사람에게 우선적으로 분배해야 합니다.
③ 직업이 있는 사람에게 우선적으로 분배해야 합니다.
④ 가장 빈곤한 사람에게 우선적으로 분배해야 합니다.
⑤ 부양가족이 적은 사람에게 우선적으로 분배해야 합니다.

4

[23년 9월 15번]

(가), (나)에서 공통으로 추론할 수 있는 내용으로 가장 적절한 것은? (2점)

(가) 장애인 의무 고용 제도란 국내 사업주에게 일정 비율 이상의 장애인을 고용하도록 의무를 부과하는 제도로, 이를 이행하지 않으면 부담금을 내야 한다. 그러나 아직 우리 사회에서는 장애인에 관한 사회적 인식이 크게 바뀌지 않아 여전히 장애인 고용은 저조한 수준에 머물러 있다.

(나) 남녀 고용 평등법은 고용 시장에서의 여성의 채용·승진·임금 차별을 막기 위해서 제정되었다. 하지만 법이 시행된 이후에도 성차별적 인식으로 인해 여전히 여성은 임금과 고용에서 차별을 받고 있다.

① 성별에 따른 차별이 장애에 따른 차별보다 강하다.
② 사회적 소수자를 규정하는 기준은 절대적이며 변하지 않는다.
③ 장애인과 여성에 대한 사회적 차별은 개인적 능력 차이에서 기인한다.
④ 사회적 소수자 우대 정책으로 인한 역차별 문제도 함께 해소해야 한다.
⑤ 사회적 소수자에 대한 차별을 해소하기 위해서는 법과 제도의 시행뿐만 아니라 의식 개선도 이루어져야 한다.

미니 모의 고사

정답과 해설 | 1 p.95 | 2 p.95 | 3 p.96 | 4 p.96

5

[22년 9월 16번]

다음은 자본주의의 전개 과정을 도식화한 것이다. 이에 대한 설명으로 옳은 것은? (단, (가), (나)는 각각 신자유주의, 수정 자본주의 중 하나이다.) 3점

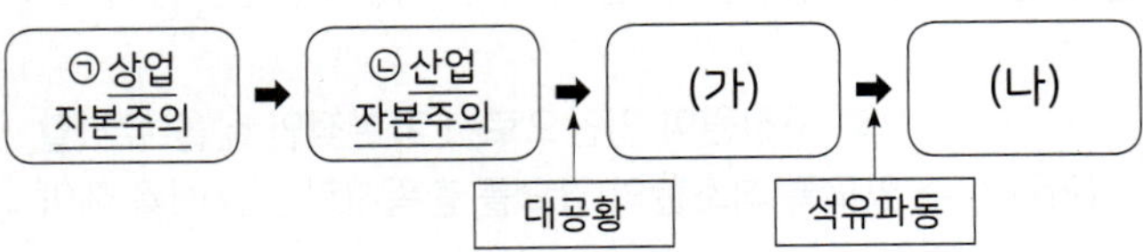

① 산업 혁명은 ㉠의 등장 배경으로 작용하였다.

② ㉠은 ㉡과 달리 '보이지 않는 손'의 역할을 중시하였다.

③ (나)는 공기업의 민영화에 적극적이다.

④ (가)는 (나)와 달리 정부의 시장 개입을 축소해야 한다고 본다.

⑤ (나)는 (가)와 달리 복지 예산의 확대를 추구한다.

6

[21년 11월 18번]

표는 갑이 보유하고 있는 금융 자산의 비중 변화를 나타낸 것이다. 이에 대한 설명으로 옳은 것은? 3점

(단위: %)

구분	㉠예금	㉡주식	㉢채권	계
2019년	40.5	31.5	28.0	100.0
2020년	29.5	31.5	39.0	100.0

① ㉡은 ㉠에 비해 일반적으로 안전성이 높다.

② ㉢은 ㉡과 달리 만기가 없다.

③ ㉠, ㉡은 모두 배당 수익을 기대할 수 있다.

④ 2019년에 이자 수익을 기대할 수 있는 금융 자산의 비중은 60%보다 크다.

⑤ 2020년에 시세 차익을 기대할 수 있는 금융 자산의 비중은 2019년보다 감소하였다.

7

[20년 11월 13번]

밑줄 친 ㉠~㉣에 대한 옳은 설명만을 [보기]에서 고른 것은? 2점

세계화가 가속화되면서 ㉠다국적 기업의 활동이 활발해졌고, ㉡세계 도시가 등장하였다. 이로 인해 자본, 상품, 노동력뿐만 아니라 문화 교류가 더욱 활발해졌다. 하지만 보편 윤리와 특수 윤리 간의 갈등, ㉢국가 간 빈부 격차 심화, ㉣문화의 획일화 등의 문제가 나타날 수 있다.

[보기]

ㄱ. ㉠의 본사는 주로 저임금 노동력이 풍부한 국가에 입지한다.

ㄴ. ㉡은 정치, 경제 등의 측면에서 세계의 중심지 역할을 한다.

ㄷ. ㉢을 해결하기 위한 노력으로 공정 무역을 들 수 있다.

ㄹ. ㉣로 인해 각 지역 고유문화의 정체성이 강화된다.

① ㄱ, ㄴ ② ㄱ, ㄷ ③ ㄴ, ㄷ ④ ㄴ, ㄹ ⑤ ㄷ, ㄹ

8

[23년 11월 8번]

밑줄 친 ㉠~㉢에 대한 옳은 설명만을 [보기]에서 고른 것은? 2점

폭력을 줄이는 것도 중요하지만, 폭력을 예방하는 것이 더 중요하다. 전자는 ㉠소극적 평화를 목표로 하지만, 후자는 ㉡적극적 평화를 지향한다. ㉢진정한 평화를 실현하려면 전쟁, 테러 등 신체에 직접 해를 가하는 직접적 · 물리적 폭력이 제거된 소극적 평화 상태뿐만 아니라, 억압, 착취 등의 구조적 폭력과 종교와 사상, 언어와 예술 등의 내부에 존재하는 문화적 폭력까지 사라진 적극적 평화 상태를 추구해야 한다.

[보기]

ㄱ. ㉠의 실현은 구조적 폭력의 해소를 보장한다.

ㄴ. ㉡은 경제적 착취와 빈곤이 제거된 상태를 포함한다.

ㄷ. ㉢은 모든 종류의 폭력이 사라진 상태를 지향한다.

ㄹ. ㉢은 ㉡ 없이 ㉠의 달성만으로도 실현된다.

① ㄱ, ㄴ ② ㄱ, ㄷ ③ ㄴ, ㄷ ④ ㄴ, ㄹ ⑤ ㄷ, ㄹ

정답과 해설 5 p.96 6 p.96 7 p.96 8 p.97

9

[24년 3월 13번]

다음은 세계의 인구에 대한 수업 장면이다. 교사의 질문에 옳게 대답한 학생만을 고른 것은? (단, A, B는 각각 아프리카, 유럽 중 하나임.) 3점

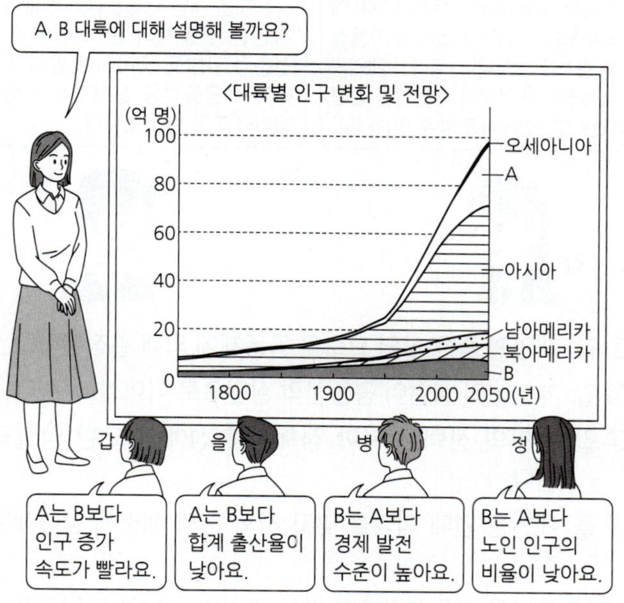

① 갑, 을 ② 갑, 병 ③ 을, 병 ④ 을, 정 ⑤ 병, 정

10

[25년 3월 14번]

그래프는 국가별 태양광 발전 현황을 나타낸 것이다. 이에 대한 분석으로 옳은 것은? 3점

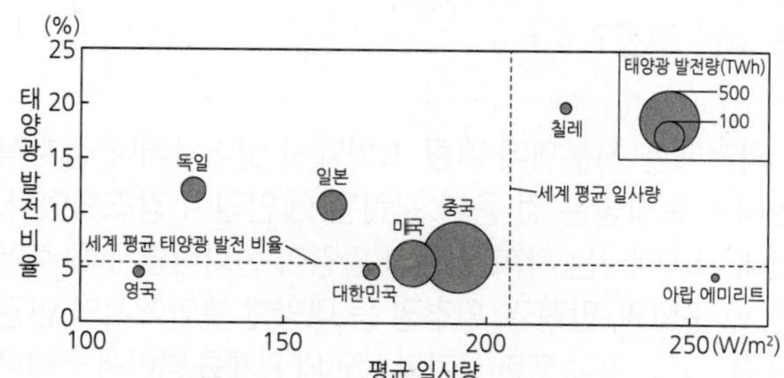

* 태양광 발전 비율과 평균 일사량은 원의 중심점임.
** 태양광 발전 비율은 국가별 전체 발전량 중 태양광이 차지하는 비율임.
*** 태양광 발전 비율과 태양광 발전량은 2023년 기준이며, 평균 일사량은 1990~2023년 평균값임.

① 영국의 평균 일사량은 독일보다 많다.
② 중국의 평균 일사량은 세계 평균 이상이다.
③ 태양광 발전량이 가장 많은 국가는 칠레이다.
④ 대한민국의 태양광 발전 비율은 세계 평균 미만이다.
⑤ 평균 일사량이 많은 국가일수록 태양광 발전량이 많다.

정답과 해설 9 p.97 10 p.97

가볍게 풀어보는 모의고사

2회 미니모의고사

해설편 p.98

1

[21년 6월 7번]

밑줄 친 ㉠~㉣에 대한 옳은 설명만을 [보기]에서 있는 대로 고른 것은? 3점

과거에는 신분제에 따른 차별에서 벗어나거나 정치적 권리를 보장받는 것 등과 관련된 ㉠인권이 강조되었다. 현대 사회에서는 사회·경제적 환경이 변화하면서 ㉡주거권, ㉢문화권, 안전권, 환경권 등 다양한 분야에서의 인권이 중시되고 있다. 또한 국가와 개인의 관계를 넘어서 국제적 연대와 협력을 중시하는 ㉣연대권도 강조되고 있다.

[보 기]

ㄱ. 자유권, 평등권은 ㉠에 해당한다.
ㄴ. 층간 소음 피해 구제 방안은 ㉡의 보장과 관련 있다.
ㄷ. ㉢은 재난, 사고의 위험으로부터 안전을 보장 받을 권리이다.
ㄹ. 인종, 국적 등과 관계없이 인도주의적 구제를 받을 권리는 ㉣에 해당한다.

① ㄱ, ㄴ ② ㄱ, ㄷ ③ ㄷ, ㄹ
④ ㄱ, ㄴ, ㄹ ⑤ ㄴ, ㄷ, ㄹ

2

[23년 11월 9번]

다음 사례에 대한 설명으로 옳은 것은? 3점

중학교를 졸업한 갑(16세)은 ○○ 대형 마트 사장 을(41세)과 2023년 1월 2일부터 2023년 2월 1일까지 매장 내 상품 진열 및 정리를 하기로 근로 계약을 체결하였다. 다음은 계약 내용 중 일부이다.

○ 근로 시간: 13시~21시(휴게 시간: 17시~18시)
○ 근무일: 월~금(휴일: 토, 일)
○ 임금: 시간당 9,000원

* 갑의 친권자는 부모이며, 2023년 법정 최저 임금은 시간당 9,620원임.

① 갑은 부모의 동의 없이도 근로 계약을 체결할 수 있다.
② 갑과 을은 근로 계약의 내용을 문서로 작성하지 않아도 된다.
③ 갑의 근로 시간은 근로 기준법에 위반되지 않는다.
④ 갑은 근로 계약대로 시간당 9,000원의 임금만 요구할 수 있다.
⑤ 갑과 을이 합의하더라도 갑은 연장 근로를 할 수 없다.

3

[21년 11월 12번]

갑, 을의 입장으로 적절하지 않은 것은? 2점

개인은 공동체에 우선하기 때문에 공동체는 개인의 독립성과 자율성을 중시해야 합니다. 따라서 개인의 기본권을 보장하여 개인선을 실현하는 것이 정의라고 할 수 있습니다.

공동체는 개인에 우선하기 때문에 개인은 공동체의 문화와 역사, 전통과 규범을 중시해야 합니다. 따라서 공동선을 실현하는 것이 정의라고 할 수 있습니다.

① 갑: 개인의 좋은 삶의 모습은 공동체에 의해 결정된다.
② 갑: 개인선의 실현이 공동선의 실현으로 이어질 수 있다.
③ 갑: 개인의 선택은 자아 정체성 형성에 중요한 역할을 한다.
④ 을: 개인은 연대 의식을 갖고 사회 문제 해결에 참여해야 한다.
⑤ 을: 개인은 공동체가 지향하는 가치와 규범을 내면화해야 한다.

4

[23년 11월 18번]

다음 글의 (가)에 들어갈 내용으로 가장 적절한 것은? 2점

제목: (가)

과거 우리나라는 정부 주도의 성장 중심 개발을 추진하였다. 이 과정에서 수도권은 인구와 산업 및 편의 시설 등의 기능이 집중되어 크게 성장하였지만, 비수도권은 상대적으로 성장이 정체되고, 낙후되는 문제가 발생하였다. 이를 해결하기 위해 정부는 다양한 정책을 추진하고 있다. 대표적인 정책으로 공공 기관 지방 이전 계획이 있으며, 이에 따라 전국에 주요 혁신 도시를 지정하여 수도권 소재의 공공 기관을 지방으로 이전하고 있다.

① 공간 불평등 해소를 위한 정부의 노력
② 저출산·고령화 문제 해결을 위한 정책
③ 다문화 사회의 갈등 해소를 위한 개인적 노력
④ 시장 경제 질서의 효율성 향상을 위한 기업의 노력
⑤ 과시 소비로 인한 계층 간 위화감 해소를 위한 정책

정답과 해설 | 1 p.98 | 2 p.98 | 3 p.98 | 4 p.98

5

[22년 9월 20번]

자료에 대한 옳은 설명만을 [보기]에서 고른 것은? 3점

갑은 한정된 용돈으로 ㉠뮤지컬 관람과 ㉡연극 관람 중 하나를 합리적으로 선택한다. 표는 갑의 각 선택에 따른 편익과 관람료를 화폐 단위로 나타낸 것이다. 단, 제시된 자료 외에 다른 조건은 고려하지 않는다.

선택	편익(원)	관람료(원)
뮤지컬 관람	8만	3만
연극 관람	4만	2만

[보기]

ㄱ. ㉠은 ㉡보다 명시적 비용이 크다.
ㄴ. ㉠은 ㉡보다 암묵적 비용이 크다.
ㄷ. ㉠을 선택하는 것이 합리적이다.
ㄹ. ㉠, ㉡의 편익이 50%씩 감소하면 갑의 선택은 달라진다.

① ㄱ, ㄴ ② ㄱ, ㄷ ③ ㄴ, ㄷ ④ ㄴ, ㄹ ⑤ ㄷ, ㄹ

6

[21년 11월 16번]

다음 자료에 대한 옳은 분석만을 [보기]에서 고른 것은? 3점

쌀과 옷만을 생산하는 갑국과 을국은 비교 우위를 가지는 재화만을 특화하여 두 국가끼리만 교역하고자 한다. 표는 쌀 1단위 또는 옷 1단위를 생산하는 데 필요한 노동 시간을 나타낸 것이다. 단, 양국은 모두 노동만을 생산 요소로 사용한다.

구분	갑국	을국
쌀	1시간	2시간
옷	2시간	6시간

[보기]

ㄱ. 갑국에서 쌀 1단위 생산에 대한 기회비용은 옷 2단위이다.
ㄴ. 을국의 노동 시간이 10시간일 경우 쌀 2단위와 옷 2단위를 동시에 생산할 수 있다.
ㄷ. 갑국은 쌀과 옷 생산에 대해 모두 절대 우위를 가진다.
ㄹ. 을국은 쌀 생산에 대해 비교 우위를 가진다.

① ㄱ, ㄴ ② ㄱ, ㄷ ③ ㄴ, ㄷ ④ ㄴ, ㄹ ⑤ ㄷ, ㄹ

7

[21년 3월 12번]

㉠ 현상이 중국 후이저우에 미칠 영향으로 옳은 내용만을 [보기]에서 고른 것은? 2점

대한민국 기업, 베트남에 대규모 투자

대한민국의 다국적 기업 ○○은/는 중국 후이저우에 공장을 설립하여 2007년부터 스마트폰을 생산해 왔다. 그러나 임금이 상승하고 실적 부진이 계속되자 2019년에 ㉠후이저우의 공장 가동을 중단하고 스마트폰 생산 공장을 베트남으로 이전하였다. 베트남의 경우, 생산된 제품의 품질을 유지하면서도 중국보다 저렴한 임금의 생산직 직원을 대규모로 고용할 수 있기 때문이다. 또한 세금 면제나 감세의 혜택도 기대할 수 있다.

-「○○신문」, 2019년 ○월 ○일 -

[보기]

ㄱ. 일자리가 감소하여 실업 문제가 발생할 것이다.
ㄴ. 상인들의 매출 감소로 지역 경제가 침체될 것이다.
ㄷ. 다양한 중소기업들이 들어서면서 인구가 증가할 것이다.
ㄹ. 금융 자본이 집중되어 다른 국가와의 경제 협력이 강화될 것이다.

① ㄱ, ㄴ ② ㄱ, ㄷ ③ ㄴ, ㄷ ④ ㄴ, ㄹ ⑤ ㄷ, ㄹ

정답과 해설 5 p.99 6 p.99 7 p.99

8

[24년 3월 3번]

다음 글의 입장으로 가장 적절한 것은? 2점

> 남북한의 서로 다른 체제를 통합하는 데 드는 통일 비용으로 인해 통일에 부정적인 사람들이 있다. 그러나 통일 비용은 크게 걱정할 문제가 아니다. 분단이 지속되는 한 국방비·외교비와 같은 분단 비용은 계속 발생하지만, 통일 비용은 통일 전후 한시적으로만 발생한다. 장기적으로 볼 때 통일로 인한 이익의 합, 즉 통일 편익이 통일 비용보다 더 크다.

① 통일 비용은 통일 이전에만 한시적으로 발생한다.
② 분단 비용은 통일 이후에도 지속적으로 발생한다.
③ 통일로 얻게 되는 장기적 이익이 통일 비용보다 크다.
④ 통일 편익은 분단 때문에 치러야 하는 소모적 비용이다.
⑤ 분단 비용은 서로 다른 체제를 통합하는 데 드는 비용이다.

9

[지리 17년 6월 12번]

다음은 수업 장면의 일부이다. 교사의 질문에 옳은 내용을 말한 학생을 고른 것은? 2점

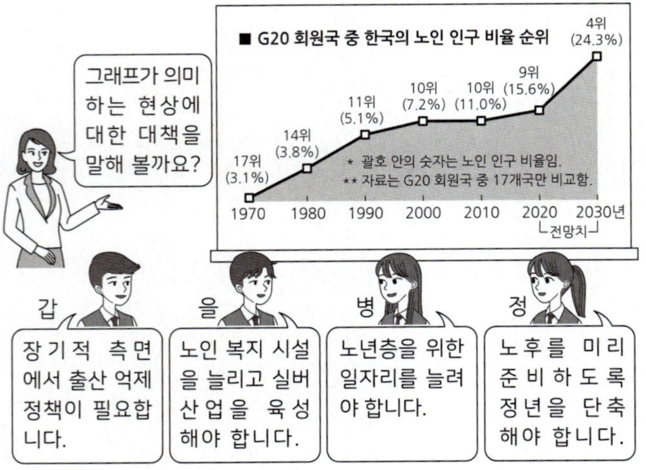

① 갑, 을 ② 갑, 병 ③ 을, 병 ④ 을, 정 ⑤ 병, 정

10

[생윤 고2 19년 3월 7번]

다음 가상 대담 속 A 학자의 입장에 대한 설명으로 가장 적절한 것은? 3점

> 사회자: 현대 과학 기술은 환경 파괴와 관련된 여러 문제들을 발생시킵니다. 이러한 문제들을 해결하기 위해 어떤 자세를 가져야 할까요?
>
> A 학자: 인간의 이익을 위하여 과학 기술을 남용한 결과 환경 문제가 발생했습니다. 이런 인간 중심적 사고에서 벗어나, 인간은 자연의 한 구성원으로서 자연에 대해 책임져야 한다는 관점으로의 전환이 필요합니다. 더불어 윤리적 책임의 범위를 현세대에만 한정하지 말고 미래 세대까지 확대해야 합니다.

① 과학 기술의 발전 그 자체를 목적으로 간주하고 있다.
② 미래 세대에 대해 져야 할 윤리적 책임을 부정하고 있다.
③ 자연을 인간이 지배하고 정복해야 할 대상으로 보고 있다.
④ 미래 세대의 이익만을 윤리적 책임의 기준으로 삼고 있다.
⑤ 인간의 윤리적 책임의 범위에 대한 확장을 요구하고 있다.

정답과 해설 8 p.100 9 p.100 10 p.100

미리 풀어보는 수능 문제

2028 수능 예시문항 1 [2025년 4월 15일 발표]

해설편 p.101

1

다음은 고대 서양 사상가 갑, 을의 가상 대화이다. 갑, 을의 관점에서 〈사례〉 속 A에게 제시할 조언으로 가장 적절한 것은? 2점

행복은 완전하고 자족적인 좋음으로서 인간이 선택하고 추구하는 모든 것의 궁극 목적입니다. 행복한 삶은 가장 좋고 가장 즐거우며, 윤리적이고 지성적으로 탁월한 삶입니다.

행복한 삶의 시작이자 끝은 쾌락입니다. 진정한 쾌락은 몸에 고통이 없고 마음에 동요가 없는 상태입니다. 사려 깊으며 정의로운 삶 없이는 쾌락적인 삶도 있을 수 없습니다.

〈 사례 〉

A는 많은 돈을 가진 자산가이다. A는 육체적인 즐거움만을 행복이라 생각하고 매일 향락적인 생활을 하고 있다.

① 갑: 물질적 부는 행복의 실현에 기여할 수 없음을 명심하세요.
② 갑: 행복한 사람의 행위에는 쾌락이 따르지 않음을 명심하세요.
③ 을: 욕구를 충족하려는 시도는 항상 고통을 야기함을 명심하세요.
④ 을: 쾌락이 삶의 목적인 사람은 결코 만족할 수 없음을 명심하세요.
⑤ 갑과 을: 이성을 동반한 덕을 통해 행복을 성취할 수 있음을 명심하세요.

2

다음 자료는 환경 문제에 대한 탐구 보고서의 일부이다. 이에 대한 옳은 설명만을 〈보기〉에서 고른 것은? 1.5점

[환경 문제 탐구 보고서]

1. 환경 문제의 주요 원인과 현상

구분	A	B	C
주요 원인	(가)	농경지 · 목장의 확대를 위한 무분별한 벌목	플라스틱, 비닐 등 쓰레기의 바다 유입
현상			

2. 환경 문제 발생 지역의 분포

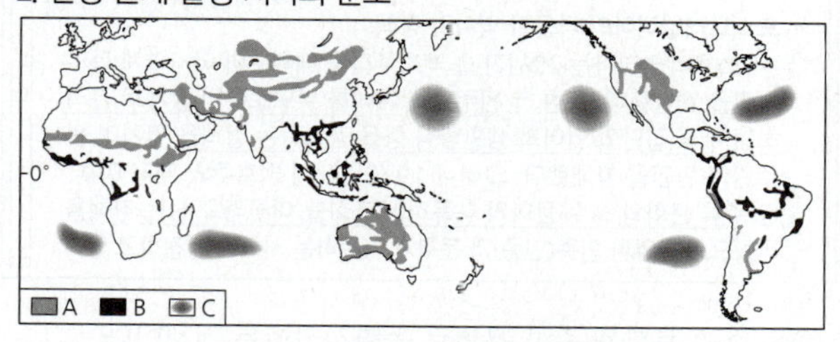

〈 보기 〉

ㄱ. B에 의해 생물종 다양성이 증가한다.
ㄴ. C는 해류의 순환으로 쓰레기가 집적되어 나타난다.
ㄷ. A는 B보다 연 강수량이 많은 곳에서 주로 나타난다.
ㄹ. (가)에는 '과도한 목축 및 경작'이 들어갈 수 있다.

① ㄱ, ㄴ ② ㄱ, ㄷ ③ ㄴ, ㄷ ④ ㄴ, ㄹ ⑤ ㄷ, ㄹ

수능 예시 문항

정답과 해설 1 p.101 2 p.102

3

다음은 세계의 문화권에 대한 온라인 수업 자료의 일부이다. 이에 대한 설명으로 옳지 않은 것은? (2.5점)

세계의 문화권은 위치, 자연환경, 종교, 민족(인종), 언어, 전통 산업 등 다양한 요소를 복합적으로 고려하여 아래 지도와 같이 구분할 수 있다.

◎ **오세아니아 문화권**

오세아니아 문화권의 지리적 범위는 오스트레일리아, 뉴질랜드, 남태평양의 여러 섬을 포함한다.

• **오스트레일리아의 다문화 역사와 정책**

오스트레일리아는 20세기 초 백호주의를 내세우며 아시아계 등의 이민을 제한했다. 또한 ㉠ 원주민의 자녀를 부모로부터 강제로 분리하여 주류 집단의 언어와 생활양식 등을 강요하는 정책을 펼치며 원주민의 인권을 침해했다. 그러나 1970년대에 백호주의 폐지 이후, ㉡ 주류 문화와 소수 문화가 대등하게 조화를 이루려고 하는 정책을 바탕으로 다양한 민족(인종)과 문화가 공존하는 사회로 발전하고 있다.

① ㉠은 소수 문화를 주류 문화로 동화시키려는 정책이다.
② ㉡은 다문화주의 정책이다.
③ 오스트레일리아는 A에 속한 국가의 식민 지배를 받았다.
④ B는 이슬람교 신자 수가 크리스트교 신자 수보다 많다.
⑤ C와 D를 구분하는 경계는 리오그란데강이다.

4

갑, 을 사상가들 중 적어도 한 사람이 긍정할 진술로 적절한 것만을 〈보기〉에서 있는 대로 고른 것은? (2점)

갑: 인간의 지식과 인간의 힘은 서로 다른 것이 아니다. 방황하고 있는 자연을 사냥해 노예로 만들어 인간의 이익에 봉사하도록 해야 한다.
을: 인간은 대지의 이용을 윤리적으로 검토해야 한다. 대지는 단지 흙이 아니라 토양, 식물 및 동물이라는 회로를 통해 흐르는 에너지의 근원이다.

〈 보기 〉

ㄱ. 인간과 달리 자연은 어떠한 가치도 지니지 않는다.
ㄴ. 인간은 자연의 정복자가 아니라 구성원 중 하나일 뿐이다.
ㄷ. 인간과 자연을 차등적으로 구별하는 것은 이성에 부합한다.
ㄹ. 인간의 욕구를 충족하기 위해 자연을 활용하는 것은 정당화될 수 없다.

① ㄱ, ㄹ　② ㄴ, ㄷ　③ ㄷ, ㄹ
④ ㄱ, ㄴ, ㄷ　⑤ ㄱ, ㄴ, ㄹ

정답과 해설 3 p.102 4 p.103

5

다음 자료의 (가)~(다) 지역에 대한 설명으로 옳은 것은? (단, (가)~(다)는 각각 지도에 표시된 세 지역 중 하나임.) 2.5점

지도에 표시된 세 지역에서 나타나는 전통적인 생활 모습의 특징은 다음과 같다. 한 지역에서는 양, 염소 등을 기르는 유목 생활을, 또 다른 지역에서는 지면의 열기와 습기를 차단하기 위한 고상 가옥을, 마지막 한 지역에서는 올리브 등을 재배하는 수목 농업을 볼 수 있다. 이렇게 지역별로 주민 생활이 다르게 나타나는 이유는 기온과 강수량 등 그 지역의 독특한 기후 특성의 영향을 받기 때문이다. 이러한 기후 특성을 보여 주는 지표 중 기온 편차와 강수 편차는 다음과 같이 계산할 수 있다.

○ 월 기온 편차 = 월평균 기온 − 연평균 기온

○ 월 강수 편차 = 월 강수량 − $\left(\frac{\text{연 강수량}}{12}\right)$

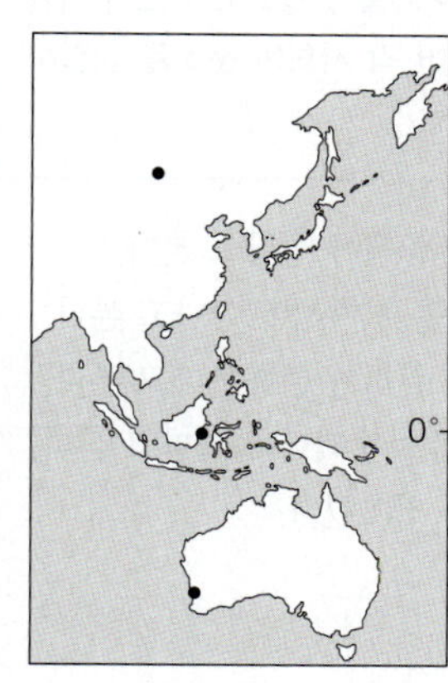

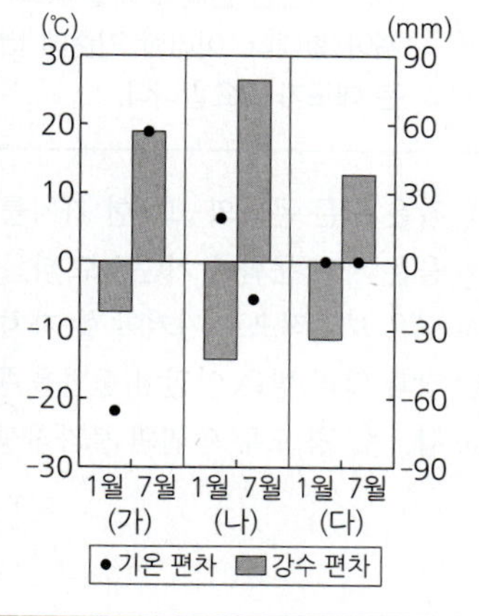

① (가)는 남반구에 위치한다.
② (나)가 위치한 국가의 전통 가옥은 이동 생활에 유리한 게르이다.
③ (다)가 위치한 국가의 전통 음식은 향신료가 들어간 볶음밥이다.
④ (다)는 (가)보다 기온의 연교차가 크다.
⑤ (가)와 (나)는 모두 여름 강수량이 겨울 강수량보다 많다.

6

다음 자료는 도시화에 대한 것이다. 이에 대한 설명으로 옳은 것은? (단, A, B는 각각 도시, 촌락 중 하나이고, (가)~(다)는 각각 대한민국, 베트남, 영국 중 하나임.) 1.5점

도시화는 전체 인구 중에서 도시에 거주하는 인구의 비율이 높아지거나 도시적 생활양식이 확대되는 현상이다. 도시화 과정은 도시화율에 따라 ㉠ 초기 단계, ㉡ 가속화 단계, ㉢ 종착 단계로 구분되는데, 도시화율은 국가 내 도시와 촌락 인구로 알 수 있다. 전체 인구 중 도시 인구의 비율을 기준으로, 초기 단계는 0~20%, 종착 단계는 80~100%로 구분할 수 있다. 도시화는 전 세계적으로 진행되고 있으며, 국가에 따라 진행 과정과 속도가 다르게 나타난다.

<국가별 도시 및 촌락 인구 변화>

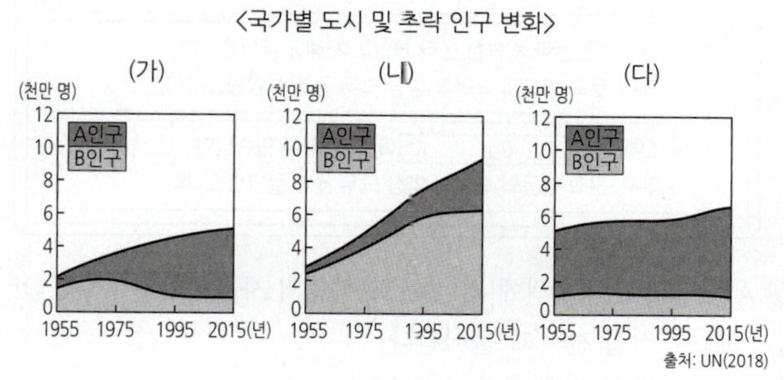

① 영국은 대한민국보다 1970년대에 도시 인구 증가율이 높다.
② ㉢은 ㉠보다 1차 산업 종사자 비율이 높다.
③ (나)는 2015년에 ㉡에서 ㉢으로 진입하였다.
④ (가)는 (다)보다 교외화 현상의 출현 시기가 이르다.
⑤ (가)~(다) 중 1955년의 도시화율은 (다)가 가장 높다.

정답과 해설 5 p.103 6 p.104

7

다음 자료에 대한 설명으로 옳은 것은? 

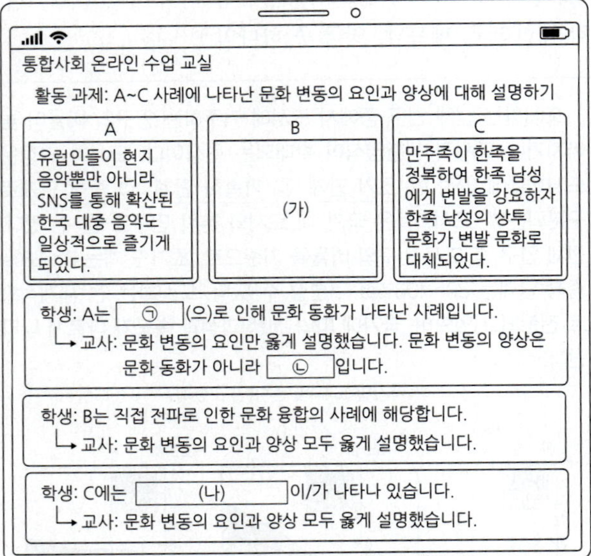

① A와 달리 C는 발견에 의한 문화 변동의 사례이다.
② ㉠에는 '직접 전파'가 들어간다.
③ ㉡에는 '문화 융합'이 들어간다.
④ (가)에는 '멕시코에서 토착 신앙과 에스파냐인이 들여온 가톨릭교가 결합하여 새로운 형태의 성모상이 탄생하였다.'가 들어갈 수 있다.
⑤ (나)에는 '자극 전파로 인한 문화 병존'이 들어갈 수 있다.

8

다음 대화에서 갑~병의 입장에 대한 설명으로 옳은 것은? 

갑: A국은 여성이 부모의 허락 없이 혼인하는 행위를 가족의 명예를 훼손하는 것으로 간주하여 금지합니다. 이에 반해 우리나라에서는 혼인의 자유와 같은 개인의 권리를 헌법상 기본권으로 보장하고 있습니다. A국은 후진적인 자신의 문화를 버리고 우리나라를 본받아야 합니다.

을: 저는 갑의 입장에 동의하지 않습니다. 문화는 그 문화가 형성된 사회의 맥락 속에서 이해해야 합니다. 부모의 권위에 대한 가족 구성원들의 복종을 바탕으로 사회 질서를 유지해 온 A국의 전통을 고려하면 혼인에 대한 개인의 결정권을 허용하지 않는 A국의 문화도 당연히 존중받아야 합니다.

병: 저는 을과 생각이 다릅니다. 배우자 선택의 문제는 인권의 관점에서 접근해야 합니다. 인권은 누구나 태어나면서부터 갖게 되는 당연한 권리로 개별 사회나 국가를 초월하여 반드시 지켜져야 합니다. 이러한 기준에 비추어 각 사회의 문화를 성찰하는 태도가 필요합니다.

① 갑은 모든 문화의 고유한 가치를 존중해야 한다고 본다.
② 을은 자기 문화를 기준으로 타문화를 평가해야 한다고 본다.
③ 병은 보편적으로 지켜야 할 가치나 원리가 존재한다고 본다.
④ 갑과 달리 병은 인권이 헌법을 통해 보장되어야 한다고 본다.
⑤ 갑, 을, 병 모두 인권의 불가침성을 강조한다.

정답과 해설 7 p.104 8 p.105

9

다음 자료는 교통 발달에 따른 지역 변화에 대한 것이다. 이에 대한 옳은 설명만을 〈보기〉에서 고른 것은? 1.5점

2029년 개통을 목표로 페마른벨트(Fehmarnbelt) 해저 터널 공사가 진행되고 있다. 덴마크와 독일을 도로와 고속 철도로 연결하는 이 터널은 매년 수백만 명이 이용하는 기존의 여객선 노선을 대체할 것이다. 이에 따라 뢰드부 지역 주민의 (가) 이/가 예상된다. 또한 B 도로 이용 시 이동 거리가 현재 이용 중인 A 도로에 비해 약 160㎞ 단축되어 코펜하겐과 함부르크 간의 육상 물류비가 크게 절감될 것이다. 한편, 일각에서는 해저 터널의 완공 후 교통 발달에 의한 ㉠ 빨대 효과를 우려하기도 한다.

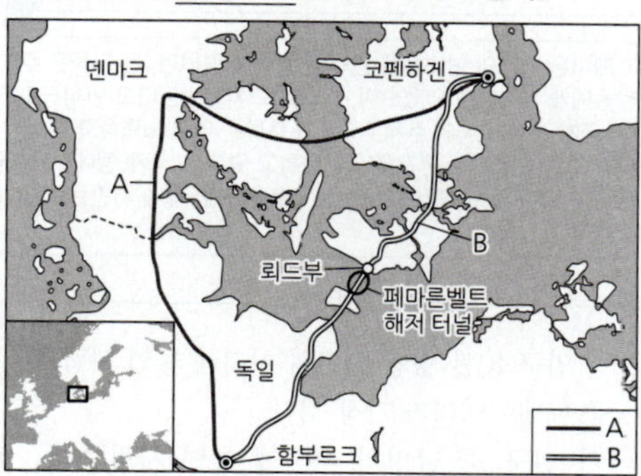

〈 보기 〉

ㄱ. 해저 터널이 완공되면 코펜하겐의 접근성이 좋아질 것이다.
ㄴ. ㉠은 대도시의 인구와 경제력이 주변 중소 도시로 분산되는 현상이다.
ㄷ. (가)에는 '생활권 확대'가 들어갈 수 있다.
ㄹ. 해저 터널이 완공되면 함부르크와 코펜하겐 간 이동 소요 시간은 A 도로가 B 도로보다 짧을 것이다.

① ㄱ, ㄴ ② ㄱ, ㄷ ③ ㄴ, ㄷ ④ ㄴ, ㄹ ⑤ ㄷ, ㄹ

10

(가)에 들어갈 내용으로 옳은 것은? 1.5점

【사료로 보는 역사】

"공께서 저희를 기꺼이 도와주신다니 깊이 감사드립니다. … 저희 국왕은 가톨릭 우대 정책을 펼치고 의회의 동의 없이 정책을 추진하려고 합니다. 저희는 종교, 자유, 재산과 관련한 국왕의 정책에 불만이 큽니다. … 우리 왕국 사람 스물 중 열아홉은 변화를 갈망합니다."

해설

위 서신은 국왕 제임스 2세에게 불만을 품은 고위층 인사들이 윌리엄에게 보낸 것으로, 본인들의 국왕을 물리쳐 달라는 내용이다. 이들 요청에 응해 윌리엄은 함대를 이끌고 바다를 건너가 런던으로 진군하였고, 겁에 질린 제임스 2세는 프랑스로 도주하였다. 이후 윌리엄과 메리는 공동 왕으로 추대되었으며, 의회의 요구에 따라 (가)

① 「인민헌장」을 발표하였다.
② 「권리 장전」을 승인하였다.
③ 「바이마르 헌법」을 제정하였다.
④ 「세계 인권 선언」을 공포하였다.
⑤ 「인간과 시민의 권리 선언」을 선포하였다.

수능 예시 문항

정답과 해설 9 p.105 10 p.106

11

다음 자료에 대한 설명으로 옳은 것은? 2점

> ○ 군사 훈련을 받던 갑은 훈련소 측으로부터 종교 행사에 참여하도록 강요받았다. 갑은 거부 의사를 밝혔으나 강압적 조치에 의해 결국 종교 행사에 참여할 수밖에 없었다. 이에 갑은 종교 활동을 자유롭게 할 수 있다는 내용의 ㉠ 기본권을 침해받았다며 헌법재판소에 심판을 청구하였다.
>
> ○ 국회의원이 꿈이었던 을은 검정고시에 합격하고 국립 ○○ 대학교의 수시 모집에 지원하고자 하였다. 하지만 법률에 근거하여 규정된 국립 ○○ 대학교 수시 모집 요강에서는 검정고시 출신자의 응시 자격을 제한하였다. 이에 을은 능력에 따라 균등하게 교육받을 수 있다는 내용의 ㉡ 기본권을 침해받았다며 헌법재판소에 심판을 청구하였다.

① ㉠은 국가로부터 간섭받지 않을 권리로서의 기본권에 해당한다.
② ㉡은 국가의 정치적 의사 결정 과정에 참여할 수 있는 권리로서의 기본권에 해당한다.
③ ㉠과 ㉡ 모두 정당한 목적이 있다면 법률적 근거가 없어도 제한될 수 있다.
④ 갑과 달리 을은 기본권 보장을 위한 수단적 성격을 지닌 기본권을 행사하였다.
⑤ 을과 달리 갑은 헌법 소원 심판을 청구하였다.

12

다음 자료에 대한 옳은 설명만을 〈보기〉에서 고른 것은? 

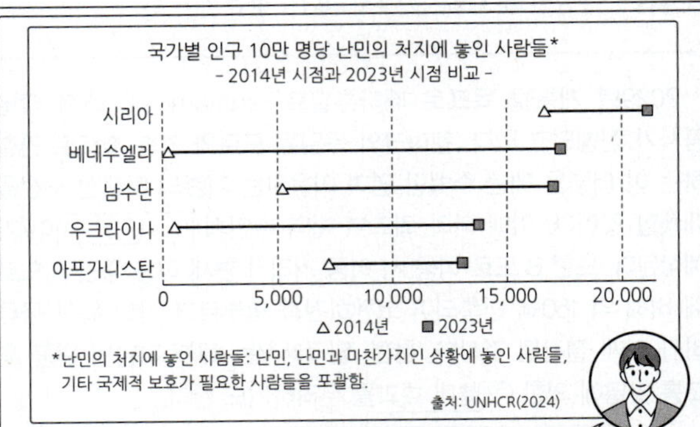

그래프에 제시된 국가의 난민들을 연구한 결과에 따르면, ㉠ 그들은 주류 집단에 속한 사람들에게 차별받고 있었으며, 스스로도 차별받는다고 인식하고 있었습니다. 다행히 국제 사회의 행위 주체 A와 B가 이들을 위해 노력하고 있습니다. 가령, 국제 연합과 같은 A는 난민 문제를 공론화하고 있으며, 국제 앰네스티, 국경 없는 의사회 등 민간 주도로 구성된 B는 난민 구호를 위한 세계 시민들의 연대를 촉구하고 있습니다.

〈 보기 〉

ㄱ. 2023년 인구 10만 명당 난민의 처지에 놓인 사람들은 제시된 국가 중 베네수엘라가 가장 적다.
ㄴ. 각 국가 인구 중 난민의 처지에 놓인 사람들의 2014년과 2023년 간 비율 차이는 시리아보다 우크라이나가 크다.
ㄷ. ㉠은 사회적 소수자에 해당한다.
ㄹ. A와 달리 B는 국제법을 바탕으로 가입국 간 합의를 통해 활동한다.

① ㄱ, ㄴ ② ㄱ, ㄷ ③ ㄴ, ㄷ ④ ㄴ, ㄹ ⑤ ㄷ, ㄹ

정답과 해설 11 p.106 12 p.107

13

밑줄 친 ㉠~㉤에 대한 설명으로 가장 적절한 것은?  2.5점

교사: 사회 불평등 현상에 대한 자료 수집 현황과 향후 조사 계획을 발표해 볼까요?

갑: 저는 사회 계층 양극화를 주제로 저소득층의 기본적 생활 수준을 보장하기 위한 ㉠ 제도를 국가별로 비교했습니다. 이후에는 우리나라의 사회 복지 제도 중 하나인 공공 부조가 효과적으로 기능한 ㉡ 사례를 조사하고자 합니다.

을: 저는 사회적 약자에 대한 차별과 정의 실현을 주제로 인터뷰를 진행했습니다. 제가 만난 장애인 지원 센터장은 장애인과 비장애인 모두 공동체에 대한 소속감과 유대를 통해 형성된 정체성을 바탕으로 공동선을 실현하는 것이 중요하다는 ㉢ 관점을 가지고 있었습니다. 저는 이러한 관점을 바탕으로 중증 장애인이 일상에서 겪는 구조적 차별과 실질적 어려움을 확인하고 장애인의 기본적 욕구를 충족하기 위해 자원을 분배하는 ㉣ 방안을 조사하겠습니다.

병: 저는 공간 불평등을 주제로 수도권 과밀 문제의 주요 원인을 정리하고, 그중 하나로 우리나라가 국토 개발 초기 단계에 시행했던 ㉤ 정책에 대해 조사했습니다. 이후에는 이 문제를 해결하기 위한 지역 격차 완화 정책에 대해 조사할 예정입니다.

① ㉠은 '적극적 평등 실현 조치'에 해당한다.
② ㉡으로 기초 연금을 통해 빈곤에 처한 노인 가구의 생활 여건이 개선된 것을 들 수 있다.
③ ㉢은 사회적 존재로서 구성원의 책임과 의무보다 독립적 자아로서 개인의 자유와 권리를 강조한다.
④ ㉣에서는 필요에 따른 분배보다 업적에 따른 분배를 강조할 것이다.
⑤ ㉤의 사례로 비수도권 지역에 혁신도시를 건설하여 공공 기관을 이전한 것을 들 수 있다.

14

교사의 질문에 대한 학생의 답변으로 옳지 않은 것은? 2.5점

> 거의 정의로운 국가 내에서 시민은 법과 정책이 어느 정도의 부정의를 넘어서지만 않는다면 보통 그 법과 정책에 따라야 한다. 하지만 자기 자신과 타인의 기본적 자유가 부정되는 것을 묵인해야 한다는 것은 아니다. 시민은 법이나 정책이 심각하게 부정의할 경우 불복종할 수 있다. 시민 불복종은 다수가 공유하고 있는 정의관을 근거로 정당화되며, 법에 대한 충실성의 한계 내에서 행해진다.

① 부정의한 법일지라도 시민 불복종의 대상이 아닐 수 있어요.
② 폭력 행위에 가담하는 것은 시민 불복종으로 간주될 수 없어요.
③ 시민 불복종은 공유된 정의관에 근거하여 헌법 체계에 저항하는 행위예요.
④ 시민 불복종은 처벌이 따를 수 있음에도 불구하고 공개적으로 행해지는 위법 행위예요.
⑤ 기본적 자유 보장을 요구할 권리가 체제 유지를 위한 준법 의무와 충돌할 때 시민 불복종이 발생할 수 있어요.

정답과 해설 13 p.107 14 p.108

15

(가)의 갑, 을 사상가들의 입장을 (나) 그림으로 표현할 때, A~C에 해당하는 적절한 진술만을 〈보기〉에서 고른 것은? 2.5점

(가)	갑: 원초적 입장의 사람들은 누구도 자신이 처한 우연적 여건을 알지 못한다. 이러한 상황에 놓인 사람들은 자신이 가장 불리한 상황에 놓일 가능성을 염두에 두고 정의의 원칙에 합의하게 된다. 을: 개인은 자신의 정당한 소유물에 대한 배타적이고 절대적인 권리를 지닌다. 취득과 이전에서의 정의의 원리 또는 교정의 원리에 의해 어떤 소유물에 대한 권리를 부여받았다면 그 권리는 정당하다.
(나)	갑 을 A B C 〈범 례〉 A : 갑만의 입장 B : 갑, 을의 공통 입장 C : 을만의 입장

〈 보기 〉

ㄱ. A: 정의의 원칙은 우연성이 배제된 상황에서 합의된다.
ㄴ. A: 분배 결과의 정당성 여부는 분배 과정의 정당성에 달려 있다.
ㄷ. B: 최대 다수의 복지 증진을 목적으로 소수자의 자유가 침해되어서는 안 된다.
ㄹ. C: 개인의 자기 노동의 산물에 대해서만 소유 권리를 지닐 수 있다.

① ㄱ, ㄴ ② ㄱ, ㄷ ③ ㄴ, ㄷ ④ ㄴ, ㄹ ⑤ ㄷ, ㄹ

16

그림의 강연자가 지지할 입장으로 가장 적절한 것은? 2점

① 살인범이라 하더라도 그의 존엄성은 마땅히 존중되어야 한다.
② 형벌은 개인의 선이 아니라 공동체 전체의 선을 증진하기 위한 수단이다.
③ 범죄자가 자신이 저지른 범죄 행위에 대해 책임지도록 하는 형벌은 없다.
④ 범죄자가 형벌로 인해 받는 고통은 그가 범죄로 인해 끼친 해악을 능가해야 한다.
⑤ 살인에 대한 사형 이외의 형벌은 범죄 예방 효과가 감소하므로 교정적 정의에 부합하지 않는다.

17

밑줄 친 '이 시기'에 있었던 사실로 옳은 것은? 

> <u>이 시기</u>는 제임스 와트가 개량한 증기 기관이 새로운 동력으로 사용되기 전까지 지속된 시대로, 서유럽의 통치자들이 본인의 권력 강화를 위해 중앙 집권적 관료제와 상비군을 유지하고자 하였다. 그들은 이러한 통치 체제 확립에 필요한 자금을 마련하기 위해 교역을 장려했으며, 일부 상인에게는 막대한 세금 납부를 조건으로 특혜를 부여하였다. 이러한 제휴는 통치자와 상인 모두의 부와 권력을 증대하였다. 통치자들은 금이나 은을 확보하여 많은 함선을 만들고 강력한 군사력을 갖추어 영토 확장을 도모하였다. 또한 통치자와 상인 계층은 완전히 새로운 교역망을 통한 막대한 이윤 창출을 기대하였다.

① 대공황이 발생하였다.
② 독점 자본주의가 등장하였다.
③ 중상주의 정책이 확산하였다.
④ 두 차례의 석유 파동이 일어났다.
⑤ 서브프라임 모기지가 증가하였다.

정답과 해설 15 p.108 16 p.109 17 p.109

18

다음을 주장한 사상가의 입장으로 적절한 것만을 〈보기〉에서 고른 것은? 1.5점

> 폭력을 예방하고 제거하려면 직접적 폭력, 구조적 폭력, 문화적 폭력에 대한 정확한 진단과 예측, 그리고 처방이 필요하다. 폭력은 직접적–구조적–문화적 폭력의 삼각형의 어느 꼭짓점에서도 시작될 수 있고 다른 꼭짓점으로 쉽게 전달된다. 평화를 구축하는 활동들은 구조적 평화와 문화적 평화를 구축하는 활동과 동일하다고 할 수 있다. 평화는 과정이자, 갈등을 비폭력적이고 창조적으로 변환하는 것이다.

〈 보기 〉

ㄱ. 집단 간 갈등은 무조건 회피해야 한다.
ㄴ. 정치적 억압을 줄이면 구조적 폭력이 감소한다.
ㄷ. 문화적 폭력은 직접적 폭력의 정당화에 이용될 수 있다.
ㄹ. 대외적 선제공격은 평화를 구축하는 활동이 될 수 있다.

① ㄱ, ㄴ ② ㄱ, ㄷ ③ ㄴ, ㄷ ④ ㄴ, ㄹ ⑤ ㄷ, ㄹ

19

다음 자료에 대한 설명으로 옳은 것은? (단, A~C는 각각 정기 예금, 주식, 채권 중 하나임.) 2점

> 표는 갑이 금융 상품 A, B, C 중 하나를 선택하여 투자하기 위해 작성한 것이다. 갑은 편익과 기회비용만을 고려하여 금융 상품을 선택하며 세 상품 모두 명시적 비용은 없다. 이때 편익은 수익성과 안전성 등을 고려하여 화폐 단위로 평가한 것이다.

금융 상품	A	B	C
편익(만 원)	90	80	100
이자 수익	있음	없음	있음
시세 차익	없음	있음	있음

① A는 배당 수익을 기대할 수 있다.
② C는 예금자 보호 제도의 적용을 받는다.
③ 일반적으로 B는 A에 비해 안전성이 높다.
④ 채권 선택의 암묵적 비용은 100만 원이다.
⑤ 정기 예금 선택의 기회비용과 주식 선택의 기회비용은 같다.

20

다음 자료는 세계 도시에 대한 것이다. A~D 기능에 해당하는 지표로 옳은 것은? 2점

> 세계화로 인해 세계의 중심지 역할을 하는 세계 도시가 출현했다. 세계 도시의 선정 기준과 방법은 조사 기관마다 차이가 있는데, 그중 ○○ 연구소는 2024년에 48개 주요 도시를 대상으로 6가지 기능(거주, 경제, 문화 교류, 연구 · 개발, 접근성, 환경)을 70개 지표를 활용하여 산출한 점수로 종합 순위를 발표했다. 종합 순위 1위 도시는 '문화 교류'에서 1위를 유지했고 허브 공항 효과로 '접근성'에서도 1위에 올랐다. 종합 순위 2위 도시는 '경제' 및 '연구 · 개발'에서 1위를 차지했으나, '거주'와 '환경'에서는 30위권으로 밀려났다. 종합 순위 3위 도시는 환율 상승에 따른 해외 관광객 증가로 '문화 교류'에서 3위로 올랐고, '거주'와 '연구 · 개발'에서도 3위를 차지했다. 종합 순위 4위 도시는 올림픽 개최에 힘입어 '문화 교류'에서 2위로 올랐다.
>
> 〈최상위 4개 도시의 기능별 순위〉
>
> 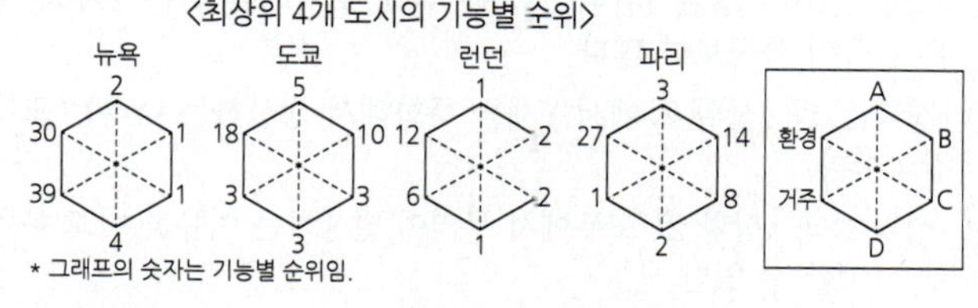
>
> * 그래프의 숫자는 기능별 순위임.

	A	B	C	D
①	국제 직항 노선 수	세계 500대 기업 수	특허 등록 건수	외국인 방문자 수
②	국제 직항 노선 수	세계 500대 기업 수	외국인 방문자 수	특허 등록 건수
③	세계 500대 기업 수	특허 등록 건수	외국인 방문자 수	국제 직항 노선 수
④	세계 500대 기업 수	특허 등록 건수	국제 직항 노선 수	외국인 방문자 수
⑤	외국인 방문자 수	국제 직항 노선 수	특허 등록 건수	세계 500대 기업 수

정답과 해설 18 p.110 19 p.110 20 p.111

21

다음 수업 장면에서 〈상황 1〉, 〈상황 2〉에 대한 설명으로 옳은 것은? 2.5점

다음 자료에는 X재와 Y재만을 생산하는 갑국과 을국이 각 재화 1단위를 생산하는 데 필요한 노동자 수가 상황별로 제시되어 있습니다. 이 자료를 분석하여 무역의 발생 원리에 대해 알아봅시다.

〈상황 1〉

구분	X재	Y재
갑국	1명	2명
을국	2명	1명

〈상황 2〉

구분	X재	Y재
갑국	1명	2명
을국	2명	3명

① 〈상황 1〉에서 갑국은 X재와 Y재 생산에 모두 절대 우위를 갖는다.
② 〈상황 2〉에서 무역이 발생하는 이유를 절대 우위로 설명할 수 있다.
③ 〈상황 2〉에서 X재 1단위 생산을 위해 포기해야 하는 Y재의 양은 갑국이 을국보다 많다.
④ 〈상황 1〉과 〈상황 2〉에서 Y재를 특화해서 생산하는 나라는 모두 갑국이다.
⑤ 〈상황 1〉과 〈상황 2〉 모두에서 무역이 발생하는 이유를 비교 우위로 설명할 수 있다.

22

다음 문서에 대한 설명으로 옳은 것은? 2.5점

> 남북 정상들은 분단 역사상 처음으로 열린 이번 상봉과 회담이 서로 이해를 증진시키고 남북 관계를 발전시키며 평화 통일을 실현하는 데 중대한 의의를 가진다고 평가하고 다음과 같이 선언한다.
>
> 1. 남과 북은 나라의 통일문제를 그 주인인 우리 민족끼리 서로 힘을 합쳐 자주적으로 해결해 나가기로 하였다.
> 2. 남과 북은 나라의 통일을 위한 남측의 연합제 안과 북측의 낮은 단계의 연방제 안이 서로 공통성이 있다고 인정하고 앞으로 이 방향에서 통일을 지향시켜 나가기로 하였다.
> 3. 남과 북은 올해 8 · 15에 즈음하여 흩어진 가족, 친척 방문단을 교환하며 비전향 장기수 문제를 해결하는 등 인도적 문제를 조속히 풀어 나가기로 하였다.
> 4. 남과 북은 경제협력을 통하여 민족경제를 균형적으로 발전시키고, 사회, 문화, 체육, 보건, 환경 등 제반 분야의 협력과 교류를 활성화하여 서로의 신뢰를 다져 나가기로 하였다.

① 미국과 소련 간 냉전 체제가 형성되기 이전에 합의되었다.
② 평화 통일을 위해 사회 · 문화적 교류가 필요함을 간과하고 있다.
③ 6 · 25 전쟁을 일단락하는 정전 협정과 같은 연도에 발표되었다.
④ 분단으로 인해 발생하는 유 · 무형의 비용을 절감할 수 있는 방안을 제시하고 있다.
⑤ 남북한의 정치 체제 통합 없이는 상호 협력과 신뢰가 가능하지 않음을 강조하고 있다.

정답과 해설 21 p.111 22 p.112

23

다음 자료에 대한 옳은 설명만을 〈보기〉에서 고른 것은? 2점

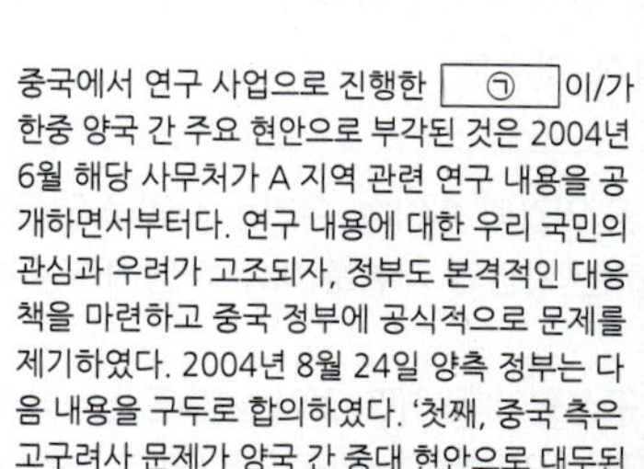

〈한중 현안 바로 알기〉

중국에서 연구 사업으로 진행한 ㉠ 이/가 한중 양국 간 주요 현안으로 부각된 것은 2004년 6월 해당 사무처가 A 지역 관련 연구 내용을 공개하면서부터다. 연구 내용에 대한 우리 국민의 관심과 우려가 고조되자, 정부도 본격적인 대응책을 마련하고 중국 정부에 공식적으로 문제를 제기하였다. 2004년 8월 24일 양측 정부는 다음 내용을 구두로 합의하였다. '첫째, 중국 측은 고구려사 문제가 양국 간 중대 현안으로 대두된 것에 유념한다. 둘째, 양측은 향후 역사 문제로 인해 한중 간 우호 협력 관계가 손상되는 것을 방지하기 위해 노력한다. … 다섯째, 양측은 학술 교류의 조속한 개최를 위해 노력한다.' 이어 양국은 2006년 10월 한중 정상 회담에서 ㉠ 을/를 비롯한 역사 인식 문제가 양국 관계에 부정적 영향을 주어선 안 된다는 원칙에 다시 합의하였다.

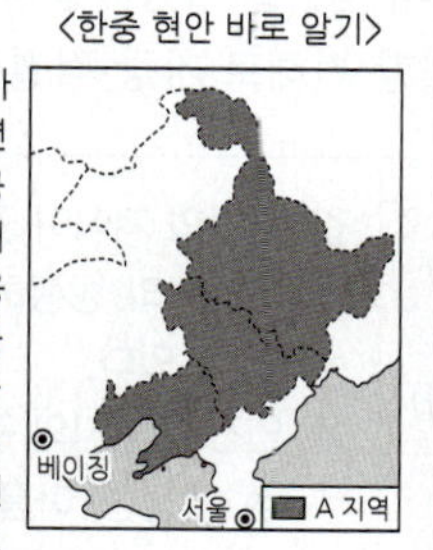

〈 보기 〉

ㄱ. ㉠은 발해사 연구를 포함하였다.
ㄴ. ㉠은 태정관 지령문을 근거로 삼았다.
ㄷ. A 지역에는 냉대 기후가 나타난다.
ㄹ. A 지역은 티베트 자치구에 해당한다.

① ㄱ, ㄴ ② ㄱ, ㄷ ③ ㄴ, ㄷ ④ ㄴ, ㄹ ⑤ ㄷ, ㄹ

24

그래프는 지도에 표시된 네 국가의 특성에 대한 것이다. 이에 대한 설명으로 옳은 것은? 2점

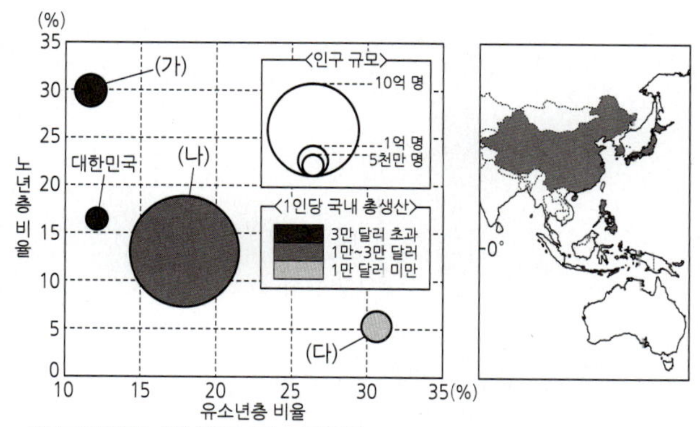

* 유소년층 비율과 노년층 비율은 원의 가운데 값임.

출처: UN(2022)

① (나)는 초고령 사회에 해당한다.
② (다)는 대한민국보다 생산 가능 인구가 많다.
③ (나)는 (가)보다 중위 연령이 높다.
④ (다)는 (가)보다 총부양비가 높다.
⑤ 국내 총생산은 (가) > (나) > (다) 순으로 많다.

25

다음 자료에 대한 설명으로 옳은 것은? (단, (가)~(라)는 각각 석유, 석탄, 수력, 천연가스 중 하나임.) 1.5점

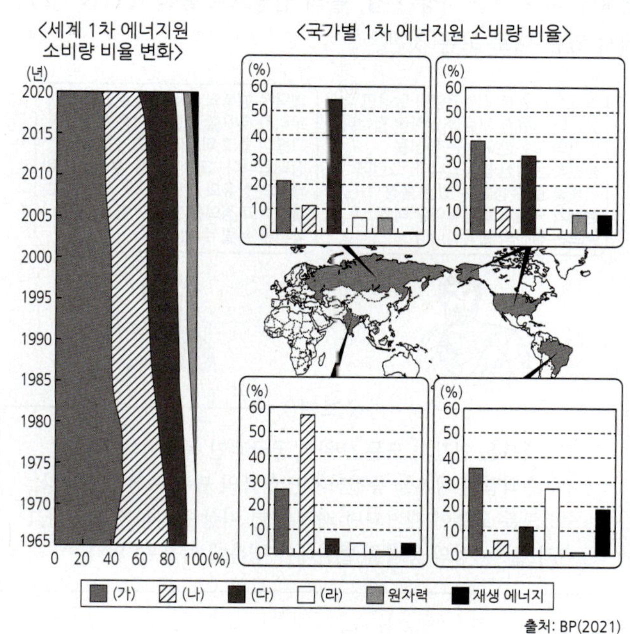

출처: BP(2021)

① 브라질은 수력 소비량이 천연가스 소비량보다 많다.
② 네 국가 모두 화석 에너지의 국가 내 소비량 비율은 60% 이상이다.
③ (라)는 주로 운송 수단의 연료로 이용된다.
④ (가)는 (나)보다 상용화된 시기가 이르다.
⑤ (다)는 (나)보다 연소 시 오염 물질 배출량이 많다.

수능 예시문항

정답과 해설 23 p.112 24 p.113 25 p.113

미리 풀어보는 수능 문제

2028 수능 예시문항 2 [2024년 9월 26일 발표]

해설편 p.114

1

행복에 대한 서양 사상가 갑, 을의 입장으로 옳은 것만을 〈보기〉에서 있는 대로 고른 것은?

최고선인 행복이 무엇인지 알려면 인간의 고유한 기능을 알아야 합니다. 인간의 고유한 기능은 이성을 동반하는 정신 활동입니다. 그런데 기능을 잘 수행할 수 있는 품성 상태가 덕이므로 행복이란 덕에 따르는 정신의 활동입니다.

갑

쾌락은 행복의 시작이자 끝입니다. 우리가 추구할 만한 쾌락은 몸에 고통이 없고 마음에 동요가 없는 상태입니다. 그런데 덕은 본성적으로 쾌락의 향유와 연결되므로 사려 깊고 훌륭하고 정의롭게 살지 않고서는 쾌락을 누릴 수 없습니다.

을

〈 보기 〉

ㄱ. 갑: 행복은 인간의 모든 행위의 궁극적인 목적이다.
ㄴ. 갑: 유덕함이 행복을 증진하지만 행복의 필수 조건은 아니다.
ㄷ. 을: 모든 고통이 제거되면 쾌락은 더 이상 증가하지 않는다.
ㄹ. 갑과 을: 이성의 능력을 발휘해야 행복에 이를 수 있다.

① ㄱ, ㄴ　② ㄱ, ㄹ　③ ㄴ, ㄷ
④ ㄱ, ㄷ, ㄹ　⑤ ㄴ, ㄷ, ㄹ

2

(가)의 갑, 을 사상가들의 입장에서 (나)의 ㉠ 지역 개발에 대해 제시할 견해로 가장 적절한 것은?

(가)	갑: 인간의 지식이 곧 인간의 힘이다. 우리는 자연을 연구하여 이리저리 방황하는 자연의 자취를 마치 사냥개처럼 추적할 수 있다. 을: 인간은 대지의 구성원이다. 어떤 것이 생명 공동체의 통합성, 안정성, 아름다움의 보존에 이바지한다면 그것은 옳고, 그렇지 않다면 그르다.
(나)	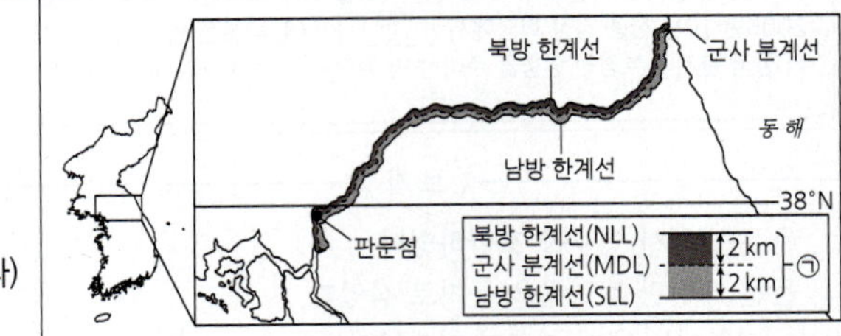 * ㉠ 지역은 1953년 7월 27일 체결된 '한국 군사 정전에 관한 협정'에 따라 무장이 금지된 완충 지대로 군대 주둔과 무기 배치, 군사 시설 설치가 금지되고 있다. 통일 이후 이 지역의 개발에 대해 다양한 견해가 제시되고 있다.

① 갑: 자연에 대한 지식을 이용할 권리가 인간에게 없음을 알아야 한다.
② 갑: 경제적 이익을 위한 개발에 앞서 자연을 도덕적으로 고려해야 한다.
③ 을: 한반도 생태계의 균형 유지를 지역 개발보다 중시해야 한다.
④ 을: 남북한 주민의 경제적 이익 증진을 궁극적 목적으로 삼아야 한다.
⑤ 갑과 을: 현세대와 미래 세대는 생태계의 선(善)을 위해 협력해야 한다.

정답과 해설 1 p.114 2 p.114

[3~4] 다음 지도를 보고 물음에 답하시오.

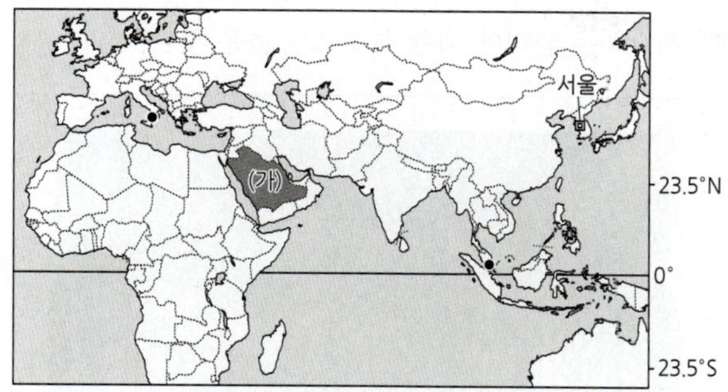

3

그래프는 지도에 표시된 두 지역과 서울의 기후 값 차이를 나타낸 것이다. 이에 대한 설명으로 옳은 것은? (단, 그래프의 A, B는 각각 지도에 검은 점으로 표시된 두 지역 중 하나임.)

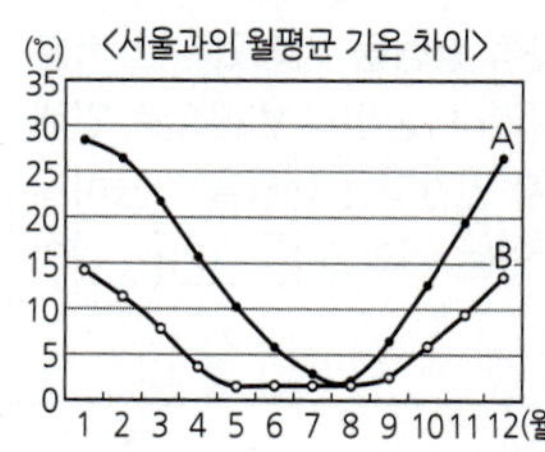

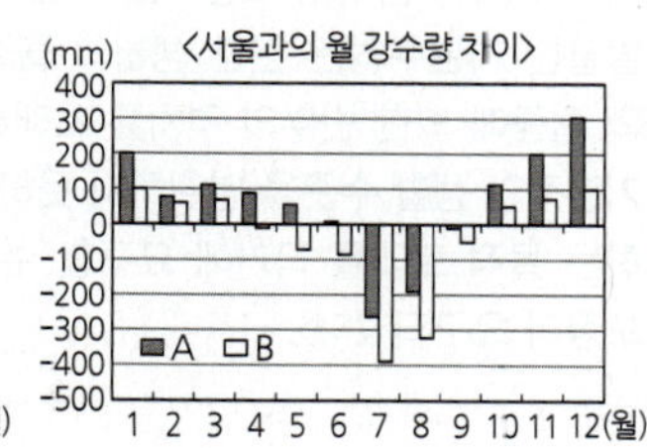

① A에서는 올리브 등을 재배하는 수목 농업이 주로 이루어진다.
② B는 서울보다 여름 강수 집중률이 높다.
③ B에서는 지면의 열과 습기 차단에 유리한 고상 가옥이 발달했다.
④ A는 B보다 여름에 더 건조하다.
⑤ A와 B는 모두 서울보다 연평균 기온이 높다.

4

다음은 위 지도의 (가) 국가에 대한 여행 일지이다. 이에 대한 설명으로 옳은 것은?

> **여행 일지**
>
> 20○○.○○.○○.
>
> 건조 문화권에 속하는 이슬람 국가인 [(가)]에 도착하였다. 여행 전 조사를 통해 ㉠이슬람교가 7세기 초 무함마드에 의해 창시되었고 이슬람교를 믿는 사람들이 기도와 금식, 순례 등을 행한다는 것을 알게 되었다. 입국 수속을 마치고 숙소로 이동하여 짐을 푼 후 식사를 위해 도심으로 들어왔다. 때마침 기도 시간인지, 이동하는 사람들의 행렬을 따라가니 이슬람 사원인 모스크에 당도하게 되었다. 최초의 모스크는 간격을 두고 기둥을 세워 기도하기 위한 그늘을 만들고 바닥에 자갈과 모래를 까는 정도였다고 한다. 이후 ㉡비잔티움 제국에서 교회 건축에 사용되었던 돔 양식을 모스크 건축에 도입하였고, 아치와 첨탑, 거대한 돔을 갖춘 모스크 형태가 자리 잡게 되었다. 모스크 내부에는 성지의 방향을 나타내는 화려하게 장식된 미흐랍이라고 부르는 구조물이 있었다. …(하략)

① (가)의 주민들은 주로 침엽수로 ㅈ은 목조 가옥에 거주한다.
② (가)에서는 여름 계절풍이 탁월하고 태풍의 발생이 빈번하다.
③ ㉠은 발견에 의한 문화 변동에 해당한다.
④ ㉡에는 서로 다른 문화 요소가 결합하여 새로운 문화가 형성된 문화 변동이 나타나 있다.
⑤ ㉠과 ㉡ 모두에서 기존 문화의 정체성이 상실되었다.

정답과 해설 3 p.115 4 p.115

5

다음은 도시화와 산업화에 대한 자료이다. 이에 대한 설명으로 옳은 것은? (단, 그래프의 A~C는 각각 네팔, 일본, 타이 중 하나임.)

일반적으로 도시화 과정은 초기-가속화-종착의 3단계로 진행되고, 단계마다 도시화율과 도시 인구 증가율이 다르게 나타난다. 반면 도시화의 속도와 구체적 시기는 국가별로 다르다. 따라서 각 국가의 도시화 단계는 도시화율과 도시 인구 증가율을 통해 알 수 있다. 예를 들어 2022년 기준으로 도시화율은 일본, 한국, 타이, 네팔 순으로 높고, 도시 인구 증가율은 반대로 네팔, 타이, 한국, 일본 순으로 높다. 네팔은 도시화율이 21.5%로 가장 낮지만, 연평균 도시 인구 증가율은 3.8%로 가장 높아 가속화 단계에 진입하였음을 알 수 있다.

또한 도시화는 산업화 수준과도 밀접하게 관련되어 있다. 산업화가 고도화될수록 더 많은 사람들이 도시에 살게 되기 때문이다. 다음 그래프는 앞에서 언급한 네 나라의 2022년 경제 부문별 국내 총생산(GDP) 비율을 나타낸 것이다. 이 그래프를 통해 각 국가의 산업 부문별 비중을 알 수 있다.

<4개국의 경제 부문별 국내 총생산 비율>

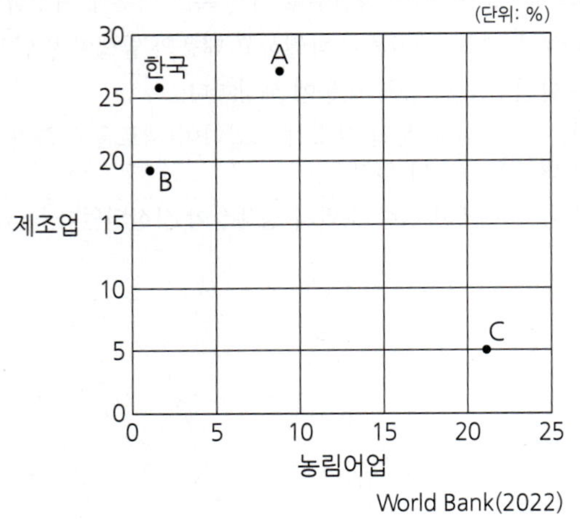

World Bank(2022)

① A의 제조업 총부가가치액은 한국보다 많다.
② B는 한국보다 도시 인구수가 많다.
③ C는 도시 인구수가 촌락 인구수보다 많다.
④ A는 B보다 산업화가 시작된 시기가 이르다.
⑤ 타이는 일본보다 국내 총생산에서 서비스업이 차지하는 비율이 높다.

6

(가)에 해당하는 권리에 대한 설명으로 옳은 것은?

위 그림은 산업 혁명 시기에 나타난 계급 간의 빈부 격차를 풍자한 것이다. 윗부분은 부유한 계급의 편안한 생활을, 아랫부분은 탄광에서 일하는 굶주린 노동자를 표현하였다. 이처럼 산업 혁명 이후 발달한 자본주의는 인간 생활의 물질적 향상을 가져왔지만 자본의 집중에 의한 빈부의 격차를 초래하였다. 궁핍과 빈곤으로 인해 기본적인 생활 수준을 영위하지 못하자 인간다운 생활을 가능하게 하는 물적 토대를 국가에 요구할 수 있는 권리인 (가) 의 보장이 요구되었다.

① 미국 독립 선언에서 천명되었다.
② 바이마르 헌법에 최초로 명시되었다.
③ 프랑스의 인권 선언에 영향을 주었다.
④ 영국에서는 명예혁명을 계기로 실현되었다.
⑤ 차티스트 운동 당시 인민헌장에 규정되었다.

정답과 해설 5 p.116 6 p.116

7

밑줄 친 ㉡을 통해 해결하고자 하는 ㉠의 발생 원인에 대한 설명으로 옳은 것은?

> 미국의 독립 혁명, 프랑스 혁명 등을 거쳐 확립된 근대 입헌주의 헌법은 시민 계급이 자유를 극대화하는 데 필요한 최소한의 질서 유지를 위해서만 국가의 물리적 강제력 행사를 허용하였다. 사적 자치의 원칙을 강조한 근대법 체제하에서는 개인의 자유로운 경제 활동이 최대한 보장되었지만, ㉠시장에서 자원이 효율적으로 배분되지 못하는 현상이 나타나게 되었다. 특히 상품의 생산 과정에서 배출되는 오염 물질로 인한 환경 피해의 경우 오염 물질의 방출이 당시의 과학 기술 수준으로 피할 수 없는 경우라면 행위자의 과실이 인정되지 않아 피해자가 구제받을 수 없는 문제가 발생하게 되었다. 이에 왜곡된 시장경제 구조를 바로잡기 위해 국가의 개입을 인정하는 조항 등이 헌법에 자리 잡게 되었고, 환경 오염으로 피해가 발생한 경우 ㉡고의나 과실 여부와 관계없이 원인자에게 손해 배상 책임을 인정하는 입법이 이루어졌다.

① 외부 불경제가 발생하여 시장 거래량이 사회적 최적 거래량보다 많아졌다.
② 비경합성과 비배제성을 특성으로 하는 재화에 무임승차자의 문제가 초래되었다.
③ 독과점 형태의 시장 구조로 인하여 부당한 공동 행위와 불공정 거래 행위가 발생하였다.
④ 정보가 제한된 상황에서 정부의 시장 개입이 사회 후생 개선에 실패하는 현상이 나타났다.
⑤ 산업 자본주의 국가들이 자유 방임주의를 근거로 국가의 시장 개입을 최소화하는 작은 정부를 추구하였다.

8

(가)~(라)에 들어갈 수 있는 옳은 내용만을 〈보기〉에서 있는 대로 고른 것은?

헌법은 연소자의 근로에 대한 특별한 보호에 관해 규정하고 있습니다. 이처럼 청소년의 노동 인권 보호를 강조하는 이유를 사회 불평등의 관점에서 분석하고, 근로 기준법상 연소자 보호 규정과 관련지어 설명해 봅시다.

청소년은 신체적·정신적으로 근로를 감당할 능력이 부족하기 때문에 성인에 비해 불리한 위치에 있으므로 청소년 근로에 대한 보호와 우선적 배려가 요구됩니다. 따라서 근로 계약 체결 과정에서 연소자를 보호하기 위해 [(가)]와/과 같은 규정을 마련하고 있으며, [(나)]을/를 명시하여 업무에 있어 안전과 건강에 대한 보호를 하고 있습니다.

청소년은 [(다)]을/를 이유로 사회적 소수자로 인정될 수 있으며 노동 인권을 침해받기도 합니다. 이에 친권자나 후견인 등에게 미성년자에게 불리한 근로 계약에 대한 해지권을 부여하고, 연소자의 근로 능력과 교육 시간 확보의 필요성 등을 고려하여 [(라)]을/를 규정해 근로 시간에 대한 특별한 보호를 하고 있습니다.

〈보기〉

ㄱ. (가): 친권자 또는 후견인의 미성년자 근로 계약에 대한 대리 금지
ㄴ. (나): 도덕상 또는 보건상 유해 · 위험한 사업에 사용 금지
ㄷ. (다): 후천적 요인과 수적 열세로 인하여 노동 현장에서 다른 구성원으로부터 차별을 받거나 부당한 처우의 대상이 됨
ㄹ. (라): 근로 시간이 4시간인 경우에는 사용자로 하여금 근로 시간 도중에 30분 이상의 휴게 시간을 주도록 함

① ㄱ, ㄴ　② ㄱ, ㄷ　③ ㄷ, ㄹ
④ ㄱ, ㄴ, ㄹ　⑤ ㄴ, ㄷ, ㄹ

정답과 해설 7 p.117 8 p.117

9

(가)의 갑, 을 사상가들의 입장을 (나) 그림으로 탐구하고자 할 때, A~C에 들어갈 적절한 질문만을 〈보기〉에서 고른 것은?

(가)	갑: 한 사람의 소유물은 취득, 이전, 교정의 원리에 의해 권리를 부여받았으면 정당하다. 각 개인의 소유물이 정당하다면 소유물의 전체 집합, 즉 분배도 정당하다. 을: 공정으로서의 정의는 공정한 합의의 관념을 기본 구조 자체로 확장시킨다. 무지의 베일이라 부른 특징을 갖는 원초적 입장이 이러한 관점을 구체화한다.
(나)	사상가 갑, 을의 입장을 탐구한다. A → 예 → B → 예 → 갑의 입장 A → 아니요 → C → 예 → 을의 입장 〈범 례〉 □: 출발 조건 ◇: 판단 내용 →: 판단 방향 ▱: 사상가의 입장

〈 보기 〉

ㄱ. A: 정의로운 사회에서 경제적 불평등이 허용될 수 있는가?
ㄴ. B: 각 개인은 자신의 정당한 소유물에 대한 배타적 사용권을 가지는가?
ㄷ. B: 자신이 직접 노동하지 않더라도 정당하게 소유물을 얻는 것이 허용될 수 있는가?
ㄹ. C: 사회적 약자의 경제적 이익을 증진하는 것을 최우선의 정의 원칙으로 삼아야 하는가?

① ㄱ, ㄴ ② ㄱ, ㄷ ③ ㄴ, ㄷ ④ ㄴ, ㄹ ⑤ ㄷ, ㄹ

10

다음 자료에 대한 옳은 설명만을 〈보기〉에서 있는 대로 고른 것은?

우리나라 사회 복지 제도 중 ㉠ 의료 급여 제도는 생활이 어려운 사람에게 의료 급여를 함으로써 보건과 사회 복지의 증진을 목표로 하는 제도이다. 2022년에는 전국 인구의 약 3%가 이 제도의 수급권자였다. 시도별 의료 급여 수급권자 비율이 가장 낮은 지역은 1.2%, 가장 높은 지역은 4.6%로 차이가 있다. 수급권자 비율이 전국 평균보다 낮은 시도는 서울, 경기, 울산, 충남, 세종이다.

〈시도별 의료 급여 수급권자 비율(총인구 대비)〉

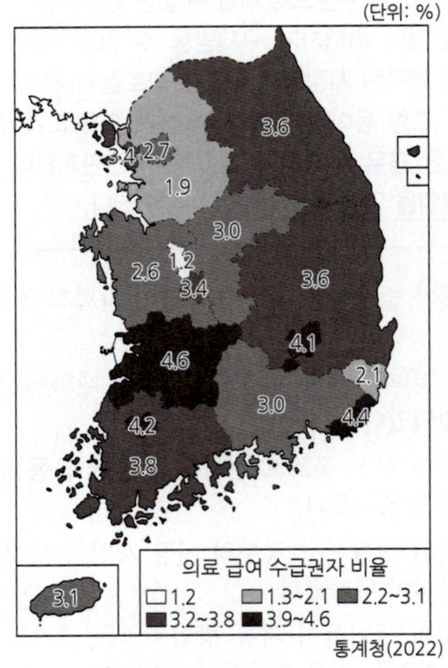

통계청(2022)

〈 보기 〉

ㄱ. 광역시는 모두 ㉠의 수급권자 비율이 4.0% 이상이다.
ㄴ. ㉠의 수급권자 비율이 가장 낮은 지역은 충청권에 위치한다.
ㄷ. ㉠은 인간의 기본적 필요 충족을 분배적 정의의 기준으로 적용하였다.
ㄹ. ㉠은 공공 부조에 해당하며, 정부 재정으로 비용을 전액 충당하는 것을 원칙으로 한다.

① ㄱ, ㄴ ② ㄱ, ㄷ ③ ㄷ, ㄹ
④ ㄱ, ㄴ, ㄹ ⑤ ㄴ, ㄷ, ㄹ

정답과 해설 9 p.118 10 p.118

11

밑줄 친 '저'에 대한 설명으로 옳은 것은?

> 친애하는 후버 대통령과 대법원장, 그리고 여러분! 지금 저와 여러분은 공통적인 난국에 직면해 있습니다. 이러한 난국은 다행히 물질적인 것에만 관련된 것입니다. 물가는 믿을 수 없을 정도로 떨어졌습니다. 상업 거래에서는 돈이 돌지 않고, 생산 기업은 말라 죽은 잎사귀처럼 여기저기에 흩어져 있습니다. 농민들은 생산물을 팔 시장을 찾을 수가 없고, 수만 가정에 수년 동안 저축해 온 돈은 삽시간에 사라졌습니다. 더욱 중대한 것은 다수의 실업자들이 냉혹한 생존 문제에 직면해 있습니다. …(중략)… '검은 목요일'로부터 시작된 지금의 난국으로 인해 우리 미국 국민들은 좌절한 일이 없습니다. 그들은 지도자가 규율과 방향을 제시해 줄 것을 요구하며 저를 자신들의 소원을 실현시키는 인물로 만들고 있습니다. 저는 이 임무를 소명으로 기꺼이 받아들일 것이며, 대통령으로서의 헌신을 서약함에 있어 겸허하게 신의 축복을 기원하는 바입니다.

① 자본가와 노동자 간의 계급 투쟁을 강조하였다.
② 대규모 공공사업을 벌이는 등 뉴딜 정책을 실시하였다.
③ 신자유주의에 근거하여 노동 시장의 유연성을 강화하였다.
④ 제1차 석유 파동으로 인한 경기 침체를 극복하고자 하였다.
⑤ 국부론을 저술하여 개인의 경제적 자율성 보장을 역설하였다.

12

다음 자료에 대한 설명으로 옳은 것은? (단, A~C는 각각 예금, 주식, 채권 중 하나임.)

[평가 요소] 금융 자산 A~C의 일반적 특징

[서술형 문항]
〈1〉 C와 구별되는 A의 일반적 특징을 1가지만 쓰시오. (1점)
〈2〉 C와 구별되는 B의 일반적 특징을 1가지만 쓰시오. (1점)
〈3〉 A와 구별되는 C의 일반적 특징을 1가지만 쓰시오. (1점)

[학생 답안지]

서술형 문항	답안	점수
〈1〉	배당 수익을 기대할 수 있다.	1점
〈2〉	예금자 보호 제도의 적용을 받는다.	1점
〈3〉	(가)	㉠

* 각 문항별로 채점하며, 옳은 답안은 1점, 틀린 답안은 0점을 부여함.

① A는 계약 기간 동안 일정한 금액을 매달 납입하여 만기 시에 원금과 이자를 받는 자산이다.
② 일반적으로 A는 C보다 안전성이 높다.
③ 일반적으로 B는 A보다 수익성이 높다.
④ B와 C는 모두 이자 수익을 기대할 수 있다.
⑤ (가)에 '시세 차익을 기대할 수 있다.'가 들어가면, ㉠은 '1점'이다.

수능 예시 문항

정답과 해설 11 p.119 12 p.119

13

다음 강연자가 지지할 견해로 적절하지 않은 것은?

① 적극적 평화를 실현하는 것이 폭력에 대한 최선의 방어이다.
② 폭력은 소극적 평화를 실현하는 수단으로서만 허용될 수 있다.
③ 직접적 폭력과 간접적 폭력은 서로 유기적으로 연결되어 있다.
④ 폭력은 의도하지 않아도 생길 수 있으며 또 다른 폭력으로 이어질 수 있다.
⑤ 국제 사회의 행위 주체인 국제기구는 갈등 해결을 위해 평화적 수단을 활용해야 한다.

14

다음 자료는 출생률과 경제 수준에 관한 것이다. 이에 대한 설명으로 옳은 것은? (단, 그래프의 A, B는 각각 지도에 표시된 두 국가 중 하나임.)

전 세계적으로 출생률과 사망률이 낮아지는 경향을 보이고 있다. 사망률은 이미 1986년부터 10‰ 미만으로 충분히 낮아져 안정적으로 유지되고 있는 반면, 출생률은 국가에 따라서 상황이 다르다. 여전히 ㉠높은 출생률 문제를 겪고 있는 국가는 경제 수준에 비해 인구 증가율이 높아 인구를 부양하기 쉽지 않으며, ㉡낮은 출생률 문제에 당면한 국가는 현재 경제 수준이 높지만 해당 문제가 지속될 경우 국가 유지에 어려움을 겪을 수 있다.

국가별 경제 수준 차이는 결국 이민자의 문제라는 전혀 다른 방향의 인구 문제로 이어진다. 많은 인구로 인해 국민들을 부양하기 어려운 국가에서는 사람들이 일자리를 찾아 선진국으로 이주하려고 하고, 자국인 노동력의 부족을 경험하는 선진국에서는 몰려드는 이민자들의 문화적 차이와 자국민과의 일자리 갈등이라는 새로운 문제를 떠안고 있다.

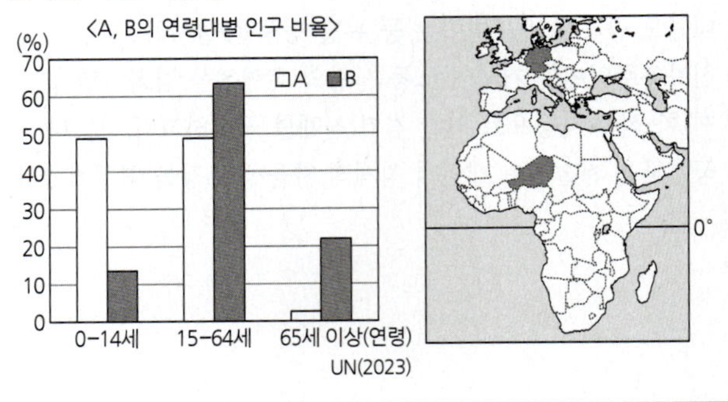

① 유럽에는 인구 문제 ㉠을 겪는 나라가 ㉡을 겪는 나라보다 많다.
② A는 경제 수준에 비해 출생률이 낮은 국가에 해당한다.
③ B는 이민자의 문화적 정체성을 유지하기 위해 용광로 이론에 기반한 정책을 강화해 왔다.
④ A는 초고령 사회에 도달한 국가로 B보다 중위 연령이 높다.
⑤ B는 A보다 총부양비(인구 부양비)가 낮다.

정답과 해설 13 p.120 14 p.120

마더텅 연습용 답안지

고1 통합사회2

OMR 카드가 추가로 필요한 수험생분들은 마더텅 홈페이지에서 OMR 카드의 PDF 파일을 내려받을 수 있습니다.

이용방법 ① 주소창에 www.toptutor.co.kr 입력 또는 포털에서 [마더텅] 검색
② 학습자료실 → 교재관련자료 → [고등] [까만책] [과목] [교재] 선택 → OMR 카드 내려받기

DAY 2일차

Ⅰ. 인권 보장과 헌법

핵심1 p.011

문번	답 란
1	① ② ③ ④ ⑤
2	① ② ③ ④ ⑤
3	① ② ③ ④ ⑤
4	① ② ③ ④ ⑤
5	① ② ③ ④ ⑤
6	① ② ③ ④ ⑤
7	① ② ③ ④ ⑤
8	① ② ③ ④ ⑤
9	① ② ③ ④ ⑤
10	① ② ③ ④ ⑤
11	① ② ③ ④ ⑤
12	① ② ③ ④ ⑤
13	① ② ③ ④ ⑤
14	① ② ③ ④ ⑤
15	① ② ③ ④ ⑤
16	① ② ③ ④ ⑤
17	① ② ③ ④ ⑤
18	① ② ③ ④ ⑤
19	① ② ③ ④ ⑤
20	① ② ③ ④ ⑤
21	① ② ③ ④ ⑤
22	① ② ③ ④ ⑤
23	① ② ③ ④ ⑤
24	① ② ③ ④ ⑤
25	① ② ③ ④ ⑤
26	① ② ③ ④ ⑤
27	① ② ③ ④ ⑤
28	① ② ③ ④ ⑤
29	① ② ③ ④ ⑤
30	① ② ③ ④ ⑤
31	① ② ③ ④ ⑤
32	① ② ③ ④ ⑤
33	① ② ③ ④ ⑤
34	① ② ③ ④ ⑤
35	① ② ③ ④ ⑤

www.toptutor.co.kr

DAY 3일차

Ⅰ. 인권 보장과 헌법

핵심1 p.020

문번	답 란
36	① ② ③ ④ ⑤
37	① ② ③ ④ ⑤
38	① ② ③ ④ ⑤
39	① ② ③ ④ ⑤
40	① ② ③ ④ ⑤
41	① ② ③ ④ ⑤
42	① ② ③ ④ ⑤
43	① ② ③ ④ ⑤
44	① ② ③ ④ ⑤
45	① ② ③ ④ ⑤
46	① ② ③ ④ ⑤
47	① ② ③ ④ ⑤
48	① ② ③ ④ ⑤
49	① ② ③ ④ ⑤

핵심2 p.024

문번	답 란
1	① ② ③ ④ ⑤
2	① ② ③ ④ ⑤
3	① ② ③ ④ ⑤
4	① ② ③ ④ ⑤
5	① ② ③ ④ ⑤
6	① ② ③ ④ ⑤
7	① ② ③ ④ ⑤
8	① ② ③ ④ ⑤
9	① ② ③ ④ ⑤
10	① ② ③ ④ ⑤
11	① ② ③ ④ ⑤
12	① ② ③ ④ ⑤
13	① ② ③ ④ ⑤
14	① ② ③ ④ ⑤
15	① ② ③ ④ ⑤
16	① ② ③ ④ ⑤
17	① ② ③ ④ ⑤
18	① ② ③ ④ ⑤
19	① ② ③ ④ ⑤
20	① ② ③ ④ ⑤
21	① ② ③ ④ ⑤
22	① ② ③ ④ ⑤
23	① ② ③ ④ ⑤
24	① ② ③ ④ ⑤
25	① ② ③ ④ ⑤
26	① ② ③ ④ ⑤
27	① ② ③ ④ ⑤
28	① ② ③ ④ ⑤
29	① ② ③ ④ ⑤
30	① ② ③ ④ ⑤
31	① ② ③ ④ ⑤

DAY 4일차

Ⅰ. 인권 보장과 헌법

핵심2 p.032

문번	답 란
32	① ② ③ ④ ⑤
33	① ② ③ ④ ⑤
34	① ② ③ ④ ⑤
35	① ② ③ ④ ⑤
36	① ② ③ ④ ⑤
37	① ② ③ ④ ⑤
38	① ② ③ ④ ⑤
39	① ② ③ ④ ⑤
40	① ② ③ ④ ⑤
41	① ② ③ ④ ⑤
42	① ② ③ ④ ⑤
43	① ② ③ ④ ⑤
44	① ② ③ ④ ⑤

심화 p.036

문번	답 란
1	① ② ③ ④ ⑤
2	① ② ③ ④ ⑤
3	① ② ③ ④ ⑤
4	① ② ③ ④ ⑤
5	① ② ③ ④ ⑤
6	① ② ③ ④ ⑤
7	① ② ③ ④ ⑤
8	① ② ③ ④ ⑤
9	① ② ③ ④ ⑤
10	① ② ③ ④ ⑤
11	① ② ③ ④ ⑤
12	① ② ③ ④ ⑤
13	① ② ③ ④ ⑤
14	① ② ③ ④ ⑤
15	① ② ③ ④ ⑤
16	① ② ③ ④ ⑤
17	① ② ③ ④ ⑤
18	① ② ③ ④ ⑤
19	① ② ③ ④ ⑤
20	① ② ③ ④ ⑤

DAY 6일차

Ⅱ. 사회정의와 불평등

핵심 p.051

문번	답 란
1	① ② ③ ④ ⑤
2	① ② ③ ④ ⑤
3	① ② ③ ④ ⑤
4	① ② ③ ④ ⑤
5	① ② ③ ④ ⑤
6	① ② ③ ④ ⑤
7	① ② ③ ④ ⑤
8	① ② ③ ④ ⑤
9	① ② ③ ④ ⑤
10	① ② ③ ④ ⑤
11	① ② ③ ④ ⑤
12	① ② ③ ④ ⑤
13	① ② ③ ④ ⑤
14	① ② ③ ④ ⑤
15	① ② ③ ④ ⑤
16	① ② ③ ④ ⑤
17	① ② ③ ④ ⑤
18	① ② ③ ④ ⑤
19	① ② ③ ④ ⑤
20	① ② ③ ④ ⑤
21	① ② ③ ④ ⑤
22	① ② ③ ④ ⑤
23	① ② ③ ④ ⑤
24	① ② ③ ④ ⑤
25	① ② ③ ④ ⑤
26	① ② ③ ④ ⑤
27	① ② ③ ④ ⑤
28	① ② ③ ④ ⑤
29	① ② ③ ④ ⑤
30	① ② ③ ④ ⑤
31	① ② ③ ④ ⑤

마더텅 연습용 답안지

고1 통합사회2

OMR 카드가 추가로 필요한 수험생분들은 마더텅 홈페이지에서 OMR 카드의 PDF 파일을 내려받을 수 있습니다.

이용방법 ① 주소창에 www.toptutor.co.kr 입력 또는 포털에서 [마더텅] 검색

② 학습자료실 → 교재관련자료 → [고등] [까만책] [과목] [교재] 선택 → OMR 카드 내려받기

DAY 7일차

Ⅱ. 사회정의와 불평등

핵심 p.059

문번	답 란
32	① ② ③ ④ ⑤
33	① ② ③ ④ ⑤
34	① ② ③ ④ ⑤
35	① ② ③ ④ ⑤
36	① ② ③ ④ ⑤
37	① ② ③ ④ ⑤
38	① ② ③ ④ ⑤
39	① ② ③ ④ ⑤
40	① ② ③ ④ ⑤
41	① ② ③ ④ ⑤

심화 p.062

문번	답 란
1	① ② ③ ④ ⑤
2	① ② ③ ④ ⑤
3	① ② ③ ④ ⑤
4	① ② ③ ④ ⑤
5	① ② ③ ④ ⑤
6	① ② ③ ④ ⑤
7	① ② ③ ④ ⑤
8	① ② ③ ④ ⑤
9	① ② ③ ④ ⑤
10	① ② ③ ④ ⑤
11	① ② ③ ④ ⑤
12	① ② ③ ④ ⑤

DAY 9일차

Ⅲ. 시장경제와 지속가능발전

핵심1 p.075

문번	답 란
1	① ② ③ ④ ⑤
2	① ② ③ ④ ⑤
3	① ② ③ ④ ⑤
4	① ② ③ ④ ⑤
5	① ② ③ ④ ⑤
6	① ② ③ ④ ⑤
7	① ② ③ ④ ⑤
8	① ② ③ ④ ⑤
9	① ② ③ ④ ⑤
10	① ② ③ ④ ⑤
11	① ② ③ ④ ⑤
12	① ② ③ ④ ⑤
13	① ② ③ ④ ⑤
14	① ② ③ ④ ⑤
15	① ② ③ ④ ⑤
16	① ② ③ ④ ⑤
17	① ② ③ ④ ⑤
18	① ② ③ ④ ⑤
19	① ② ③ ④ ⑤
20	① ② ③ ④ ⑤
21	① ② ③ ④ ⑤
22	① ② ③ ④ ⑤
23	① ② ③ ④ ⑤
24	① ② ③ ④ ⑤
25	① ② ③ ④ ⑤
26	① ② ③ ④ ⑤
27	① ② ③ ④ ⑤
28	① ② ③ ④ ⑤

DAY 10일차

Ⅲ. 시장경제와 지속가능발전

핵심1 p.082

문번	답 란
29	① ② ③ ④ ⑤
30	① ② ③ ④ ⑤
31	① ② ③ ④ ⑤
32	① ② ③ ④ ⑤
33	① ② ③ ④ ⑤
34	① ② ③ ④ ⑤
35	① ② ③ ④ ⑤
36	① ② ③ ④ ⑤
37	① ② ③ ④ ⑤
38	① ② ③ ④ ⑤
39	① ② ③ ④ ⑤

핵심2 p.085

문번	답 란
1	① ② ③ ④ ⑤
2	① ② ③ ④ ⑤
3	① ② ③ ④ ⑤
4	① ② ③ ④ ⑤
5	① ② ③ ④ ⑤
6	① ② ③ ④ ⑤
7	① ② ③ ④ ⑤
8	① ② ③ ④ ⑤
9	① ② ③ ④ ⑤
10	① ② ③ ④ ⑤
11	① ② ③ ④ ⑤
12	① ② ③ ④ ⑤
13	① ② ③ ④ ⑤
14	① ② ③ ④ ⑤
15	① ② ③ ④ ⑤
16	① ② ③ ④ ⑤
17	① ② ③ ④ ⑤
18	① ② ③ ④ ⑤
19	① ② ③ ④ ⑤
20	① ② ③ ④ ⑤

DAY 11일차

Ⅲ. 시장경제와 지속가능발전

핵심2 p.090

문번	답 란
21	① ② ③ ④ ⑤
22	① ② ③ ④ ⑤
23	① ② ③ ④ ⑤
24	① ② ③ ④ ⑤
25	① ② ③ ④ ⑤
26	① ② ③ ④ ⑤
27	① ② ③ ④ ⑤
28	① ② ③ ④ ⑤
29	① ② ③ ④ ⑤
30	① ② ③ ④ ⑤
31	① ② ③ ④ ⑤
32	① ② ③ ④ ⑤

심화 p.093

문번	답 란
1	① ② ③ ④ ⑤
2	① ② ③ ④ ⑤
3	① ② ③ ④ ⑤
4	① ② ③ ④ ⑤
5	① ② ③ ④ ⑤
6	① ② ③ ④ ⑤
7	① ② ③ ④ ⑤
8	① ② ③ ④ ⑤
9	① ② ③ ④ ⑤
10	① ② ③ ④ ⑤
11	① ② ③ ④ ⑤
12	① ② ③ ④ ⑤
13	① ② ③ ④ ⑤
14	① ② ③ ④ ⑤
15	① ② ③ ④ ⑤
16	① ② ③ ④ ⑤

DAY 13일차

Ⅳ. 세계화와 평화

핵심 p.106

문번	답 란
1	① ② ③ ④ ⑤
2	① ② ③ ④ ⑤
3	① ② ③ ④ ⑤
4	① ② ③ ④ ⑤
5	① ② ③ ④ ⑤
6	① ② ③ ④ ⑤
7	① ② ③ ④ ⑤
8	① ② ③ ④ ⑤
9	① ② ③ ④ ⑤
10	① ② ③ ④ ⑤
11	① ② ③ ④ ⑤
12	① ② ③ ④ ⑤
13	① ② ③ ④ ⑤
14	① ② ③ ④ ⑤
15	① ② ③ ④ ⑤
16	① ② ③ ④ ⑤
17	① ② ③ ④ ⑤
18	① ② ③ ④ ⑤
19	① ② ③ ④ ⑤
20	① ② ③ ④ ⑤
21	① ② ③ ④ ⑤
22	① ② ③ ④ ⑤
23	① ② ③ ④ ⑤
24	① ② ③ ④ ⑤
25	① ② ③ ④ ⑤
26	① ② ③ ④ ⑤
27	① ② ③ ④ ⑤
28	① ② ③ ④ ⑤

DAY 14일차

Ⅳ. 세계화와 평화

핵심 p.113

문번	답 란
29	① ② ③ ④ ⑤
30	① ② ③ ④ ⑤
31	① ② ③ ④ ⑤
32	① ② ③ ④ ⑤
33	① ② ③ ④ ⑤
34	① ② ③ ④ ⑤
35	① ② ③ ④ ⑤
36	① ② ③ ④ ⑤
37	① ② ③ ④ ⑤
38	① ② ③ ④ ⑤
39	① ② ③ ④ ⑤
40	① ② ③ ④ ⑤
41	① ② ③ ④ ⑤
42	① ② ③ ④ ⑤
43	① ② ③ ④ ⑤
44	① ② ③ ④ ⑤
45	① ② ③ ④ ⑤

심화 p.118

문번	답 란
1	① ② ③ ④ ⑤
2	① ② ③ ④ ⑤
3	① ② ③ ④ ⑤
4	① ② ③ ④ ⑤
5	① ② ③ ④ ⑤
6	① ② ③ ④ ⑤
7	① ② ③ ④ ⑤
8	① ② ③ ④ ⑤
9	① ② ③ ④ ⑤
10	① ② ③ ④ ⑤

DAY 16일차

Ⅴ. 미래와 지속가능한 삶

핵심1 p.130

문번	답 란
1	① ② ③ ④ ⑤
2	① ② ③ ④ ⑤
3	① ② ③ ④ ⑤
4	① ② ③ ④ ⑤
5	① ② ③ ④ ⑤
6	① ② ③ ④ ⑤
7	① ② ③ ④ ⑤
8	① ② ③ ④ ⑤
9	① ② ③ ④ ⑤
10	① ② ③ ④ ⑤
11	① ② ③ ④ ⑤
12	① ② ③ ④ ⑤
13	① ② ③ ④ ⑤
14	① ② ③ ④ ⑤
15	① ② ③ ④ ⑤
16	① ② ③ ④ ⑤
17	① ② ③ ④ ⑤
18	① ② ③ ④ ⑤
19	① ② ③ ④ ⑤
20	① ② ③ ④ ⑤
21	① ② ③ ④ ⑤
22	① ② ③ ④ ⑤
23	① ② ③ ④ ⑤
24	① ② ③ ④ ⑤
25	① ② ③ ④ ⑤
26	① ② ③ ④ ⑤
27	① ② ③ ④ ⑤
28	① ② ③ ④ ⑤
29	① ② ③ ④ ⑤
30	① ② ③ ④ ⑤
31	① ② ③ ④ ⑤
32	① ② ③ ④ ⑤
33	① ② ③ ④ ⑤
34	① ② ③ ④ ⑤
35	① ② ③ ④ ⑤
36	① ② ③ ④ ⑤

DAY 17일차

Ⅴ. 미래와 지속가능한 삶

핵심2 p.139

문번	답 란
1	① ② ③ ④ ⑤
2	① ② ③ ④ ⑤
3	① ② ③ ④ ⑤
4	① ② ③ ④ ⑤
5	① ② ③ ④ ⑤
6	① ② ③ ④ ⑤
7	① ② ③ ④ ⑤
8	① ② ③ ④ ⑤
9	① ② ③ ④ ⑤
10	① ② ③ ④ ⑤
11	① ② ③ ④ ⑤
12	① ② ③ ④ ⑤
13	① ② ③ ④ ⑤
14	① ② ③ ④ ⑤
15	① ② ③ ④ ⑤
16	① ② ③ ④ ⑤
17	① ② ③ ④ ⑤
18	① ② ③ ④ ⑤
19	① ② ③ ④ ⑤
20	① ② ③ ④ ⑤
21	① ② ③ ④ ⑤
22	① ② ③ ④ ⑤
23	① ② ③ ④ ⑤
24	① ② ③ ④ ⑤
25	① ② ③ ④ ⑤
26	① ② ③ ④ ⑤
27	① ② ③ ④ ⑤
28	① ② ③ ④ ⑤
29	① ② ③ ④ ⑤
30	① ② ③ ④ ⑤
31	① ② ③ ④ ⑤

DAY **18일차**

Ⅴ. 미래와 지속가능한 삶

심화 p.147

문번	답 란
1	① ② ③ ④ ⑤
2	① ② ③ ④ ⑤
3	① ② ③ ④ ⑤
4	① ② ③ ④ ⑤
5	① ② ③ ④ ⑤
6	① ② ③ ④ ⑤
7	① ② ③ ④ ⑤
8	① ② ③ ④ ⑤
9	① ② ③ ④ ⑤
10	① ② ③ ④ ⑤
11	① ② ③ ④ ⑤
12	① ② ③ ④ ⑤
13	① ② ③ ④ ⑤
14	① ② ③ ④ ⑤
15	① ② ③ ④ ⑤
16	① ② ③ ④ ⑤
17	① ② ③ ④ ⑤
18	① ② ③ ④ ⑤
19	① ② ③ ④ ⑤
20	① ② ③ ④ ⑤

www.toptutor.co.kr

DAY **19일차**

미니모의고사

1회 미니모의고사 p.155

문번	답 란
1	① ② ③ ④ ⑤
2	① ② ③ ④ ⑤
3	① ② ③ ④ ⑤
4	① ② ③ ④ ⑤
5	① ② ③ ④ ⑤
6	① ② ③ ④ ⑤
7	① ② ③ ④ ⑤
8	① ② ③ ④ ⑤
9	① ② ③ ④ ⑤
10	① ② ③ ④ ⑤

2회 미니모의고사 p.158

문번	답 란
1	① ② ③ ④ ⑤
2	① ② ③ ④ ⑤
3	① ② ③ ④ ⑤
4	① ② ③ ④ ⑤
5	① ② ③ ④ ⑤
6	① ② ③ ④ ⑤
7	① ② ③ ④ ⑤
8	① ② ③ ④ ⑤
9	① ② ③ ④ ⑤
10	① ② ③ ④ ⑤

www.toptutor.co.kr

DAY **20일차**

수능 예시문항 1

p.161

문번	답 란
1	① ② ③ ④ ⑤
2	① ② ③ ④ ⑤
3	① ② ③ ④ ⑤
4	① ② ③ ④ ⑤
5	① ② ③ ④ ⑤
6	① ② ③ ④ ⑤
7	① ② ③ ④ ⑤
8	① ② ③ ④ ⑤
9	① ② ③ ④ ⑤
10	① ② ③ ④ ⑤
11	① ② ③ ④ ⑤
12	① ② ③ ④ ⑤
13	① ② ③ ④ ⑤
14	① ② ③ ④ ⑤
15	① ② ③ ④ ⑤
16	① ② ③ ④ ⑤
17	① ② ③ ④ ⑤
18	① ② ③ ④ ⑤
19	① ② ③ ④ ⑤
20	① ② ③ ④ ⑤
21	① ② ③ ④ ⑤
22	① ② ③ ④ ⑤
23	① ② ③ ④ ⑤
24	① ② ③ ④ ⑤
25	① ② ③ ④ ⑤

www.toptutor.co.kr

DAY **21일차**

수능 예시문항 2

p.172

문번	답 란
1	① ② ③ ④ ⑤
2	① ② ③ ④ ⑤
3	① ② ③ ④ ⑤
4	① ② ③ ④ ⑤
5	① ② ③ ④ ⑤
6	① ② ③ ④ ⑤
7	① ② ③ ④ ⑤
8	① ② ③ ④ ⑤
9	① ② ③ ④ ⑤
10	① ② ③ ④ ⑤
11	① ② ③ ④ ⑤
12	① ② ③ ④ ⑤
13	① ② ③ ④ ⑤
14	① ② ③ ④ ⑤

www.toptutor.co.kr

정답표

Ⅰ. 인권 보장과 헌법

핵심 문제 1회차

문제편 p.11 해설편 p.2

1 ③	2 ④	3 ②	4 ④	5 ④
6 ②	7 ③	8 ④	9 ⑤	10 ③
11 ④	12 ②	13 ②	14 ②	15 ①
16 ①	17 ③	18 ②	19 ①	20 ②
21 ⑤	22 ③	23 ⑤	24 ④	25 ⑤
26 ④	27 ①	28 ①	29 ①	30 ③
31 ①	32 ②	33 ②	34 ①	35 ③
36 ①	37 ⑤	38 ③	39 ②	40 ③
41 ②	42 ⑤	43 ②	44 ③	45 ①
46 ②	47 ①	48 ②	49 ①	

핵심 문제 2회차

문제편 p.24 해설편 p.13

1 ③	2 ①	3 ①	4 ④	5 ①
6 ④	7 ④	8 ④	9 ②	10 ③
11 ④	12 ①	13 ④	14 ①	15 ②
16 ⑤	17 ①	18 ①	19 ④	20 ②
21 ④	22 ③	23 ⑤	24 ⑤	25 ①
26 ③	27 ④	28 ③	29 ⑤	30 ⑤
31 ①	32 ①	33 ①	34 ⑤	35 ⑤
36 ②	37 ⑤	38 ②	39 ①	40 ③
41 ①	42 ①	43 ②	44 ②	

심화 문제

문제편 p.36 해설편 p.23

1 ②	2 ⑤	3 ③	4 ④	5 ④
6 ③	7 ④	8 ④	9 ②	10 ④
11 ②	12 ⑤	13 ⑤	14 ②	15 ⑤
16 ⑤	17 ③	18 ②	19 ①	20 ⑤

서술형 문제

문제편 p.42 해설편 p.28

1 (1) ㉠ 인권 (2) **모범답안:** 인권은 태어날 때부터 지니고 있다(천부성). 인권은 누구나 가지고 있는 권리이다(보편성). 인권은 남에게 양도할 수 없고 누구도 침해할 수 없는 권리이다(불가침성). 인권은 영구히 보장되는 권리이다(항구성).

2 (1) 바이마르 헌법 (2) **모범답안:** 바이마르 헌법은 최초로 사회권을 기본권으로 인정하였다.

3 (1) A 시민 불복종 (2) **모범답안:** 목적에 정당성이 있어야 한다. 비폭력적인 방법을 사용하되 최후의 수단으로 시행되어야 한다. 위법 행위에 대한 처벌을 감수함으로써 법을 존중한다는 사실을 분명히 한다. 공개적으로 행한다.

4 (1) ㉠ 사회적 소수자 (2) **모범답안:** 사회적 소수자가 되는 기준은 상대적이다. 사회적 소수자는 상황에 따라 상대적으로 규정된다.

Ⅱ. 사회정의와 불평등

핵심 문제

문제편 p.51 해설편 p.29

1 ④	2 ③	3 ①	4 ④	5 ④
6 ③	7 ③	8 ①	9 ①	10 ②
11 ①	12 ②	13 ③	14 ④	15 ④
16 ④	17 ②	18 ②	19 ④	20 ③
21 ①	22 ①	23 ①	24 ①	25 ⑤
26 ⑤	27 ④	28 ④	29 ②	30 ③
31 ③	32 ①	33 ③	34 ④	35 ②
36 ④	37 ⑤	38 ②	39 ③	40 ③
41 ④				

심화 문제

문제편 p.62 해설편 p.39

1 ①	2 ④	3 ⑤	4 ②	5 ④
6 ⑤	7 ④	8 ①	9 ②	10 ④
11 ⑤	12 ③			

서술형 문제

문제편 p.66 해설편 p.42

1 (1) **갑** 필요에 따른 분배 **을** 능력에 따른 분배 **병** 업적에 따른 분배
(2) **모범답안:** 업적은 능력, 필요와 달리 각자가 달성한 결과를 객관화·수량화할 수 있어 평가와 특정이 비교적 용이하다.

2 (1) **(가)** 공동체주의 정의관 **(나)** 자유주의 정의관
(2) **모범답안:** 공동체주의 정의관은 개인이나 특정 지역의 이익을 지나치게 중시함으로써 나타나는 문제점을 해결하여 공동선을 실현하는 데 도움을 줄 수 있으나, 개인의 자유와 권리의 희생을 정당화하는 집단주의가 발생할 수 있는 문제가 있다. 자유주의적 정의관은 개인의 자유로운 선택과 권리를 최대한 존중하려 하지만, 자신의 이익을 우선시하는 이기주의가 확산될 우려가 있다.

3 (1) **(가)** 성 불평등 **(나)** 공간 불평등
(2) **모범답안:** (가)와 (나)는 모두 사회 통합을 실현하는 데 기여한다. (가)와 (나)는 모두 효율성보다 형평성을 중시하는 정책이다.

4 (1) **A** 공공 부조 **B** 사회 보험 **C** 사회 서비스
(2) **모범답안:** 공공 부조와 사회 보험은 모두 소득 재분배 효과가 있다. 공공 부조는 사후 처방적 성격이 강하고, 사회 보험은 사전 예방적 성격이 강하다.

Ⅲ. 시장경제와 지속가능발전

핵심 문제 1회차

문제편 p.75 해설편 p.43

1 ①	2 ④	3 ①	4 ③	5 ①
6 ①	7 ②	8 ②	9 ②	10 ②
11 ⑤	12 ④	13 ③	14 ①	15 ①
16 ③	17 ③	18 ③	19 ⑤	20 ③
21 ②	22 ⑤	23 ④	24 ⑤	25 ③
26 ④	27 ④	28 ③	29 ①	30 ⑤
31 ⑤	32 ③	33 ④	34 ④	35 ③
36 ③	37 ④	38 ④	39 ⑤	

핵심 문제 2회차

문제편 p.85 해설편 p.51

1 ③	2 ①	3 ⑤	4 ③	5 ①
6 ②	7 ④	8 ②	9 ②	10 ①
11 ②	12 ⑤	13 ④	14 ④	15 ①
16 ③	17 ②	18 ④	19 ②	20 ④
21 ①	22 ③	23 ④	24 ②	25 ④
26 ②	27 ④	28 ②	29 ①	30 ③
31 ⑤	32 ④			

심화 문제

문제편 p.93 해설편 p.58

1 ②	2 ④	3 ②	4 ⑤	5 ①
6 ④	7 ④	8 ②	9 ②	10 ①
11 ①	12 ⑤	13 ①	14 ③	15 ③
16 ①				

서술형 문제

문제편 p.97 해설편 p.62

1 (1) 대공황
(2) **모범답안:** 대공황은 자유방임주의의 한계를 인식하고 시장에 대한 정부의 적극적인 개입이 시작되는 계기가 되었다.

2 (1) **(가)** 긍정적 외부 효과(외부 경제) **(나)** 부정적 외부 효과(외부 불경제)
(2) **모범답안:** (가)에 나타난 긍정적 외부 효과는 생산 및 소비가 늘어나도록 보조금 지급, 세제 혜택 등 긍정적인 경제적 유인을 제공하여 외부 효과를 개선할 수 있다. (나)에 나타난 부정적 외부 효과는 생산 및 소비가 억제되도록 세금 또는 과태료 부과 등 부정적인 경제적 유인을 제공함으로써 외부 효과를 개선할 수 있다.

3 (1) **갑** 5점 **을** 3점
(2) **모범답안:** ㉡이 행해졌을 때 갑은 '배당금을 받을 수 있다.'가 적힌 카드를, 을은 '금융 자산이다.'가 적힌 카드를 가져가야 을이 갑보다 높은 점수를 얻을 수 있다. 갑과 을의 점수 차이는 ㉠이 행해졌을 때와 ㉡이 행해졌을 때가 각각 2점으로 같다.

4 (1) ① Y재 1/2개 ② Y재 1/3개 ③ X재 2개 ④ X재 3개
(2) **모범답안:** 갑국은 을국에 비해 Y재 1개 생산의 기회비용이 작으므로 Y재 생산에 비교 우위가 있고, 을국은 갑국에 비해 X재 1개 생산의 기회비용이 작으므로 X재 생산에 비교 우위가 있다.

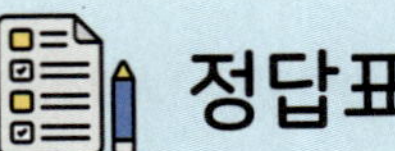

정답표

Ⅳ. 세계화와 평화

핵심 문제

문제편 p.106 해설편 p.63

1 ③	2 ①	3 ④	4 ①	5 ⑤
6 ③	7 ③	8 ①	9 ④	10 ①
11 ④	12 ②	13 ⑤	14 ②	15 ①
16 ④	17 ⑤	18 ⑤	19 ②	20 ②
21 ⑤	22 ①	23 ④	24 ④	25 ②
26 ④	27 ⑤	28 ②	29 ⑤	30 ⑤
31 ③	32 ②	33 ⑤	34 ④	35 ⑤
36 ③	37 ③	38 ③	39 ①	40 ⑤
41 ④	42 ⑤	43 ④	44 ⑤	45 ②

심화 문제

문제편 p.118 해설편 p.72

1 ③	2 ②	3 ⑤	4 ④	5 ②
6 ③	7 ②	8 ③	9 ③	10 ②

서술형 문제

문제편 p.121 해설편 p.74

1 (1) ㉠ 다국적 기업 ㉡ 공간적 분업(국제적 분업)
(2) **모범답안:** 다국적 기업이 입지한 지역은 일자리가 증가하고, 선진 기술 도입과 자본 투자 등으로 지역 경제에 활기를 줄 수 있다. 반면 지역 내 경쟁력이 취약한 기업은 피해를 볼 수 있고, 다국적 기업에 의해 창출된 이익을 진출 지역에 재투자하지 않고 모국으로 가져가면서 자본이 빠져나갈 수도 있다. 또한 환경 오염을 방치하면서 환경 문제를 야기하기도 한다. (3) **모범답안:** ㉢ 저렴한 임금의 노동력 활용 ㉣ 시장 확보(무역 장벽 극복)

2 (1) ㉠ 아파르트헤이트 (2) 구조적 폭력
(3) **모범답안:** 갈퉁의 평화 사상에 따르면, 만델라는 구조적 폭력의 원인이 되었던 인종 간 적대와 불평등을 평화적인 방식으로 해소하고자 하였다. 그는 백인에 대한 보복 대신 화해를 선택함으로써 단순한 폭력의 부재를 넘어, 정의롭고 조화로운 사회를 지향하는 적극적 평화 실현의 의의를 보여주었다.

3 (1) ㉠ (정부 간) 국제기구 ㉡ (국제) 비정부 기구(NGO) (2) **모범답안:** ㉢ 세계 평화 및 환경 보호 활동 ㉣ 의료 지원 및 의료 구호 활동
(3) **모범답안:** 인간은 자신들의 이익만을 추구한 결과 기후 변화, 환경 문제 등을 초래하였고, 이는 미래 후손들에게 큰 재앙이 될 것입니다. 그래서 저는 환경 문제의 원인을 밝혀내고, 이를 해결하는 데 힘을 보태고 싶어 그린피스에 가입하겠습니다. 먼저 일회용품 사용 줄이기부터 실천할 것이고, 용돈을 모아 그린피스에 후원하겠습니다. 저의 작은 노력이 조금이라도 더 나은 환경을 만드는 데 도움이 되었으면 좋겠습니다.

4 (1) ㉠ 통일을 위한 노력 (2) **모범답안:** 민족의 동질성을 회복하기 위해 필요하다. 한반도의 평화 정착을 위해 필요하다. 이산가족의 고통을 해소하기 위해 필요하다. 등

Ⅴ. 미래와 지속가능한 삶

핵심 문제 1회차

문제편 p.130 해설편 p.75

1 ⑤	2 ②	3 ①	4 ⑤	5 ③
6 ③	7 ③	8 ②	9 ⑤	10 ①
11 ③	12 ③	13 ②	14 ①	15 ③
16 ⑤	17 ⑤	18 ③	19 ⑤	20 ④
21 ③	22 ④	23 ④	24 ⑤	25 ④
26 ③	27 ②	28 ②	29 ③	30 ④
31 ①	32 ③	33 ⑤	34 ①	35 ①
36 ④				

핵심 문제 2회차

문제편 p.139 해설편 p.83

1 ⑤	2 ⑤	3 ③	4 ②	5 ③
6 ⑤	7 ①	8 ①	9 ②	10 ③
11 ④	12 ①	13 ④	14 ②	15 ①
16 ①	17 ⑤	18 ③	19 ①	20 ⑤
21 ③	22 ④	23 ④	24 ①	25 ③
26 ⑤	27 ⑤	28 ③	29 ③	30 ④
31 ②				

심화 문제

문제편 p.147 해설편 p.89

1 ⑤	2 ②	3 ①	4 ②	5 ③
6 ②	7 ③	8 ⑤	9 ③	10 ③
11 ④	12 ①	13 ③	14 ④	15 ④
16 ④	17 ③	18 ④	19 ⑤	20 ③

서술형 문제

문제편 p.152 해설편 p.94

1 (1) (가)-(나)-(다)
(2) **모범답안:** (가)는 1980년대에 사용된 표어이다. 당시에는 출산율이 여전히 높아 이전부터 시행되던 산아 제한 정책이 전개되었다. (나)는 1990년대에 사용된 표어이다. 1990년대에는 출산율이 낮아졌으나, 태아 성감별로 인한 신생아의 남초 현상이 뚜렷이 나타났다. 따라서 남아 선호 사상을 타파하여 성비의 균형을 맞추고자 노력하였다. (다)는 2000년대에 사용된 표어이다. 2000년대에는 출산 기피 현상으로 출산율이 급감했다. 출산율 감소는 노동력 부족, 인구 감소로 인한 경기 침체로 이어질 수 있어서 출산 장려 정책을 시행하고 있다.

2 (1) **(가)** 아프리카 **(나)** 아시아 **(다)** 유럽
(2) **모범답안:** (가)는 높은 출산율로 인한 인구 증가로 식량 부족, 자원 부족, 기아 및 빈곤, 실업 등의 문제가 발생한다. 이를 해소하기 위해서는 산아 제한 정책, 식량 증산 노력, 인구 부양력을 높이기 위한 경제 발전 등이 필요하다. (다)는 낮은 출산율로 인한 노동력 부족, 고령화로 인한 사회적 비용 증가 등의 문제가 발생한다. 이를 해소하기 위해서는 출산 장려 정책, 육아에 대한 부담 감소, 노인 복지 시설 확충, 노인 경제 참여 기회 확대 등이 필요하다.

3 (1) A 석유 B 석탄 (2) ㉠ 러시아 ㉡ 중국
(3) **모범답안:** A는 신생대 제3기 퇴적층 중 배사 구조가 발달한 지층에, B는 고생대 퇴적층에 주로 매장되어 있다.

4 (1) 자원 민족주의 (2) **모범답안:** 지구 온난화 현상, 대기 오염, 산성비 (3) **모범답안:** 신·재생 에너지에는 수력, 풍력, 태양광, 지열, 해양 에너지 등이 있다. 유량이 풍부한 하천과 높은 산지가 있어 큰 낙차를 얻을 수 있는 지역에서는 수력 발전을, 화산이 분포하여 지하에 열에너지가 풍부한 지역에서는 지열 발전을, 일조량이 풍부한 지역에서는 태양광 발전을, 풍향이 일정하고 풍속이 강한 지역에서는 풍력 발전을 하기에 유리하다. 그리고 해안 지대 중 조차가 큰 지역은 조력 발전을, 바닷물의 흐름이 강한 지역은 조류 발전을 하기에 유리하다.

5 (1) ㉠ 델파이 기법(전문가 합의법) ㉡ 시나리오 기법 (2) **모범답안:** **1.** 의학 기술의 발달로 대부분의 질병 치료가 가능해질 것이므로 인간 수명은 연장될 것이다. **2.** 지구 온난화, 대기 오염 등 건강에 악영향을 주는 요인들이 증가할 것이므로 인간 수명은 단축될 것이다. **3.** 인구 증가로 인한 자원 수요가 자원 공급보다 많아지면서 자원을 둘러싼 국가 간 갈등이 전쟁으로 이어질 가능성이 높으므로 인간 수명은 단축될 것이다.

1회 미니모의고사

문제편 p.155 해설편 p.95

1 ①	2 ①	3 ④	4 ⑤	5 ③
6 ④	7 ③	8 ③	9 ②	10 ④

2회 미니모의고사

문제편 p.158 해설편 p.98

1 ④	2 ③	3 ①	4 ①	5 ②
6 ⑤	7 ①	8 ③	9 ③	10 ⑤

2028 수능 예시문항 1

문제편 p.161 해설편 p.101

1 ⑤	2 ④	3 ④	4 ②	5 ③
6 ⑤	7 ④	8 ③	9 ②	10 ②
11 ①	12 ③	13 ②	14 ③	15 ②
16 ①	17 ③	18 ③	19 ⑤	20 ①
21 ⑤	22 ④	23 ②	24 ②	25 ①

2028 수능 예시문항 2

문제편 p.172 해설편 p.114

1 ④	2 ③	3 ⑤	4 ④	5 ②
6 ②	7 ①	8 ①	9 ③	10 ⑤
11 ②	12 ④	13 ②	14 ⑤	

빠른 정답표 QR
QR코드를 스캔하시면
정답표 PDF를 다운로드하실 수 있습니다.

정답표

Ⅰ. 인권 보장과 헌법

핵심 문제 1회차
문제편 p.11 해설편 p.2

1 ③	2 ④	3 ②	4 ④	5 ④
6 ②	7 ③	8 ④	9 ⑤	10 ③
11 ④	12 ②	13 ②	14 ②	15 ①
16 ①	17 ③	18 ②	19 ①	20 ②
21 ⑤	22 ③	23 ⑤	24 ④	25 ⑤
26 ④	27 ①	28 ①	29 ①	30 ③
31 ①	32 ②	33 ②	34 ①	35 ③
36 ①	37 ⑤	38 ③	39 ②	40 ③
41 ②	42 ⑤	43 ②	44 ③	45 ①
46 ②	47 ①	48 ②	49 ①	

핵심 문제 2회차
문제편 p.24 해설편 p.13

1 ③	2 ①	3 ①	4 ④	5 ①
6 ④	7 ④	8 ④	9 ②	10 ③
11 ④	12 ①	13 ④	14 ①	15 ②
16 ⑤	17 ①	18 ①	19 ④	20 ②
21 ④	22 ③	23 ⑤	24 ⑤	25 ①
26 ③	27 ④	28 ③	29 ⑤	30 ⑤
31 ①	32 ①	33 ①	34 ⑤	35 ⑤
36 ②	37 ⑤	38 ②	39 ①	40 ③
41 ①	42 ①	43 ②	44 ②	

심화 문제
문제편 p.36 해설편 p.23

1 ②	2 ⑤	3 ③	4 ④	5 ④
6 ③	7 ④	8 ④	9 ②	10 ④
11 ②	12 ⑤	13 ⑤	14 ②	15 ⑤
16 ⑤	17 ③	18 ②	19 ①	20 ⑤

Ⅱ. 사회정의와 불평등

핵심 문제
문제편 p.51 해설편 p.29

1 ④	2 ③	3 ①	4 ④	5 ④
6 ③	7 ③	8 ①	9 ①	10 ②
11 ①	12 ②	13 ③	14 ④	15 ④
16 ④	17 ②	18 ②	19 ④	20 ③
21 ①	22 ①	23 ①	24 ①	25 ⑤
26 ⑤	27 ④	28 ④	29 ②	30 ③
31 ③	32 ①	33 ③	34 ④	35 ②
36 ④	37 ⑤	38 ②	39 ③	40 ③
41 ④				

심화 문제
문제편 p.62 해설편 p.39

1 ①	2 ④	3 ⑤	4 ②	5 ④
6 ⑤	7 ④	8 ①	9 ②	10 ④
11 ⑤	12 ③			

Ⅲ. 시장경제와 지속가능발전

핵심 문제 1회차
문제편 p.75 해설편 p.43

1 ①	2 ④	3 ①	4 ③	5 ①
6 ①	7 ②	8 ②	9 ②	10 ②
11 ⑤	12 ④	13 ③	14 ①	15 ①
16 ③	17 ③	18 ③	19 ⑤	20 ③
21 ②	22 ⑤	23 ④	24 ⑤	25 ③
26 ④	27 ④	28 ③	29 ①	30 ⑤
31 ⑤	32 ③	33 ④	34 ④	35 ③
36 ③	37 ④	38 ④	39 ⑤	

핵심 문제 2회차
문제편 p.85 해설편 p.51

1 ③	2 ①	3 ⑤	4 ③	5 ①
6 ②	7 ④	8 ②	9 ②	10 ①
11 ②	12 ⑤	13 ④	14 ④	15 ①
16 ③	17 ②	18 ④	19 ②	20 ④
21 ①	22 ③	23 ④	24 ②	25 ④
26 ②	27 ④	28 ②	29 ①	30 ③
31 ⑤	32 ④			

심화 문제
문제편 p.93 해설편 p.58

1 ②	2 ④	3 ②	4 ⑤	5 ①
6 ④	7 ④	8 ②	9 ②	10 ①
11 ①	12 ⑤	13 ①	14 ③	15 ③
16 ①				

Ⅳ. 세계화와 평화

핵심 문제
문제편 p.106 해설편 p.63

1 ③	2 ①	3 ④	4 ①	5 ⑤
6 ③	7 ③	8 ①	9 ④	10 ①
11 ④	12 ②	13 ⑤	14 ②	15 ①
16 ④	17 ⑤	18 ⑤	19 ②	20 ②
21 ⑤	22 ①	23 ④	24 ④	25 ②
26 ④	27 ⑤	28 ②	29 ⑤	30 ⑤
31 ③	32 ②	33 ⑤	34 ④	35 ⑤
36 ③	37 ③	38 ③	39 ①	40 ⑤
41 ④	42 ⑤	43 ④	44 ⑤	45 ②

심화 문제
문제편 p.118 해설편 p.72

1 ③	2 ②	3 ⑤	4 ④	5 ②
6 ③	7 ②	8 ③	9 ③	10 ②

Ⅴ. 미래와 지속가능한 삶

핵심 문제 1회차
문제편 p.130 해설편 p.75

1 ⑤	2 ②	3 ①	4 ⑤	5 ③
6 ③	7 ③	8 ②	9 ⑤	10 ①
11 ③	12 ③	13 ②	14 ①	15 ③
16 ⑤	17 ⑤	18 ③	19 ⑤	20 ④
21 ③	22 ④	23 ④	24 ⑤	25 ④
26 ③	27 ②	28 ②	29 ③	30 ④
31 ①	32 ③	33 ⑤	34 ①	35 ①
36 ④				

핵심 문제 2회차
문제편 p.139 해설편 p.83

1 ⑤	2 ⑤	3 ③	4 ②	5 ③
6 ⑤	7 ①	8 ①	9 ②	10 ③
11 ④	12 ①	13 ④	14 ②	15 ①
16 ①	17 ⑤	18 ③	19 ①	20 ⑤
21 ③	22 ④	23 ④	24 ①	25 ③
26 ⑤	27 ⑤	28 ③	29 ③	30 ④
31 ②				

심화 문제
문제편 p.147 해설편 p.89

1 ⑤	2 ②	3 ①	4 ②	5 ③
6 ②	7 ③	8 ⑤	9 ③	10 ③
11 ④	12 ①	13 ③	14 ④	15 ④
16 ④	17 ③	18 ④	19 ⑤	20 ③

1회 미니모의고사
문제편 p.155 해설편 p.95

1 ①	2 ①	3 ④	4 ⑤	5 ③
6 ④	7 ③	8 ③	9 ②	10 ④

2회 미니모의고사
문제편 p.158 해설편 p.98

1 ④	2 ③	3 ①	4 ①	5 ②
6 ⑤	7 ①	8 ③	9 ③	10 ⑤

2028 수능 예시문항 1
문제편 p.161 해설편 p.101

1 ⑤	2 ④	3 ④	4 ②	5 ③
6 ⑤	7 ④	8 ③	9 ②	10 ②
11 ①	12 ③	13 ②	14 ③	15 ②
16 ①	17 ③	18 ③	19 ⑤	20 ①
21 ⑤	22 ④	23 ②	24 ②	25 ①

2028 수능 예시문항 2
문제편 p.172 해설편 p.114

1 ④	2 ③	3 ⑤	4 ④	5 ②
6 ②	7 ①	8 ①	9 ③	10 ⑤
11 ②	12 ④	13 ②	14 ⑤	

빠른 정답표 QR
QR코드를 스캔하시면
정답표 PDF를 다운로드하실 수 있습니다.

2026 마더텅
전국연합 학력평가 기출문제집

고1 통합사회2

정답과 해설편

MOTHERTONGUE
마더텅출판사
since1999.4.1.

I 인권 보장과 헌법

개념편 p.4

핵심 문제 풀기 1회차

1	③	2	④	3	②	4	④	5	④
6	②	7	③	8	④	9	⑤	10	③
11	④	12	②	13	②	14	②	15	①
16	①	17	③	18	②	19	①	20	②
21	⑤	22	③	23	⑤	24	④	25	⑤
26	④	27	①	28	①	29	①	30	③
31	①	32	②	33	②	34	①	35	③
36	①	37	⑤	38	③	39	②	40	③
41	②	42	⑤	43	②	44	③	45	①
46	②	47	①	48	②	49	①		

핵심 문제 풀기 2회차

1	③	2	①	3	①	4	④	5	①
6	④	7	④	8	④	9	②	10	③
11	④	12	①	13	④	14	①	15	②
16	⑤	17	①	18	①	19	④	20	②
21	④	22	③	23	⑤	24	⑤	25	①
26	③	27	④	28	③	29	⑤	30	⑤
31	①	32	①	33	①	34	⑤	35	⑤
36	②	37	⑤	38	②	39	①	40	③
41	①	42	①	43	②	44	②		

심화 문제 풀기

1	②	2	⑤	3	③	4	④	5	④
6	③	7	④	8	④	9	②	10	④
11	②	12	⑤	13	⑤	14	②	15	⑤
16	⑤	17	③	18	②	19	①	20	⑤

핵심 문제 풀기 1회차

1 정답 ③ 문제편 p.11

(가) 인간이라면 누구나 누릴 수 있다. → ○

(나) 일정 기간에 한시적으로 보장된다. → X

(다) 태어나면서부터 자연스럽게 가진다. → ○

(라) 필요한 경우 타인에게 양도할 수 있다. → X

(마) 국가나 다른 사람이 침해해서는 안 된다. → ○

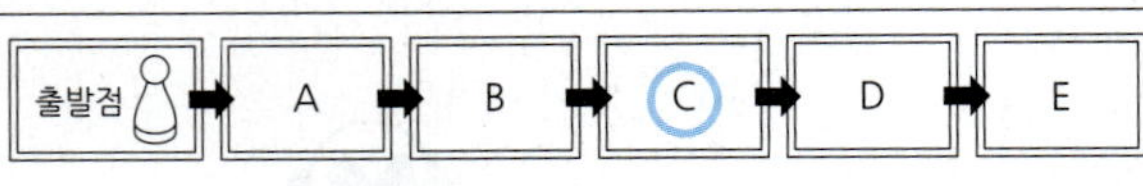

① A ② B ③ C ④ D ⑤ E

풀이

인권은 인종, 성별, 종교, 사회적 신분 등과 관계없이 누구에게나 보장되어야 하며, 인간으로 태어나면서부터 갖게 되는 권리이고, 국가나 다른 사람이 침해할 수 없다. 제시된 진술 중 (가), (다), (마)가 옳은 진술이므로 말의 최종 위치는 오른쪽으로 세 칸 이동한 C가 된다. 한편, 인권은 특정 기간에 박탈당하지 않고 영구히 보장되며, 타인에게 양도할 수 없다는 특징을 갖는다.

2 정답 ④ 문제편 p.11

(가) 미국 독립 선언문 →천부 인권 사상

…모든 사람은 평등하게 태어났고, 조물주는 몇 개의 양도할 수 없는 권리를 부여했으며, …㉠정부의 정당한 권력은 시민의 동의로부터 유래하고…. →국민 주권의 원리

(나) 유엔 아동 권리 협약 →아동이 인권의 주체임을 전제함

당사국은 아동이 …건강의 회복을 위한 시설을 이용할 권리를 인정한다. …권리의 완전한 실현을 점진적으로 달성하기 위해 ㉡국제 협력을 증진하고 장려해야 한다. →국제적 연대 강조

풀이

ㄱ. 유엔 아동 권리 협약은 아동이 건강 회복을 위한 시설을 이용할 권리가 있음을 인정하고 있다. 이를 통해 유엔 아동 권리 협약은 아동이 인권의 주체임을 전제하고 있음을 알 수 있다.

ㄴ. 미국 독립 선언문에서는 모든 사람이 양도할 수 없는 권리를 부여받았다고 명시하고 있다. 이를 통해 미국 독립 선언문에도 천부 인권 사상이 제시되어 있음을 알 수 있다.

ㄷ. 미국 독립 선언문에서 정부의 정당한 권력이 시민의 동의로부터 유래한다는 내용을 통해 미국 독립 선언문이 국민 주권의 원리를 제시하고 있음을 알 수 있다.

ㄹ. 유엔 아동 권리 협약에서 아동 권리 실현을 위해 국제 협력을 증진 및 장려해야 한다는 내용을 통해 유엔 아동 권리 협약이 아동 권리 보장을 위해 국제적 연대를 강조하고 있음을 알 수 있다.

3 정답 ② 문제편 p.11

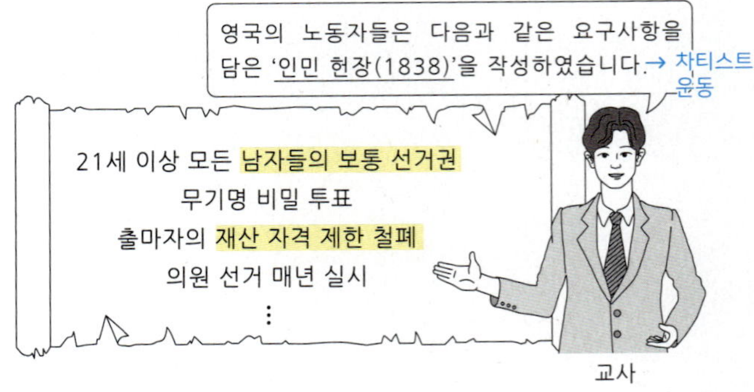

① 명예 혁명의 배경이 되었다. → 1688년

② 참정권 확장의 계기가 되었다.

③ 미국 독립 선언의 기초가 되었다. → 1776년

④ 인권 보장의 국제적 기준을 제시하였다. → 세계 인권 선언(1948년)

⑤ 모든 사회적 차별 철폐를 주요 내용으로 한다.

풀이

영국의 노동자들이 선거권 확대, 무기명 투표 등 보통 선거권을 요구한 운동은 차티스트 운동이다. 밑줄 친 '인민 헌장'은 차티스트 운동과 관련 있다.

① 명예 혁명은 1688년에 일어났으며, 이는 시민 혁명과 관련 있다.
② 차티스트 운동은 시민 혁명 이후에도 노동자들의 참정권이 보장되지 않은 것에 반발하여 일어난 운동으로, 이는 참정권을 확장하는 계기가 되었다.
③ 미국 독립 선언은 1776년에 일어났으며, 이는 시민 혁명과 관련 있다.
④ 인권 보장의 국제적 기준을 제시한 것은 1948년에 채택된 세계 인권 선언이다.
⑤ 인민 헌장은 21세 이상 남성의 보통 선거권 보장의 내용을 담고 있으며, 여성의 참정권이 배제되어 있다는 점에서 한계가 있다.

4 정답 ④ 문제편 p.11

풀이

① 영국의 차티스트 운동을 계기로 확보된 것은 정치적 권리이다.
② 바이마르 헌법에서 최초로 보장된 것은 사회권으로, 이는 사회적 권리에 해당한다.
③ 국가 개입을 최소화하면서 개인의 자유를 보호하고자 한 것은 시민적 권리이다.
④ 3세대 인권은 인종 차별, 국가 간 빈부 격차로 인해 인권을 누리지 못하는 개인과 집단에 대한 반성에서 나온 권리로, 국가와 개인의 관계를 넘어선 전 지구적 차원의 권리이다.
⑤ 시민적 권리가 정치적 권리보다 인권의 역사적 발전 과정에서 제도적으로 먼저 보장되었다.

5 정답 ④ 문제편 p.12

[보 기]

ㄱ. (가)는 사유 재산 제도를 부정하고 있다.
ㄴ. (나)의 인권 범위에는 사회권이 포함되어 있다.
ㄷ. (나)로 인해 국가의 필요에 따라 임의로 인권을 제한할 수 있게 되었다.
ㄹ. (가), (나) 모두에서 천부 인권이 나타나 있다.

① ㄱ, ㄴ ② ㄱ, ㄷ ③ ㄴ, ㄷ ④ ㄴ, ㄹ ⑤ ㄷ, ㄹ

풀이

ㄱ. (가)의 제17조에는 소유권이 신성불가침의 권리임을 명시하고 있으므로, 사유 재산 제도를 부정한다고 볼 수 없다.
ㄴ. (나)의 제22조와 제26조에는 사회권이 명시되어 있다.
ㄷ. (나)에서는 천부 인권을 명시하고 있다.
ㄹ. (가)의 제1조와 (나)의 제1조에서 인권이 태어나면서부터 갖게 되는 권리라는 천부 인권을 명시하고 있다.

6 정답 ② 문제편 p.12

아래 그림은 [질문1], [질문2]에 대해 '예', '아니요' 중 같은 답을 할 수 있는 것끼리 점선으로 묶은 것이다.

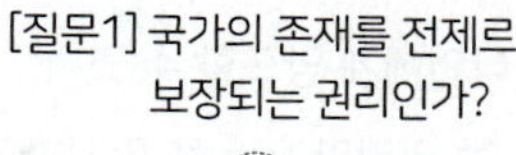

[질문1] 국가의 존재를 전제로 보장되는 권리인가?	[질문2] 다른 기본권 보장의 전제 조건인가?
A / B / C	A / B / C

① A는 가장 최근에 등장한 권리이다.
② B는 국가의 정치 과정에 참여할 수 있는 권리이다.
③ C는 자본주의의 문제점을 해결하는 과정에서 등장한 권리이다.
④ A는 B, C와 달리 적극적 성격의 권리이다.
⑤ C는 A, B와 달리 다른 기본권 구제를 위한 수단적 권리이다.

풀이

자유권, 평등권, 참정권 중 국가의 존재를 전제로 보장되는 권리는 참정권이고, 다른 기본권 보장의 전제 조건이 되는 권리는 평등권이다. 따라서 A는 자유권, B는 참정권, C는 평등권이다.

① 자유권은 가장 오래된 권리이다. 가장 최근에 등장한 권리는 사회권이다.
② 참정권은 국가의 의사 결정 과정에 참여할 수 있는 권리를 말한다.
③ 자본주의의 문제점을 해결하는 과정에서 등장한 권리는 사회권이다.
④ 자유권은 소극적 성격의 권리이다.
⑤ 다른 기본권 구제를 위한 수단적 권리는 청구권이다.

7 정답 ③ 문제편 p.12

[보 기]

ㄱ. (가)는 차티스트 운동을 계기로 선포되었다.
ㄴ. (가)는 자유와 평등의 이념을 강조하였다.
ㄷ. (나)는 사회권을 최초로 명시하였다.
ㄹ. (가)는 (나)와 달리 연대권의 보장을 명시하였다.

① ㄱ, ㄴ ② ㄱ, ㄷ ③ ㄴ, ㄷ ④ ㄴ, ㄹ ⑤ ㄷ, ㄹ

풀이

(가)는 프랑스 인권 선언으로, 자유와 평등을 강조하고 있고, (나)는 바이마르 헌법으로, 사회권을 최초로 명시한 법이다.

ㄱ. 프랑스 인권 선언은 프랑스 혁명을 계기로 선포되었다.
ㄹ. 연대권은 자신이 소속되어 있는 공동체에서 더 나아가 국제적인 연대와 협력을 할 수 있는 권리로, 현대 사회에서 새롭게 등장한 인권이다.

8 정답 ④ 문제편 p.12

[보 기]

ㄱ. 모든 사람에게 참정권이 있음을 밝히고 있다. → 제21조
ㄴ. 문화권 등 새롭게 등장한 인권의 내용이 포함되어 있다. → 제27조
ㄷ. 천부 인권은 보편적인 권리로 타인에게 양도할 수 있다. 없다
ㄹ. 모든 사람이 인간다운 생활을 할 권리가 있음을 명시하고 있다. → 제25조

① ㄱ, ㄴ ② ㄱ, ㄷ ③ ㄷ, ㄹ
④ ㄱ, ㄴ, ㄹ ⑤ ㄴ, ㄷ, ㄹ

풀이

제1조에서는 천부 인권 사상, 제21조에서는 참정권, 제25조에서는 인간다운 생활을 할 권리, 제27조에서는 문화권 등 새롭게 등장한 인권을 포괄하고 있다.
ㄷ. 천부 인권은 보편적인 권리로 타인에게 양도할 수 없다.

9 정답 ⑤ 문제편 p.13

RE : '오늘날 새롭게 보장되고 있는 인권' 발표 자료 보내요.

보낸 사람 교사 <teacher@mail.net>
받는 사람 학생 (1학년 △반 ○○○) <student@mail.net>

메일 잘 받았어요. 그런데 보내준 ㉠ '자료 1 ~ 자료 4' 중에서 1개는 (주거권 ←) ㉡ ○○○ 학생이 발표하기로 한 권리와는 ㉢ 다른 권리를 다루고 있습니다. 이 부분만 수정해서 다시 보내주세요. (→ 문화권)

자료 1 관련 '법' 소개	자료 2 관련 '정책' 소개
제1조(목적) 이 법은 주거 복지 등 주거 정책의 수립 · 추진 등에 관한 사항을 정하고 …(중략)… 국민의 주거 안정과 주거 수준의 향상에 이바지하는 것을 목적으로 한다. → 주거권	(가)

자료 3 관련 '웹툰' 소개	자료 4 관련 '신문 기사' 소개
 → 주거권	○○시에서는 다양한 계층의 아이들이 문화 생활에서 차별을 받지 않도록 '꿈의 오케스트라'를 운영하고 있다. 이 음악 프로그램은 1975년 베네수엘라의 불우 청소년들을 위한 '엘 시스테마(El Sistema)'를 모태로 하고 있다. → 문화권

① ㉠에 해당하는 자료는 '자료 1'이다. (4)
② ㉢은 각종 위험으로부터 안전을 보호받을 권리이다. (→ 안전권)
③ ㉡은 ㉢과 달리 인권의 범위가 넓어지면서 등장한 권리이다. (모두)
④ ㉢은 ㉡과 달리 대기의 질이 나빠지면서 등장한 권리이다. (→ 환경권)
⑤ (가)에는 취약 계층에게 임대 주택을 우선 공급하는 정책의 내용이 들어갈 수 있다. (→ 주거권)

풀이

자료 1과 자료 3은 주거권에 대한 내용이고, 자료 4는 문화권에 대한 내용이다. 따라서 ○○○ 학생이 발표하기로 한 권리는 주거권이다.
① 자료 1과 자료 3이 주거권을 다루고 있고, 자료 4가 문화권을 다루고 있다. 따라서 ㉠에 해당하는 자료는 '자료 4'이다.
② 각종 위험으로부터 안전을 보호받을 권리는 안전권이다.
③ ㉡은 주거권이고, ㉢은 문화권이다. 주거권과 문화권은 모두 인권의 범위가 넓어지면서 등장한 권리이다.
④ 대기의 질이 나빠지면서 등장한 권리는 환경권이다.
⑤ (가)에는 주거권과 관련된 내용이 들어가야 한다. 취약 계층에게 임대 주택을 우선 공급하는 정책은 주거권과 관련 있다. 따라서 해당 내용은 (가)에 들어갈 수 있다.

10 정답 ③ 문제편 p.13

[보 기]

ㄱ. (가)는 사회권이 명시된 최초의 문서이다. (→ 바이마르 헌법)
ㄴ. (나)는 천부 인권과 국민 주권의 원리를 반영하고 있다.
ㄷ. (가)와 (나)는 모두 계몽사상의 영향을 받았다.
ㄹ. (가)는 (나)와 달리 사회 계약설을 근거로 하고 있다. ((가), (나) 모두)

① ㄱ, ㄴ ② ㄱ, ㄷ ③ ㄴ, ㄷ ④ ㄴ, ㄹ ⑤ ㄷ, ㄹ

풀이

권리 장전(가)은 영국의 명예혁명 과정에서 발표된 문서이고, 인간과 시민의 권리 선언(나)은 프랑스 혁명 과정에서 발표된 문서이다.
ㄱ. 사회권이 명시된 최초의 문서는 바이마르 헌법이다.
ㄴ. 인간과 시민의 권리 선언 제1조에는 천부 인권 사상이 반영되어 있고, 제3조에는 국민 주권의 원리가 반영되어 있다.
ㄷ. 권리 장전과 인간과 시민의 권리 선언은 모두 인간의 합리적 이성에 의해 편견과 오류를 극복하고 사회적 모순과 부조리를 바로잡을 수 있다고 보는 계몽사상의 영향을 받았다.
ㄹ. 권리 장전과 인간과 시민의 권리 선언은 모두 사회 계약설을 근거로 하고 있다.

11 정답 ④ 문제편 p.13

풀이

제시된 지도에 나타난 자연재해는 지진이다. 이와 관련되어 보장되어야 할 인권은 안전권으로, 이는 국민이 각종 재해와 위협으로부터 안전을 보호받을 권리이다.
③, ⑤ 잊힐 권리는 자신의 정보가 더 이상 적법한 목적을 위해 필요하지 않을 때, 그것을 지우고 더 이상 처리되지 않도록 하는 권리이다.

12 정답 ② 문제편 p.14

① 침해된 기본권을 구제하기 위한 권리이다. → 청구권

② 국가의 정치 과정에 참여할 수 있는 권리이다. → 참정권

③ 다른 기본권 실현의 전제 조건이 되는 권리이다. → 평등권

④ 국가에게 인간다운 생활의 보장을 요구하는 권리이다. → 사회권

⑤ 정당하고 합리적 이유 없는 차별을 받지 않을 권리이다. → 평등권

풀이

국가의 존재를 전제로 인정되는 권리는 참정권이다. 따라서 (가)는 참정권이다.

② 참정권은 국가의 의사 결정 과정에 참여할 수 있는 권리를 말한다.

13 정답 ② 문제편 p.14

① 역사적으로 가장 오래된 권리이다. → 자유권

② 국가에 의해 인간다운 삶을 보장받을 권리이다. → 사회권

③ 국가의 의사 결정 과정에 참여할 수 있는 권리이다. → 참정권

④ 국가로부터 간섭받지 않고 자유롭게 생활할 권리이다. → 자유권

⑤ 기본권이 침해당했을 때 구제를 청구할 수 있는 권리이다. → 청구권

풀이

제시된 공약에서 공통적으로 나타난 기본권은 사회권이다. 사회권은 국가에 대해 인간다운 생활 보장을 요구할 수 있는 권리를 말한다. 따라서 정답은 ②번이다.

14 정답 ② 문제편 p.14

① 소득 재분배 정책으로 사회적 약자를 배려하고자 한다. → 사회권

② 생명과 안녕을 위협하는 위험으로부터 보호받을 권리이다. → 안전권

③ 누구나 자아 실현을 위하여 필요한 학습을 추구할 권리이다. → 학습권

④ 침해된 사례로는 저소득층이 문화생활에서 소외되는 것을 들 수 있다. → 문화권

⑤ 최저 주거 기준을 설정하고 주거 약자를 지원하는 정책을 통해 보장할 수 있다. → 주거권

풀이

(가)는 안전권이다. 안전권은 국민이 각종 위험으로부터 안전을 보호받을 권리이다. 따라서 정답은 ②번이다.

15 정답 ① 문제편 p.14

① A의 예로 공무 담임권을 들 수 있다.

② A는 법률로도 제한할 수 없는 권리이다.

③ B는 다른 기본권 침해 시 이를 구제받기 위한 수단적 권리이다.

④ A는 B와 달리 모든 사회생활 영역에서 차별받지 않을 권리이다.

⑤ B는 A와 달리 적극적 성격의 권리이다.

풀이

A는 참정권, B는 평등권이다.

① 참정권은 국가의 의사 결정 과정에 참여할 수 있는 권리로, 공무 담임권, 선거권, 국민 투표권 등이 있다.

② 기본권은 국가 안전 보장, 질서 유지, 공공복리를 위해 필요한 경우에 한하여 법률로써 제한할 수 있다.

③ 다른 기본권 침해 시 이를 구제받기 위한 수단적 권리는 청구권이다.

④ 모든 사회생활 영역에서 차별받지 않을 권리는 평등권이다.

⑤ 참정권은 적극적 성격의 권리이고, 평등권은 소극적 성격의 권리이다.

16 정답 ① 문제편 p.15

[보기]

ㄱ. 사회의 다양성 확대에 기여하는 권리이다. → 문화권

ㄴ. 문화적 정체성 확립에 도움을 주는 권리이다.

ㄷ. 쾌적한 주거 환경 조성을 강조하는 권리이다. → 주거권

ㄹ. 전염병으로부터 자신의 안전을 보장해 주는 권리이다. → 안전권

① ㄱ, ㄴ ② ㄱ, ㄷ ③ ㄴ, ㄷ ④ ㄴ, ㄹ ⑤ ㄷ, ㄹ

풀이

개인이 자유롭게 공동체의 문화생활에 참여하고 예술을 감상하며 혜택을 나눠 가질 권리, 문화생활에서 차별받지 않고 문화적 접근과 참여 활동을 보장받을 권리는 문화권이다. 따라서 ㉠은 문화권이다.

17 정답 ③ 문제편 p.15

풀이

○○시가 갑에게 자가 격리를 경령하는 것은 신체의 자유라는 기본권을 제한하는 조치에 해당한다. 기본권은 국가 안전 보장, 질서유지, 공공복리를 위해 필요한 경우에 한하여 법률로써 제한할 수 있으며, 제한하는 경우에도 기본권의 본질적인 내용은 침해할 수 없다.

⑤ 기본권을 제한하는 경우 기본권을 제한받는 갑의 피해를 최소화해야 하고, 달성하고자 하는 공익이 침해되는 갑의 이익보다 커야 한다.

18 정답 ② 문제편 p.15

[보기]

ㄱ. (가)에는 국민 주권 사상이 나타나 있다.

ㄴ. (나)의 재산권은 사회권에 해당한다.

ㄷ. (다)는 국민이 국가의 정치 활동에 참여할 수 있는 권리를 규정하고 있다.

ㄹ. (라)는 침해된 기본권을 구제받기 위한 수단적 권리에 해당한다.

① ㄱ, ㄴ ② ㄱ, ㄷ ③ ㄴ, ㄷ ④ ㄴ, ㄹ ⑤ ㄷ, ㄹ

풀이

(가)에는 국민 주권의 원리, (나)에는 재산권 보장, (다)에는 참정권, (라)에는 사회권이 나타나 있다.
ㄴ. 재산권은 자유권에 해당한다.
ㄹ. 침해된 기본권을 구제받기 위한 수단적 권리는 청구권이다.

19 정답 ① 문제편 p.15

① ㉠은 법률의 적용 및 해석을 통한 재판을 담당한다.
② ㉡은 국가 기관 간 견제를 통해 권력 남용을 방지하고자 한다.
③ ㉢은 국민의 기본권 침해를 막기 위해 헌법 소원 심판을 담당한다.
④ ㉣은 개인이 국가의 부당한 간섭을 받지 않을 권리이다.
⑤ ㉤은 인권 보장을 위한 국가의 최고법이다.

풀이

① 국회는 법률의 제정 및 개정을 담당한다. 법률의 적용 및 해석을 통해 재판을 담당하는 기관은 법원이다.
② 권력 분립 제도는 국가 권력을 하나의 기관에 집중시키지 않고 여러 기관이 나누어 가지게 함으로써 서로 견제하고 균형이 이루어지게 하는 제도이다.
③ 헌법 재판소는 위헌 법률 심판 제도나 헌법 소원 심판 제도를 통해 법률이나 공권력이 개인의 기본권을 침해했는지를 판단하여 구제하는 기관이다.
④ 자유권은 개인이 자신의 자유로운 영역에 대해 국가 권력에 의한 간섭이나 침해를 받지 않을 권리를 말한다.
⑤ 헌법은 국가의 최고 규범으로, 국민의 기본적 인권에 대한 보장과 국가의 정치 조직 구성 및 정치 작용의 원칙을 내용으로 한다.

20 정답 ② 문제편 p.16

헌법 재판소는 대통령 관저로부터 100미터 이내의 장소에서 옥외 집회 또는 시위를 금지하고 위반 시 형사 처벌하도록 규정한 ○○법 해당 조항이 헌법에 위반된다고 판단하였다. 해당 조항은 대통령의 원활한 직무 수행을 보장하기 위한 것이지만, 대통령 관저 인근 일대에서의 모든 집회를 예외 없이 금지하는 것은 공동의 목적을 가진 다수의 사람이 자유롭게 일시적인 모임을 가질 수 있는 권리를 침해하기 때문이라고 본 것이다.

① 다른 기본권을 보장하기 위한 수단적 권리이다.
② 국가 권력의 간섭을 받지 않을 소극적 권리이다.
③ 바이마르 헌법에서 최초로 보장되기 시작한 권리이다.
④ 인간다운 생활 보장을 국가에 요구할 수 있는 권리이다.
⑤ 정치적 의사 형성 과정에 참여할 수 있는 능동적 권리이다.

풀이

헌법 재판소는 대통령 관저 인근 일대에서 집회 또는 시위를 금지하는 것이 집회의 자유를 침해하고 있다고 보고 있다. 따라서 밑줄 친 '권리'에 해당하는 기본권은 자유권이다.
② 자유권은 국가 권력에 의한 간섭이나 침해를 받지 않을 권리로, 소극적 권리이다.

21 정답 ⑤ 문제편 p.16

[보기]
ㄱ. 국민의 기본권은 어떠한 경우에도 제한할 수 없다.
ㄴ. 기본권 제한을 통해 보호하려는 공익보다 침해되는 개인의 이익이 커야 한다.
ㄷ. 기본권을 제한할 때는 정당한 목적을 달성하는 데 필요한 범위 안에서만 제한하여야 한다.
ㄹ. ㉠의 이유는 국민의 기본권이 국가에 의해 함부로 침해당하지 않도록 보장하기 위함이다.

① ㄱ, ㄴ ② ㄱ, ㄷ ③ ㄴ, ㄷ ④ ㄴ, ㄹ ⑤ ㄷ, ㄹ

풀이

ㄱ, ㄷ. 국민의 기본권은 국가안전보장·질서유지 또는 공공복리를 위해 필요한 경우에 한하여 제한할 수 있다.
ㄴ. 기본권 제한을 통해 보호하려는 공익이 침해되는 개인의 이익보다 커야 한다.
ㄹ. 국민의 자유와 권리를 보호하기 위해 기본권을 제한하는 경우에는 국회가 제정한 법률로써 제한할 수 있다.

22 정답 ③ 문제편 p.16

① 합리적이고 정당한 법에 따라 통치한다.
② 정당 설립의 자유와 복수 정당제를 보장한다.
③ 신속한 정책 추진을 위해 하향식 의사 결정을 강화한다.
④ 보통·평등·직접·비밀 선거를 통해 대표자를 선출한다.
⑤ 권력의 집중과 남용을 막기 위해 권력 분립 제도를 채택한다.

풀이

㉠은 자유 민주주의이다. 자유 민주주의의 실현을 위해 법치주의 실현, 정당 설립의 자유와 복수 정당제 보장, 민주 선거 원칙, 권력 분립 제도 등을 보장하고 있다.
③ 자유 민주주의를 실현하기 위해서는 시민의 의사를 충분히 반영하기 위해 상향식 의사 결정을 강화해야 한다.

23 정답 ⑤ 문제편 p.16

① A는 다른 기본권 보장을 위한 절차적 권리이다.
② B는 국가의 존재를 전제로 하는 권리이다.
③ 교육을 받을 권리는 C에 해당한다.
④ (가)에 '모든 국민은 인간다운 생활을 할 권리를 가진다.'가 들어갈 수 없다.
⑤ (나)에 '모든 국민은 법률이 정하는 바에 의하여 선거권을 가진다.'가 들어갈 수 있다.

풀이

A는 평등권, B는 자유권, C는 청구권이다.
① 다른 기본권 보장을 위한 절차적 권리는 청구권이다.
② 자유권은 국가의 존재를 전제로 하지 않는다.
③ 교육을 받을 권리는 사회권에 해당한다.
④ 사회권은 국가에 대해 인간다운 생활 보장을 요구할 수 있는 권리이다. 따라서 해당 내용은 (가)에 들어갈 수 있다.
⑤ 선거권은 참정권에 해당한다. 따라서 해당 내용은 (나)에 들어갈 수 있다.

24 정답 ④ 문제편 p.17

① 소극적이고 방어적인 성격을 갖는 권리이다. → 자유권
② 국가의 정치 과정에 참여할 수 있는 권리이다. → 참정권
③ 국가의 성립 이전부터 보장된 천부적 권리이다. → 자유권, 평등권
④ 다른 기본권을 보장하기 위한 수단적 권리이다. → 청구권
⑤ 국가 권력의 부당한 간섭을 받지 않을 권리이다. → 자유권

풀이

㉠은 청원권, ㉡은 형사 보상 청구권으로, 이는 모두 청구권에 해당한다. 청구권은 다른 기본권이 침해되었을 때 이를 구제하도록 요구하는 권리로, 기본권 보장을 위한 기본권이다.

25 정답 ⑤ 문제편 p.17

풀이

① '전혀 그렇지 않다'에 응답한 중학생 비율은 2015년의 경우 43.6%이고, 2019년의 경우 40%이다. 따라서 2019년이 2015년보다 '전혀 그렇지 않다'에 응답한 중학생의 수가 적다.
② '그렇지 않다'에 응답한 중학생 비율은 2015년의 경우 34.8%이고, 2019년의 경우 48.7%이다. 따라서 2019년이 2015년보다 '그렇지 않다'에 응답한 중학생의 비율이 높다.
③ '그렇다' 응답 비율은 중학생의 경우 2015년 15.7%에서 2019년 6.7%로 감소하였고, 고등학생의 경우 2015년 18.5%에서 2019년 7.8%로 감소하였다. 따라서 2015년과 비교하여 2019년의 '그렇다' 응답 비율 감소 폭은 고등학생보다 중학생이 작다.
④ '매우 그렇다'에 응답한 고등학생 비율은 2015년의 경우 6%이고, 2019년의 경우 2.1%이다. 따라서 2015년이 2019년보다 '매우 그렇다'에 응답한 고등학생의 수가 많다.
⑤ '매우 그렇다' 응답 비율은 2015년의 경우 고등학생이 중학생보다 높고, 2019년의 경우 중학생이 고등학생보다 높다. 따라서 2015년 대비 2019년의 '매우 그렇다' 응답 비율은 중학생이 고등학생보다 높다.

26 정답 ④ 문제편 p.17

[보기]
ㄱ. ㉠을 위해서는 법률에 근거가 있어야 한다.
└ 개인 정보에 관한 법률
ㄴ. A시는 ㉠을 통해 달성되는 공익이 침해되는 사익보다 크다고 판단하였다.
ㄷ. ㉡은 국민의 기본권 제한의 정당한 사유가 될 수 있다.
└ 국가 안전 보장
ㄹ. ㉢이 공익을 추구하는 과정에서 나타난 결과라면 구제받지 못한다.

① ㄱ, ㄴ ② ㄴ, ㄹ ③ ㄷ, ㄹ
④ ㄱ, ㄴ, ㄷ ⑤ ㄱ, ㄷ, ㄹ

풀이

ㄱ. 의심 환자의 개인 정보를 공개하기 위해서는 개인 정보에 관한 법률에 근거해야 한다.
ㄴ. A시는 의심 환자의 개인 정보를 공개하기로 하였으므로 이는 개인 정보 공개로 인해 달성되는 공익이 침해되는 사익보다 크다고 판단하였기 때문이다.
ㄷ. 국민 다수의 안전은 기본권 제한 사유 중 국가 안전 보장과 관련 있다.
ㄹ. 사생활 침해가 공익을 추구하는 과정에서 나타났다면 이는 구제받을 수 있다.

27 정답 ① 문제편 p.17

① 국가 권력에 의한 간섭을 받지 않을 권리이다. → 자유권
② 최소한의 인간다운 생활을 보장받기 위한 권리이다. → 사회권
③ 다른 기본권을 보장하기 위한 수단적 성격의 권리이다. → 청구권
④ 국가의 정치 과정에 적극적으로 참여할 수 있는 권리이다. → 참정권
⑤ 불합리한 기준에 의해 차별받지 않고 동등하게 대우받을 권리이다. → 평등권

풀이

양심의 자유는 자유권에 해당한다. 자유권은 국가 기관의 간섭을 받지 않고 자유롭게 생활할 수 있는 권리이다.

28 정답 ① 문제편 p.18

[보기]
ㄱ. ㉠은 정치 참여 주체의 정치적 효능감을 향상시킨다.
ㄴ. ㉢은 정치 권력에 대한 국민의 감시 기능을 강화시킨다.
ㄷ. ㉡은 ㉠과 달리 대의 민주주의의 한계를 보완할 수 있다.
ㄹ. ㉡, ㉣은 모두 집단적 정치 참여 방법에 해당한다.
개인적

① ㄱ, ㄴ ② ㄱ, ㄷ ③ ㄴ, ㄷ ④ ㄴ, ㄹ ⑤ ㄷ, ㄹ

풀이

ㄱ. ㉠은 정치 참여 주체 자신의 정치적 행동이 실제 정치에 영향을 미치고 있다는 믿음을 향상시킬 수 있다.
ㄴ. ㉢은 정치 참여 주체의 의사를 표출하는 것으로, 이는 정치 권력에 대해 국민의 감시 기능을 강화시킬 수 있다.
ㄷ. ㉠은 직접적인 참여에, ㉡은 간접적인 참여에 해당한다. 따라서 ㉠은 ㉡과 달리 대의 민주주의의 한계를 보완할 수 있다.
ㄹ. ㉡과 ㉣은 모두 개인적인 정치 참여 방법이다.

29 정답 ① 문제편 p.18

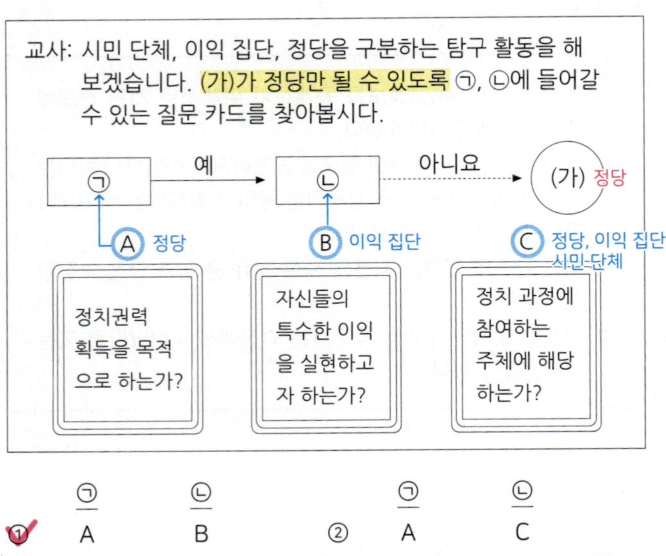

	㉠	㉡		㉠	㉡
①	A	B	②	A	C
③	B	A	④	B	C
⑤	C	A			

풀이

정치권력 획득을 목적으로 하는 정치 참여 주체는 정당이고, 자신들의 특수한 이익을 실현하고자 하는 정치 참여 주체는 이익 집단이다. 그리고 시민 단체, 이익 집단, 정당은 모두 정치 과정에 참여하는 주체에 해당한다. 따라서 카드 A에 대한 답변은 정당, 카드 B에 대한 답변은 이익 집단, 카드 C에 대한 답변은 시민 단체, 이익 집단, 정당이다. (가)가 정당만 되려면 ㉡에는 카드 B가 들어가야 하고, ㉠에는 카드 A가 들어가야 한다.

30 정답 ③ 문제편 p.18

풀이

① 시민 단체는 공공선과 공익 실현을 목적으로 시민들이 자발적으로 참여하여 구성한 단체이다.
② 선거와 투표는 대의제하에서 시민이 정치에 참여하는 가장 기본적인 방법이다.
③ 집회에 참여하는 것은 공간적 제약으로부터 자유롭지 않다.
④ 을의 사회 참여 방법은 개인적 참여 방법에 해당하고, 갑과 병의 사회 참여 방법은 집단적 방법에 해당한다.
⑤ 갑, 을, 병은 모두 정책 결정 과정에 영향력을 행사할 수 있는 방법으로 참여하였다.

31 정답 ① 문제편 p.18

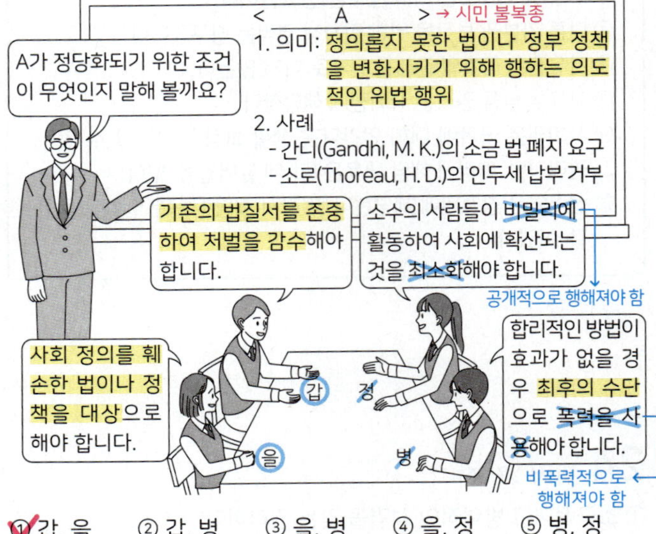

① 갑, 을 ② 갑, 병 ③ 을, 병 ④ 을, 정 ⑤ 병, 정

풀이

A는 시민 불복종 행위이다. 시민 불복종 행위가 정당화되기 위해서는 비폭력적 행위, 다수의 정의관에 근거한 공개적 행위, 정의 실현 추구, 처벌 감수 등의 조건이 수반되어야 한다.
① 시민 불복종은 다수의 정의관에 호소하는 행위이기 때문에 공개적으로 행해져야 한다. 따라서 정의 진술은 적절하지 않다. 또한 시민 불복종은 합법적 수단 이후에 행해지는 최후의 수단이어야 하고 비폭력적으로 행해져야 하기 때문에 병의 진술도 적절하지 않다.

32 정답 ② 문제편 p.19

[보 기]

ㄱ. A: 정의롭지 못한 법일지라도 지켜야 하는가?
ㄴ. A: 부정의한 법에 대한 저항은 양심에 의해 정당화되는가?
ㄷ. B: 불의한 법에 대한 저항은 정의의 실현을 위한 행위인가?
ㄹ. B: 법에 대한 존경심은 정의에 대한 존경심에 우선하는가?

① ㄱ, ㄴ ② ㄱ, ㄷ ③ ㄴ, ㄷ ④ ㄴ, ㄹ ⑤ ㄷ, ㄹ

풀이

(가)는 부정의한 법에 대해 개인의 양심에 근거하여 즉각적으로 불복종할 것을 주장하는 소로의 시민 불복종에 대한 입장이다.
ㄴ. 소로는 다수에 의해 인정된 법이라 할지라도 개인의 양심에 근거하여 부정의하다고 판단될 경우 즉시 저항해야 한다고 주장한다.
ㄹ. 소로는 양심, 정의, 자연법에 대한 존중이 법에 대한 존중보다 우선해야 한다고 주장한다.

33 정답 ② 문제편 p.19

① 불복종에 대한 어떠한 처벌도 거부해야 한다.
② 불의한 법에 대해 평화적으로 불복종해야 한다.
③ 사회 질서 유지를 위해 모든 법을 준수해야 한다.
④ 불복종은 개인의 이익 추구를 목표로 삼아야 한다.
⑤ 정의 실현을 위해 어떠한 수단이라도 동원해야 한다.

풀이

연설문의 작성자는 간디이다. 간디는 영국의 부당한 소금법에 대한 비폭력적 불복종 운동을 이끌었다. 간디는 정당한 불복종 행위는 비폭력적으로 행해져야 하며 불복종 행위에 따르는 처벌을 감수해야 한다고 주장하였다.

③ 시민 불복종은 불합리한 현행법의 준수를 거부하는 위법 행위이다.

④ 시민 불복종은 사익 추구가 아닌 사회 정의 실현을 목표로 행해져야 한다.

34 정답 ① 문제편 p.19

우리는 법을 지키며 살아가야 합니다. 나아가 인권을 침해하는 어떤 법이 있다면 이를 합법적인 방법으로 바로잡기 위해 노력해야 합니다. 만약 이러한 노력이 모두 실패했을 때는 시민 불복종을 고려해야 합니다. 다만, 시민 불복종은 공공성, 비폭력성, 처벌 감수 등의 정당화 조건을 갖추어야 합니다. 이러한 시민 불복종은 법에 위배되지만, 사회 정의를 실현하는 행위입니다.

① 시민 불복종은 공공의 이익을 위해 시행되어야 한다.
② 시민 불복종에 따른 처벌을 받아들이지 않아야 한다.
③ 시민 불복종은 정의로운 법을 대상으로 실시되어야 한다.
④ 시민 불복종은 합법적인 노력보다 먼저 이루어져야 한다.
⑤ 시민 불복종의 목적 달성을 위해서는 폭력도 허용되어야 한다.

풀이

그림의 강연자는 롤스이다. 롤스는 시민 불복종이 부정의한 법이나 정책을 변혁하기 위해 실시되는 위법 행위라고 주장한다.

① 롤스는 시민 불복종이 결과적으로 공공의 이익을 실현하기 위해 시행되어야 한다고 주장한다. 단, 시민 불복종의 근거가 공공의 이익은 아니라는 점에 유의해야 한다. 시민 불복종의 근거는 공유된 정의관이다.

② 롤스는 시민 불복종을 실시하는 자는 국가의 처벌을 감수해야 한다고 주장한다.

③ 롤스에 따르면 시민 불복종의 대상은 심각하게 부정의한 법이나 정책이다. 따라서 정의로운 법은 시민 불복종의 대상이 아니다.

④ 롤스에 따르면 합법적 방법이 모두 실패한 뒤에 위법 행위인 시민 불복종이 정당화된다.

⑤ 롤스는 체제 변혁(혁명)과 달리 시민 불복종은 비폭력적으로 이루어져야 한다고 주장한다.

35 정답 ③ 문제편 p.19

[보 기]

ㄱ. 어떠한 경우에도 법률을 준수해야 한다.
ㄴ. 폭력적 행위를 해서라도 목적을 달성해야 한다.
ㄷ. 합법적으로 문제를 해결할 수 없을 때 사용되어야 한다.
ㄹ. 사익 추구가 아닌 사회 정의 실현을 목적으로 해야 한다.

① ㄱ, ㄴ ② ㄴ, ㄹ ③ ㄷ, ㄹ
④ ㄱ, ㄴ, ㄷ ⑤ ㄱ, ㄷ, ㄹ

풀이

제시문의 사례는 흑백 분리법이라는 불합리한 법에 대한 시민 불복종 행위인 '버스 보이콧 운동'이다. 시민 불복종 행위가 정당화되기 위해서는 공적 정의 실현을 추구해야 하며, 비폭력적, 공개적, 최후의 수단으로서의 행위여야 한다.

ㄱ. 시민 불복종은 불합리한 현행법의 준수를 거부하는 위법 행위이다.

36 정답 ① 문제편 p.20

조건 \ 학생	갑	을	병	정	무
최후의 수단으로 사용해야 한다.	√		√	√	
비폭력적인 방법으로 시행해야 한다.	√	√			√
위법 행위에 대한 처벌을 감수해야 한다.	√			√	√
정의를 실현할 목적으로 은밀히 행해져야 한다.		√	√		√

① 갑 ② 을 ③ 병 ④ 정 ⑤ 무

풀이

정의롭지 못한 법과 제도를 바꾸기 위한 위법 행위인 ㉠은 시민 불복종이다. 제시문에서 확인할 수 있는 시민 불복종의 정당화 조건은 행위 목적의 정당성, 최후의 수단, 공개적 행위, 위법 행위에 따른 처벌 감수, 비폭력성이다. 일반적으로 이러한 조건들을 만족했을 때 시민 불복종은 정당화 가능하다. 제시문을 통해 추론할 수 있는 시민 불복종의 정당화 조건에만 모두 표시한 학생은 갑이다.

37 정답 ⑤ 문제편 p.20

① 개인의 이익 실현을 목표로 삼아 법을 어겨야 한다.
② 준법의 의무가 불의한 법에 대한 저항보다 중요하다.
③ 국가의 법이 정의롭지 않더라도 비판을 해서는 안 된다.
④ 시민은 정의 실현을 위해 국가의 모든 법을 지켜야 한다.
⑤ 정의를 실현하려는 양심에 따라 불의한 법에 저항해야 한다.

풀이

제시된 가상 편지에서는 시민 불복종 관련 내용이 나타나 있다. 즉, 가상 편지에서는 불의한 법에 대해 저항할 것을 강조하고 있다.

38 정답 ③ 문제편 p.20

풀이

몽고메리 버스 승차 거부 운동과 소금 행진은 모두 시민 불복종의 사례에 해당한다. 시민 불복종은 정의롭지 못한 법이나 정책을 변혁시키려는 목적으로 행하는 의도적이고 비폭력적인 위법 행위를 말한다. 시민 불복종은 목적에 정당성이 있어야 하고, 위법 행위에 대한 처벌을 감수함으로써 법을 존중한다는 사실을 분명히 해야 하며, 비폭력적인 방법이어야 한다.

③ 시민 불복종은 정당성 확보를 위해 공개적으로 이루어져야 한다.

39 정답 ② 문제편 p.20

[보 기]

ㄱ. 수혜 대상자의 인권을 고려하였다.

ㄴ. 형평성보다는 효율성을 추구하였다.

ㄷ. 시청각 장애인에 대한 차별을 금지하였다.

ㄹ. 제도의 개선보다 의식의 변화를 강조하였다.

① ㄱ, ㄴ  ② ㄱ, ㄷ ③ ㄴ, ㄷ ④ ㄴ, ㄹ ⑤ ㄷ, ㄹ

풀이

시청각 장애인은 사회적 소수자이다. 사회적 소수자란 한 사회에서 신체적 또는 문화적 특징 때문에 다른 구성원에게 차별을 받으며, 스스로 차별받는 집단에 속해 있다는 의식을 가진 사람을 말한다. 제시된 법원 판결은 시청각 장애인의 인권을 고려하여 시청각 장애인에 대한 차별을 금지한 판결이다.

40 정답 ③ 문제편 p.21

① 합법적인 절차로 제정된 모든 법을 지켜야 한다.

② 정의롭지 못한 국가의 법에 비판 없이 복종해야 한다.

③ 부정의한 법에 불복종하는 것은 정의 실현에 기여한다.

④ 법을 지키는 것이 정의를 실현하는 것보다 올바른 일이다.

⑤ 국가가 시행하는 정책에 대한 불복종은 정당화될 수 없다.

풀이

제시된 그림의 강연자는 불의한 법과 제도에 대해 저항하고, 법의 준수보다는 정의의 실현이 우선임을 주장하고 있다. 따라서 강연자는 소로이다.

① 소로는 모든 법을 준수할 것이 아니라 정의에 어긋난 제도와 법에 대해 저항할 것을 강조한다.

② 소로는 정의롭지 못한 국가의 법에 대해 비판적인 시각을 가질 것을 강조한다.

41 정답 ② 문제편 p.21

www.청소년 노동인권 상담소.kr

질문 저는 올해 16세가 된 고등학생입니다. 근로 계약서를 쓰기 전에 제가 알아 두어야 할 근로 기준이나 근로자의 권리에는 무엇이 있을까요?

답변

갑: 연소 근로자도 성인과 동일하게 최저 임금을 적용받습니다.

을: 연소 근로자는 임금 청구 시 반드시 법정 대리인의 동의가 필요합니다.

병: 연소 근로자는 법정 대리인의 동의가 있어도 보건상 유해 업종에서 근로할 수 없습니다.

정: 연소 근로자는 단결권, 단체 교섭권, 단체 행동권과 같은 노동 3권을 보장 받을 수 없습니다.

풀이

갑. 연소 근로자는 성인과 동일한 최저 임금을 적용받는다.

을. 연소 근로자는 임금을 단독으로 청구할 수 있다.

병. 연소 근로자는 법정 대리인의 동의가 있어도 위험한 일이나 유해 업종의 일을 할 수 없다.

정. 연소 근로자는 성인과 동일하게 노동 3권을 보장 받을 수 있다.

42 정답 ⑤ 문제편 p.21

풀이

① 박○○은 17세로, 연소 근로자에 해당한다.

② 근로 시간이 5시간이므로 30분 이상의 휴게 시간을 주어야 한다.

③ 박○○은 연소 근로자이므로 근로 계약 체결 시 법정 대리인의 동의가 필요하다.

④ 박○○은 임금을 직접 청구할 수 있다.

⑤ 연소 근로자는 성인과 동일한 최저 임금을 적용받으므로 임금에 대해 합의한 경우라도 최저 임금을 요구할 수 있다.

43 정답 ② 문제편 p.21

Q 저는 17세 고등학생인데요. 방학 중에 빵집에서 일하기로 했어요. 사장님이 제가 연소 근로자라며 올해 최저 임금인 시간급 8,590원보다 적은 7,000원을 주시겠대요. 평일 09시부터 18시까지 근무하는데, 12시부터 13시까지는 휴게 시간이에요. 내일 근로 계약서를 쓰기로 했는데, 별 문제 없겠죠?

갑 연소 근로자도 최저 임금을 보장받으니, 시간급 인상을 요구하세요.

을 연소 근로자의 근로 시간은 어떤 경우에도 1일에 7시간을 초과할 수 없어요.

병 휴게 시간은 법적으로 문제가 없네요.

정 부모님이 학생을 대리하여 근로 계약을 체결하는 것이 안전하겠네요.

① 갑, 을 ② 갑, 병 ③ 을, 병 ④ 을, 정 ⑤ 병, 정

풀이

연소 근로자는 15세 이상 18세 미만으로, 성인과 동일한 최저 임금을 적용받고, 하루 7시간을 초과하여 일할 수 없다. 다만, 당사자 간의 합의가 있다면 1일 1시간, 1주 5시간을 한도로 연장 근로를 할 수 있다. 또한 근로 시간이 4시간인 경우 30분 이상, 8시간인 경우에는 1시간 이상의 휴게 시간을 근로 시간 중에 요구할 수 있으며, 근로 계약을 체결할 때에는 법정 대리인의 동의가 필요하다.

44 정답 ③ 문제편 p.22

갑	을	병	정
근로 계약서를 작성할 때 부모님의 동의가 필요 없어요.	원칙적으로 15세 이상이어야 근로가 가능해요.	위험한 일이나 유해 업종의 일을 할 수 없어요.	성인과 달리 최저임금을 보장받을 수 없어요.

풀이

청소년은 신체적, 정서적으로 미숙한 상태이므로 특별히 보호를 받아야 한다. 청소년은 15세 이상이어야 근로가 가능하고, 위험한 일이나 유해 업종의 일을 할 수 없다.
갑. 근로 계약서를 작성할 때 부모의 동의가 필요하다.
정. 성인과 동일한 최저 임금을 보장받을 수 있다.

45 정답 ① 문제편 p.22

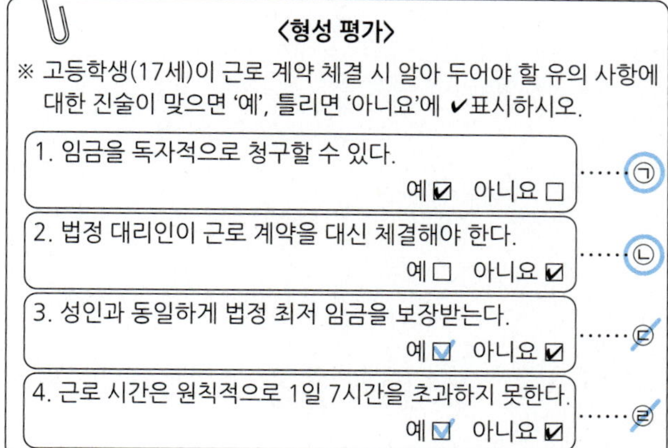

〈형성 평가〉

※ 고등학생(17세)이 근로 계약 체결 시 알아 두어야 할 유의 사항에 대한 진술이 맞으면 '예', 틀리면 '아니요'에 ✔표시하시오.

1. 임금을 독자적으로 청구할 수 있다. 예 ☑ 아니요 ☐ ······ ㉠
2. 법정 대리인이 근로 계약을 대신 체결해야 한다. 예 ☐ 아니요 ☑ ······ ㉡
3. 성인과 동일하게 법정 최저 임금을 보장받는다. 예 ☐ 아니요 ☑ ······ ㉢
4. 근로 시간은 원칙적으로 1일 7시간을 초과하지 못한다. 예 ☐ 아니요 ☑ ······ ㉣

풀이

제시된 형성 평가에서 고등학생은 17세로, 이는 연소 근로자에 해당한다.
㉡ 연소 근로자는 법정 대리인의 동의를 받아 본인이 직접 근로 계약을 체결해야 한다.

46 정답 ② 문제편 p.22

㉠ 갑: 인간은 누구나 존엄한 존재임을 알아야 합니다.
㉡ 을: 종교적 신념에 따른 어떤 차이도 관용해서는 안 됩니다.
㉢ 병: 사회적 소수자를 차별하지 않는 제도를 마련해야 합니다.
㉣ 정: 성별과 출신 지역에 따른 사회적 위계를 인정해야 합니다.
부정

① ㉠, ㉡ ② ㉠, ㉢ ③ ㉡, ㉢ ④ ㉡, ㉣ ⑤ ㉢, ㉣

풀이

그림의 '나'는 인권을 침해하는 사회적 소수자 차별 행위를 지적하며 인권 보장을 위해 개인적으로는 편협한 사고를 버리고 모든 인간을 존중하는 태도를, 사회적으로는 인권 침해를 유발하는 법과 정책의 개선을 해결 방안으로 주장한다.
㉡ '나'의 주장에 따르면, 종교적 신념에 근거하여 차이점을 받아들이지 않고 차별하는 행위는 인권 침해 행위이다.
㉣ '나'의 주장에 따르면, 성별, 출신 지역 등에 따른 위계질서는 인권을 침해하는 차별 행위이다.

47 정답 ① 문제편 p.22

○○에게

→ 공리주의적 관점

자네가 해외 원조를 해야 하는 이유에 대해 궁금해 한다고 들었네. 나는 굶주림과 죽음에 대한 방치는 인류 전체의 고통을 증가시키는 것이라고 생각하네. 그리고 내가 돕는 사람이 내 이웃의 아이인지, 다른 나라에 사는 사람인지는 도덕적으로 아무런 차이가 없다고 생각하네. 따라서 기본적 욕구를 충족하고 남는 소득이 있으면 소득의 일부를 기부하여 세계의 빈민들을 돕는 것은 당연한 의무이네. …(후략). → 싱어

① 해외 원조는 지구적 차원에서 반드시 이행되어야 한다.
② 해외 원조는 인류의 고통과 무관하게 이루어져야 한다. (고통을 줄이는 방향으로)
③ 해외 원조의 이행 주체는 개인이 아닌 국가가 되어야 한다.
④ 해외 원조의 대상은 지리적 근접성에 따라 선정되어야 한다.
⑤ 해외 원조는 전적으로 개인의 자율적인 선택에 맡겨야 한다. (의무)

풀이

제시문의 사상가는 싱어이다. 싱어는 공리주의 사상가로서 해외 원조에 대해 전지구적 차원에서 빈곤 등으로 고통받는 개인을 원조하는 것은 의무라고 주장한다.
② 싱어에 따르면, 해외 원조는 인류의 고통을 줄이고 이익을 증진하는 방향으로 이루어져야 한다.
③ 싱어는 해외 원조의 주체가 개인, 국가 모두 될 수 있다고 주장한다.
④ 싱어는 원조의 대상을 선정하는 데 있어 지리적 근접성이나 민족성 등의 차별적인 조건이 고려되어서는 안 된다고 주장한다.
⑤ 싱어는 해외 원조가 의무의 차원에서 이루어져야 한다고 주장한다.

48 정답 ② 문제편 p.23

㉠ 인간과 시민의 권리 선언 (1789년)	제1조 인간은 태어나면서부터 자유로우며 평등한 권리를 가진다. → 천부 인권, 자유권, 평등권 제6조 법은 일반 의지의 표현이다. 모든 시민은 직접 또는 대표를 통해서 법 제정에 참여할 수 있는 권리가 있다.
㉡ 바이마르 헌법 (1919년)	제109조 모든 국민은 법률 앞에 평등하다.(→ 평등권) 남녀는 원칙적으로 국민으로서의 동일한 권리를 가지며 의무를 진다. 제151조 경제생활의 질서는 모든 사람에게 인간다운 생활을 보장할 것을 목적으로 하는 정의의 원칙에 기초하여야 한다. → 사회권
㉢ 세계 인권 선언 (1948년)	제1조 모든 사람은 태어날 때부터 자유롭고 존엄하며 평등하다. → 천부 인권, 자유권, 평등권 제22조 모든 사람은 사회의 구성원으로서 사회 보장을 받을 권리가 있다. 또한 모든 사람은, 국가의 자체적인 노력과 국제적인 협력을 통해 … (후략). → 연대권

① ㉠은 차티스트 운동을 계기로 선포되었다. (→ 프랑스 혁명)
② ㉡에서 최초로 사회권을 명시하였다.
③ ㉠과 달리 ㉡에는 자유와 평등을 국민의 권리로 명시하였다.
④ ㉠과 달리 ㉢에는 천부 인권 사상이 나타나 있다.
⑤ ㉢과 달리 ㉡에는 연대권이 나타나 있다.

풀이

'인간과 시민의 권리 선언'은 프랑스 혁명으로 선포되었고, '바이마르 헌법'은 산업 혁명 이후 빈곤, 빈부 격차의 심화로 사회적 약자의 인간다운 생활이 위협을 받자 사회권을 최초로 명시하였으며, '세계 인권 선언'은 제2차 세계 대전 이후 심각한 인권 침해에 대해 반성하고 인권 문제 해결을 위한 인류 공동 노력의 필요성을 인식하면서 채택되었다.

① '인간과 시민의 권리 선언'은 프랑스 혁명을 계기로 선포되었다.
② '바이마르 헌법'에서 최초로 모든 사회 구성원의 인간다운 생활 보장을 요구할 수 있는 권리인 사회권이 명시되었다.
③ '인간과 시민의 권리 선언'에는 자유와 평등을 국민의 권리로 명시하였다.
④ '인간과 시민의 권리 선언'과 '세계 인권 선언'에는 모두 천부 인권 사상이 나타나 있다.
⑤ '세계 인권 선언'에는 개인적 차원의 인권뿐만 아니라 지구촌 구성원으로서 모두의 인권 보장을 위해 연대하고 협력할 수 있는 권리인 연대권이 나타나 있다.

49 정답 ① 문제편 p.23

수업 자료 | 과제 게시판 | 자유 게시판 — 통합사회 E-class

○ 교사: 우리나라 헌법에 명시된 인권 보장을 위한 제도적 장치에 대해 답변해 볼까요?

↳ 갑: 국가 권력의 행사는 국민의 대표 기관인 국회에서 제정한 법률에 따라 이루어져야 해요. → 법치주의

↳ 을: 기본권 제한의 요건을 헌법에 명시하여 부당한 국가 권력의 행사로부터 국민의 기본권을 보장하고 있어요.

↳ 병: 기본권을 침해받은 국민은 국가인권위원회(→ 헌법 재판소)에 헌법 소원 심판을 청구하여 침해받은 기본권을 구제받을 수 있어요.

↳ 정: 권력 분립 제도에 따라 국회는 입법권, 정부는 사법권(→ 행정권), 법원은 행정권(→ 사법권)을 각각 담당하고 있어요.

① 갑, 을 ② 갑, 병 ③ 을, 병 ④ 을, 정 ⑤ 병, 정

풀이

우리나라 헌법에 명시된 인권 보장을 위한 제도적 장치에는 법치주의, 권력 분립 제도, 기본권 구제 제도 등이 있다.

갑. 국가 권력의 행사가 국민의 대표 기관인 국회가 만든 법률에 근거해야 한다는 원칙은 법치주의로, 이는 국가 권력의 자의적인 행사를 방지함으로써 기본권 보장에 기여한다.
을. 헌법에 기본권 제한의 한계를 명시함으로써 기본권이 국가 권력에 함부로 침해당하지 않도록 보호하고 있다.
병. 기본권을 침해받은 국민은 헌법 재판소에 헌법 소원 심판을 청구하여 침해받은 기본권을 구제받을 수 있다.
정. 권력 분립 제도는 국가 권력을 서로 다른 국가 기관에 부여하고 상호 견제를 통해 권력 남용을 방지함으로써 기본권을 보장하고자 하는 제도이다. 권력 분립 제도에 따라 국회는 입법권, 정부는 행정권, 법원은 사법권을 각각 담당하고 있다.

핵심 문제 풀기 2회차

1 정답 ③ 문제편 p.24

Ⅳ. 인권 보장과 헌법

인권의 의미와 특성 → 보편성, 천부성, 불가침성, 항구성

인권은 인간으로서 당연히 누려야 할 기본적인 권리를 의미합니다. 그러면 이러한 인권은 어떤 특성을 지닐까요?

갑: 일정 기간에만 보장됩니다. → 영구히

을: 누구든지 태어나면서부터 가지게 됩니다. → 천부성

병: 모든 사람이 차별 없이 누릴 수 있습니다. → 보편성

정: 타인에게 양도할 수 있습니다. → 없습니다

① 갑, 을 ② 갑, 병 ③ 을, 병 ④ 을, 정 ⑤ 병, 정

풀이

인권은 보편성, 천부성, 불가침성, 항구성을 특징으로 한다. 보편성은 인종, 성별, 종교, 사회적 신분 등과 관계없이 누구에게나 보장되어야 한다는 것이고, 천부성은 인간으로 태어나면서부터 갖게 되는 권리라는 것이며, 불가침성은 국가나 다른 사람이 침해할 수 없으며 남에게 양도할 수 없다는 것이고, 항구성은 특정 기간에 박탈당하지 않고 영구히 보장된다는 것이다. 따라서 교사의 질문에 적절한 대답을 한 학생은 을과 병이다.

2 정답 ① 문제편 p.24

(가)

인간과 시민의 권리 선언(1789)

제1조 → 천부 인권 사상
인간은 태어나면서부터 자유로우며 평등한 권리를 가진다.

제17조 → 사유 재산 제도 인정
소유권은 신성불가침의 권리이므로 법에서 규정한 공공의 필요에 의해 명백히 요구되는 때 이외에는 누구도 박탈할 수 없다.

(나)

바이마르 헌법(1919)

제153조 → 사유 재산 제도 인정
소유권은 헌법에 의하여 보장된다. …(중략)… 소유권의 행사는 동시에 공공의 복리에 적합해야 한다.

제163조 → 사회권
모든 국민에게는 노동할 기회가 주어진다. 일자리를 얻지 못한 국민은 생계비를 지원받을 수 있다.
→ 국가의 적극적 역할 강조

[보 기]

ㄱ. (가)는 천부 인권 사상을 반영하고 있다.
ㄴ. (나)는 사회권을 명시하고 있다.
ㄷ. (가)는 (나)와 달리 국가의 적극적인 역할을 강조하고 있다.
ㄹ. (나)는 (가)와 달리 사유 재산 제도를 부정하고 있다. (→ 인정)

① ㄱ, ㄴ ② ㄱ, ㄷ ③ ㄴ, ㄷ ④ ㄴ, ㄹ ⑤ ㄷ, ㄹ

풀이

(가)는 프랑스의 인간과 시민의 권리 선언이고, (나)는 독일의 바이마르 헌법이다.

ㄱ. (가)에는 인간이 태어나면서부터 자유로우며 평등한 권리를 가진다고 명시하고 있다. 이를 통해 (가)는 천부 인권 사상을 반영하고 있음을 알 수 있다.
ㄴ. (나)에는 모든 국민에게 노동할 기회가 주어진다고 명시하고 있다. 이를 통해 (나)는 사회권을 명시하고 있음을 알 수 있다.
ㄷ. (나)에는 일자리를 얻지 못한 국민은 생계비를 지원받을 수 있음을 명시하고 있다. 이를 통해 (나)는 국가의 적극적인 역할을 강조하고 있음을 알 수 있다.
ㄹ. (가)에는 소유권이 신성불가침의 권리임을, (나)에는 소유권은 헌법에 의해 보장됨을 명시하고 있다. 따라서 (가)와 (나) 모두 사유 재산 제도를 인정하고 있다.

3 정답 ① 문제편 p.24

제1조 모든 사람은 태어날 때부터 자유로우며 똑같은 존엄과 권리를 가진다. (→ 천부 인권) 사람은 이성과 양심을 타고났으므로 서로를 형제애의 정신으로 대해야 한다.

제29조 모든 사람은 자신의 권리와 자유를 온전하게 행사할 수 있다. 그러나 이를 제한할 수 있는 예외적인 경우가 있다. 즉, 타인의 권리와 자유를 보장하기 위한 법률과 사회 질서와 사회 전체의 복리를 위한 법률에 의해서 권리와 자유를 제한할 수 있다. → 공동체 이익도 중시함

[보 기]

ㄱ. 개인의 권리뿐만 아니라 공동체의 이익도 중요하다.
ㄴ. 인간은 천부적으로 동등한 권리를 부여받은 존재이다.
ㄷ. 어떠한 경우에도 개인의 권리와 자유를 제한할 수 없다.
ㄹ. 누구에게나 적용되는 보편적인 가치는 존재하지 않는다. (→ 한다)

① ㄱ, ㄴ ② ㄱ, ㄷ ③ ㄴ, ㄷ ④ ㄴ, ㄹ ⑤ ㄷ, ㄹ

풀이

제시된 선언문은 세계 인권 선언문이다.

ㄱ, ㄷ. 제29조에서 타인의 권리와 자유를 보장하기 위한 법률과 사회 질서와 사회 전체의 복리를 위한 법률에 의해 개인의 권리와 자유를 제한할 수 있다고 명시하고 있다. 이를 통해 개인의 권리뿐만 아니라 공동체의 이익까지 중시하고 있으며, 개인의 권리와 자유를 예외적으로 제한할 수 있음을 알 수 있다.
ㄴ. 제1조에서 천부 인권을 강조하고 있다. 이를 통해 인간은 천부적으로 동등한 권리를 부여받은 존재임을 강조하고 있음을 알 수 있다.
ㄹ. 제시된 선언문은 누구에게나 적용되는 보편적 가치가 존재함을 강조하고 있다.

4 정답 ④ 문제편 p.24

[보 기]

ㄱ. 사유 재산 제도를 부정한다. (→ 인정)
ㄴ. 자유와 평등의 이념을 강조한다.
ㄷ. 사회권을 자유권보다 우선하는 권리로 본다.
ㄹ. 천부 인권 사상과 국민 주권 사상을 반영하고 있다.

① ㄱ, ㄴ ② ㄱ, ㄷ ③ ㄴ, ㄷ ④ ㄴ, ㄹ ⑤ ㄷ, ㄹ

풀이

ㄱ. 소유권이 신성불가침의 권리임을 명시하고 있으므로 사유 재산 제도를 인정하고 있음을 알 수 있다.
ㄴ. 인간은 태어나면서부터 자유로우며 평등한 권리를 가진다고 명시하고 있으므로 자유와 평등의 이념을 강조하고 있음을 알 수 있다.
ㄷ. 프랑스 인권 선언에서는 자유권을 가장 강조한다.
ㄹ. 인간은 태어나면서부터 자유권과 평등권을 가진다고 명시하고 있으므로 천부 인권 사상을 반영하고 있고, 모든 주권의 원리가 본질적으로 국민에게 있다고 명시하고 있으므로 국민 주권 사상을 반영하고 있음을 알 수 있다.

5 정답 ① 문제편 p.25

풀이

A는 차티스트 운동, B는 바이마르 헌법이다. 차티스트 운동은 노동자들의 참정권 운동으로, 시민 혁명 이후에도 자신들의 참정권이 보장되지 않은 데에 반발하여 일어난 것이다. 바이마르 헌법은 사회권의 내용을 최초로 규정하였다.

ㄷ. 바이마르 헌법은 최초로 사회권이 명시된 헌법으로, 차티스트 운동과 관련이 없다.
ㄹ. 연대권은 자신이 소속되어 있는 공동체에서 더 나아가 국제적인 연대와 협력을 할 수 있는 권리로, 현대 사회에서 새롭게 등장한 인권이다.

6 정답 ④ 문제편 p.25

제1조 모든 사람은 태어날 때부터 자유롭고 존엄하며 평등하다. (→ 보편성, 천부성)

제27조 모든 사람은 자기가 속한 사회의 문화생활에 자유롭게 참여하고 예술을 즐기며 과학의 진보와 혜택을 공유할 권리가 있다. → 문화권

[보 기]

ㄱ. 인권은 보편적이고 천부적인 것이다.
ㄴ. 인권은 누구나 차별 없이 누릴 수 있는 것이다.
ㄷ. 모든 사람에게 문화권이 있음을 명시하고 있다.
ㄹ. 인권은 필요한 경우 타인에게 양도 가능한 것이다. (→ 불가능)

① ㄱ, ㄴ ② ㄱ, ㄹ ③ ㄷ, ㄹ
④ ㄱ, ㄴ, ㄷ ⑤ ㄴ, ㄷ, ㄹ

풀이

제1조에서는 인권이 보편적이고 천부적 권리임을 명시하고 있고, 제27조에서는 문화권을 명시하고 있다.

ㄹ. 인권은 국가나 다른 사람이 침해할 수 없으며 남에게 양도할 수도 없다.

7 정답 ④ 문제편 p.25

[보 기]

ㄱ. ㉠은 후천적 차이에 의한 불평등이다. (→ 선천적)
ㄴ. (가)는 사회권이 문서에 명시된 최초의 헌법이다.
ㄷ. (가)와 달리 (나)에는 합리적인 이유 없이 차별받지 않을 권리가 반영되어 있다. (→ 평등권)
ㄹ. (가), (나) 모두 국가 권력의 간섭에서 벗어나 자유롭게 생활할 수 있는 권리가 반영되어 있다. (→ 자유권)

① ㄱ, ㄴ ② ㄱ, ㄷ ③ ㄴ, ㄷ ④ ㄴ, ㄹ ⑤ ㄷ, ㄹ

풀이

(가)에는 평등권, 자유권, 사회권이 반영되어 있고, (나)에는 평등권과 자유권이 반영되어 있다.

ㄱ. 인종 차별은 후천적 차이가 아닌 선천적 차이에 의한 불평등이다.
ㄴ. 바이마르 헌법은 사회권의 내용을 최초로 규정한 헌법이다.
ㄷ. 합리적인 이유 없이 차별받지 않을 권리는 평등권이다. (가)와 (나) 모두에는 평등권이 반영되어 있다.
ㄹ. 국가 권력의 간섭에서 벗어나 자유롭게 생활할 수 있는 권리는 자유권이다. (가)와 (나) 모두에는 자유권이 반영되어 있다.

8 정답 ④ 문제편 p.25

① 갑, 병 ② 갑, 정 ③ 을, 정
④ 갑, 을, 병 ⑤ 을, 병, 정

풀이

환경권은 쾌적한 생활 환경을 보장받을 권리로, 현대 사회의 다양한 환경 문제로 인해 생활 환경이 오염됨에 따라 등장한 인권 개념이다. 이는 권리이면서 동시에 환경 오염 해결을 위한 의무이기도 하다.

④ 갑이 제시한 환경 오염으로 인한 인류 존속의 문제, 을이 제시한 주거권, 안전권 보장을 위한 환경권의 보장, 병이 제시한 환경 문제 발생은 모두 환경권이 보장되어야 하는 근거로 적절하다. 반면, 환경권은 기본권 중 인간다운 생활을 할 권리인 '사회권'과 상호 밀접한 관계를 지니고 있기 때문에 환경권에 대한 정의 주장은 질문에 대한 적절한 대답이 아니다.

9 정답 ② 문제편 p.26

① 국가의 존재를 전제로 한 적극적 권리이다. → 청구권, 사회권
② 다른 기본권 보장의 전제가 되는 권리이다. → 평등권
③ 국가의 정치 과정에 참여할 수 있는 권리이다. → 참정권
④ 국가 권력의 간섭이나 침해를 받지 않을 방어적 권리이다. → 자유권
⑤ 인간다운 생활의 보장을 국가에 요구할 수 있는 권리이다. → 사회권

풀이

A에 공통으로 들어갈 기본권은 평등권이다. 평등권은 사회생활에서 성별, 종교, 사회적 신분 등 불합리한 기준에 의해 차별받지 않을 권리로, 다른 기본권 보장의 전제가 된다.

10 정답 ③ 문제편 p.26

① A에는 선거권, 국민 투표권이 포함된다. → 참정권
② A는 어떠한 경우에도 제한할 수 없는 권리이다.
③ B에는 교육을 받을 권리가 포함된다.
④ B는 침해된 기본권을 구제받기 위한 수단적 권리이다. → 청구권
⑤ A와 B는 모두 성인이 되어야 얻을 수 있는 권리이다.

풀이

A는 자유권, B는 사회권이다.
① 선거권, 국민 투표권은 참정권에 해당한다.
② 우리나라의 경우 국가 안전 보장, 질서 유지, 공공복리를 위해 필요한 경우에 한해 법률로써 기본권을 제한할 수 있다.
④ 침해된 기본권을 구제받기 위한 수단적 권리는 청구권이다.
⑤ 자유권과 사회권은 모두 태어나면서부터 보장받는 권리이다.

11 정답 ④ 문제편 p.26

[보기]
ㄱ. 자유권, 평등권은 ㉠에 해당한다.
ㄴ. 층간 소음 피해 구제 방안은 ㉡의 보장과 관련 있다.
ㄷ. ㉢은 재난, 사고의 위험으로부터 안전을 보장 받을 권리이다. → 안전권
ㄹ. 인종, 국적 등과 관계없이 인도주의적 구제를 받을 권리는 ㉣에 해당한다.

① ㄱ, ㄴ ② ㄱ, ㄷ ③ ㄷ, ㄹ
④ ㄱ, ㄴ, ㄹ ⑤ ㄴ, ㄷ, ㄹ

풀이

ㄱ. 인권은 사람이라면 누구나 태어나면서부터 당연히 가지는 기본적 권리로, 자유권과 평등권은 이에 해당한다.
ㄴ. 주거권은 쾌적하고 안정적인 주거 환경에서 인간다운 주거 생활을 할 권리를 말한다. 층간 소음 피해에 대한 구제 방안은 주거권 보장과 관련 있다.
ㄷ. 재난, 사고의 위험으로부터 안전을 보장 받을 권리는 안전권이다.
ㄹ. 연대권은 자신이 소속되어 있는 공동체에서 더 나아가 국제적인 연대와 협력을 할 수 있는 권리를 말한다.

12 정답 ① 문제편 p.26

① 현대 복지 국가에서 강조되는 권리이다. → 사회권
② 국가 성립 이전부터 보장된 천부적 권리이다. → 자유권, 평등권
③ 국가의 의사 결정에 참여할 수 있는 권리이다. → 참정권
④ 국가로부터의 간섭을 배제하는 소극적 성격의 권리이다. → 자유권
⑤ 다른 기본권이 침해된 경우 이를 구제받기 위한 수단적 권리이다. → 청구권

풀이

(가)에 들어갈 기본권은 사회권이다. 사회권은 국가에 대해 인간다운 생활 보장을 요구할 수 있는 권리로, 현대 복지 국가에서 강조되는 권리이다.

13 정답 ④ 문제편 p.27

[보기]
ㄱ. 근대 시민 혁명을 계기로 확립된 권리이다. → 자유권, 평등권
ㄴ. 현대 사회에서 새롭게 강조되고 있는 권리이다.
ㄷ. 국가의 간섭에서 벗어나 자유로운 생활을 보장하기 위한 권리이다. → 자유권
ㄹ. 주거 취약 계층의 안정적인 주거 환경을 보장하기 위한 권리이다.

① ㄱ, ㄴ ② ㄱ, ㄷ ③ ㄴ, ㄷ ④ ㄴ, ㄹ ⑤ ㄷ, ㄹ

풀이

제시된 법률 조항은 주거권과 관련 있다. 주거권은 쾌적하고 안정적인 주거 환경에서 인간다운 주거 생활을 할 권리로, 현대 사회에서 새롭게 강조되고 있는 권리이다. 이러한 주거권은 국가가 안정적인 주거 환경을 누리기 어려운 주거 취약 계층에게 인간다운 주거 생활을 보장해야 할 근거가 된다.

ㄱ. 근대 시민 혁명을 계기로 확립된 권리는 자유권과 평등권이다.
ㄷ. 국가의 간섭에서 벗어나 자유로운 생활을 보장하기 위한 권리는 자유권이다.

14 정답 ① 문제편 p.27

풀이

밑줄 친 부분에 해당하는 기본권은 사회권이다. 사회권은 국가에 대해 인간다운 생활 보장을 요구할 수 있는 권리이다.

②, ⑤ 평등권에 대한 설명이다.
③ 참정권에 대한 설명이다.
④ 청구권에 대한 설명이다.

15 정답 ② 문제편 p.27

표는 갑국의 「문화 예술 공연 관람 현황 조사」에서 '지난 1년 동안 관람한 문화 예술 공연은 무엇입니까?'라는 항목에 대한 조사 결과이다. 단, 2018년의 도시와 농어촌의 인구수는 같고, 2023년의 도시와 농어촌의 인구수도 같으며, 무응답이나 복수 응답은 없다.

(단위: %)

연도 / 항목 / 구분	2018년				2023년			
	영화	뮤지컬	전시회	기타	영화	뮤지컬	전시회	기타
도시	54.1	11.1	11.2	23.6	47.4	10.5	12.1	30.0
농어촌	57.2	3.5	4.6	34.7	58.5	4.6	5.1	31.8

[보기]

ㄱ. '전시회'에 응답한 관람자 비율은 2018년에 비해 2023년에 증가하였다.
ㄴ. 농어촌 지역에서 '뮤지컬'에 응답한 관람자 수는 2018년에 비해 2023년에 증가하였다. → 알 수 없음
ㄷ. 2023년에 '기타'에 응답한 도시 지역의 관람자 수에 비해 '영화'에 응답한 농어촌 지역의 관람자 수가 더 많다.
ㄹ. 2018년에 '전시회'에 응답한 농어촌 지역의 관람자 수와 2023년에 '뮤지컬'에 응답한 농어촌 지역의 관람자 수는 같다. → 알 수 없음

① ㄱ, ㄴ ② ㄱ, ㄷ ③ ㄴ, ㄷ ④ ㄴ, ㄹ ⑤ ㄷ, ㄹ

풀이

ㄱ. '전시회'에 응답한 관람자 비율은 도시의 경우 2018년에 11.2%에서 2023년에 12.1%로 증가하였고, 농어촌의 경우 2018년에 4.6%에서 2023년에 5.1%로 증가하였다. 따라서 '전시회'에 응답한 관람자 비율은 2018년에 비해 2023년에 증가하였다.
ㄴ. '뮤지컬'에 응답한 관람자 비율은 농어촌의 경우 2018년에 3.5%에서 2023년에 4.6%로 증가하였다. 그러나 2018년과 2023년에 농어촌의 인구수를 알 수 없으므로 농어촌 지역에서 '뮤지컬'에 응답한 관람자 수가 2018년에 비해 2023년에 증가했다고 단정할 수 없다.
ㄷ. 2023년에 '기타'에 응답한 도시 지역의 관람자 비율은 30.0%이고, '영화'에 응답한 농어촌 지역의 관람자 비율은 58.5%이다. 2023년에 도시와 농어촌의 인구수가 같으므로 2023년에 '기타'에 응답한 도시 지역의 관람자 수에 비해 '영화'에 응답한 농어촌 지역의 관람자 수가 많다.
ㄹ. 2018년에 '전시회'에 응답한 농어촌 지역의 관람자 비율은 4.6%이고, 2023년에 '뮤지컬'에 응답한 농어촌 지역의 관람자 비율은 4.6%이다. 그러나 2018년과 2023년에 농어촌의 인구수를 알 수 없으므로 2018년에 '전시회'에 응답한 농어촌 지역의 관람자 수와 2023년에 '뮤지컬'에 응답한 농어촌 지역의 관람자 수가 같다고 단정할 수 없다.

16 정답 ⑤ 문제편 p.28

① 국제 평화를 지향하고 있다.
② 하위 법령의 정당성을 평가하는 기준이 된다.
③ 입헌주의를 실현하기 위해서 반드시 필요하다.
④ 국민 주권주의와 권력 분립의 원리를 담고 있다.
⑤ 기본권을 제한하여 통치권을 강화하는 것이 목적이다.

풀이

제시문의 '이것'은 헌법이다. 헌법은 국가의 최고 규범으로서, 국민의 기본적 인권에 대한 보장과 국가의 정치 조직 구성 및 정치 작용의 원칙을 주요 내용으로 한다.

⑤ 헌법은 국민의 인권을 수호하고 인권 보장을 위한 제도적 장치의 토대가 된다.

17 정답 ① 문제편 p.28

① ㉠은 의무의 성격도 갖는다.
② ㉡은 연소 근로자에게는 적용되지 않는다. 된다
③ ㉢에는 근로 시간이 포함되지 않는다. 된다
④ ㉣은 파업 등의 방법으로 사용자에게 대항할 수 있는 권리이다. → 단체 행동권
⑤ ㉤은 근로자들이 자주적으로 노동조합을 조직·운영할 수 있는 권리이다. → 단결권

① 근로는 국민의 권리이자 의무이다.
② 최저 임금제는 일정 금액 이상의 임금을 근로자에게 지불하도록 법적으로 강제하는 제도로, 이는 연소 근로자에게도 적용된다.
③ 근로 조건에는 근로 시간, 업무 내용, 임금, 임금 지급일 등이 포함된다.
④ 파업 등의 방법으로 사용자에게 대항할 수 있는 권리는 단체 행동권이다.
⑤ 근로자들이 자주적으로 노동조합을 조직하여 운영할 수 있는 권리는 단결권이다.

18 정답 ① 문제편 p.28

① 해당 조례 조항이 헌법에 어긋나지 않는다고 판단하였다.
② 제한되는 사익이 달성되는 공익에 비해 크다고 판단하였다.
③ 공공복리를 이유로 기본권을 제한할 수 없음을 밝히고 있다.
④ 기본권 제한이 필요한 정도를 넘어 과도한 정도라고 판단하였다.
⑤ 직업 수행의 자유가 학생들의 건강권보다 우선되어야 한다고 보고 있다.

헌법 재판소는 학원의 심야 교습을 제한하는 지방 자치 단체의 조례 조항이 청구인들의 기본권을 침해하지 않는다고 결정하였다. 즉, 헌법 재판소는 해당 조례 조항이 헌법에 어긋나지 않았다고 판단하였다.
② 헌법 재판소는 제한되는 사익이 달성되는 공익에 비해 크지 않다고 판단하였다.

19 정답 ④ 문제편 p.28

[보 기]
ㄱ. (나)는 적극적 성격의 권리에 해당한다.
ㄴ. (다)는 국가의 정치 과정에 참여할 수 있는 권리이다.
ㄷ. (라)는 (나)와 달리 현대 복지 국가에서 그 중요성이 약해지고 있다.
ㄹ. (가)와 (나)는 모두 천부인권의 성격을 가진다.

① ㄱ, ㄴ ② ㄱ, ㄷ ③ ㄴ, ㄷ ④ ㄴ, ㄹ ⑤ ㄷ, ㄹ

풀이

(가)는 평등권, (나)는 자유권, (다)는 참정권, (라)는 사회권이다. 평등권과 자유권은 천부 인권의 성격을 가지고, 참정권은 국가의 의사 결정 과정에 참여할 수 있는 권리이며, 사회권은 국가에 대해 인간다운 생활 보장을 요구할 수 있는 권리이다.
ㄱ. 자유권은 소극적 성격의 권리에 해당한다.
ㄷ. 사회권은 현대 복지 국가에서 그 중요성이 커지고 있다.

20 정답 ② 문제편 p.29

[보 기]
ㄱ. (가)는 정치 과정에 참여할 수 있는 권리이다.
ㄴ. (가)는 법률로도 제한할 수 없는 절대적 권리이다.
ㄷ. (나)는 침해된 권리를 구제하기 위한 수단적 권리이다.
ㄹ. (나)는 국가 권력의 간섭을 받지 않을 소극적 권리이다.

① ㄱ, ㄴ ② ㄱ, ㄷ ③ ㄴ, ㄷ ④ ㄴ, ㄹ ⑤ ㄷ, ㄹ

풀이

(가)는 참정권, (나)는 청구권이다. 참정권은 국가의 의사 결정 과정에 참여할 수 있는 권리이고, 청구권은 다른 기본권이 침해되었을 때 이를 구제하도록 요구할 수 있는 권리이다.
ㄴ. 기본권은 국가 안전 보장, 질서 유지, 공공복리를 위해 필요한 경우에 한하여 법률로써 제한할 수 있다.

21 정답 ④ 문제편 p.29

① (가)는 재산권의 공공성을 강조하고 있다.
② (나)는 그린벨트를 설정하는 헌법적 근거가 될 수 있다.
③ (나)는 국가 권력에 의한 기본권의 자의적 제한을 허용하지 않고 있다.
④ (가), (나)는 모두 기본권의 천부 인권적 성격을 강조한 규정이다.
⑤ (가)와 (나)를 통해 국민의 재산권을 법률로써 제한하는 경우에도 본질적인 내용을 침해할 수 없음을 알 수 있다.

풀이

(가)는 공공복리를 위한 재산권 행사 제한과 관련 있고, (나)는 공공복리를 위한 기본권 제한과 관련 있다.
② 그린벨트 설정은 공공복리를 위해 기본권을 제한하는 경우에 해당한다.
③ 기본권을 제한하는 경우 자의적 제한이 아닌 법률로써 제한할 수 있음을 명시하고 있다.
⑤ 기본권 제한에 있어 자유와 권리의 본질적인 내용은 침해할 수 없다.

22 정답 ③ 문제편 p.29

① (가)는 차티스트 운동에 의해 보장된 권리이다.
② (나)는 국가 권력의 간섭을 배제하는 권리이다.
③ (다)는 다른 기본권을 보장하기 위한 수단적 권리이다.
④ (나)는 (가)보다 역사적으로 앞서서 보장되었다.
⑤ (가)~(다)는 모두 바이마르 헌법에 최초로 명시되었다.

풀이

(가)는 자유권, (나)는 사회권, (다)는 청구권이다. 청구권은 다른 기본권이 침해되었을 때 이를 구제하도록 요구할 수 있는 권리로, 기본권 보장을 위한 기본권이라고 한다.

23 정답 ⑤ 문제편 p.29

풀이

인간다운 삶을 위한 방안에는 의식적 차원의 방안과 제도적 차원의 방안이 있다.

①, ②, ③, ④ 제도적 차원의 방안에 해당한다.

⑤ 기부 문화 확산을 위한 지속적인 캠페인 실시는 인간다운 삶을 위한 의식적 차원의 방안에 해당한다.

24 정답 ⑤ 문제편 p.30

풀이

인권은 사람이라면 누구나 태어나면서부터 당연히 가지는 기본적 권리를 말하고, 기본권은 인권이 헌법에 성문화되어 있는 규정을 말한다.

① 인권은 국가나 다른 사람이 침해할 수 없으며 남에게 양도할 수 없다는 불가침성이 있다.

② 기본권에는 자유권, 평등권, 참정권, 사회권, 청원권 등이 있다.

③, ④ 기본권은 국가 안전 보장, 질서 유지, 공공복리를 위해 필요한 경우에 한해 법률로써 제한할 수 있으며, 제한하는 경우에도 자유와 권리의 본질적인 내용은 침해할 수 없다.

⑤ 인권은 법률에 규정되어 있지 않다는 이유로 경시되지 않는다. 따라서 인권이 법률에 규정되어 있어야 보장된다고 볼 수 없다.

25 정답 ① 문제편 p.30

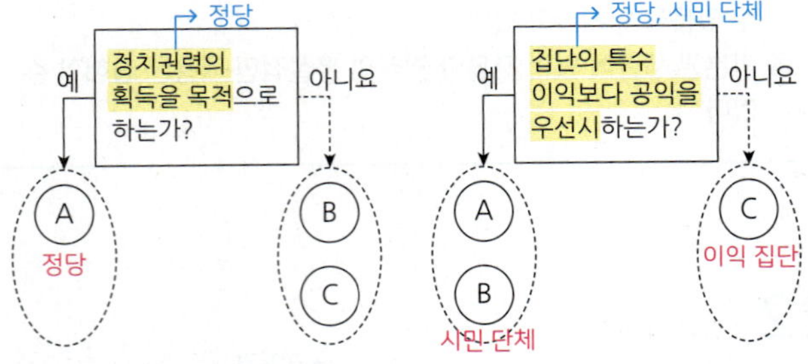

① A는 정치적 책임을 진다.

② B는 공직 선거에 후보자를 공천한다.

③ C는 국가 정책을 수립하고 집행한다.

④ B는 A와 달리 시민의 여론을 수렴하여 법률안을 발의한다.

⑤ C는 B와 달리 시민들이 자발적으로 만든 집단이다.

풀이

① 정당은 시민 단체, 이익 집단과 달리 정치적 책임을 진다.

④ 정당은 시민의 여론을 수렴한다. 법률안 발의는 정부와 국회의원이 할 수 있다.

26 정답 ③ 문제편 p.30

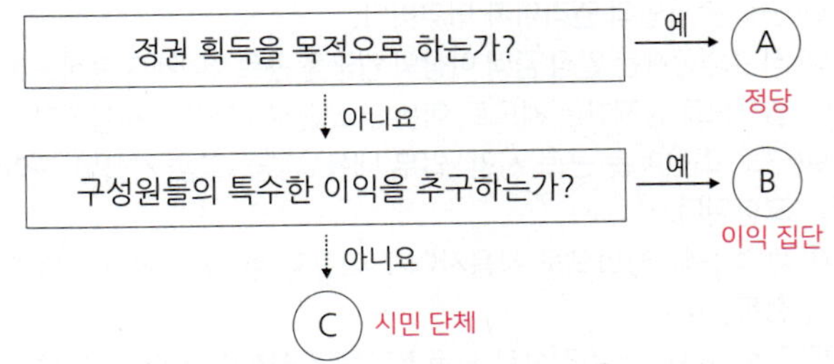

① A는 정치적 책임을 지지 않는다.

② B는 국가 정책을 결정할 권한을 갖는다.

③ C는 정부를 감시하고 비판하는 활동을 한다.

④ B는 A와 달리 여론을 수렴하여 정부에 전달한다.

⑤ C는 B와 달리 활동 과정에서 공익을 저해할 우려가 있다.

풀이

정권 획득을 목적으로 하는 정치 참여 집단은 정당이고, 구성원들의 특수한 이익을 추구하는 정치 참여 집단은 이익 집단이다. 따라서 A는 정당, B는 이익 집단, C는 시민 단체이다.

② 이익 집단은 국가 정책을 결정할 권한이 없다.

27 정답 ④ 문제편 p.30

① (가)는 가장 기본적인 참여 방법이다.

② (나)는 정보 매체의 발달로 가능해진 참여 방법이다.

③ (다)는 자신의 정치적 의사를 표현하는 방법이다.

④ (라)는 (마)와 달리 공공선의 실현을 추구한다.

⑤ (다), (라), (마) 모두 정책 결정 과정에 영향을 미친다.

풀이

① 선거는 대표자를 선출하는 행위로, 가장 기본적인 참여 방법이다.

② 온라인 서명은 정보화 시대에 인터넷이나 인터넷 기술을 이용한 SNS 등을 통해 가능한 참여 방법이다.

③ 정당 활동은 일반 국민으로서 특정 정당에 대한 지지를 표명하거나 정당 주최의 집회나 토론 등에 참여하며, 정당원으로 가입하여 활동함으로써 자신의 정치적 의사를 표현할 수 있는 방법이다.

④ 시민 단체 활동은 이익 집단 활동과 달리 공공선과 공익 실현을 목적으로 한다.

⑤ 정당 활동, 이익 집단 활동, 시민 단체 활동은 모두 정책 결정에 영향을 미칠 수 있다.

28 정답 ③ 문제편 p.31

1학년 □반 이름: □□□

[문제] 시민 불복종의 정당화 조건에 관한 설명이 맞으면 ○에, 틀리면 X에 √ 표시하시오. (맞은 항목당 1점 부여)

시민 불복종의 정당화 조건	○	X
위법 행위에 대한 처벌을 감수해야 한다.	√	
비폭력적인 방법을 통해서 이루어져야 한다.	√	
공익을 위하여 비공개적으로 이루어져야 한다.	√	
사회 정의 실현을 목표로 하는 행위이어야 한다.	√	
다른 방법으로는 해결할 수 없는 최후의 수단이어야 한다.		√

① 1점　② 2점　③ 3점　④ 4점　⑤ 5점

풀이

시민 불복종은 정의롭지 못한 법이나 정책을 변혁시키려는 목적으로 행하는 의도적이고 비폭력적인 위법 행위를 말한다. 시민 불복종은 목적에 정당성이 있어야 하며, 위법 행위에 대한 처벌을 감수함으로써 법을 존중한다는 사실을 분명히 해야 하고, 공개적이며 비폭력적인 방법이어야 하며, 합법적인 수단으로 해결이 되지 않을 때 사용하는 최후의 수단이어야 한다.

29 정답 ⑤ 문제편 p.31

[보기]

ㄱ. 정의의 추구보다 법의 준수를 우선해야 하는가?
ㄴ. 시민은 어떠한 법이라도 지켜야 할 의무가 있는가?
→ 부정의한 법에는 즉각 저항해야 함
ㄷ. 법이 인권을 부당하게 침해한다면 저항해야 하는가?
ㄹ. 정의롭지 못한 법에는 복종하지 않을 권리가 있는가?

① ㄱ, ㄴ　② ㄱ, ㄷ　③ ㄴ, ㄷ　④ ㄴ, ㄹ　⑤ ㄷ, ㄹ

풀이

제시문은 시민 불복종에 대한 소로의 입장이다. 소로는 불의한 법과 제도 등에 대해 개인의 양심에 근거하여 즉각적으로 저항할 것을 주장한다.

30 정답 ⑤ 문제편 p.31

풀이

제시문은 양심적으로 볼 때 부당하다고 판단되는 법률은 위반하되, 그 법률의 부당성을 호소하기 위해서는 징역형도 감수해야 함을 주장하고 있다.

⑤ 제시문은 부당한 법률을 위반하는 사람은 어떠한 형벌도 받아들여야 함을 강조하고 있다. 즉, 제시문은 위법 행위에 대한 처벌을 감수함으로써 법을 존중한다는 사실을 분명히 해야 함을 강조하고 있다.

31 정답 ① 문제편 p.31

① 양심에 따라 정의롭지 못한 법과 정책에 저항해야 한다.
② 개인적 이익을 추구하기 위해 법에 복종하지 말아야 한다.
③ 제정된 법이 옳지 않더라도 시민들은 반드시 따라야 한다. (즉시 거부해야)
④ 국가 이익이 증진된다면 부도덕한 제도라도 시행해야 한다.
⑤ 다수가 인정하는 법에 대해서 도덕 판단을 해서는 안 된다.
(개인의 양심에 근거하여 도덕 판단을 해야 함)

풀이

그림의 강연자는 소로이다. 소로는 부정의를 판단하는 근거는 개인의 양심이며, '시민 불복종'이란 양심에 어긋나는 것으로 판단되는 부정의한 정부나 법에 대해 근거하여 저항하는 양심적 거부의 행위라고 주장한다.

② 소로는 법에 대한 불복종의 목적이 개인의 이익 추구가 아닌 양심에 부합하지 않는 행위에 대해 거부하는 것에 있다고 본다.
③ 소로에 따르면, 국가의 법, 제도 등이 옳지 않다고 판단된다면 이에 대해 즉시 거부해야 한다.
④ 소로는 국가 이익 증진을 위한 부도덕한 제도의 시행에 반대하며 이러한 제도가 시행될 경우 즉각 거부해야 한다고 주장한다.
⑤ 소로는 다수에 의해 인정된 법일지라도 개인의 양심에 근거하여 이에 대한 도덕 판단이 행해져야 한다고 본다.

32 정답 ① 문제편 p.32

[문항] ㉠시민 불복종이 정당화되기 위한 조건을 3가지 서술하시오. (각 조건별로 채점하며, 옳은 조건 1개당 1점을 부여함.)

[답안] ○ 비폭력적인 방법으로 이루어져야 한다. → 정답: 1점
○ 사회 정의 실현을 목표로 삼아야 한다. → 정답: 1점
○ (가)

채점 결과	(㉡)

[보기]

ㄱ. ㉠은 시민 참여의 한 방법이다.
ㄴ. ㉡이 2점이라면 (가)에는 '현행 법규를 위반하지 않는 범위 내에서 이루어져야 한다.'가 들어갈 수 있다. (→ 오답: 0점)
ㄷ. (가)에 '정당성 확보를 위해 비공개적으로 이루어져야 한다.'가 들어간다면 ㉡은 3점이다. (→ 오답: 0점, 2점)
ㄹ. (가)에 '합법적 방법으로 문제를 해결할 수 없을 때 최후의 수단으로 사용해야 한다.'가 들어간다면 ㉡은 2점이다. (→ 정답: 1점, 3점)

① ㄱ, ㄴ　② ㄱ, ㄷ　③ ㄴ, ㄷ　④ ㄴ, ㄹ　⑤ ㄷ, ㄹ

풀이

(가)를 제외한 [답안] 내용의 점수는 다음과 같다. 시민 불복종은 비폭력적 방법으로 실시되어야 한다(1점). 또한 사회 정의 실현을 목표로 삼아야 한다(1점).

ㄱ. 시민 불복종은 민주 사회 시민들의 정치적 권리이자 시민 참여의 방법이다.

ㄴ. 시민 불복종은 사회 정의를 위해 현행 법규를 의도적으로 위반하는 불법 행위이다. ㉢이 2점이라면 (가)에는 틀린 서술이 들어가야 한다. 따라서 해당 서술은 (가)에 들어갈 수 있다.

ㄷ. 시민 불복종은 정치적 행위이므로 공개적으로 실시되어야 한다. 따라서 해당 서술이 (가)에 들어간다면 ㉢은 2점이다.

ㄹ. 시민 불복종은 합법적 방법이 실패했을 때 최후의 수단으로 실시되는 것이다. 따라서 해당 서술이 (가)에 들어간다면 ㉢은 3점이다.

33 정답 ① 문제편 p.32

① 비공개적이고 은밀하게 이루어져야 한다. → 공개적으로

② 사회 정의의 실현을 목표로 하는 행동이어야 한다.

③ 위법 행위에 따른 현행법상의 처벌을 감수해야 한다.

④ 다른 방법으로는 해결할 수 없는 최후의 수단이어야 한다. → 다른 합법적 행위

⑤ 부당한 사회 제도에 변혁을 가져올 목적으로 행해져야 한다. → 공적 정의 실현을 목적으로(사익 추구X)

풀이

시민 불복종이 정당화되기 위해서는 비폭력적 행위, 공개적 행위, 공적 정의 실현 추구, 처벌 감수, 최후의 수단으로서의 행위 등의 조건이 성립되어야 한다.

① 시민 불복종은 다수의 정의관에 호소하는 공개적인 행위여야 한다.

②, ⑤ 시민 불복종은 개인의 이익 추구 등을 목적으로 행해져서는 안 되며, 정의 실현을 근본 목적으로 삼아야 한다.

③ 시민 불복종은 현행법을 거부하는 위법 행위이지만 이에 따르는 처벌을 감수함으로써 기본적으로는 법에 대한 존중이 전제되어 있음을 보여 주어야 한다.

④ 시민 불복종은 부정의한 제도의 개선을 위한 합법적 방법의 시도 이후에 최후의 수단으로 행해져야 한다.

34 정답 ⑤ 문제편 p.32

[보 기]

ㄱ. 공개적이며 비폭력적이어야 한다.

ㄴ. 현행 법규를 위반하지 않는 범위 내에서 행해져야 한다. → 시민 불복종은 위법 행위임

ㄷ. 사회 정의 실현을 목표로 하는 양심적인 행동이어야 한다.

ㄹ. 다른 방법으로는 문제를 해결할 수 없을 때 사용되는 최후의 수단이어야 한다.

① ㄱ, ㄴ ② ㄴ, ㄹ ③ ㄷ, ㄹ
④ ㄱ, ㄴ, ㄷ ⑤ ㄱ, ㄷ, ㄹ

풀이

우산 혁명은 시민들이 정의 실현을 위해 현행 정부에 대한 저항 의사를 보이는 시민 불복종 행위이다.

ㄴ. 시민 불복종은 정의 실현을 목적으로 한다는 점에서 양심적인 행위이지만 법에 반하는 위법 행위이므로 현행법을 위반하지 않고는 행해질 수 없다.

35 정답 ⑤ 문제편 p.32

풀이

필기 내용은 롤스의 시민 불복종에 대한 내용이다. 롤스는 시민 불복종을 공적 정의관에 근거하여 부정의한 법에 대한 변혁을 목적으로 행해지는 공개적, 비폭력적인 위법 행위라고 정의한다.

③ 롤스는 시민 불복종이 부정의한 법의 준수를 거부하는 위법 행위이지만, 처벌을 감수함으로써 법에 대한 충실성의 한계 내에서 행해져야 한다고 주장한다.

④ 롤스는 시민 불복종 행위가 합법적인 항거의 효과가 없을 경우 최후의 수단으로 행해져야 정당화 가능하다고 주장한다.

⑤ 롤스는 시민 불복종을 비폭력적 행위라고 정의하며, 이는 시민 불복종이 정당화되기 위해서 반드시 필요한 조건이다.

36 정답 ② 문제편 p.33

우리 사회에서 장애인(→ 사회적 소수자)은 취업에서 차별을 겪는 경우가 많다. 이러한 차별을 개선하기 위해 정부는 장애인의 의무 고용률을 중앙 정부와 지방 자치 단체 등에서는 3.4%, 일정 규모 이상의 일반 사업장에서는 3.1%로 정하고 이를 이행하지 않으면 부담금을 부과하고 있다. 지속적인 정부 정책의 시행으로 장애인의 고용 여건은 점차 개선되고 있는데, 이는 사회 문제 해결을 위한 정부 정책의 수립이 중요하다는 점을 보여주는 사례이다. → 장애인 의무 고용 제도 → 제도적 차원

① 사회적 소수자 우대 정책으로 인한 역차별 문제를 해결해야 한다.

② 사회적 소수자가 겪는 차별을 개선하기 위한 법과 제도의 도입이 필요하다. → 제도적 차원

③ 집단의 크기에 의해 사회적 소수자가 결정되는 것이 아님을 인식해야 한다.

④ 사회적 소수자들은 자신들이 차별받는 집단에 속해 있다는 의식을 가져야 한다.

⑤ 사회적 소수자가 겪는 인권 문제에 대한 사회 구성원들의 의식 개선이 필요하다. → 의식적 차원

풀이

제시문에서는 장애인 의무 고용제 실시와 같은 사회적 소수자에 대한 제도적 차원의 해결 방안을 강조하고 있다. 즉, 사회적 소수자에 대해 차별적인 정책과 법률을 개선하여 실질적인 보호 대책이 되도록 보완해야 함을 강조하고 있다.

37 정답 ⑤ 문제편 p.33

[보기]

ㄱ. 갑은 A에게 법정 최저 임금을 요구할 수 없다.
ㄴ. 을이 계약대로 근무할 경우 을의 1일 임금은 70,000원이다.
ㄷ. 병은 부모님의 동의 없이 B에게 단독으로 임금을 청구할 수 있다.
ㄹ. 갑, 을, 병은 모두 야간 근로가 원칙적으로 금지된다.

① ㄱ, ㄴ ② ㄱ, ㄷ ③ ㄴ, ㄷ ④ ㄴ, ㄹ  ⑤ ㄷ, ㄹ

풀이

갑~병은 모두 15세 이상 만 18세 미만으로 연소 근로자에 해당한다.
ㄱ. 연소 근로자도 성인과 동일한 법정 최저 임금을 요구할 수 있다.
ㄴ. 을이 계약대로 근무할 경우 을의 근무 시간은 6시간으로, 을의 1일 임금은 60,000원이다.
ㄷ. 연소 근로자는 부모님의 동의 없이 단독으로 임금을 청구할 수 있다.
ㄹ. 연소 근로자는 원칙적으로 야간 근로가 금지된다.

38 정답 ② 문제편 p.33

[보기]

ㄱ. A는 독자적으로 임금을 청구할 수 있다.
ㄴ. A의 연장 근로는 어떤 경우에도 허용되지 않는다.
ㄷ. A의 계약에는 친권자 또는 후견인의 동의가 필요하다.
ㄹ. A가 계약대로 근무할 경우 1일 임금은 70,000원이다.

① ㄱ, ㄴ ② ㄱ, ㄷ ③ ㄴ, ㄷ ④ ㄴ, ㄹ ⑤ ㄷ, ㄹ

풀이

ㄱ. A는 15세 이상 18세 미만인 연소 근로자에 해당하므로 독자적으로 임금을 청구할 수 있다.
ㄴ. 연소 근로자의 근로 시간은 1일에 7시간, 1주일에 35시간을 초과할 수 없다. 다만, 당사자 간의 합의가 있다면 1일 1시간, 1주일 5시간을 한도로 연장 근로를 할 수 있다.
ㄷ. 연소 근로자는 계약 시 친권자 또는 후견인의 동의가 필요하다.
ㄹ. 휴게 시간을 제외한 A의 근로 시간은 6시간이므로 A가 계약대로 근무할 경우 1일 임금은 60,000원(=10,000원×6시간)이다.

39 정답 ① 문제편 p.33

[보기]

ㄱ. 성인과 동일한 최저 임금을 보장받습니다.
ㄴ. 자신의 임금을 독자적으로 청구할 수 있습니다.
ㄷ. 보호자가 대리하여 근로 계약을 체결해야 합니다.
ㄹ. 근무 시간 도중의 휴게 시간을 요구할 수 없습니다.

① ㄱ, ㄴ ② ㄱ, ㄷ ③ ㄴ, ㄷ ④ ㄴ, ㄹ ⑤ ㄷ, ㄹ

풀이

A는 16세이므로 근로가 가능하고, 성인과 동일한 최저 임금을 적용받으며, 자신의 임금을 보호자와 관련 없이 독자적으로 청구할 수 있다.
ㄷ. A는 미성년자이지만 근로 계약 자체는 본인이 직접 체결해야 한다. 따라서 미성년자라도 보호자가 대리하여 근로 계약을 체결할 수 없다.
ㄹ. 근로 시간이 4시간 이상인 경우 사용자는 근로 시간 도중에 30분 이상의 휴게 시간을 보장해야 하고, 근로 시간이 8시간인 경우 근로 시간 도중에 1시간 이상의 휴게 시간을 보장해야 한다. A는 하루 7시간 근무하므로 30분의 휴게 시간을 요구할 수 있다.

40 정답 ③ 문제편 p.34

<규칙> 사례에 대한 법적 판단이 옳으면 '○', 옳지 않으면 'X'로 표시한다. '○', 'X'를 옳게 표시하면 배정된 점수를 획득한다.

<사례> 사업주 A(45세)와 고등학생 B(17세)가 1일 5시간, 주 25시간의 근로 계약을 체결했다.

<갑, 을, 병의 답변 결과>

<사례>에 대한 법적 판단	배점	갑	을	병
B는 A에게 단독으로 임금을 청구할 수 있다.	1점	○	X	○
B는 A에게 근무 시간 중 휴게시간을 요구할 수 없다.	2점	○	X	○
A와 B의 합의가 있을 경우, 최저 임금제를 적용하지 않을 수 있다.	3점	X	○	X
법정 대리인의 동의가 있더라도 B는 보건상 유해한 업종에 종사할 수 없다.	4점	X	○	○

① 갑이 획득한 점수는 5점이다.
② 획득한 점수의 합이 가장 높은 사람은 을이다.
③ 옳게 답한 개수가 가장 많은 사람은 병이다.
④ 을이 갑보다 옳게 답한 개수가 1개 더 많다.
⑤ 병이 획득한 점수는 갑이 획득한 점수보다 3점이 더 높다.

풀이

B는 A에게 단독으로 임금을 청구할 수 있고, 근무 시간 중 휴게시간을 요구할 수 있다. A와 B의 합의가 있을 경우라도 최저 임금제를 적용해야 하며, 법정 대리인의 동의가 있더라도 B는 보건상 유해한 업종에 종사할 수 없다. 즉, 첫 번째와 네 번째 법적 판단은 옳으며, 두 번째와 세 번째 법적 판단은 옳지 않다.

① 갑은 첫 번째와 세 번째 판단에 대해 옳게 답하였다. 따라서 갑이 획득한 점수는 4점(=1점+3점)이다.
② 갑이 획득한 점수는 4점(=1점+3점), 을이 획득한 점수는 6점(=2점+4점), 병이 획득한 점수는 8점(=1점+3점+4점)이다. 따라서 획득한 점수의 합이 가장 높은 사람은 병이다.
③ 갑이 옳게 답한 개수는 2개, 을이 옳게 답한 개수는 2개, 병이 옳게 답한 개수는 3개이다. 따라서 옳게 답한 개수가 가장 많은 사람은 병이다.
④ 갑과 을은 모두 옳게 답한 개수가 2개로 같다.
⑤ 갑이 획득한 점수는 4점, 병이 획득한 점수는 8점이다. 따라서 병이 획득한 점수는 갑이 획득한 점수보다 4점이 더 높다.

41 정답 ① 문제편 p.34

① 인종차별을 방지하기 위해 사회적 차원의 노력이 필요하다.
② 사회적 안정을 위해 허위 정보 유포를 일부 허용해야 한다.
③ 인종 혐오 표현도 표현의 자유로서 폭넓게 보장되어야 한다.
④ 누리소통망(SNS)에서의 인권 운동은 인권 문제 해결에 악영향을 미친다.
⑤ 특정 민족의 신체적 특성에 관한 언론 매체의 표현은 인종 혐오로 볼 수 없다.

풀이

국제 사회의 인권 문제를 해결하기 위해서는 개인적 차원의 노력뿐만 아니라 사회적 차원의 노력도 필요하다.

① 제시된 신문 칼럼에서는 인종차별에 대한 사회적 캠페인이 전개되었음을 알려주며, 인종차별을 해결하기 위해 개인적 차원의 노력뿐만 아니라 시민들 간의 연대, 관련 제도 개선 등과 같은 사회적 차원의 노력이 필요함을 강조하고 있다.

42 정답 ① 문제편 p.34

유럽의 식민지 경쟁으로 흑인들이 살고 있던 ○○국에 백인들이 유입되었다. ○○국 전체 인구의 10% 정도를 차지하는 백인들이 점차 권력을 잡아갔다. 정권을 잡은 소수의 백인들로부터 다수의 흑인들은 거주 공간·직업·투표권을 제한당하는 등 사회 전반에 걸쳐 차별을 받았다.

① 사회적 소수자는 집단의 크기에 의해 결정되는 것이 아니다.
② 사회적 소수자에 대한 차별은 개인적 능력 차이에 기인한다.
③ 사회적 소수자를 규정하는 기준은 절대적이며 변하지 않는다.
④ 사회적 소수자는 해당 사회에서 지배적인 영향을 끼치는 집단과 동일한 신체적 특징을 가지고 있다.
⑤ 사회적 소수자는 해당 사회에서 지배적인 영향을 끼치는 집단보다 경제적 자원 획득에 유리한 위치에 있다.

풀이

사례에서는 사회적 소수자에 대한 차별 문제를 다루고 있다.

① ○○국 전체 인구의 10%를 차지하는 백인이 다수의 흑인을 차별했다는 점에서 사회적 소수자는 집단의 크기에 의해 결정되는 것이 아님을 알 수 있다.
② 제시된 사례에서 나타나는 사회적 소수자에 대한 차별은 개인적 능력 차이가 아닌 인종, 지위에 기인하고 있다.
③ 사회적 소수자를 규정하는 기준은 국가, 사회에 따라 상대적이며 시대에 따라 변할 수 있다.
④ 제시된 사례에서 사회적 소수자는 지배적인 영향을 끼치는 집단과 비교하여 피부색이라는 신체적 차이를 지닌다.
⑤ 사회적 소수자는 지배적인 영향을 끼치는 집단에 비해 경제적 자원 획득에 불리한 위치에 있다.

43 정답 ② 문제편 p.35

인권	학교 생활 속 인권 보장 사례
A 환경권	각 교실에 공기 청정기를 설치하여 미세 먼지와 각종 유해 물질로 오염된 공기를 정화함으로써 실내 공기질을 관리하여 쾌적한 환경을 제공한다.
B 문화권	이중 언어 말하기 대회, 다문화 급식 체험의 날 등을 실시하여 학생이 다양한 문화를 이해하고 체험할 수 있는 기회를 제공한다.
C 안전권	학생 보호 인력인 배움터 지킴이는 등·하굣길 교통 안전 지도, 학교 내·외부인 출입 관리 등으로 학생 및 교직원에게 안전한 학교 생활을 지원한다.

① A는 재난과 사고의 위험으로부터 안전을 보장받을 권리이다.
② B는 다양한 문화에 대한 이해를 증진하는 데 기여하는 권리이다.
③ C는 쾌적하고 안정적인 주거 환경에서 인간다운 생활을 할 권리이다.
④ C와 달리 B는 타인에게 양도 가능한 권리이다.
⑤ A와 달리 B, C는 현대 사회에서 확장된 인권이다.

풀이

실내 공기질을 관리하여 쾌적한 환경을 제공하는 사례는 환경권과 관련 있고, 다양한 문화를 이해하고 체험할 수 있는 기회를 제공하는 사례는 문화권과 관련 있으며, 안전한 학교 생활을 지원하는 사례는 안전권과 관련 있다. 따라서 A는 환경권, B는 문화권, C는 안전권이다.

① 재난과 사고의 위험으로부터 안전을 보장받을 권리는 안전권이다.
② 문화권은 자유롭게 문화 생활을 향유하고 문화의 주체로서 자신의 문화적 정체성을 유지할 권리로, 이는 다양한 문화에 대한 이해를 향상시키는 데 기여한다.
③ 쾌적하고 안정적인 주거 환경에서 인간다운 생활을 할 권리는 주거권이다.
④ 문화권과 안전권은 모두 타인에게 양도가 불가능한 권리이다.
⑤ 환경권, 문화권, 안전권은 모두 현대 사회에서 확장된 인권이다.

44 정답 ② 문제편 p.35

<사례 1>
1930년대 인도를 식민 지배하던 영국은 인도인의 소금 제조와 판매를 금지하고, 반드시 영국으로부터 소금을 구매하도록 하는 소금법을 제정했다. 이에 대해 부당함을 느낀 간디는 소금법 폐지를 주장하는 행진을 평화적으로 이끌어 소금법 폐지라는 결과를 얻었다.

<사례 2>
1950년대 미국 정부는 흑인과 백인을 차별하는 인종 분리법을 시행하였다. 흑인 여성 로자 파크스는 백인에게 버스 자리를 양보하지 않아 경찰에 체포되었다. 이 사건을 계기로 몽고메리의 흑인들은 버스 승차거부 운동을 시작했고, 흑인들의 인권 운동이 확산되었다.

[보기]
ㄱ. 위법 행위에 대한 법적인 처벌을 받아들여야 한다.
ㄴ. 효율적인 목표 달성을 위해 폭력이 허용되어야 한다.
ㄷ. 개인의 이익이 아닌 사회정의 실현을 목적으로 해야 한다.
ㄹ. 합법적인 노력이 시도되기 전에 공개적으로 이루어져야 한다.

① ㄱ, ㄴ ② ㄱ, ㄷ ③ ㄴ, ㄷ ④ ㄴ, ㄹ ⑤ ㄷ, ㄹ

풀이
밑줄 친 행위들은 잘못된 법이나 정의롭지 못한 정책을 바로잡기 위해 불가피하게 법을 위반하는 행위로, 이는 시민 불복종에 해당한다.
ㄱ. 시민 불복종은 불법적 행위에 따르는 처벌을 감수해야 한다.
ㄴ. 시민 불복종은 목적 달성을 위해 폭력적 행위를 해서는 안 된다.
ㄷ. 시민 불복종은 사회정의 실현을 목적으로 해야 한다.
ㄹ. 시민 불복종은 합법적 수단으로는 해결이 불가능한 경우 마지막으로 행사하는 수단이어야 한다.

심화 문제 풀기

1 정답 ② 문제편 p.36

① ㉠은 국가 권력의 간섭을 받지 않을 권리이다.
② ㉡은 바이마르 헌법에서 최초로 규정된 권리이다.
③ ㉢은 국가 의사 결정 과정에 참여할 수 있는 권리이다.
④ ㉠과 달리 ㉡은 프랑스 인권 선언에 명시되었다.
⑤ ㉡에 비해 ㉢은 국가의 적극적인 역할을 강조한다.

풀이
㉠은 평등권, ㉡은 사회권, ㉢은 자유권이다.
① 국가 권력의 간섭을 받지 않을 권리는 자유권이다.
② 사회권은 바이마르 헌법에 최초로 규정된 권리이다.
③ 국가 의사 결정 과정에 참여할 수 있는 권리는 참정권이다.
④ 자유권과 평등권은 모두 프랑스 인권 선언에 명시되었다.
⑤ 사회권은 국가의 적극적인 역할을 강조한다.

2 정답 ⑤ 문제편 p.36

질문 \ 학생	갑	을	병	정	무
핵심적이고 포괄적인 권리인가?	○	○	X	X	X
국가 권력의 간섭을 받지 않을 방어적 권리인가?	X	○	○	X	X
국가의 의사 결정 과정에 참여할 수 있는 권리인가?	○	X	○	X	○
다른 기본권을 보장하기 위한 수단적 성격의 권리인가?	X	○	○	○	X

(○: 예, X: 아니요)

① 갑 ② 을 ③ 병 ④ 정 ⑤ 무

풀이
A에 해당하는 기본권은 참정권이다. 참정권은 국가의 의사 결정 과정에 참여할 수 있는 권리로, 선거권, 공무 담임권, 국민 투표권 등이 있다.
핵심적이고 포괄적인 권리는 자유권과 평등권이고, 국가 권력의 간섭을 받지 않을 방어적 권리는 자유권이며, 다른 기본권을 보장하기 위한 수단적 성격의 권리는 청구권이다.

3 정답 ③ 문제편 p.36

[보기]
갑: 복지 국가를 추구하고 있네.
을: 국민의 저항권을 인정하고 있군.
병: 사회 계약론과 국민 주권론을 반영하고 있군.
정: 인권을 국가에 의해 부여되는 권리로 보고 있네.

① 갑, 을 ② 갑, 병 ③ 을, 병 ④ 을, 정 ⑤ 병, 정

풀이
제시된 선언문은 미국의 독립 혁명으로 인해 발표된 독립 선언문이다.
갑. 독립 선언문에서는 자유와 평등을 추구하고 있다.
을. 정부를 개혁하거나 폐지하여 새로운 정부를 조직하는 것이 국민의 권리라고 보고 있으므로 국민의 저항권을 인정하고 있음을 알 수 있다.
병. 인간의 권리를 확보하기 위해 정부를 수립하였다고 보고 있으므로 이는 사회 계약론과 관련 있고, 정부의 정당한 권력이 국민의 동의로부터 나온다고 보고 있으므로 이는 국민 주권론과 관련 있다.
정. 인권을 창조주로부터 받은 양도할 수 없는 천부 인권으로 보고 있다.

4 정답 ④ 문제편 p.36

제1조 인간은 태어나면서부터 자유로우며 평등한 권리를 가진다. → 천부 인권, 자유권, 평등권

제2조 모든 정치적 결사의 목적은 그 무엇도 침해할 수 없는 인간의 자연권을 보전하는데 있다. 그 권리는 자유, 재산, 안전 및 압제에 대한 저항이다.

제3조 모든 주권의 원천은 본래 국민에게 있다. 어떤 개인이나 단체라 하더라도 국민에게서 나오지 않은 권위를 행사할 수 없다. → 국민 주권 사상

제16조 법의 준수가 보장되지 않거나, 권력 분립이 확정되지 않은 사회는 결코 헌법을 갖추었다고 할 수 없다. → 권력 분립, 입헌주의

[보 기]

ㄱ. 국민 주권 사상이 반영되어 있다.

ㄴ. 권력 분립을 전제로 한 입헌주의가 나타나 있다.

ㄷ. 환경권과 같은 사회권 중심의 인권이 강조되어 있다. (자유권)

ㄹ. 시민의 자유, 평등에 관한 기본적인 권리가 명시되어 있다.

① ㄱ, ㄴ ② ㄱ, ㄷ ③ ㄷ, ㄹ
④ ㄱ, ㄴ, ㄹ ⑤ ㄴ, ㄷ, ㄹ

풀이

ㄱ. 프랑스 인권 선언 제3조에 주민 주권 사상이 반영되어 있다.
ㄴ. 프랑스 인권 선언 제16조에 권력 분립과 입헌주의가 반영되어 있다.
ㄷ. 프랑스 인권 선언에는 자유권 중심의 인권이 강조되어 있다.
ㄹ. 프랑스 인권 선언 제1조에 자유권과 평등권이 명시되어 있다.

5 정답 ④ 문제편 p.37

[보 기]

ㄱ. (가)는 (나)와 달리 천부 인권적 성격을 가진다. (→ 자유권, 평등권)

ㄴ. (가)와 (나)는 모두 현대 사회에서 확장된 인권이다.

ㄷ. (가)의 사례에서 쾌적한 주거환경이 보장되고 있음을 알 수 있다. (되기 어려움을)

ㄹ. (나)의 사례를 통해 과거에 비해 환경권이 더 강조될 것으로 예상할 수 있다.

① ㄱ, ㄴ ② ㄱ, ㄷ ③ ㄴ, ㄷ ④ ㄴ, ㄹ ⑤ ㄷ, ㄹ

풀이

(가)는 주거권, (나)는 환경권이다.
ㄱ. 천부 인권적 성격을 가진 기본권은 자유권과 평등권이다.
ㄴ. 주거권과 환경권은 모두 사회 변화에 따른 사회 문제 해결의 필요성이 증가하면서 현대 사회에서 확장된 인권이다.
ㄷ. (가)의 사례는 쾌적한 주거환경이 보장되기 어려움을 보여 준다.
ㄹ. 환경권은 다양한 환경 문제의 발생으로 인해 과거에 비해 더 강조될 것이다.

6 정답 ③ 문제편 p.37

[보 기]

ㄱ. ㉠은 국가의 적극적인 개입을 요구하는 권리이다.

ㄴ. ㉡은 자본주의의 문제점을 해결하는 과정에서 등장하였다.

ㄷ. ㉢은 집단적이고 연대적인 성격의 권리이다.

ㄹ. ㉣은 서구 사회의 시민 혁명을 계기로 보장받기 시작하였다. (→ 1세대 인권)

① ㄱ, ㄴ ② ㄱ, ㄷ ③ ㄴ, ㄷ ④ ㄴ, ㄹ ⑤ ㄷ, ㄹ

풀이

ㄱ. ㉠은 자유권과 관련된 것으로, 국가의 불간섭을 요구하는 권리이다.
ㄴ. ㉡은 사회권으로, 이는 자본주의 문제점을 해결하는 과정에서 나타났다.
ㄷ. ㉢은 연대권과 집단권으로, 차별받는 모든 집단을 포함한 지구 공동체 모두의 인권을 보장하는 것과 관련 있다.
ㄹ. 1세대 인권에 대한 설명이다.

7 정답 ④ 문제편 p.37

○ 갑은 출근하던 중 지하철에서 경찰관에게 체포되었다. 하지만 이 과정에서 체포의 이유 및 변호인의 조력을 받을 권리를 전혀 고지받지 못해 [A]를 침해당했다. (→ 자유권)

○ 을은 열악한 고시원에서 살고 있다. 최저 주거 기준에 미치지 못하는 고시원 시설로 인해 인간다운 생활을 할 권리인 [B]를 침해당했다. (→ 사회권)

○ 평소 간호사가 되고 싶었던 병은 ○○병원 간호사 채용 시험에 응시하였다. 그러나 합리적 이유 없이 성별만을 이유로 채용에서 배제되어 [C]를 침해당했다. (→ 평등권)

① A의 예로 교육을 받을 권리를 들 수 있다. (B)
② B는 국가 권력으로부터 간섭받지 않을 방어적 권리이다. (A)
③ C는 가장 최근에 등장한 현대적 권리이다. (B)
④ B는 A와 달리 국가의 존재를 전제로 한 적극적 권리이다.
⑤ C는 B와 달리 다른 기본권 보장을 위한 수단적 성격의 권리이다. (→ 청구권)

풀이

갑은 체포 과정에서 체포의 이유 및 변호인의 조력을 받을 권리를 고지받지 못했으므로 신체의 자유를 침해당했다. 즉, 갑은 자유권을 침해당했고, 을은 열악한 고시원 시설로 인해 인간다운 생활을 할 권리인 사회권을 침해당했으며, 병은 합리적 이유 없이 성별만을 이유로 채용에서 배제되어 평등권을 침해당했다. 따라서 A는 자유권, B는 사회권, C는 평등권이다.
① 교육을 받을 권리는 사회권에 해당한다.
② 국가 권력으로부터 간섭받지 않을 방어적 권리는 자유권이다.
③ 가장 최근에 등장한 현대적 권리는 사회권이다.
④ 사회권은 국민이 인간다운 삶을 살 수 있도록 국가에게 요구할 수 있는 권리로, 이는 국가의 존재를 전제로 한 적극적 권리이다.
⑤ 다른 기본권 보장을 위한 수단적 성격의 권리는 청구권이다.

8 정답 ④ 문제편 p.38

<갑국과 을국의 언론 자유 지수>

구분	2005년	2010년	2015년
갑국	30	32	34
을국	46	47	48

* 언론 자유 지수: 총점 100점을 기준으로 0~30점은 '언론 자유국', 31~60점은 '부분적 언론 자유국', 61~100점은 '언론 비자유국'으로 분류함.

① 2015년 갑국은 언론 자유국에 해당한다.
② 갑국은 을국보다 언론 활동이 자유롭지 못하다.
③ 갑국과 을국 모두 언론의 자유가 확대되고 있다.
④ 언론 매체의 독립성이 보장될 때 지수가 낮아질 것이다.
⑤ 2005년 대비 2015년의 언론 자유 지수 증가율은 갑국이 을국보다 낮다.

풀이

① 2015년 갑국은 언론 자유 지수가 34로, 부분적 언론 자유국에 해당한다.
② 갑국은 을국보다 언론 자유 지수가 낮으므로 언론 활동이 자유롭다.
③ 갑국과 을국 모두 언론 자유 지수가 높아지고 있으므로 언론의 자유는 축소되고 있다.
④ 언론 자유 지수가 낮을수록 언론의 자유 정도가 높으므로 언론 매체의 독립성이 보장되면 언론 자유 지수는 낮아질 것이다.
⑤ 2005년 대비 2015년의 언론 자유 지수 증가율은 갑국이 을국보다 높다.

9 정답 ② 문제편 p.38

① A에 따라 최저 임금제를 시행하고 있다.
② 민주적 선거 제도는 B를 실현하기 위한 것이다.
③ 사회 보장 제도는 C를 실현하기 위한 것이다.
④ D에 따라 외국인의 법적 지위를 보장한다.
⑤ 복수 정당제는 B의 실현에는 기여하지만, A의 실현에는 기여하지 못한다.

풀이

A는 자유 민주주의, B는 국민 주권주의, C는 국제 평화주의, D는 복지 국가의 원리이다.
① 최저 임금제는 복지 국가의 원리와 관련 있다.
② 민주적 선거 제도는 국민 주권의 원리를 구체적으로 실현하는 정치 행위이다.
③ 사회 보장 제도는 복지 국가의 원리와 관련 있다.
④ 외국인의 법적 지위 보장은 국제 평화주의와 관련 있다.
⑤ 복수 정당제는 자유 민주주의와 국민 주권주의 모두를 실현하는 데 기여한다.

10 정답 ④ 문제편 p.38

[보기]

ㄱ. A 지역 응답자의 절반 이상이 '그렇다'에 응답하였다.
ㄴ. '그렇지 않다'에 응답한 사람은 A 지역이 B 지역보다 많다.
ㄷ. A 지역이 B 지역보다 국내 체류 외국인에 대한 사회 보장 정책 수립에 긍정적이다.
ㄹ. 응답 항목별 비율에서 지역별 차이는 성별 차이보다 크다.

① ㄱ, ㄴ ② ㄱ, ㄷ ③ ㄴ, ㄷ ④ ㄴ, ㄹ ⑤ ㄷ, ㄹ

풀이

ㄱ. A 지역에서 '그렇다'에 응답한 사람의 비율은 48% 초과 49% 미만이므로 A 지역 응답자의 절반 이상이 '그렇다'에 응답하였다고 볼 수 없다.
ㄴ. '그렇지 않다'에 응답한 사람의 비율은 A 지역의 경우 22%이고, B 지역의 경우 14% 초과 15% 미만이다. A 지역과 B 지역의 주민은 각각 1,000명으로 같으므로 '그렇지 않다'에 응답한 사람은 A 지역이 B 지역보다 많다.
ㄷ. '그렇다'에 응답한 사람의 비율은 A 지역의 경우 48% 초과 49% 미만이고, B 지역의 경우 65% 초과 67% 미만이다. A 지역과 B 지역의 주민은 각각 1,000명으로 같으므로 B 지역이 A 지역보다 국내 체류 외국인에 대한 사회 보장 정책 수립에 긍정적이다.
ㄹ. 응답 항목별 비율에서 A 지역과 B 지역의 응답자 비율 차이가 남성과 여성의 응답자 비율 차이보다 크게 나타난다.

11 정답 ② 문제편 p.38

① 사회 질서 유지보다 개인의 자유가 중요하다.
② 공공복리를 위해서는 기본권을 제한할 수 있다.
③ 기본권을 제한해야만 국가 안전을 보장할 수 있다.
④ 국민의 기본권을 과도하게 제한하는 것은 헌법에 위반된다.
⑤ 자유와 권리의 본질적인 내용은 어떤 경우에도 침해할 수 없다.

풀이

갑과 을은 공공복리를 위해 기본권이 제한될 수 있음을 주장하고 있다. 기본권은 국가 안전 보장, 질서 유지, 공공복리를 위해 필요한 경우에 한하여 법률로써 제한할 수 있으며, 제한하는 경우에도 자유와 권리의 본질적인 내용을 침해할 수 없다.

12 정답 ⑤ 문제편 p.39

① 시민 불복종은 도덕적으로 정당화될 수 있는가?
② 시민 불복종은 사회 정의 실현에 기여할 수 있는가?
③ 시민 불복종은 모든 정책에 대해 저항하는 행위인가?
④ 시민 불복종은 부정의한 정책을 바꾸기 위한 수단인가?
⑤ 시민 불복종은 어떠한 경우에도 비폭력적이어야 하는가?

풀이

갑은 정의 실현을 위해 폭력적인 방법을 사용할 수 있다고 보는 반면, 을은 비폭력적인 방법만이 정당화될 수 있다고 보고 있다. 따라서 시민 불복종은 어떠한 경우에도 비폭력적이어야 하는지에 대한 질문에 대해 갑은 부정, 을은 긍정의 대답을 할 것이다.

①, ②, ④ 갑과 을 모두 긍정의 대답을 할 질문에 해당한다.

③ 시민 불복종은 모든 정책이 아닌 부정의한 정책에 대해 저항하는 행위이다.

13 정답 ⑤ 문제편 p.39

풀이

제시문의 사례는 '소금법'이라는 부정의한 법에 대한 시민 불복종 행위인 간디의 소금법 폐지 운동이다. 이러한 시민 불복종 행위가 정당화되기 위해서는 정의 실현을 목적으로 해야 하며 최후의 수단으로서 공공적, 비폭력적으로 행하되 이로 인한 처벌을 감수해야 한다.

⑤ 시민 불복종은 위법 행위에 대한 처벌을 감수함으로써 법을 존중한다는 사실을 분명히 해야 한다.

14 정답 ② 문제편 p.39

① ㉠은 근로 계약서에 명시하지 않아도 된다.

② ㉡의 경우 을은 갑에게 휴게 시간을 요구할 수 있다.

③ 을은 ㉢에 합의했으므로 법정 최저 임금을 요구할 수 없다.

④ 근로 계약 시 을의 부모 동의는 필요하지 않다.

⑤ 갑은 을에게 임금 전액을 현금이 아닌 상품권으로 지급할 수 있다.

풀이

① 연소 근로자의 계약서에 포함해야 할 사항에는 계약 기간, 근무 장소, 근로 시간, 업무 내용, 근무일, 휴일, 임금, 임금 지급일이 있다.

② 근로 시간이 4시간인 경우 30분 이상, 8시간인 경우에는 1시간 이상의 휴게 시간을 근로 시간 중에 주어야 한다.

③ 연소 근로자는 법정 최저 임금을 요구할 수 있다.

④ 근로 계약 시 연소 근로자는 부모의 동의가 필요하다.

⑤ 갑은 을에게 임금 전액을 현금으로 지급해야 한다.

15 정답 ⑤ 문제편 p.39

[보 기]

ㄱ. 갑은 미성년자이므로 휴게 시간 보장을 요구할 수 없다.

ㄴ. 당사자 간 합의하에 이루어진 계약이므로 을의 갑에 대한 추가 임금 지급 거부 행위는 정당하다.

ㄷ. 갑과 을이 체결한 근로 시간에 대한 계약 사항은 근로 기준법 위반에 해당한다.

ㄹ. 갑은 을을 상대로 부당한 근로 계약에 대해 고용 노동부에 신고할 수 있다.

① ㄱ, ㄴ ② ㄱ, ㄷ ③ ㄴ, ㄷ ④ ㄴ, ㄹ ⑤ ㄷ, ㄹ

풀이

ㄱ. 갑은 근로 시간이 4시간인 경우 30분 이상, 8시간인 경우에는 1시간 이상의 휴게 시간을 근로 시간 중에 요구할 수 있다.

ㄴ. 당사자 간 합의하에 이루어진 계약이라도 임금은 전액 지급해야 한다는 근로 기준법을 위반한 것이므로 을의 갑에 대한 추가 임금 지급 거부 행위는 정당하지 않다.

ㄷ. 갑은 연소 근로자로 당사자간 합의가 있더라도 하루 8시간을 초과해서 일할 수 없다.

16 정답 ⑤ 문제편 p.40

[보 기]

ㄱ. 갑이 주유소 사장과 맺은 근로 계약의 전체 내용은 무효이다.

ㄴ. 주유소 사장은 갑의 임금 중 일부를 상품권으로 지급해도 된다.

ㄷ. 주유소 사장은 갑의 부모 동의서와 가족 관계 증명서를 사업장에 갖추어 두어야 한다.

ㄹ. 갑은 1일 법정 근로 시간이 7시간이지만 주유소 사장과 합의하에 1시간 연장하여 일할 수 있다.

① ㄱ, ㄴ ② ㄱ, ㄷ ③ ㄴ, ㄷ ④ ㄴ, ㄹ ⑤ ㄷ, ㄹ

풀이

갑은 17세이므로 연소 근로자에 해당한다.

ㄱ. 갑이 주유소 사장과 맺은 근로 계약 중 위약금을 내기로 한 내용은 무효이다.

ㄴ. 주유소 사장은 갑의 임금을 전액 현금으로 지급해야 한다.

ㄷ. 주유소 사장은 연소 근로자에 대해 그 연령을 증명하는 가족 관계 기록 사항에 관한 증명서와 친권자(부모) 또는 후견인의 동의서를 사업장에 갖춰 두어야 한다.

ㄹ. 연소 근로자의 근로 시간은 1일에 7시간, 1주에 35시간을 초과하지 못한다. 다만, 당사자 사이의 합의에 따라 1일에 1시간, 1주에 5시간을 한도로 연장할 수 있다.

17 정답 ③ 문제편 p.40

중학교를 졸업한 갑(16세)은 ○○ 대형 마트 사장 을(41세)과 2023년 1월 2일부터 2023년 2월 1일까지 매장 내 상품 진열 및 정리를 하기로 근로 계약을 체결하였다. 다음은 계약 내용 중 일부이다.

○ 근로 시간: 13시~21시(휴게 시간: 17시~18시)

○ 근무일: 월~금(휴일: 토, 일)

○ 임금: 시간당 9,000원

* 갑의 친권자는 부모이며, 2023년 법정 최저 임금은 시간당 9,620원임.

① 갑은 부모의 동의 없이도 근로 계약을 체결할 수 있다.
② 갑과 을은 근로 계약의 내용을 문서로 작성하지 않아도 된다.
③ 갑의 근로 시간은 근로 기준법에 위반되지 않는다.
④ 갑은 근로 계약대로 시간당 9,000원의 임금만 요구할 수 있다.
⑤ 갑과 을이 합의하더라도 갑은 연장 근로를 할 수 없다.

풀이

갑은 16세로 연소 근로자에 해당한다.
① 연소 근로자인 갑은 부모의 동의가 있어야 근로 계약을 체결할 수 있다.
② 갑과 을은 근로 계약의 내용을 문서로 작성해야 한다.
③ 갑의 근로 시간은 1일에 7시간, 1주에 35시간을 초과하지 않으므로 근로 기준법에 위반되지 않는다.
④ 갑은 법정 최저 임금인 9,620원을 요구할 수 있다.
⑤ 갑과 을이 합의하면 1일에 1시간, 1주에 5시간을 한도로 연장 근로를 할 수 있다.

18 정답 ② 문제편 p.40

[보기]
ㄱ. 세계 시민 의식과 공동체 의식을 함양한다.
ㄴ. 해당 국가의 주권에 해당하는 영역이므로 국제사회는 관심을 자제해야 한다.
ㄷ. 국제 연합이나 국제 비정부 기구를 통해 영양 부족 문제를 겪고 있는 국가에 경제적 지원을 한다.
ㄹ. 가난한 국가에 대한 원조의 의무를 이행하지 않을 경우 국제 형사 재판소에 제소하여 처벌한다.

① ㄱ, ㄴ ② ㄱ, ㄷ ③ ㄴ, ㄷ ④ ㄴ, ㄹ ⑤ ㄷ, ㄹ

풀이

제시된 자료에 나타난 문제는 영양 부족 문제로, 이는 빈곤 문제와 관련 있다. 세계 인권 문제를 해결하기 위해서는 세계 시민 의식을 함양하고, 인권 문제 해결을 위한 국제적인 연대가 필요하다.
ㄴ. 개별 국가뿐 아니라 국제사회의 관심과 지원이 필요하다.
ㄹ. 국제 형사 재판소는 집단 살해죄, 전쟁 범죄, 반인도적 범죄 등 국제 범죄자에 대한 재판을 맡는 국제 재판소이다.

19 정답 ① 문제편 p.40

○ 사회적 편견이나 차별적 관행이 반영된 데이터를 학습한 인공 지능을 활용하여 재판을 할 경우, 합리적이지 않은 이유로 차별받지 않을 권리인 [A]를 침해할 우려가 있다.
○ 판례에 대한 빅데이터를 학습한 인공 지능을 법관의 재판 업무에 보조적으로 활용할 경우, 재판 지연 해소에 도움이 된다. 이를 통해 기본권 보장을 위한 수단적 권리인 [B]를 더 많은 사람이 보장받을 수 있다.

① A는 다른 기본권 보장의 전제 조건이 되는 권리이다.
② B는 국가 권력의 간섭을 배제하는 권리이다.
③ A와 달리 B는 인간의 존엄과 가치를 보장하기 위한 권리이다.
④ B와 달리 A는 국가의 의사 결정 과정에 참여할 수 있는 권리이다.
⑤ A, B는 모두 국가의 존재를 전제로 한 적극적 권리이다.

풀이

합리적이지 않은 이유로 차별받지 않을 권리는 평등권이고, 기본권 보장을 위한 수단적 권리는 청구권이다. 따라서 A는 평등권, B는 청구권이다.
① 다른 기본권 보장을 위한 전제 조건이 되는 권리는 평등권이다.
② 국가 권력의 간섭을 배제하는 권리는 자유권이다.
③ 평등권과 청구권은 모두 인간의 존엄과 가치를 보장하기 위한 권리이다.
④ 국가의 의사 결정 과정에 참여할 수 있는 권리는 참정권이다.
⑤ 평등권은 천부인권적 성격을 가진다. 따라서 평등권은 국가의 존재를 전제로 한 적극적 권리라고 할 수 없다.

20 정답 ⑤ 문제편 p.41

<근로 계약서>

사용자 갑과 근로자 을(16세)은 다음과 같이 근로 계약을 체결한다.

1. 근로 계약 기간: 2025.7. 21.(월) ~ 2025.8.1.(금)

…(중략)…

4. 근로 시간: 09:00 ~17:00
(휴게 시간: 13:00 ~14:00)
5. 근무일: 매주 월요일 ~ 금요일
6. 임 금: 시간당 11,000원

* 2025년의 법정 최저 임금은 시간당 10,030원이고, 을은 고등학생임.

[보기]
ㄱ. 을이 계약대로 근무할 경우 1일 임금은 88,000원이다.
ㄴ. 을의 법정 대리인은 을의 근로 계약을 대리하여 체결할 수 있다.
ㄷ. 갑과 을이 합의하면 1일 1시간의 연장 근로가 가능하다.
ㄹ. 갑은 을의 연령을 증명하는 가족 관계 기록 사항에 관한 증명서를 사업장에 갖추어야 한다.

① ㄱ, ㄴ ② ㄱ, ㄷ ③ ㄴ, ㄷ ④ ㄴ, ㄹ  ⑤ ㄷ, ㄹ

풀이

헌법은 청소년의 근로에 대한 특별한 보호가 필요함을 규정하고 있는데, 「근로 기준법」은 이러한 헌법의 정신을 반영하여 18세 미만 연소자의 근로 계약 체결, 근로 시간이나 휴게 시간 등의 근로 조건에 관하여 청소년을 보호하기 위한 사항을 규정하고 있다.

ㄱ. 을은 휴게 시간 1시간을 제외한 7시간을 근무하므로 을이 계약대로 근무할 경우 1일 임금은 77,000원(=7시간×11,000원)이다.

ㄴ. 을의 법정 대리인은 을의 근로 계약을 대리하여 체결할 수 없다. 을의 법정 대리인의 동의를 받아 을이 직접 근로 계약을 체결해야 한다.

ㄷ. 갑과 을이 합의하면 1일에 1시간, 1주일에 5시간을 한도로 연장 근로가 가능하다.

ㄹ. 갑은 가족 관계 증명서 등과 같이 을의 나이를 알 수 있는 증명서와 친권자 동의서를 반드시 사업장에 비치해 두어야 한다.

서술형 문제 풀기

1 문제편 p.42

(1) ㉠ 인권

(2) 모범답안: 인권은 태어날 때부터 지니고 있다(천부성). 인권은 누구나 가지고 있는 권리이다(보편성). 인권은 남에게 양도할 수 없고 누구도 침해할 수 없는 권리이다(불가침성). 인권은 영구히 보장되는 권리이다(항구성).

핵심 키워드: 천부성, 보편성, 불가침성, 항구성

채점 기준

- 상 인권의 특징 네 가지를 모두 정확하게 서술한 경우
- 중 인권의 특징 세 가지를 정확하게 서술한 경우
- 하 인권의 특징 두 가지를 정확하게 서술한 경우

2 문제편 p.42

(1) 바이마르 헌법

(2) 모범답안: 바이마르 헌법은 최초로 사회권을 기본권으로 인정하였다.

핵심 키워드: 사회권, 기본권, 최초의 헌법

채점 기준

- 상 바이마르 헌법이 사회권을 기본권으로 인정한 최초의 헌법임을 정확하게 서술한 경우
- 중 바이마르 헌법이 사회권과 관련 있다고만 서술한 경우
- 하 바이마르 헌법이라고만 서술한 경우

3 문제편 p.43

(1) A 시민 불복종

(2) 모범답안: 목적에 정당성이 있어야 한다. 비폭력적인 방법을 사용하되 최후의 수단으로 시행되어야 한다. 위법 행위에 대한 처벌을 감수함으로써 법을 존중한다는 사실을 분명히 한다. 공개적으로 행한다.

핵심 키워드: 공익성, 비폭력성, 최후의 수단, 처벌 감수, 공개성

채점 기준

- 상 시민 불복종의 정당화 조건 세 가지 이상을 정확하게 서술한 경우
- 중 시민 불복종의 정당화 조건 중 두 가지를 정확하게 서술한 경우
- 하 시민 불복종의 정당화 조건 중 한 가지를 정확하게 서술한 경우

4 문제편 p.43

(1) ㉠ 사회적 소수자

(2) 모범답안: 사회적 소수자가 되는 기준은 상대적이다. 사회적 소수자는 상황에 따라 상대적으로 규정된다.

핵심 키워드: 사회적 소수자, 상대성

채점 기준

- 상 사회적 소수자가 상대적인 개념임을 핵심 키워드를 사용하여 명확하게 서술한 경우
- 중 사회적 소수자의 상대적 특성 이외의 다른 특성을 서술한 경우
- 하 사회적 소수자의 특성이 아닌 의미를 서술한 경우

Ⅱ 사회정의와 불평등

개념편 p.44

핵심 문제 풀기

1	④	2	③	3	①	4	④	5	④
6	③	7	③	8	①	9	①	10	②
11	①	12	②	13	③	14	④	15	④
16	④	17	②	18	②	19	④	20	③
21	①	22	①	23	①	24	①	25	⑤
26	⑤	27	④	28	④	29	②	30	③
31	③	32	①	33	③	34	④	35	②
36	④	37	⑤	38	②	39	③	40	③
41	④								

심화 문제 풀기

1	①	2	④	3	⑤	4	②	5	④
6	⑤	7	④	8	①	9	②	10	④
11	⑤	12	③						

핵심 문제 풀기

1 정답 ④ 문제편 p.51

① 사익과 공익의 조화를 추구해야 한다.
② 갈등의 원인을 명확하게 이해해야 한다.
③ 서로 간의 차이를 인정하는 태도를 가져야 한다.
④ 개인보다는 국가를 우선하는 태도를 가져야 한다.
⑤ 대화를 통해 서로를 이해하려는 자세를 가져야 한다.

풀이

복잡하고 다양하게 나타나고 있는 갈등을 합리적으로 해결하기 위해서는 갈등의 원인을 명확하게 이해하고, 서로의 차이를 인정하고 이해하는 자세를 가져야 하며, 사익과 공익, 권리와 의무의 조화를 추구해야 한다.

④ 국가를 우선하는 태도가 아닌 개인과 국가의 조화를 위해 노력하는 태도를 가져야 한다.

2 정답 ③ 문제편 p.51

[보기]

ㄱ. 각 사람의 필요에 따른 분배가 정의로운 분배이다.
ㄴ. 공동체의 법규를 잘 지키는 것은 정의로운 행위이다.
ㄷ. 교정적 정의는 이익과 손해의 동등함을 회복하는 것이다.
ㄹ. 분배적 정의는 만인에게 재화를 동일하게 분배하는 것이다.

① ㄱ, ㄴ ② ㄱ, ㄷ ③ ㄴ, ㄷ ④ ㄴ, ㄹ ⑤ ㄷ, ㄹ

풀이

그림의 강연자는 아리스토텔레스이다. 아리스토텔레스는 특수적 정의로서 분배적 정의, 고정적 정의, 교환적 정의를 주장하였다.

ㄷ. 아리스토텔레스의 교정적 정의는 타인에게 손해를 입히는 행위에 의해 발생한 손익을 비교하여 동등하지 못한 것들을 동등하게 재분배하는 것이다.
ㄹ. 아리스토텔레스의 분배적 정의는 개인이 공동체 내에서 지니는 가치에 따라 재화를 분배하는 것이다.

3 정답 ① 문제편 p.51

① 업적에 따라 몫을 분배하는 것은 허용된다.
② 어떠한 경우에도 경제적 불평등은 허용될 수 없다.
③ 재화는 구성원 각자의 필요에 따라 분배되어야 한다.
④ 분배 정의의 실현을 위해 사적 소유는 허용될 수 없다.
⑤ 재화는 능력이 부족한 사람에게 더 많이 분배되어야 한다.

풀이

제시문의 사상가는 아리스토텔레스이다. 아리스토텔레스의 분배적 정의는 특수적 정의에 해당하며, 이는 각 개인이 공동체에 기여하는 정도에 따라 그 가치를 판단하고 이를 기준으로 사회적 가치를 분배하는 것이 정의롭다는 분배 원칙이다.

② 아리스토텔레스는 일반적 정의와 특수적 정의(분배적 정의, 교정적 정의, 교환적 정의)가 보장된다면 불평등이 존재할 수 있다고 본다.
③ 아리스토텔레스는 재화의 분배를 필요가 아닌 공동체 기여도에 따른 가치를 기준으로 행해야 한다고 본다.
④ 아리스토텔레스는 일반적 정의와 특수적 정의를 위반하지 않는 개인의 사적 소유를 인정한다.
⑤ 아리스토텔레스에 따르면, 재화는 능력이 더 출중한 사람, 공동체에 더 큰 이익을 가져올 수 있는 사람에게 더 많이 분배되어야 한다.

4 정답 ④ 문제편 p.51

풀이

제시문은 인간다운 삶을 보장하기 위해 기본적인 욕구를 충족할 수 있도록, 사회적 가치를 분배할 때 사회적 약자를 우선적으로 배려해야 함을 주장하고 있다. 형편이 어려운 사람에게 장학금을 지급하거나, 기초 생활 수급비나 기초 연금을 국가가 지급하는 것, 장애인 의무 고용 등은 사회적 약자를 우선적으로 배려한 사례에 해당한다.

④ 동일한 업무를 수행하는 여성에게 남성보다 높은 임금을 지급하는 것은 차별에 해당한다.

5 정답 ④ 문제편 p.52

풀이

(가)는 최소한의 필요를 충족시키는 분배, 즉 필요에 의한 분배를 강조하고 있다. 필요에 의한 분배의 관점에서는 가장 빈곤한 사람에게 불우 이웃 돕기 성금을 우선적으로 분배해야 한다고 조언할 것이다.

6 정답 ③ 문제편 p.52

[보기]

ㄱ. (가)는 공동체가 개인의 삶에 적극 간섭해야 한다고 본다.
ㄴ. (나)는 개인의 정체성이 공동체를 토대로 형성된다고 본다.
ㄷ. (나)는 (가)에 비해 공동체에 대한 개인의 책무를 강조한다.
ㄹ. (가)는 개인을 연고적 자아로, (나)는 독립된 자아로 본다.

① ㄱ, ㄴ ② ㄱ, ㄷ ③ ㄴ, ㄷ ④ ㄴ, ㄹ ⑤ ㄷ, ㄹ

풀이

(가)는 자유주의, (나)는 공동체주의이다. 자유주의는 개인의 자유 실현, 개인선의 실현이 공동선의 실현보다 우선한다고 본다. 반면, 공동체주의는 공동체의 역사와 맥락 속에서 개인의 자아가 형성된다고 보며 개인의 행복과 공동선의 추구가 연관되어 있다고 본다.
ㄹ. 개인을 공동체 내 문화와 맥락에 따른 연고적 자아로 보는 것은 공동체주의의 입장이며, 개인을 공동체와 독립된 자아로 보는 것은 자유주의의 입장이다.

7 정답 ③ 문제편 p.52

[보기]

ㄱ. 갑: 개인의 권리보다 공동체의 이익이 더 중요하다.
ㄴ. 갑: 개인은 자율적 선택에 따라 살아가는 주체이다.
ㄷ. 을: 개인은 공동체와 유기적인 관계를 맺으며 살아간다.
ㄹ. 갑, 을: 사회는 개인의 권리 보장을 위한 수단에 불과하다.

① ㄱ, ㄴ ② ㄱ, ㄹ ③ ㄴ, ㄷ
④ ㄱ, ㄷ, ㄹ ⑤ ㄴ, ㄷ, ㄹ

풀이

갑의 입장은 자유주의, 을의 입장은 공동체주의이다. 자유주의는 개인의 자유 실현이 공동선의 실현보다 우선한다고 본다. 반면, 공동체주의는 개인은 공동체 내에서 자아를 실현할 수 있는 존재이며 이러한 유대감과 소속감을 바탕으로 공동선을 추구해야 한다고 본다.
ㄱ. 공동체주의의 입장이다.
ㄹ. 사회를 개인의 권리 보장을 위한 수단으로 보는 것은 자유주의의 입장이다.

8 정답 ① 문제편 p.52

[보기]

ㄱ. (가): 개인은 스스로 자신의 가치관을 선택할 수 있다.
ㄴ. (나): 공동체는 개인에게 사회적 책임을 부과할 수 있다.
ㄷ. (나): 개인은 공동체와 무관하게 정체성을 확립해야 한다.
ㄹ. (가), (나): 공동체는 개인의 자유 실현을 위한 수단일 뿐이다.

① ㄱ, ㄴ ② ㄱ, ㄷ ③ ㄴ, ㄷ ④ ㄴ, ㄹ ⑤ ㄷ, ㄹ

풀이

(가)는 자유주의, (나)는 공동체주의이다. 자유주의는 개인의 자유와 권리 보장을 공동선의 실현보다 우선시한다. 반면, 공동체주의는 개인의 자아와 정체성이 공동체의 역사 속에서 형성됨을 주장하며 공동선의 추구를 강조한다.
ㄷ. 공동체주의는 개인의 정체성 확립이 공동체와 상호 밀접한 연관이 있다고 본다.
ㄹ. 자유주의만의 입장이다.

9 정답 ① 문제편 p.53

(가) 공동체는 개인이 자신의 목적을 달성하기 위해 선택하는 수단이다. 공동체는 개인이 자신의 목적을 효과적으로 성취할 수 있도록 구성되어야 한다.

(나) 공동체는 개인이 자아 정체성을 구성하고 삶의 방향을 형성하는 데 중요한 기반이 된다. 개인은 공동체의 가치와 전통을 내면화하여 자아를 실현해야 한다.

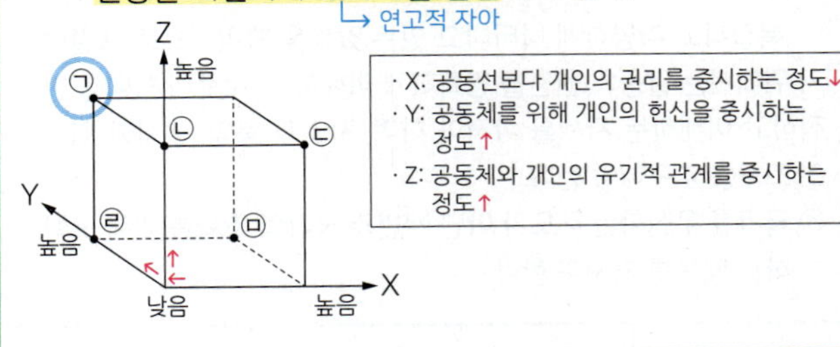

① ㉠ ② ㉡ ③ ㉢ ④ ㉣ ⑤ ㉤

풀이

(가)는 자유주의, (나)는 공동체주의이다. 자유주의는 개인선의 실현이 공동선의 실현보다 우선해야 하며 집단은 개인의 자유 실현을 최우선적으로 추구해야 한다고 주장한다. 반면, 공동체주의는 개인과 공동체는 상호 밀접한 관계에 있으며 개인은 공동체 전체의 공익을 추구해야 한다고 주장한다.
① (나)는 (가)에 비해 공동선보다 개인의 권리를 중시하는 정도는 낮고, 공동체를 위한 개인의 헌신과 공동체와 개인의 유기적 관계를 중시하는 정도는 높다.

10 정답 ② 문제편 p.53

→ 자유주의적 정의관
갑: 개인의 자유는 무엇보다 중요하다. 따라서 타인의 자유를 침해하지 않는 범위에서 개인의 자유가 최대한 보장되어야 모든 사람들이 좋은 삶을 누릴 수 있다. 이를 위해 공동체는 개인에게 특정한 가치를 강요해서는 안 된다.
→ 공동체주의적 정의관
을: 개인의 정체성은 공동체의 영향을 받으며 형성된다. 따라서 개인이 공동체가 요구하는 책무를 이행하여 공동체 발전에 기여해야 모든 사람들이 좋은 삶을 누릴 수 있다. 이를 위해 공동체는 개인에게 공동체의 가치를 적극적으로 장려해야 한다.

① 갑은 개인의 자유가 무제한적으로 보장되어야 한다고 본다.
② 을은 공동체 발전을 위해 개인에게 주어지는 의무가 있다고 본다.
③ 갑은 을과 달리 개인이 공동체의 가치를 내면화해야 한다고 본다.
④ 을은 갑과 달리 개인이 공동체와 무관하게 정체성을 형성한다고 본다.
⑤ 갑과 을은 모두 개인이 좋은 삶을 누리는 데 공동체의 역할은 불필요하다고 본다.

풀이

갑의 입장은 자유주의적 정의관, 을의 입장은 공동체주의적 정의관에 해당한다.
① 갑은 타인의 자유를 침해하지 않는 범위에서 개인의 자유가 최대한 보장되어야 한다고 보고 있다. 따라서 갑은 개인의 자유가 무제한적으로 보장되어야 한다고 보지 않는다.
② 을은 개인이 공동체가 요구하는 책무를 이행하여 공동체 발전에 기여해야 한다고 보고 있다. 따라서 을은 개인이 공동체의 구성원으로서 일정한 책임과 의무를 부여받았다고 본다.
③ 을은 개인이 공동체의 가치와 목적을 내면화하고 자신에게 주어진 책임과 의무를 성실히 이행해야 한다고 본다.
④, ⑤ 을은 공동체 속에서 개인의 자아 정체성과 좋은 삶이 형성된다고 본다.

11 정답 ① 문제편 p.53

풀이

갑의 입장은 자유주의 정의관에 해당하고, 을의 입장은 공동체주의 정의관에 해당한다. 자유주의 정의관은 개인의 자유롭고 평등한 기본권을 보장하는 것을 정의라고 보고, 국가는 개인의 자유로운 선택권과 자율성을 최대한 허용해야 한다고 본다. 공동체주의 정의관은 공동체의 선을 실현하는 것을 정의라고 보고 개인은 공동체의 가치와 목적을 내면화하고 공동체에 대한 소속감을 지니며 자신에게 주어진 책임과 의무를 성실히 이행해야 한다고 본다.
① 공동체주의 정의관에 해당하는 진술이다.

12 정답 ② 문제편 p.53

(가) 개인은 공동체의 전통이나 가치로부터 독립적이고 자율적인 존재이다. 공동체의 이익은 공동체에 속한 개인이 자유롭게 이익을 추구함으로써 증가할 수 있다. → 자유주의
(나) 개인은 공동체의 영향을 받으며 정체성을 형성해 나가는 존재이다. 공동체 속에서 살아가는 구성원 각자는 공동체가 발전함으로써 행복한 삶을 영위할 수 있다. → 공동체주의

[보기]
ㄱ. (가)는 개인의 자유와 권리의 보장을 중시한다.
ㄴ. (가)는 공동체가 개인의 삶의 방식을 결정한다고 본다. (개인 스스로가)
ㄷ. (나)는 공동체의 발전을 위한 개인의 책무를 강조한다.
ㄹ. (가), (나)는 모두 개인의 이익과 공동체의 이익이 항상 배타적이라고 본다. (보는 것은 아니다)

① ㄱ, ㄴ ② ㄱ, ㄷ ③ ㄴ, ㄷ ④ ㄴ, ㄹ ⑤ ㄷ, ㄹ

풀이

(가)는 자유주의, (나)는 공동체주의에 해당한다.
ㄱ. 자유주의는 개인의 독립성과 자율성을 중시한다.
ㄴ. 자유주의는 개인을 스스로 삶의 목적을 선택하는 자율적 존재라고 본다.
ㄷ. 공동체주의는 개인의 자아 정체성과 좋은 삶은 공동체 속에서 형성된다고 보므로 공동체 발전을 위한 개인의 책무를 강조한다.
ㄹ. 자유주의와 공동체주의는 개인의 이익과 공동체의 이익이 항상 배타적이라고 보지는 않는다.

13 정답 ③ 문제편 p.54

정의의 두 원칙은 다음과 같다. 첫째, 개인은 기본적 자유에 있어 평등한 권리를 가져야 한다. (→ 정의의 제1원칙) 둘째, 사회적·경제적 불평등은 다음과 같은 두 가지 조건이 충족될 때 허용된다. 최소 수혜자에게 우선적으로 최대의 이익을 보장하도록 이루어져야 하고, 공정한 기회균등의 원칙에 따라 모든 사람에게 지위와 직책이 개방되어야 한다. (→ 정의의 제2원칙) → 롤스

① 양심의 자유나 언론의 자유를 최대한 보장해야 한다. (→ 기본적 자유에 해당)
② 사회 구성원의 경제적 이익 추구가 허용되어야 한다. → 자유주의
③ 개인의 자유를 침해하더라도 최소 수혜자를 도와야 한다. → 제1원칙>제2원칙
④ 정의로운 사회에서도 사회적·경제적 불평등은 존재할 수 있다. (→ 정의의 원칙 보장 전제하에 정당함)
⑤ 지위나 직책에 오를 기회가 모두에게 공평하게 개방되어야 한다. (→ 공정한 기회 균등의 원칙)

풀이

제시문은 롤스의 정의의 원칙이다. 롤스의 정의의 원칙은 제1원칙인 '평등한 자유의 원칙'과 제2원칙인 '차등의 원칙', '공정한 기회 균등의 원칙'으로 구성되어 있다.

③ 정의의 제1원칙은 언제나 정의의 제2원칙에 우선한다. 따라서 최소 수혜자를 부조한다는 목적으로 개인의 기본적 자유를 침해할 수 없다. 개인의 기본적 자유는 오직 더 큰 기본적 자유를 위해서만 제한될 수 있다.

14 정답 ④ 문제편 p.54

① ㉠, ㉡　② ㉠, ㉣　③ ㉡, ㉢　④ ㉠, ㉢, ㉣　⑤ ㉡, ㉢, ㉣

풀이

'나'는 롤스이다. 롤스는 기본적 자유의 평등 분배를 강조하는 정의의 제1원칙을 제시했다. 또한 공정한 기회 균등, 사회적 약자에 대한 고려를 추구하는 정의의 제2원칙을 강조하였다.

㉠ 롤스는 정의의 제2원칙에 따라 사회적 지위 획득에 있어 공정한 기회 균등이 보장되어야 한다고 주장한다.

㉡ 롤스는 최소 수혜자를 포함한 모든 사람에게 이익을 주는 분배 방식을 채택한다면 정의로운 사회에서도 경제적 불평등은 허용될 수 있다고 본다.

㉢ 롤스는 정의의 제1원칙에 따라 기본적 자유는 지위고하를 막론하고 모든 사람이 평등하게 분배받아야 한다고 주장한다.

㉣ 롤스는 정의 실현을 위해서는 사회적 약자와 같은 최소 수혜자들의 이익, 처지 향상을 고려하는 분배 방식을 채택해야 한다고 주장한다.

15 정답 ④ 문제편 p.54

입장 \ 학생	갑	을	병	정	무
정당한 소유물에 대한 자발적 양도는 정의로운 분배다.	√		√	√	
분배 정의는 국가 주도의 재분배 정책을 통해 실현된다. (최소 국가)		√	√		√
국가의 역할은 범죄 예방과 같은 소극적 기능에 한정된다.	√			√	√
개인은 정당하게 얻은 소유물에 대해 절대적 권리를 지닌다. (→ 배타적 소유권)		√		√	√

① 갑　② 을　③ 병　④ 정　⑤ 무

풀이

제시문의 사상가는 노직이다. 노직은 정당한 취득 혹은 양도를 통해 얻은 소유물에 대해서는 개인이 배타적인 권리를 지닌다고 본다. 따라서 복지 정책을 위한다는 명목으로 국가가 이에 개입할 수 없으며, 재분배를 위한 세금 정책을 강제 노역에 비유한다. 또한 노직은 국가의 재분배 정책을 위한 세금 부과 등이 소유물에 대한 개인의 자유와 권리 보장을 저해한다고 본다.

16 정답 ④ 문제편 p.55

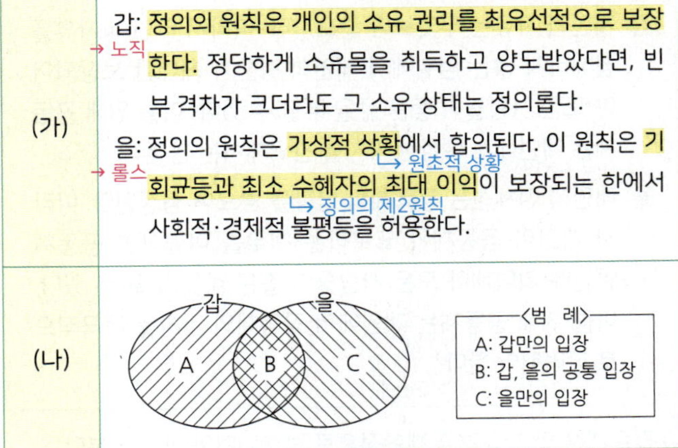

(가)	갑: 정의의 원칙은 개인의 소유 권리를 최우선적으로 보장한다. 정당하게 소유물을 취득하고 양도받았다면, 빈부 격차가 크더라도 그 소유 상태는 정의롭다. (→ 노직) 을: 정의의 원칙은 가상적 상황에서 합의된다. 이 원칙은 기회균등과 최소 수혜자의 최대 이익이 보장되는 한에서 사회적·경제적 불평등을 허용한다. (→ 롤스)
(나)	갑, 을 (A, B, C) <범 례> A: 갑만의 입장 B: 갑, 을의 공통 입장 C: 을만의 입장

[보 기]

ㄱ. A: 개인의 소유권은 정당한 과정을 통해 인정되어야 한다.

ㄴ. B: 개인 간의 빈부 격차는 정의로운 사회에도 존재할 수 있다.

ㄷ. C: 국가는 사적 소유에 대한 개인의 자유를 보장해야 한다.

ㄹ. C: 국가는 정책을 통해 사회적 약자의 복지를 증진해야 한다.

① ㄱ, ㄴ　② ㄱ, ㄷ　③ ㄴ, ㄷ　④ ㄴ, ㄹ　⑤ ㄷ, ㄹ

풀이

갑은 노직, 을은 롤스이다. 노직은 소유 재산의 취득 혹은 양도의 절차만 정의롭다면 개인은 그 소유물에 대해 배타적인 소유권을 지닌다고 주장한다. 롤스는 원초적 상황에서 합의한 정의의 원칙이 모두 보장된다는 전제하에만 사회적 불평등이 정당화된다고 주장한다.

ㄹ. 롤스는 최소 수혜자에게 최대 이익이 보장될 때에만 불평등이 수반되는 사적 소유가 정당해진다고 주장하며 국가의 복지 정책을 찬성하는 반면, 노직은 소유 과정이 정당한 소유물에 대해 국가가 복지를 위한 세금 등을 강요하는 것은 강제 노역과 같다고 주장한다.

17 정답 ② 문제편 p.55

원초적 입장에서 사람들은 다음과 같은 정의의 원칙에 합의할 것이다. 첫째, 개인은 기본적 자유에 있어서 평등한 권리를 가진다. 둘째, 사회적·경제적 불평등은 최소 수혜자에게 최대의 이익이 보장되고, 공정한 기회 균등의 원칙이 충족될 때 허용된다. (→ 롤스)

① 사회적 불평등은 정의 실현을 위한 필요충분조건이다.

② 정의로운 사회에서도 분배의 결과는 불평등할 수 있다.

③ 공정한 기회를 보장하면 결과의 평등을 실현할 수 있다.

④ 사회 전체의 부를 위해서 기본적 자유를 제한할 수 있다.

⑤ 평등 실현을 위해 모든 사회적 가치를 똑같이 분배해야 한다.

풀이

제시문의 사상가는 롤스이다. 롤스는 합당한 절차로 정의의 원칙을 도출해내기 위해 원초적 상황이라는 가상의 상황을 설정한다. 원초적 상황에서 도출된 정의의 원칙에는 정의의 제1원칙인 '평등한 자유의 원칙'과 정의의 제2원칙인 '차등의 원칙', '공정한 기회 균등의 원칙'이 있다.

① 롤스는 불평등이 정의로운 사회의 필요충분조건이라고 주장하지 않았다. 롤스에게 정의 실현의 필요충분조건은 정의의 원칙의 보장 여부이다.

②, ⑤ 롤스는 정의로운 사회에서도 불평등이 존재할 수 있다고 보았으며, 사회적 가치의 균등 분배를 주장하지 않았다. 그에 따르면, 정의의 원칙이 전부 보장되는 사회의 경우 그 사회의 불평등은 정당화된다.

③ 롤스에 따르면, 공정한 기회의 보장은 결과적으로 불평등이 발생하더라도 그러한 불평등에 정당성을 부여한다.

④ 롤스에 따르면, 기본적 자유는 명예, 부 등의 사회적 가치를 위해 제한될 수 없으며, 오로지 기본적 자유들이 충돌하는 상황에 더 큰 기본적 자유를 위해서만 제한될 수 있다.

18 정답 ② 문제편 p.55

정의로운 사회에서 모든 사람들은 표현의 자유, 신체의 자유 등 기본적 자유를 누릴 수 있는 평등한 권리를 가져야 한다. 그리고 사회적 지위나 직책을 얻을 수 있는 기회를 공정하게 보장받아야 한다. 단, 사회적·경제적 불평등은 가장 불리한 여건에 있는 사람들에게 최대 이익이 보장되는 경우에만 허용된다. → 롤스의 정의의 원칙

(└→ 사회적·경제적 불평등의 허용 인정)

① 기본적 자유는 모두가 평등하게 누려야 한다.

② 재화는 모든 사람에게 똑같이 분배되어야 한다.

③ 사회적 약자의 처지를 개선하는 제도가 필요하다.

④ 정의로운 사회에서도 경제적 불평등은 허용될 수 있다.

⑤ 공직자가 될 수 있는 기회는 모두에게 개방되어야 한다.

풀이

② 롤스는 최소 수혜자에게 최대의 혜택이 돌아가는 조건하에서 사회·경제적 불평등은 허용될 수 있다고 주장한다. 즉, 롤스는 모든 사람에게 재화를 똑같이 분배해야 한다고 보지 않는다.

19 정답 ④ 문제편 p.55

○○에게

자네가 정의의 원칙에 대해 물었기에 나의 생각을 말하겠네. 정의의 원칙은 누구에게도 유리하거나 불리하지 않도록 설정된 가상 상황에서 도출될 때 공정성이 보장된다네. 내가 제시하는 정의의 원칙은 다음과 같다네. 첫째, 모든 사람은 기본적 자유를 평등하게 누려야 한다. 둘째, 사회적 · 경제적 불평등은 최소 수혜자에게 최대의 이익을 보장하도록, 그리고 공정한 기회균등의 조건 아래 모든 사람에게 개방된 직책이나 직위와 결부되도록 편성되어야 한다. 이러한 정의의 원칙이 적용된다면 공정성이 확보된 정의로운 사회가 될 것이네.

(└→ 사회적·경제적 불평등 최소화)

[보기]

ㄱ. 정의로운 사회에서는 경제적 불평등이 존재하지 않는다. (존재한다.)

ㄴ. 정의의 원칙은 누구에게도 유리하거나 불리하지 않은 상황에서 선택된다.

ㄷ. 정의로운 사회 실현을 위해서는 최소 수혜자의 이익을 고려할 필요가 없다. (해야 한다.)

ㄹ. 정의의 원칙에 의하면 모든 사람의 기본적 자유는 평등하게 보장되어야 한다.

① ㄱ, ㄴ ② ㄱ, ㄷ ③ ㄴ, ㄷ ④ ㄴ, ㄹ ⑤ ㄷ, ㄹ

풀이

제시된 가상 편지를 쓴 사상가는 기본적 자유의 평등을 추구하고 사회적·경제적 불평등을 최소화할 것을 주장한다. 따라서 가상 편지를 쓴 사상가는 롤스이다.

20 정답 ③ 문제편 p.56

① 표현의 자유를 제한해야 함을 강조합니다.

② 사회적 약자를 배려해서는 안 된다는 점을 강조합니다. (해야 한다)

③ 기본적 자유를 모두가 평등하게 누려야 함을 강조합니다.

④ 재화를 모든 사람에게 똑같이 분배해야 함을 강조합니다.

⑤ 경제적 불평등은 어떤 경우에도 허용될 수 없음을 강조합니다.

풀이

제시된 정의의 원칙은 롤스의 정의의 원칙이다. 롤스는 정의의 제1원칙에서 모든 사람이 기본적 자유를 평등하게 누려야 함을 강조하고 있다.

① 롤스는 표현의 자유를 누려야 함을 강조하고 있다.

② 롤스는 사회적 약자를 배려해야 함을 강조하고 있다.

④, ⑤ 롤스는 사회적 · 경제적 불평등을 인정하고 사회적 약자에게 최대의 이익이 보장되어야 함을 강조하고 있다.

21 정답 ① 문제편 p.56

정의는 사회 제도의 제1 덕목입니다. 공정한 사회가 되려면 정의의 원칙이 필요합니다. 정의의 원칙에 따르면 우선 모든 사람은 양심의 자유나 종교의 자유와 같은 기본적 자유를 평등하게 누려야 합니다. 다음으로 사회적·경제적 불평등 속에서는 사회적 약자에게 가장 큰 이익이 돌아가야 하고, 모든 구성원은 경쟁에 참여할 공정한 기회를 균등하게 보장받아야 합니다. → 롤스

→ 사회적·경제적 불평등 허용 인정

① 사회적 약자를 배려하는 제도를 시행해야 한다.
② 소득에 따라(상관 없이) 직업에 대한 접근 기회를 제한(보장)해야 한다.
③ 특정 계층만이 사회 지도층 자리에 오를 수 있어야 한다.
④ 사회 정의 실현을 위해 빈부 격차가 모두 사라져야 한다.
⑤ 기본적 자유를 개인의 능력에 따라 차등적(평등하게)으로 보장해야 한다.

풀이

제시된 주장을 하는 학자는 롤스이다. 롤스는 자유와 평등의 조화를 추구하면서 우연에 의해 발생한 사회적·경제적 불평등을 최소화해야 한다고 주장하였다. 즉, 롤스는 천부적 재능을 타고난 사람들의 능력을 통해 그들에게 수혜된 이익이 능력을 타고나지 못한 사람들을 위해 쓰이는 사회가 정의로운 사회라고 보았다.

22 정답 ① 문제편 p.56

다원적 정의 ← 상이한 사회적 가치들은 상이한 이유에 따라, 상이한 절차를 통해, 상이한 주체에 의해 분배되어야 한다. 어떤 사회적 가치와 관련하여 한 시민이 지닌 어떠한 지위도 다른 가치와 관련된 그의 지위 때문에 침해당해서는 안 된다. 다원적 평등이 실현될 때 정의로운 사회가 된다. → 왈처

① 분배 영역별로 고유한 분배의 기준과 절차가 존재한다.
② 정의로운 사회에서는 어떠한 불평등도 존재하지 않는다.
③ 모든 사회적 가치는 동일한 주체에 의해(각자 적합한 기준에 의해) 분배되어야 한다.
④ 사회적 가치를 분배의 대상으로 삼는 것은 정의롭지 않다.
⑤ 한 영역에서 성공한 사람이 다른 영역의 가치도 소유해야 한다.
→ 어떤 가치가 다른 영역의 가치 침범(왈처는 이를 반대함)

풀이

제시문의 사상가는 왈처이다. 왈처는 각각의 다른 사회적 가치에는 다른 분배 기준이 적용되어야 하며, 어떠한 사회적 가치가 다른 사회적 가치의 분배에 영향을 미치는 것이 부정의하다는 다원적 정의를 주장한다.

③ 왈처에 따르면, 모든 사회적 가치에는 각자 적합한 분배 기준이 적용되어야 한다.

⑤ 왈처는 사회적 가치의 어떠한 영역이 다른 영역의 분배에 개입하는 것이 부정의하다고 주장한다.

23 정답 ① 문제편 p.56

사회 계층→건강 불평등 초래

주로 숲 모기에 의해 전염되는 지카 바이러스는 태아의 뇌 기능을 저하시켜 소두증을 일으킨다. 임산부와 태아의 건강을 위협하는 이 바이러스는 방충망을 살 돈이 없는 빈곤층, 하수 처리 시설이 미흡한 지역, 방역 시스템이 제대로 작동하지 않는 저소득 국가에서 주로 발생한다. 또한 이러한 건강 불평등 현상은 건강 보험 제도와 같은 사회 보장 제도가 취약한 지역에서 더 심각하게 나타난다.

→ 공간 불평등→건강 불평등 초래

[보 기]

ㄱ. 사회 계층에 따라 건강 불평등이 나타날 수 있다.
ㄴ. 공간 불평등은 건강 불평등을 초래하는 요인이 된다.
ㄷ. 선진국에서는 건강 불평등 문제가 나타나지 않는다.
ㄹ. 건강 불평등 문제는 개인의 의식 개혁만으로 해결 가능하다.

① ㄱ, ㄴ ② ㄱ, ㄷ ③ ㄴ, ㄷ ④ ㄴ, ㄹ ⑤ ㄷ, ㄹ

풀이

제시문은 사회 계층에 따라 공간 불평등이 발생하고, 이러한 공간 불평등이 건강 불평등까지 초래할 수 있음을 지적하고 있다.

ㄷ. 선진국에서 건강 불평등 문제가 나타나지 않는다고 단정할 수 없다.

ㄹ. 건강 불평등 문제는 개인의 의식 개혁만으로는 해결이 불가능하다.

24 정답 ① 문제편 p.57

① 공간 불평등 해소를 위한 정부의 노력
② 저출산·고령화 문제 해결을 위한 정책
③ 다문화 사회의 갈등 해소를 위한 개인적 노력
④ 시장 경제 질서의 효율성 향상을 위한 기업의 노력
⑤ 과시 소비로 인한 계층 간 위화감 해소를 위한 정책

풀이

제시문은 정부의 성장 중심 개발로 인해 발생한 수도권과 비수도권 간 공간 불평등을 해결하기 위해 다양한 정책을 추진하고 있음을 설명하고 있다. 공간 불평등은 지역을 기준으로 사회적 자원이 불균등하게 분배되는 현상으로, 성장 위주의 경제 개발 정책 추진으로 인해 지역 간 격차가 심화되면서 발생한다.

① 혁신 도시는 수도권에 집중되어 있는 공공 기관을 지방으로 이전하는 것을 의미한다. 혁신 도시를 지정하는 것은 많은 기능이 집중된 수도권과 낙후된 지방과의 공간적 불평등을 해소하기 위한 정부의 정책이다.

② 저출산과 고령화 해결을 위한 정책으로는 양육 시설 확충, 노인 복지 제도 정비 등을 들 수 있다.

③ 다문화 사회의 갈등 해결을 위한 개인적 노력으로는 문화 상대주의 태도 함양 등을 들 수 있다.

25 정답 ⑤ 문제편 p.57

풀이

제시문은 수도권과 비수도권 간의 불균형을 해결하기 위해 수도권 인구의 분산과 비수도권의 경제 활성화 및 생활 환경 개선에 힘써야 함을 주장하고 있다. 즉, 제시문은 수도권과 비수도권 간의 공간 불평등 현상을 완화해야 함을 주장하고 있다.

26 정답 ⑤ 문제편 p.57

[보기]

ㄱ. ㉠은 투자의 효율성보다 지역 간 형평성을 강조한다.
ㄴ. ㉡은 국토의 공간적 불평등이 심화하였음을 의미한다.
ㄷ. ㉢은 사회 통합을 저해하는 요인으로 작용할 수 있다.
ㄹ. ㉣의 사례로 '수도권 소재 공공 기관의 지방 이전'을 들 수 있다.
↳ 지역 격차를 완화시키는 정책

① ㄱ, ㄷ ② ㄱ, ㄹ ③ ㄴ, ㄹ
④ ㄱ, ㄴ, ㄷ ⑤ ㄴ, ㄷ, ㄹ

풀이

1970년대에 시행된 성장 거점 개발은 단기간에 빠르게 경제가 성장할 수 있는 원동력이 되었지만, 지역 격차 심화라는 문제점을 낳게 되었다.

ㄱ. 성장 거점 개발은 경제적 효율성을 극대화하기 위해 기반 시설이 갖추어진 대도시에 집중적으로 투자하는 개발 방식이다. 지역 간 형평성을 고려하여 낙후 지역에 투자하는 개발 방식은 균형 개발이다.
ㄴ. 성장 거점 개발로 인한 지역 간 격차의 심화는 국토의 공간적 불평등 심화를 의미한다.
ㄷ. 수도권과 비수도권 간의 격차는 사회 전반의 불평등으로 이어져 사회 통합을 저해하는 요인으로 작용할 수 있다.
ㄹ. 수도권 소재 공공 기관의 지방 이전은 수도권에 집중되어 있는 공공 기관을 지방으로 분산하는 것으로, 이는 지역 격차를 완화시키는 정책에 해당한다.

27 정답 ④ 문제편 p.57

[보기]

ㄱ. ㉠: 도시와 촌락 간의 경제적 수준 차이를 포함한다.
ㄴ. ㉡: 국토 개발의 효율성보다는 형평성을 추구한 전략이다.
ㄷ. ㉢: '공공기관 지방 이전'을 예로 들 수 있다.
ㄹ. ㉣: '지역의 특성을 살릴 수 있는 지역 브랜드 개발'을 예로 들 수 있다.

① ㄱ, ㄴ ② ㄱ, ㄹ ③ ㄴ, ㄷ
④ ㄱ, ㄷ, ㄹ ⑤ ㄴ, ㄷ, ㄹ

풀이

학생의 필기 내용에는 정부의 효율성 추구를 위한 전략이 각 지역마다 발전의 격차를 유발하여 조화로운 발전을 저해하는 공간 불평등 현상과 이에 대한 해결 방안이 제시되어 있다.

ㄱ. 공간 불평등은 지역을 기준으로 사회적 자원이 불균등하게 분배되는 현상으로, 도시와 농촌 간의 경제적 격차를 포함한다.
ㄴ. 성장 중심 개발 전략은 국토 개발의 효율성을 추구한 전략이다.
ㄷ. 수도권에 집중되어 있는 공공 기관을 지방으로 분산하는 것은 공간 불평등을 완화하려는 정책에 해당한다.
ㄹ. 지역의 특성을 살릴 수 있는 지역 브랜드를 개발하고 구축하는 것은 지역 경쟁력을 강화하여 공간 불평등을 완화하려는 방안에 해당한다.

28 정답 ④ 문제편 p.58

① 비금전적 지원 방식을 원칙으로 한다.
② 복지 혜택을 받는 사람이 비용을 부담하는 제도이다.
③ 자녀와의 동거 여부가 지원 대상자 선정의 기준이 된다.
④ 지원이 필요하지만 복지 혜택을 받지 못하는 사람이 줄어들 것이다.
⑤ 지방 자치 단체 간에 복지 혜택을 받는 대상자 범위의 격차가 줄어들 것이다.

풀이

새로운 복지 제도는 기초 생활 보장 기준을 완화한 복지 제도로, 복지 제도의 사각 지대에 있었던 사람들에게 혜택을 주는 제도이다. 이는 공공 부조에 해당한다.

① 공공 부조는 금전적 지원을 원칙으로 한다.
② 공공 부조는 국가와 지방 자치 단체가 비용을 전액 부담한다.
③ 자녀와의 동거 여부는 새로운 복지 제도의 지원 대상자 선정 기준이 아니다.
⑤ 새로운 제도는 전국의 지방 자치 단체 중에서 유일하게 시행된 것이므로 지방 자치 단체 간 복지 혜택을 받는 대상자 범위의 격차가 줄어든다고 볼 수 없다.

29 정답 ② 문제편 p.58

[보기]

ㄱ. 소득 재분배 효과가 있다.
ㄴ. 복지 비용을 복지 수혜자가 부담한다.
하지 않는다
ㄷ. 사회적 차원에서 인간다운 삶을 보장하기 위한 제도이다.
ㄹ. 보험 방식을 통해 개인과 국가가 공동으로 사회적 위험을 대비하는 제도이다.
↳ 사회 보험

① ㄱ, ㄴ ② ㄱ, ㄷ ③ ㄴ, ㄷ ④ ㄴ, ㄹ ⑤ ㄷ, ㄹ

풀이

밑줄 친 '이 제도'는 기초 연금 제도로, 이는 공공 부조에 해당한다. 공공 부조는 생활 능력이 없는 국민들의 최저 생활을 보장하고 자립을 지원하는 제도로, 사회 보장 제도 중 소득 재분배 효과가 가장 크다.

ㄴ. 공공 부조는 국가와 지방 자치 단체가 복지 비용을 전액 부담한다.

ㄹ. 사회 보험에 대한 설명이다.

30 정답 ③ 문제편 p.58

풀이

여성 공학 인재 양성 사업에 대해 갑은 역차별이라고 주장하고 있고, 을은 사회적 약자에 대한 배려라고 주장하고 있다.

ㄱ. 사회적 약자에 대한 적극적 우대 조치가 필요함을 강조하고 있는 사람은 을이다.

ㄹ. 을은 실질적 평등을 중시할 것이다.

31 정답 ③ 문제편 p.58

① 역차별을 줄이기 위한 조치이다. (유발할 수 있는)

② 형식적 평등을 실현하기 위한 제도이다. (실질적)

③ 사회적 약자를 배려하는 적극적인 우대 조치이다.

④ 정책의 방법과 수준을 수혜 대상자가 자유롭게 정한다.

⑤ 소외된 지역의 열악한 생활 여건을 개선할 목적으로 추진된다.
→ 농어촌 학생 특별 전형에만 해당

풀이

농어촌 학생 특별 전형과 장애인 의무 고용제는 모두 사회적 약자를 우대함으로써 실질적인 기회의 평등을 보장하려는 적극적 우대 조치에 해당한다.

① 적극적 우대 조치는 사회적 약자를 특별히 배려하여 우선적으로 기회를 부여한다는 점에서 역차별의 소지가 있다.

② 적극적 우대 조치는 실질적 평등을 실현하기 위한 제도이다.

④ 적극적 우대 조치의 수혜 대상자가 정책의 방법과 수준을 자유롭게 정하는 것은 아니다.

⑤ 농어촌 학생 특별 전형에만 해당하는 설명이다.

32 정답 ① 문제편 p.59

[보 기]

ㄱ. 갑은 여성 고용 할당제가 실질적 평등에 기여한다고 본다.

ㄴ. 을은 역차별 문제를 제기하고 있다.

ㄷ. 을은 여성이 사회적 약자임을 전제로 한 적극적 우대 조치에 찬성한다. (갑)

ㄹ. 갑에 비해 을은 결과의 평등을 더 중요시한다.

① ㄱ, ㄴ ② ㄱ, ㄷ ③ ㄴ, ㄷ ④ ㄴ, ㄹ ⑤ ㄷ, ㄹ

풀이

여성 고용 할당제 도입에 대해 갑은 사회적 약자에 대한 실질적 평등에 기여한다고 보는 반면, 을은 남성에 대한 역차별을 가져올 수 있다고 보고 있다.

ㄷ. 여성 고용 할당제 도입을 찬성하는 사람은 갑이다.

ㄹ. 을이 결과의 평등을 중시하고 있다고 볼 수 없다.

33 정답 ③ 문제편 p.59

서술형 평가

◎ **문 제**: 갑, 을의 입장을 비교하여 서술하시오.

갑: 공정한 사회는 차별로 고통받은 이에게 실질적인 기회를 제공한다. 적극적 우대 조치는 차별로 인한 고통을 보상할 수 있으며, 사회 내의 다양성 증진에 기여할 수 있다. → 적극적 우대 조치 찬성

을: 공정한 사회는 모든 이에게 동등한 기회를 제공한다. 적극적 우대 조치는 특혜를 받지 못하는 일반인을 역차별할 수 있으며, 개인의 능력이나 노력의 결과를 무시할 수 있다. → 적극적 우대 조치 반대

◎ **학생 답안**

갑, 을의 입장을 비교해 보면, 갑은 적극적 우대 조치를 실시하면 ㉠차별받은 사람의 고통을 보상할 수 있다고 보며, ㉡사회적 약자에게 실질적인 기회를 줄 수 있다고 본다. 이에 비해 을은 적극적 우대 조치를 실시하면 ㉢개인의 업적을 지나치게 강조하여 불평등을 심화시킬 수 있다고 보며, ㉣우대를 받지 못하는 개인의 기회가 박탈될 수 있다고 본다. 한편 갑, 을은 모두 ㉤공정한 사회의 실현이 필요하다고 본다.

① ㉠ ② ㉡ ③ ㉢ ④ ㉣ ⑤ ㉤

풀이

갑은 부당한 대우를 받는 사회적 약자를 위한 적극적 우대 정책을 찬성하는 입장이며, 을은 역차별 발생 우려 등을 이유로 이를 반대하는 입장이다.

③ 개인의 업적을 지나치게 강조하여 불평등이 심화되는 경우는 적극적 우대 정책을 실시하지 않았을 때 발생할 수 있는 문제점이다.

34 정답 ④ 문제편 p.59

① A시는 형식적 평등을 추구하고자 하였다. (실질적)

② 비장애인들은 A시의 정책 의도대로 행동하였다. (하지 않았다)

③ A시의 정책은 장애인들에 대한 역차별 논란을 일으킬 수 있다. (비)

④ 장애인을 배려하려는 A시 정책은 목표대로 실현되지 않았다.

⑤ 비장애인들의 행위와 무관하게 결과적으로 실질적 평등이 실현되었다. (되지 않았다)

풀이

① A시는 장애인 전용 주차 구역을 지정함으로써 실질적 평등을 추구하고자 하였다.
② 비장애인들은 A시의 정책 의도대로 행동하지 않았다.
③ A시의 정책은 비장애인들에 대한 역차별 논란을 일으킬 수 있다.
④ A시의 정책은 장애인을 배려하는 정책이었으나, 비장애인들이 정책의 의도대로 행동하지 않아 실현되지 않았다.
⑤ 비장애인들의 행위로 인해 실질적 평등이 실현되지 않았다.

35 정답 ② 문제편 p.59

[보 기]

ㄱ. 갑: 적극적 우대 조치는 사회 불평등을 완화하기 위한 것이다.
ㄴ. 을: 적극적 우대 조치는 능력에 따른 분배를 실현하는 것이다.
ㄷ. 을: 적극적 우대 조치가 시행되면 역차별이 발생할 수 있다.
ㄹ. 갑, 을: 적극적 우대 조치는 사회 통합을 어렵게 만들 수 있다.

→ 적극적 우대 조치는 사회 통합에 기여함

① ㄱ, ㄴ ② ㄱ, ㄷ ③ ㄴ, ㄷ ④ ㄴ, ㄹ ⑤ ㄷ, ㄹ

풀이

갑은 사회적 약자의 차별에 대한 보상이 필요하다고 보며 적극적 우대 조치를 찬성하는 입장이고, 을은 우대 조치의 대상에서 제외되는 개인들에 대한 역차별 발생을 우려하며 적극적 우대 조치를 반대하는 입장이다.
ㄴ. 갑, 을 모두와 연관 없는 설명이다. 한편, 갑은 적극적 우대 조치를 능력과 업적만을 고려하여 분배된 사회적 가치를 실질적 평등을 위해 재분배하는 정책이라고 본다.
ㄹ. 갑은 적극적 우대 조치가 사회 통합에 기여한다고 주장한다.

36 정답 ④ 문제편 p.60

[보 기]

ㄱ. (가)는 사회적 약자 보호의 취지를 담고 있다.
ㄴ. (나)는 실질적 평등의 실현을 추구한다.
ㄷ. (나)는 적극적 우대 조치 시행의 근거가 된다.
ㄹ. (가), (나) 모두 역차별을 해소하는 데 기여한다.

① ㄱ, ㄷ ② ㄱ, ㄹ ③ ㄴ, ㄹ
④ ㄱ, ㄴ, ㄷ ⑤ ㄴ, ㄷ, ㄹ

풀이

기초 연금법과 고령자 고용법은 모두 사회적 약자인 노인을 보호하기 위해 마련된 법률로, 적극적 우대 조치와 관련 있다.
ㄹ. 기초 연금법과 고령자 고용법은 모두 역차별 문제를 발생시킬 여지가 있다.

37 정답 ⑤ 문제편 p.60

① 성별에 따른 차별이 장애에 따른 차별보다 강하다. → 알 수 없음
② 사회적 소수자를 규정하는 기준은 절대적이며 변하지 않는다. 상대적이다
③ 장애인과 여성에 대한 사회적 차별은 개인적 능력 차이에서 기인한다. 하지 않는다
④ 사회적 소수자 우대 정책으로 인한 역차별 문제도 함께 해소해야 한다. → 알 수 없음
⑤ 사회적 소수자에 대한 차별을 해소하기 위해서는 법과 제도의 시행뿐만 아니라 의식 개선도 이루어져야 한다.

풀이

장애인 의무 고용 제도와 남녀 고용 평등법은 사회적 소수자 우대 정책으로, 이는 사회적 약자를 우대함으로써 실질적인 기회의 평등을 보장하는 정책이다.
⑤ (가)와 (나)에서는 장애인과 여성에 대한 차별을 해소하기 위한 법과 제도의 시행에도 불구하고 장애인과 여성에 대한 사회적 인식이 크게 바뀌지 않고 있는 모습이 나타나 있다. 이를 통해 사회적 소수자에 대한 차별을 해소하기 위해서는 제도적 개선뿐만 아니라 의식 개선도 함께 이루어져야 함을 알 수 있다.

38 정답 ② 문제편 p.60

[보 기]

ㄱ. 역차별을 유발한다는 논쟁이 발생할 수 있다.
ㄴ. 모든 사회 구성원에 대한 절대적 평등을 추구한다.
ㄷ. 사회적 약자에 대한 적극적 우대 조치를 강조한다.
ㄹ. 수적으로 소수인 집단 구성원 모두에게 특혜를 부여한다. 사회적 약자

① ㄱ, ㄴ ② ㄱ, ㄷ ③ ㄴ, ㄷ ④ ㄴ, ㄹ ⑤ ㄷ, ㄹ

풀이

어퍼머티브 액션은 소수자 우대 조치로, 이는 적극적 우대 조치에 해당한다.
ㄴ. 적극적 우대 조치는 사회적 약자를 우대함으로써 실질적인 기회의 평등을 보장하는 정책이다.
ㄹ. 적극적 우대 조치는 수적으로 소수인 집단 구성원이 아닌 사회적 약자를 대상으로 한다.

39 정답 ③ 문제편 p.60

우리 헌법은 "국가는 사회 보장·사회 복지 증진에 노력할 의무를 진다."라고 규정하고 있다. 이를 통해 우리나라는 인간다운 생활의 보장을 국가에 요구할 수 있는 권리인 (가) 를 보장하고자 사회 복지 제도를 운영하고 있다. 그중 A는 일정 수준의 소득이 있는 개인, 기업, 정부가 비용을 분담하여 구성원에게 발생하는 사회적 위험에 대비하는 제도이다. 또한 B는 국가의 책임하에 생활 유지 능력이 없거나 어려운 국민의 최저 생활을 보장하고 자립을 지원하는 제도이다.

(→ 사회권, → 사회 보험, 공공 부조 ←)

① (가)는 소극적이고 방어적인 성격의 권리이다.
② A는 사전 예방보다 사후 처방 성격이 강하다.
③ B의 사례로 국민 기초 생활 보장 제도를 들 수 있다.
④ A에 비해 B는 소득 재분배 효과가 작다.
⑤ A, B는 모두 비금전적 지원을 원칙으로 한다.

풀이

인간다운 생활의 보장을 국가에 요구할 수 있는 권리는 사회권이다. 따라서 (가)는 사회권이다. 우리나라의 사회 보장 제도 중 일정 수준의 소득이 있는 개인, 기업, 정부가 비용을 분담하여 구성원에게 발생하는 사회적 위험에 대비하는 제도는 사회 보험이고, 국가의 책임하에 생활 유지 능력이 없거나 어려운 국민의 최저 생활을 보장하고 자립을 지원하는 제도는 공공 부조이다. 따라서 A는 사회 보험, B는 공공 부조이다.
① 소극적이고 방어적인 성격의 권리는 자유권이다.
② 사회 보험은 사전 예방 성격이 강하고, 공공 부조는 사후 처방 성격이 강하다.
③ 국민 기초 생활 보장 제도는 공공 부조의 사례에 해당한다.
④ 공공 부조는 사회 보험에 비해 소득 재분배 효과가 크다.
⑤ 사회 보험과 공공 부조는 모두 금전적 지원을 원칙으로 한다. 비금전적 지원을 원칙으로 하는 제도는 사회 서비스이다.

40 정답 ③ 문제편 p.61

오늘날 우리 사회에는 다양한 불평등 현상이 나타나고 있다. 정의 실현을 가로막는 사회 불평등의 대표적 사례로는 ㉠ 사회 계층의 양극화와 ㉡ 사회적 약자에 대한 차별이 있고, 지역 간 경제적·사회적·문화적으로 격차가 발생하는 ㉢ 공간 불평등이 있다.

진술 \ 학생	갑	을	병	정	무
㉠은 중위층의 비율이 증가하고 상위층과 하위층의 비율이 감소하는 현상이다.	✔	✔			
㉡의 사례로는 이주 노동자에 대한 임금 체불 문제가 있다.		✔	✔	✔	
㉢의 원인으로 지역 개발의 형평성보다 효율성을 강조한 성장 거점 개발 정책의 추진이 있다.		✔	✔		✔
㉡은 적극적 평등의 실현, ㉢은 수도권으로의 공공 기관 이전을 통해 해소할 수 있다.	✔			✔	✔

① 갑 ② 을 ③ 병 ④ 정 ⑤ 무

풀이

사회 계층의 양극화(㉠)는 사회 계층 중 중위층의 비중이 줄어들고 상위층과 하위층의 비중이 상대적으로 늘어나며 양극단으로 쏠리는 현상을 말한다. 사회적 약자는 신체적·정치적·사회적·경제적·문화적으로 소외되고 차별받아 인간다운 삶을 영위하는 데 어려움을 겪는 사람들을 말한다. 공간 불평등(㉢)은 사회적 자원이 불평등하게 분배되어 지역 간에 사회적·경제적·문화적으로 격차가 발생하는 현상을 말한다.
③ 사회 계층의 양극화(㉠)는 중위층의 비율이 감소하고 상위층과 하위층의 비율이 증가하는 현상이다. 사회적 약자인 이주 노동자에 대한 임금 체불 문제는 사회적 약자에 대한 차별(㉡) 사례에 해당한다. 공간 불평등(㉢)의 주요 원인에는 성장 거점 개발 정책의 추진을 들 수 있다. 사회적 약자에 대한 차별(㉡)은 적극적 평등을 실현함으로써 해소할 수 있고, 공간 불평등(㉢)은 비수도권으로의 공공 기관 이전을 통해 해소할 수 있다.

41 정답 ④ 문제편 p.61

갑: 정의로운 사회에서 사회적·경제적 불평등은 다음 조건을 충족하는 경우에 허용될 수 있다. 최소 수혜자에게 최대의 이익을 보장하고, 모든 사람에게 직책이나 직위에 오를 기회가 균등하게 주어져야 한다.
을: 정의로운 사회에서는 개인의 자유와 소유권을 최우선적인 가치로 여겨야 한다. 어떤 소유물의 취득과 이전의 과정이 부당하다면 국가가 교정해야 하지만, 정당하다면 그 소유물에 대한 소유 권리를 보장해야 한다.

① 갑: 최소 수혜자의 이익을 위해 기본적 자유는 제한될 수 있다.
② 갑: 타고난 재능에 따라 기회가 차등적으로 분배되어야 한다.
③ 을: 사유 재산권은 공공의 복지 정책을 위해 제한되어야 한다.
④ 을: 개인의 소유권 보호를 위한 국가의 개입은 정당화될 수 있다.
⑤ 갑과 을: 정의로운 사회에서는 모든 사회적·경제적 불평등이 사라져야 한다.

풀이

갑은 롤스, 을은 노직이다. 롤스는 정의로운 사회에서도 정당화될 수 있는 불평등이 존재한다고 본다. 노직에 따르면 취득과 이전에 있어서의 정의를 충족하면 소유 권리가 발생하며, 해당 권리는 불가침의 대상이라고 본다.
① 롤스에 따르면 정의 원칙 간에서는 서열이 있으며, 제1원칙은 차등의 원칙보다 우선한다. 따라서 롤스는 최소 수혜자의 이익을 위해 기본적 자유는 제한될 수 없다고 본다.
② 롤스는 타고난 재능에 따라 기회가 차등적으로 분배되는 것은 정의롭지 않다고 본다.
③ 노직에 따르면 사유 재산권은 부정의의 교정을 위해서만 제한될 수 있다. 따라서 노직은 공익을 목적으로 사유 재산권을 제한하는 것은 부당하다고 본다.
④ 노직에 따르면 부정의 교정을 위해 국가가 분배 상태에 개입하는 것은 개인의 소유권 보호를 위한 것이므로 정당화될 수 있다고 본다.
⑤ 롤스는 정의의 원칙들을 충족했다면 정의로운 사회에서도 불평등이 존재한다고 보며, 노직은 각자 정당한 소유 권리가 부여된 상태라면 불평등이 존재해도 된다고 본다. 따라서 롤스와 노직은 모두 정의로운 사회에서 모든 사회적·경제적 불평등이 사라져야 한다고 보지 않는다.

심화 문제 풀기

1 정답 ① 문제편 p.62

서로 동등한 사람들이 동등하지 않은 몫을, 혹은 서로 동등하지 않은 사람들이 동등한 몫을 분배받게 되면, 바로 거기서 싸움과 불평이 생겨난다. 왜냐하면 정의로운 분배는 각자의 가치에 따라 이루어져야 하기 때문이다.

① 각자가 지니게 된 가치에 따라 마땅한 몫을 분배해야 하는가?
② 업적과 무관하게 누구에게나 동일한 재화를 분배해야 하는가?
③ 분배 정의를 실현하기 위해서 사적 소유를 철폐해야 하는가?
④ 필요를 공정한 분배를 위한 유일한 기준으로 삼아야 하는가?
⑤ 사회적 약자에게 언제나 더 많은 재화를 분배해야 하는가?

풀이

제시문의 사상가는 아리스토텔레스이다. 아리스토텔레스는 개인이 공동체에 공헌한 정도에 따라 가치를 판단하고 이를 기준으로 분배가 이루어지는 것이 정의로운 분배라고 주장한다.

② 아리스토텔레스는 업적이 다른 두 개인이 동일한 재화를 분배받는 것을 비판하였다.
③ 아리스토텔레스는 사적 소유 철폐를 주장하지 않았다.
④ 아리스토텔레스는 필요가 아닌, 공동체 내에서의 개인의 가치를 분배 기준으로 삼는다.
⑤ 아리스토텔레스는 약자에게 언제나 더 많은 재화를 분배해야 한다고 주장하지 않았다.

2 정답 ④ 문제편 p.62

① 타고난 능력의 우열이 지나치게 중시될 수 있다.
② 사회 구성원들 간의 경제적 격차가 커질 수 있다.
③ 경쟁을 과열시켜 비인간적인 사회를 만들 수 있다.
④ 열심히 일하려는 사람의 노동 의욕이 저하될 수 있다.
⑤ 사회적·경제적 약자에 대한 배려가 부족해질 수 있다.

풀이

제시문의 필자는 업적, 능력을 기준으로 사회적 가치를 분배해야 한다고 주장한다. 반면, 제시문의 어떤 사람들은 사회 구성원들의 필요를 사회적 가치 분배의 기준으로 본다.

④ 필요를 기준으로 하는 분배는 개인들로 하여금 능력, 업적 등을 향상시키고자 하는 의욕이 저하될 수 있다. 따라서 필요를 기준으로 하는 분배는 개인들의 노동 의욕 감소와 국가 생산력의 저해를 유발한다.

3 정답 ⑤ 문제편 p.62

서술형 평가

• 문제: (가), (나)의 입장을 비교하여 서술하시오.

(가) 개인은 독립적이고 자율적인 존재이며, 개인이 사회보다 우선한다. 개인의 자유로운 이익 추구가 사회 전체의 이익 증대로 이어질 수 있다.

(나) 공동체는 개인 존재의 출발점이며, 개인은 공동체 속에서 자신의 역할과 삶의 목적을 찾을 수 있다. 공동체가 발전함으로써 개인은 행복한 삶을 영위할 수 있다.

• 학생 답안

(가)는 ㉠사회가 개인의 자유를 보호하기 위해 존재한다고 보며, ㉡개인선의 실현이 사회 발전으로 이어질 수 있다고 본다. 이에 비해 (나)는 ㉢공동체가 개인이 자아 정체성을 형성하는 데 중요한 기반이 된다고 보며, ㉣공동선의 실현이 구성원 각자의 개인선으로 이어질 수 있다고 본다. 한편 (가)는 (나)와 달리 ㉤개인을 공동체의 발전을 위한 하나의 수단이라고 본다.

① ㉠ ② ㉡ ③ ㉢ ④ ㉣  ⑤ ㉤

풀이

(가)의 입장은 자유주의, (나)의 입장은 공동체주의이다. 자유주의는 개인선의 추구를 공동선의 추구보다 우선으로 보며 공동체는 개인의 자유 실현을 위한 수단이라고 주장한다. 반면, 공동체주의는 개인의 삶은 공동체의 맥락과 밀접하게 연관되어 있으며, 개인들은 공동체 속에서 서로 유대감을 갖고 공동선을 추구해야 한다고 주장한다.

② 자유주의는 개인들의 자유와 권리가 보장되었을 때 사회 발전이 가능하다고 본다.
③ 공동체주의는 개인이 공동체의 문화와 역사 내에서 연고적인 자아를 형성하고 공동체의 가치를 내면화하며 소속감을 지닐 수 있다고 본다.
④ 공동체주의는 개인의 좋은 삶에 공동체와 밀접한 연관이 있다고 본다.
⑤ 개인을 공동체의 발전을 위한 수단으로 보는 것은 공동체주의이다. 공동체주의가 지나치게 강조될 경우 집단을 위해 개인의 희생을 강요하는 집단주의로 흐를 가능성이 있다.

4 정답 ② 문제편 p.62

① 갑: 정의의 원칙은 복지를 위한 재분배 정책과 대립된다.
② 갑: 정의의 원칙은 가상적 상황에서의 합의를 통해 도출된다.
③ 을: 사회적 가치들은 단일한 기준에 의해 분배되어야 한다.
④ 을: 사회적 가치들은 사회적 맥락과 무관하게 규정되어야 한다.
⑤ 갑, 을: 정의의 원칙이 실현되면 경제적 불평등은 사라진다.

풀이

갑은 자유주의적 정의관을 주장한 롤스, 을은 공동체주의적 정의관을 주장한 왈처이다. 롤스는 합리적인 개인들이 무지의 베일에 가려져 자신들의 사회적 지위나 천부적 재능 등을 알지 못하는 원초적 상황을 가정한다. 그는 이러한 조건 내에서 합당한 정의의 원칙이 도출되며 정의의 원칙이 보장될 때 사회적 · 경제적 불평등은 정당화될 수 있다고 주장한다. 한편, 왈처는 부, 명예 등 각각의 사회적 가치가 공동체 내의 문화적 차이를 고려하여 각기 다른 기준으로 분배되어야 한다는 다원주의 정의관을 주장한다.

① 롤스의 정의의 제2원칙 중 최소 수혜자에게 최대 이익을 보장해야 한다는 내용의 차등의 원칙은 복지 실현을 위한 재분배 정책에 부합한다.

④ 왈처는 공동체주의적 정의관을 바탕으로 사회적 가치를 분배하고자 한다.

⑤ 롤스와 왈처는 정의의 원칙의 실현이 경제적 불평등을 해소하는 것이 아닌 정당화하는 것이라고 주장한다.

5 정답 ④ 문제편 p.63

(가)	갑: 개인은 **평등한 기본적 자유**를 최대한 누려야 하며, **사회적·경제적 불평등은 최소 수혜자에게 최대 이익이 되도록** 편성될 때 정당화된다. → 롤스 (→ 정의의 제1원칙: 평등한 자유의 원칙 / → 정의의 제2원칙 中 차등의 원칙) 을: 개인은 **정당한 취득과 양도 과정**을 거쳐 획득한 소유물에 대한 배타적 권리를 가져야 한다. 최소 국가만이 이러한 **소유 권리**를 보장한다. → 노직
(나)	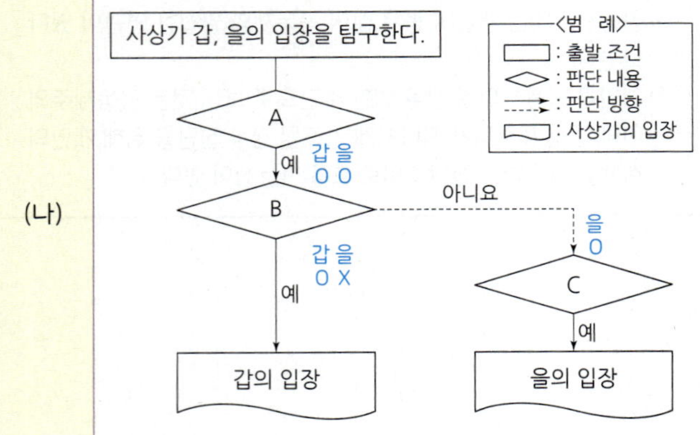

[보 기]

ㄱ. A: 공정한 절차를 통해 재화가 분배되어야 하는가? (→ 절차적 정의) 갑 O 을 O

ㄴ. B: 정의로운 사회에 경제적 불평등이 존재할 수 있는가? (A) O O

ㄷ. B: 사회적 약자를 위한 재분배 정책은 정당화될 수 있는가? O X

ㄹ. C: 국가는 개인의 자유와 재산 보호에 주력해야 하는가? O

① ㄱ, ㄴ ② ㄱ, ㄷ ③ ㄴ, ㄹ ④ ㄱ, ㄷ, ㄹ ⑤ ㄴ, ㄷ, ㄹ

풀이

갑은 롤스, 을은 노직이다. 롤스는 절차의 정당성을 위해 정의의 원칙이 도출 가능한 원초적 상황을 가정하여 정의의 제1원칙인 '평등한 자유의 원칙'과 정의의 제2원칙인 '차등의 원칙'과 '공정한 기회 균등의 원칙'을 도출하였다. 한편, 노직은 자유 지상주의자로서 개인은 정당한 취득 혹은 양도의 과정을 거쳐 갖게 된 소유물에 대해 배타적인 소유권을 지녀야 한다고 주장한다.

ㄱ. 롤스와 노직은 모두 재화의 분배에 있어서 절차가 정당하다면 결과가 정당하다는 절차적 정의를 주장한다.

ㄴ. 롤스와 노직은 모두 정의로운 사회 내에 경제적 불평등이 존재할 수 있다고 본다.

ㄷ. 노직은 약자를 위한 재분배를 위한 정부의 세금 정책 등을 강제 노역에 비유하며 비판한다.

ㄹ. 노직은 절도 등의 범죄나 사기 등으로부터 개인과 개인의 재산을 보호하는 것만을 수행하는 최소 국가를 이상적인 국가라고 주장한다.

6 정답 ⑤ 문제편 p.63

(나)

				(A)정	직	
	(B)민	주	주	의		

[가로 열쇠]

(A): 마음에 거짓이나 꾸밈이 없이 바르고 곧은 특성. ○○성 → 정직

(B): 국가의 주권이 국민에게 있고 국민을 위하여 정치를 행하는 사회사상. → 민주주의

[세로 열쇠]

(A): …… 개념 → 정의

[보 기]

ㄱ. 능력과 관계없이 재화가 균등하게 분배된다.

ㄴ. 재화의 분배가 전적으로 개인의 자유에 위임된다.

ㄷ. **우대받을 수 있는 직책이나 지위가 모든 사람에게 개방된다.** (→ 기회 균등의 원칙)

ㄹ. **기본적 자유의 보장이 최소 수혜자에 대한 배려보다 우선된다.** (→ 정의의 제1원칙은 제2원칙에 우선함)

① ㄱ, ㄴ ② ㄱ, ㄷ ③ ㄴ, ㄷ ④ ㄴ, ㄹ ⑤ ㄷ, ㄹ

풀이

(가)를 주장한 사상가는 롤스이다. (나)에서 가로 열쇠 (A)는 정직, (B)는 민주주의이다. 따라서 세로 열쇠 (A)는 정의가 된다. 롤스는 자유주의적 전통을 존중하면서도 사회적 · 경제적 불평등을 최소화하려는 평등주의적 자유주의의 입장을 취하며 자유와 평등의 조화를 추구하였다.

ㄱ. 롤스는 재화의 균등 분배를 말하지 않는다.

ㄴ. 롤스는 국가가 사회적 약자를 위한 부의 분배 과정에 개입할 수 있다고 본다.

7 정답 ④ 문제편 p.64

(가)	갑: 각자의 삶의 방식은 스스로 선택해야 한다. 타인에게 피해를 주지 않는 한 개인의 자유와 권리는 최대한 보장되어야 하며, 공동체는 개인에게 특정한 가치를 강요하는 등 그들의 삶에 간섭하지 않아야 한다. → 자유주의적 정의관 을: 각자의 삶의 방식은 소속된 공동체의 역사와 전통을 공유하는 가운데 형성되는 것이다. 공동체는 개인에게 공동선을 지향하는 가치와 미덕을 적극 권장할 수 있으며, 개인은 공동체의 책무를 물려받게 된다. → 공동체주의적 정의관
(나)	갑 ⇄ 을 (갑 → 을: A, 을 → 갑: B) 갑: 자유주의적 정의관 / 을: 공동체주의적 정의관 <범 례> ⟶ : 비판의 방향, A, B : 비판의 내용 <예 시> ㉮ —A→ ㉯ A는 갑이 을에게 제기할 수 있는 비판임.

① A: 공동체가 개인의 삶의 방식을 규제해야 함을 간과한다. (B)
② A: 개인의 자유는 어떤 경우에도 제한될 수 없음을 간과한다.
③ A: 개인은 공동체가 권장하는 미덕을 함양해야 함을 간과한다. (B)
④ B: 공동체는 개인의 정체성 형성의 중요한 토대가 됨을 간과한다.
⑤ B: 공동체는 개인의 권리를 보장하는 수단에 불과함을 간과한다. (A)

풀이

갑은 개인의 자유가 무엇보다 소중하며 개인의 독립성과 자율성을 중시하고 있으므로 이는 자유주의적 정의관에 해당한다. 을은 공동체의 가치를 중시하고 개인의 삶은 공동체 속에서 형성됨을 강조하고 있으므로 이는 공동체주의적 정의관에 해당한다.

①, ③ 공동체주의적 정의관에서는 공동체가 개인의 삶의 방식을 규제하고, 개인은 공동체가 권장하는 미덕을 함양해야 한다고 본다. 따라서 해당 내용은 을이 갑에게 제기할 수 있는 비판에 해당한다.
② 자유주의적 정의관에서는 타인에게 피해를 주지 않는 경우에 개인의 자유가 제한될 수 없다고 본다.
④ 공동체주의적 정의관에서는 공동체가 개인의 정체성 형성에 중요한 토대가 됨을 강조한다. 따라서 해당 내용은 을이 갑에게 제기할 수 있는 비판에 해당한다.
⑤ 자유주의적 정의관에서는 공동체가 개인의 권리를 보장하는 수단에 불과하다고 본다. 따라서 해당 내용은 갑이 을에게 제기할 수 있는 비판에 해당한다.

8 정답 ① 문제편 p.64

① 개인의 소유 권리를 침해할 수 있으므로 반대한다.
② 경제적 재화를 균등하게 분배할 수 있으므로 지지한다.
③ 계층 간의 빈부 격차를 심화시킬 수 있으므로 반대한다. (부유세 도입은 빈부 격차를 완화시킴)
④ 사회적 약자를 우선적으로 배려할 수 있으므로 지지한다.
⑤ 사회 구성원 모두의 복지를 보장할 수 있으므로 지지한다.

풀이

갑은 노직이다. 노직은 소유물을 취득, 양도하는 과정이 정의로우며 시정이 필요하지 않을 경우 개인은 해당 소유물에 대한 배타적인 소유권을 지녀야 한다고 주장한다.
① 노직은 부유세 부과 등의 재분배를 위한 국가의 세금 징수를 강제 노역에 비유하며 비판한다.

9 정답 ② 문제편 p.64

질문 \ 사회 보장 제도	A (사회 보험)	B (공공 부조)
강제 가입을 원칙으로 하는가?	(가) 예	(나) 아니요
금전적 지원을 원칙으로 하는가?	(다) 예	(라) 예

	(가)	(나)	(다)	(라)
①	예	예	예	아니요
②	예	아니요	예	예
③	예	아니요	예	아니요
④	아니요	예	예	예
⑤	아니요	예	아니요	예

풀이

A는 사회 보험, B는 공공 부조이다. 사회 보험은 공공 부조와 달리 강제 가입을 원칙으로 한다. 따라서 (가)에는 '예', (나)에는 '아니요'가 들어갈 수 있다. 사회 보험과 공공 부조는 모두 금전적 지원을 원칙으로 한다. 따라서 (다)와 (라)에는 모두 '예'가 들어갈 수 있다.

10 정답 ④ 문제편 p.65

[보 기]
ㄱ. 갑은 수도권과 비수도권 간 균형 개발을 중시하고 있다. (을)
ㄴ. 을은 지역 격차 완화를 위한 개발이 필요함을 강조하고 있다.
ㄷ. 갑은 을과 달리 인구가 적은 지역을 중심으로 개발해야 한다는 주장에 동의할 것이다.
ㄹ. 을은 갑과 달리 수도권 소재 공공 기관의 지방 이전 정책을 지지할 것이다. (혁신 도시)

① ㄱ, ㄴ ② ㄱ, ㄷ ③ ㄴ, ㄷ ④ ㄴ, ㄹ ⑤ ㄷ, ㄹ

풀이

갑은 사회 기반 시설이 갖추어진 대도시를 중심으로 개발해야 한다는 성장 거점 개발 방식을 주장하고 있다. 성장 거점 개발은 자원의 효율적 투자가 가능하다는 장점이 있지만, 지역 격차가 커지는 문제점이 있다. 반면 을은 낙후 지역을 개발하여 지역 간 불평등을 해소하는 균형 개발 방식을 주장하고 있다. 균형 개발은 지역 간 고른 성장을 통해 지역 격차를 해소할 수 있지만, 투자의 효율성이 낮다는 단점이 있다.

ㄱ. 수도권과 비수도권의 격차를 해소하는 균형 개발을 강조하는 것은 을의 주장이다.
ㄴ. 을은 수도권과 비수도권의 지역 격차 완화를 주장하고 있다.
ㄷ. 인구가 적은 지역은 사회 간접 자본을 비롯한 기반 시설이 부족한 지역이다. 사회 기반 시설이 갖추어지지 않은 낙후 지역의 개발을 강조하는 것은 을의 주장이다. 갑은 기반 시설이 풍부한 인구 밀집 지역의 개발을 강조한다.
ㄹ. 수도권의 공공 기관 이전을 위해 조성된 지방 도시를 혁신 도시라고 한다. 수도권의 공공 기관이 이전되면 지역 경제가 활성화될 수 있다. 따라서 혁신 도시 건설은 비수도권을 중심으로 개발해야 한다고 주장하는 을이 지지할 것이다.

11 정답 ⑤ 문제편 p.65

① 적극적 우대 정책이 업적주의 원칙에 충실한 제도임을 간과하고 있다.
② 적극적 우대 정책이 집단 간 불평등을 심화시킬 수 있음을 간과하고 있다.
③ 적극적 우대 정책이 개인의 정당한 성취를 무시할 수 있음을 간과하고 있다.
④ 적극적 우대 정책이 수혜자를 제외한 사람들의 권리를 침해할 수 있음을 간과하고 있다.
⑤ 적극적 우대 정책이 사회적 다양성을 증진시켜 공동선 실현에 기여할 수 있음을 간과하고 있다.

풀이
갑은 사회적 약자의 차별에 대한 보상으로서 적극적 우대 조치를 찬성하는 입장이고, 을은 적극적 우대 조치 대상자가 아닌 개인들에 대한 역차별이 발생할 수 있음을 지적하며 적극적 우대 조치를 반대하는 입장이다. 갑은 을에게 적극적 우대 정책이 사회적 약자의 권리를 보호하고 사회적 다양성을 증진시켜 공동선 실현에 기여할 수 있음을 간과하고 있다고 말할 수 있다.

12 정답 ③ 문제편 p.65

① 갑: 사회적 약자를 위한 적극적 우대 조치는 옳지 않다.
② 갑: 사회적 약자에 대한 특혜는 역차별을 낳을 수 있다.
③ 을: 개인의 능력과 업적만을 분배의 기준으로 삼아야 한다.
④ 을: 실질적 평등 실현을 위해 사회적 약자를 지원해야 한다.
⑤ 갑, 을: 사회적 약자에 대한 차별 해소를 위해 노력해야 한다.

풀이
갑은 적극적 우대 정책이 수혜 대상이 되지 못한 개인들의 역차별을 유발할 수 있다고 지적하며 이를 반대하는 입장이다. 반면, 을은 사회적 약자의 차별 방지와 과거의 차별에 대한 보상으로서 적극적 우대 정책 시행을 찬성하는 입장이다.
③ 을은 개인의 능력과 더불어 사회적 약자들의 상황을 고려하여 사회적 가치를 분배해야 한다고 주장한다.

서술형 문제 풀기

1 문제편 p.66

(1) **갑** 필요에 따른 분배
을 능력에 따른 분배
병 업적에 따른 분배

(2) 모범답안: 업적은 능력, 필요와 달리 각자가 달성한 결과를 객관화·수량화할 수 있어 평가와 특정이 비교적 용이하다.

핵심 키워드: 업적, 객관화, 수량화

 채점 기준
상 필요, 능력에 따른 분배와 달리 업적에 따른 분배가 가진 장점을 명확하게 서술한 경우
중 세 가지 분배 기준의 장점을 모두 서술한 경우
하 분배 기준의 각 특징을 나열한 경우

2 문제편 p.66

(1) **(가)** 공동체주의 정의관
(나) 자유주의 정의관

(2) 모범답안: 공동체주의 정의관은 개인이나 특정 지역의 이익을 지나치게 중시함으로써 나타나는 문제점을 해결하여 공동선을 실현하는 데 도움을 줄 수 있으나, 개인의 자유와 권리의 희생을 정당화하는 집단주의가 발생할 수 있는 문제가 있다. 자유주의적 정의관은 개인의 자유로운 선택과 권리를 최대한 존중하려 하지만, 자신의 이익을 우선시하는 이기주의가 확산될 우려가 있다.

핵심 키워드: 공동선 실현, 집단주의, 자유로운 선택과 권리 존중, 이기주의

 채점 기준
상 공동체주의 정의관과 자유주의 정의관의 장단점을 모두 정확하게 서술한 경우
중 공동체주의 정의관의 장단점과 자유주의 정의관의 장단점 중 하나만 정확하게 서술한 경우
하 장점과 단점 중 하나만 정확하게 서술한 경우

3 문제편 p.67

(1) (가) 성 불평등
(나) 공간 불평등

(2) 모범답안: (가)와 (나)는 모두 사회 통합을 실현하는 데 기여한다. (가)와 (나)는 모두 효율성보다 형평성을 중시하는 정책이다.

핵심 키워드: 사회 통합, 효율성, 형평성

채점 기준
- 상 정책 (가)와 (나)의 목표를 파악하여 공통점을 명확히 서술한 경우
- 중 정책 (가)와 (나)의 목표를 서술한 경우
- 하 정책 (가)와 (나)의 차이점을 서술한 경우

4 문제편 p.67

(1) A 공공 부조
B 사회 보험
C 사회 서비스

(2) 모범답안: 공공 부조와 사회 보험은 모두 소득 재분배 효과가 있다. 공공 부조는 사후 처방적 성격이 강하고, 사회 보험은 사전 예방적 성격이 강하다.

핵심 키워드: 소득 재분배 효과, 사후 처방적, 사전 예방적

채점 기준
- 상 공공 부조와 사회 보험의 공통점과 차이점을 모두 정확하게 서술한 경우
- 중 공공 부조와 사회 보험의 공통점과 차이점 중 하나만 정확하게 서술한 경우
- 하 공공 부조와 사회 보험의 의미를 서술한 경우

Ⅲ 시장경제와 지속가능발전 개념편 p.68

핵심 문제 풀기 1회차

1	①	2	④	3	①	4	③	5	①
6	①	7	②	8	②	9	②	10	②
11	⑤	12	④	13	③	14	①	15	①
16	③	17	③	18	③	19	⑤	20	③
21	②	22	⑤	23	④	24	⑤	25	③
26	④	27	④	28	③	29	①	30	⑤
31	⑤	32	③	33	④	34	④	35	③
36	③	37	④	38	④	39	⑤		

핵심 문제 풀기 2회차

1	③	2	①	3	⑤	4	③	5	①
6	②	7	④	8	②	9	②	10	①
11	②	12	⑤	13	④	14	④	15	①
16	③	17	②	18	④	19	②	20	④
21	①	22	③	23	④	24	②	25	④
26	②	27	④	28	②	29	①	30	③
31	⑤	32	④						

심화 문제 풀기

1	②	2	④	3	②	4	⑤	5	①
6	④	7	④	8	②	9	②	10	①
11	①	12	⑤	13	①	14	③	15	③
16	①								

핵심 문제 풀기 1회차

1 정답 ① 문제편 p.75

① ㉠에는 세계 대공황이 들어갈 수 있다.
② (가)는 국내 산업 보호를 위한 중상주의를 지향한다. (→ 상업 자본주의)
③ (가)에서 (나)로의 변화는 정부 실패로 인해 나타났다. (시장)
④ (가), (다)는 (나)와 달리 사유 재산 제도를 인정한다. (모두)
⑤ (나), (다)는 모두 공기업 민영화, 복지 예산 축소를 지향한다.

풀이

수정 자본주의는 대공황으로 인해 기업의 도산과 실업이 급증하게 되면서 정부의 시장 개입의 필요성으로 인해 등장하였다. 따라서 ㉠은 대공황이다.
② 국내 산업 보호를 위한 중상주의를 지향한 것은 상업 자본주의이다.
③ 산업 자본주의에서 수정 자본주의로의 변화는 시장 실패로 인해 나타났다.
④ 산업 자본주의, 수정 자본주의, 신자유주의는 모두 사유 재산 제도를 인정한다.
⑤ 수정 자본주의는 정부의 시장 개입이 필요하다고 주장하므로 공기업 민영화, 복지 예산 축소를 지향하지 않는다.

2 정답 ④ 문제편 p.75

[보 기]

ㄱ. A: 계획 경제를 통해 공익과 사익을 조화시켜야 한다.

ㄴ. B: 사익 추구를 위한 자유 경쟁 원리를 인정해야 한다.

ㄷ. C: 모든 재화가 균등하게 분배되는 사회를 지향해야 한다.

ㄹ. C: 정부가 실업 문제 해결을 위해 시장에 개입해야 한다.

① ㄱ, ㄴ ② ㄱ, ㄷ ③ ㄴ, ㄷ ④ ㄴ, ㄹ ⑤ ㄷ, ㄹ

풀이

갑은 애덤 스미스, 을은 케인스이다. 애덤 스미스는 개인들의 자유로운 이윤 추구 활동('보이지 않는 손')이 의도치 않게 사회 전체의 부의 증진을 이끌어 낸다고 본다. 한편, 케인스는 시장 실패 해결을 위해 정부의 시장 개입을 주장한다.

3 정답 ① 문제편 p.75

① A는 시장 실패에 대한 대응으로 등장하였다.

② A는 큰 정부보다 작은 정부를 지향할 것을 주장한다.

③ B는 '보이지 않는 손'의 역할을 인정하지 않는다.

④ B는 자원 배분에 있어 효율성보다 형평성을 추구한다.

⑤ (가)에는 '복지 정책을 강화해야 하는가?'가 들어갈 수 있다.

풀이

수정 자본주의는 신자유주의와 달리 정부가 적극적으로 시장에 개입해야 한다고 본다. 따라서 A는 수정 자본주의, B는 신자유주의이다.

① 수정 자본주의는 대공황으로 인해 시장 실패 현상이 나타나면서 이에 대한 대응으로 등장하였다.

⑤ 신자유주의는 복지 정책을 축소해야 한다고 본다. 따라서 해당 질문은 (가)에 들어갈 수 없다.

4 정답 ③ 문제편 p.75

[보 기]

ㄱ. 갑은 큰 정부를 지향한다.

ㄴ. 을은 정부의 시장 개입이 필요하다고 본다.

ㄷ. 갑은 을보다 '보이지 않는 손'의 역할을 강조한다.

ㄹ. 을은 갑과 달리 경제 주체들 간의 자유로운 경쟁을 중시한다.

① ㄱ, ㄴ ② ㄱ, ㄷ ③ ㄴ, ㄷ ④ ㄴ, ㄹ ⑤ ㄷ, ㄹ

풀이

갑은 애덤 스미스, 을은 케인스이다. 애덤 스미스는 자유로운 시장 경제 체제 내에서 개인의 이윤 추구 활동('보이지 않는 손')이 자동적으로 효율적 자원 분배를 가능하게 한다고 본다. 반면, 케인스는 대공황, 실업 문제 등 시장 경제 체제의 문제점을 지적하며 정부가 개입하여 유효 수요를 만들어 낼 것을 주장한다.

ㄹ. 갑과 을은 모두 경제 주체들 간의 자유로운 경쟁을 중시한다.

5 정답 ① 문제편 p.76

풀이

갑은 작은 정부를 강조하고 있으므로 신자유주의를 주장하고 있고, 을은 큰 정부를 강조하고 있으므로 수정 자본주의를 주장하고 있다. 따라서 갑은 공기업의 민영화를 지지할 것(ㄱ)이고, 을은 정부의 시장 개입의 필요성(ㄴ)을 주장할 것이다.

ㄷ. 갑은 자원 배분에 있어 효율성을 추구한다.

ㄹ. 갑과 을은 모두 경제 활동의 자유를 인정한다.

6 정답 ① 문제편 p.76

풀이

(가)와 (나)는 선택의 문제가 발생한 상황을 보여 주고 있다. 선택의 문제가 발생하는 이유는 자원의 희소성 때문이다. 즉, 인간의 욕구는 무한한 데 비해 이를 충족시켜 줄 수 있는 자원이 부족하기 때문에 선택의 문제가 발생한다.

7 정답 ② 문제편 p.76

선택	편익(원)	관람료(원)
뮤지컬 관람	8만	3만
연극 관람	4만	2만

[보 기]

ㄱ. ㉠은 ㉡보다 명시적 비용이 크다.

ㄴ. ㉠은 ㉡보다 암묵적 비용이 크다.

ㄷ. ㉠을 선택하는 것이 합리적이다.

ㄹ. ㉠, ㉡의 편익이 50%씩 감소하면 갑의 선택은 달라진다.

① ㄱ, ㄴ ② ㄱ, ㄷ ③ ㄴ, ㄷ ④ ㄴ, ㄹ ⑤ ㄷ, ㄹ

풀이

합리적 선택은 '편익-(명시적 비용+암묵적 비용)'이 양(+)의 값을 가지는 경우를 말한다. 뮤지컬 관람의 암묵적 비용은 '연극 관람의 편익-관람료'이고, 연극 관람의 암묵적 비용은 '뮤지컬 관람의 편익-관람료'이다.

ㄱ. 명시적 비용은 뮤지컬 관람의 경우 3만 원, 연극 관람의 경우 2만 원이다.

ㄴ. 암묵적 비용은 뮤지컬 관람의 경우 2만 원, 연극 관람의 경우 5만 원이다.

ㄷ. 뮤지컬 관람의 '편익-기회비용'의 값이 3만 원(=8만 원-5만 원)으로 양(+)의 값을 가지므로 뮤지컬 관람을 선택하는 것이 합리적이다.

ㄹ. 뮤지컬 관람과 연극 관람의 편익이 각각 50%씩 감소하더라도 뮤지컬 관람의 '편익-기회비용'의 값이 1만 원(=4만 원-3만 원)으로 양(+)의 값을 가지므로 뮤지컬 관람을 선택하는 것이 합리적이다.

구분	편익(원)	명시적 비용(원)	암묵적 비용(원)
㉠	4만	3만	0
㉡	2만	2만	1만

8 정답 ② 문제편 p.76

[보기]

ㄱ. A는 명시적 비용과 암묵적 비용의 합이다. (→ 기회비용)

ㄴ. 동일한 경제적 선택을 한 사람은 모두 A가 같다.

ㄷ. 합리적 선택을 하려면 A는 고려하되, 매몰 비용은 고려해서는 안 된다. (→ 이미 지불하여 회수할 수 없는 비용)

ㄹ. 아르바이트를 포기하고 무료로 영화를 관람할 경우, 영화 관람에 대한 A는 발생하지 않는다. (한다)

① ㄱ, ㄴ ② ㄱ, ㄷ ③ ㄴ, ㄷ ④ ㄴ, ㄹ ⑤ ㄷ, ㄹ

풀이

어떤 대안을 선택함으로써 포기하는 대안 중 가장 가치가 큰 것을 기회비용(A)이라고 한다. 기회비용은 명시적 비용과 암묵적 비용을 합한 값으로, 합리적 선택을 위해서는 기회비용을 고려해야 하지만, 매몰 비용은 고려해서는 안 된다.

ㄴ. 동일한 경제적 선택을 한 경우라도 기회비용은 다를 수 있다.

ㄹ. 아르바이트를 포기하고 무료로 영화를 관람할 경우, 영화 관람에 대한 기회비용이 발생한다.

9 정답 ② 문제편 p.77

[보기]

ㄱ. ㉠은 비용보다 편익이 큰 선택을 의미한다.

ㄴ. ㉡에는 심리적 만족과 같은 비금전적 이익은 제외된다. (도 포함)

ㄷ. ㉢은 흡연의 기회비용에 포함된다. (→ 암묵적 비용)

ㄹ. ㉣은 흡연의 기회비용에 포함되지 않는다. (→ 명시적 비용, 된다)

① ㄱ, ㄴ ② ㄱ, ㄷ ③ ㄴ, ㄷ ④ ㄴ, ㄹ ⑤ ㄷ, ㄹ

풀이

합리적 선택이란 최소의 비용으로 최대의 편익을 얻을 수 있는 대안을 선택하는 것으로, 이는 편익이 비용보다 큰 선택을 의미한다. 비흡연으로 인한 건강 유지는 흡연 선택 시 포기하는 암묵적 비용이므로 기회비용에 포함된다.

ㄴ. 편익은 어떤 대안을 선택함에 따라 얻을 수 있는 만족이나 이득으로, 금전적 이익뿐만 아니라 비금전적 이익도 포함된다.

ㄹ. 흡연 시 지불하는 담배 가격은 흡연 선택 시 실제로 지불하는 비용인 명시적 비용이므로 기회비용에 포함된다.

10 정답 ② 문제편 p.77

[보기]

ㄱ. ㉠은 '아이돌 포토 카드'의 희소성 때문에 발생한다.

ㄴ. ㉡은 ㉣의 기회비용에 포함된다. (도지 않는다)

ㄷ. ㉢은 ㉣의 명시적 비용이다.

ㄹ. 갑은 ㉣의 편익이 기회비용보다 작다고 판단했다. (크다고)

① ㄱ, ㄴ ② ㄱ, ㄷ ③ ㄴ, ㄷ ④ ㄴ, ㄹ ⑤ ㄷ, ㄹ

풀이

ㄱ. '아이돌 포토 카드'가 기존 가격보다 5배 이상 비싼 가격에 판매되는 것은 '아이돌 포토 카드'가 희소성이 있기 때문이다.

ㄴ. 요가 수업 수강료인 월 20만 원은 환불되지 않으므로 매몰 비용에 해당한다. 따라서 수강료 월 20만 원은 '아이돌 포토 카드' 선택의 기회비용에 포함되지 않는다.

ㄷ. 갑은 3만 원을 주고 '아이돌 포토 카드'를 구매하였다. 따라서 '아이돌 포토 카드'의 명시적 비용은 3만 원이다.

ㄹ. 갑의 합리적 선택은 '아이돌 포토 카드'를 구매하는 것이다. 따라서 갑은 '아이돌 포토 카드'의 편익이 기회비용보다 크다고 판단했음을 알 수 있다.

11 정답 ⑤ 문제편 p.77

풀이

뛰어난 실력을 갖춘 선발 투수가 희소하여 갑을 영입하려는 구단의 경쟁이 과열되면서 갑의 연봉이 치솟을 것으로 전망되고 있다. 즉, 갑의 연봉 상승은 구단의 기대를 충족시켜줄 선발 투수가 부족하기 때문이다.

① 선발 투수가 절대적으로 부족하더라도 선발 투수를 원하는 구단이 없다면 연봉이 급격히 상승하는 현상은 일어나지 않는다.

12 정답 ④ 문제편 p.77

갑은 여행을 가기 위해 이동 수단 A~C 중 하나를 합리적으로 선택하려고 한다. 표는 A~C의 가격과 갑의 선택으로 발생하는 편익을 나타낸다. 단, 제시된 자료 외에 다른 조건은 고려하지 않는다.

이동 수단	가격(만 원)	편익(만 원)
A	4	7
B	5	9
C	㉠ 7	15

[보기]

ㄱ. A 선택의 암묵적 비용은 4만 원이다.
ㄴ. B 선택의 명시적 비용은 5만 원이다.
ㄷ. C 선택의 기회비용이 가장 크다.
ㄹ. ㉠이 '10'으로 변동하면 B 선택의 기회비용은 감소한다.

① ㄱ, ㄴ ② ㄱ, ㄷ ③ ㄴ, ㄷ ④ ㄴ, ㄹ ⑤ ㄷ, ㄹ

풀이

㉠이 '7'인 경우에 A~C 선택에 따른 편익, 명시적 비용, 암묵적 비용 및 기회비용을 나타내면 다음과 같다.

<㉠이 '7'일 때>

(단위: 만 원)

구분	A	B	C
편익	7	9	15
명시적 비용	4	5	7
암묵적 비용	8	8	4
기회비용	12	13	11

ㄱ. A 선택의 암묵적 비용은 8만 원(=15만 원-7만 원)이다.
ㄴ. B 선택의 명시적 비용은 B의 가격인 5만 원이다.
ㄷ. A 선택의 기회비용은 12만 원, B 선택의 기회비용은 13만 원, C 선택의 기회비용은 11만 원이다. 따라서 C 선택의 기회비용이 가장 작다.
ㄹ. ㉠이 '10'인 경우에 A~C 선택에 따른 편익, 명시적 비용, 암묵적 비용 및 기회비용을 나타내면 다음과 같다.

<㉠이 '10'일 때>

(단위: 만 원)

구분	A	B	C
편익	7	9	15
명시적 비용	4	5	10
암묵적 비용	5	5	4
기회비용	9	10	14

㉠이 '10'으로 변동하면, B 선택의 기회비용은 13만 원에서 10만 원으로 감소한다.

13 정답 ③ 문제편 p.78

[보기]

ㄱ. ㉠은 갑이 미스터 맘을 선택한 것에 따른 편익이다.
ㄴ. ㉡의 문제는 욕구에 비해 자원이 희소하기 때문에 발생한다.
ㄷ. ㉢은 모든 선택에는 기회비용이 따른다는 것을 의미한다.
ㄹ. ㉣은 직장 생활의 편익이 기회비용보다 크다고 판단한 것이다.

① ㄱ, ㄴ ② ㄱ, ㄷ ③ ㄴ, ㄷ ④ ㄴ, ㄹ ⑤ ㄷ, ㄹ

풀이

선택의 문제는 자원의 희소성 때문에 발생한다. '세상에 공짜 점심은 없다.'는 말은 모든 선택에 기회비용이 발생함을 의미한다.
ㄱ. 통신 회사의 부사장을 그만둔 것은 미스터 맘을 선택한 것에 따른 기회비용에 포함된다.
ㄹ. 미스터 맘을 선택한 사람들은 직장 생활의 편익이 기회비용보다 작다고 판단했기 때문이다.

14 정답 ① 문제편 p.78

[보기]

ㄱ. A는 소비를 통해 효용을 얻고자 한다.
ㄴ. B는 공공 서비스를 제공한다.
ㄷ. C는 생산 요소의 공급자이다.
ㄹ. A와 B는 C에게 조세를 납부한다.

① ㄱ, ㄴ ② ㄱ, ㄷ ③ ㄴ, ㄷ ④ ㄴ, ㄹ ⑤ ㄷ, ㄹ

풀이

이윤의 극대화를 추구하는 경제 주체는 기업이고, 노동을 제공한 대가로 임금을 얻는 경제 주체는 가계이다. 따라서 A는 가계, B는 정부, C는 기업이다.
ㄱ. 가계는 소비 활동의 주체로, 효용 극대화를 추구한다.
ㄴ. 정부는 재정 활동의 주체로, 공공 서비스를 제공한다.
ㄷ. 기업은 생산 요소의 수요자이다.
ㄹ. 가계와 기업은 정부에게 조세를 납부한다.

15 정답 ① 문제편 p.78

[보기]

ㄱ. 갑은 정부의 적극적인 역할을 강조한다.
ㄴ. 을은 '보이지 않는 손'의 기능을 중시한다.
ㄷ. 을은 정부 실패보다 시장 실패를 더 문제시한다.
ㄹ. 을과 달리 갑은 민간의 자유로운 의사 결정을 중시한다.

① ㄱ, ㄴ ② ㄱ, ㄷ ③ ㄴ, ㄷ ④ ㄴ, ㄹ ⑤ ㄷ, ㄹ

풀이

갑은 정부의 시장 개입을 찬성하고 있는 반면, 을은 정부의 시장 개입을 반대하고 있다. 즉, 갑은 정부의 적극적인 역할을 강조하는 반면, 을은 '보이지 않는 손'인 가격의 기능을 중시한다.
ㄷ. 을은 정부의 시장 개입을 반대하고 있으므로 시장 실패보다 정부 실패를 더 문제시한다.
ㄹ. 을은 민간의 자유로운 의사 결정을 중시한다.

16 정답 ③ 문제편 p.78

- A 의 대표적인 사례로는 국방 및 치안 서비스가 있다. 이것은 대가를 지불하지 않아도 누구든지 사용할 수 있으며, 한 사람이 사용하여도 다른 사람이 얼마든지 사용할 수 있다.
- 어떤 경제 주체들의 경제 활동이 다른 경제 주체에게 의도하지 않은 이익을 주거나, 의도하지 않게 피해를 주는데도 이에 대해 아무런 경제적 대가를 받거나 치르지 않는 경우를 B 라고 한다.

① A는 무임승차자 문제가 발생하지 않는다.
② A는 시장에만 맡길 경우 일반적으로 과잉 생산된다.
③ B는 보조금 지급이나 조세 제도로 해결될 수 있다.
④ B는 시장에서 자원이 효율적으로 배분됨을 보여준다.
⑤ B는 정부 개입을 축소해야 한다는 주장의 근거가 된다.

풀이

A는 공공재, B는 외부 효과로, 이는 모두 시장 실패에 해당한다.
① 공공재는 비배제성으로 인해 무임승차자 문제가 발생한다.
② 공공재는 시장에만 맡길 경우 과소 생산된다.
③ 긍정적인 외부 효과의 경우 보조금 지급을 통해, 부정적인 외부 효과의 경우 세금 부과를 통해 해결할 수 있다.
④ 외부 효과는 시장에서 자원이 비효율적으로 배분됨을 보여 준다.
⑤ 외부 효과는 시장 실패의 원인에 해당하므로 이는 정부 개입을 확대해야 한다는 주장의 근거가 된다.

17 정답 ③ 문제편 p.79

독감 백신 접종은 독감에 걸릴 확률을 현저히 줄이거나 걸리더라도 큰 증상 없이 지나가게 해 준다. 사람들은 이러한 효과를 고려하여 대가를 지불하고 독감 백신을 접종한다. 그런데 어떤 사람이 독감 백신을 접종하면 주변의 백신 미접종자는 독감에 걸릴 확률이 낮아지는 효과를 얻는다. 그럼에도 불구하고 백신 접종자는 백신 미접종자에게 어떠한 대가도 받지 않는다.

① 독점 시장에서 거래된다.
② 시장의 공정한 경쟁을 저해한다.
③ 사회적으로 필요로 하는 양보다 적게 소비된다.
④ 대가를 지불하지 않더라도 누구나 소비할 수 있다.
⑤ 한 사람의 소비가 다른 사람이 소비할 수 있는 양을 감소시키지 않는다.

풀이

독감 백신 접종자로 인해 독감 백신 미접종자는 독감에 걸릴 확률이 낮아지는 효과를 얻음에도 불구하고 독감 백신 접종자는 독감 백신 미접종자에게 어떠한 대가도 받지 않는다. 이를 통해 독감 백신 접종은 외부 경제의 사례임을 알 수 있다.
③ 외부 경제가 나타나면 사회적으로 필요로 하는 양보다 적게 소비된다.

18 정답 ③ 문제편 p.79

○ 마당을 아름다운 정원으로 꾸민 집주인은 그 정원을 보게 되는 행인들에게 의도치 않은 만족감을 주지만, 만족감을 얻은 이들로부터 이에 대한 대가를 받을 수 없다.
○ 거리에서 무분별하게 흡연을 하는 사람은 그 주변의 행인들에게 의도치 않은 피해를 주지만, 피해를 입은 이들에게 이에 대한 대가를 지불하지 않는다.

① 독과점 형성
② 공공재 부족
③ 외부 효과 발생
④ 불공정 거래 행위
⑤ 경제적 불평등 심화

풀이

첫 번째 사례는 타인에게 의도하지 않은 이익을 주고도 이에 대한 대가를 받을 수 없는 상태로 이는 외부 경제에 해당한다. 두 번째 사례는 타인에게 의도하지 않은 손해를 주고도 이에 대한 대가를 지불하지 않는 상태로, 이는 외부 불경제에 해당한다.
①, ②, ④, ⑤ 제시된 사례에서 공통적으로 추론할 수 있는 시장 실패의 요인에 해당하지 않는다.
③ 제시된 사례에서 공통적으로 추론할 수 있는 시장 실패의 요인은 외부 효과이다. 외부 효과는 자원이 효율적으로 배분되지 못하는 시장 실패의 요인에 해당한다.

19 정답 ⑤ 문제편 p.79

풀이

(가)에서 A 기업은 온실가스 감축 목표를 달성하기 위해 노력하고 있으며, (나)에서 B 기업은 하양 폐기물을 재활용하고 신제품에 재활용 소재 적용, 플라스틱 소재 제거, 매립 폐기물 제로화 등을 실천하고자 노력하고 있다. 이를 통해 기업은 친환경적인 생산을 통해 환경 보호에 기여하고자 노력하는 사회적 책임을 가져야 함을 알 수 있다.

20 정답 ③ 문제편 p.79

[보기]
ㄱ. 생태 공원을 조성하여 시민들에게 무료로 개방한 기업
ㄴ. 양질의 일자리를 창출하여 장애인 고용을 확대한 기업
ㄷ. 수익의 일부를 소외된 지역의 교육 사업에 지원한 기업
ㄹ. 비용 절감을 위해 폐수정화처리 시설을 가동하지 않은 기업

① ㄱ, ㄴ ② ㄷ, ㄹ ③ ㄱ, ㄴ, ㄷ
④ ㄱ, ㄴ, ㄹ ⑤ ㄴ, ㄷ, ㄹ

풀이

기업의 사회적 책임은 이윤 창출 이외에 기업이 고려해야 할 환경, 빈부 격차 등의 사회 문제들에 대한 책임을 의미한다.

ㄹ. 비용 절감을 위해 환경 문제를 고려하지 않고 폐수정화처리 시설을 가동하지 않는 행위는 기업의 사회적 책임을 간과한 사례이다.

21 정답 ② 문제편 p.80

① 기업은 법규를 준수하면서 이윤을 추구해야 하는가?

② 기업은 이윤 추구 외에 사회적 책임도 다해야 하는가?

③ 기업은 생산성을 높이기 위해 기술 혁신을 해야 하는가?

④ 기업은 이윤 추구를 위해 생산 비용을 감소시켜야 하는가?

⑤ 기업의 설립 목적을 공공의 이익 실현이라고 보아야 하는가?

풀이

갑은 기업의 사회적 책임 의무를 반대하는 입장이며, 을은 기업의 사회적 책임 의무를 찬성하는 입장이다. 갑은 기업이 공정한 경쟁을 통한 이윤 추구만을 목적으로 해야 한다고 보는 반면, 을은 기업이 공정한 경쟁에 따른 이윤 추구와 더불어 환경, 실업, 빈부 격차 등 사회 전체에 미치는 영향력을 고려해야 한다고 본다.

22 정답 ⑤ 문제편 p.80

[보기]

ㄱ. ㉠은 불법 행위에 해당한다.

ㄴ. ㉡은 근로자 개개인이 회사와 협상할 수 있는 권리이다.

ㄷ. ㉢은 근로자의 단체 행동권 행사에 해당한다.

ㄹ. ㉡, ㉢ 모두 헌법에 보장된 권리이다.

① ㄱ, ㄴ ② ㄱ, ㄷ ③ ㄴ, ㄷ ④ ㄴ, ㄹ ⑤ ㄷ, ㄹ

풀이

㉠은 단결권, ㉡은 단체 교섭권, ㉢은 단체 행동권과 관련 있다. 단결권, 단체 교섭권, 단체 행동권은 노동 3권에 해당하며, 이는 헌법에 보장된 권리이다.

ㄱ. 노동조합 간부로 활동하는 것은 단결권과 관련 있으므로 이는 불법 행위에 해당하지 않는다.

ㄴ. 노사 협상은 노동조합이 회사와 근로 조건에 대해 교섭하고 협약을 체결할 수 있는 권리이다.

23 정답 ④ 문제편 p.80

풀이

갑은 자신의 필요나 선호도와 관계없이 다른 사람들이 많이 구매하는 것을 무조건 따라 구매하는 소비를 하고 있다. 이는 밴드왜건 효과로, 타인을 의식하여 비합리적인 소비를 하는 경우에 해당한다.

24 정답 ⑤ 문제편 p.80

① (가)는 수요 곡선이 좌측으로 이동하는 요인이다.

② (나)는 공급 곡선이 우측으로 이동하는 요인이다.

③ (가)보다 (나)에서 상품에 대한 소비자의 만족도가 더 크다.

④ (나)는 (가)와 달리 과소비로 이어질 수 있다.

⑤ (가), (나)에서는 모두 타인을 의식하는 소비 행위가 나타난다.

풀이

(가)는 부를 과시하기 위해 가격이 비싸도 소비하는 과시 소비에 해당하고, (나)는 타인의 소비를 무조건 모방하는 모방 소비에 해당한다. 과시 소비와 모방 소비는 모두 타인을 의식하는 비합리적인 소비 행위에 해당한다.

① 과시 소비가 수요의 감소 요인이라고 볼 수 없다.

② 모방 소비가 공급의 증가 요인이라고 볼 수 없다.

③ 소비자의 만족도 크기는 비교할 수 없다.

④ 과시 소비와 모방 소비 모두 과소비로 이어질 수 있다.

25 정답 ③ 문제편 p.81

풀이

제시문에 나타난 소비는 상품 간 서열이 주는 이미지를 소비하면서 자신의 소득 규모를 고려하지 않는 소비로, 이는 비합리적 소비에 해당한다.

ㄱ. 제시된 소비 행태는 바람직한 소비에 해당하지 않는다.

ㄹ. 제시문은 고가품의 소비 주체가 상류층에 한정된다고 말하고 있지 않다. 제시문은 자신의 소득 규모를 고려하지 않고 값비싼 상품을 소비함으로써 상류층에 속해 있다는 환상을 갖게 하는 비합리적 소비를 보여 준다.

26 정답 ④ 문제편 p.81

① 소비 주체의 자율적 선택권을 보장하지 않는다.

② 소비가 생태계에 미치는 영향력을 고려하지 않는다.

③ 가격 대비 성능을 중시하며 최저가 제품만을 구입한다.

④ 동물을 비롯한 자연에 해를 끼친 상품의 구매를 자제한다.

⑤ 상품 선택 시 생태적 지속성보다 경제적 효율성을 우선한다.

풀이

제시문에 나타난 소비 형태는 윤리적 소비로, 이는 윤리적 기준을 적용하여 소비하는 것을 말한다. 동물을 비롯하여 자연에 해를 끼친 상품의 구매를 자제하는 것은 윤리적 소비에 해당한다.

② 윤리적 소비는 소비가 생태계에 미치는 영향력을 고려한다.

⑤ 윤리적 소비는 상품 선택 시 생태적 지속성을 중시한다.

27 정답 ④ 문제편 p.81

① 원금 손실의 위험이 낮은가?
② 공공 기관만 발행이 가능한가?
③ 이자 수입을 목적으로 하는가?
④ 시세 차익을 기대할 수 있는가?
⑤ 만기가 되면 수익이 발생하는가?

풀이

예금자 보호 제도가 적용되는 금융 자산은 예금이고, 배당 수익을 기대할 수 있는 금융 자산은 주식이다. 따라서 A는 주식, B는 채권, C는 예금이다. (가)에는 주식과 채권의 공통점에 해당하는 질문이 들어갈 수 있다. 주식과 채권은 모두 시세 차익을 기대할 수 있다. 따라서 '시세 차익을 기대할 수 있는가?'는 (가)에 들어갈 수 있다.
② 주식은 주식회사가, 채권은 정부, 공공 기관, 기업 등이 발행할 수 있다.

28 정답 ③ 문제편 p.81

① 채권은 예금에 비해 A가 높다.
② 부동산은 금융 자산에 비해 C가 높다.
③ B가 높은 자산일수록 A가 낮은 경향이 있다.
④ 예금은 A와 C가 모두 낮은 편이다.
⑤ 주식은 C가 높지만 B는 낮은 편이다.

풀이

A는 안전성, B는 수익성, C는 유동성이다. 수익성이 높은 자산일수록 안전성이 낮은 경향이 있고, 수익성이 낮은 자산일수록 안전성이 높은 경향이 있다.
② 부동산은 실물 자산으로, 금융 자산에 비해 유동성이 낮다.
④ 예금은 안전성이 높은 편이다.

29 정답 ① 문제편 p.82

풀이

갑은 현금 거래를 하였고, 을과 병은 신용 거래를 하였다. 신용 거래 중 직불 카드는 예금 계좌 잔액을 초과한 소비는 할 수 없고, 신용 카드는 당장 현금이 없어도 소비할 수 있다. 따라서 직불 카드는 신용 카드보다 과소비를 방지하는 데 유리하다.
① 갑은 소비 지출로 인해 지출이 증가하였다.

30 정답 ⑤ 문제편 p.82

[보 기]

ㄱ. A는 유동성, B는 안전성, C는 수익성이다.
ㄴ. 일반적으로 A가 높은 금융 자산은 C도 높다.
ㄷ. 예금은 채권보다 B가 높다.
ㄹ. 주식은 예금보다 A, B가 모두 낮다.

① ㄱ, ㄴ ② ㄱ, ㄷ ③ ㄴ, ㄷ ④ ㄴ, ㄹ ⑤ ㄷ, ㄹ

풀이

원금이 보전될 수 있는 정도는 안전성을 말하고, 현금화할 수 있는 정도는 유동성을 말하며, 수익을 기대할 수 있는 정도는 수익성을 말한다. 따라서 A는 안전성, B는 유동성, C는 수익성이다.
ㄱ. 유동성은 B, 안전성은 A, 수익성은 C이다.
ㄴ. 일반적으로 안전성이 높은 금융 자산은 수익성이 낮다.
ㄷ. 예금은 채권에 비해 유동성이 높다.
ㄹ. 주식은 예금에 비해 안전성과 유동성이 낮은 반면, 수익성이 높다.

31 정답 ⑤ 문제편 p.82

풀이

자산 관리를 위해서는 금융 상품의 안전성, 수익성, 유동성 등을 고려해야 한다. '계란을 한 바구니에 담지 말라.'는 말은 한 바구니에 모든 계란을 담을 경우 사고가 생기면 계란이 모두 깨질 수 있으므로 여러 곳에 나누어 담으라는 격언으로, 이는 분산 투자의 중요성을 나타낸다.

32 정답 ③ 문제편 p.82

[보 기]

ㄱ. 수익성은 (가)에 해당한다.
ㄴ. 일반적으로 은행 예금은 부동산보다 (다)가 높다.
ㄷ. (가)가 높을수록 (나)는 낮아지는 경향이 있다.
ㄹ. 저위험 자산을 선호하는 경우 (다)보다 (나)를 중시한다.

① ㄱ, ㄴ ② ㄱ, ㄷ ③ ㄴ, ㄷ ④ ㄴ, ㄹ ⑤ ㄷ, ㄹ

풀이

(가)는 안전성, (나)는 수익성, (다)는 유동성이다. 은행 예금은 금융 자산으로 실물 자산인 부동산보다 유동성이 높다. 안전성이 높을수록 수익성이 낮아지는 경향이 있고, 수익성이 높을수록 안전성이 낮아지는 경향이 있다.

33 정답 ④ 문제편 p.83

풀이

예금(㉠)은 주식(㉡)에 비해 안전성이 높은 편이나 수익성은 낮은 편이다.
① 배당금을 기대할 수 있는 것은 주식(㉡)이다.
② 이자 수익을 기대할 수 있는 것은 예금(㉠)과 채권(㉢)이다.
③ 예금자 보호 제도의 대상인 것은 예금(㉠)이다.
⑤ 채권(㉢)은 주식(㉡)과 달리 만기가 있다.

34 정답 ④ 문제편 p.83

① ㉠은 배당 수익을 기대할 수 있다.
② ㉡은 예금자 보호 제도의 적용 대상이다.
③ ㉢은 ㉠보다 안전성이 높다.
④ ㉠과 ㉡은 모두 이자 수익을 기대할 수 있다.
⑤ ㉡과 ㉢은 모두 시세 차익을 기대할 수 없다.

풀이

정기 예금(㉠)은 이자 수익을 기대할 수 있고, 채권(㉡)은 이자 수익과 시세 차익을 기대할 수 있으며, 주식(㉢)은 배당 수익과 시세 차익을 기대할 수 있다.

① 배당 수익을 기대할 수 있는 것은 주식이다. 정기 예금은 이자 수익을 기대할 수 있다.
② 정기 예금은 채권, 주식과 달리 예금자 보호 제도의 적용 대상이다.

35 정답 ③ 문제편 p.83

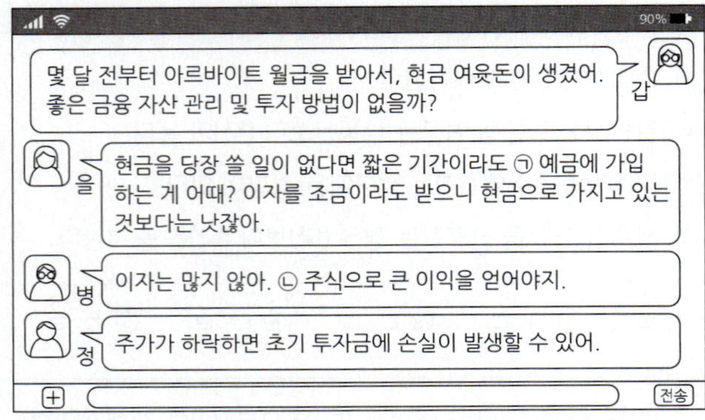

① 갑은 소득보다 지출이 큰 상황일 것이다.
② 을은 병과 달리 수익성을 강조하고 있다.
③ 원금을 잃지 않을 가능성은 ㉠이 ㉡보다 높다.
④ 정은 ㉡을 ㉠보다 선호할 것이다.
⑤ ㉡과 달리 ㉠은 시세 차익을 기대할 수 있다.

풀이

을은 현금을 보유하기보다는 예금 가입을 권유하고 있고, 병은 예금보다 주식을 선호하고 있으며, 정은 주식의 낮은 안전성을 걱정하고 있다.

① 갑은 현금 여윳돈으로 투자할 수 있는 방법을 모색하고 있다. 이를 통해 갑은 지출보다 소득이 큰 상황임을 알 수 있다.
② 병은 예금보다 주식을 선호하고 있으므로 수익성을 강조하고 있다.
④ 정은 주식의 낮은 안전성을 우려하고 있으므로 예금보다 주식을 선호할 것이라고 볼 수 없다.

36 정답 ③ 문제편 p.83

① 갑, 을　② 갑, 병　③ 을, 병　④ 을, 정　⑤ 병, 정

풀이

중·장년기에는 소득이 소비보다 크므로 저축을 늘리면 안정적인 노후 생활이 가능해진다. 노년기에는 소득이 감소하고 소비가 증가하므로 소득 대비 소비의 비중이 증가한다.

갑. 청년기에는 소득보다 소비가 크다.
정. 누적 저축액은 노년기에 들어서기 전 소득과 소비가 같아지는 지점에서 가장 크다.

37 정답 ④ 문제편 p.84

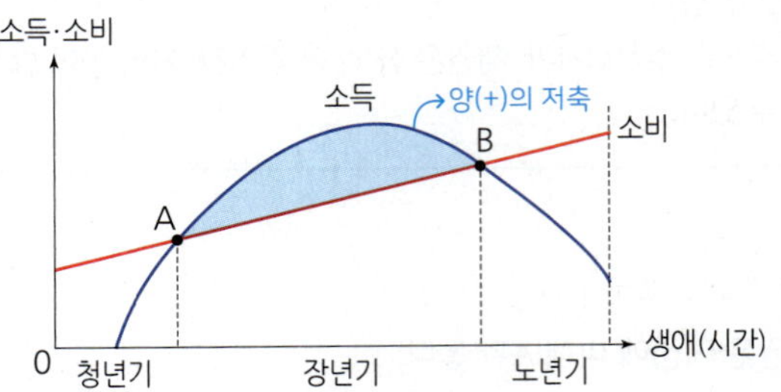

풀이

생애 주기 곡선은 생애 주기에 따른 소득과 소비를 곡선 형태로 나타낸 것으로, 전 생애에 걸쳐 소득의 변화 폭이 소비의 변화 폭보다 크다.

① A지점은 소득과 소비가 만나는 지점으로, A지점 이전에는 음(-)의 저축이, A지점에서 B지점까지는 양(+)의 저축이, B지점 이후에는 음(-)의 저축이 나타난다. 따라서 A지점에서 저축 금액이 가장 적다고 볼 수 없다.
② 노후 준비는 양(+)의 저축이 발생하는 장년기에 시작해야 한다.
③ 소득과 저축 사이에는 반비례 관계가 나타나지 않는다.

38 정답 ④ 문제편 p.84

풀이

제시된 자료를 바탕으로 갑국과 을국의 쌀과 물고기 1단위 생산의 기회비용을 나타내면 다음과 같다.

구분	갑국	을국
쌀 1단위 생산의 기회비용	물고기 $\frac{1}{2}$단위 <	물고기 1단위
물고기 1단위 생산의 기회비용	쌀 2단위	> 쌀 1단위

ㄱ. 을국은 갑국에 비해 쌀 1단위를 생산하는 데 필요한 노동자 수가 많을 뿐만 아니라 물고기 1단위를 생산하는 데 필요한 노동자 수도 많다. 따라서 을국은 쌀과 물고기 생산에 모두 절대 열위에 있다.
ㄷ. 물고기 1단위 생산의 기회비용은 갑국이 쌀 2단위, 을국이 쌀 1단위로, 을국이 갑국보다 작다.
ㄹ. 갑국은 을국에 비해 쌀 1단위 생산의 기회비용이 작다. 따라서 갑국은 쌀 생산에 비교 우위가 있다.

39 정답 ⑤ 문제편 p.84

[보 기]

ㄱ. 갑국에서 쌀 1단위 생산에 대한 기회비용은 옷 2단위이다.
ㄴ. 을국의 노동 시간이 10시간일 경우 쌀 2단위와 옷 2단위를 동시에 생산할 수 있다.
ㄷ. 갑국은 쌀과 옷 생산에 대해 모두 절대 우위를 가진다.
ㄹ. 을국은 쌀 생산에 대해 비교 우위를 가진다.

① ㄱ, ㄴ ② ㄱ, ㄷ ③ ㄴ, ㄷ ④ ㄴ, ㄹ ⑤ ㄷ, ㄹ

풀이

제시된 자료를 통해 갑국과 을국의 쌀과 옷 1단위 생산의 기회비용을 나타내면 다음과 같다.

구분	갑국	을국
쌀 1단위 생산의 기회비용	옷 $\frac{1}{2}$단위	옷 $\frac{1}{3}$단위
옷 1단위 생산의 기회비용	쌀 2단위	쌀 3단위

ㄱ. 갑국의 경우 쌀 1단위 생산의 기회비용은 옷 $\frac{1}{2}$단위이다.
ㄴ. 을국의 노동 시간이 10시간일 경우 쌀 2단위와 옷 1단위를 동시에 생산할 수 있다.
ㄷ. 쌀 1단위를 생산하는 데 갑국은 1시간, 을국은 2시간이 필요하며, 옷 1단위를 생산하는 데 갑국은 2시간, 을국은 6시간이 필요하다. 따라서 갑국은 쌀과 옷 생산 모두에 절대 우위가 있다.
ㄹ. 을국은 갑국보다 쌀 1단위 생산의 기회비용이 작다. 따라서 을국은 쌀 생산에 비교 우위가 있다.

핵심 문제 풀기 2회차

1 정답 ③ 문제편 p.85

① 갑은 공기업 민영화와 복지 정책의 축소를 주장한다.
② 갑은 자유 시장 경제를 부정하고 계획 경제를 주장한다.
③ 을은 큰 정부보다 작은 정부를 지향할 것을 주장한다.
④ 을은 개인이 재산을 자유롭게 소유할 수 있음을 부정한다.
⑤ 갑은 을과 달리 '보이지 않는 손'의 원리를 인정한다.

풀이

갑은 정부의 적극적인 시장 개입을 찬성하고 있으므로 수정 자본주의를 주장하고 있고, 을은 정부의 시장 개입을 반대하고 있으므로 신자유주의를 주장하고 있다. 즉, 갑은 큰 정부를, 을은 작은 정부를 주장한다.
① 갑은 공기업 민영화와 복지 정책의 축소를 반대한다.
② 갑은 자유 시장 경제를 부정하지 않는다.
④ 을은 사유 재산권을 강조한다.
⑤ 갑과 을은 모두 '보이지 않는 손'의 원리, 즉 시장 가격의 원리를 인정한다.

2 정답 ① 문제편 p.85

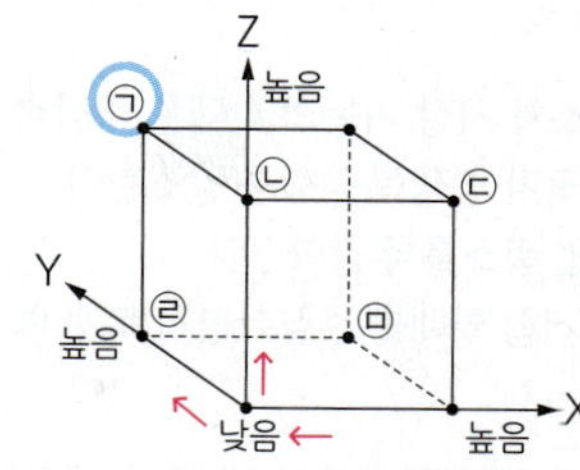

· X: 자유방임주의를 통한 국부의 증진을 강조하는 정도
· Y: 실업 문제에 대한 정부 개입의 필요성을 강조하는 정도
· Z: 시장 실패를 해결하기 위한 경제 정책 시행을 강조하는 정도

① ㉠ ② ㉡ ③ ㉢ ④ ㉣ ⑤ ㉤

풀이

(가)는 애덤 스미스의 입장이고, (나)는 케인스의 입장이다.
① 케인스는 스미스에 비해 자유방임주의를 통한 국부의 증진을 강조하는 정도는 낮고, 실업 문제와 시장 실패 해결을 위한 정부의 개입, 경제 정책 시행을 강조하는 정도는 높다.

3 정답 ⑤ 문제편 p.85

① (가)는 큰 정부를 지향한다.
② (나)를 토대로 '뉴딜 정책'이 추진되었다.
③ (다)는 공기업의 민영화, 복지 축소를 지향한다.
④ (가), (다)는 (나)와 달리 사유 재산 제도를 인정한다.
⑤ 역사적으로 (가)-(다)-(나) 순으로 등장하였다.

풀이

(가)는 자유방임주의, (나)는 신자유주의, (다)는 수정 자본주의에 해당한다. 자본주의는 (가)→(다)→(나) 순으로 등장하였다.
① 자유방임주의는 작은 정부를 지향한다.
② 뉴딜 정책은 수정 자본주의를 토대로 추진되었다.
③ 수정 자본주의는 정부의 적극적인 시장 개입을 주장하며 공기업의 민영화, 복지 축소를 반대하였다.
④ 자유방임주의, 신자유주의, 수정 자본주의는 모두 사유 재산 제도를 인정한다.

4 정답 ③ 문제편 p.85

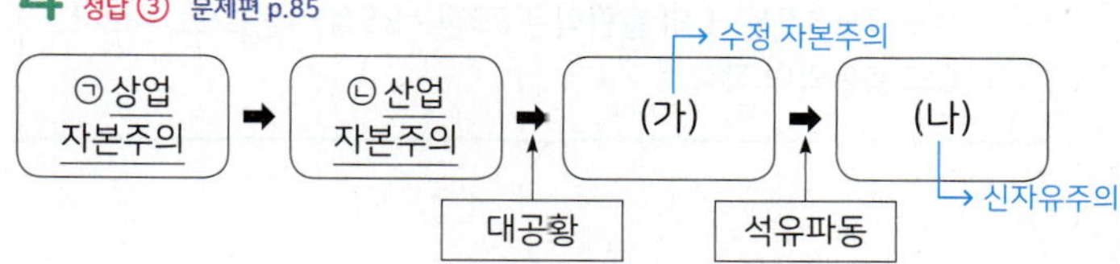

① 산업 혁명은 ㉠의 등장 배경으로 작용하였다.
② ㉠은 ㉡과 달리 '보이지 않는 손'의 역할을 중시하였다.
③ (나)는 공기업의 민영화에 적극적이다.
④ (가)는 (나)와 달리 정부의 시장 개입을 축소해야 한다고 본다.
⑤ (나)는 (가)와 달리 복지 예산의 확대를 추구한다.

풀이

대공황 이후 수정 자본주의가 등장하였고, 석유파동 이후 신자유주의가 등장하였다. 따라서 (가)는 수정 자본주의, (나)는 신자유주의이다.

① 산업 혁명은 산업 자본주의의 등장 배경으로 작용하였다.
② 산업 자본주의는 자유 방임주의를 바탕으로 '보이지 않는 손'의 역할을 중시하였다.
③ 신자유주의는 정부의 역할 축소와 시장 기능의 확대를 주장하므로 공기업의 민영화를 통한 국가 경쟁력 강화를 강조한다.
④ 신자유주의는 정부의 시장 개입 축소를 주장하였다.
⑤ 수정 자본주의는 정부의 시장 개입 확대를 주장하면서 복지 예산의 확대를 추구하였다.

5 정답 ① 문제편 p.86

합리적 소비자인 갑은 휴대폰을 새로 구입할 예정이며, 갑의 휴대폰 선택의 기준은 표와 같다. (단, 편익의 크기는 점수로 표시하였다.)

휴대폰 \ 평가 항목	가격 (40점)	디자인 (30점)	기능 (20점)	인기도 (10점)
A	35	30	20	10
B	35	25	18	8
C	40	20	16	9

① A를 선택하는 것이 합리적이다.
② 기능만을 고려한다면 B를 선택할 것이다.
③ 갑은 평가 항목 중 디자인을 가장 중시한다.
④ 총편익의 순위는 인기도의 순위와 일치한다.
⑤ 가격 항목에 10%의 가중치 부여 시 A보다 C의 총편익이 크다.

풀이

총편익은 A의 경우 95점, B의 경우 86점, C의 경우 85점이다. 따라서 합리적 선택은 A를 선택하는 것이다.
② 기능만을 고려한다면 A를 선택할 것이다.
③ 갑은 평가 항목 중 가격을 가장 중시한다.
④ 총편익은 A>B>C 순이고, 인기도는 A>C>B 순이다.
⑤ 가격 항목에 10%의 가중치를 부여하면 A의 총편익은 98.5점(=95점+3.5점), C의 총편익은 89점(=85점+4점)으로, A보다 C의 총편익이 작다.

6 정답 ② 문제편 p.86

[보 기]

ㄱ. B를 선택하는 것이 합리적이다.
ㄴ. B를 선택할 경우의 명시적 비용은 100만 원이다.
ㄷ. C를 선택할 경우의 암묵적 비용은 30만 원이다.
ㄹ. A를 선택할 경우의 기회비용은 C를 선택할 경우보다 크다.

① ㄱ, ㄴ ② ㄱ, ㄷ ③ ㄴ, ㄷ ④ ㄴ, ㄹ ⑤ ㄷ, ㄹ

풀이

(단위: 만 원)

구분	A	B	C
편익	80	100	120
명시적 비용	60	70	110
암묵적 비용	30	20	30
기회비용	90	90	140
편익-기회비용	-10	10	-20

편익-기회비용은 A와 C를 선택할 경우 각각 음(-)의 값이고, B를 선택할 경우 양(+)의 값이므로 B를 선택하는 것이 합리적이다.
ㄴ. B를 선택할 경우의 명시적 비용은 70만 원이다.
ㄹ. A를 선택할 경우의 기회비용은 90만 원이고, C를 선택할 경우의 기회비용은 140만 원이다. 따라서 A를 선택할 경우의 기회비용은 C를 선택할 경우의 기회비용보다 작다.

7 정답 ④ 문제편 p.86

갑은 주말 저녁 3시간 동안의 여가를 즐기기 위해 체험료가 3만 원인 ㉠ 도자기 공예 체험과 관람료가 2만 원인 ㉡ 밴드 공연 관람 중 하나를 합리적으로 선택하고자 한다. 갑의 선택에 따른 편익을 화폐 가치로 표시하면 각각 ㉢ 4만 원으로 같다. 단, 제시된 내용 이외의 조건은 고려하지 않는다.

① ㉠ 선택에 따른 명시적 비용은 1만 원이다.
② ㉡ 선택에 따른 암묵적 비용은 3만 원이다.
③ ㉠은 ㉡보다 선택에 따른 기회비용이 작다.
④ ㉡은 ㉠과 달리 선택에 따른 편익이 기회비용보다 크다.
⑤ ㉢이 5만 원으로 상승하면 ㉠을 선택하는 것이 합리적이다.

풀이

제시된 자료를 바탕으로 ㉠과 ㉡ 선택의 편익, 명시적 비용, 암묵적 비용, 기회비용 및 편익-기회비용을 나타내면 다음과 같다.

(단위: 만 원)

구분	㉠	㉡
편익	4	4
명시적 비용	3	2
암묵적 비용	2	1
기회비용	5	3
편익 - 기회 비용	-1	1

① ㉠ 선택에 따른 명시적 비용은 3만 원이다.
② ㉡ 선택에 따른 암묵적 비용은 1만 원(=4만 원-3만 원)이다.
③ ㉠ 선택에 따른 기회비용은 5만 원(=3만 원+2만 원)이고, ㉡ 선택에 따른 기회비용은 3만 원(=2만 원+1만 원)이다. 따라서 ㉠은 ㉡보다 선택에 따른 기회비용이 크다.

④ ㉠의 경우 선택에 따른 편익이 4만 원, 기회비용이 5만 원으로 편익이 기회비용보다 작다. ㉡의 경우 선택에 따른 편익이 4만 원, 기회비용이 3만 원으로 편익이 기회비용보다 크다.

⑤ ㉢이 5만 원으로 상승할 경우 ㉠과 ㉡ 선택의 편익, 명시적 비용, 암묵적 비용, 기회비용 및 편익-기회비용을 나타내면 다음과 같다.

<㉢이 5만 원일 경우>

(단위: 만 원)

구분		㉠	㉡
편익		5	5
	명시적 비용	3	2
	암묵적 비용	3	2
기회비용		6	4
편익 - 기회 비용		-1	1

㉢이 5만 원으로 상승하면, ㉠ 선택에 따른 편익-기회비용은 음(-)의 값이고, ㉡ 선택에 따른 편익-기회비용은 양(+)의 값이므로 ㉡을 선택하는 것이 합리적이다.

8 정답 ② 문제편 p.86

[보 기]

ㄱ. ㉠은 희소성 때문에 발생한다.

ㄴ. ㉡으로 인한 편익은 갑이 공연 티켓을 구매할 경우 발생하는 명시적 비용이다. (→ 공연 티켓 비용)

ㄷ. 갑의 한정판 운동화 구매로 인한 편익은 기회비용보다 크다.

ㄹ. 갑의 공연 티켓 구매는 한정판 운동화 구매에 비해 편익에서 기회비용을 뺀 값이 크다. (작다)

① ㄱ, ㄴ ② ㄱ, ㄷ ③ ㄴ, ㄷ ④ ㄴ, ㄹ ⑤ ㄷ, ㄹ

풀이

갑이 공연 티켓과 한정판 운동화 구매를 놓고 고민에 빠진 것은 자원의 희소성으로 인한 선택의 문제에 해당한다. 갑이 한정판 운동화를 구매하는 것이 합리적 선택이므로 한정판 운동화 구매 시 편익-기회비용의 값이 양(+)의 값임을 알 수 있다.

ㄴ. 갑이 공연 티켓을 구매할 경우 발생하는 명시적 비용은 공연 티켓 비용이다.

ㄹ. 갑이 공연 티켓 구매 대신에 한정판 운동화를 구매한 것이 합리적 선택이므로 갑의 공연 티켓 구매는 한정판 운동화 구매에 비해 편익-기회비용이 작다.

9 정답 ② 문제편 p.87

① ㉠에서는 희소성으로 인한 경제 문제가 발생하지 않는다. (한다)

② ㉡은 매몰 비용에 해당한다.

③ ㉢은 커피 전문점에서 아르바이트를 할 경우에 발생하는 명시적 비용이다. (편익)

④ 해외로 패키지 여행을 떠날 경우에 발생하는 암묵적 비용은 없다. (있다)

⑤ 커피 전문점에서 아르바이트를 할 경우에 얻는 편익은 기회비용보다 작다. (크다)

풀이

① 모든 경제적 선택에 있어서는 희소성으로 인한 경제 문제가 발생한다.

② 해외 패키지 여행 상품을 위해 지불한 100만 원은 환불이나 재판매가 되지 않으므로 매몰 비용에 해당한다.

③ 커피 전문점에서 아르바이트를 할 경우 벌 수 있는 100만 원은 커피 전문점에서 아르바이트를 할 경우에 발생하는 편익에 해당한다.

④ 해외로 패키지 여행을 떠날 경우에 발생하는 암묵적 비용은 커피 전문점에서 아르바이트를 할 경우 벌 수 있는 100만 원이다.

⑤ 커피 전문점에서 아르바이트를 하기로 결정한 것으로 보아 커피 전문점에서 아르바이트를 할 경우에 얻는 편익이 기회비용보다 크다.

10 정답 ① 문제편 p.87

① ㉠은 짜장면 선택의 명시적 비용이다.

② ㉡은 짬뽕 선택의 암묵적 비용이다. (명시적)

③ ㉢의 편익이 작을수록 갑의 선택은 합리적이다. (편익-기회비용, 클수록)

④ 짜장면 선택의 기회비용은 ㉠과 ㉡의 합이다. (짬뽕 편익-㉡)

⑤ ㉠과 ㉡의 차는 매몰 비용이므로 선택 시 고려해서는 안 된다.

풀이

㉠은 짜장면 선택 시 명시적 비용에 해당하고, ㉡은 짬뽕 선택 시 명시적 비용에 해당한다.

③ ㉢의 편익-기회비용의 값이 클수록 갑의 ㉢ 선택은 합리적이다.

④ 짜장면 선택의 기회비용은 ㉠+(짬뽕 편익-㉡)이다.

⑤ ㉠과 ㉡의 차는 매몰 비용이 아니다. 한편, 매몰 비용은 이미 지불하여 회수할 수 없는 비용으로, 이는 합리적 선택 시 고려해서는 안 된다.

11 정답 ② 문제편 p.87

[보 기]

ㄱ. 경제적 유인을 중시한다.

ㄴ. 생산 수단을 국가가 소유한다. → 사회주의 경제 체제

ㄷ. 시장 가격에 의한 자원 배분이 강조된다.

ㄹ. 정부의 계획에 의해 기본적인 경제 문제가 해결된다. → 계획 경제 체제

① ㄱ, ㄴ ② ㄱ, ㄷ ③ ㄴ, ㄷ ④ ㄴ, ㄹ ⑤ ㄷ, ㄹ

풀이

재산권 보장, 개인과 기업의 자유와 창의 존중 등의 내용을 통해 갑국 경제 체제가 시장 경제 체제임을 알 수 있다. 시장 경제 체제에서는 경제적 유인을 중시하고, 시장 가격에 의해 자원이 배분되는 것을 중시한다.

ㄴ, ㄹ. 사회주의 계획 경제 체제의 특징에 해당한다.

12 정답 ⑤ 문제편 p.87

풀이

독점 시장, 공공재 부족, 외부 효과는 모두 시장의 한계, 즉 시장 실패에 해당한다. 즉, 독점 시장, 공공재 부족, 외부 효과는 모두 시장에서 자원 배분이 효율적으로 이루어지지 않은 것으로, 이는 시장 실패에 해당한다.

13 정답 ④ 문제편 p.88

[보기]

ㄱ. (가)는 전체 공급자 간에 공정한 경쟁이 이루어지고 있다.
ㄴ. (나)는 시장에 대한 정부 개입의 근거가 된다.
ㄷ. (나)는 (가)와 달리 긍정적 외부 효과가 발생한 사례이다.
ㄹ. (가), (나)는 모두 자원의 효율적인 배분이 저해되고 있다.

① ㄱ, ㄴ ② ㄱ, ㄷ ③ ㄴ, ㄷ ④ ㄴ, ㄹ ⑤ ㄷ, ㄹ

풀이

(가)는 독과점 시장에서의 불공정 거래를, (나)는 부정적 외부 효과를 보여 주고 있다.

ㄱ. (가)에서는 공급자 간 불공정한 경쟁이 이루어지고 있다.
ㄴ. 부정적 외부 효과는 시장 실패의 사례로, 정부의 시장 개입에 대한 근거가 될 수 있다.
ㄷ. (나)는 부정적 외부 효과가 발생한 사례이다.
ㄹ. 시장 실패는 시장에서 자원의 효율적 배분이 저해되어 나타난다.

14 정답 ④ 문제편 p.88

○ [A]는 일반적인 재화나 서비스와는 다른 특성을 가진다. 대가를 지급하지 않은 사람도 소비할 수 있고, 한 사람이 소비한다고 해서 다른 사람의 소비 기회가 줄어들지 않는다.

○ 어떤 경제 주체의 행동이 제3자에게 의도하지 않은 손해를 끼치면서도 이에 대한 대가를 치르지 않을 때 [B]가 발생하였다고 본다.

[보기]

ㄱ. A는 시장에서 과다 생산된다.
ㄴ. 정부는 A를 공급하는 역할을 담당한다.
ㄷ. B는 긍정적 외부 효과이다.
ㄹ. A, B 모두 자원이 비효율적으로 배분되는 시장 실패의 요인이다.

① ㄱ, ㄴ ② ㄱ, ㄷ ③ ㄴ, ㄷ ④ ㄴ, ㄹ ⑤ ㄷ, ㄹ

풀이

A는 배제성과 경합성이 모두 없는 공공재이고, B는 제3자에게 의도하지 않은 손해를 끼치면서도 이에 대한 대가를 지불하지 않아 발생하는 외부 불경제이다.

ㄱ. 공공재는 시장에 자유롭게 맡길 경우 사회가 필요한 만큼 생산되지 않는다. 따라서 공공재는 시장에서 과소 생산된다.
ㄴ. 정부는 사회 운영에 필요한 공공재를 직접 생산한다.
ㄷ. B는 외부 불경제, 즉 부정적 외부 효과이다.
ㄹ. 공공재와 외부 불경제는 모두 시장에서 자원 배분이 효율적으로 이루어지지 않아 발생하는 시장 실패의 요인에 해당한다.

15 정답 ① 문제편 p.88

① 기업의 사회적 책임을 이윤 극대화로 한정해야 하는가?
② 기업은 이윤 추구보다 공공의 이익을 우선해야 하는가?
③ 기업은 자유로운 경쟁 속에서 이윤을 추구해야 하는가?
④ 기업의 이윤 추구는 법의 테두리 안에서 이루어져야 하는가?
⑤ 기업의 이윤 추구는 자선적 책임을 수행해야만 정당화되는가?

풀이

갑은 기업의 사회적 책임 의무를 반대하는 입장이고, 을은 기업의 사회적 책임 의무를 강조하는 입장이다. 갑은 기업이 공정하고 합법적인 방식으로 이윤을 추구하는 것 이외에 책임을 질 필요가 없다고 주장한다. 반면, 을은 기업에게는 이윤 추구 이외에도 환경, 빈부 격차, 실업 문제 등 다양한 사회 문제에 대한 책임도 함께 이행해야 한다고 본다.

② 기업이 이윤 추구보다 공공의 이익을 우선해야 하느냐는 질문에 대해 갑과 을은 부정의 대답을 할 것이다.
③ 기업이 자유로운 경쟁 속에서 이윤을 추구해야 하느냐는 질문에 대해 갑과 을은 모두 긍정의 대답을 할 것이다.
④ 기업의 이윤 추구가 법의 테두리 안에서 이루어져야 하느냐는 질문에 대해 갑과 을은 모두 긍정의 대답을 할 것이다.
⑤ 기업의 이윤 추구가 자선적 책임을 수행해야만 정당화되느냐는 질문에 대해 갑은 부정의 대답을 할 것이다.

16 정답 ③ 문제편 p.88

① 기업은 환경오염을 예방하기 위해서 노력해야 하는가?
② 기업은 사회적 책무를 이행하기 위해 노력해야 하는가?
③ 기업의 유일한 사회적 책임은 기업 이윤의 극대화인가?
④ 기업은 법을 준수하면서 기업 이윤을 창출해야 하는가?
⑤ 기업은 공정 경쟁을 통해 기업 목적을 달성해야 하는가?

풀이

제시문의 필자는 기업에게 공정 경쟁을 통한 이윤 추구의 의무뿐만 아니라 환경, 사회 등에 미치는 영향력까지 고려해야 하는 사회적 책임 의무가 필요하다는 입장이다.

①, ② 환경오염 예방, 사회적 책무 등은 기업의 사회적 책임을 의미한다.

③ 제시문의 입장에 따르면, 기업은 이윤 극대화 이외에도 다양한 사회적 책임 의무를 이행해야 한다.

④, ⑤ 합법적이고 공정한 경쟁을 통한 기업의 이윤 추구는 기업의 목적이다.

17 정답 ② 문제편 p.89

[보 기]

ㄱ. ㉠에는 근로 3권을 침해하는 부분이 있다.
ㄴ. ㉡은 부당노동행위가 발생했을 때만 가능하다.
ㄷ. ㉢에 대해 노동조합은 노동위원회에 구제 신청을 할 수 있다.
ㄹ. ㉣은 정당한 해고에 해당된다.

① ㄱ, ㄴ ② ㄱ, ㄷ ③ ㄴ, ㄷ ④ ㄴ, ㄹ ⑤ ㄷ, ㄹ

풀이

갑은 입사 시 노동조합에 가입하지 않는 조건으로 근로 계약을 체결하였으므로, 근로 3권 중 단결권을 침해당하였다. 회사가 정당한 사유 없이 단체 교섭을 거부한 경우 노동조합은 노동위원회에 구제 신청을 할 수 있다.

ㄴ. 근로 조건의 개선 요구는 부당노동행위가 발생했을 때에만 가능한 것은 아니다.

ㄹ. 노동조합에 가입했다는 이유만으로 해고를 당한 것은 부당한 해고에 해당한다.

18 정답 ④ 문제편 p.89

[보 기]

ㄱ. 갑은 타인을 모방하는 소비를 하고 있다.
ㄴ. 을은 충동적으로 소비하고 있다.
ㄷ. 병은 자신의 소득을 고려한 소비를 하고 있다.
ㄹ. 정은 과시 욕구에 의한 소비를 하고 있다.

① ㄱ, ㄴ ② ㄱ, ㄷ ③ ㄷ, ㄹ
④ ㄱ, ㄴ, ㄹ ⑤ ㄴ, ㄷ, ㄹ

풀이

갑은 유행에 따른 모방 소비를 하고 있고, 을은 구매 계획이 없는 충동 소비를 하고 있으며, 병은 소득에 비해 소비가 많은 과소비를 하고 있고, 정은 남들보다 돋보이고 싶어 하는 과시 소비를 하고 있다.

ㄷ. 병은 자신의 소득을 고려하지 않은 소비를 하고 있다.

19 정답 ② 문제편 p.89

풀이

갑은 부를 과시하기 위해 재화나 서비스의 가격과 무관하게 상품이 주는 이미지에 따라 소비하는 비합리적 소비를 하고 있다. 을은 윤리적 기준을 적용하여 소비하는 윤리적 소비를 하고 있다.

① 갑이 생태계를 고려한 친환경 상품을 소비한다고 볼 수 없다.

③ 갑은 소득 수준에 비해 비싼 상품을 소비하고 있으므로 최소의 비용으로 최대의 만족을 추구한다고 보기 어렵다.

④ 갑은 상품이 주는 상징을 소비하고 있다.

⑤ 갑과 달리 을은 도덕적 실천을 행복의 조건으로 여긴다.

20 정답 ④ 문제편 p.89

[보 기]

ㄱ. 사회적 책임 의식을 바탕으로 소비해야 한다.
ㄴ. 지속가능한 발전에 도움이 되도록 소비해야 한다.
ㄷ. 인권과 같은 보편적 가치를 고려하여 소비해야 한다.
ㄹ. 경제적 효용성을 유일한 기준으로 삼아 소비해야 한다.

① ㄱ, ㄴ ② ㄱ, ㄹ ③ ㄷ, ㄹ
④ ㄱ, ㄴ, ㄷ ⑤ ㄴ, ㄷ, ㄹ

풀이

제시문의 필자는 개인의 합리적 소비와 더불어 환경, 인권 등 소비가 영향을 미칠 수 있는 사회적 요소까지 고려하는 윤리적 소비의 필요성을 주장한다.

21 정답 ① 문제편 p.90

① ㉠은 이자 수익을 얻을 수 있다.
② ㉡은 투자 원금이 보장되는 장점이 있다.
③ ㉣은 만기 전에 팔 수 없는 단점이 있다.
④ ㉡은 ㉢보다 안전성이 높다.
⑤ ㉡과 달리 ㉣은 배당금을 받을 수 있다.

풀이

정기 적금과 정기 예금은 이자 수익을 얻을 수 있고, 주식은 배당금과 시세 차익을 얻을 수 있으며, 채권은 이자 수익과 시세 차익을 얻을 수 있다.

22 정답 ③ 문제편 p.90

갑

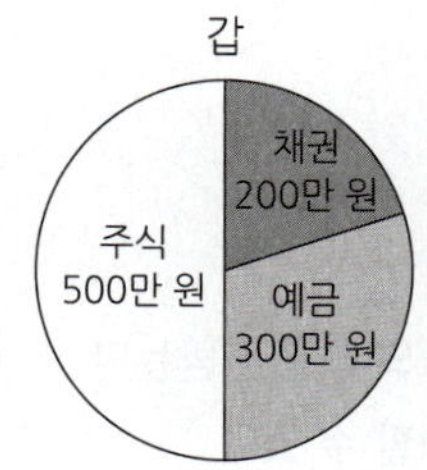

을

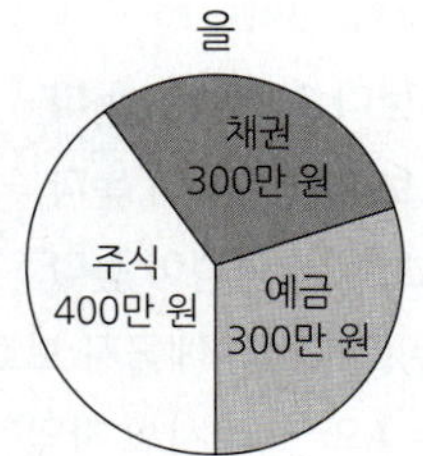

Ⅲ

① 배당금을 기대할 수 있는 금융 자산의 보유액은 을이 갑보다 크다.
② 이자 수익을 기대할 수 있는 금융 자산의 보유액은 갑과 을이 같다.
③ 시세 차익을 기대할 수 있는 금융 자산의 보유액은 갑과 을이 같다.
④ 예금자 보호 제도의 적용을 받는 금융 자산의 보유액은 갑이 을보다 크다.
⑤ 정부나 기업 등이 자금을 빌린 후 제공하는 증서인 금융 자산의 보유액은 갑과 을이 같다.

풀이

갑은 주식에 50%, 채권에 20%, 예금에 30%를 투자하고 있고, 을은 주식에 40%, 채권에 30%, 예금에 30%를 투자하고 있다.

① 배당금을 기대할 수 있는 금융 상품은 주식이다. 주식의 보유액은 갑이 500만 원, 을이 400만 원으로, 을이 갑보다 작다.
② 이자 수익을 기대할 수 있는 금융 상품은 채권과 예금이다. 채권과 예금의 보유액은 갑이 500만 원, 을이 600만 원으로, 을이 갑보다 크다.
③ 시세 차익을 기대할 수 있는 금융 상품은 주식과 채권이다. 주식과 채권의 보유액은 갑이 700만 원, 을이 700만 원으로, 갑과 을이 같다.
④ 예금자 보호 제도의 적용을 받는 금융 상품은 예금이다. 예금의 보유액은 갑이 300만 원, 을이 300만 원으로, 갑과 을이 같다.
⑤ 정부나 기업 등이 자금을 빌린 후 제공하는 증서는 채권이다. 채권의 보유액은 갑이 200만 원, 을이 300만 원으로, 을이 갑보다 크다.

23 정답 ④ 문제편 p.90

[보 기]

ㄱ. 갑은 을과 달리 분산 투자를 하고 있다.
ㄴ. 갑은 을에 비해 안전성을 중시하는 투자 성향을 지녔다.
ㄷ. 을은 갑에 비해 원금이 보장되는 금융 상품을 선호한다.
ㄹ. 을은 갑에 비해 '고위험-고수익' 금융 자산의 비중이 높다.

① ㄱ, ㄴ　② ㄱ, ㄷ　③ ㄴ, ㄷ　④ ㄴ, ㄹ　⑤ ㄷ, ㄹ

풀이

갑은 예금, 보험, 채권에 투자하고 있고, 을은 주식, 펀드, 채권, 보험, 예금에 투자하고 있다. 즉, 갑은 을에 비해 안전성을 중시하고 있고, 을은 갑에 비해 수익성을 중시하고 있다.

ㄱ. 갑과 을은 분산 투자를 하고 있다.
ㄷ. 갑은 을에 비해 안전성을 중시하고 있으므로 원금이 보장되는 금융 상품을 선호한다.

24 정답 ② 문제편 p.90

① A는 B보다 안전성이 높다.
② B는 C보다 유동성이 높다.
③ C는 A보다 수익성이 높다.
④ A, B는 C와 달리 예금자 보호 제도의 적용을 받는다.
⑤ B, C는 A와 달리 시세 차익이 발생할 수 있다.

풀이

A는 주식, B는 요구불 예금, C는 채권이다. 요구불 예금은 입출금이 자유로운 예금이므로 채권보다 유동성이 높다.

25 정답 ④ 문제편 p.91

① ㉡은 ㉠에 비해 일반적으로 안전성이 높다.
② ㉢은 ㉡과 달리 만기가 없다.
③ ㉠, ㉡은 모두 배당 수익을 기대할 수 있다.
④ 2019년에 이자 수익을 기대할 수 있는 금융 자산의 비중은 60%보다 크다.
⑤ 2020년에 시세 차익을 기대할 수 있는 금융 자산의 비중은 2019년보다 감소하였다.

풀이

① 예금은 주식에 비해 일반적으로 안전성이 높다.
② 채권은 만기가 있으나, 주식은 만기가 없다.
③ 배당 수익을 기대할 수 있는 금융 자산은 주식이다.
④ 이자 수익을 기대할 수 있는 금융 자산은 예금과 채권이다. 2019년에 예금과 채권의 비중은 68.5%이다.
⑤ 시세 차익을 기대할 수 있는 금융 자산은 주식과 채권이다. 주식과 채권의 비중은 2019년의 경우 59.5%, 2020년의 경우 70.5%이다. 따라서 2020년에 주식과 채권의 비중은 2019년보다 증가하였다.

26 정답 ② 문제편 p.91

① (가) - 시세 차익을 얻을 수 있는가?
② (가) - 예금자 보호 제도가 적용되는가?
③ (나) - 금융 자산에 해당하는가?
④ (나) - 원금 손실의 위험성이 없는가?
⑤ (나) - 이자 수익을 목적으로 하는가?

풀이

A는 예금, B는 주식이며, (가)에는 예금에만 해당하는 질문이, (나)에는 주식에만 해당하는 질문이 들어갈 수 있다. 예금자 보호 제도는 예금에만 적용된다. 따라서 '예금자 보호 제도가 적용되는가?'는 (가)에 들어갈 수 있다.

① 시세 차익을 얻을 수 있는 것은 주식이다. 따라서 해당 내용은 (나)에 들어갈 수 있다.
③ 예금과 주식은 모두 금융 자산에 해당한다.
④ 원금 손실의 위험성이 없는 것은 예금이다. 따라서 해당 내용은 (가)에 들어갈 수 있다.
⑤ 이자 수익을 목적으로 하는 것은 예금이다. 따라서 해당 내용은 (가)에 들어갈 수 있다.

27 정답 ④ 문제편 p.91

① (가)는 탈세가 용이하여 정부의 조세 행정에 어려움이 발생한다.
② (나)는 할부 서비스를 통한 분할 상환이 가능하다.
③ (다)는 구매자와 판매자의 계좌 번호를 알아야만 사용 가능하다.
④ (다)는 (가)에 비해 과소비를 예방하기에 용이하다.
⑤ (다)는 (가), (나)와 달리 투명한 상거래 정착에 기여한다.

풀이

소비자의 상품 대금 지급이 일정 기간 유예되는 것은 신용 카드이고, 결제와 동시에 해당 금액이 계좌 잔액에서 감소하는 것은 직불 카드이다. 따라서 (가)는 신용 카드, (나)는 직불 카드, (다)는 현금이다. 현금은 신용 카드에 비해 과소비를 예방하기에 용이하다.
① 탈세가 용이한 것은 현금이다.
② 할부 서비스를 통한 분할 상환이 가능한 것은 신용 카드이다.
③ 현금은 구매자, 판매자의 계좌 번호와 상관없이 사용 가능하다.
⑤ 신용 카드와 직불 카드는 현금과 달리 투명한 상거래 정착에 기여한다.

28 정답 ② 문제편 p.91

[보기]
ㄱ. 갑은 을에 비해 안전성을 중시할 것이다.
ㄴ. 을은 갑에 비해 유동성을 중시할 것이다.
ㄷ. 병은 갑과 달리 분산 투자를 선호할 것이다.
ㄹ. 병은 을과 달리 수익성을 중시할 것이다.

① ㄱ, ㄴ ② ㄱ, ㄷ ③ ㄴ, ㄷ ④ ㄴ, ㄹ ⑤ ㄷ, ㄹ

풀이

갑은 요구불 예금에, 을은 주식에, 병은 채권과 주식에 투자하기로 하였다. 따라서 갑은 을, 병에 비해 안전성을 중시할 것임을 알 수 있고, 병은 갑, 을과 달리 분산 투자를 선호할 것임을 알 수 있다.
ㄴ. 요구불 예금은 주식에 비해 유동성이 높은 편이다. 따라서 갑은 을에 비해 유동성을 중시할 것이다.
ㄹ. 을과 병은 모두 주식에 투자하기로 하였다. 따라서 을과 병은 모두 수익성을 중시할 것이다.

29 정답 ① 문제편 p.92

[보기]
ㄱ. B는 저축이다.
ㄴ. A+C가 B보다 크면 노후의 안정적인 경제생활을 저해한다.
ㄷ. T 시기부터 소득이 발생한다.
ㄹ. T+1 시기에 누적 저축액은 0이다.

① ㄱ, ㄴ ② ㄱ, ㄷ ③ ㄴ, ㄷ ④ ㄴ, ㄹ ⑤ ㄷ, ㄹ

풀이

A와 C는 소득보다 소비가 많으므로 음(-)의 저축을 나타내고, B는 소득이 소비보다 많으므로 양(+)의 저축이 나타난다. B가 A+C보다 크면 안정적인 노후 대비가 가능하다.

30 정답 ③ 문제편 p.92

① ㉠은 지출이 '0'이 되는 지점이다.
② B가 A보다 클 때 안정된 노후 대비가 가능해진다.
③ (가) 시기는 수입만으로 지출을 충당할 수 없다.
④ (나) 시기는 수입보다 지출이 많아 부채가 증가한다.
⑤ (다) 시기는 (나) 시기에 비해 수입 대비 저축의 비중이 높다.

풀이

A는 수입이 지출보다 많으므로 양(+)의 저축인 부분을, B는 지출이 수입보다 많으므로 음(-)의 저축인 부분을 나타낸다. (가) 시기는 수입보다 지출이 많으므로 수입만으로 지출을 충당할 수 없다.
① ㉠은 저축이 최대가 되는 지점이다.
② A가 B보다 클 때 안정적인 노후를 대비할 수 있다.
④ (나) 시기는 수입이 지출보다 많아 저축이 증가한다.
⑤ (나) 시기는 (다) 시기에 비해 수입 대비 저축의 비중이 높다.

31 정답 ⑤ 문제편 p.92

갑국과 을국은 각각 쌀과 반도체만을 생산한다. 표는 갑국과 을국의 각 재화 1단위 생산에 필요한 노동자 수를 나타낸다. 단, 양국의 생산 요소는 노동뿐이며, 노동자 수는 동일하다.

구분	갑국	을국
쌀	2명	3명
반도체	4명	5명

① 쌀의 최대 생산 가능량은 갑국이 을국보다 적다.
② 을국은 쌀과 반도체 생산에 모두 절대 우위를 가진다.
③ 갑국의 쌀 1단위 생산의 기회비용은 반도체 2단위이다.
④ 반도체 1단위 생산의 기회비용은 갑국이 을국보다 작다.
⑤ 갑국은 쌀 생산에, 을국은 반도체 생산에 비교 우위를 가진다.

풀이

제시된 자료를 바탕으로 갑국과 을국의 쌀과 반도체 1단위 생산의 기회비용을 나타내면 다음과 같다.

구분	갑국	을국
쌀 1단위 생산의 기회비용	반도체 $\frac{1}{2}$ 단위	반도체 $\frac{3}{5}$ 단위
반도체 1단위 생산의 기회비용	쌀 2단위	쌀 $\frac{5}{3}$단위

① 갑국과 을국의 노동자 수는 동일하고, 쌀 1단위 생산에 필요한 노동자 수는 갑국이 2명, 을국이 3명이므로 쌀의 최대 생산 가능량은 갑국이 을국보다 많다.
② 쌀 1단위 생산에 필요한 노동자 수는 갑국이 을국보다 적으며, 반도체 1단위 생산에 필요한 노동자 수 또한 갑국이 을국보다 적다. 따라서 갑국은 쌀과 반도체 생산에 모두 절대 우위를 가진다.
③ 갑국의 쌀 1단위 생산의 기회비용은 반도체 $\frac{1}{2}$단위이다.
④ 반도체 1단위 생산의 기회비용은 갑국이 쌀 2단위, 을국이 쌀 $\frac{5}{3}$단위이다. 따라서 반도체 1단위 생산의 기회비용은 갑국이 을국보다 크다.
⑤ 쌀 1단위 생산의 기회비용은 갑국이 을국보다 작으므로 갑국은 쌀 생산에 비교 우위를 가진다. 반도체 1단위 생산의 기회비용은 을국이 갑국보다 작으므로 을국은 반도체 생산에 비교 우위를 가진다.

32 정답 ④ 문제편 p.92

[보기]
ㄱ. 갑은 자유 무역 협정 체결에 반대한다. (찬성)
ㄴ. 갑은 을에 비해 무역을 통한 경제 성장의 효과를 중시할 것이다.
ㄷ. 을은 갑에 비해 소비자의 다양한 상품 선택 기회를 중시할 것이다.
ㄹ. ㉠에는 '경쟁력을 갖추지 못한 국내 산업의 쇠퇴'가 들어갈 수 있다.

① ㄱ, ㄴ ② ㄱ, ㄷ ③ ㄴ, ㄷ ④ ㄴ, ㄹ ⑤ ㄷ, ㄹ

풀이
자유 무역으로 인해 선진 기술에의 접근이 용이하고, 다양한 상품이나 서비스를 낮은 가격에 소비할 기회가 증가하며, 외국 기업과의 경쟁 과정에서 국내 기업의 효율성과 생산성이 높아질 것이다. 반면, 자유 무역으로 인해 경쟁력을 갖추지 못한 국내 산업과 기업이 불안해질 수 있고, 국가 간 빈부 격차가 확대될 수 있다.
ㄱ. 갑은 자유 무역 협정 체결에 대해 찬성하고 있다.
ㄷ. 소비자의 다양한 상품 선택 기회를 중시할 사람은 갑이다.

심화 문제 풀기

1 정답 ② 문제편 p.93

관점 \ 학생	갑	을	병	정	무
인간의 이기심은 경제 발전의 원동력이 될 수 있다.	√	√		√	
사익 추구를 허용하면 물질적 생산이 줄어들게 된다. (증가하게)			√	√	√
노동의 분업화는 사회적 부의 창출에 기여하지 못한다. (한다)	√		√		√
작업 과정을 분담하여 일하면 생산의 효율성이 증가한다.		√		√	√

① 갑 ② 을 ③ 병 ④ 정 ⑤ 무

풀이
제시문의 사상가는 애덤 스미스이다. 애덤 스미스는 사람들의 이기심에 의한 이윤 추구 활동('보이지 않는 손')이 경제 전체에 긍정적 영향을 미치며, 사익 추구의 허용은 경쟁 심리를 유도하여 물질적 생산 증가를 가져온다고 보았다. 또한 애덤 스미스는 분업이 노동 생산성을 향상시키고 사회적 부의 창출에도 기여한다고 주장하였다.

2 정답 ④ 문제편 p.93

질문	A (신자유주의)	B (수정 자본주의)
복지 정책을 강화해야 하는가?	아니요	예
(가)	㉠	㉡

① A를 토대로 뉴딜 정책이 추진되었다. (B)
② B는 노동 시장의 유연화를 지향한다. (A)
③ (가)가 '공기업의 민영화를 찬성하는가?'라면, ㉠은 '아니요', ㉡은 '예'이다. (신자유주의 / 예 / 아니요)
④ ㉠과 ㉡이 서로 다른 대답이라면, (가)에는 '사유 재산 제도를 인정하는가?'가 들어갈 수 없다. (신자유주의, 수정 자본주의)
⑤ ㉠과 ㉡이 동일한 대답이라면, (가)에는 '큰 정부보다 작은 정부를 지향하는가?'가 들어갈 수 있다. (신자유주의 / 없다)

풀이
수정 자본주의와 신자유주의 중 복지 정책의 강화를 주장하는 자본주의는 수정 자본주의이다. 따라서 A는 신자유주의, B는 수정 자본주의이다.
① 뉴딜 정책은 미국의 대공황을 극복하기 위해 루즈벨트 대통령이 주도한 경제 정책이다. 뉴딜 정책은 수정 자본주의를 토대로 추진되었다.
② 신자유주의는 노동 시장의 유연화를 지향한다.
③ 공기업의 민영화를 찬성하는 자본주의는 신자유주의이다. 따라서 해당 질문이 (가)에 들어가면, ㉠은 '예', ㉡은 '아니요'이다.

④ 사유 재산을 인정하는 것은 자본주의의 기본 요소이다. 수정 자본주의와 신자유주의는 자본주의의 발전 과정으로, 신자유주의와 수정 자본주의는 모두 사유 재산 제도를 인정한다. 따라서 ㉠과 ㉡이 서로 다른 대답이라면, 해당 질문은 (가)에 들어갈 수 없다.
⑤ 신자유주의는 수정 자본주의와 달리 큰 정부보다 작은 정부를 지향한다. 따라서 ㉠과 ㉡이 동일한 대답이라면, 해당 질문은 (가)에 들어갈 수 없다.

3 정답 ② 문제편 p.93

풀이

대공황을 배경으로 등장하여 정부의 적극적인 시장 개입을 옹호하는 것은 수정 자본주의이다. 따라서 A는 수정 자본주의, B는 신자유주의이다. 신자유주의는 자유 무역의 확대, 복지 축소, 경제 관련 규제 완화, 공기업의 민영화를 통한 국제 경쟁력 강화를 강조한다.
① 수정 자본주의는 큰 정부를 지향한다.
③ 신자유주의는 자원 배분에 있어 효율성을 추구한다.
④ ㉠에는 '아니요'가 적절하다.
⑤ 수정 자본주의와 신자유주의는 모두 사유 재산 제도를 인정한다. 따라서 해당 질문은 (가)에 들어갈 수 없다.

4 정답 ⑤ 문제편 p.93

[보기]

ㄱ. A는 B보다 명시적 비용이 크다. (작다)
ㄴ. B가 C보다 선택에 따른 기회비용이 작다. (크다)
ㄷ. C를 선택하는 것이 합리적이다.
ㄹ. A~C의 편익이 50%씩 감소해도 갑의 선택은 같다.

① ㄱ, ㄴ ② ㄱ, ㄷ ③ ㄴ, ㄷ ④ ㄴ, ㄹ ⑤ ㄷ, ㄹ

풀이

제시된 자료를 통해 A~C 선택에 따른 편익과 기회비용을 나타내면 다음과 같다.

(단위: 원)

구분	편익	가격(명시적 비용)	암묵적 비용	기회비용	편익-기회비용
A	56,000	20,000	42,000	62,000	-6,000
B	50,000	25,000	42,000	67,000	-17,000
C	60,000	18,000	36,000	54,000	6,000

ㄱ. A 선택에 따른 명시적 비용은 20,000원이고, B 선택에 따른 명시적 비용은 25,000원이다.
ㄴ. B 선택에 따른 기회비용은 67,000원이고, C 선택에 따른 기회비용은 54,000원이다.
ㄷ. C를 선택할 때 편익-기회비용이 양(+)의 값이므로 C를 선택하는 것이 합리적이다.
ㄹ. A~C의 편익이 50% 감소할 경우 A~C 선택에 따른 편익과 기회비용을 나타내면 다음과 같다.

<편익이 50% 감소할 경우>

(단위: 원)

구분	편익	가격(명시적 비용)	암묵적 비용	기회비용	편익-기회비용
A	28,000	20,000	12,000	32,000	-4,000
B	25,000	25,000	12,000	37,000	-12,000
C	30,000	18,000	8,000	26,000	4,000

A~C의 편익이 50% 감소할 경우 C를 선택할 때 편익-기회비용이 양(+)의 값이므로 C를 선택하는 것이 합리적이다.

5 정답 ① 문제편 p.94

[보기]

ㄱ. ㉠은 빵집 운영의 암묵적 비용이다.
ㄴ. 빵집을 계속 운영하는 것은 비합리적 선택이다. (편익 - 기회비용이 음(-)의 값임)
ㄷ. 빵집 운영의 명시적 비용은 월 500만 원이다. (1,000)
ㄹ. 빵집 운영의 기회비용은 월 1,200만 원이다. (1,250)

① ㄱ, ㄴ ② ㄱ, ㄷ ③ ㄴ, ㄷ ④ ㄴ, ㄹ ⑤ ㄷ, ㄹ

풀이

회사 취업 시 받는 임금은 빵집 운영을 선택할 때의 암묵적 비용으로, 빵집 운영 선택에 따른 기회비용에 포함된다. 빵집 운영 시 편익은 월 1,200만 원이고, 기회비용은 '명시적 비용인 월 1,000만 원'+'암묵적 비용인 월 250만 원'=1,250만 원이므로 편익 - 기회비용은 -50만 원이다. 따라서 빵집을 계속 운영하는 것은 비합리적이다.
ㄷ. 빵집 운영의 명시적 비용은 월 1,000만 원이다.
ㄹ. 빵집 운영의 기회비용은 월 1,250만 원이다.

6 정답 ④ 문제편 p.94

구입 개수 \ 상점	A	B	C
두 개	개당 10% 할인 (개당 900원)	개당 20% 할인 (개당 800원)	할인 없음
세 개	개당 10% 할인된 가격에서 추가로 20% 할인 (개당 720원)	개당 20% 할인된 가격에서 추가로 10% 할인 (개당 720원)	세 개 모두 30% 할인 (개당 700원)

풀이

X재 2개를 구입할 경우 X재 1개의 가격은 A 상점에서는 900원, B 상점에서는 800원, C 상점에서는 1,000원이다. X재 3개를 구입할 경우 X재 1개의 가격은 A 상점에서는 720원, B 상점에서는 720원, C 상점에서는 700원이다. X재 2개를 구입하려면 B 상점에서 사는 것이 합리적이고, X재 3개를 구입하려면 C 상점에서 사는 것이 합리적이다.
ㄱ. X재 2개를 구입할 때 B 상점에서 사는 것이 합리적이므로 최소 비용은 1,600원이다.
ㄷ. X재 3개를 A에서 구입한다면 개당 가격은 720원이다.

7 정답 ④ 문제편 p.94

풀이

토지 시장과 노동 시장은 모두 생산 요소 시장에 해당한다. 생산 요소 시장에서는 토지, 노동, 자본 등과 같은 생산 요소가 거래된다.

① 생산 요소 시장에서는 생산 요소가 거래된다.
②, ③ 생산 요소 시장에서 가계는 공급자에 해당한다.
⑤ 생산 요소의 가격은 생산 요소 시장에서 결정된다.

8 정답 ② 문제편 p.94

① (가)에서는 공공재의 공급 부족이 나타난다.
② (나)는 생산 과정에서 나타나는 부정적인 외부 효과를 보여 준다.
③ (나)에서는 가죽 제품의 시장 거래량이 사회적으로 적정한 수량보다 적다.
④ (가)와 달리 (나)에서는 자원이 시장에서 효율적으로 배분된다.
⑤ (나)와 달리 (가)에서는 정부의 시장 개입을 통해 생산량을 줄일 필요가 있다.

풀이

(가)에는 과점 시장에서 발생한 담합이 나타나 있고, (나)에는 환경오염이라는 외부 불경제가 나타나 있다.

① 공공재의 공급 부족은 시장 실패에 해당한다. 그러나 (가)에는 공공재의 공급 부족이 나타나 있지 않다.
③ (나)에서는 가죽 제품의 시장 거래량이 사회적으로 적정한 수량보다 많다.
④ (가)와 (나) 모두 시장 실패에 해당하므로 자원이 시장에서 효율적으로 배분되지 못하고 있다.
⑤ (나)에서는 정부의 시장 개입을 통해 생산량을 줄여야 한다.

9 정답 ② 문제편 p.95

[보 기]

ㄱ. ㉠으로 여가 시간이 감소되어 근로자의 삶의 질이 저하될 수 있다.
ㄴ. ㉡은 근로자의 안정적인 생활을 위해 최소한의 임금을 보장하기 위한 것이다.
ㄷ. ㉢은 근로자의 권리를 보장하기 위해 근로 조건을 개선하려는 것이다.
ㄹ. ㉣은 근로 3권 중 단체 행동권과 관련된다.

① ㄱ, ㄴ ② ㄱ, ㄷ ③ ㄴ, ㄷ ④ ㄴ, ㄹ ⑤ ㄷ, ㄹ

풀이

ㄴ. 근로자의 안정적인 생활을 위해 최소한의 임금을 보장하기 위한 제도는 최저 임금제이다. 초과 근로 수당 지급은 최저 임금제와 관련 없다.
ㄹ. 근로 3권에는 단결권, 단체 교섭권, 단체 행동권이 있다. 노사 교섭은 근로 3권 중 단체 교섭권과 관련된다.

10 정답 ① 문제편 p.95

풀이

제시된 사례에는 실시간 판매량이 많은 상품인 경우 그 상품을 필요로 하지 않은 사람들도 구입하는 비합리적인 소비가 나타나 있다. 이는 자신의 필요나 선호도와 관계없이 다른 사람들이 많이 구매하는 것을 무조건 따라서 구매하는 것으로, 타인을 의식하여 비합리적인 소비를 하는 경우에 해당한다.

ㄷ. 제시된 사례는 자신의 부와 지위를 과시하기 위한 과시 소비에 해당하지 않는다.
ㄹ. 제시된 사례는 어떤 상품을 소비하는 사람이 증가할수록 그 상품에 대한 소비가 증가하는 현상을 보여 준다.

11 정답 ① 문제편 p.95

상담 전	
적금	170만 원
청약저축	20만 원
생활비 지출	185만 원
합계	375만 원

➡

상담 후	
적금	60만 원
주식형 펀드	70만 원
채권혼합형 펀드	45만 원
청약저축	20만 원
연금저축	30만 원
생활비 지출	150만 원
합계	375만 원

풀이

갑은 상담 후 주식형 펀드와 채권혼합형 펀드에 투자하였고, 연금 저축에 가입하였다. 이를 통해 수익성이 큰 금융 상품에 투자를 하였고, 노후 대비를 목적으로 한 상품에 가입하였음을 알 수 있다.

② 연금 저축에 가입하였고 생활비 지출을 줄인 것으로 보아 현재의 소비보다 미래의 소비를 중시하라는 조언을 추론할 수 있다.
③ 주식형 펀드와 채권혼합형 펀드는 모두 원금 손실의 위험성이 높다.
④ 갑은 실물 자산을 보유하고 있지 않다.
⑤ 갑이 연금 저축에 가입한 것을 보아 노후를 대비하라는 조언을 했음을 추론할 수 있다.

12 정답 ⑤ 문제편 p.95

① A는 기업이 자금 조달을 목적으로 발행한다.
② B는 국가 및 지방 정부에서 발행할 수도 있다.
③ 유동성은 A보다 B가 높다.
④ 이자율이 낮아지면 B보다 A의 선호가 높아진다.
⑤ (가)에는 '수익성'이 적합하다.

풀이

예금은 주식에 비해 안전성이 높은 편이고, 주식은 예금에 비해 수익성이 높은 편이다. 따라서 A는 예금, B는 주식에 해당하며, (가)에는 '수익성'이 들어갈 수 있다.

① 기업이 자금 조달을 목적으로 발행하는 것은 주식이다.
② 국가 및 지방 정부에서 발행할 수 있는 것은 채권이다.
③ 주식은 예금보다 유동성이 낮은 편이다.
④ 이자율이 낮아지면 주식보다 예금의 선호가 낮아진다.

13 정답 ① 문제편 p.96

① ㉠ 지점 전까지는 소득만으로 소비를 충당할 수 없다.
② ㉡ 지점에서 생애 동안 누적된 저축액이 가장 많다.
③ ㉢ 시기 이후부터 실질적인 자산 증식이 가능하다.
④ ㉠에서 ㉢ 시기까지 소비를 늘리고 저축을 줄이는 것이 노후 대비에 도움이 된다.
⑤ (가)는 소득, (나)는 소비를 나타낸다.

풀이

(가)는 소비 곡선이고, (나)는 소득 곡선이다. ㉠ 지점 전까지는 소비가 소득보다 많고, ㉠ 지점부터 ㉢ 지점 전까지는 소득이 소비보다 많으며, ㉢ 지점 이후에는 소비가 소득보다 많다.

② 생애 동안 누적된 저축액이 가장 많은 지점은 ㉢이다.
③ ㉢ 시기 이후에는 음(-)의 저축이 나타나므로 실질적인 자산 증식이 불가능하다.
④ ㉠에서 ㉢ 시기까지 저축을 늘리고 소비를 줄이는 것이 안정적인 노후 대비에 도움이 된다.
⑤ (가)는 소비, (나)는 소득을 나타낸다.

14 정답 ③ 문제편 p.96

원/달러 환율 상승 추세가 지속되고 있는 상황입니다. 이러한 추세가 지속된다는 가정하에 갑~병의 글에 대한 댓글을 작성해 봅시다. (단, 갑~병은 모두 우리나라에 있는 거주자임.)

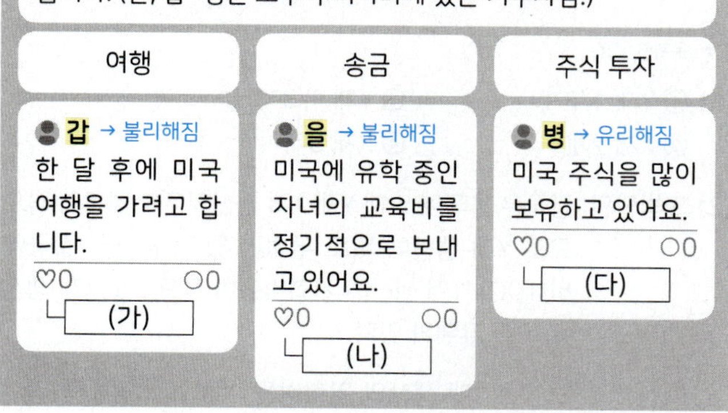

[보기]

ㄱ. (가) - 원화를 달러로 서둘러 환전하세요.
ㄴ. (나) - 갈수록 교육비 부담이 커지겠네요.
ㄷ. (다) - 보유 주식의 달러화 표시 가격이 변함없다면 원화로 환산한 보유 주식의 가치가 떨어지겠군요.

① ㄱ ② ㄷ ③ ㄱ, ㄴ ④ ㄴ, ㄷ ⑤ ㄱ, ㄴ, ㄷ

풀이

원/달러 환율 상승은 달러화 대비 원화 가치가 하락함을 의미한다.

ㄱ. 달러화 대비 원화 가치가 하락하고 있으므로 한 달 후에 미국 여행을 가려고 하는 갑은 달러화로 환전할 때 더 많은 원화가 필요하게 된다. 따라서 원/달러 환율 상승 추세가 지속되고 있는 경우 갑은 서둘러 원화를 달러화로 환전하는 것이 유리하다.
ㄴ. 달러화 대비 원화 가치가 하락하고 있으므로 미국에 유학 중인 자녀의 교육비를 정기적으로 보내고 있는 을은 동일한 달러화의 교육비를 보내기 위해 더 많은 원화가 필요하게 된다. 따라서 원/달러 환율 상승 추세가 지속되고 있는 경우 을은 교육비 부담이 증가한다.
ㄷ. 달러화 대비 원화 가치가 하락하고 있으므로 미국 주식을 보유한 병의 경우 보유 주식의 달러화 표시 가격이 변함없다면 원화로 환산한 보유 주식의 가치는 상승한다.

15 정답 ③ 문제편 p.96

풀이

제시문은 청년과 노인이 상대적으로 우위에 있는 부분에 특화하여 서로 교환하면 생존에 유리할 수 있다고 보는 비교 우위론을 보여 주고 있다. 비교 우위론에 따르면 어느 국가가 다른 특정 국가에 대해 모든 품목에 절대 우위나 절대 열위에 있어도, 재화를 생산하는 데 있어 상대국보다 기회비용이 작은 재화에 특화하여 교역을 하면 양국 모두 이익을 얻을 수 있다고 본다.

③ 비교 우위에 따른 교역 시 무역의 이득은 교역 조건에 따라 달라진다.

16 정답 ① 문제편 p.96

갑과 을은 함께 제과점을 열어 마카롱과 샌드위치만 만들어 팔기로 하고 각자 두 상품을 만들고 있다. 그림은 갑과 을이 각각 1시간 동안 최대한 만들 수 있는 마카롱 수 또는 샌드위치 수를 나타낸다.

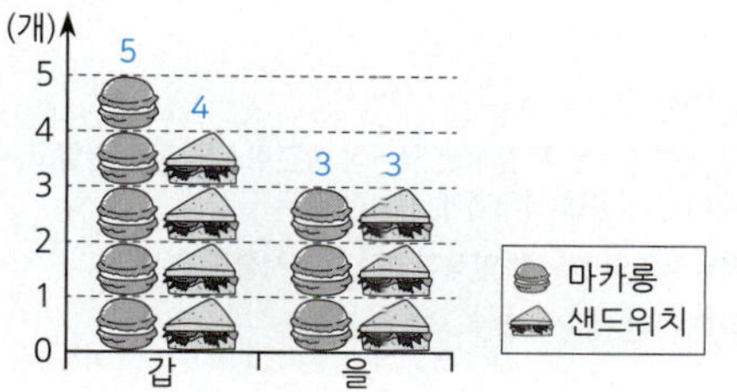

[보기]

ㄱ. 갑은 마카롱을 만드는 데 절대 우위를 가진다.
ㄴ. 을은 샌드위치를 만드는 데 비교 우위를 가진다.
ㄷ. 갑이 샌드위치를 1개 만드는 데 따른 기회비용은 마카롱 5개이다.
ㄹ. 을은 1시간 동안 마카롱 3개와 샌드위치 3개를 동시에 만들 수 있다.

풀이

구분	갑	을
마카롱 1개 생산의 기회비용	샌드위치 $\frac{4}{5}$개	샌드위치 1개
샌드위치 1개 생산의 기회비용	마카롱 $\frac{5}{4}$개	마카롱 1개

ㄱ. 갑은 1시간 동안 마카롱을 최대 5개 생산할 수 있고, 을은 1시간 동안 마카롱을 최대 3개 생산할 수 있으므로 갑은 마카롱 생산에 절대 우위가 있다. 또한 갑은 1시간 동안 샌드위치를 최대 4개 생산할 수 있고, 을은 1시간 동안 샌드위치를 최대 3개 생산할 수 있으므로 갑은 샌드위치 생산에 절대 우위가 있다.

ㄴ. 마카롱 1개 생산의 기회비용은 갑의 경우 샌드위치 $\frac{4}{5}$개이고, 을의 경우 샌드위치 1개이므로 갑은 마카롱 생산에 비교 우위가 있다. 샌드위치 1개 생산의 기회비용은 갑의 경우 마카롱 $\frac{5}{4}$개이고, 을의 경우 마카롱 1개이므로 을은 샌드위치 생산에 비교 우위가 있다.

ㄷ. 갑의 샌드위치 1개 생산의 기회비용은 마카롱 $\frac{5}{4}$개이다.

ㄹ. 을은 1시간 동안 마카롱 3개를 생산하거나 샌드위치 3개를 생산할 수 있다. 따라서 을은 1시간 동안 마카롱 3개와 샌드위치 3개를 동시에 생산할 수 없다.

서술형 문제 풀기

1 문제편 p.97

(1) 대공황

(2) 모범답안: 대공황은 자유방임주의의 한계를 인식하고 시장에 대한 정부의 적극적인 개입이 시작되는 계기가 되었다.

핵심 키워드: 자유방임주의의 한계, 정부의 적극적인 개입

채점 기준

- 상 제시된 배경으로 인해 발생한 역사적 사건이 대공황임을 알고, 대공황으로 인해 나타난 상황을 명확하게 서술한 경우
- 중 자유방임주의의 한계를 인식하였다고만 서술한 경우
- 하 대공황과 관련 없는 내용을 서술한 경우

2 문제편 p.97

(1) (가) 긍정적 외부 효과(외부 경제)
(나) 부정적 외부 효과(외부 불경제)

(2) 모범답안: (가)에 나타난 긍정적 외부 효과는 생산 및 소비가 늘어나도록 보조금 지급, 세제 혜택 등 긍정적인 경제적 유인을 제공하여 외부 효과를 개선할 수 있다. (나)에 나타난 부정적 외부 효과는 생산 및 소비가 억제되도록 세금 또는 과태료 부과 등 부정적인 경제적 유인을 제공함으로써 외부 효과를 개선할 수 있다.

핵심 키워드: 보조금 지급, 세제 혜택, 긍정적인 경제적 유인, 세금, 과태료 부과, 부정적인 경제적 유인

채점 기준

- 상 긍정적 외부 효과와 부정적 외부 효과를 해결하기 위한 방안을 각각 명확하게 서술한 경우
- 중 긍정적 외부 효과를 해결하기 위한 방안과 부정적 외부 효과를 해결하기 위한 방안 중 한 가지만 명확하게 서술한 경우
- 하 경제적 유인을 제공해야 한다고만 서술한 경우

3 문제편 p.98

(1) 갑 5점 을 3점

(2) 모범답안: ㉡이 행해졌을 때 갑은 '배당금을 받을 수 있다.'가 적힌 카드를, 을은 '금융 자산이다.'가 적힌 카드를 가져가야 을이 갑보다 높은 점수를 얻을 수 있다. 갑과 을의 점수 차이는 ㉠이 행해졌을 때와 ㉡이 행해졌을 때가 각각 2점으로 같다.

핵심 키워드: 배당금, 금융 자산, 점수 차이

채점 기준

- 상 ㉡이 행해졌을 때 갑과 을이 각각 가져간 카드를 정확히 쓰고, ㉠과 ㉡이 행해졌을 때 갑과 을의 점수 차이를 구체적으로 비교하여 서술한 경우
- 중 ㉡이 행해졌을 때 갑과 을이 각각 가져간 카드를 정확히 썼으나, ㉠과 ㉡이 행해졌을 때 갑과 을의 점수 차이를 구체적으로 서술하지 않고 갑과 을의 점수 차이가 같다고만 서술한 경우
- 하 ㉡이 행해졌을 때 갑과 을이 각각 가져간 카드만 서술한 경우

4 문제편 p.98

(1) ① Y재 1/2개 ② Y재 1/3개
③ X재 2개 ④ X재 3개

(2) 모범답안: 갑국은 을국에 비해 Y재 1개 생산의 기회비용이 작으므로 Y재 생산에 비교 우위가 있고, 을국은 갑국에 비해 X재 1개 생산의 기회비용이 작으므로 X재 생산에 비교 우위가 있다.

핵심 키워드: X재 1개 생산의 기회비용, Y재 1개 생산의 기회비용, 비교 우위

채점 기준

- 상 갑국과 을국이 비교 우위에 있는 재화를 각각 쓰고, 그 재화에 비교 우위가 있는지를 정확하게 서술한 경우
- 중 갑국과 을국이 비교 우위에 있는 재화를 각각 썼지만, 그 이유에 대해 설명이 부족한 경우
- 하 갑국과 을국이 비교 우위에 있는 재화만을 서술한 경우

Ⅳ 세계화와 평화

개념편 p.99

핵심 문제 풀기

1	③	2	①	3	④	4	①	5	⑤
6	③	7	③	8	①	9	④	10	①
11	④	12	②	13	⑤	14	②	15	①
16	④	17	⑤	18	⑤	19	②	20	②
21	⑤	22	①	23	④	24	④	25	②
26	④	27	⑤	28	②	29	⑤	30	⑤
31	③	32	②	33	⑤	34	④	35	⑤
36	③	37	③	38	③	39	①	40	⑤
41	④	42	⑤	43	④	44	⑤	45	②

심화 문제 풀기

1	③	2	②	3	⑤	4	④	5	②
6	③	7	②	8	③	9	③	10	②

핵심 문제 풀기

1 정답 ③ 문제편 p.106

풀이

세계화란 국제 사회의 상호 의존성이 증가하고 세계가 하나로 통합되는 현상으로, 삶의 공간이 개별 국가의 국경을 넘어서 전 지구로 확대되어 가는 현상을 말한다.

④ 지역화란 지역의 생활 양식이나 사회, 문화, 경제 활동 등이 세계적 차원에서 가치를 지니게 되는 현상을 말한다.

2 정답 ① 문제편 p.106

풀이

자료는 커피의 세계화 속에서 지역 특산품인 'OO녹차'를 세계에 알리는 방안에 관한 것이다. 따라서 ㉠에 들어갈 탐구 주제로는 '세계화 시대의 지역화 전략'이 가장 적절하다.

3 정답 ④ 문제편 p.106

세계적으로 유명한 커피 생산국 중 하나인 콜롬비아는 자국 커피의 국제 경쟁력을 높이기 위한 (가) 의 일환으로 '콜롬비아 커피(Café de Colombia)'를 지리적 표시제에 등록하였다. 또한 안데스 산지를 배경으로 커피 농장의 농부와 당나귀의 모습을 담은 마크를 만들었다. 이 마크는 콜롬비아에서 생산된 원두를 100% 사용한 제품에만 표시할 수 있게 함으로써 콜롬비아 커피의 품질에 대한 신뢰도를 높였다.

① 적정 기술 ② 환경 규제 ③ 공간적 분업
④ 지역화 전략 ⑤ 공적 개발 원조

풀이

지리적 표시제는 상품의 품질, 특성 등이 해당 지역에서 비롯되었음을 증명하고 표시하는 제도로 지역 경쟁력을 강화하는 방안 중 하나이다. 다른 지역에서 생산된 상품이 임의로 지리적 표시제 상표권을 사용하면 법적 제재가 가해진다. 따라서 (가)에는 지역의 경쟁력 강화 및 지역 경제 활성화와 관련된 용어가 들어가면 된다.

① 적정 기술은 해당 사회의 특성을 고려하여 만들어진 기술이다.

② 환경 규제는 법률, 제도 등을 통해 환경에 악영향을 미치는 각종 행위를 제재하는 활동이다.

③ 공간적 분업은 기업의 관리 기능, 연구 개발 기능, 생산 기능 등 각종 기능이 최적 지점을 찾아 각각 다른 장소에 입지하는 것을 말한다.

④ 지역화 전략은 다른 지역과 차별화된 지역 고유의 특성을 내세워 지역의 경쟁력을 높이는 전략이다. 대표적인 지역화 전략에는 지역 브랜드, 장소 마케팅, 지리적 표시제 등이 있다.

⑤ 공적 개발 원조는 선진국이 저개발국에 차관, 기술 등을 제공하여 발전할 수 있도록 지원해 주는 것이다.

4 정답 ① 문제편 p.106

① ㉠으로 경제 활동의 시·공간적 제약이 커졌다. (작아졌다)

② ㉡으로 국가 간 상호 의존성이 강화되었다.

③ ㉢에는 '소비자의 상품 선택 폭 확대'가 들어갈 수 있다.

④ ㉣은 국가 간 인적 교류가 늘어났기 때문이다.

⑤ ㉤은 선진국과 개발 도상국의 불평등한 무역 구조가 한 원인이다.
(→ 고부가 가치의 첨단 산업과 금융 서비스 등 중심)
(→ 저렴한 노동력이 필요한 제조업이나 농업 중심)

풀이

학생의 필기 내용에 따르면, 교통과 정보 통신 기술의 발달로 시·공간적 제약이 작아지고, 세계 무역 기구(WTO)의 출범으로 자유 무역이 확대되었다. 이 과정에서 지역 간 상호 의존성이 심화되면서 세계화가 더욱 빠르게 진행되고 있다. 세계화가 진행됨에 따라 경제적 측면에서는 상품의 수출 시장이 확대되고 소비자가 전 세계의 다양한 상품을 선택할 수 있게 되지만, 선진국과 개발 도상국의 불평등한 무역 구조로 국가 간 빈부 격차가 심화되기도 한다. 문화적 측면에서는 인적 교류가 활발해지면서 다양한 문화를 체험할 수 있는 기회는 확대되지만, 문화 차이로 인한 갈등이 심화되기도 한다.

5 정답 ⑤ 문제편 p.107

① ㉠으로 국제 교류의 시·공간적 제약이 감소한다.

② ㉡은 선진국이 개발 도상국보다 투자하는 규모가 크다.

③ ㉢의 생산 공장이 들어서는 국가에 고용 창출 효과가 나타난다.

④ ㉣의 사례로 유럽 연합(EU), 동남아시아 국가 연합(ASEAN)이 있다. (→ 지역 경제 협력체)

⑤ ㉤은 협정 당사국 간의 사회·정치적 통합을 목적으로 한다. (경제적 효율성)

풀이

교통과 통신의 발달로 국가 간 교류가 활발해지면서 지역 간의 상호 의존성이 커지고 전 세계가 단일한 체제로 통합되는 세계화가 나타나고 있다. 세계화로 국가 간 자유 무역 등이 확대되면서 다국적 기업의 활동이 증대되고 있으며, 공동의 경제적 목적을 달성하고자 하는 지역 경제 협력체나 자유 무역 협정 등이 체결되고 있다.

⑤ 자유 무역 협정(FTA)은 국가 간 상품의 자유로운 이동을 위해 협정 체결 국가 간의 관세를 인하하거나 철폐하여 경제적 효율성을 추구하는 것을 목적으로 한다.

6 정답 ③ 문제편 p.107

풀이

'사례 1'은 지역 특산품을 활용해 축제를 운영하는 부뇰, '사례 2'는 지역 특산품을 지리적 표시제로 등록한 카망베르를 기술하고 있다. 따라서 두 사례 모두 해당 지역 특성을 활용한 지역화 전략에 해당한다.

① 여러 나라에서 상품의 개발, 생산, 판매 등을 하는 다국적 기업은 각각의 기능이 최적화된 지점을 찾아 본사, 연구소, 생산 공장 등이 서로 다른 곳에 입지하는데, 이를 공간적 분업이라고 한다.

② 교통과 통신의 발달로 국경을 초월한 상호작용이 활발해지면서 세계화가 보편화되고 있다. 이로 인해 특정 지역의 문화가 다른 지역에서도 유사하게 나타나면서 세계 문화가 비슷해지는데, 이를 문화 획일화 현상이라고 한다.

④ 교통과 통신의 발달로 국가의 경계를 넘어서 세계적인 중심지 역할을 담당하는 대도시가 등장하게 되었는데, 이런 도시를 세계 도시라고 한다.

⑤ 세계 무역 기구는 세계 교역의 증진과 자유 무역을 확대하기 위해 설립된 국제기구로, 1995년에 출범하였다. 자유 무역 협정은 무역 장벽을 완화하거나 제거하여 상품과 서비스의 자유로운 이동을 보장하는 국가 간 협정이다.

7 정답 ③ 문제편 p.107

[보 기]

ㄱ. ㉠의 본사는 주로 저임금 노동력이 풍부한 국가에 입지한다. 선진국

ㄴ. ㉡은 정치, 경제 등의 측면에서 세계의 중심지 역할을 한다.

ㄷ. ㉢을 해결하기 위한 노력으로 공정 무역을 들 수 있다.

ㄹ. ㉣로 인해 각 지역 고유문화의 정체성이 강화된다. 약화

① ㄱ, ㄴ ② ㄱ, ㄷ ③ ㄴ, ㄷ ④ ㄴ, ㄹ ⑤ ㄷ, ㄹ

풀이

ㄱ. 다국적 기업의 본사는 주로 자본과 우수 인력 확보가 용이한 본국의 대도시에 입지하는 경우가 많다.

ㄴ. 세계 도시는 국가의 경계를 넘어 세계적인 중심지 역할을 수행하는 도시로, 생산자 서비스업이 발달되어 있다.

ㄷ. 공정 무역, 공정 여행 등의 윤리적 소비를 통해 불평등한 무역 구조를 개선하는 것은 국가 간 빈부 격차 심화 문제를 해결하기 위한 노력 중 하나이다.

ㄹ. 전 세계의 문화가 비슷해져 가는 문화의 획일화로 인해 각 지역 고유문화의 정체성은 약화된다.

8 정답 ① 문제편 p.107

[보 기]

ㄱ. 국가 간 빈부 격차가 확대된다.

ㄴ. 저개발국의 문화적 정체성이 약화된다. →부정적인 입장

ㄷ. 지구촌 문제에 대한 국제적 협력이 증가한다.

ㄹ. 국가 간의 경쟁을 통해 자원이 효율적으로 배분된다. →긍정적인 입장

① ㄱ, ㄴ ② ㄱ, ㄷ ③ ㄴ, ㄷ ④ ㄴ, ㄹ ⑤ ㄷ, ㄹ

풀이

제시문의 필자는 세계화에 대해 부정적인 입장이다. 세계화로 인한 문제로는 국가 간 빈부 격차 확대, 문화의 획일화, 보편 윤리와 특수 윤리 간의 갈등 등이 있다.

ㄷ, ㄹ. 세계화의 긍정적 영향에 대한 진술이다.

9 정답 ④ 문제편 p.108

풀이

제시문의 필자는 해외 자본 유치에 우호적인 기업 환경을 조성하기 위하여 노동자의 이익을 억제하는 정책을 실시하면 노동자의 삶의 질이 악화될 수 있음을 주장하고 있다. 즉, 필자는 세계화로 인해 국가 내 계층 간 소득 양극화 현상이 심화될 것으로 예상하고 있다.

10 정답 ① 문제편 p.108

	(가)	(나)
①	세계 도시	지역화
②	세계 도시	문화의 획일화
③	세계 도시	다국적 기업의 현지화
④	생태 도시	지역화
⑤	생태 도시	다국적 기업의 현지화

풀이

자료의 빈칸에 들어갈 용어를 묻는 문항이다.

① 세계적인 중심지 기능을 수행하는 (가)는 세계 도시이다. 세계 도시는 핵심 기능이 집적해 있어 세계 경제, 정치, 문화에 큰 영향을 미치는 도시로, 뉴욕, 런던, 도쿄 등이 대표적이다. 지역의 특성을 강조하여 지역의 경쟁력을 강화하는 (나)는 지역화이다. 지역 브랜드, 지리적 표시제, 장소 마케팅 등이 대표적인 지역화 전략이다.

②, ③, ④ 생태 도시는 인간과 자연이 공생할 수 있는 시스템을 갖춘 도시를 의미한다. 문화의 획일화는 특정 지역의 문화가 다른 지역에서도 유사하게 나타나면서 세계 문화가 비슷해지고 지역 고유의 문화 정체성이 사라지게 되는 현상이다. 다국적 기업의 현지화는 다국적 기업이 진출한 지역 소비자의 요구에 부응한 마케팅, 광고, 상품 등을 개발하는 전략이다.

⑤ 세계화로 인해 경쟁력 있는 선진국의 문화가 전파되면서 세계 여러 지역에서 고유한 지역 전통 문화의 정체성이 약화되는 문화 획일화 현상이 나타날 수 있다.

11 정답 ④ 문제편 p.108

풀이

갑은 세계화에 대해 긍정적인 입장이고, 을은 세계화에 대해 부정적인 입장이다. 세계화는 국제 사회의 상호 의존성이 증가하면서 세계가 하나로 통합되는 현상으로, 문화의 다양성 증가, 재화와 서비스 선택의 폭 확대, 민주주의 가치의 확산으로 인한 인권 신장 등의 긍정적인 영향을 가져올 수 있으나, 국가 간 빈부 격차 확대, 문화의 획일화, 보편 윤리와 특수 윤리 간의 갈등 등의 부정적인 영향을 가져올 수도 있다.

ㄹ. 을은 선진국 문화의 확산으로 문화의 획일화가 심화될 수 있다고 본다.

12 정답 ② 문제편 p.108

풀이

주어진 글에서는 힌두교 신자에게 소고기가 들어간 햄버거 대신 닭고기나 양고기로 만든 햄버거를 제공하고, 일본인에게 밥을 활용한 햄버거를 개발하는 등 다국적 기업 A사가 시도하는 현지화 전략에 대해 설명하고 있다.

13 정답 ⑤ 문제편 p.109

① ㉠의 배경으로 교통과 정보 통신 기술의 발달이 있다.

② ㉡은 공간적 분업을 통해 경영의 효율성을 추구한다.

③ ㉢은 지역의 정체성 강화와 지역 경제 활성화에 기여할 수 있다.

④ ㉣의 사례로 개발 도상국의 생산자에게 정당한 대가를 지불하는 공정 무역이 있다.

⑤ ㉤은 지역 고유의 전통 문화 정체성이 강화되는 현상이다. (약화)

풀이

① 세계화는 국제 사회의 상호 의존성 증가로 인해 세계가 하나로 통합되는 현상이다. 세계화로 인한 국제 교역량의 증가는 교통·통신의 발달 등으로 인해 나타난다.

② 다국적 기업은 각 기능별로 최적화된 지점을 찾아 지역별로 나눠 입지하는 공간적 분업을 통해 경영의 효율성을 추구한다.

③ 지역 축제는 지역 주민의 정체성을 강화하고, 지역 경제를 활성화하는 데 기여할 수 있다.

④ 개발 도상국 생산자들의 노동에 대해 정당한 대가를 지불하는 공정 무역은 지구촌 빈부 격차 문제 해결에 도움이 되는 윤리적 소비의 한 형태이다.

14 정답 ② 문제편 p.109

<기업 규모의 성장에 따른 (가)>

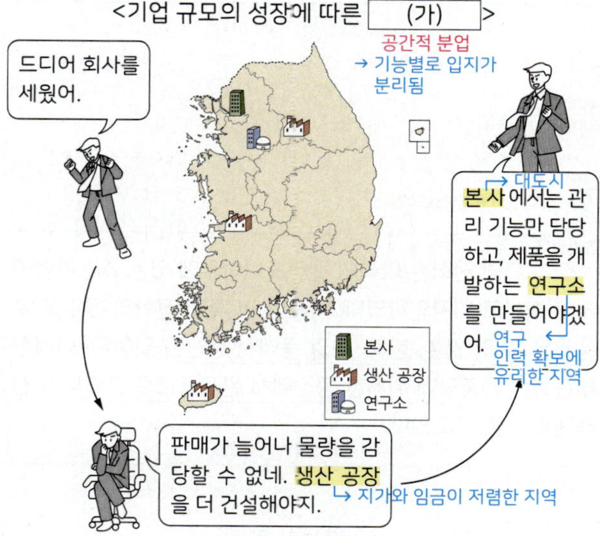

① 집적 불이익
② 공간적 분업
③ 산업 공동화
④ 공업의 이중 구조
⑤ 공업 구조의 고도화

풀이

기업 조직이 성장하면서 공업 입지가 기능별로 분리되기도 하는데, 이를 공간적 분업이라고 한다. 관리 기능을 하는 본사는 자본 확보 및 정보 수집에 유리한 대도시에 입지하고, 연구 개발 기능을 하는 연구소는 연구 인력 확보에 유리한 지역에 주로 입지하며, 생산 공장은 지가와 임금이 저렴한 지역에 입지한다.

15 정답 ① 문제편 p.109

(공간적 분업) 다국적 기업은 본부, 연구 개발, 제품 및 부품 생산 등의 기능과 시설을 여러 국가에 분산하여 입지시킨다. 특히 세계적인 다국적 기업의 경우, 본사는 주로 (가) 에 입지하고, (경영 기획, 관리) 연구 개발 시설의 주요 기능은 (나) 이며, 생산 공장은 (다) 이 풍부한 지역에 입지한다.

	(가)	(나)	(다)
①	선진국의 대도시	신제품 개발	저임금 인력
②	선진국의 대도시	경영 전략 구상	전문 경영인
③	선진국의 지방 도시	신제품 개발	전문 경영인
④	개발 도상국의 대도시	경영 전략 구상	고급 기술 인력
⑤	개발 도상국의 대도시	제품의 대량 생산	저임금 인력

풀이

다국적 기업은 국경을 넘어 세계적으로 생산과 판매 활동을 하는 기업으로, 본사, 연구 개발, 생산 기능 등을 여러 국가에 분산하여 입지시키는 공간적 분업을 하고 있다. 다국적 기업의 경우 경영 기획 및 관리를 담당하는 본사는 자본과 우수 인력 확보가 용이한 선진국의 대도시에 주로 입지하고, 연구 개발 시설의 주요 기능은 신제품 개발이며, 생산 공장은 생산비 절감을 위해 저임금 인력이 풍부한 지역에 주로 입지한다.

풀이

지도에서는 본사는 우리나라에 있으며, 세계 여러 국가에 영업 지점과 생산 공장을 두고 세계적으로 생산과 판매 활동을 하는 우리나라 다국적 기업의 공간적 분업을 보여 준다. 다국적 기업의 의사 결정 및 관리 기능을 담당하는 본사는 주로 선진국의 대도시에 입지하고, 생산 공장은 주로 저렴한 노동력이 풍부한 개발 도상국에 입지한다. 그리고 판매 기능을 하는 영업 지점은 소비 시장 확보를 위해 인구가 많고 구매력이 높은 지역에 주로 입지한다.

16 정답 ④ 문제편 p.109

○○ 휴대 전화는 미국의 캘리포니아주에 있는 △△기업에서 기획하고 디자인하였다. 하지만 이 휴대 전화의 ㉠주요 부품들은 미국, 일본, 한국, 독일 등에서 생산된 것이다. 이러한 부품들은 ㉡중국에 위치한 공장에서 완제품으로 조립되어 전 세계로 수출되고 있다.

(필기: 다국적 기업 / 우수한 기술력 보유 / 비교적 지가와 노동비가 저렴)

	㉠	㉡
①	낮은 임금	풍부한 원료
②	낮은 임금	우수한 생산 기술
③	풍부한 원료	낮은 임금
④	우수한 생산 기술	낮은 임금
⑤	우수한 생산 기술	풍부한 원료

풀이

△△기업은 세계 여러 나라에 걸쳐 연구·개발·생산·판매·서비스 등의 활동을 하는 다국적 기업이다. 다국적 기업은 기능별로 특화된 지역에 분산·입지하는데, 이를 공간적 분업(국제 분업)이라고 한다. 기업 전체를 총괄하고 관리하는 본사는 주로 교통과 통신이 발달한 대도시에, 제품의 개발을 담당하는 연구소는 고급 인력을 구하기 쉬운 곳에 입지한다. 제품 생산을 담당하는 공장은 지가가 낮고 저렴한 노동력을 쉽게 확보할 수 있는 지역에 주로 입지한다. 미국, 일본, 한국, 독일 등은 핵심 부품을 만들 수 있는 우수한 기술력을 보유한 선진국이고, 중국은 지가와 노동비가 저렴한 국가이다.

17 정답 ⑤ 문제편 p.110

① 여러 국가에서 활동하는 다국적 기업이다.
② 관리, 생산, 판매 기능의 공간적 분업이 나타난다.
③ 최종 결정 및 총괄 기능은 우리나라에서 이루어진다. (→ 본사)
④ 영업 지점의 입지는 소비 시장 확보가 중요한 요인이 된다.
⑤ 생산 공장은 고급 연구 인력을 확보하기 유리한 곳에 입지한다. (→ 임금이 저렴한 곳 / → 본사나 연구소)

18 정답 ⑤ 문제편 p.110

① 여러 국가에 진출한 다국적 기업이다.
② 연구소는 전문 인력의 확보가 유리한 지역에 입지한다.
③ 해외 진출을 통해 생산비 절감이나 시장 확보가 가능하다.
④ 교통·통신의 발달로 기업의 기능이 세계 각지로 분리된다. (→ 공간적 분업)
⑤ 아시아 지역에 입지한 현지 조립 공장은 아메리카보다 적다. (많다)

풀이

교통·통신의 발달로 세계화가 진행되면서 세계 여러 국가에 자회사, 지점, 생산 공장 등을 두고 세계적으로 생산과 판매 활동을 하는 다국적 기업이 등장하였다. 다국적 기업의 본사와 연구소는 전문 인력이 풍부하고 자본과 정보 확보가 용이한 선진국에 주로 입지하고, 생산 공장은 생산비 절감을 위해 인건비가 저렴한 개발 도상국에 주로 입지한다.

19 정답 ② 문제편 p.110

☆☆ 파이를 생산·판매하는 ○○ 기업은 1990년대 초부터 이천, 청주 등지에 생산 시설을 확대하였고, 중국(베이징), 베트남(호치민) 등지에 ㉠해외 사무소를 설립하였다. 2002년부터는 ㉡중국, 베트남, 러시아에 생산 공장을 건설하고 있다. 베트남에서 판매되는 ☆☆ 파이는 현지어로 정(情)을 의미하는 'Tinh(띤)'을, 중국에서는 ㉢인간 관계를 중시하는 중국인들의 가치관에 착안하여 어질 '인(仁)'을 포장지에 삽입하였다.

(필기: 다국적 기업 / 공간적 분업 / 주로 임금 수준이 낮은 개발 도상국에 입지)

① ○○ 기업은 다국적 기업에 해당된다.
② ㉠으로 인해 본사의 의사 결정 기능이 약화된다. (약화되지 않는다)
③ ㉡으로 인해 생산비를 절감하는 효과가 있다.
④ ㉡으로 인해 해당 국가에서는 일자리가 창출된다.
⑤ ㉢은 해당 국가의 문화적 특성을 반영한 사례이다.

풀이

제시문은 여러 국가에서 해외 사무소와 생산 공장을 운영하는 ○○ 기업을 소개하고 있다. 따라서 ○○ 기업의 활동은 다국적 기업의 공간적 분업에 해당한다. 다국적 기업의 의사 결정 및 관리를 담당하는 본사와 연구·개발을 담당하는 연구소는 선진국에, 생산 공장은 생산비 절감을 위해 저임금 노동력이 풍부한 개발 도상국에 입지하는 경우가 많다. 다국적 기업이 진출한 국가는 일자리 창출로 지역 경제가 활성화된다.

② 다국적 기업의 해외 사무소 설립으로 본사의 의사 결정 기능이 약화되는 것은 아니다.

20 정답 ② 문제편 p.110

풀이

다국적 기업은 국경을 넘어 세계적으로 생산과 판매 활동을 하는 기업으로, 경쟁력 확보를 위해 본사, 연구 개발, 생산 기능 등을 분리하여 입지하는 공간적 분업을 하고 있다. 본사와 연구소는 선진국에 입지하고, 생산 공장은 인건비가 저렴한 지역에 입지하는 경우가 많다.

② 우리나라 다국적 기업의 생산 공장이 인도에 입지한 주된 요인은 생산비 절감을 위해 인도의 풍부한 저임금 노동력을 활용하고 인도 정부의 정책 지원을 받기 위해서이다.

21 정답 ⑤ 문제편 p.111

일본의 다국적 의류 기업인 ○○은/는 아프리카에 있는 에티오피아에 생산 공장을 세우기로 했다. 이 기업의 주요 생산 공장은 중국과 베트남에 있었는데, 최근 이들 국가에서 생산할 때 얻게 되는 이점이 감소하고 있기 때문이다. 이에 따라 상대적으로 ______(가)______ 아프리카로 관심을 돌리게 된 것이다.

- □□신문, 2017년 -

① 수요가 많은 ② 원료가 풍부한
③ 기술력이 높은 ④ 자본이 풍부한
⑤ 인건비가 저렴한

풀이

다국적 기업은 국경을 넘어 세계적으로 생산과 판매 활동을 하는 기업으로 본사, 연구 개발, 생산 기능 등을 분리하여 입지하는 공간적 분업을 통해 경쟁력을 높인다. 세계적인 다국적 기업의 경우 경영 기획 및 관리를 담당하는 본사와 연구 및 개발을 담당하는 연구소는 선진국에 입지하고, 생산 공장은 생산비 절감을 위해 인건비가 저렴한 개발 도상국에 입지하는 경우가 많다.

22 정답 ① 문제편 p.111

[보기]

ㄱ. 일자리가 감소하여 실업 문제가 발생할 것이다.
ㄴ. 상인들의 매출 감소로 지역 경제가 침체될 것이다.
ㄷ. 다양한 중소기업들이 들어서면서 인구가 증가할 것이다.
ㄹ. 금융 자본이 집중되어 다른 국가와의 경제 협력이 강화될 것이다.

① ㄱ, ㄴ ② ㄱ, ㄷ ③ ㄴ, ㄷ ④ ㄴ, ㄹ ⑤ ㄷ, ㄹ

풀이

제시문에서는 생산비 절감을 위해 중국에 설립한 공장을 저렴한 임금의 생산직 직원을 채용할 수 있는 베트남으로 이전한 대한민국의 다국적 기업 ○○에 대해 기술하고 있다. 다국적 기업의 생산 공장이 다른 곳으로 이전하면서 중국 후이저우에서는 실업률이 증가할 수 있고, 산업 공동화 현상으로 지역 경제가 침체될 수 있다.

ㄷ. 다국적 기업의 생산 공장의 이전으로 인해 부품을 생산하는 중소기업들도 이전함으로써 인구는 감소할 것이다.
ㄹ. 금융 자본이 유출될 수 있다.

23 정답 ④ 문제편 p.111

풀이

칼럼에서는 개발 도상국 생산자들이 노동에 대한 정당한 대가를 받지 못하는 상황을 지적하고 있다. 거대 기업이 이윤을 독차지하는 반면 개발 도상국 노동자들은 열악한 임금에 불량한 노동 환경에서 근무하고 있다. 따라서 ㉠에는 개발 도상국 생산 업자들의 정당한 소득과 인권의 보장을 주장하는 내용이 들어가야 한다.

24 정답 ④ 문제편 p.111

• 지리적 표시제에 등록된 프랑스 샹파뉴 지역의 샴페인은 (가) 의 대표적 사례이다. 이곳은 프랑스에서 연평균 기온이 상대적으로 낮아 신맛이 강한 포도가 재배된다. 이 포도를 이용해 발포성 와인인 샴페인을 생산하여 지역 경쟁력을 갖추게 되었다.

• (나) 은 무역을 통한 이익이 생산자에게 돌아갈 수 있도록 유리한 조건을 제공하는 무역 형태이다. 이를 통해 개발 도상국의 농부는 커피, 카카오 등의 상품을 정당한 가격에 판매할 수 있고 경제적으로 자립할 기회를 얻을 수 있다.

	(가)	(나)		(가)	(나)
①	세계화	보호 무역	②	정보화	공정 무역
③	정보화	자유 무역	④	지역화	공정 무역
⑤	지역화	자유 무역			

풀이

(가)는 지역화, (나)는 공정 무역이다. 지역화는 지역의 생활양식이나 사회·문화·경제 활동 등이 세계적 차원에서 가치를 지니게 되는 현상으로, 지리적 표시제, 지역 브랜드 개발, 장소 마케팅은 지역화 전략의 대표적인 사례이다. 공정 무역은 개발 도상국의 생산자가 정당한 보상을 받을 수 있는 무역형태이다. 공정 무역 상품은 중간 유통 과정을 거치지 않고 생산자와 직접 거래되기 때문에 생산자에게 더 많은 이윤이 돌아가게 한다.

25 정답 ② 문제편 p.112

(가) → 일반 무역

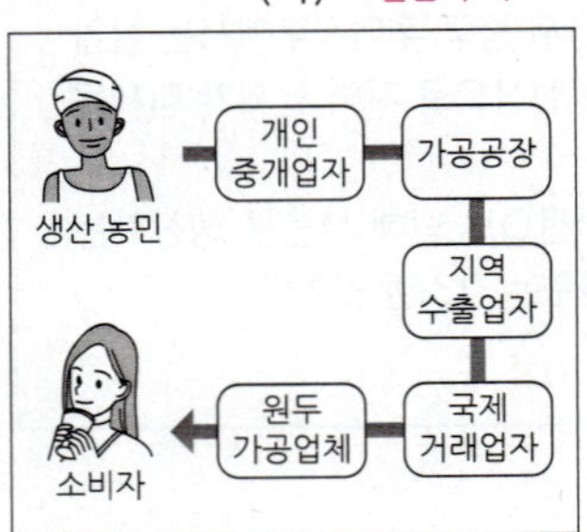

(나) → 공정 무역

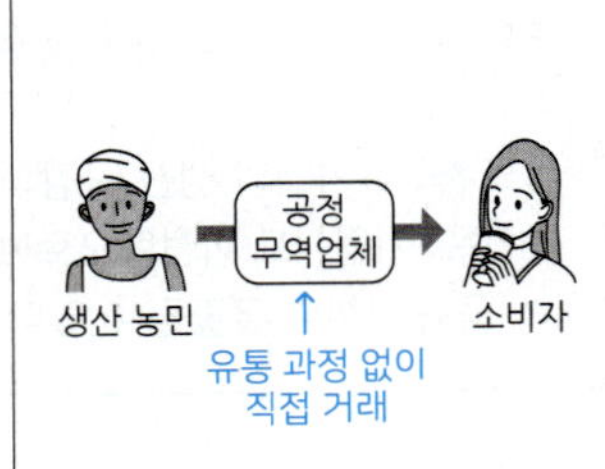

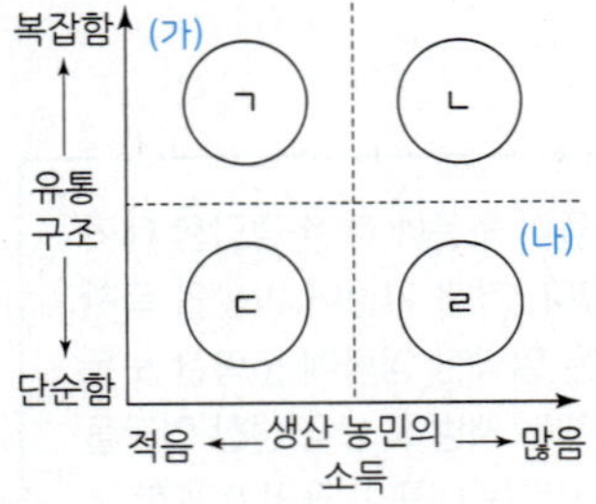

	(가)	(나)
①	ㄱ	ㄴ
②	ㄱ	ㄹ
③	ㄴ	ㄷ
④	ㄷ	ㄴ
⑤	ㄹ	ㄱ

풀이

(가)는 일반 무역, (나)는 공정 무역 방식을 나타낸 것이다. 공정 무역은 개발 도상국의 생산자에게 정당한 대가를 지급하는 무역 형태로, 중간 유통 과정 없이 생산자가 직거래로 소비자에게 상품을 제공함으로써 생산자에게 더 많은 이윤이 돌아가게 한다. 따라서 공정 무역은 일반 무역에 비해 유통 구조가 단순하고, 생산 농민의 소득이 많은 특징이 있다.

26 정답 ④ 문제편 p.112

풀이

자료를 통해 축구공과 커피를 생산·유통하는 과정에서 대부분의 수익이 선진국의 다국적 기업에 돌아가고 개발 도상국의 생산자는 정당한 수익을 얻지 못하는 불평등한 구조가 나타나는 것을 알 수 있다. 이러한 선진국과 개발 도상국 간의 경제 불평등을 해결하기 위해 생산자가 정당한 대가를 받을 수 있도록 하는 공정 무역의 필요성이 커지고 있다.

27 정답 ⑤ 문제편 p.112

[보 기]

ㄱ. 세계 경제의 불평등 정도가 심화될 것이다. (완화)
ㄴ. 공정 무역 커피의 유통 단계가 늘어날 것이다. (줄어들)
ㄷ. 낙후 지역의 생활 기반 시설이 확충될 것이다.
ㄹ. 공정 무역 커피 생산 농가의 소득이 늘어날 것이다.

① ㄱ, ㄴ ② ㄱ, ㄷ ③ ㄴ, ㄷ ④ ㄴ, ㄹ ⑤ ㄷ, ㄹ

풀이

공정 무역은 개발 도상국의 생산자에게 정당한 대가를 지불하고 구매하려는 윤리적 소비 행태로, 기업의 사회적 책임을 강조하며 친환경적인 제품 생산을 추구한다. 공정 무역 상품은 중간 유통 과정을 거치지 않고 생산자와 직접 거래하기 때문에 유통 단계가 줄어 생산자에게 더 많은 이윤이 돌아가게 한다. 이를 통해 선진국과 개발 도상국 간의 불평등 및 빈부 격차 문제가 완화될 수 있다.

28 정답 ② 문제편 p.112

① ㉠은 무력 충돌이 없는 상태를 포함한다.
② ㉠의 실현은 빈곤 문제의 해결을 보장한다.
③ ㉡은 각종 억압과 차별이 사라진 상태를 포함한다.
④ ㉡을 실현하기 위해 사회 제도의 개선이 요구된다.
⑤ ㉠, ㉡은 모두 물리적 폭력이 제거된 상태를 포함한다.

풀이

㉠은 소극적 평화, ㉡은 적극적 평화이다.
② 소극적 평화는 빈곤, 인권 침해와 같은 낮은 삶의 질에 의한 고통을 설명하기 어렵다.
③, ④ 적극적 평화가 실현되면 빈곤과 기아, 각종 차별 등 억압과 차별이 사라지며 이를 위해서는 사회 제도와 법률 등의 개선이 필요하다.
⑤ 소극적 평화와 적극적 평화 모두 물리적 폭력이 없는 상태를 포함한다. 다만, 적극적 평화는 직접적 폭력뿐만 아니라 간접적인 폭력까지 모두 제거되어 인간다운 삶을 영위할 수 있는 상태를 말한다.

29 정답 ⑤ 문제편 p.113

[보 기]

ㄱ. 물리적 폭력의 제거만으로도 진정한 평화가 실현된다.
ㄴ. 적극적 평화의 실현과 삶의 질 향상은 서로 관련이 없다. (있다)
ㄷ. 종교에 대한 차별은 적극적 평화의 실현을 어렵게 만든다. (→ 문화적 폭력)
ㄹ. 정의롭지 못한 사회 제도는 적극적 평화 실현에 위협이 된다. (→ 구조적 폭력)

① ㄱ, ㄴ ② ㄱ, ㄷ ③ ㄴ, ㄷ ④ ㄴ, ㄹ ⑤ ㄷ, ㄹ

풀이

그림의 강연자는 갈퉁이다. 갈퉁은 직접적인 폭력의 제거만으로는 진정한 평화를 실현할 수 없으며, 사회 구조와 문화, 종교 등에서 발생하는 차별, 인권 침해, 폭력 정당화 등의 간접적 폭력까지도 제거된 적극적 평화를 진정한 평화라고 본다.

ㄱ. 갈퉁은 물리적 폭력뿐만 아니라 구조적, 문화적 폭력까지 제거되었을 때 진정한 평화가 실현된다고 주장한다.

ㄴ. 갈퉁에 따르면, 적극적 평화의 실현은 인류를 전쟁과 더불어 구조적, 문화적인 폭력으로부터 해방시켜 삶의 질 향상에 기여한다.

30 정답 ⑤ 문제편 p.113

① 물리적 폭력만 제거되면 진정한 평화가 달성되는가?

② 적극적 평화는 전쟁의 종식으로 완전하게 실현되는가?

③ 소극적 평화는 구조적 폭력이 제거되어야 이룰 수 있는가? (물리적)

④ 평화 실현을 위해서라면 어떠한 수단도 정당화될 수 있는가?

⑤ 인간 존엄성 실현을 위해 적극적 평화가 달성되어야 하는가?

풀이

제시문의 사상가는 갈퉁이다. 갈퉁은 직접적인 폭력이 제거된 소극적 평화에서 나아가 구조적, 문화적 폭력까지 제거된 적극적 평화를 실현해야 한다고 주장하였다.

①, ② 갈퉁은 물리적 폭력(전쟁 등)이 제거된 소극적 평화에서 나아가 구조적, 문화적 폭력이 제거된 적극적 평화가 실현되었을 때 진정한 평화가 달성된다고 주장한다.

③ 갈퉁에 따르면 소극적 평화는 물리적인 폭력만이 제거되어도 달성할 수 있다.

④ 갈퉁은 평화 실현을 목적으로 한 폭력도 정당화될 수 없다고 주장하였다.

31 정답 ③ 문제편 p.113

[보기]

ㄱ. ㉠의 실현은 구조적 폭력의 해소를 보장한다. (하지 않는다)

ㄴ. ㉡은 경제적 착취와 빈곤이 제거된 상태를 포함한다.

ㄷ. ㉢은 모든 종류의 폭력이 사라진 상태를 지향한다.

ㄹ. ㉢은 ㉡ 없이 ㉠의 달성만으로도 실현된다. (실현될 수 없다)

① ㄱ, ㄴ ② ㄱ, ㄷ ③ ㄴ, ㄷ ④ ㄴ, ㄹ ⑤ ㄷ, ㄹ

풀이

소극적 평화는 전쟁이나 테러와 같은 물리적 폭력이 없는 상태를 말하고, 적극적 평화는 직접적 폭력뿐만 아니라 간접적 폭력까지 모두 제거되어 인간다운 삶을 영위할 수 있는 상태를 말한다.

ㄱ. 소극적 평화의 실현은 구조적 폭력의 해소를 보장하지 않으나, 적극적 평화의 실현은 구조적 폭력의 해소를 보장한다.

ㄴ. 적극적 평화는 빈곤, 기아, 정치적 억압, 종교와 사상의 차별 등과 같이 한 사회의 구조나 문화에 의해 발생하는 간접적 폭력까지 모두 제거된 상태를 포함한다.

ㄷ. 진정한 평화는 적극적 평화가 실현될 때 누릴 수 있으므로 진정한 평화는 모든 종류의 폭력이 사라진 상태를 의미한다.

ㄹ. 진정한 평화는 적극적 평화 없이 소극적 평화의 달성만으로는 실현될 수 없다.

32 정답 ② 문제편 p.113

모든 사람의 인간다운 삶을 위해 소극적 평화뿐만 아니라 적극적 평화까지 이루어야 한다. 신체적 폭력, 전쟁, 테러 등의 직접적 폭력을 제거할 때 소극적 평화가 실현된다. 또한 빈곤, 기아, 차별 등과 같은 잘못된 사회 제도나 구조에 의한 간접적 폭력이 존재한다. 간접적 폭력은 의도하지 않아도 발생하며 이 폭력마저 사라져야 적극적 평화를 이룩할 수 있다. → 갈퉁

[보기]

ㄱ. 모든 사람은 폭력이 없는 평화로운 삶을 누려야 한다.

ㄴ. 의도 없이 발생한 빈곤이나 차별은 폭력으로 볼 수 없다. (있다)

ㄷ. 적극적 평화 실현을 위해 불평등한 제도를 개선해야 한다.

ㄹ. 적극적 평화는 전쟁이 사라지는 것만으로도 실현될 수 있다. (는, 없다)

① ㄱ, ㄴ ② ㄱ, ㄷ ③ ㄴ, ㄷ ④ ㄴ, ㄹ ⑤ ㄷ, ㄹ

풀이

제시된 사상가는 소극적 평화뿐만 아니라 적극적 평화까지 이루어야 함을 주장하고 있다. 따라서 제시된 주장을 한 사상가는 갈퉁이다.

ㄴ. 갈퉁은 의도 없이 발생한 빈곤이나 차별은 간접적 폭력에 해당한다고 본다.

ㄷ. 갈퉁은 적극적 평화가 실현되면 빈곤, 기아, 인권 침해 등 억압과 차별이 사라진다고 본다. 따라서 갈퉁은 적극적 평화를 실현하기 위해 불평등한 제도를 개선해야 함을 주장한다.

ㄹ. 갈퉁은 적극적 평화는 전쟁 등과 같은 직접적 폭력뿐만 아니라 간접적 폭력까지 제거될 때 실현될 수 있다고 본다.

33 정답 ⑤ 문제편 p.114

전쟁, 범죄와 같은 직접적 폭력만이 사라진 상태인 소극적 평화는 언제든지 깨어질 수 있으므로 진정한 평화라고 할 수 없습니다. 우리는 진정한 평화를 위해 직접적 폭력뿐만 아니라 사회 제도에서 나타나는 억압과 착취와 같은 구조적 폭력 그리고 이러한 폭력들을 정당화하는 문화적 폭력까지 모두 사라진 적극적 평화를 실현해야 합니다.

① 소극적 평화만으로도 진정한 평화가 실현된다.
② 소극적 평화는 구조적 폭력이 제거된 상태이다. (직접적)
③ 적극적 평화는 직접적 폭력의 제거만으로도 달성된다.
④ 진정한 평화는 문화적 폭력이 존재하더라도 가능하다.
⑤ 진정한 평화는 적극적 평화를 달성함으로써 이루어진다.

풀이

강연자는 소극적 평화뿐만 아니라 적극적 평화를 실현해야 함을 주장하고 있다. 이를 통해 강연자는 적극적 평화를 달성함으로써 진정한 평화가 이루어진다는 입장에 지지할 것임을 알 수 있다.
③ 적극적 평화는 직접적 폭력뿐만 아니라 구조적 폭력, 문화적 폭력까지 모두 사라진 상태를 말한다.

34 정답 ④ 문제편 p.114

풀이

탐구 보고서는 물리적 폭력의 제거와 더불어 구조적, 문화적 폭력까지 모두 제거된 적극적 평화의 의미가 서술되어 있다. 이러한 평화의 실현은 인류를 전쟁이나 테러의 위협으로부터 해방시켜줄 뿐만 아니라 차별, 인권 침해 등 간접적인 폭력으로부터 벗어날 수 있도록 한다.
ㄹ. 적극적 평화의 실현은 현세대와 미래 세대 인류 모두의 번영을 가능하게 한다.

35 정답 ⑤ 문제편 p.114

① 난민에게 이동권을 보장함으로써 난민 문제를 해결할 수 있다.
② 자유주의적 정의관을 함양함으로써 난민 문제를 해결할 수 있다.
③ 국제기구가 개별 국가의 모든 행위를 규제함으로써 난민 문제를 해결할 수 있다.
④ 난민과 난민 수용국 간의 대화를 통해 난민 문제를 완전히 해결할 수 있다.
⑤ 물리적 폭력뿐 아니라 구조적·문화적 폭력을 제거함으로써 난민 문제를 해결할 수 있다. (→ 적극적 평화)

풀이

제시문에서는 난민 문제를 해결하기 위한 적극적 평화를 강조하고 있다. 적극적 평화는 직접적 폭력뿐만 아니라 빈곤, 기아, 정치적 억압, 종교와 사상의 차별 등과 같이 한 사회의 구조나 문화에 의해 발생하는 간접적인 폭력까지 모두 제거되어 인간다운 삶을 영위할 수 있는 상태를 말한다.

36 정답 ③ 문제편 p.114

	A	B
①	자원	종교
②	종교	자원
③	종교	종족
④	종족	자원
⑤	종족	종교

풀이

A의 팔레스타인-이스라엘은 이슬람교(팔레스타인)와 유대교(이스라엘), 카슈미르는 이슬람교(파키스탄)와 힌두교(인도) 간의 분쟁 지역이다. B의 에티오피아와 르완다는 유럽 열강의 식민 지배 과정에서 종족의 공동체를 무시한 채 국경선을 설정하여 종족 간의 갈등이 심화되었다. 르완다에서는 투치족과 후투족 간의 갈등이 일어났다. 따라서 A는 종교, B는 종족 간의 갈등이 발생한 지역이다.

37 정답 ③ 문제편 p.115

① 언어 차이에 따른 갈등 → 벨기에, 캐나다 퀘벡 등
② 석유 자원을 둘러싼 갈등 → 카스피해, 북극해, 난사 군도 등
③ 서로 다른 종교 간의 갈등
④ 물 자원 확보에 따른 갈등 → 나일강, 갠지스강 등
⑤ 같은 종교 내 종파 간의 갈등 → 북아일랜드(신교-구교) 등

풀이

'사례 1'의 예루살렘은 유대교(이스라엘)와 이슬람교(팔레스타인) 간의 갈등이, '사례 2'의 카슈미르는 이슬람교(파키스탄)와 힌두교(인도) 간의 갈등이 발생하고 있는 지역이다. 따라서 (가)에는 '서로 다른 종교 간의 갈등'이 들어갈 수 있다.

38 정답 ③ 문제편 p.115

① A ② B ③ C ④ D ⑤ E

풀이

오늘날 국제 사회에서는 민족, 종교, 문화의 차이에 따른 갈등이 발생하고 있다.

지도의 A 구 유고슬라비아는 민족(인종), 종교 등으로 인한 갈등, B 팔레스타인은 유대교와 이슬람교, D 스리랑카는 불교와 힌두교, E 필리핀 민다나오섬은 이슬람교와 크리스트교 간의 갈등이 발생하는 지역이다.

39 정답 ① 문제편 p.115

<자료 2>

교사 : 힌트 하나 줄까요? ㉠은 '다'로 시작합니다.

갑: ㉠의 예로 그린피스, 국경 없는 의사회를 들 수 있지요.

을: ㉡은 '국가'입니다.

병: ㉢은 정부 간 국제기구의 예에 해당해요.

정: ㉣은 '국제 비정부 기구'이지요.

무: (가)에는 '세계 여러 나라에서 생산과 판매를 하며 국제적으로 활동하는 기업'이 들어갈 수 있어요.

① 갑 ② 을 ③ 병 ④ 정 ⑤ 무

풀이

영토, 국민, 주권을 가진 국제 사회의 행위 주체는 국가이고, 개인과 민간단체가 회원으로 가입할 수 있는 국제기구는 국제 비정부 기구이며, 영어 약자로 UN은 국제 연합을 의미한다. 즉, ㉡은 국가, ㉢은 국제 연합, ㉣은 국제 비정부 기구이다. 따라서 ㉠은 다국적 기업이다.

① 그린피스, 국경 없는 의사회는 국제 비정부 기구에 해당한다.

⑤ 세계 여러 나라에서 생산과 판매를 하며 국제적으로 활동하는 기업은 다국적 기업이다. 따라서 해당 내용은 (가)에 들어갈 수 있다.

40 정답 ⑤ 문제편 p.116

① ㉠은 각국 정부의 기금 출연을 통해 설립된다.

② ㉡은 국제법에 의해 강제된 것이다.

③ ㉢은 힘의 논리가 작용하는 국제 사회의 한 모습이다.

④ ㉣의 형식상 최고 의결 기구는 안전 보장 이사회이다.

⑤ ㉣은 ㉠과 달리 정부 간 국제기구이다.

풀이

㉠은 국제 비정부 기구, ㉣은 정부 간 국제기구에 해당한다.

① 국제 비정부 기구는 개인이나 민간 단체를 회원으로 하는 국제 사회의 행위 주체이다.

② ㉡은 국제 여론에 부응한 행위로, 국제법에 의해 강제된 것이 아니다.

③ ㉢에서는 지구촌 공동의 문제를 공동의 노력으로 이끌어 내는 모습이 나타나 있다.

④ 국제 연합에서 형식상 최고 의결 기구는 총회이다.

41 정답 ④ 문제편 p.116

① 비정부 기구의 주도적인 역할이 필요하다.

② 개인의 적극적인 관심과 참여가 필요하다.

③ 물리적 강제력을 동원한 해결이 필요하다.

④ 국가 간 상호 협력을 통한 해결이 필요하다.

⑤ 이해 당사국을 배제한 제3자에 의한 해결이 필요하다.

풀이

제시문은 유럽 연합 회원국들이 난민 쿼터제(할당제)를 마련하여 난민 문제를 해결하고 있는 모습을 보여 준다. 이를 통해 지구촌 문제의 해결을 위해 국가 간 상호 협력이 필요함을 알 수 있다.

42 정답 ⑤ 문제편 p.116

① 전쟁은 생명을 파괴하는 폭력적 사건인가?

② 전쟁보다도 더 심각한 폭력이 존재하는가?

③ 전쟁은 우연적 요소로도 발생할 수 있는가?

④ 전쟁이 인종 갈등의 해결에 도움이 되는가?

⑤ 전쟁은 도덕적으로 용인될 가능성이 있는가?

풀이

갑은 어떠한 전쟁도 정당화해서는 안 된다는 입장이며, 을은 방어 전쟁이나 대량 살상에 대항하는 전쟁은 정당화할 수 있다는 입장이다.

②, ③, ④ 토론에서 다루지 않은 무관한 내용이다.

⑤ 토론의 핵심 쟁점은 갑, 을의 대답이 서로 상반되는 내용이 해당되기 때문에 '전쟁은 도덕적으로 용인될 가능성이 있는가?'가 적절하다.

43 정답 ④ 문제편 p.116

남북 분단은 많은 사람에게 고통을 주고 국가의 발전을 저해하고 있다. 남북 분단의 문제점을 극복하고 통일을 이루기 위해서는 독일의 통일에서 교훈을 얻어야 한다. 독일은 동독과 서독으로 분단되었을 때에도 문화 및 경제 교류를 통해 서로를 이해하고 협력하기 위해 노력했다. 또한 동서독은 점진적인 관계 개선을 위한 노력과 함께 통일을 우려하는 주변국을 설득하는 작업도 병행했다. 이러한 독일의 사례에 비추어 볼 때, 남북한이 바람직한 통일을 이루기 위해서는 [㉠]

[보기]

ㄱ. 남북한 간의 이질성을 극복하기 위해 노력해야 한다.

ㄴ. 사회 통합보다 체제 통합이 선행되도록 노력해야 한다.

ㄷ. 남북한 간의 상호 신뢰를 구축하기 위해 노력해야 한다.

ㄹ. 국제 사회의 지지와 협력을 받을 수 있도록 노력해야 한다.

Ⅳ

① ㄱ, ㄴ ② ㄱ, ㄷ ③ ㄴ, ㄹ
④ ㄱ, ㄷ, ㄹ ⑤ ㄴ, ㄷ, ㄹ

풀이

제시문의 내용은 동독과 서독의 통일 과정을 보여준다. 독일은 체제 통합 이전에 경제적, 문화적 교류를 통해 점진적으로 관계 개선을 추구하였고, 그로 인해 평화적인 방법으로 통일에 다다를 수 있었다.

ㄴ. 독일은 통일 과정에서 경제적, 문화적 교류와 서로에 대한 편견을 없애나가면서 사회 통합을 이룬 후 체제 통합에 따른 갈등을 해결하고자 하였다.

44 정답 ⑤ 문제편 p.117

① A는 20세기에 극심한 종교 갈등으로 인해 분단되었다.
② A는 경도상 우리나라의 동쪽에 위치하여 표준시가 빠르다.
③ ㉠에는 주변국의 우려를 불식하기 위한 휴전 협정 체결이 있다.
④ ㉡에는 분단 극복을 위해 이념적 갈등을 확대하는 것이 있다.
⑤ ㉡에는 이질화 문제 해소를 위한 교류 협력의 활성화가 있다.

풀이

여행 일지 속 국가 A는 독일이다. 독일의 수도 베를린에는 분단을 상징하는 '베를린 장벽'의 흔적이 있다.

① 제2차 세계대전에서 패전한 독일은 미국, 소련 등의 승전국에 의해 나라가 분할되었다. 이후 냉전이 심화되면서 동독과 서독의 분단이 고착화되었다. 따라서 종교 갈등이 아닌 이념적 이유로 분단되었다.
② 독일은 경도상 대한민국의 서쪽에 위치하며, 표준시가 7~8시간 가량 느리다.
③ 동독과 서독의 사회 통합을 위한 노력(통일)에서 휴전 협정은 체결되지 않았다. 1989년 베를린 장벽이 붕괴된 후, 1990년 동독이 독일 연방에 가입하면서 통일이 이루어졌다.
④ 독일 통일의 교훈은 분단 상태 극복을 위해서는 남북 간 이념적 갈등을 해소해야 한다는 것이다.
⑤ 독일 통일 교훈에 따르면 남북 간 이질성 문제 해결을 위해서는 사회적, 문화적 교류 협력이 필요하다.

45 정답 ② 문제편 p.117

① 종교적 문제로 갈등을 빚고 있다.
② 분쟁 당사국에 일본이 포함되어 있다.
③ 현재 일본이 실효적 지배를 하고 있다.
④ 러시아와 중국 간의 영토 분쟁 지역이다.
⑤ 육상 교통로 확보가 주요 갈등 원인이다.

풀이

지도는 동아시아의 주요 영토 분쟁 지역을 보여주고 있다. 쿠릴 열도(지시마 열도)는 일본과 러시아 간의 영토 분쟁 지역으로 러시아가 실효적 지배를 하고 있으며, 센카쿠 열도(댜오위다오)는 일본, 중국, 타이완 간의 영토 분쟁 지역으로 일본이 실효적 지배를 하고 있다. 두 지역 모두 분쟁 당사국에 일본이 포함되어 있다. 동아시아의 영토 분쟁은 주로 해상 교통의 요지 확보, 해양 자원의 개발과 이용, 군사적 요충지 확보 등을 이유로 발생하고 있다.

심화 문제 풀기

1 정답 ③ 문제편 p.118

① 청바지 생산 과정에서 국제 분업이 이루어진다.
② 영국은 튀니지보다 노동자의 평균 임금이 높다.
③ 튀니지는 경영·관리 기능, 영국은 생산 기능을 담당한다.
④ (가)에는 '고용 창출'이 들어갈 수 있다.
⑤ (나)에는 '선진국에 대한 경제 의존도 심화'가 들어갈 수 있다.

풀이

세계화로 지역 간 생산의 전문화를 통한 국제 분업이 활발해지고 있다. 자료의 청바지 기업은 영국에 본사를 두고 여러 국가에서 생산을 진행하기 때문에 공간적 분업으로 제품을 생산하는 다국적 기업임을 알 수 있다. 선진국의 다국적 기업은 본사는 본국에, 생산 공장은 임금이 저렴한 개발 도상국에 입지하는 경우가 많다. 다국적 기업의 산업 시설이 들어선 개발 도상국은 일자리 창출로 지역 경제가 활성화되거나 기술·자본 이전 등의 긍정적 영향이 나타나지만, 국가 내 소규모 기업의 경쟁력이 약화되거나 선진국에 대한 경제 의존도가 심화되는 부정적 영향도 나타난다.

2 정답 ② 문제편 p.118

풀이

휴대 전화를 생산하기 위해 다양한 국가에서 만든 부품을 이용하고 있다.

① 플랜테이션은 선진국의 자본과 기술, 저렴한 원주민의 노동력이 결합된 상업적 농업으로 주로 열대 기후 지역에서 행해진다.
② 공간적 분업은 기업의 다양한 기능을 공간적으로 분리하여 최적 지점에 입지시키는 것을 의미한다.
③ 산업 공동화는 생산 시설이 다른 지역으로 이전하면서 해당 지역의 산업이 쇠퇴하는 현상을 의미한다.
④ 지역 브랜드는 해당 지역을 특별한 브랜드로 인식시켜 지역 경쟁력을 높이는 전략을 의미한다.
⑤ 탄소 발자국은 상품을 생산하고 유통, 소비하는 과정에서 발생하는 이산화탄소의 총량을 의미한다.

3 정답 ⑤ 문제편 p.118

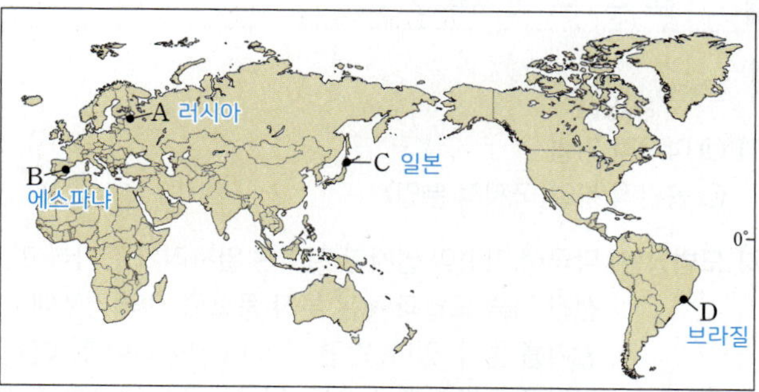

풀이

(가)는 눈과 얼음을 이용한 일본의 삿포로 눈 축제, (나)는 삼바와 관련된 브라질의 리우 카니발이다. 따라서 (가)의 개최지는 C, (나)의 개최지는 D이다.

지도의 A는 러시아의 상트페테르부르크로 5~7월에 백야 축제가 열리며, B는 에스파냐의 부뇰로 토마토 축제가 유명하다.

4 정답 ④ 문제편 p.118

[보 기]

ㄱ. 정치적 억압과 경제적 빈곤은 폭력으로 볼 수 없다. (구조적 폭력 / 있다)

ㄴ. 평화는 평화적 수단으로 성취되는 것이 바람직하다.

ㄷ. 직접적 폭력만 제거되면 진정한 평화가 이루어진다.

ㄹ. 인종 차별을 정당화하는 문화도 폭력으로 보아야 한다. (문화적 폭력)

① ㄱ, ㄴ　② ㄱ, ㄷ　③ ㄴ, ㄷ　④ ㄴ, ㄹ　⑤ ㄷ, ㄹ

풀이

제시문의 사상가는 갈퉁이다. 갈퉁은 전쟁의 종식 등 물리적 폭력이 제거된 소극적 평화를 넘어 개인의 자유를 억압하는 구조나 종교, 문화적인 차별 등이 발생하는 문화적 폭력까지도 제거된 적극적 평화를 실현해야 한다고 주장한다.

ㄱ. 정치적 억압과 경제적 빈곤은 구조적 폭력에 해당한다.

5 정답 ② 문제편 p.119

풀이

자료의 '이 땅'은 유대교(이스라엘)와 이슬람교(팔레스타인) 간의 갈등이 발생하는 이스라엘-팔레스타인 분쟁 지역으로 지도의 B이다.

A 북아일랜드는 크리스트교의 두 종파인 신교와 구교 간의 분쟁 지역이다. 수단-남수단은 이슬람교를 믿는 북부의 아랍계 주민과 크리스트교를 믿는 남부의 아프리카계 주민 간 갈등이 있었고, 2011년 C 남수단이 수단으로부터 분리 독립하였다. D 카슈미르는 이슬람교(파키스탄)와 힌두교(인도), E 스리랑카는 불교(신할리즈족)와 힌두교(타밀족) 간의 분쟁 지역이다.

6 정답 ③ 문제편 p.119

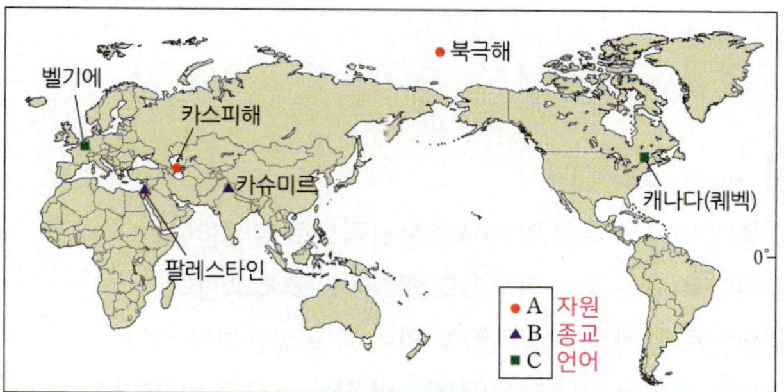

풀이

(가) 종교 분쟁으로는 이슬람교(파키스탄)와 힌두교(인도) 간의 카슈미르 분쟁, 유대교(이스라엘)와 이슬람교(팔레스타인) 간의 팔레스타인 분쟁이 있다. (나) 자원 분쟁으로는 석유와 천연가스 등을 둘러싼 주변국들 간의 카스피해 분쟁과 북극해 분쟁이 있다. 따라서 (가)는 B, (나)는 A이다.

C. 벨기에(네덜란드어와 프랑스어)와 캐나다(퀘벡)(영어와 프랑스어)는 언어로 인해 분쟁이 발생하는 지역이다.

7 정답 ② 문제편 p.119

풀이

신문 기사에서는 센카쿠 열도(댜오위다오)의 영토 분쟁을 설명하고 있다. 센카쿠 열도(댜오위다오)는 지도의 B이다.

지도의 A는 쿠릴 열도(북방 도서)로 일본과 러시아, C는 시사 군도(파라셀 제도)로 중국과 베트남, D는 난사 군도(스프래틀리 군도)로 중국, 베트남, 필리핀, 타이완, 브루나이, 말레이시아의 영토 분쟁 지역이다. E는 스리랑카로 불교를 믿는 신할리즈족과 힌두교를 믿는 타밀족 간의 갈등이 발생하는 지역이다.

8 정답 ③ 문제편 p.119

[보 기]

ㄱ. ㉠은 국제 연합(UN)과 달리 정부 간 국제기구에 해당한다. (→ 정부 간 국제기구)

ㄴ. ㉢은 국제 분쟁을 해결하는 기준으로 작용하고 있다.

ㄷ. ㉣은 국제 비정부 기구에 해당한다.

ㄹ. ㉣은 ㉡과 달리 국제 문제 해결의 주체가 될 수 없다. (㉡, ㉣은 모두 / 있다)

① ㄱ, ㄴ ② ㄱ, ㄷ ③ ㄴ, ㄷ ④ ㄴ, ㄹ ⑤ ㄷ, ㄹ

풀이

㉠은 정부 간 국제기구, ㉡은 국가, ㉣은 국제 비정부 기구에 해당한다. 정부 간 국제기구는 각국의 정부를 회원으로 하는 국제 사회의 행위 주체이고, 국가는 일정한 영토와 국민을 바탕으로 주권을 행사하는 행위 주체이며, 국제 비정부 기구는 개인이나 민간 단체를 회원으로 하는 국제 사회의 행위 주체이다.

ㄱ. 세계 무역 기구와 국제 연합은 모두 정부 간 국제기구에 해당한다.

ㄹ. 국가와 국제 비정부 기구는 모두 국제 문제 해결의 주체가 될 수 있다.

9 정답 ③ 문제편 p.120

① 통일 비용은 통일 이전에만 한시적으로 발생한다.

② 분단 비용은 통일 이후에도 지속적으로 발생한다.

③ 통일로 얻게 되는 장기적 이익이 통일 비용보다 크다.

④ 통일 편익은 분단 때문에 치러야 하는 소모적 비용이다.

⑤ 분단 비용은 서로 다른 체제를 통합하는 데 드는 비용이다.

풀이

제시문은 통일과 관련된 비용에 대한 내용이다.

③ 제시문은 통일 편익이 통일 비용보다 더 크다고 보고 있으므로 통일로 얻게 되는 장기적 이익이 통일 비용보다 크다고 본다.

10 정답 ② 문제편 p.120

풀이

그림에는 동아시아 각국에서 발생하는 역사 인식 차이에서 비롯된 갈등에 관한 내용이 제시되었다. 동아시아에서 나타나는 역사 인식 문제로는 중국의 동북 공정, 일본의 야스쿠니 신사 참배 문제, 일본의 독도 영유권 주장, 일본군 '위안부' 문제 등이 있다.

① 한국의 외환 위기 문제와 극복은 국제 통화 기금(IMF)으로부터 구제 금융을 도입해오면서 발생한 것으로 동아시아 국가 간 역사 인식 차이로 인한 갈등과는 무관하다.

③ 5·18 민주화 운동은 1980년대 정부의 과도한 탄압과 독재 정치에 반대하여 발생한 것으로 동아시아 국가 간 역사 인식 차이로 인한 갈등과는 무관하다.

④ 베트남의 도이머이 정책은 1980년대 경제 성장을 위해 추진된 것으로 동아시아 국가 간 역사 인식 차이로 인한 갈등과는 무관하다.

⑤ 문화 대혁명은 마오쩌둥이 반대파 제거를 위해 일으킨 사회주의 운동으로 동아시아 국가 간 역사 인식 차이로 인한 갈등과는 무관하다.

서술형 문제 풀기

1 문제편 p.121

(1) ㉠ 다국적 기업

㉡ 공간적 분업(국제적 분업)

(2) 모범답안: 다국적 기업이 입지한 지역은 일자리가 증가하고, 선진 기술 도입과 자본 투자 등으로 지역 경제에 활기를 줄 수 있다. 반면 지역 내 경쟁력이 취약한 기업은 피해를 볼 수 있고, 다국적 기업에 의해 창출된 이익을 진출 지역에 재투자하지 않고 모국으로 가져가면서 자본이 빠져나갈 수도 있다. 또한 환경 오염을 방치하면서 환경 문제를 야기하기도 한다.

핵심 키워드: 일자리, 선진 기술, 자본 투자, 경쟁력 취약 기업 피해, 자본 유출, 환경 문제

채점 기준

상 핵심 키워드를 각각 2개 이상 기술하면서 긍정적 영향과 부정적 영향을 모두 나열한 경우

중 긍정적 영향과 부정적 영향을 모두 기술하였으나 핵심 키워드가 2개 미만인 경우

하 긍정적 영향과 부정적 영향 중 한가지 내용만 기술한 경우

(3) 모범답안: ㉢ 저렴한 임금의 노동력 활용

㉣ 시장 확보(무역 장벽 극복)

2 문제편 p.121

(1) ㉠ 아파르트헤이트

(2) 구조적 폭력

(3) 모범답안: 갈퉁의 평화 사상에 따르면, 만델라는 구조적 폭력의 원인이 되었던 인종 간 적대와 불평등을 평화적인 방식으로 해소하고자 하였다. 그는 백인에 대한 보복 대신 화해를 선택함으로써 단순한 폭력의 부재를 넘어, 정의롭고 조화로운 사회를 지향하는 적극적 평화 실현의 의의를 보여주었다.

핵심 키워드: 구조적 폭력 / 적극적 평화 실현

채점 기준

상 갈퉁의 입장에서 만델라의 행동을 '폭력적 수단 반대', '평화적 방식으로 해소', '적극적 평화 실현' 3가지를 모두 활용하여 작성함

중 갈퉁의 입장에서 만델라의 행동을 '폭력적 수단 반대', '평화적 방식으로 해소', '적극적 평화 실현' 2가지를 활용하여 작성함

하 갈퉁의 입장에서 만델라의 행동을 '폭력적 수단 반대', '평화적 방식으로 해소', '적극적 평화 실현' 0-1가지를 활용하여 작성함

3 문제편 p.122

(1) ㉠ (정부 간) 국제기구
㉡ (국제) 비정부 기구(NGO)

(2) 모범답안: ㉢ 세계 평화 및 환경 보호 활동
㉣ 의료 지원 및 의료 구호 활동

(3) 모범답안: 인간은 자신들의 이익만을 추구한 결과 기후 변화, 환경 문제 등을 초래하였고, 이는 미래 후손들에게 큰 재앙이 될 것입니다. 그래서 저는 환경 문제의 원인을 밝혀내고, 이를 해결하는 데 힘을 보태고 싶어 그린피스에 가입하겠습니다. 먼저 일회용품 사용 줄이기부터 실천할 것이고, 용돈을 모아 그린피스에 후원하겠습니다. 저의 작은 노력이 조금이라도 더 나은 환경을 만드는 데 도움이 되었으면 좋겠습니다.

4 문제편 p.122

(1) ㉠ 통일을 위한 노력

(2) 모범답안: 민족의 동질성을 회복하기 위해 필요하다. 한반도의 평화 정착을 위해 필요하다. 이산가족의 고통을 해소하기 위해 필요하다. 등

핵심 키워드: 민족의 동질성, 한반도의 평화, 이산가족

채점 기준
- 상 통일이 필요한 이유를 두 가지 모두 정확하게 서술한 경우
- 중 통일이 필요한 이유를 한 가지만 정확하게 서술한 경우
- 하 통일이 필요한 이유가 정확하지 않은 경우

V 미래와 지속가능한 삶 개념편 p.123

핵심 문제 풀기 1회차

1	⑤	2	②	3	①	4	⑤	5	③
6	③	7	③	8	②	9	⑤	10	①
11	③	12	③	13	②	14	①	15	③
16	⑤	17	⑤	18	③	19	⑤	20	④
21	③	22	④	23	④	24	⑤	25	④
26	③	27	②	28	②	29	③	30	④
31	①	32	③	33	⑤	34	①	35	①
36	④								

핵심 문제 풀기 2회차

1	⑤	2	⑤	3	③	4	②	5	③
6	⑤	7	①	8	①	9	②	10	③
11	④	12	①	13	④	14	②	15	①
16	①	17	⑤	18	③	19	①	20	⑤
21	③	22	④	23	④	24	①	25	③
26	⑤	27	⑤	28	③	29	③	30	④
31	②								

심화 문제 풀기

1	⑤	2	②	3	①	4	②	5	③
6	②	7	③	8	⑤	9	③	10	③
11	④	12	①	13	③	14	④	15	④
16	④	17	③	18	④	19	⑤	20	③

핵심 문제 풀기 1회차

1 정답 ⑤ 문제편 p.130

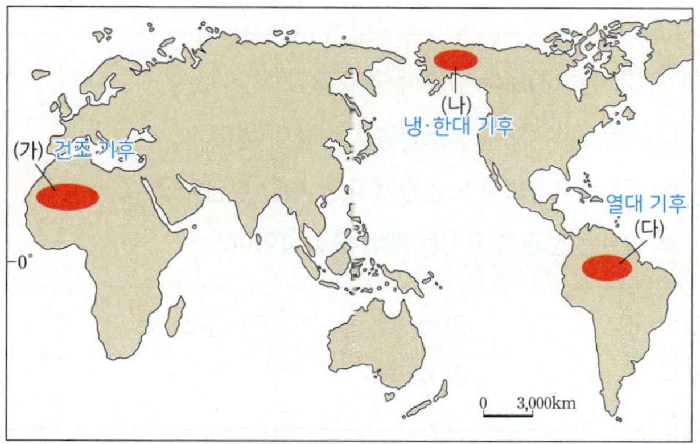

풀이

(가)는 사하라 사막으로 강수량이 적은 건조(사막) 기후, (나)는 고위도의 알래스카로 기온이 낮은 냉·한대 기후, (다)는 아마존 밀림으로 연중 고온 다습한 열대 우림 기후가 나타난다. 따라서 (가)~(다) 지역은 공통적으로 기후 조건이 좋지 않아 인간 거주에 불리한 지역이다.

2 정답 ② 문제편 p.130

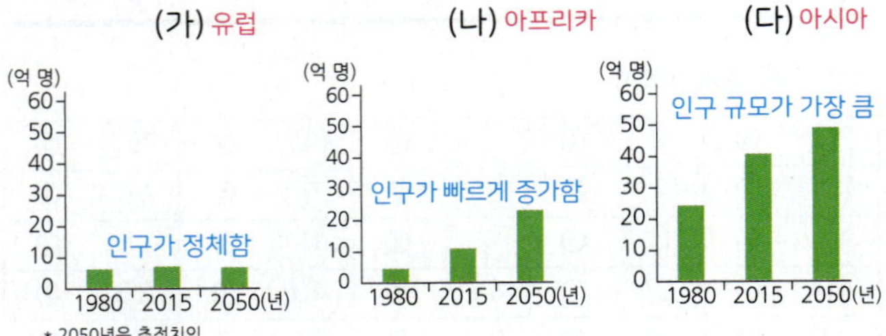

* 2050년은 추정치임.

풀이

(가)는 인구 증가율이 낮아 인구가 정체할 것으로 예상되므로 선진국이 많이 위치한 유럽이다. 유럽은 저출산·고령화 문제가 나타나고 있다. (나)는 인구 증가율이 높아 인구가 빠르게 증가할 것으로 예상되므로 개발 도상국이 많이 위치한 아프리카이다. (다)는 인구 규모가 가장 크므로 아시아이다.

3 정답 ① 문제편 p.130

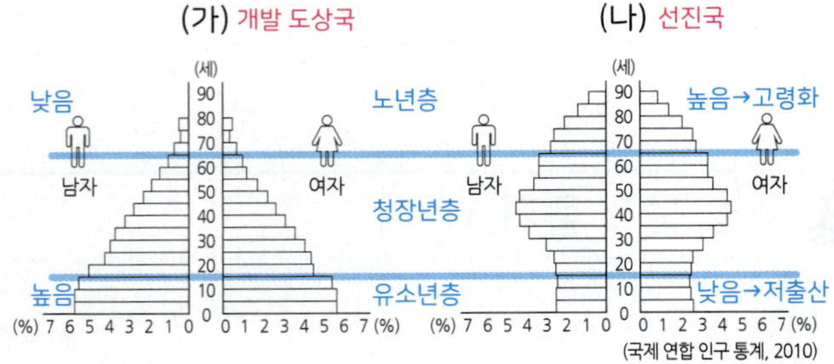

[보 기]

ㄱ. (가)는 (나)보다 평균 수명이 짧다.

ㄴ. (가)는 (나)보다 유소년층의 비율이 높다.

ㄷ. (가)는 (나)보다 노년층에 대한 부양 부담이 크다. (작다)

ㄹ. (가)는 선진국(개발 도상국), (나)는 개발 도상국(선진국)이다.

① ㄱ, ㄴ ② ㄱ, ㄷ ③ ㄴ, ㄷ
④ ㄴ, ㄹ ⑤ ㄷ, ㄹ

풀이

(가)는 유소년층 인구 비율이 높고 노년층 인구 비율이 낮은 개발 도상국, (나)는 유소년층 인구 비율이 낮고 노년층 인구 비율이 높은 선진국의 인구 구조를 나타낸 것이다. (나) 선진국은 출산율 감소와 평균 수명 증가로 인한 저출산·고령화가 계속되면서 노년층 인구 비율은 증가하는 데 비해 청장년층 인구 비율은 감소하여 노년층에 대한 부양 부담이 증가하게 된다.

4 정답 ⑤ 문제편 p.130

[보 기]

ㄱ. (가)는 피라미드형 인구 구조가 나타날 것이다. (→ 종형이나 방추형 인구 구조)

ㄴ. (나)는 저출산 문제가 나타날 것이다. (→ (나) 개발 도상국 / → 출산율이 높음 → (가) 선진국)

ㄷ. (가)는 (나)보다 평균 수명이 길 것이다.

ㄹ. (나)는 (가)보다 유소년 인구 비중이 높을 것이다.

① ㄱ, ㄴ ② ㄱ, ㄷ ③ ㄴ, ㄷ
④ ㄴ, ㄹ ⑤ ㄷ, ㄹ

풀이

(가)는 출산 장려 정책을 추진하는 선진국, (나)는 산아 제한 정책을 추진하는 개발 도상국이다. (가) 선진국은 출산율 감소와 평균 수명 증가로 저출산·고령화 현상이 나타나 유소년 인구 비중이 낮고 노년 인구 비중이 높은 종형이나 방추형 인구 구조가 나타나며, (나) 개발 도상국은 높은 출생률과 사망률로 유소년 인구 비중이 높고 노년 인구 비중이 낮아 피라미드형 인구 구조가 나타난다.

5 정답 ③ 문제편 p.131

① (가)는 노년층에서 여자가 남자보다 많다.
② (나)는 노년층 인구가 유소년층 인구보다 많다.
③ (가)는 (나)보다 고령화 현상이 심하다.
④ (가)는 (나)보다 3차 산업 종사자 수 비율이 높다.
⑤ (가)는 서울특별시, (나)는 의성군이다.

풀이

연령층별 인구는 유소년층 인구(15세 미만), 청장년층 인구(15~64세), 노년층 인구(65세 이상)로 분류한다. 도시는 청장년층 인구 비중이 높고, 촌락은 노년층 인구 비중이 높다. (나)는 (가)보다 노년층 인구 비중이 높으므로 고령화 현상이 뚜렷한 의성, (가)는 청장년층 인구 비중이 높으므로 서울이다.

① 여성이 남성보다 평균 수명이 높다. 따라서 대부분 지역에서 노년층은 여초 현상이 나타난다.
④ 도시는 촌락보다 3차 산업 종사자 수 비율이 높고, 촌락은 도시보다 1차 산업 종사자 수 비율이 높다.

6 정답 ③ 문제편 p.131

① 15~64세 인구가 감소하였다. (→ 알 수 없음)
② 65세 이상 인구가 증가하였다. (→ 알 수 없음)
③ 노년 부양비가 증가하였다.
④ 총부양비가 감소(증가)하였다.
⑤ 인구 구성비의 변화 폭은 0~14세(65세 이상) 인구에서 가장 크다.

풀이

① 15~64세 인구 비율은 감소하였으나, 갑국의 연도별 전체 인구를 알 수 없으므로 15~64세 인구의 증감은 알 수 없다.

② 65세 이상 인구 비율은 증가하였으나, 갑국의 연도별 전체 인구를 알 수 없으므로 65세 이상 인구의 증감은 알 수 없다.
③ 노년 부양비는 2005년의 경우 (10/70)×100이고, 2015년의 경우 (20/65)×100으로, 2005년보다 2015년이 크다. 따라서 노년 부양비는 증가하였다.
④ 총부양비는 2005년의 경우 (30/70)×100이고, 2015년의 경우 (35/65)×100으로, 2005년보다 2015년이 크다. 따라서 총부양비는 증가하였다.
⑤ 인구 구성비의 변화 폭은 65세 이상 인구에서 가장 크다.

7 정답 ③ 문제편 p.131

① 고령화로 인한 사회 문제가 나타날 수 있다.
② 출산율 저하는 이러한 변화의 원인이 될 수 있다.
③ 2050년까지 고령 인구수가 지속적으로 증가할 것이다. → 알 수 없음
④ 2050년까지 고령 인구에 대한 유소년 인구의 비율은 지속적으로 감소할 것이다.
⑤ 2050년까지 생산 가능 인구의 고령 인구 부양 부담이 지속적으로 증가할 것이다.

풀이

① 고령 인구의 비율이 증가하고 있으므로 고령화로 인한 사회 문제가 나타날 수 있다.
② 출산율이 저하되면 유소년 인구 비율이 감소한다.
③ 제시된 자료에서는 연도별 전체 인구가 나타나 있지 않으므로 고령 인구수가 지속적으로 증가할 것인지는 알 수 없다.
④ 고령 인구 비율은 증가하고 있고, 유소년 인구 비율은 감소하고 있으므로 고령 인구에 대한 유소년 인구의 비율은 지속적으로 감소할 것이다.
⑤ 생산 가능 인구의 비율은 감소하고 있고, 고령 인구 비율은 증가하고 있으므로 생산 가능 인구의 고령 인구 부양 부담은 지속적으로 증가할 것이다.

8 정답 ② 문제편 p.131

① 2020년에는 유소년 인구가 고령 인구보다 많을(적을) 것이다.
② 2000년은 1980년에 비해 고령 인구 대비 유소년 인구의 비율이 낮다.
③ 2060년까지 유소년 인구의 감소로 인해 평균 수명이 지속적으로 연장될 것이다.
④ 2040년은 2020년에 비해 노인을 대상으로 한 산업 시장의 규모가 감소(증가)할 것이다.
⑤ 2000년부터 2060년까지 생산 가능 인구의 노인 부양 부담은 지속적으로 감소(증가)할 것이다.

풀이

① 2020년에 유소년 인구 비율은 13.2%이고, 고령 인구 비율은 15.7%이므로 유소년 인구가 고령 인구보다 적을 것이다.
② 고령 인구 대비 유소년 인구의 비율은 1980년의 경우 (34.0/3.8)×100, 2000년의 경우 (21.1/7.2)×100이므로 2000년이 1980년보다 고령 인구 대비 유소년 인구 비율이 낮다.
③ 제시된 자료에서는 갑국의 연도별 전체 인구를 알 수 없으므로 유소년 인구가 감소했는지 알 수 없다.
④ 2040년은 2020년에 비해 노인을 대상으로 한 산업 시장의 규모가 증가할 것이다.
⑤ 2000년부터 2060년까지 생산 가능 인구의 노인 부양 부담은 지속적으로 증가할 것이다.

9 정답 ⑤ 문제편 p.132

① 강제적(경제적) - 멕시코인이 미국으로 이동
② 계절적(종교적) - 영국 청교도가 아메리카로 이동
③ 환경적 - 미국 북동부 주민이 선벨트로 이동
④ 경제적(강제적) - 아프리카계 노예가 아메리카로 이동
⑤ 정치적 - 아프가니스탄 난민이 주변국으로 이동

풀이

신문 기사에서는 내전으로 인한 난민의 이동 현황을 보여준다. 시리아, 아프가니스탄 등 아프리카와 서남아시아에서 내전, 분쟁 등을 피해 이주하는 난민의 이동은 정치적 이동에 해당한다.

10 정답 ① 문제편 p.132

풀이

지도는 중국과 동남 및 남부 아시아에서 한국으로의 인구 이동을 나타낸 것이다. 이는 더 나은 일자리를 찾아 개발 도상국에서 임금 수준이 높고 고용 기회가 많은 선진국으로 자발적으로 이동한 것이며, 경제적 이동에 해당한다.

11 정답 ③ 문제편 p.132

(가) 북부 아프리카, 남부 및 동부 유럽, 튀르키예에서 북서부 유럽으로의 이동
(나) 라틴 아메리카에서 미국으로의 이동

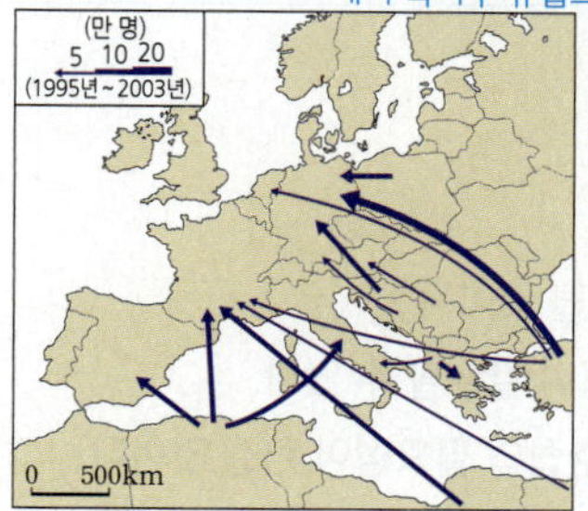

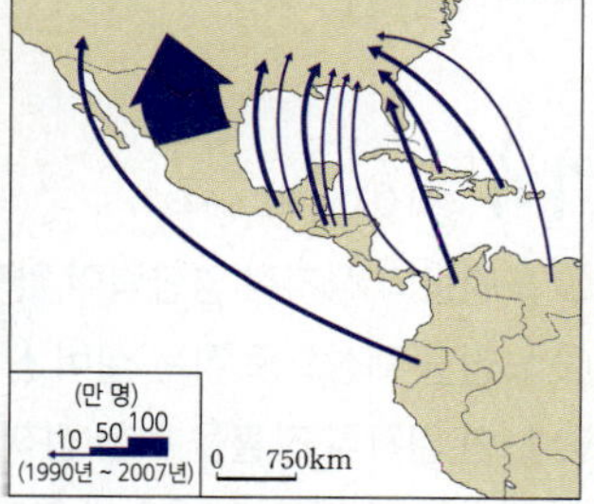

풀이

(가)는 북부 아프리카, 동부 및 남부 유럽, 튀르키예에서 북서부 유럽으로의 인구 이동, (나)는 멕시코를 포함한 라틴 아메리카에서 미국으로의 인구 이동을 나타낸 것이다. (가), (나) 인구 이동 모두 경제 수준이 낮고 일자리가 부족한 개발 도상국에서 경제 수준이 높고 일자리가 풍부한 선진국으로 이동한 것으로, 경제적 이동에 해당한다.

12 정답 ③ 문제편 p.132

[보기]

ㄱ. ⓒ은 ⓐ보다 고용 기회가 많다.

ㄴ. ⓔ은 ⓓ보다 노동자의 평균 임금 수준이 높다.

ㄷ. ⓒ과 ⓗ은 경제적 요인으로 이주하였다.

ㄹ. ⓒ은 국제 이주, ⓗ은 국내 이주를 하였다.

① ㄱ, ㄴ ② ㄱ, ㄷ ③ ㄴ, ㄷ ④ ㄴ, ㄹ ⑤ ㄷ, ㄹ

풀이

첫 번째 글은 농촌에서 일자리가 풍부한 도시로 이주한 이촌 향도 현상으로 국내 이주에 해당하고, 두 번째 글은 임금 수준이 낮고 고용 기회가 적은 아프리카의 개발 도상국에서 임금 수준이 높고 고용 기회가 많은 유럽의 선진국으로 이동한 국제 이주에 해당한다. 두 사례 모두 일자리를 찾아 이주한 것이므로 경제적 요인에 의한 이주이다.

13 정답 ② 문제편 p.133

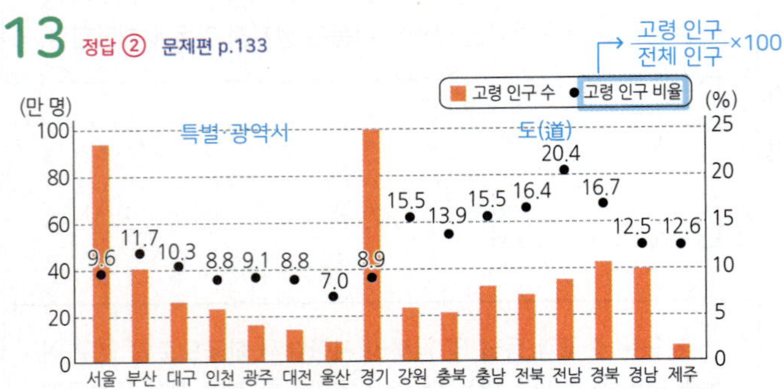

풀이

ㄱ. 고령 인구 수는 경기가 약 100만 명으로 가장 많다.

ㄴ. 고령 인구 비율은 인천이 8.8%, 제주가 12.6%로 인천이 제주보다 낮다.

ㄷ. 인구 고령화 현상은 고령 인구 비율이 가장 높은 전남에서 가장 두드러진다.

ㄹ. 도(道)의 고령 인구 총합은 특별·광역시의 총합보다 많다.

14 정답 ① 문제편 p.133

① 노년층의 정치적 영향력이 약화될 것이다.

② 노인을 대상으로 하는 실버 산업이 발달할 수 있다.

③ 노인 일자리 창출을 위한 정책 수립의 필요성이 커질 것이다.

④ 노후 생활 및 의료 비용에 관련된 정부 부담이 증가할 것이다.

⑤ 청·장년층의 노인 부양 부담이 늘어나 세대 갈등이 심화될 수 있다.

풀이

제시된 그림을 통해 우리나라에서 고령 인구 비율이 증가하고 있고, 고령화 지수가 높아지고 있음을 알 수 있다.

① 노인 인구가 전체 인구에서 차지하는 비율이 높아지고 있으므로 노년층의 정치적 영향력은 강화될 것이다.

15 정답 ③ 문제편 p.133

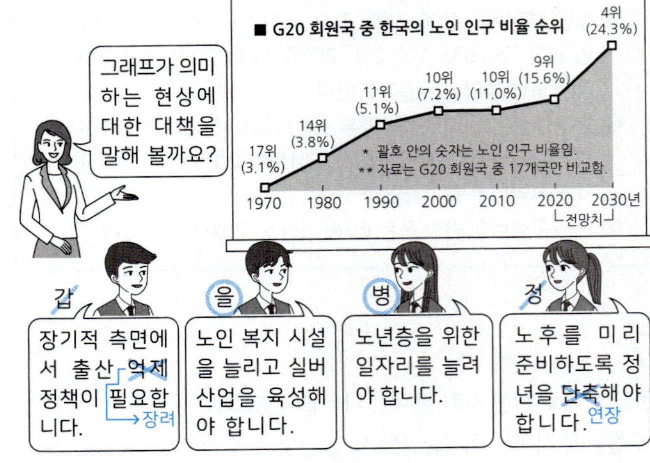

그래프가 의미하는 현상에 대한 대책을 말해 볼까요?

갑: 장기적 측면에서 출산 억제 정책이 필요합니다.

을: 노인 복지 시설을 늘리고 실버산업을 육성해야 합니다.

병: 노년층을 위한 일자리를 늘려야 합니다.

정: 노후를 미리 준비하도록 정년을 단축해야 합니다.

① 갑, 을 ② 갑, 병 ③ 을, 병 ④ 을, 정 ⑤ 병, 정

풀이

노인 인구 비율이 빠르게 증가하고 있으므로 주어진 그래프는 고령화 현상을 의미한다. 고령화로 인해 노동력이 감소하고, 연금·의료·복지 부문에서 노년층 부양을 위한 사회적 비용이 늘어나 국가 재정 부담이 증가하며, 청장년층의 노년층 부양 부담이 증가한다. 이에 대한 대책으로 출산율을 높이고, 정년 연장, 재취업 기회 확대 등으로 노년층의 경제 활동 참여 기회를 확대하며, 연금 제도를 정착시키고, 실버산업 육성 등 노인 복지 정책과 편의 시설을 확대해야 한다.

16 정답 ⑤ 문제편 p.133

[보기]

ㄱ. 사회보다 개인이 복지의 책임을 져야 한다.

ㄴ. 경쟁 중심의 경제 성장 정책이 해결 방안이다.

ㄷ. 1인 가구 증가와 같은 가족 구조의 변화가 영향을 주었다.

ㄹ. 가족의 범위를 넘어서는 대안적 공동체 형성이 해결책이 될 수 있다.

① ㄱ, ㄴ ② ㄱ, ㄷ ③ ㄴ, ㄷ ④ ㄴ, ㄹ ⑤ ㄷ, ㄹ

풀이

제시된 기사에는 1인 가구의 증가로 인해 발생할 수 있는 고독사 문제가 나타나 있다. 고독사 문제는 1인 가구의 증가로 사회적 관계가 단절되면서 나타날 수 있고, 대안적인 공동체 등장으로 인한 사회적 관계 확장은 고독사 문제를 완화할 수 있는 해결책이 될 수 있다.

ㄱ. 개인뿐만 아니라 사회의 책임도 중시된다.

ㄴ. 경쟁 중심의 경제 성장 정책의 실시는 고독사 문제를 심화시킬 수 있다.

17 정답 ⑤ 문제편 p.134

① 직장 내 보육 시설을 확대하는
② 교육에 대한 공공 지원을 늘리는
③ 출산한 부부에게 장려금을 지급하는
④ 신혼부부에게 주택 자금을 지원하는
(→ 저출산 현상의 대책)
⑤ 다자녀 가구에 대한 지원을 축소하는 (→ 확대)

풀이

저출산 현상은 결혼과 가족에 대한 가치관 변화로 인한 평균 초혼 연령 상승 및 비혼 증가, 여성의 사회 진출 확대, 자녀 양육 비용 부담 증가 등으로 인해 심화되고 있다.

⑤ 출생률을 높이기 위한 정책으로는 다자녀 가구에 대한 지원을 확대하는 것이 적절하다.

18 정답 ③ 문제편 p.134

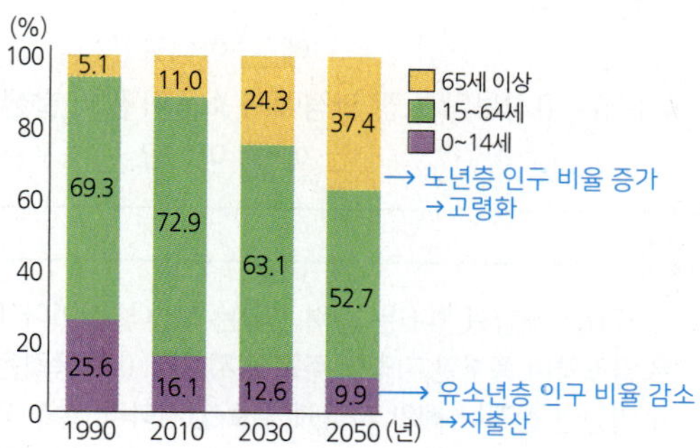

풀이

우리나라의 연령별 인구 구성비를 보면 0~14세의 유소년층 인구 비율이 감소하고 65세 이상의 노년층 인구 비율은 증가하여 저출산, 고령화 현상이 심화될 것으로 예상된다. 저출산 현상의 원인으로는 여성의 사회 진출 확대, 미혼 인구 증가, 초혼 연령 상승, 결혼과 가족에 대한 가치관 변화, 자녀 양육비 부담 증가 등이 있고, 고령화 현상의 원인으로는 의료 기술의 발달과 생활 수준 향상에 따른 사망률 감소와 평균 수명 연장 등이 있다.

③ 출산 장려 정책은 저출산, 고령화 현상의 원인이 아닌 대책에 해당한다.

19 정답 ⑤ 문제편 p.134

풀이

제시문에서는 저출산·고령화 현상이 진행되는 우리나라의 현황에 대해 설명하고 있다. 특히 촌락에서는 고령화 현상이 심각하게 나타나고 있다.

⑤ 이촌 향도 현상은 산업화의 영향으로 일자리가 풍부해진 도시로 촌락 인구가 이동하는 현상이다. 따라서 산업화가 빠르게 진행되었던 1970년대가 2000년대보다 이촌 향도 현상이 뚜렷하게 나타났다.

20 정답 ④ 문제편 p.134

풀이

(가)는 1960년, (나)는 2015년이다. 우리나라는 1960년대 이전까지는 출생률과 사망률이 높아 유소년층 인구 비중이 높고 노년층 인구 비중이 낮았지만, 산업화와 경제 성장 과정에서 평균 수명이 증가하고 출생률이 낮아져 노년층 인구 비중이 증가하고 유소년층 인구 비중이 감소하였다.

ㄴ. (나)는 노년층에서 남성 비중보다 여성 인구 비중이 높으므로 노년층 남성보다 노년층 여성 인구가 많다.

ㄹ. 1960년대의 높은 출생률로 그 이후 인구가 빠르게 증가하여 2015년은 1960년보다 총인구가 많다.

21 정답 ③ 문제편 p.135

① A(→B)는 산업혁명 당시 주요 연료로 이용되었다.
② B는 주로 자동차 연료 및 화학 공업의 원료로 이용된다. (→ A 석유 / → 제철 공업 및 화력 발전의 연료)
③ C는 냉동 액화 기술의 발달로 소비량이 증가하였다.
④ B(→A)는 A(→B)보다 일부 지역에 편중되어 국제 이동량이 많다.
⑤ C(→B)는 B(→C)보다 연소 시 대기 오염 물질 배출량이 많다.

풀이

세계 1차 에너지 소비 비중은 석유 > 석탄 > 천연가스 > 수력 > 원자력 순으로 높다. 따라서 A는 석유, B는 석탄, C는 천연가스이다. A 석유는 서남아시아에 세계 매장량의 절반 정도가 분포하여 다른 화석 에너지에 비해 편재성이 크고 주요 생산지와 소비지가 달라 국제 이동량이 많다. C 천연가스는 B 석탄이나 A 석유보다 연소 시 대기 오염 물질을 적게 배출하며 가정용으로 주로 사용된다.

22 정답 ④ 문제편 p.135

① (가)(→(나))는 산업 혁명 시기의 주요 에너지 자원이었다.
② (나)(→(가))는 운송 수단의 연료로 주로 이용된다.
③ (나)(→(가))는 신기 조산대 주변에 주로 분포한다.
④ (가)는 (나)보다 국제 이동량이 많다.
⑤ (나)(→(가))는 (가)(→(나))보다 세계 에너지 소비량에서 차지하는 비중이 크다. (→ 석유 > 석탄 > 천연가스)

풀이

(가)는 사우디아라비아, 러시아, 미국에서 생산량이 많은 석유, (나)는 중국이 전 세계 생산량의 절반 정도를 차지하는 석탄이다.

(가) 석유는 신기 조산대 주변에 주로 매장되어 있으며, 수송용으로 이용되는 비중이 높고, 다른 화석 에너지에 비해 편재성이 커서 국제 이동량이 많다. 또한 석유는 현재 세계 1차 에너지 중 소비량이 가장 많다. (나) 석탄은 산업 혁명기에 주요 동력원으로 사용되었으며, 주로 고기 조산대 주변에 매장되어 있고, 제철 공업용 및 발전용 등 산업용으로 주로 이용된다.

23 정답 ④ 문제편 p.135

① (가)는 고생대 지층에 주로 매장되어 있다.
② (가)는 산업 혁명 시기에 주요 에너지 자원이었다.
③ (나)는 자동차와 항공기 등의 연료로 주로 사용된다.
④ (가)는 (나)보다 국제 이동량이 많다.
⑤ (가)는 (나)보다 상용화 시기가 이르다.

풀이

(가)는 사우디아라비아, 미국, 러시아 등에서 생산량이 많으므로 석유, (나)는 중국에서 생산량이 매우 많으므로 석탄이다.

(가) 석유는 신생대 제3기층 배사 구조에 주로 매장되어 있으며, 수송용으로 사용되는 비중이 높고, 다른 화석 에너지에 비해 편재성이 커서 국제 이동량이 많다. (나) 석탄은 산업 혁명기에 주요 동력원으로 사용되어 주요 화석 에너지 중 상용화된 시기가 가장 이르며, 고생대 지층에 주로 매장되어 있고, 제철 공업용 및 발전용 등 산업용으로 주로 사용된다.

24 정답 ⑤ 문제편 p.135

[보 기]

ㄱ. (가)는 산업 혁명 시기에 주요 에너지 자원이었다.
ㄴ. (나)는 자동차와 항공기 등의 연료로 주로 사용된다.
ㄷ. (가)는 (나)보다 국제 이동량이 많다.
ㄹ. (가)는 (나)보다 세계에서 소비되는 양이 많다.

① ㄱ, ㄴ ② ㄱ, ㄷ ③ ㄴ, ㄷ ④ ㄴ, ㄹ ⑤ ㄷ, ㄹ

풀이

(가)는 사우디아라비아, 러시아, 미국에서 생산 비중이 높은 석유, (나)는 중국이 전 세계 생산량의 절반 정도를 차지하는 석탄이다.

25 정답 ④ 문제편 p.136

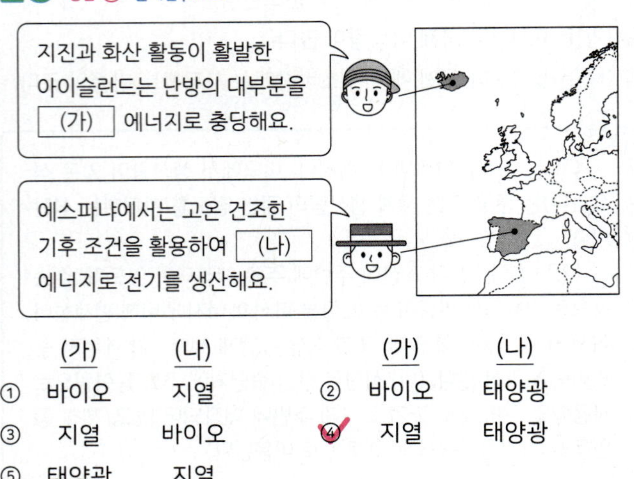

	(가)	(나)		(가)	(나)
①	바이오	지열	②	바이오	태양광
③	지열	바이오	④	지열	태양광
⑤	태양광	지열			

풀이

제시된 국가의 자연환경에서 잠재력이 높은 신·재생 에너지를 찾는 문항이다.

④ 화산 활동이 활발한 판의 경계에 속한 지역은 지하 마그마를 활용한 지열 발전에 유리하다. 일조량이 풍부한 지중해성 기후 및 건조 기후 지역은 태양광 발전에 유리하다. 따라서 (가)는 지열, (나)는 태양광이다.

26 정답 ③ 문제편 p.136

1. (가)는 일사량이 풍부한 지역이 발전에 유리하다.
예 ☐ 아니요 ☐ ············ ㉠
2. (나)는 바람이 세고 일정한 산지나 해안 지역에 주로 입지한다.
예 ☐ 아니요 ☐ ············ ㉡
3. (다)는 마그마에 의해 가열된 수증기를 이용해 전력을 생산한다.
예 ☐ 아니요 ☐ ············ ㉢
4. (가)는 (나)보다 발전 과정에서 소음이 많이 발생한다.
예 ☐ 아니요 ☐ ············ ㉣

풀이

(가)는 태양광, (나)는 풍력, (다)는 지열 발전이다. (가) 태양광은 일조량이 풍부한 지역에 주로 입지한다. (나) 풍력은 바람이 세고 일정한 산지나 해안 지역에 주로 입지하며, 발전 과정에서 날개 회전으로 인한 소음 피해가 발생한다. (다)는 마그마에 의해 가열된 뜨거운 수증기를 이용하여 전력을 생산하는 발전 방식으로 판의 경계에 위치하여 화산 활동이 활발한 지역에서 주로 이루어진다.

27 정답 ② 문제편 p.136

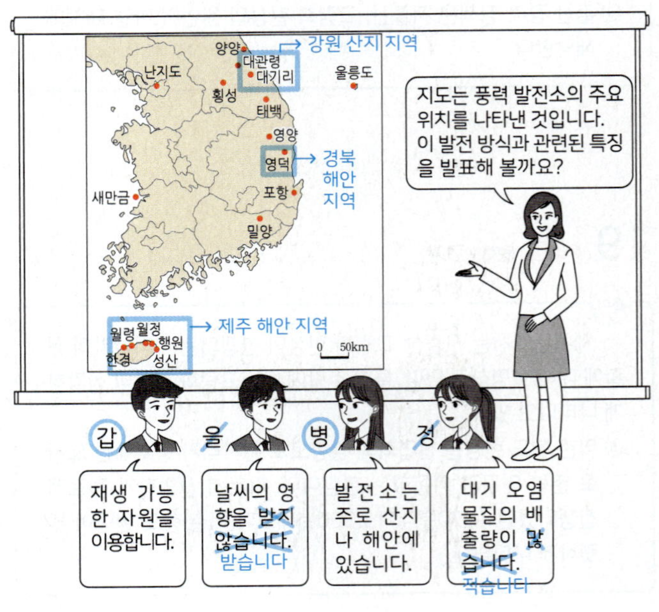

풀이

풍력은 바람이 많은 산지나 해안 지역이 발전에 유리하다. 우리나라에서 풍력 발전소는 대관령, 영덕, 제주도 등에 분포한다. 풍력은 재생 가능한 에너지를 이용하여 전력을 생산하는 발전 방식으로, 바람을 이용하므로 날씨의 영향을 많이 받는다. 또한 발전 시 대기 오염 물질의 배출량이 상대적으로 적어 친환경적이다.

28 정답 ② 문제편 p.136

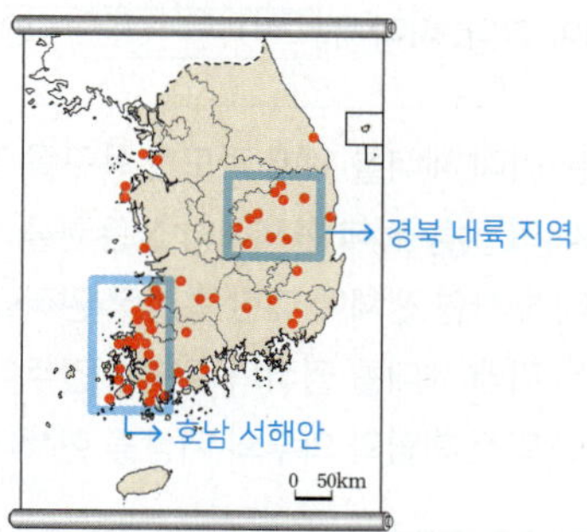

풀이

태양광은 일조량이 풍부한 지역이 발전에 유리하다. 우리나라에서 태양광 발전소는 강수량이 적어 일조량이 풍부한 호남 서해안과 경북 내륙 지역에 많이 분포한다.

29 정답 ③ 문제편 p.137

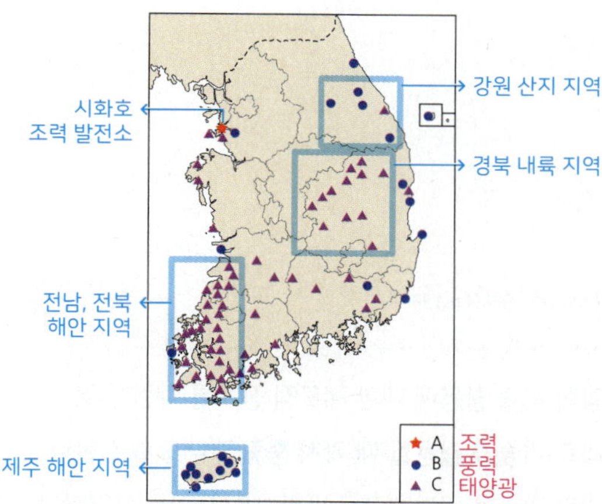

풀이

(가)는 바람을 통해 전력을 생산하는 풍력 발전, (나)는 일조량이 풍부한 곳에 입지하므로 태양광 발전, (다)는 조수 간만의 차가 큰 곳에 주로 입지하는 조력 발전이다.

A는 경기에만 입지하고 있으므로 조력 발전소이다. 우리나라에서 조력 발전은 경기도 안산 시화호 조력 발전소에서 유일하게 이루어지고 있다. B는 강원, 제주 등 바람이 강하게 부는 산지나 해안 지역에 주로 입지하는 풍력 발전소, C는 소우지인 전남, 전북 해안 지역과 경북 내륙 지역 등 일조량이 풍부한 곳에 주로 입지하는 태양광 발전소이다. 따라서 (가)는 B, (나)는 C, (다)는 A이다.

30 정답 ④ 문제편 p.137

① 탄소 배출량이 많은 에너지이다. → 화석 연료
② 사용량이 많아짐에 따라 고갈된다. → 화석 연료
③ 안전성과 폐기물 처리 문제가 있다. → 원자력
④ 친환경적이며 자연적 제약이 크다.
⑤ 산업 혁명의 에너지 자원으로 사용되었다. → 석탄

풀이

왼쪽 사진은 풍력, 오른쪽 사진은 태양광을 나타낸 것으로 모두 신·재생 에너지이다. 풍력, 태양광은 기후 조건 등 자연적 제약이 크지만 지속적으로 공급·순환되는 재생 에너지로 고갈 위험성이 낮으며 석탄, 석유 등에 비하 발전 시 대기 오염 물질 배출량이 적어 친환경적이다.

V

31 정답 ① 문제편 p.137

(가) (으)로 사라질지도 모르는 여행지 → 지구 온난화 현상

이탈리아 항구 도시 베네치아가 (가) (으)로 인한 해수면 상승으로 홍수 위험에 자주 노출되고 있다. 이 같은 현상이 지속된다면 베네치아는 앞으로 100년 안에 물에 잠겨 사라질지도 모른다.

오스트레일리아 대보초 해안의 산호초가 백화 현상으로 사라지고 있다. 백화 현상이란 산호초가 하얗게 죽어가는 것을 말하는데, (가) (으)로 인한 수온 상승이 주된 요인으로 꼽힌다.

① 봄꽃의 개화 시기가 빨라질 것이다.
② 서리가 내리는 날이 증가할 것이다. → 감소
③ 냉대림의 분포 면적이 넓어질 것이다. → 축소될
④ 여름이 짧아지고 겨울이 길어질 것이다. → 길어지고, 짧아질
⑤ 열대성 질병의 발병률이 감소할 것이다. → 증가

풀이

(가)는 해수면 상승, 수온 상승 등이 야기되는 환경 문제로 지구 온난화 현상이다.

① 기온이 상승하면 봄 시작 시기가 앞당겨지면서 봄꽃의 개화 시기는 빨라질 것이다.
② 겨울 평균 기온이 상승하면서 서리 내리는 날은 감소할 것이다.
③ 기온이 상승하면 냉대림의 분포 면적은 축소되고, 난대림의 분포 면적은 확대될 것이다.
④ 기온이 상승하면 여름은 길어지고 겨울은 짧아질 것이다.
⑤ 기온이 상승하면 열대 및 아열대성 질병의 발병률은 높아질 것이다.

32 정답 ③ 문제편 p.137

① 자연과 인간의 조화를 추구한다.
② 미래 세대를 고려한 개발 방식이다.
③ 자원을 무한한 것으로 보고 개발을 추진한다. (유한한)
④ 상호 존중과 협력을 토대로 갈등을 해결한다.
⑤ 빈곤의 해소를 통해 삶의 질을 향상시키고자 한다.

풀이

자료의 ㉠은 '지속가능한 발전'이다. 지속가능한 발전은 미래 세대가 사용할 경제·사회·환경 등의 자원을 낭비하거나 여건을 저하시키지 않는 범위 내에서의 개발로 사회 안정과 통합, 환경 보전이 균형을 이루는 발전을 의미한다. 따라서 이를 위해서는 생태계 수용 능력의 한계 내에서 개발이 이루어져야 하고, 사회적 통합과 발전을 위해 빈곤 문제를 해결하며, 질적인 성장과 공정한 배분을 통한 평등한 사회를 지향해야 한다.

33 정답 ⑤ 문제편 p.138

① 자원의 낭비를 줄이고 재활용에 힘쓸 것이다.
② 저탄소 친환경 사업에 대한 관심이 높아질 것이다.
③ 지속 가능한 개발을 위한 국제적 협력이 증대될 것이다.
④ 인간이 자연의 일부라는 생태학적 관점이 중시될 것이다.
⑤ 환경 오염에 대한 사후 대책이 사전 예방보다 중시될 것이다. (사전 예방과 사후 대책이 모두 중요하다)

풀이

제시문은 온실가스 감축을 목표로 체결된 파리 협정에 대해 기술하고 있다. 지속 가능한 발전을 위해서는 환경 오염에 대해 사전 예방과 사후 대책이 모두 중요하게 다루어져야 한다.

34 정답 ① 문제편 p.138

① 과학 기술에 대한 성찰의 자세를 지녀야 한다.
② 과학 기술은 가치중립적인 것임을 인식해야 한다. (개입)
③ 과학 기술의 발전에 따른 부작용을 감수해야 한다.
④ 과학 기술의 발전을 최우선의 가치로 여겨야 한다.
⑤ 과학 기술의 발전과 인간의 삶이 무관함을 알아야 한다.

풀이

제시문의 필자는 과학 기술의 사회적 영향력, 인류 행복 증진의 기여 정도 등을 고려하고 과학 기술 자체를 도덕적 관점에서 평가해야 한다는 관점을 지니고 있다.

③ 과학 기술을 성찰의 대상으로 보는 관점에 따르면, 과학 기술의 발전에 따른 부작용이 발생했을 경우 이에 대해 도덕적으로 반성하고 해결책을 제시해야 한다.

35 정답 ① 문제편 p.138

현세대는 미래 세대에 대한 도덕적 의무를 지닌다. 그런데 어떤 사람은 "미래 세대는 현재 존재하지 않기 때문에 권리를 갖지 않는다. 권리가 없는 미래 세대는 도덕 공동체의 구성원이 될 수 없다. 따라서 현세대에게 미래 세대에 대한 의무를 지우는 것은 부당하다."라고 주장한다. 하지만 인류는 하나의 연속적 세대로 이루어진 도덕 공동체이며, 현세대와 미래 세대 모두 자연을 이용할 권리를 가진다. 현세대는 모든 존재의 삶의 터전인 자연을 보전해야 하며, 인류의 존속에 대한 책임을 다해야 한다. 따라서 [㉠]

① 현세대는 미래 세대를 위해 과도한 욕구를 절제해야 한다.
② 미래 세대의 삶을 위해 현세대의 생존권을 포기해야 한다.
③ 현세대에게 자연 전체에 대한 독점적 권리를 부여해야 한다.
④ 현세대는 미래 세대를 권리의 주체로 간주하지 말아야 한다. (해야)
⑤ 인간의 도덕적 책임과 의무의 대상을 현세대로 한정해야 한다. (미래 세대로 확대)

풀이

제시문의 필자는 현세대뿐만 아니라 미래 세대 또한 자연을 이용할 권리가 있으므로 현세대가 미래 세대를 위해 자연을 존속시켜야 할 의무를 주장한다.

② 현세대와 미래 세대 모두의 존속이 보장되어야 한다.

③ 현세대의 인류뿐만 아니라 미래 세대 인류도 자연을 사용하여 이익을 얻을 수 있어야 한다.

36 정답 ④ 문제편 p.138

[보기]

ㄱ. 과학 기술 활용에 대한 제도적 장치를 마련한다.
ㄴ. 과학 기술을 활용할 때 가치 중립적 태도를 취한다.
ㄷ. 과학 기술을 비판적으로 바라보는 자세를 함양한다.
ㄹ. 과학 기술이 가져올 결과를 사전에 예측하고 평가한다.

① ㄱ, ㄴ　② ㄱ, ㄹ　③ ㄴ, ㄷ
④ ㄱ, ㄷ, ㄹ　⑤ ㄴ, ㄷ, ㄹ

풀이

제시된 사례에서는 과학 기술의 발달로 인해 나타나는 문제를 보여 주고 있다. 이러한 문제점을 해결하기 위해서는 과학 기술 활용에 대한 제도적 장치를 마련하고, 과학 기술에 대한 비판적 사고와 사전 예측 및 평가가 필요하다.

ㄴ. 과학 기술을 활용할 때 가치 판단을 할 수 있어야 한다.

핵심 문제 풀기 2회차

1 정답 ⑤ 문제편 p.139

지리 수행 평가

1학년 ○반 ○번 이름 □□□

[문제] A~E 각 지역의 인구 분포 요인과 특징을 서술하시오.

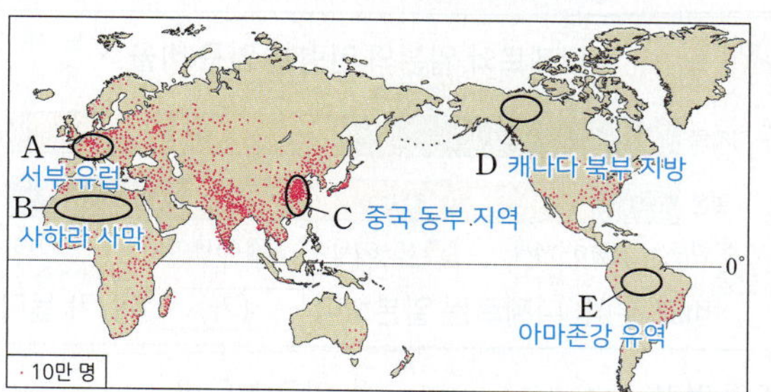

[답안]

A	근대 산업이 일찍 발달하여 인구가 조밀하다.	- ㉠
B	매우 건조한 사막으로 인구가 희박하다.	- ㉡
C	벼농사 발달로 인구 부양력이 커서 인구가 조밀하다.	- ㉢
D	낮은 기온으로 농경이 힘들어 인구가 희박하다.	- ㉣
E	강수량 부족으로 농경이 불리하여 인구가 희박하다. (→ 연중 고온 다습하여)	- ㉤

풀이

A는 서부 유럽, B는 사하라 사막, C는 중국 동부 지역, D는 캐나다 북부 지방, E는 아마존강 유역이다. A, C는 인구 밀집 지역이며 B, D, E는 인구 희박 지역이다.

⑤ E는 연중 고온 다습한 열대 우림 지역으로 기후 조건이 좋지 않아 인구가 희박하다.

2 정답 ⑤ 문제편 p.139

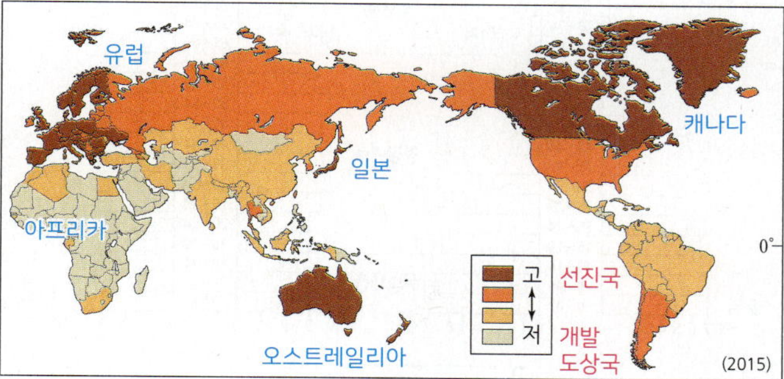

풀이

지도를 보면 유럽, 캐나다, 일본, 오스트레일리아의 선진국에서 지표가 높게 나타나는 반면 아프리카와 서남 및 남부 아시아 일부 국가 등 개발 도상국에서 지표가 낮게 나타난다. 따라서 지도의 인구 지표는 노년 인구 비율이다. 선진국에서는 고령화 현상이 뚜렷하게 나타난다.

① 인구 밀도는 서부 유럽, 동부 및 남부 아시아 국가들에서 높게 나타난다.

②, ③, ④ 유아 사망률, 인구 증가율, 합계 출산율은 개발 도상국에서 높게 나타난다.

3 정답 ③ 문제편 p.139

① 중위 연령이 높다. (→ 전체 인구를 연령순으로 나열할 때 중앙에 있는 사람의 연령 / 낮다)

② 1인당 국내 총생산이 많다. (적다)

③ 유소년층 인구 비율이 높다.

④ 인구의 자연 증가율이 낮다. (높다)

⑤ 1차 산업 종사자 비율이 낮다. (높다)

풀이

(가)는 주로 유럽 국가, 일본, 한국 등의 선진국이 많은 국가군으로 출생률이 낮고, (나)는 주로 아프리카 국가 등 개발 도상국이 많은 국가군으로 출생률이 높다. 따라서 (가) 국가군에 비해 (나) 국가군은 출생률이 높아 인구의 자연 증가율이 높으며 유소년층 인구 비율이 높고, 노년층 인구 비율이 낮아 중위 연령이 낮다. 또한 경제 발전 수준이 낮아 1인당 국내 총생산이 적으며 1차 산업 종사자 비율이 높다.

4 정답 ② 문제편 p.139

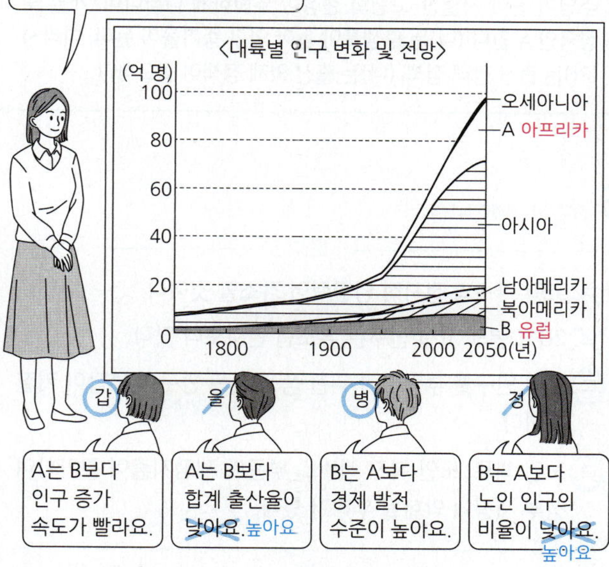

① 갑, 을 ② 갑, 병 ③ 을, 병 ④ 을, 정 ⑤ 병, 정

풀이

인구가 빠르게 증가하는 A는 저개발국의 비율이 높은 아프리카, 인구 증가율이 낮아 2050년에는 인구 감소 추세가 나타나는 B는 선진국의 비율이 높은 유럽이다.

갑. 아프리카(A)는 유럽(B)보다 인구 증가 속도가 빠르다.

을. 인구 증가율이 높은 아프리카(A)는 유럽(B)보다 합계 출산율이 높다.

병. 유럽(B)은 아프리카(A)보다 경제 발전 수준이 높다.

정. 경제 발전 수준이 높을수록 노인 인구의 비율은 대체로 높게 나타난다. 따라서 유럽(B)은 아프리카(A)보다 노인 인구 비율이 높다.

ㄹ. 고령 인구 비율이 지속적으로 증가하고 있으므로 고령 인구에 대한 재정 지출이 증가하여 정부 재정이 악화될 수 있다.

5 정답 ③ 문제편 p.140

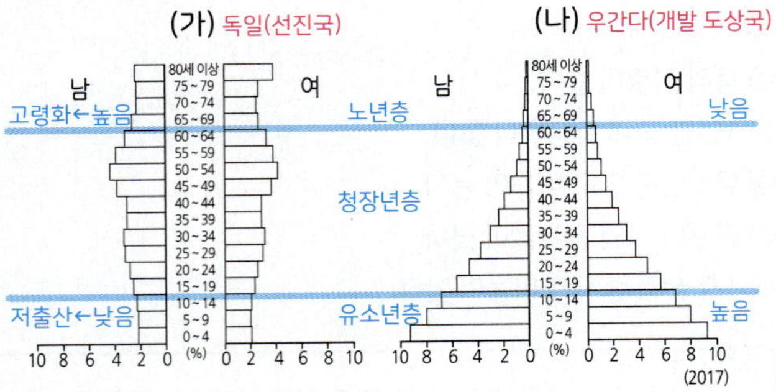

① (가)는 (나)보다 기대 수명이 낮다. (높다)

② (가)는 (나)보다 인구 증가율이 높다. (낮다)

③ (가)는 (나)보다 고령화 현상이 뚜렷하다.

④ (나)는 (가)보다 경제 발전 수준이 높다. (낮다)

⑤ (나)는 (가)보다 출산 장려 정책의 필요성이 크다. (억제)

풀이

(가)는 노년층 인구 비율이 높고 유소년층 인구 비율이 낮은 독일, (나)는 노년층 인구 비율이 낮고 유소년층 인구 비율이 높은 우간다의 인구 구조이다.

선진국인 독일 (가)는 낮은 출생률로 인구 증가율이 낮고 기대 수명이 높아 저출산·고령화 현상이 뚜렷하게 나타나며, 개발 도상국인 우간다 (나)는 출생률이 높아 인구 증가율이 높다. 따라서 (가)는 출산 장려 정책, (나)는 출산 억제 정책이 필요하다.

6 정답 ⑤ 문제편 p.140

[보 기]

ㄱ. 고령 인구의 정치적 영향력이 감소할 것이다. (증가)

ㄴ. 2010년의 고령 인구는 유소년 인구보다 많다. (적다)

ㄷ. 고령 인구를 부양하기 위한 생산 가능 인구의 부담이 커질 것이다. (→ 청장년층)

ㄹ. 노인 의료, 노인 복지 서비스 부문에 재정지출이 증가하여 정부 재정이 악화될 우려가 있다.

① ㄱ, ㄴ ② ㄱ, ㄷ ③ ㄴ, ㄷ ④ ㄴ, ㄹ ⑤ ㄷ, ㄹ

풀이

ㄱ. 고령 인구 비율이 증가하고 있으므로 고령 인구의 정치적 영향력은 증가할 것이다.

ㄴ. 2010년에 유소년 인구 비율은 16.2%이고, 고령 인구 비율은 11.0%이므로 고령 인구가 유소년 인구보다 적다.

ㄷ. 고령 인구 비율은 지속적으로 증가하고 있는 반면, 생산 가능 인구 비율은 지속적으로 감소하고 있으므로 고령 인구를 부양하기 위한 생산 가능 인구의 부담은 증가할 것이다.

7 정답 ① 문제편 p.140

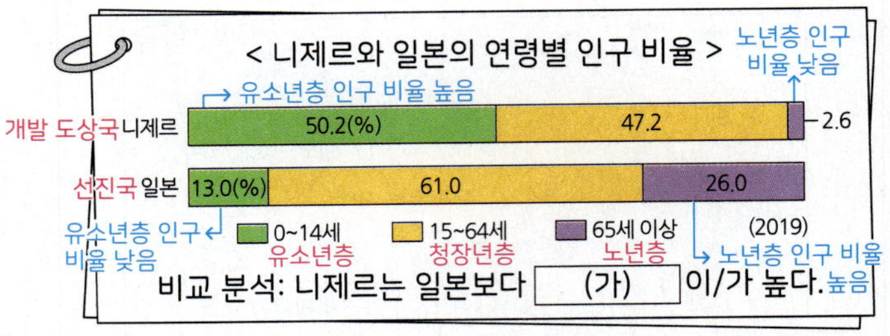

① 중위 연령 → 전체 인구를 연령 순으로 나열할 때 중앙에 있는 사람의 연령

② 인구 부양비 (→ 유소년층 인구+노년층 인구 / 청장년층 인구 ×100)

③ 합계 출산율

④ 인구의 자연 증가율

⑤ 유소년층 인구 비율

풀이

니제르는 유소년층 인구 비율이 높고 노년층 인구 비율이 낮은 개발 도상국의 인구 구조, 일본은 유소년층 인구 비율이 낮고 노년층 인구 비율이 높은 선진국의 인구 구조를 보인다.

① 중위 연령은 노년층 인구 비율이 높은 일본이 니제르보다 높다.

② 인구 부양비는 청장년층 인구 비율이 낮은 니제르가 일본보다 높다.

③, ④, ⑤ 합계 출산율과 인구의 자연 증가율은 유소년층 인구 비율이 높은 니제르가 일본보다 높다.

8 정답 ① 문제편 p.140

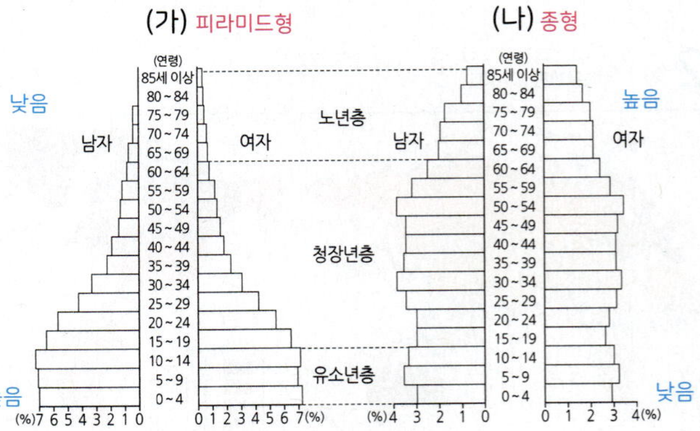

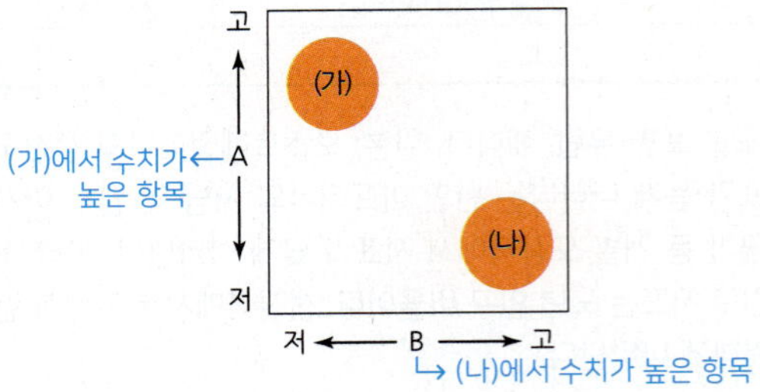

풀이

(가)는 유소년 인구 비율이 높고 노년 인구 비율이 낮으며, (나)는 유소년 인구 비율이 낮고 노년 인구 비율이 높다. 따라서 (가)는 출생률과 사망률이 높은 피라미드형 인구 구조, (나)는 (가)에 비해 출생률과 사망률이 낮은 종형 인구 구조를 나타내고 있다. 그림의 A에 들어갈 항목은 (가)에서 수치가 높은 출생률, 유소년 인구 비율이고, B에 들어갈 항목은 (나)에서 수치가 높은 평균 수명, 노년 인구 비율이다.

9 정답 ② 문제편 p.141

[보기]

ㄱ. 보육 시설을 확충하고 양육비를 지원한다.

ㄴ. 한 자녀 정책으로 총 인구부양비 부담을 줄인다.
└→ 저출산 심화

ㄷ. 노인 복지 시설을 확충하고 실버산업을 육성한다.

ㄹ. 정년 단축을 통해 고령 노동인구의 귀농을 장려한다.
연장

① ㄱ, ㄴ ② ㄱ, ㄷ ③ ㄴ, ㄷ ④ ㄴ, ㄹ ⑤ ㄷ, ㄹ

풀이

고령 노동인구 비율이 증가할 것으로 예상되므로 저출산·고령화 현상을 예상할 수 있다. 저출산 대책으로는 출산 휴가 및 육아 휴직 제도 개선, 임신 및 출산 지원, 양육비 지원, 보육 시설 확대 등을 통해 출산과 양육에 대한 부담을 낮추는 것이 대표적이다. 고령화 대책으로는 연금 제도 정착, 정년 연장 등과 같은 노인 복지 정책이나 편의 시설 확대, 실버산업 육성 등이 있다.

10 정답 ③ 문제편 p.141

[보기]

ㄱ. ㉠의 주요 발생 원인은 인구 증가이다.
기후 변화

ㄴ. ㉡은 인구 유입이 인구 유출보다 활발하다.

ㄷ. (가)는 환경적 요인, (나)는 경제적 요인으로 발생하였다.

ㄹ. (가), (나)는 모두 강제적 이동에 해당한다.
자발적

① ㄱ, ㄴ ② ㄱ, ㄷ ③ ㄴ, ㄷ ④ ㄴ, ㄹ ⑤ ㄷ, ㄹ

풀이

(가)는 가뭄으로 인한 난민이므로 자발적, 환경적 요인에 의한 인구 이동의 사례이다. (나)는 소득을 얻기 위한 이동이므로 자발적, 경제적 요인에 의한 인구 이동의 사례이다. 경제적 요인에 의한 인구 이동은 소득 수준이 낮은 개발 도상국에서 소득 수준이 높은 선진국으로의 이동이 뚜렷하다. 싱가포르(㉡)는 주변국보다 경제 수준이 높은 선진국이므로 인구 유입이 활발한 국가이다.

ㄱ. 가뭄(㉠)은 지구 온난화로 대표되는 기후 변화로 인해 발생한다.

11 정답 ④ 문제편 p.141

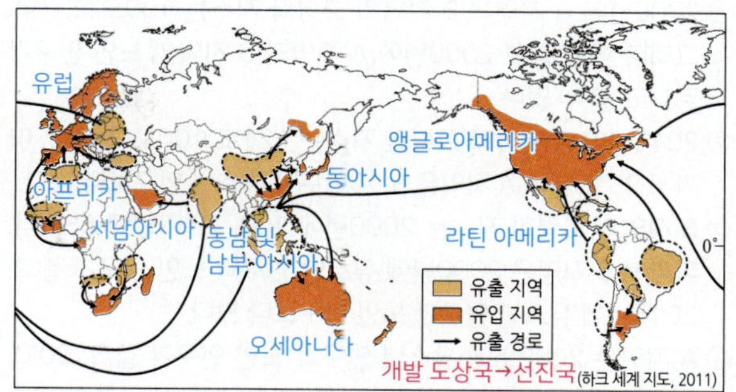

① 전쟁으로 인한 피난 → 정치적 이동

② 종교 성지 방문을 위한 순례 → 종교적 이동

③ 자연재해가 적은 지역으로의 이민 → 환경적 이동

④ 상대적 빈곤을 해결하기 위한 구직 → 경제적 이동

⑤ 쾌적한 기후 지역을 찾아가는 관광 → 환경적 이동

풀이

지도에 표시된 인구 이동은 주로 동부 유럽과 아프리카에서 서부 유럽으로, 동남 및 남부 아시아에서 동아시아, 앵글로아메리카, 오세아니아로, 라틴 아메리카에서 앵글로아메리카 등지로 이루어지고 있다. 이는 일자리를 찾아 개발 도상국에서 경제 발전 수준이 높고 일자리가 많은 선진국으로 이동한 것으로 경제적 이동에 해당한다.

12 정답 ① 문제편 p.141

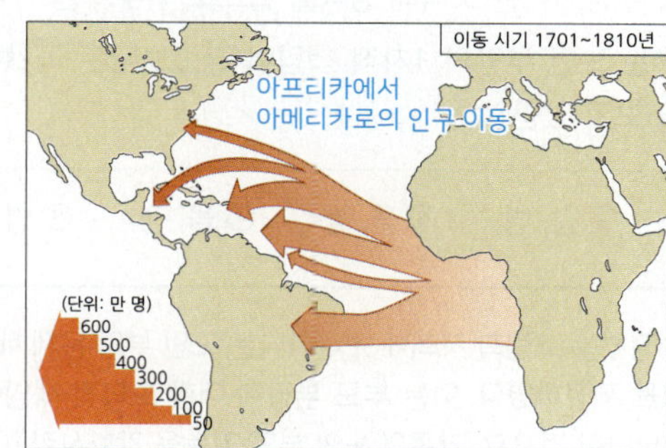

풀이

지도는 아프리카에서 아메리카로의 인구 이동을 나타낸 것으로, 지도 속에 표현된 인구 이동은 노예 무역에 의해 아프리카인들이 아메리카로 이주한 강제적 이동에 해당한다.

13 정답 ④ 문제편 p.142

① 2000년 A 지역과 B 지역의 노인 인구는 같다. → 알 수 없음

② 2015년 A 지역은 노인 인구보다 유소년 인구가 많다.
적다

③ 2000년과 2015년 모두 B 지역에서는 유소년 인구가 노인 인구보다 많다.

④ 노인 인구가 증가하고 저출산 문제가 심화되면 A 지역과 같은 변화가 나타날 수 있다.

저출산 문제를 해결하는 방안을 마련하면

⑤ 노인들을 위한 일자리를 마련하고 노인 복지를 강화하면 B 지역과 같은 변화가 나타날 수 있다.

풀이

① 2000년에 A 지역과 B 지역의 고령화 지수는 100으로 같다. 그러나 이를 통해 2000년에 A 지역과 B 지역의 노인 인구가 같다고 할 수 없다.
② 2015년에 A 지역의 고령화 지수는 121로 100보다 크다. 따라서 2015년에 A 지역은 노인 인구가 유소년 인구보다 많다.
③ B 지역의 고령화 지수는 2000년에 100, 2015년에 58이다. 따라서 B 지역은 2000년에 유소년 인구와 노인 인구가 같고, 2015년에 유소년 인구가 노인 인구보다 많다.
④ A 지역은 2000년에 유소년 인구와 노인 인구가 같고, 2015년에 노인 인구가 유소년 인구보다 많다. 따라서 노인 인구가 증가하고 저출산 문제가 심화되면 A 지역과 같은 변화가 나타날 수 있다.
⑤ B 지역은 2000년에 유소년 인구와 노인 인구가 같고, 2015년에 유소년 인구가 노인 인구보다 많다. 저출산 문제를 해결하는 방안을 마련하면 B 지역과 같은 변화가 나타날 수 있다.

14 정답 ② 문제편 p.142

[보 기]

갑: 가족의 노인 부양 기능을 강화하려는 거야.
을: 젊은이들의 과중한 세금 부담이 우려되는군. → 알 수 없음
병: 부모 부양이라는 도덕의 영역을 법으로 의무화한 거야.
정: 정부는 노인 부양의 1차적 책임이 가족보다는 국가에 있다고 보고 있군.

① 갑, 을 ② 갑, 병 ③ 을, 병 ④ 을, 정 ⑤ 병, 정

풀이

A국 정부는 고령화 사회에서 나타나는 노인 부양 문제 해결을 위한 법을 제정하였다. 이는 부모 부양에 대한 도덕적 책임을 법으로 의무화한 것으로, 가족의 노인 부양 기능을 강화시키고자 한 것이다.
을. 젊은 세대의 세금 부담은 추론할 수 없다.
정. A국 정부는 노인 부양의 1차적 책임을 가족에게 있다고 보고 있다.

15 정답 ① 문제편 p.142

풀이

제시된 주장은 정년 연장에 대해 반대하고 있다. 제시된 주장에 대한 반대 의견은 정년 연장을 찬성하는 입장이다. 정년 연장을 찬성하는 입장에서는 정년 연장으로 인한 노후의 경제적 안정성 등을 제시할 수 있다.

16 정답 ① 문제편 p.142

갑국에서는 고령화 현상이 나타나고 있고, 을국에서는 1인 가구 비율이 증가하고 있다. 고령화 현상의 원인으로는 의학 발달과 생산 수준 향상에 따른 평균 수명 연장, 출산율 하락 등을 들 수 있다. 1인 가구 증가의 원인으로는 개인주의적 가치관 확산 등을 들 수 있다.

17 정답 ⑤ 문제편 p.143

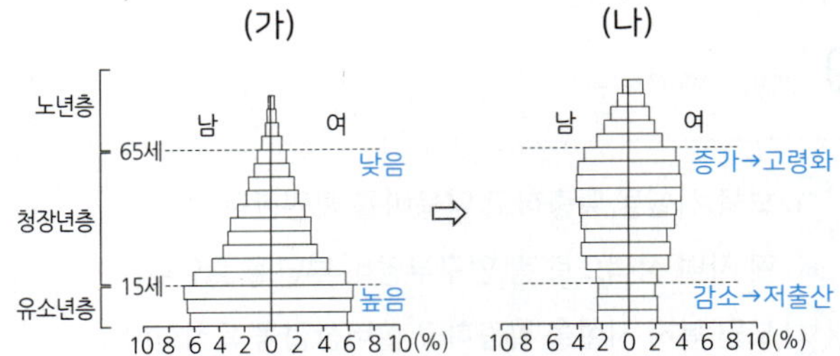

① 직장 내 보육 시설을 확충한다.
② 노인 복지를 위해 실버산업을 활성화한다.
③ 출산 장려금 지급과 양육비 지원을 확대한다.
④ 다자녀 가구를 우대하는 사회 분위기를 조성한다.
⑤ 청·장년층의 고용 기회 확대를 위해 정년을 단축한다. (노년층, 연장)

(가) 시기에는 유소년층 인구 비중이 높고 노년층 인구 비중이 낮았지만, (나) 시기에는 유소년층 인구 비중이 감소하고 노년층 인구 비중이 증가하여 저출산, 고령화가 나타날 것으로 예상된다. 저출산의 대책으로는 출산 및 육아 휴직 보장, 임신 및 출산 지원, 양육비 지원, 직장 내 보육 시설 확충, 다자녀 가구 우대 정책 실시 등이 있고, 고령화 대책으로는 연금 제도 정착, 정년 연장과 재취업 기회 확대 등 노년층의 경제 활동 참여 기회 확대, 실버산업 육성 등 노인 복지 정책과 편의 시설 확대 등이 있다.

18 정답 ③ 문제편 p.143

① 산업 혁명의 원동력이 된 자원이다. → 석탄
② 방사능 누출과 폐기물 처리의 문제가 뒤따른다. → 원자력
③ 세계에서 가장 많이 소비되는 에너지 자원이다. → 석유
④ 소비지와 매장지가 일치하여 국제적 이동량이 적다. (달라, 많다)
⑤ 대기 오염 물질의 배출이 적은 청정에너지 자원이다.

풀이

자료는 사우디아라비아, 이란, 이라크, 쿠웨이트 등 서남아시아에 전 세계 매장량의 절반 정도가 분포하는 석유를 나타낸 것이다.

석유는 내연 기관이 발명되면서 사용량이 급증하였으며, 현재 수송용과 화학 공업 등에 이용되면서 세계 1차 에너지 중 소비량이 가장 많다. 또한 편재성이 크고 주요 생산지와 소비지가 달라 국제 이동량이 많으며, 연소 시 대기 오염 물질을 배출하여 대기 오염, 지구 온난화 등 환경 문제를 유발한다.

19 정답 ① 문제편 p.143

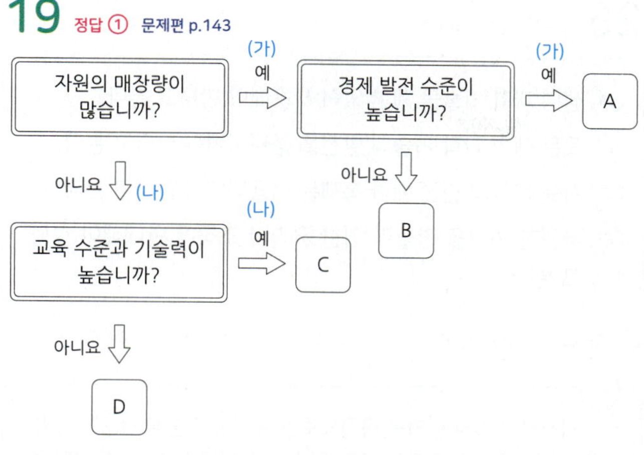

풀이

오스트레일리아, 캐나다 등은 기술 수준이 높은 선진국이면서 자원이 풍부한 국가이다. 오스트레일리아는 철광석, 석탄, 보크사이트 등이 풍부하고, 캐나다는 석유, 천연가스, 우라늄 등이 풍부하다. 한국, 일본 등은 기술 수준은 높지만, 자원이 부족하여 자원에 대한 해외 의존도가 높다.

20 정답 ⑤ 문제편 p.143

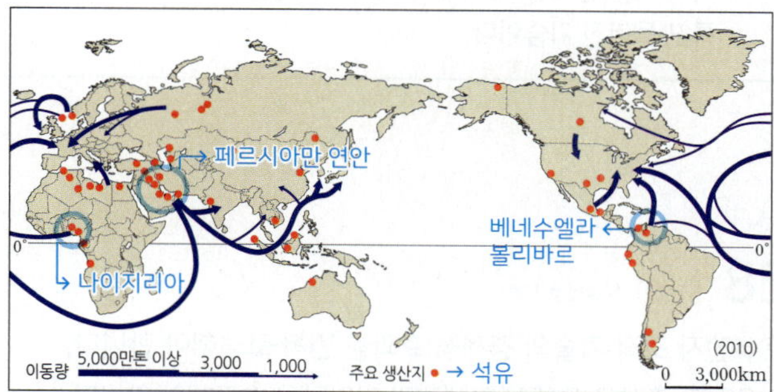

① 오염 물질의 배출이 없다. 있다
② 산업혁명의 원동력이 되었다. → 석탄
③ 재생 가능한 자원으로 분류된다. 불가능한
④ 방사능 누출 피해의 우려가 크다. → 원자력
⑤ 에너지 자원 중 세계 소비량이 가장 많다. ↳ 석유 > 석탄 > 천연가스

풀이

지도는 석유의 생산지와 이동량을 나타낸 것이다. 석유는 서남아시아의 페르시아만 연안 국가, 베네수엘라 볼리바르, 나이지리아 등에서 주로 수출하고, 미국, 중국, 인도 등에서 주로 수입한다.

석유는 화석 에너지로 사용하면 고갈되는 재생 불가능한 자원이며, 연소 시 대기 오염 물질을 배출하여 대기 오염, 지구 온난화 등 환경 문제를 유발한다. 현재 수송용과 화학 공업 등에 이용되면서 세계 1차 에너지 중 소비량이 가장 많다.

21 정답 ③ 문제편 p.144

① (가)는 냉동 액화 기술의 발달로 소비량이 급증하였다. (나)
② (나)는 제철 공업 및 화력 발전의 연료로 주로 이용된다. ↳ 가정용 연료 ↳ 석탄
③ (나)는 석탄보다 연소 시 대기 오염 물질의 배출량이 적다. ↳ 석탄 > 석유 > 천연가스
④ (나)는 (가)보다 일상생활에서 이용된 시기가 이르다. 늦다
⑤ (가), (나)는 모두 국내 생산량이 수입량보다 많다. 적다

풀이

우리나라의 에너지원별 소비 비율은 석유>석탄>천연가스>원자력>신·재생 및 기타>수력(2017년 기준) 순이다. (가)는 에너지 소비 비율이 가장 높은 석유, (나)는 1990년대 이후 소비량이 급증하여 2017년 에너지 소비 비율이 세 번째로 높은 천연가스이다.

(나) 천연가스는 (가) 석유와 석탄보다 연소 시 대기 오염 물질 배출량이 적으며 상용화된 시기가 늦다. 또한 (가) 석유와 (나) 천연가스 모두 대부분을 수입에 의존하고 있다.

22 정답 ④ 문제편 p.144

① A는 산지나 해안 지역에 입지하는 것이 유리하다.
② B는 판의 경계에 위치한 지역에서 주로 이루어진다.
③ C는 일조량이 풍부한 지역에 입지하는 것이 유리하다.
④ A는 B보다 우리나라에서 전력 생산량이 적다. 많다
⑤ B는 C보다 기후 조건의 영향을 적게 받는다.

풀이

A는 풍력 발전 방식으로 강한 바람이 지속적으로 부는 산지나 해안 지역이 입지에 유리하고, B는 지열 발전 방식이며 판의 경계에 위치하여 화산 활동이 활발한 지역에서 주로 이루어진다. C는 태양광 발전 방식으로 일조량이 풍부한 지역이 입지에 유리하다. 바람을 이용하는 풍력 발전 방식과 태양의 빛을 이용하는 태양광 발전 방식은 기후 조건의 영향을 크게 받는다.

④ 우리나라는 판의 경계에서 다소 떨어져 있어 지열 발전에 적합하지 않다. 따라서 A(풍력)는 B(지열)보다 우리나라에서 전력 생산량이 많다.

23 정답 ④ 문제편 p.144

① (가)는 일조량이 많은 지역에 발전에 유리하다.
② (나)는 바람이 많은 산지나 해안 지역에서 생산량이 많다.
③ (다)의 생산량은 하천의 유량과 낙차에 영향을 크게 받는다.
④ (가)는 (다)보다 상용화된 시기가 이르다. 늦다
⑤ (나)는 (가)보다 낮과 밤의 평균 발전량 차가 작다. ↳ 낮에 주로 발전

풀이

(가)는 전남에서 생산량 비중이 높으므로 일조량이 풍부한 지역에서 발전이 유리한 태양광이고, (나)는 제주, 강원에서 생산량 비중이 높으므로 바람이 많은 산지나 해안 지역에서 발전이 유리한 풍력이며, (다)는 한강 중·상류 지역을 포함하는 강원에서 생산량 비중이 높으므로 수력이다. 수력은 유량이 풍부하고 낙차가 큰 곳이 발전에 유리하다.
④ 상용화된 시기는 (다) 수력이 (가) 태양광보다 이르다.

24 정답 ① 문제편 p.144

풀이

빙하 지형이 발달한 노르웨이는 급경사 지형이 많아 낙차 확보에 유리하므로 수력(A) 발전량 비중이 높다. 북해 연안에 위치한 덴마크는 편서풍이 지속적으로 불어오므로 풍력(B) 발전량 비중이 높다. 아이슬란드는 판의 경계부에 위치하여 지열(C) 발전량 비중이 높은 편이다.

25 정답 ③ 문제편 p.145

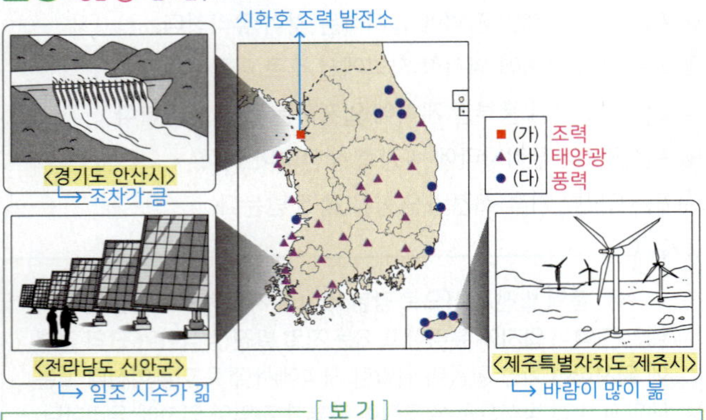

[보 기]

ㄱ. 바람이 강하고 일정하게 부는 지역인가? → 풍력
ㄴ. 조석 간만의 차가 크게 나타나는 지역인가? → 조력
ㄷ. 연중 일조 시간이 길게 지속되는 지역인가? → 태양광

	(가)	(나)	(다)		(가)	(나)	(다)
①	ㄱ	ㄴ	ㄷ	②	ㄴ	ㄱ	ㄷ
③✓	ㄴ	ㄷ	ㄱ	④	ㄷ	ㄱ	ㄴ
⑤	ㄷ	ㄴ	ㄱ				

풀이

(가)는 조석 간만의 차가 큰 서해안에 입지한 조력 발전소, (나)는 비가 적게 내려 일조량이 풍부한 전남, 전북 해안 지역과 경북 내륙 지역에 주로 입지한 태양광 발전소, (다)는 바람이 많이 부는 강원 산지 지역과 제주, 경북 해안 지역 등에 주로 입지한 풍력 발전소이다.

ㄱ은 풍력, ㄴ은 조력, ㄷ은 태양광 발전소의 입지 요인이다. 따라서 (가)는 ㄴ, (나)는 ㄷ, (다)는 ㄱ이다.

26 정답 ⑤ 문제편 p.145

[보 기]

ㄱ. 생명 과학 기술을 제한 없이 사용해야 한다고 본다.
ㄴ. 모든 생명 과학 기술의 발전을 중지시켜야 한다고 본다.
ㄷ. 치료 목적의 인간 배아 복제는 허용되어야 한다고 본다.
ㄹ. 우월한 인간을 만들기 위한 유전자 조작에 반대해야 한다고 본다. (↳ 우생학)

① ㄱ, ㄴ ② ㄱ, ㄷ ③ ㄴ, ㄷ ④ ㄴ, ㄹ ⑤✓ ㄷ, ㄹ

풀이

제시문의 필자는 치료 목적으로만 유전자 기술을 사용할 것을 주장하며, 유전자 조작을 통한 인류의 유전적 개선 등 우생학을 목적으로 하는 유전자 기술에는 반대하는 입장이다.
ㄱ. 제시문의 입장에 따르면, 생명 과학 기술 중 유전자 기술은 치료를 목적으로 할 때에만 제한적으로 사용할 수 있다.

27 정답 ⑤ 문제편 p.145

풀이

적정 기술이란 해당 지역에서 이용할 수 있는 재료로 그 지역에서 사용할 수 있는 제품을 만드는 기술을 말한다. 적정 기술은 해당 지역의 환경적 조건을 고려하여 궁극적으로 인간의 삶의 질을 향상시킬 수 있다.
ㄱ. 적정 기술은 에너지 소비가 적어 지속 가능성이 높다.
ㄴ. 적정 기술은 해당 지역에서 지속적인 생산과 소비가 가능하도록 만들어진 기술이다.

28 정답 ③ 문제편 p.146

① 유전자 조작 기술의 경제적 효과를 먼저 고려해야 합니다.
② 유전자 조작을 통해서 현세대의 이익만을 추구해야 합니다. (미래 세대의 이익도)
③✓ 유전자 조작이 인류에 미칠 부정적 영향을 고려해야 합니다.
④ 유전자 조작을 통해 신체 능력을 강화시킬 수 있어야 합니다.
⑤ 유전자 조작의 사회적 효용을 최우선적으로 고려해야 합니다.

풀이

제시문의 사상가는 현세대뿐만 아니라 미래 세대의 존속까지 책임의 범위를 확대해야 한다고 주장한다.
②, ⑤ 제시문에 따르면, 과학 기술에 있어서 가장 우선적으로 고려되어야 할 것은 현세대와 미래 세대의 존속이다.
④ 제시문은 미래 세대의 존속과 이익까지 모두 고려하여 기술에 대한 도덕적 판단을 해야 한다고 주장한다. 따라서 신체 능력 강화를 목적으로 하는 유전자 조작은 아직 미래 세대에게 어떠한 영향을 미칠지 알 수 없으므로 유전자 조작을 섣불리 선택하는 것은 지양해야 한다.

29 정답 ③ 문제편 p.146

풀이

로컬 푸드 운동은 해당 지역에서 생산된 농산품을 해당 지역에서 소비하자는 운동이다. 로컬 푸드 운동을 전개하면 상품의 이동 거리가 짧아지면서 화석 연료 사용량이 감소하고 운송비가 절감된다. 그 결과 온실기체인 이산화 탄소 배출량이 줄어들면서 지구 온난화 현상이 완화될 수 있다. 또한 장거리 이동에 따른 농산물의 부패 가능성을 감소시켜 소비자들이 신선한 먹거리를 저렴하게 섭취할 수 있고, 지역 경제를 활성화할 수 있다.

30 정답 ④ 문제편 p.146

[보기]

ㄱ. 인간은 부정적인 결과를 예방해야 할 책임이 있는가?
ㄴ. 책임의 범위를 인간 이외의 존재로 확대해야 하는가?
ㄷ. 자연에 대한 책임은 의무가 아니라 선택의 문제인가?
ㄹ. 현 세대는 미래 세대의 존속을 위해 노력해야 하는가?

① ㄱ, ㄴ ② ㄴ, ㄷ ③ ㄷ, ㄹ ④ ㄱ, ㄴ, ㄹ ⑤ ㄱ, ㄷ, ㄹ

풀이

제시문의 사상가는 현세대에게 미래 세대에 대한 책임과 나아가 인류 존속에 중요한 자연과 생태계의 존속에 대한 책임의 의무를 다할 것을 주장한다.

ㄱ. 제시문의 사상가는 현세대의 과학 기술이 미래 세대와 생태계에 미치는 영향에 대한 책임 의무를 지녀야 한다고 본다.

ㄷ. 제시문의 사상가는 자연에 대한 책임이 당위적인 책임, 즉 의무로서 주어진다고 본다.

31 정답 ② 문제편 p.146

(가)	지구는 토양 오염, 수질 오염, 대기 오염 등 생태계 전반이 심각한 위기에 처해 있다. 따라서 우리는 미래 세대가 자신의 필요를 충족시킬 수 있는 능력을 해치지 않으면서도 현세대의 필요를 충족시키는 '지속 가능한 개발'을 지향해야 한다.
(나)	주제: 지속 가능한 개발의 올바른 방안은? 갑: 화석 연료의 의존도를 낮추어 친환경적 개발을 해야 해. 을: 환경 보전과 경제 성장은 함께 추구할 수 없다는 것을 널리 전파해야 해. 병: 과학 기술 중에서 후손들의 생존을 위협하는 것은 사용하지 말아야 해. 정: 공공 재화인 자연은 인간을 위해 제한 없이 사용되어야 해.

① 갑, 을 ② 갑, 병 ③ 을, 병 ④ 을, 정 ⑤ 병, 정

풀이

(가)는 현세대와 미래 세대의 존속과 안녕을 모두 고려하는 '지속 가능한 개발'을 강조하는 입장이다.

② 지속 가능한 개발은 환경 보전과 경제 성장을 함께 추구하며, 경제 발전과 더불어 인류의 존속을 함께 추구하기 때문에 자연의 무제한적 이용과는 거리가 멀다.

심화 문제 풀기

1 정답 ⑤ 문제편 p.147

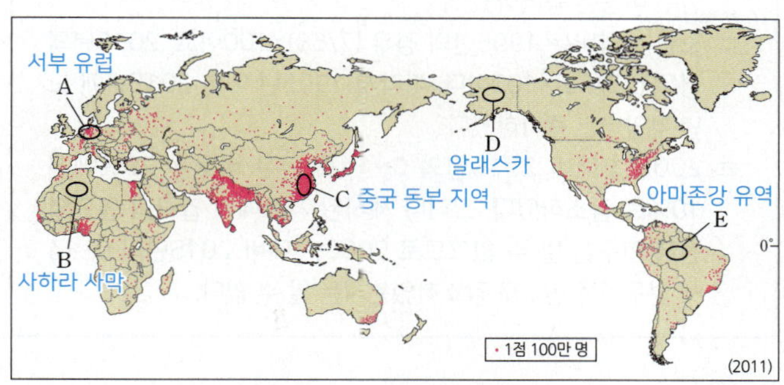

풀이

A는 서부 유럽, B는 사하라 사막, C는 중국 동부 지역, D는 알래스카, E는 아마존강 유역이다. A, C는 인구 밀집 지역이며, B, D, E는 인구 희박 지역이다.

⑤ 아마존강 유역(E)은 연중 고온 다습한 열대 우림 기후 지역으로 대부분 밀림이 형성되어 있어 인간이 거주하기에 불리하다. 해발 고도가 높아 연중 서늘한 기후가 나타나는 곳은 열대 고산 지대이다.

2 정답 ② 문제편 p.147

① 1950년에 (나)는 (가)보다 노년층 인구 비율이 높다.
② 2015년에 (가)는 (나)보다 청장년층 인구 비율이 낮다.
③ 2015년에 (다)는 (가)보다 합계 출산율이 낮다.
④ 1950~2015년에 세 국가 모두 유소년층 인구 비율이 감소하였다.
⑤ (가)는 중국, (나)는 나이지리아, (다)는 미국이다.

풀이

(가)는 노년층 인구 비율이 가장 높으므로 경제 수준이 가장 높은 미국, (다)는 유소년층 인구 비율이 가장 높으므로 경제 수준이 가장 낮은 나이지리아, (나)는 유소년층 인구 비율이 크게 감소한 중국이다.

② 청장년층 인구 비율은 '100%-(유소년층 인구 비율+노년층 인구 비율)'로 구할 수 있다. 2015년에 (가)와 (나)는 유소년층 인구 비율은 비슷하지만, (가)가 (나)보다 노년층 인구 비율이 높다. 따라서 청장년층 인구 비율은 (가)가 (나)보다 낮다.

③ 합계 출산율은 유소년층 인구 비율이 높은 (다)가 (가)보다 높다.

3 정답 ① 문제편 p.147

(단위: %)

구분	1995년	2005년	2015년
0~14세 인구	25	20	10
65세 이상 인구	7	10	25

* 노년 부양비(%) = (65세 이상 인구 / 15~64세 인구) × 100

풀이

ㄱ. 2005년의 경우 0~14세 인구 비율은 20%이고, 65세 이상 인구 비율은 10%이므로 0~14세 인구는 65세 이상 인구의 2배가 된다.

ㄴ. 15~64세 인구 비율은 1995년의 경우 68%이고, 2005년의 경우 70%이다. 따라서 1995년 대비 2005년의 15~64세 인구 비중은 증가하였다.

ㄷ. 노년 부양비는 1995년의 경우 (7/68)×100이고, 2015년의 경우 (25/65)×100이다. 따라서 1995년 대비 2015년에 노년 부양비는 증가하였다.

ㄹ. 2005년 대비 2015년의 0~14세 인구 비율은 20%에서 10%로 감소하였다. 그러나 제시된 자료에서 갑국의 연도별 전체 인구를 알 수 없으므로 2005년 대비 2015년의 0~14세 인구가 절반으로 감소하였는지는 알 수 없다.

4 정답 ② 문제편 p.147

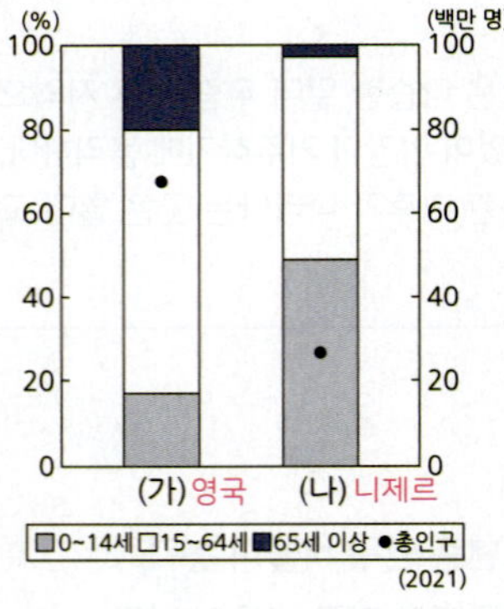

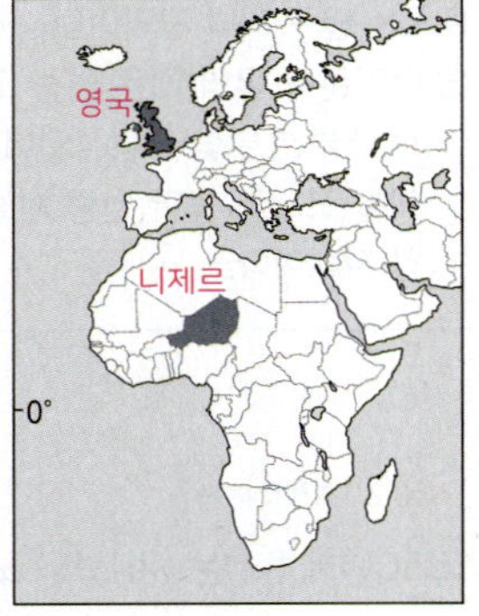

① (가)는 (나)보다 중위 연령이 낮다.

② (가)는 (나)보다 경제 발전 수준이 높다.

③ (나)는 (가)보다 인구 밀도가 높다.

④ (나)는 (가)보다 출산 장려 정책의 필요성이 크다.

⑤ (가)는 아프리카, (나)는 유럽에 위치한다.

풀이

65세 이상 인구 비율이 높고, 14세 이하 인구 비율이 낮은 (가)는 선진국인 영국이다. 65세 이상 인구 비율이 낮고, 14세 이하 인구 비율이 높은 (나)는 저개발국인 니제르이다.

① 중위 연령이란 전체 인구를 연령순으로 나열할 때 정중앙에 있는 사람의 나이이다. 65세 이상 인구 비율이 높고, 14세 이하 인구 비율이 낮은 영국은 니제르보다 중위 연령이 높다.

② 영국은 니제르보다 경제 발전 수준이 높다.

③ 니제르는 영국보다 총인구가 적고 국토 면적이 넓다. 따라서 니제르는 영국보다 인구 밀도가 낮다.

④ 14세 이하의 유소년층 인구 비율이 높은 니제르는 산아 제한 정책의 필요성이 크다. 한편 14세 이하의 유소년층 인구 비율이 낮은 영국은 출산 장려 정책의 필요성이 크다.

⑤ 영국은 유럽, 니제르는 아프리카에 위치한다.

5 정답 ③ 문제편 p.148

풀이

(가)는 출생률이 높고 사망률이 감소하는 저개발국, (나)는 출생률이 감소하는 개발 도상국, (다)는 출생률과 사망률이 모두 낮은 선진국이다.

ㄱ. (가)는 사망률이 감소하여 기대 수명이 높아졌을 것이다.

ㄴ. (나)는 출생률이 사망률보다 높아 인구의 자연적 증가가 나타났을 것이다.

ㄷ. (다)는 선진국으로 산업화 시작 시기가 가장 이르다.

ㄹ. (다)는 저출산, 고령화로 (가)~(다) 중 2015년 노년 인구 비율이 가장 높을 것이다.

6 정답 ② 문제편 p.148

[보기]

ㄱ. (가)는 경제적 이동이다.

ㄴ. (나)는 (가)보다 세계 총 이주자 수가 많다.

ㄷ. ㉡은 내전으로 인해 비자발적으로 이동하였다.

ㄹ. ㉡은 ㉠보다 평균 수입이 높다.

① ㄱ, ㄴ ② ㄱ, ㄷ ③ ㄴ, ㄷ ④ ㄴ, ㄹ ⑤ ㄷ, ㄹ

풀이

(가)는 인도와 중국에서 미국으로 더 높은 소득이나 더 나은 환경을 위한 노동력의 이동이므로 경제적 이동이며 자발적 이동이다. (나)는 내전을 피해 이주하는 난민의 이동이므로 정치적 이동이며 강제적 이동이다.

ㄴ. 국제 이동은 취업을 위한 경제적 이동이 정치적 이동보다 활발하다.

7 정답 ③ 문제편 p.148

풀이

자료를 바탕으로 볼 때, 갑국과 을국 모두 생산 가능 인구 비율(15~64세)은 60%이다.

ㄱ. 제시된 자료에서는 갑국과 을국의 전체 인구가 나타나 있지 않으므로 갑국과 을국의 생산 가능 인구를 비교할 수 없다.

ㄴ. 2010년 합계 출산율은 갑국의 경우 2명, 을국의 경우 1.3명으로 을국이 갑국에 비해 낮다.

ㄷ. 2010년의 유소년 대비 노인 인구 비율은 갑국의 경우 (5/35)×100이고, 을국의 경우 (15/25)×100이므로 을국이 갑국에 비해 높다.

ㄹ. 합계 출산율만으로는 해당 연도의 출생아 수를 알 수 없다.

8 정답 ⑤ 문제편 p.148

풀이

개발 도상국인 콩고 민주 공화국(㉠)과 선진국인 독일(㉡)의 인구 특성을 비교하는 문항이다.

ㄱ. 합계 출산율이 높은 콩고 민주 공화국은 출산율을 낮추기 위한 산아 제한 정책, 합계 출산율이 낮은 독일은 출산율을 높이기 위한 출산 장려 정책이 필요하다.

ㄴ. 청장년층 인구 감소로 노동력 부족 문제가 나타나는 국가는 출산율이 낮은 독일이다.

ㄷ. 도시화의 초기 단계에서 가속화 단계로 넘어가는 콩고 민주 공화국은 이촌향도 현상으로 도시 인구의 급속한 증가가 나타난다. 반면 도시화의 종착 단계에 해당하는 독일은 도시 인구가 거의 정체되어 있다.

ㄹ. 총인구에서 유소년층 인구가 차지하는 비율은 합계 출산율이 높은 콩고 민주 공화국에서 높게 나타난다.

9 정답 ③ 문제편 p.149

구분 \ 국가	연령층별 인구 비율(%)		
	유소년층 (0~14세)	청장년층 (15~64세)	노년층 (65세 이상)
A 말리	46.8	50.8	2.4
B 프랑스	17.0	61.6	21.4
C 베트남	23.9	67.9	8.2

(2022)

① ㄱ, ㄴ ② ㄱ, ㄷ ③ ㄴ, ㄷ ④ ㄴ, ㄹ ⑤ ㄷ, ㄹ

풀이

유소년층 인구 비율이 가장 높고, 노년층 인구 비율이 가장 낮은 A는 저개발국인 아프리카의 말리이다. 유소년층 인구 비율이 가장 낮고, 노년층 인구 비율이 가장 높은 B는 선진국인 유럽의 프랑스이다. 나머지 C는 아시아의 베트남이다.

ㄱ. 유소년층 인구 비율이 높은 말리(A)는 프랑스(B)보다 산아 제한 정책의 필요성이 크다.

ㄴ. 청장년층 인구 대비 노년층 인구 비율은 말리(A)가 [(2.4/50.8)×100], 베트남(C)이 [(8.2/67.9)×100]이다. 따라서 청장년층 인구 대비 노년층 인구 비율은 말리(A)가 베트남(C)보다 낮다.

ㄷ. 노년층 인구 비율이 높고 선진국인 프랑스(B)가 저개발국인 말리(A)보다 평균 수명이 길 것이다.

ㄹ. 청장년층 인구 비율은 프랑스(B)가 61.6%, 베트남(C)이 67.9%이다. 따라서 청장년층 인구 비율은 프랑스(B)가 베트남(C)보다 낮다.

10 정답 ③ 문제편 p.149

[보기]

ㄱ. 총부양비가 감소할 것이다. (증가) → $\frac{\text{유소년층 인구+노년층 인구}}{\text{청장년층 인구}}\times 100$

ㄴ. 노령화 지수가 높아질 것이다. → $\frac{\text{노년층 인구}}{\text{유소년층 인구}}\times 100$

ㄷ. 출산 장려 정책이 필요할 것이다.

ㄹ. 피라미드형 인구 구조가 뚜렷해질 것이다.

① ㄱ, ㄴ ② ㄱ, ㄷ ③ ㄴ, ㄷ ④ ㄴ, ㄹ ⑤ ㄷ, ㄹ

풀이

우리나라는 유소년층과 청장년층 인구 비중은 낮아지고 노년층 인구 비중은 높아질 것으로 추정된다.

ㄱ. 청장년층 인구 비중이 낮아지므로 총부양비는 증가할 것이다. 총부양비는 청장년층 인구 비중에 반비례한다.

ㄴ. 유소년층 인구 비중이 낮아지고 노년층 인구 비중이 높아지므로 노령화 지수는 높아질 것이다.

ㄷ. 출산율 감소로 인해 유소년층 인구 비중이 낮아지므로 출산 장려 정책이 필요할 것이다.

ㄹ. 유소년층 인구 비중은 감소하고 노년층 인구 비중은 증가하므로 피라미드형 인구 구조가 뚜렷해진다고 볼 수 없다.

11 정답 ④ 문제편 p.149

2015년 기준 우리나라의 인구는 갓난아기부터 40대까지는 남자가, 50대 이후에는 여자가 더 많다. 그리고 우리나라를 100명이 사는 마을로 표현한다면 유소년층은 14명, 청장년층은 73명, 노년층은 13명인데, 2060년이 되면 유소년층은 10명, 청장년층은 50명, 노년층은 40명으로 변화할 것으로 예상된다.

(→ 남초: 성비 100 초과, → 여초: 성비 100 미만, → 유소년층 14%, 청장년층 73%, 노년층 13%, → 유소년층 10%, 청장년층 50%, 노년층 40%, → 전체 인구 100%)

이 글을 토대로, 우리나라의 인구 특성에 대해 발표해 볼까요?

갑: 2015년에는 갓난 아기부터 40대까지의 성비가 100보다 낮아요. (→ 높아요, 여성 100명당 남성의 수)

을: 중위 연령은 2015년보다 2060년이 높다요.

병: 유소년층 인구 비중은 2015년보다 2060년이 높아요. (→ 낮아요)

정: 총부양비는 2015년보다 2060년이 높아요. (→ 청장년층 인구 비중에 반비례)

① 갑, 을 ② 갑, 병 ③ 을, 병 ④ 을, 정 ⑤ 병, 정

풀이

갑. 2015년 기준 갓난아기부터 40대까지는 남자가 더 많으므로 성비가 100보다 높다.

을. 2015년은 노년층 인구 비중이 13%, 2060년은 노년층 인구 비중이 40%이므로, 중위 연령은 노년층 인구 비중이 높은 2060년이 2015년보다 높다.

병. 유소년층 인구 비중은 2015년이 14%, 2060년이 10%로 2015년이 2060년보다 높다.

정. 2015년은 청장년층 인구 비중이 73%, 2060년은 청장년층 인구 비중이 50%이므로, 총부양비는 청장년층 인구 비중이 낮은 2060년이 2015년보다 높다.

12 정답 ① 문제편 p.149

① (가)는 산업 혁명 당시 주요 에너지원이었다.
② (가)는 세계 1차 에너지 중 소비량이 가장 많다.
③ (나)는 주로 고생대 지층에 매장되어 있다.
④ (가)는 (나)보다 국제 이동량이 많다.
⑤ (가)는 (나)보다 수송용 연료로 사용되는 비율이 높다.

풀이

(가)는 중국이 세계 생산량의 절반 정도 차지하는 석탄, (나)는 미국, 사우디아라비아, 러시아 등에서 생산량 비율이 높으므로 석유이다. (가) 석탄은 주로 고생대 지층에 매장되어 있으며, 산업 혁명기의 주요 동력원이었고, 화력 발전 및 제철 공업의 연료로 주로 이용된다. (나) 석유는 주로 신생대 제3기층 배사 구조에 매장되어 있으며, 수송용 및 화학 공업 등에 주로 이용되고, 세계 1차 에너지 중 소비량이 가장 많다. 또한 석유는 세계 매장량의 절반 정도가 서남아시아에 분포하여 편재성이 크므로 국제 이동량이 많다.

13 정답 ③ 문제편 p.150

① A는 산업 혁명 시기에 주요 연료로 이용되었다.
② B는 수송용 연료 및 화학 공업의 원료로 주로 이용된다.
③ C는 저장 및 수송 기술의 발달로 소비량이 증가하고 있다.
④ A는 B보다 생산지에서 소비 비중이 높아 국제 이동량이 적다.
⑤ B는 C보다 연소 시 대기 오염 물질의 배출량이 적다.

풀이

A는 서남아시아에서 생산량이 많은 석유, B는 중국과 오스트레일리아가 속한 아시아·태평양에서 생산량이 많은 석탄, C는 러시아를 포함하는 유럽과 북아메리카에서 생산량이 많은 천연가스이다. 석유(A)는 다른 화석 에너지에 비해 편재성이 크고 주요 생산지와 소비지가 달라 국제 이동량이 많으며, 천연가스(C)는 연소 시 석탄(B)이나 석유(A)보다 대기 오염 물질을 적게 배출하며 가정용으로 주로 이용된다.

③ 천연가스(C)는 냉동 액화 기술의 발달과 대형 수송관의 건설로 소비량이 빠르게 증가하고 있다.

14 정답 ④ 문제편 p.150

① (가)는 석유, (나)는 석탄이다.
② (가)는 자동차와 항공기의 연료로 주로 사용된다.
③ (나)는 주로 고기 습곡 산지 주변에 매장되어 있다.
④ (가)는 (나)보다 세계 1차 에너지 소비 구조에서 차지하는 비중이 낮다.
⑤ (나)는 (가)보다 본격적으로 산업에 사용되기 시작한 시기가 이르다.

풀이

(가)는 사우디아라비아의 생산량 비중이 높고 미국의 소비량 비중이 높으므로 석유이다. (나)는 중국의 생산량·소비량 비중이 매우 높으므로 석탄이다. (가) 석탄은 산업 혁명기에 주요 동력원으로 사용되어 화석 에너지 중 상용화된 시기가 가장 이르며, 주로 고기 습곡 산지 주변에 매장되어 있고, 산업용(제철 공업 및 발전)으로 주로 이용된다. (나) 석유는 주로 신생대 제3기층 배사 구조에 매장되어 있으며, 수송용으로 이용되는 비중이 높다. 또한 세계 1차 에너지 중 소비 비중이 가장 높다.

15 정답 ④ 문제편 p.150

① (가)는 자동차 및 항공기의 주요 연료로 이용된다.
② (나)는 산업 혁명 당시 주요 에너지원이었다.
③ (가)는 (나)보다 국제 이동량이 많다.
④ (나)는 (가)보다 전 세계적으로 많이 소비된다.
⑤ (가), (나)는 모두 화석 에너지로 고갈의 우려가 있다.

풀이

(가)는 사우디아라비아에서 생산량이 많은 석유, (나)는 중국이 세계 생산량의 절반 정도를 차지하는 석탄이다. 석유, 석탄 모두 재생 불가능한 화석 에너지이다. (가) 석유는 수송용 및 화학 공업 등에 주로 이용되고, 에너지 자원 중 세계에서 소비량이 가장 많으며, 다른 화석 에너지에 비해 편재성이 커서 국제 이동량이 많다. (나) 석탄은 산업 혁명기에 증기 기관의 연료로 사용되면서 대량으로 이용되기 시작하였고, 화력 발전 및 제철 공업에 주로 이용된다.

16 정답 ④ 문제편 p.150

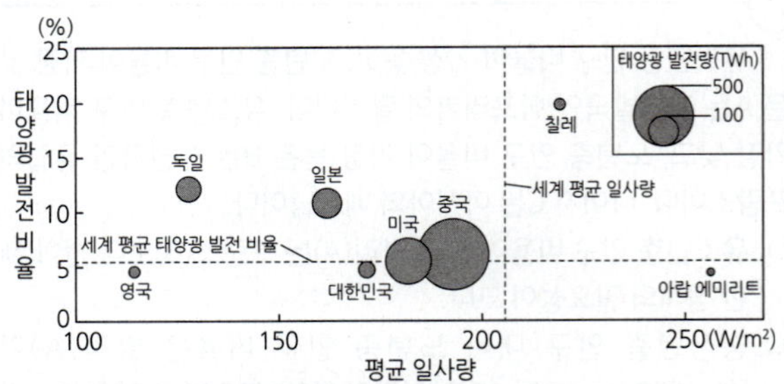

* 태양광 발전 비율과 평균 일사량은 원의 중심점임.
** 태양광 발전 비율은 국가별 전체 발전량 중 태양광이 차지하는 비율임.
*** 태양광 발전 비율과 태양광 발전량은 2023년 기준이며, 평균 일사량은 1990~2023년 평균값임.

① 영국의 평균 일사량은 독일보다 많다.
② 중국의 평균 일사량은 세계 평균 이상이다.
③ 태양광 발전량이 가장 많은 국가는 칠레이다.
④ 대한민국의 태양광 발전 비율은 세계 평균 미만이다.
⑤ 평균 일사량이 많은 국가일수록 태양광 발전량이 많다.

풀이

그래프는 국가별 평균 일사량과 태양광 발전량 및 발전 비율을 나타낸 것이다. 원점을 기준으로 위로 갈수록 태양광 발전 비율이 높고, 오른쪽으로 갈수록 평균 일사량이 많으며, 원의 크기가 클수록 태양광 발전량이 많음을 알 수 있다.

① 그래프를 통해 영국은 독일보다 평균 일사량이 적다는 것을 알 수 있다.

② 그래프를 통해 중국의 평균 일사량은 세계 평균 미만인 것을 알 수 있다.

③ 칠레는 태양광 발전 비율이 가장 높은 국가이다. 태양광 발전량이 가장 많은 국가는 중국이다.

④ 대한민국의 태양광 발전 비율은 세계 평균 미만이다.

⑤ 평균 일사량이 가장 많은 국가는 아랍 에미리트이지만 태양광 발전량이 가장 많은 국가는 중국이다. 따라서 평균 일사량이 많은 국가일수록 태양광 발전량이 많은 것은 아니다.

17 정답 ③ 문제편 p.151

(단위: 천 MWh)

지역 \ 에너지	A 풍력	B 수력	C 태양광
강원	642 → 산지	820	384
전남	306	66	1,684
제주	537 → 해안	2	170

(2017년)

→ 한강 중·상류
→ 일사량 풍부
→ 제주는 지표수 부족으로 수력 발전이 거의 이루어지지 않음

풀이

A는 강원과 제주에서 발전량이 많으므로 풍력이다. 풍력은 바람이 많이 부는 산지나 해안 지역이 발전에 유리하다. B는 한강 중·상류 지역이 있는 강원에서 발전량이 많으므로 수력이다. 수력은 유량이 풍부하고 낙차가 큰 곳이 발전에 유리하다. C는 전남에서 발전량이 많으므로 태양광이다. 태양광은 일조량이 풍부한 지역이 발전에 유리하다.

18 정답 ④ 문제편 p.151

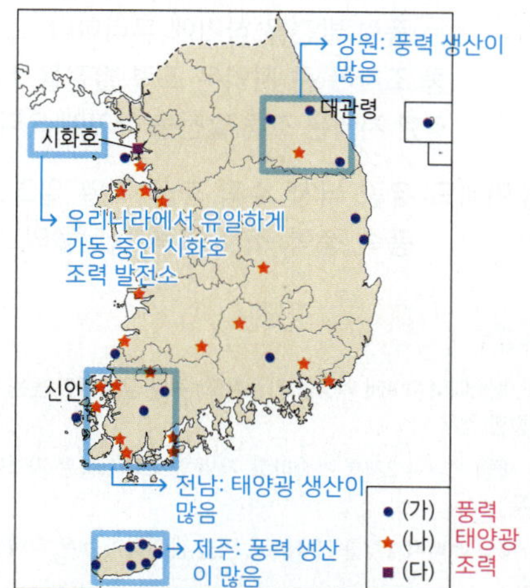

* 태양광·풍력 발전소는 2016년 기준 5MW 이상 규모만 나타냄.

① (가)(다)는 조수 간만의 차가 큰 지역이 생산에 유리하다.

② (나)(가)는 강한 바람이 지속적으로 부는 곳이 생산에 유리하다.

③ (다)(나)는 일사량이 풍부한 지역이 생산에 유리하다.

④ (가)는 (나)보다 발전 과정에서 소음으로 인한 피해가 크다.

⑤ (나)는 (다)보다 밤 낮 시간대 발전량이 많다.

풀이

(가)는 강원, 제주 등 바람이 많이 부는 산지나 해안 지역이 생산에 유리한 풍력, (나)는 전남, 전북 등 일조량이 풍부한 지역이 생산에 유리한 태양광, (다)는 우리나라에서 유일하게 경기도 안산 시화호에만 입지하는 조력으로, 조수 간만의 차가 큰 해안 지역이 생산에 유리하다.

④ (가) 풍력은 발전 과정에서 바람개비가 회전할 때 발생하는 소음으로 인한 피해가 크다.

19 정답 ⑤ 문제편 p.151

① 과학 기술의 발전 그 자체를 목적으로 간주하고 있다. (에 대한 윤리적 문제 해결)

② 미래 세대에 대해 져야 할 윤리적 책임을 부정하고 있다.

③ 자연을 인간이 지배하고 정복해야 할 대상으로 보고 있다. → 인간 중심주의

④ 미래 세대의 이익만을 윤리적 책임의 기준으로 삼고 있다.

⑤ 인간의 윤리적 책임의 범위에 대한 확장을 요구하고 있다. → 현세대와 미래 세대의 존속 모두 고려해야 함

풀이

A 학자는 과학 기술의 남용에 대한 부정적 결과를 예측하고 이에 따라 책임의 범위를 현세대의 인류에서 미래 세대의 인류, 자연 등으로 확대하여 윤리적 책임을 이행할 것을 주장한다.

① A 학자는 과학 기술의 발전으로 인해 발생하는 윤리적 문제들을 고려해야 한다고 주장한다.

④ A 학자에 따르면, 윤리적 책임의 기준에는 미래 세대의 이익과 존속, 현세대의 이익과 존속, 자연의 존속 등이 포함된다.

20 정답 ③ 문제편 p.151

[보 기]

ㄱ. 갑은 과학 기술 무용론(無用論)을 주장하고 있다.

ㄴ. 갑은 과학 기술 발달에 다른 환경 문제를 지구촌 공동의 문제로 인식하고 있다.

ㄷ. 을은 과학 기술의 긍정적 측면에 주목하고 있다.

ㄹ. 갑, 을 모두 과학 기술 활용에 대해 가치중립적인 입장이다. (가치 개입적인)

① ㄱ, ㄴ ② ㄱ, ㄷ ③ ㄴ, ㄷ ④ ㄴ, ㄹ ⑤ ㄷ, ㄹ

풀이

갑은 과학 기술 개발을 최소화할 것을 주장하고 있고, 을은 과학 기술의 발달을 통해 환경 위기에 능동적으로 대처할 것을 주장하고 있다.

ㄱ. 갑은 환경 보호를 위해 과학 기술 개발을 최소화할 것을 주장하고 있다. 따라서 갑이 과학 기술 무용론을 주장하는 것은 아니다.

서술형 문제 풀기

1 문제편 p.152

(1) (가)-(나)-(다)

(2) 모범답안: (가)는 1980년대에 사용된 표어이다. 당시에는 출산율이 여전히 높아 이전부터 시행되던 산아 제한 정책이 전개되었다. (나)는 1990년대에 사용된 표어이다. 1990년대에는 출산율이 낮아졌으나, 태아 성감별로 인한 신생아의 남초 현상이 뚜렷이 나타났다. 따라서 남아 선호 사상을 타파하여 성비의 균형을 맞추고자 노력하였다. (다)는 2000년대에 사용된 표어이다. 2000년대에는 출산 기피 현상으로 출산율이 급감했다. 출산율 감소는 노동력 부족, 인구 감소로 인한 경기 침체로 이어질 수 있어서 출산 장려 정책을 시행하고 있다.

핵심 키워드: 산아 제한, 남아 선호 사상, 출산 장려

채점 기준

상 (가)~(다) 시기의 인구 문제를 모두 기술한 경우
중 (가)~(다) 시기 중 두 시기의 인구 문제만 기술한 경우
하 (가)~(다) 시기 중 한 시기의 인구 문제만 기술한 경우

2 문제편 p.152

(1) (가) 아프리카 (나) 아시아 (다) 유럽

(2) 모범답안: (가)는 높은 출산율로 인한 인구 증가로 식량 부족, 자원 부족, 기아 및 빈곤, 실업 등의 문제가 발생한다. 이를 해소하기 위해서는 산아 제한 정책, 식량 증산 노력, 인구 부양력을 높이기 위한 경제 발전 등이 필요하다. (다)는 낮은 출산율로 인한 노동력 부족, 고령화로 인한 사회적 비용 증가 등의 문제가 발생한다. 이를 해소하기 위해서는 출산 장려 정책, 육아에 대한 부담 감소, 노인 복지 시설 확충, 노인 경제 참여 기회 확대 등이 필요하다.

핵심 키워드: (가) 높은 출산율, 식량 부족, 산아 제한 정책, 인구 부양력 향상
(다) 낮은 출산율, 노동력 부족, 출산 장려 정책, 노인 복지 시설 확충

채점 기준

상 (가), (다)의 인구 문제와 인구 정책을 모두 기술한 경우
중 (가), (다) 중 한 지역의 인구 문제와 인구 정책을 기술한 경우
하 (가), (다) 중 한 지역의 인구 문제만 기술한 경우

3 문제편 p.153

(1) A 석유 B 석탄

(2) ㉠ 러시아 ㉡ 중국

(3) 모범답안: A는 신생대 제3기 퇴적층 중 배사 구조가 발달한 지층에, B는 고생대 퇴적층에 주로 매장되어 있다.

핵심 키워드: 신생대, 고생대, 배사 구조

채점 기준

상 핵심 키워드 3개를 모두 사용하여 석탄과 석유가 매장된 지층에 대해 기술한 경우
중 핵심 키워드 2개를 사용하여 석탄과 석유가 매장된 지층에 대해 기술한 경우
하 핵심 키워드 1개를 사용하여 석탄과 석유가 매장된 지층에 대해 기술한 경우

4 문제편 p.154

(1) 자원 민족주의

(2) 모범답안: 지구 온난화 현상, 대기 오염, 산성비

(3) 모범답안: 신·재생 에너지에는 수력, 풍력, 태양광, 지열, 해양 에너지 등이 있다. 유량이 풍부한 하천과 높은 산지가 있어 큰 낙차를 얻을 수 있는 지역에서는 수력 발전을, 화산이 분포하여 지하에 열에너지가 풍부한 지역에서는 지열 발전을, 일조량이 풍부한 지역에서는 태양광 발전을, 풍향이 일정하고 풍속이 강한 지역에서는 풍력 발전을 하기에 유리하다. 그리고 해안 지대 중 조차가 큰 지역은 조력 발전을, 바닷물의 흐름이 강한 지역은 조류 발전을 하기에 유리하다.

핵심 키워드: 유량, 낙차, 수력, 화산, 지열, 일조량, 태양광, 풍속, 풍력, 조차, 조력, 바닷물의 흐름, 조류

채점 기준

상 신·재생 에너지 3개 이상을 기술하고, 개발 잠재력이 높은 지역을 바르게 연결한 경우
중 신·재생 에너지 2개를 기술하고, 개발 잠재력이 높은 지역을 바르게 연결한 경우
하 신·재생 에너지 1개를 기술하고, 개발 잠재력이 높은 지역을 바르게 연결한 경우

5 문제편 p.154

(1) ㉠ 델파이 기법(전문가 합의법) ㉡ 시나리오 기법

(2) 모범답안: 1. 의학 기술의 발달로 대부분의 질병 치료가 가능해질 것이므로 인간 수명은 연장될 것이다.
2. 지구 온난화, 대기 오염 등 건강에 악영향을 주는 요인들이 증가할 것이므로 인간 수명은 단축될 것이다.
3. 인구 증가로 인한 자원 수요가 자원 공급보다 많아지면서 자원을 둘러싼 국가 간 갈등이 전쟁으로 이어질 가능성이 높으므로 인간 수명은 단축될 것이다.

1회 미니모의고사

1	①	2	①	3	④	4	⑤	5	③
6	④	7	③	8	③	9	②	10	④

1 정답 ① 문제편 p.155

[보기]

ㄱ. 사회의 다양성 확대에 기여하는 권리이다. → 문화권
ㄴ. 문화적 정체성 확립에 도움을 주는 권리이다. → 문화권
ㄷ. 쾌적한 주거 환경 조성을 강조하는 권리이다. → 주거권
ㄹ. 전염병으로부터 자신의 안전을 보장해 주는 권리이다. → 안전권

① ㄱ, ㄴ ② ㄱ, ㄷ ③ ㄴ, ㄷ ④ ㄴ, ㄹ ⑤ ㄷ, ㄹ

풀이

개인이 자유롭게 공동체의 문화생활에 참여하고 예술을 감상하며 혜택을 나눠 가질 권리, 문화생활에서 차별받지 않고 문화적 접근과 참여 활동을 보장받을 권리는 문화권이다. 따라서 ㉠은 문화권이다.

2 정답 ① 문제편 p.155

우리는 법을 지키며 살아가야 합니다. 나아가 인권을 침해하는 어떤 법이 있다면 이를 합법적인 방법으로 바로잡기 위해 노력해야 합니다. 만약 이러한 노력이 모두 실패했을 때는 시민 불복종을 고려해야 합니다. 다만, 시민 불복종은 공공성, 비폭력성, 처벌 감수 등의 정당화 조건을 갖추어야 합니다. 이러한 시민 불복종은 법에 위배되지만, 사회 정의를 실현하는 행위입니다. 롤스

① 시민 불복종은 공공의 이익을 위해 시행되어야 한다.
② 시민 불복종에 따른 처벌을 받아들이지 않아야 한다. (감수해야)
③ 시민 불복종은 정의로운 법을 대상으로 실시되어야 한다. (심각하게 부정의한 법)
④ 시민 불복종은 합법적인 노력보다 먼저 이루어져야 한다. (최후의 수단으로)
⑤ 시민 불복종의 목적 달성을 위해서는 폭력도 허용되어야 한다. (비폭력적으로)

풀이

그림의 강연자는 롤스이다. 롤스는 시민 불복종이 부정의한 법이나 정책을 변혁하기 위하 실시되는 위법 행위라고 주장한다.
① 롤스는 시민 불복종이 결과적으로 공공의 이익을 실현하기 위해 시행되어야 한다고 주장한다. 단, 시민 불복종의 근거가 공공의 이익은 아니라는 점에 유의해야 한다. 시민 불복종의 근거는 공유된 정의관이다.
② 롤스는 시민 불복종을 실시하는 자는 국가의 처벌을 감수해야 한다고 주장한다.
③ 롤스에 따르면 시민 불복종의 대상은 심각하게 부정의한 법이나 정책이다. 따라서 정의로운 법은 시민 불복종의 대상이 아니다.
④ 롤스에 따르면 합법적 방법이 모두 실패한 뒤에 위법 행위인 시민 불복종이 정당화된다.

⑤ 롤스는 체제 변혁(혁명)과 달리 시민 불복종은 비폭력적으로 이루어져야 한다고 주장한다.

3 정답 ④ 문제편 p.155

풀이

(가)는 최소한의 필요를 충족시키는 분배, 즉 필요에 의한 분배를 강조하고 있다. 필요에 의한 분배의 관점에서는 가장 빈곤한 사람에게 불우 이웃 돕기 성금을 우선적으로 분배해야 한다고 조언할 것이다.

4 정답 ⑤ 문제편 p.155

① 성별에 따른 차별이 장애에 따른 차별보다 강하다. → 알 수 없음
② 사회적 소수자를 규정하는 기준은 절대적이며 변하지 않는다. 상대적이다
③ 장애인과 여성에 대한 사회적 차별은 개인적 능력 차이에서 기인한다. 하지 않는다
④ 사회적 소수자 우대 정책으로 인한 역차별 문제도 함께 해소해야 한다. → 알 수 없음
⑤ 사회적 소수자에 대한 차별을 해소하기 위해서는 법과 제도의 시행뿐만 아니라 의식 개선도 이루어져야 한다.

풀이

장애인 의무 고용 제도와 남녀 고용 평등법은 사회적 소수자 우대 정책으로, 이는 사회적 약자를 우대함으로써 실질적인 기회의 평등을 보장하는 정책이다.
⑤ (가)와 (나)에서는 장애인과 여성에 대한 차별을 해소하기 위한 법과 제도의 시행에도 불구하고 장애인과 여성에 대한 사회적 인식이 크게 바뀌지 않고 있는 모습이 나타나 있다. 이를 통해 사회적 소수자에 대한 차별을 해소하기 위해서는 제도적 개선뿐만 아니라 의식 개선도 함께 이루어져야 함을 알 수 있다.

5 정답 ③ 문제편 p.156

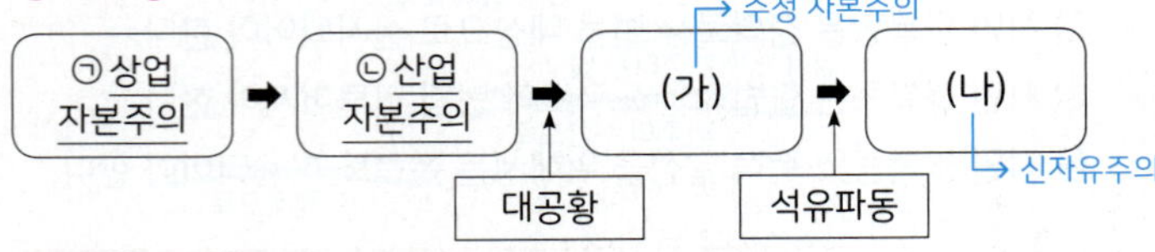

① 산업 혁명은 ㉠의 등장 배경으로 작용하였다. ㉡
② ㉠은 ㉡과 달리 '보이지 않는 손'의 역할을 중시하였다.
③ (나)는 공기업의 민영화에 적극적이다.
④ (가)는 (나)와 달리 정부의 시장 개입을 축소해야 한다고 본다.
⑤ (나)는 (가)와 달리 복지 예산의 확대를 추구한다.

풀이

대공황 이후 수정 자본주의가 등장하였고, 석유파동 이후 신자유주의가 등장하였다. 따라서 (가)는 수정 자본주의, (나)는 신자유주의이다.
① 산업 혁명은 산업 자본주의의 등장 배경으로 작용하였다.
② 산업 자본주의는 자유 방임주의를 바탕으로 '보이지 않는 손'의 역할을 중시하였다.
③ 신자유주의는 정부의 역할 축소와 시장 기능의 확대를 주장하므로 공기업의 민영화를 통한 국가 경쟁력 강화를 강조한다.
④ 신자유주의는 정부의 시장 개입 축소를 주장하였다.
⑤ 수정 자본주의는 정부의 시장 개입 확대를 주장하면서 복지 예산의 확대를 추구하였다.

6 정답 ④ 문제편 p.156

① ㉡은 ㉠에 비해 일반적으로 안전성이 높다.
② ㉢은 ㉡과 달리 만기가 없다. 있다
③ ㉠, ㉡은 모두 배당 수익을 기대할 수 있다.
④ 2019년에 이자 수익을 기대할 수 있는 금융 자산의 비중은 60%보다 크다. → 예금, 채권
⑤ 2020년에 시세 차익을 기대할 수 있는 금융 자산의 비중은 2019년보다 감소하였다. 증가 → 주식, 채권

풀이

① 예금은 주식에 비해 일반적으로 안전성이 높다.
② 채권은 만기가 있으나, 주식은 만기가 없다.
③ 배당 수익을 기대할 수 있는 금융 자산은 주식이다.
④ 이자 수익을 기대할 수 있는 금융 자산은 예금과 채권이다. 2019년에 예금과 채권의 비중은 68.5%이다.
⑤ 시세 차익을 기대할 수 있는 금융 자산은 주식과 채권이다. 주식과 채권의 비중은 2019년의 경우 59.5%, 2020년의 경우 70.5%이다. 따라서 2020년에 주식과 채권의 비중은 2019년보다 증가하였다.

7 정답 ③ 문제편 p.156

[보 기]

ㄱ. ㉠의 본사는 주로 저임금 노동력이 풍부한 국가에 입지한다. 선진국
ㄴ. ㉡은 정치, 경제 등의 측면에서 세계의 중심지 역할을 한다.
ㄷ. ㉢을 해결하기 위한 노력으로 공정 무역을 들 수 있다.
ㄹ. ㉣로 인해 각 지역 고유문화의 정체성이 강화된다. 약화

① ㄱ, ㄴ ② ㄱ, ㄷ ③ ㄴ, ㄷ ④ ㄴ, ㄹ ⑤ ㄷ, ㄹ

풀이

ㄱ. 다국적 기업의 본사는 주로 자본과 우수 인력 확보가 용이한 본국의 대도시에 입지하는 경우가 많다.
ㄴ. 세계 도시는 국가의 경계를 넘어 세계적인 중심지 역할을 수행하는 도시로, 생산자 서비스업이 발달되어 있다.
ㄷ. 공정 무역, 공정 여행 등의 윤리적 소비를 통해 불평등한 무역 구조를 개선하는 것은 국가 간 빈부 격차 심화 문제를 해결하기 위한 노력 중 하나이다.
ㄹ. 전 세계의 문화가 비슷해져 가는 문화의 획일화로 인해 각 지역 고유문화의 정체성은 약화된다.

8 정답 ③ 문제편 p.156

[보 기]

ㄱ. ㉠의 실현은 구조적 폭력의 해소를 보장한다.

ㄴ. ㉡은 경제적 착취와 빈곤이 제거된 상태를 포함한다.

ㄷ. ㉢은 모든 종류의 폭력이 사라진 상태를 지향한다.

ㄹ. ㉢은 ㉡ 없이 ㉠의 달성만으로도 실현된다.

① ㄱ, ㄴ ② ㄱ, ㄷ ③ ㄴ, ㄷ ④ ㄴ, ㄹ ⑤ ㄷ, ㄹ

풀이

소극적 평화는 전쟁이나 테러와 같은 물리적 폭력이 없는 상태를 말하고, 적극적 평화는 직접적 폭력뿐만 아니라 간접적 폭력까지 모두 제거되어 인간다운 삶을 영위할 수 있는 상태를 말한다.

ㄱ. 소극적 평화의 실현은 구조적 폭력의 해소를 보장하지 않으나, 적극적 평화의 실현은 구조적 폭력의 해소를 보장한다.

ㄴ. 적극적 평화는 빈곤, 기아, 정치적 억압, 종교와 사상의 차별 등과 같이 한 사회의 구조나 문화에 의해 발생하는 간접적 폭력까지 모두 제거된 상태를 포함한다.

ㄷ. 진정한 평화는 적극적 평화가 실현될 때 누릴 수 있으므로 진정한 평화는 모든 종류의 폭력이 사라진 상태를 의미한다.

ㄹ. 진정한 평화는 적극적 평화 없이 소극적 평화의 달성만으로는 실현될 수 없다.

9 정답 ② 문제편 p.157

A, B 대륙에 대해 설명해 볼까요?

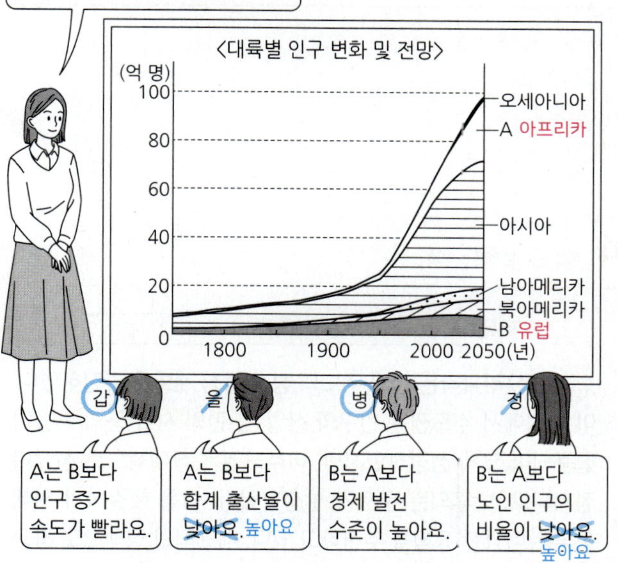

① 갑, 을 ② 갑, 병 ③ 을, 병 ④ 을, 정 ⑤ 병, 정

풀이

인구가 빠르게 증가하는 A는 저개발국의 비율이 높은 아프리카, 인구 증가율이 낮아 2050년에는 인구 감소 추세가 나타나는 B는 선진국의 비율이 높은 유럽이다.

갑. 아프리카(A)는 유럽(B)보다 인구 증가 속도가 빠르다.

을. 인구 증가율이 높은 아프리카(A)는 유럽(B)보다 합계 출산율이 높다.

병. 유럽(B)은 아프리카(A)보다 경제 발전 수준이 높다.

정. 경제 발전 수준이 높을수록 노인 인구의 비율은 대체로 높게 나타난다. 따라서 유럽(B)은 아프리카(A)보다 노인 인구 비율이 높다.

10 정답 ④ 문제편 p.157

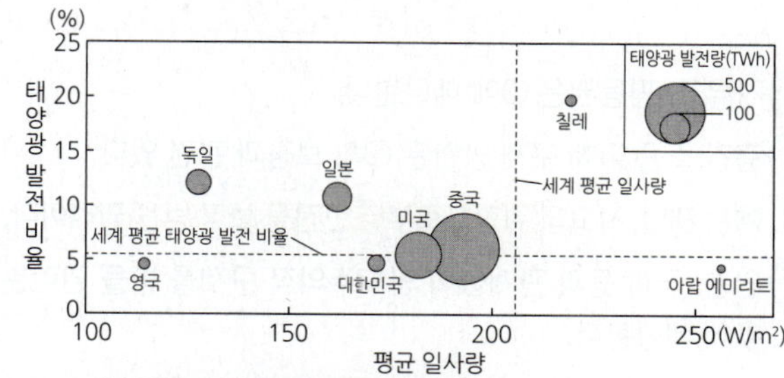

* 태양광 발전 비율과 평균 일사량은 원의 중심점임.
** 태양광 발전 비율은 국가별 전체 발전량 중 태양광이 차지하는 비율임.
*** 태양광 발전 비율과 태양광 발전량은 2023년 기준이며, 평균 일사량은 1990~2023년 평균값임.

① 영국의 평균 일사량은 독일보다 많다.

② 중국의 평균 일사량은 세계 평균 이상이다.

③ 태양광 발전량이 가장 많은 국가는 칠레이다.

④ 대한민국의 태양광 발전 비율은 세계 평균 미만이다.

⑤ 평균 일사량이 많은 국가일수록 태양광 발전량이 많다.

풀이

그래프는 국가별 평균 일사량과 태양광 발전량 및 발전 비율을 나타낸 것이다. 원점을 기준으로 위로 갈수록 태양광 발전 비율이 높고, 오른쪽으로 갈수록 평균 일사량이 많으며, 원의 크기가 클수록 태양광 발전량이 많음을 알 수 있다.

① 그래프를 통해 영국은 독일보다 평균 일사량이 적다는 것을 알 수 있다.

② 그래프를 통해 중국의 평균 일사량은 세계 평균 미만인 것을 알 수 있다.

③ 칠레는 태양광 발전 비율이 가장 높은 국가이다. 태양광 발전량이 가장 많은 국가는 중국이다.

④ 대한민국의 태양광 발전 비율은 세계 평균 미만이다.

⑤ 평균 일사량이 가장 많은 국가는 아랍 에미리트이지만 태양광 발전량이 가장 많은 국가는 중국이다. 따라서 평균 일사량이 많은 국가일수록 태양광 발전량이 많은 것은 아니다.

미니 모의고사

2회 미니모의고사

1	④	2	③	3	①	4	①	5	②
6	⑤	7	①	8	③	9	③	10	⑤

1 정답 ④ 문제편 p.158

[보 기]

ㄱ. 자유권, 평등권은 ㉠에 해당한다.

ㄴ. 층간 소음 피해 구제 방안은 ㉡의 보장과 관련 있다.

ㄷ. ㉢은 재난, 사고의 위험으로부터 안전을 보장 받을 권리이다.

ㄹ. 인종, 국적 등과 관계없이 인도주의적 구제를 받을 권리는 ㉣에 해당한다.

① ㄱ, ㄴ ② ㄱ, ㄷ ③ ㄷ, ㄹ

④ ㄱ, ㄴ, ㄹ ⑤ ㄴ, ㄷ, ㄹ

풀이

ㄱ. 인권은 사람이라면 누구나 태어나면서부터 당연히 가지는 기본적 권리로, 자유권과 평등권은 이에 해당한다.

ㄴ. 주거권은 쾌적하고 안정적인 주거 환경에서 인간다운 주거 생활을 할 권리를 말한다. 층간 소음 피해에 대한 구제 방안은 주거권 보장과 관련 있다.

ㄷ. 재난, 사고의 위험으로부터 안전을 보장 받을 권리는 안전권이다.

ㄹ. 연대권은 자신이 소속되어 있는 공동체에서 더 나아가 국제적인 연대와 협력을 할 수 있는 권리를 말한다.

2 정답 ③ 문제편 p.158

중학교를 졸업한 갑(16세)은 ○○ 대형 마트 사장 을(41세)과 2023년 1월 2일부터 2023년 2월 1일까지 매장 내 상품 진열 및 정리를 하기로 근로 계약을 체결하였다. 다음은 계약 내용 중 일부이다.

- ○ 근로 시간: 13시~21시(휴게 시간: 17시~18시)
- ○ 근무일: 월~금(휴일: 토, 일)
- ○ 임금: 시간당 9,000원

* 갑의 친권자는 부모이며, 2023년 법정 최저 임금은 시간당 9,620원임.

① 갑은 부모의 동의 없이도 근로 계약을 체결할 수 있다.

② 갑과 을은 근로 계약의 내용을 문서로 작성하지 않아도 된다.

③ 갑의 근로 시간은 근로 기준법에 위반되지 않는다.

④ 갑은 근로 계약대로 시간당 9,000원의 임금만 요구할 수 있다.

⑤ 갑과 을이 합의하더라도 갑은 연장 근로를 할 수 없다.

풀이

갑은 16세로 연소 근로자에 해당한다.

① 연소 근로자인 갑은 부모의 동의가 있어야 근로 계약을 체결할 수 있다.

② 갑과 을은 근로 계약의 내용을 문서로 작성해야 한다.

③ 갑의 근로 시간은 1일에 7시간, 1주에 35시간을 초과하지 않으므로 근로 기준법에 위반되지 않는다.

④ 갑은 법정 최저 임금인 9,620원을 요구할 수 있다.

⑤ 갑과 을이 합의하면 1일에 1시간, 1주에 5시간을 한도로 연장 근로를 할 수 있다.

3 정답 ① 문제편 p.158

풀이

갑의 입장은 자유주의 정의관에 해당하고, 을의 입장은 공동체주의 정의관에 해당한다. 자유주의 정의관은 개인의 자유롭고 평등한 기본권을 보장하는 것을 정의라고 보고, 국가는 개인의 자유로운 선택권과 자율성을 최대한 허용해야 한다고 본다. 공동체주의 정의관은 공동체의 선을 실현하는 것을 정의라고 보고 개인은 공동체의 가치와 목적을 내면화하고 공동체에 대한 소속감을 지니며 자신에게 주어진 책임과 의무를 성실히 이행해야 한다고 본다.

① 공동체주의 정의관에 해당하는 진술이다.

4 정답 ① 문제편 p.158

제목: (가)

과거 우리나라는 정부 주도의 성장 중심 개발을 추진하였다. 이 과정에서 수도권은 인구와 산업 및 편의 시설 등의 기능이 집중되어 크게 성장하였지만, 비수도권은 상대적으로 성장이 정체되고, 낙후되는 문제가 발생하였다. 이를 해결하기 위해 정부는 다양한 정책을 추진하고 있다. 대표적인 정책으로 공공 기관 지방 이전 계획이 있으며, 이에 따라 전국에 주요 혁신 도시를 지정하여 수도권 소재의 공공 기관을 지방으로 이전하고 있다.

① 공간 불평등 해소를 위한 정부의 노력

② 저출산·고령화 문제 해결을 위한 정책

③ 다문화 사회의 갈등 해소를 위한 개인적 노력

④ 시장 경제 질서의 효율성 향상을 위한 기업의 노력

⑤ 과시 소비로 인한 계층 간 위화감 해소를 위한 정책

풀이

제시문은 정부의 성장 중심 개발로 인해 발생한 수도권과 비수도권 간 공간 불평등을 해결하기 위해 다양한 정책을 추진하고 있음을 설명하고 있다. 공간 불평등은 지역을 기준으로 사회적 자원이 불균등하게 분배되는 현상으로, 성장 위주의 경제 개발 정책 추진으로 인해 지역 간 격차가 심화되면서 발생한다.

① 혁신 도시는 수도권에 집중되어 있는 공공 기관을 지방으로 이전하는 것을 의미한다. 혁신 도시를 지정하는 것은 많은 기능이 집중된 수도권과 낙후된 지방과의 공간적 불평등을 해소하기 위한 정부의 정책이다.

② 저출산과 고령화 해결을 위한 정책으로는 양육 시설 확충, 노인 복지 제도 정비 등을 들 수 있다.

③ 다문화 사회의 갈등 해결을 위한 개인적 노력으로는 문화 상대주의 태도 함양 등을 들 수 있다.

5 정답 ② 문제편 p.159

→ 명시적 비용

선택	편익(원)	관람료(원)	암묵적 비용(원)
뮤지컬 관람	8만	3만	2만
연극 관람	4만	2만	5만

[보 기]

ㄱ. ㉠은 ㉡보다 명시적 비용이 크다.

ㄴ. ㉠은 ㉡보다 암묵적 비용이 크다. (작다)

ㄷ. ㉠을 선택하는 것이 합리적이다.

ㄹ. ㉠, ㉡의 편익이 50%씩 감소하면 갑의 선택은 달라진다. (지지 않는다)

① ㄱ, ㄴ ② ㄱ, ㄷ ③ ㄴ, ㄷ ④ ㄴ, ㄹ ⑤ ㄷ, ㄹ

풀이

합리적 선택은 '편익-(명시적 비용+암묵적 비용)'이 양(+)의 값을 가지는 경우를 말한다. 뮤지컬 관람의 암묵적 비용은 '연극 관람의 편익-관람료'이고, 연극 관람의 암묵적 비용은 '뮤지컬 관람의 편익-관람료'이다.

ㄱ. 명시적 비용은 뮤지컬 관람의 경우 3만 원, 연극 관람의 경우 2만 원이다.

ㄴ. 암묵적 비용은 뮤지컬 관람의 경우 2만 원, 연극 관람의 경우 5만 원이다.

ㄷ. 뮤지컬 관람의 '편익-기회비용'의 값이 3만 원(=8만 원-5만 원)으로 양(+)의 값을 가지므로 뮤지컬 관람을 선택하는 것이 합리적이다.

ㄹ. 뮤지컬 관람과 연극 관람의 편익이 각각 50%씩 감소하더라도 뮤지컬 관람의 '편익-기회비용'의 값이 1만 원(=4만 원-3만 원)으로 양(+)의 값을 가지므로 뮤지컬 관람을 선택하는 것이 합리적이다.

구분	편익(원)	명시적 비용(원)	암묵적 비용(원)
㉠	4만	3만	0
㉡	2만	2만	1만

6 정답 ⑤ 문제편 p.159

[보 기]

ㄱ. 갑국에서 쌀 1단위 생산에 대한 기회비용은 옷 2단위이다. ($\frac{1}{2}$)

ㄴ. 을국의 노동 시간이 10시간일 경우 쌀 2단위와 옷 2단위를 동시에 생산할 수 있다. (없다)

ㄷ. 갑국은 쌀과 옷 생산에 대해 모두 절대 우위를 가진다.

ㄹ. 을국은 쌀 생산에 대해 비교 우위를 가진다.

① ㄱ, ㄴ ② ㄱ, ㄷ ③ ㄴ, ㄷ ④ ㄴ, ㄹ ⑤ ㄷ, ㄹ

풀이

제시된 자료를 통해 갑국과 을국의 쌀과 옷 1단위 생산의 기회비용을 나타내면 다음과 같다.

구분	갑국	을국
쌀 1단위 생산의 기회비용	옷 $\frac{1}{2}$단위	옷 $\frac{1}{3}$단위
옷 1단위 생산의 기회비용	쌀 2단위	쌀 3단위

ㄱ. 갑국의 경우 쌀 1단위 생산의 기회비용은 옷 $\frac{1}{2}$단위이다.

ㄴ. 을국의 노동 시간이 10시간일 경우 쌀 2단위와 옷 1단위를 동시에 생산할 수 있다.

ㄷ. 쌀 1단위를 생산하는 데 갑국은 1시간, 을국은 2시간이 필요하며, 옷 1단위를 생산하는 데 갑국은 2시간, 을국은 6시간이 필요하다. 따라서 갑국은 쌀과 옷 생산 모두에 절대 우위가 있다.

ㄹ. 을국은 갑국보다 쌀 1단위 생산의 기회비용이 작다. 따라서 을국은 쌀 생산에 비교 우위가 있다.

7 정답 ① 문제편 p.159

[보 기]

ㄱ. 일자리가 감소하여 실업 문제가 발생할 것이다.

ㄴ. 상인들의 매출 감소로 지역 경제가 침체될 것이다.

ㄷ. 다양한 중소기업들이 들어서면서 인구가 증가할 것이다.

ㄹ. 금융 자본이 집중되어 다른 국가와의 경제 협력이 강화될 것이다.

① ㄱ, ㄴ ② ㄱ, ㄷ ③ ㄴ, ㄷ ④ ㄴ, ㄹ ⑤ ㄷ, ㄹ

풀이

제시문에서는 생산비 절감을 위해 중국에 설립한 공장을 저렴한 임금의 생산직 직원을 채용할 수 있는 베트남으로 이전한 대한민국의 다국적 기업 ○○에 대해 기술하고 있다. 다국적 기업의 생산 공장이 다른 곳으로 이전하면서 중국 후이저우에서는 실업률이 증가할 수 있고, 산업 공동화 현상으로 지역 경제가 침체될 수 있다.

ㄷ. 다국적 기업의 생산 공장의 이전으로 인해 부품을 생산하는 중소기업들도 이전함으로써 인구는 감소할 것이다.

ㄹ. 금융 자본이 유출될 수 있다.

8 정답 ③ 문제편 p.160

남북한의 서로 다른 체제를 통합하는 데 드는 통일 비용으로 인해 통일에 부정적인 사람들이 있다. 그러나 통일 비용은 크게 걱정할 문제가 아니다. 분단이 지속되는 한 국방비·외교비와 같은 분단 비용은 계속 발생하지만, 통일 비용은 통일 전후 한시적으로만 발생한다. 장기적으로 볼 때 통일로 인한 이익의 합, 즉 통일 편익이 통일 비용보다 더 크다.

① 통일 비용은 통일 이전에만 한시적으로 발생한다.
② 분단 비용은 통일 이후에도 지속적으로 발생한다.
③ 통일로 얻게 되는 장기적 이익이 통일 비용보다 크다.
④ 통일 편익은 분단 때문에 치러야 하는 소모적 비용이다.
⑤ 분단 비용은 서로 다른 체제를 통합하는 데 드는 비용이다.

풀이

제시문은 통일과 관련된 비용에 대한 내용이다.
① 제시문은 통일 비용이 통일 전후 한시적으로만 발생한다고 보고 있다.
② 제시문은 분단 비용이 통일 이후에는 발생하지 않는다고 보고 있다.
③ 제시문은 통일 편익이 통일 비용보다 더 크다고 보고 있으므로 통일로 얻게 되는 장기적 이익이 통일 비용보다 크다고 본다.
④ 분단으로 인해 치러야 하는 소모적 비용은 분단 비용이다.
⑤ 서로 다른 체제를 통합하는 데 드는 비용은 통일 비용이다.

9 정답 ③ 문제편 p.160

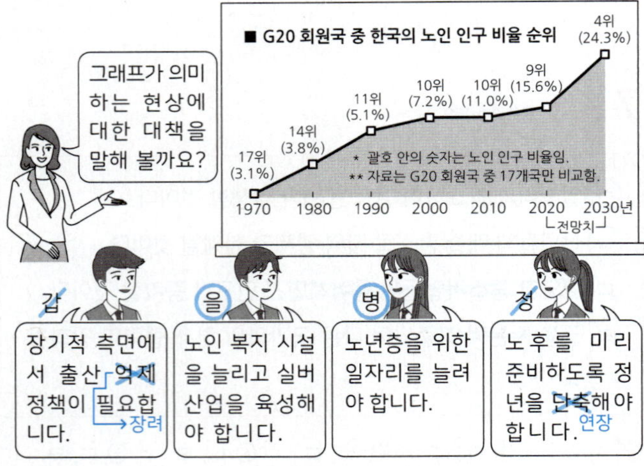

① 갑, 을 ② 갑, 병 ③ 을, 병 ④ 을, 정 ⑤ 병, 정

풀이

노인 인구 비율이 빠르게 증가하고 있으므로 주어진 그래프는 고령화 현상을 의미한다. 고령화로 인해 노동력이 감소하고, 연금·의료·복지 부문에서 노년층 부양을 위한 사회적 비용이 늘어나 국가 재정 부담이 증가하며, 청장년층의 노년층 부양 부담이 증가한다. 이에 대한 대책으로 출산율을 높이고, 정년 연장, 재취업 기회 확대 등으로 노년층의 경제 활동 참여 기회를 확대하며, 연금 제도를 정착시키고, 실버산업 육성 등 노인 복지 정책과 편의 시설을 확대해야 한다.

10 정답 ⑤ 문제편 p.160

① 과학 기술의 발전 그 자체를 목적으로 간주하고 있다.
② 미래 세대에 대해 져야 할 윤리적 책임을 부정하고 있다.
③ 자연을 인간이 지배하고 정복해야 할 대상으로 보고 있다.
④ 미래 세대의 이익만을 윤리적 책임의 기준으로 삼고 있다.
⑤ 인간의 윤리적 책임의 범위에 대한 확장을 요구하고 있다.

풀이

A 학자는 과학 기술의 남용에 대한 부정적 결과를 예측하고 이에 따라 책임의 범위를 현세대의 인류에서 미래 세대의 인류, 자연 등으로 확대하여 윤리적 책임을 이행할 것을 주장한다.
① A 학자는 과학 기술의 발전으로 인해 발생하는 윤리적 문제들을 고려해야 한다고 주장한다.
④ A 학자에 따르면, 윤리적 책임의 기준에는 미래 세대의 이익과 존속, 현세대의 이익과 존속, 자연의 존속 등이 포함된다.

2028 수능 예시문항 1 [2025년 4월 15일 발표]

1	⑤	2	④	3	④	4	②	5	③
6	⑤	7	④	8	③	9	②	10	②
11	①	12	③	13	②	14	③	15	②
16	①	17	③	18	③	19	⑤	20	①
21	⑤	22	④	23	②	24	②	25	①

1 정답 ⑤ 문제편 p.161 [행복의 의미와 기준]

행복은 완전하고 자족적인 좋음으로서 인간이 선택하고 추구하는 모든 것의 궁극 목적입니다. 행복한 삶은 가장 좋고 가장 즐거우며, 윤리적이고 지성적으로 탁월한 삶입니다.

행복한 삶의 시작이자 끝은 쾌락입니다. 진정한 쾌락은 몸에 고통이 없고 마음에 동요가 없는 상태입니다. 사려 깊으며 정의로운 삶 없이는 쾌락적인 삶도 있을 수 없습니다.

〈 사례 〉

A는 많은 돈을 가진 자산가이다. A는 육체적인 즐거움만을 행복이라 생각하고 매일 향락적인 생활을 하고 있다.

① 갑: 물질적 부는 행복의 실현에 기여할 수 없음을 명심하세요.
② 갑: 행복한 사람의 행위에는 쾌락이 따르지 않음을 명심하세요.
③ 을: 욕구를 충족하려는 시도는 항상 고통을 야기함을 명심하세요. 필수적 욕구는 충족해야 함
④ 을: 쾌락이 삶의 목적인 사람은 결코 만족할 수 없음을 명심하세요.
⑤ 갑과 을: 이성을 동반한 덕을 통해 행복을 성취할 수 있음을 명심하세요.

풀이

갑은 아리스토텔레스, 을은 에피쿠로스이다. 아리스토텔레스는 행복이 그 자체로 선택될 단하고, 완전하며, 자족적인 상태라고 분석한다. 따라서 행복이 인간 삶의 궁극 목적이라고 본다. 에피쿠로스는 행복을 삶의 목적이라고 보며, 이성적 사려 깊음, 정의와 같은 덕은 행복 성취를 위한 수단적 가치를 지닌다고 주장한다.

① 아리스토텔레스에 따르면 부 자체가 행복은 아니다. 그러나 부와 같은 외적인 선(좋음)은 인간 행복 실현에 기여할 수 있다고 본다.
② 아리스토텔레스는 쾌락(즐거움)과 최고선인 행복을 구분한다. 그리고 덕을 따르는 영혼의 활동 상태(행복) 그 자체에 쾌락이 수반될 수 있다고 본다. 따라서 행복한 사람의 행위에는 최상의 쾌락이 따라올 수 있다.
③ 에피쿠로스는 명예욕과 같이 자연적이지도 않고 필수적이지도 않은 욕구의 경우 충족하려 할수록 끝이 없고, 더 큰 욕망과 불안을 낳는다고 보았다. 그렇기 때문에 이러한 욕구를 충족하려는 시도는 결국 고통을 야기할 수 있다. 하지만 욕구를 충족하려는 모든 시도가 항상 고통을 낳는 것은 아니다. 에피쿠로스는 욕구 중에서도 식욕과 같은 자연적이고 필수적인 욕구는 아예 충족을 시키지 않으면 고통이 발생하므로 욕구를 절제하며 충족시켜야 한다고 본다.
④ 에피쿠로스에 따르면 행복한 삶의 시작과 끝은 쾌락이다. 따라서 쾌락은 삶의 목적이 될 수 있으며, 적절한 쾌락을 성취한 인간은 삶의 만족을 느낄 수 있다.
⑤ 아리스토텔레스, 에피쿠로스 모두 긍정할 내용이다. 아리스토텔레스는 이성을 동반한 덕(지성적 덕)을 형성하면 행복을 성취할 수 있다고 본다. 에피쿠로스는 이성을 동반한 덕(지혜, 사려 깊음)을 통해 추구해야 할 욕구와 추구하지 말아야 할 욕구를 잘 분별하면 행복을 얻을 수 있다고 본다.

2 정답 ④ 문제편 p.161

[다양한 환경 문제]

[환경 문제 탐구 보고서]

1. 환경 문제의 주요 원인과 현상

구분	Ⓐ → 사막화 현상	Ⓑ → 열대림 파괴	Ⓒ → 쓰레기 섬
주요 원인	(가)	농경지 · 목장의 확대를 위한 무분별한 벌목	플라스틱, 비닐 등 쓰레기의 바다 유입
현상			

2. 환경 문제 발생 지역의 분포

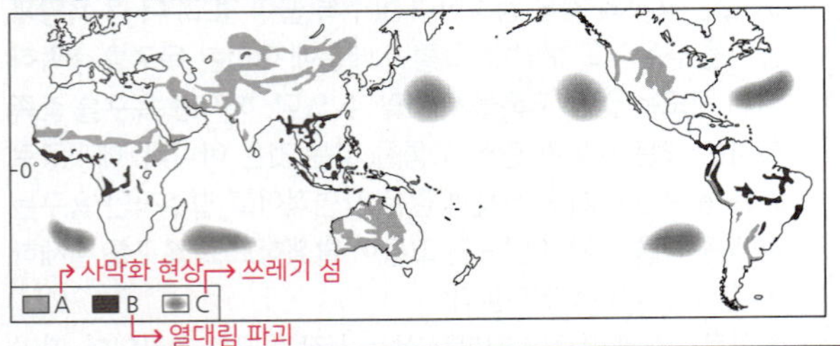

〈 보기 〉

ㄱ. B에 의해 생물종 다양성이 증가한다. (감소)
ㄴ. C는 해류의 순환으로 쓰레기가 집적되어 나타난다.
ㄷ. A는 B보다 연 강수량이 많은 곳에서 주로 나타난다.
ㄹ. (가)에는 '과도한 목축 및 경작'이 들어갈 수 있다.

① ㄱ, ㄴ ② ㄱ, ㄷ ③ ㄴ, ㄷ ④ ㄴ, ㄹ ⑤ ㄷ, ㄹ

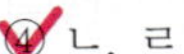

풀이

사막 주변에서 나타나는 A는 사막화 현상, 열대 기후 지역에서 무분별한 벌목으로 나타나는 B는 열대림 파괴, 해양에 쓰레기 유입으로 나타나는 C는 쓰레기 섬이다.

ㄱ. 열대림에는 다양한 동식물이 서식한다. 이런 열대림을 훼손하면 동식물의 생태 환경이 파괴되어 멸종되는 생명체가 많아진다. 따라서 열대림 파괴(B)는 생물종 다양성을 감소시킨다.

ㄴ. 쓰레기 섬(C)은 해양으로 유입된 각종 쓰레기가 해류를 따라 이동하다가 해류가 약한 지점에 모여 형성된다. 쓰레기 섬(C)에는 분해가 되지 않는 플라스틱, 비닐 등이 많다.

ㄷ. 열대림 파괴(B)는 강수량이 많은 열대 밀림이 형성된 곳(열대 우림 기후 지역)에서 주로 나타난다. 사막화 현상(A)은 사막 주변 지역(스텝 기후 지역)에서 주로 나타난다. 따라서 열대림 파괴(B)는 사막화 현상(A)보다 연 강수량이 많은 지역에서 나타난다.

ㄹ. 사막화 현상(A)은 지속적인 가뭄, 목장 및 경작지 확보를 위한 식생 파괴, 관개 농업으로 인한 과도한 용수 사용 등이 원인이다. 따라서 (가)에는 '과도한 목축 및 경작'이 들어갈 수 있다.

3 정답 ④ 문제편 p.162

[세계 문화권, 다문화 정책]

세계의 문화권은 위치, 자연환경, 종교, 민족(인종), 언어, 전통 산업 등 다양한 요소를 복합적으로 고려하여 아래 지도와 같이 구분할 수 있다.

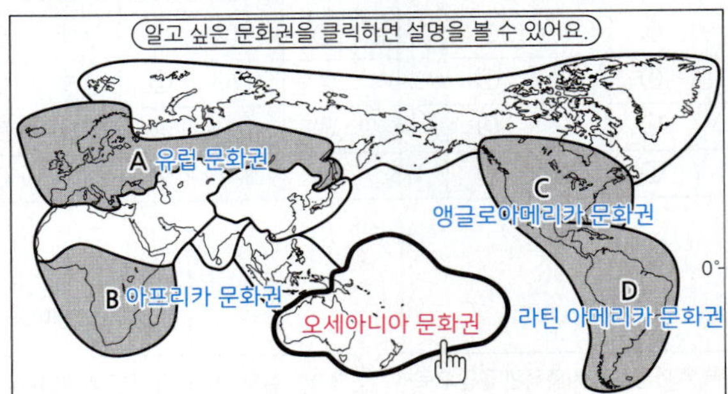

◎ **오세아니아 문화권**

오세아니아 문화권의 지리적 범위는 오스트레일리아, 뉴질랜드, 남태평양의 여러 섬을 포함한다.

• **오스트레일리아의 다문화 역사와 정책**

오스트레일리아는 20세기 초 백호주의를 내세우며 아시아계 등의 이민을 제한했다. 또한 ㉠ 원주민의 자녀를 부모로부터 강제로 분리하여 주류 집단의 언어와 생활양식 등을 강요하는 정책을 펼치며 원주민의 인권을 침해했다. 그러나 1970년대에 백호주의 폐지 이후, ㉡ 주류 문화와 소수 문화가 대등하게 조화를 이루려고 하는 정책을 바탕으로 다양한 민족(인종)과 문화가 공존하는 사회로 발전하고 있다.

① ㉠은 소수 문화를 주류 문화로 동화시키려는 정책이다. (→ 동화주의 정책)
② ㉡은 다문화주의 정책이다.
③ 오스트레일리아는 A에 속한 국가(→ 영국)의 식민 지배를 받았다.
④ B는 이슬람교 신자 수가 크리스트교 신자 수보다 많다. (적다)
⑤ C와 D를 구분하는 경계는 리오그란데강이다.

풀이

A는 유럽 문화권, B는 아프리카 문화권, C는 앵글로아메리카 문화권, D는 라틴 아메리카 문화권이다. 진한 실선으로 둘러싸인 부분은 오세아니아 문화권이다.

① ㉠은 원주민의 문화를 인정하지 않고, 주류 집단의 언어와 생활양식을 강요하는 사례이므로 동화주의 정책에 해당한다. 동화주의 정책은 동질성을 바탕으로 사회 통합을 강조하면서 이민자, 원주민 등의 문화를 주류 문화로 동화시키려는 정책으로 용광로 정책이라고도 한다.

② ㉡은 하나의 문화로 동화시키지 않고, 다양한 문화를 인정하면서 여러 문화 간 공존을 중시하는 정책이므로 다문화주의 정책에 해당한다. 다문화주의 정책은 각 문화의 고유성과 다양성을 인정하면서 조화를 추구하는 정책으로 샐러드 볼 정책이라고도 한다.

③ 오스트레일리아는 유럽 문화권(A)에 속한 영국의 식민지로 개척되면서 많은 영국인이 이주하였다. 이 영향으로 오스트레일리아는 영어 사용자와 크리스트교 신자 비율이 높다.

④ 아프리카 문화권(B)은 유럽 식민 지배의 영향으로 크리스트교 신자 비율이 높다. 이슬람교 신자 비율이 높은 문화권은 중앙아시아, 서남아시아, 북부 아프리카 등이 포함된 건조 문화권이다.

⑤ 앵글로아메리카 문화권(C)과 라틴 아메리카 문화권(D)은 리오그란데강을 기준으로 구분된다. 리오그란데강 이북 지역은 앵글로색슨족이 주류를 이루는 영국, 리오그란데강 이남 지역은 라틴족이 주류를 이루는 포르투갈과 에스파냐의 식민지였다.

4 정답 ② 문제편 p.162

[인간 중심주의와 생태 중심주의]

> 갑: 인간의 지식과 인간의 힘은 서로 다른 것이 아니다. 방황하고 있는 자연을 사냥해 노예로 만들어 인간의 이익에 봉사하도록 해야 한다.
>
> 을: 인간은 대지의 이용을 윤리적으로 검토해야 한다. 대지는 단지 흙이 아니라 토양, 식물 및 동물이라는 회로를 통해 흐르는 에너지의 근원이다.

〈보기〉

ㄱ. 인간과 달리 자연은 어떠한 가치도 지니지 않는다.
ㄴ. 인간은 자연의 정복자가 아니라 구성원 중 하나일 뿐이다.
ㄷ. 인간과 자연을 차등적으로 구별하는 것은 이성에 부합한다.
ㄹ. 인간의 욕구를 충족하기 위해 자연을 활용하는 것은 정당화될 수 없다.

① ㄱ, ㄹ ② ㄴ, ㄷ ③ ㄷ, ㄹ
④ ㄱ, ㄴ, ㄷ ⑤ ㄱ, ㄴ, ㄹ

풀이

갑은 인간 중심주의 사상가 베이컨, 을은 생태 중심주의 사상가 레오폴드이다. 베이컨은 인간의 복리 향상을 위해 자연을 정복할 것을 강조한다. 레오폴드는 대지의 이용을 경제적인 면뿐만 아니라 심미적, 윤리적 관점에서 검토할 것을 주장한다. 또한 인간 역시 생태계의 상호작용 영향을 받으므로 자연의 지배자가 아닌 구성원의 위치에 있다고 본다.

ㄱ. 베이컨, 레오폴드 모두 부정할 내용이다. 베이컨은 자연이 도구적 가치를 지닌다고 본다. 따라서 자연이 어떠한 가치도 지니지 않는 것은 아니다. 레오폴드는 자연 자체의 본래적 가치를 인정한다.

ㄴ. 베이컨은 부정, 레오폴드는 긍정할 내용이다. 베이컨은 인간이 과학의 힘을 통해 자연의 정복자가 되어야 한다고 본다. 레오폴드는 인간을 자연의 평범한 구성원으로 바라본다.

ㄷ. 베이컨이 긍정할 내용이다. 베이컨은 이성적 존재인 인간과 이성이 없는 자연을 서로 다르게 구별하고 대우하는 것은 이성적 사고에 부합한다고 본다.

ㄹ. 베이컨, 레오폴드 모두 부정할 내용이다. 베이컨은 인간의 욕구 충족, 복리 향상을 위해 자연물을 활용하는 것이 정당하다고 본다. 레오폴드는 생태계의 안정성을 훼손하지 않는 선에서 인간의 욕구를 위해 자연물을 활용하는 것은 도덕적으로 정당화될 수 있다고 본다.

5 정답 ③ 문제편 p.163

[기후와 인간 생활]

> 지도에 표시된 세 지역에서 나타나는 전통적인 생활 모습의 특징은 다음과 같다. 한 지역에서는 양, 염소 등을 기르는 유목 생활을, 또 다른 지역에서는 지면의 열기와 습기를 차단하기 위한 고상 가옥을, 마지막 한 지역에서는 올리브 등을 재배하는 수목 농업을 볼 수 있다. 이렇게 지역별로 주민 생활이 다르게 나타나는 이유는 기온과 강수량 등 그 지역의 독특한 기후 특성의 영향을 받기 때문이다. 이러한 기후 특성을 보여 주는 지표 중 기온 편차와 강수 편차는 다음과 같이 계산할 수 있다.
>
> ○ 월 기온 편차 = 월평균 기온 − 연평균 기온
>
> ○ 월 강수 편차 = 월 강수량 − $\left(\frac{\text{연 강수량}}{12}\right)$

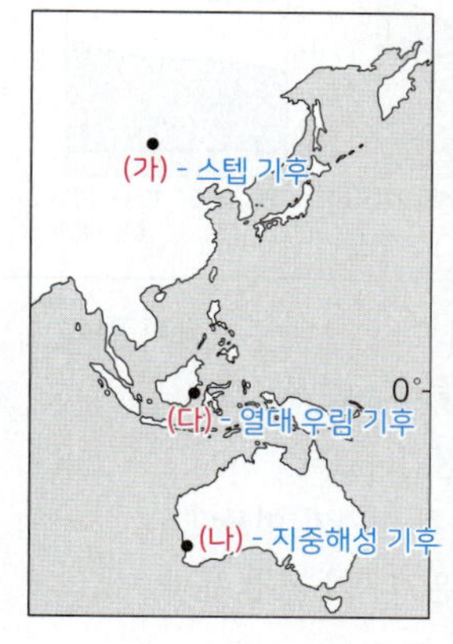

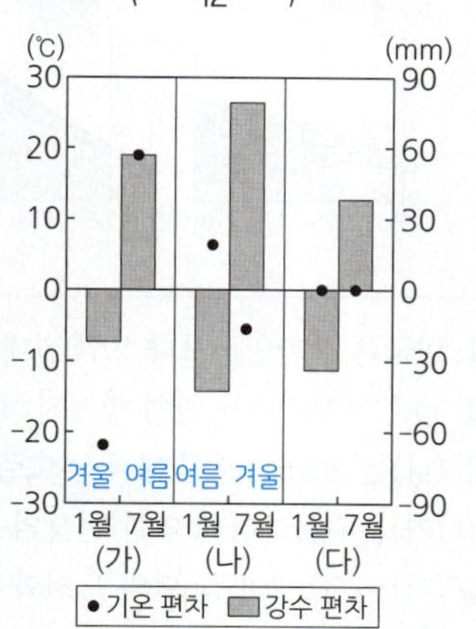

① (가)는 남반구에 위치한다.
② (나)가 위치한 국가의 전통 가옥은 이동 생활에 유리한 게르이다.
③ (다)가 위치한 국가의 전통 음식은 향신료가 들어간 볶음밥이다.
④ (다)는 (가)보다 기온의 연교차가 크다.
⑤ (가)와 (나)는 모두 여름 강수량이 겨울 강수량보다 많다.

풀이

지도에 표시된 지역은 스텝 기후가 나타나는 몽골의 울란바토르, 열대 우림 기후가 나타나는 인도네시아의 발릭파판, 지중해성 기후가 나타나는 오스트레일리아의 퍼스이다.

그래프에서 기온(강수량) 편차가 양(+)의 값인 달은 기온(강수량)이 높은(많은) 달, 음(-)의 값인 달은 기온(강수량)이 낮은(적은) 달이다. 1월 기온 편차와 7월 기온 편차의 차이는 기온의 연교차에 해당한다. 이를 통해 기온의 연교차가 작은 (다)는 발릭파판, 7월 기온 편차가 양(+)인 (가)는 7월이 여름인 북반구의 울란바토르, 7월 기온 편차가 음(-)의 값인 7월이 겨울인 (나)는 남반구의 퍼스임을 알 수 있다.

① 울란바토르(가)는 북반구에 위치한다.
② 이동식 가옥인 게르는 몽골의 전통 가옥이다.
③ 발릭파판(다)이 위치한 인도네시아는 매운 향신료를 첨가해 밥을 볶은 나시고렝이란 전통 음식이 있다.
④ 저위도에 위치한 발릭파판(다)은 중위도에 위치한 울란바토르(가)보다 기온의 연교차가 작다.
⑤ 북반구의 울란바토르(가)는 겨울인 1월에 강수 편차가 음(-)의 값이고, 여름인 7월에 강수 편차가 양(+)의 값이므로 여름철 강수량이 겨울철 강수량보다 많은 것을 알 수 있다. 그러나 남반구인 퍼스(나)는 여름인 1월 강수 편차보다 겨울인 7월 강수 편차의 값이 크므로 겨울철 강수량이 여름철 강수량보다 많다.

6 정답 ⑤ 문제편 p.163

[산업화와 도시화]

도시화는 전체 인구 중에서 도시에 거주하는 인구의 비율이 높아지거나 도시적 생활양식이 확대되는 현상이다. 도시화 과정은 도시화율에 따라 ㉠ 초기 단계, ㉡ 가속화 단계, ㉢ 종착 단계로 구분되는데, 도시화율은 국가 내 도시와 촌락 인구로 알 수 있다. 전체 인구 중 도시 인구의 비율을 기준으로, 초기 단계는 0~20%, 종착 단계는 80~100%로 구분할 수 있다. 도시화는 전 세계적으로 진행되고 있으며, 국가에 따라 진행 과정과 속도가 다르게 나타난다.

<국가별 도시 및 촌락 인구 변화>

출처: UN(2018)

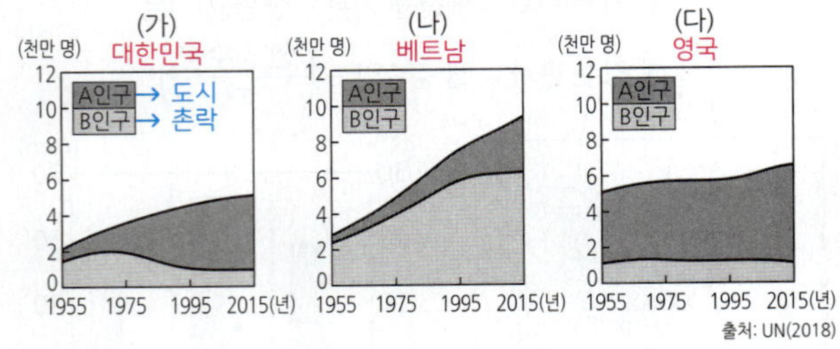

① 영국은 대한민국보다 1970년대에 도시 인구 증가율이 높다. (낮다)
② ㉢은 ㉠보다 1차 산업 종사자 비율이 높다. (낮다)
③ (나)는 2015년에 ㉡에서 ㉢으로 진입하였다. (㉡으로)
④ (가)는 (다)보다 교외화 현상의 출현 시기가 이르다. (늦다)
⑤ (가)~(다) 중 1955년의 도시화율은 (다)가 가장 높다.

풀이

1955~2015년 인구 증가율이 가장 높은 (나)는 개발도상국인 베트남이다. 1955년부터 인구 증가율이 정체된 (다)는 선진국인 영국이다. 나머지 (가)는 대한민국이다. 2015년 대한민국(가)과 영국(다)에서 인구 비율이 높은 A는 도시, 베트남(나)에서 인구 비율이 높은 B는 촌락이다.

① 영국(다)은 대한민국(가)보다 1970년대에 도시(A) 인구 증가율이 낮다.
② 1차 산업은 촌락을 중심으로 발달하므로 촌락 거주 인구 비율이 높을수록 1차 산업 종사자 비율이 높다. 촌락 거주 인구 비율은 '100-도시 거주 인구 비율'로 구할 수 있다. 따라서 도시 거주 인구 비율이 80% 이상인 종착 단계(㉢)는 도시 인구 비율이 20% 미만인 초기 단계(㉠)보다 1차 산업 종사자 비율이 낮다.
③ 베트남(나)은 2015년에 도시(A) 인구 비율이 30% 전후이면서 도시(A) 인구 비율이 빠르게 증가하는 추세를 보이므로 가속화 단계(㉡)로 진입한 시기이다.
④ 교외화 현상은 도시의 기능이 주변부로 확산되는 현상으로 도시 인구 비율이 높은 종착 단계에서 뚜렷이 나타난다. 영국(다)은 1955년에 도시(A) 인구 비율이 높은 종착 단계이므로 1955년에도 교외화 현상이 활발히 일어났다. 반면 대한민국(가)은 1955년에 도시(A) 인구 비율이 아주 낮은 초기 단계에 해당한다.
⑤ 도시화율은 전체 인구 중 도시에 거주하는 인구 비율로 나타낸다. 1955년에 도시(A) 거주 인구 비율은 영국이 가장 높으므로 도시화율이 가장 높은 국가는 영국(다)이다.

7 정답 ④ 문제편 p.164

[문화 변동의 요인과 양상]

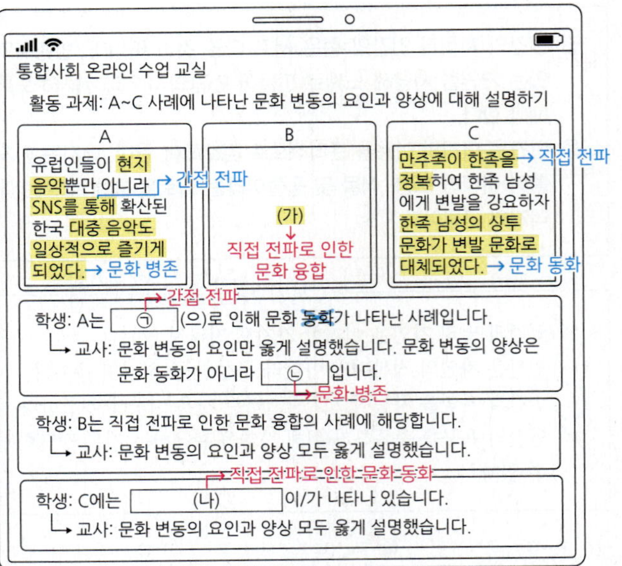

통합사회 온라인 수업 교실

활동 과제: A~C 사례에 나타난 문화 변동의 요인과 양상에 대해 설명하기

A	B	C
유럽인들이 현지 음악뿐만 아니라 SNS를 통해 확산된 한국 대중 음악도 일상적으로 즐기게 되었다. (→ 간접 전파, → 문화 병존)	(가) ↓ 직접 전파로 인한 문화 융합	만주족이 한족을 정복하여 한족 남성에게 변발을 강요하자 한족 남성의 상투 문화가 변발 문화로 대체되었다. (→ 직접 전파, → 문화 동화)

학생: A는 [㉠](으)로 인해 문화 동화가 나타난 사례입니다. (㉠ → 간접 전파)
└ 교사: 문화 변동의 요인만 옳게 설명했습니다. 문화 변동의 양상은 문화 동화가 아니라 [㉡]입니다. (㉡ → 문화 병존)

학생: B는 직접 전파로 인한 문화 융합의 사례에 해당합니다.
└ 교사: 문화 변동의 요인과 양상 모두 옳게 설명했습니다.

학생: C에는 [(나)]이/가 나타나 있습니다. ((나) → 직접 전파로 인한 문화 동화)
└ 교사: 문화 변동의 요인과 양상 모두 옳게 설명했습니다.

① A와 달리 C는 발견에 의한 문화 변동의 사례이다.
② ㉠에는 '직접 전파'가 들어간다. (간접)
③ ㉡에는 '문화 융합'이 들어간다. (병존)
④ (가)에는 '멕시코에서 토착 신앙과 에스파냐인이 들여온 가톨릭교가 결합하여 새로운 형태의 성모상이 탄생하였다.'가 들어갈 수 있다. (→ 직접 전파, → 문화 융합)
⑤ (나)에는 '자극 전파로 인한 문화 병존'이 들어갈 수 있다. (직접, 동화)

풀이

사례 A의 경우 SNS를 통해 한국의 대중 음악이 유럽에 확산되어 유럽인들이 현지 음악과 한국 대중 음악을 모두 즐기고 있으므로 이는 간접 전파로 인해 문화 병존이 나타났음을 보여 준다. 사례 C의 경우 만주족의 한족 정복으로 한족 남성의 상투 문화가 변발 문화로 대체되었으므로 이는 직접 전파로 인해 문화 동화가 나타났음을 보여 준다.

① A는 간접 전파에 의한 문화 변동의 사례이고, C는 직접 전파에 의한 문화 변동의 사례이다.
② A에 대한 학생의 답변에서 교사는 문화 변동의 요인만 옳게 설명했다고 하였으므로 ㉠에는 간접 전파가 들어간다.
③ A는 간접 전파에 의한 문화 병존이 나타난 사례를 보여 준다. 따라서 ㉡에는 문화 병존이 들어간다.
④ (가)에는 직접 전파로 인한 문화 융합의 사례가 들어가야 한다. 멕시코에서 토착 신앙과 에스파냐인이 들여온 가톨릭교가 결합하여 새로운 형태의 성모상이 탄생한 사례는 직접 전파에 의한 문화 융합의 사례에 해당한다. 따라서 해당 내용은 (가)에 들어갈 수 있다.
⑤ 교사는 C에 대한 학생의 답변에 대해 문화 변동의 요인과 양상 모두 옳게 설명했다고 하였으므로 (나)에는 직접 전파로 인한 문화 동화가 들어갈 수 있다.

8 정답 ③ 문제편 p.164 [문화 이해 태도, 인권 보장을 위한 헌법의 역할]

> 갑: A국은 여성이 부모의 허락 없이 혼인하는 행위를 가족의 명예를 훼손하는 것으로 간주하여 금지합니다. 이에 반해 우리나라에서는 혼인의 자유와 같은 개인의 권리를 헌법상 기본권으로 보장하고 있습니다. A국은 후진적인 자신의 문화를 버리고 우리나라를 본받아야 합니다.
>
> 을: 저는 갑의 입장에 동의하지 않습니다. 문화는 그 문화가 형성된 사회의 맥락 속에서 이해해야 합니다. 부모의 권위에 대한 가족 구성원들의 복종을 바탕으로 사회 질서를 유지해 온 A국의 전통을 고려하면 혼인에 대한 개인의 결정권을 허용하지 않는 A국의 문화도 당연히 존중받아야 합니다.
>
> 병: 저는 을과 생각이 다릅니다. 배우자 선택의 문제는 인권의 관점에서 접근해야 합니다. 인권은 누구나 태어나면서부터 갖게 되는 당연한 권리로 개별 사회나 국가를 초월하여 반드시 지켜져야 합니다. 이러한 기준에 비추어 각 사회의 문화를 성찰하는 태도가 필요합니다.

① 갑은 모든 문화의 고유한 가치를 존중해야 한다고 본다.
② 을은 자기 문화를 기준으로 타문화를 평가해야 한다고 본다.
③ 병은 보편적으로 지켜야 할 가치나 원리가 존재한다고 본다.
④ 갑과 달리 병은 인권이 헌법을 통해 보장되어야 한다고 본다.
⑤ 갑, 을, 병 모두 인권의 불가침성을 강조한다.

풀이

갑은 A국이 후진적인 자신의 문화를 버리고 우리나라를 본받아야 한다고 보고 있으므로 이는 자문화 중심주의에 해당한다. 을은 각 문화가 형성된 사회의 맥락 속에서 문화를 이해해야 한다고 보고 있으므로 이는 문화 상대주의에 해당한다. 병은 인권이 누구나 태어나면서 갖게 되는 권리라는 인권의 천부성, 보편성 및 불가침성을 강조하고 있다.

① 모든 문화의 고유한 가치를 존중해야 한다고 브는 문화 이해 태도는 문화 상대주의이다.
② 자기 문화를 기준으로 타문화를 평가해야 한다고 보는 문화 이해 태도는 자문화 중심주의이다.
③ 병은 인권이 개별 사회나 국가를 초월하여 반드시 지켜져야 한다고 보고 있으므로 인권의 보편성을 강조하고 있다. 즉, 병은 시대나 사회를 초월하여 보편적으로 지켜야 할 가치나 원리가 존재한다고 보고 있다.
④ 갑은 갑의 나라에서 개인의 권리를 헌법상 기본권으로 보장하고 있으며 이를 A국이 본받아야 함을 강조하고 있다. 이를 통해 갑은 인권이 헌법을 통해 보장된다고 보고 있음을 알 수 있다.
⑤ 병은 인권이 누구나 태어나면서부터 갖게 되는 당연한 권리로 반드시 지켜져야 한다고 보고 있으므로 인권의 불가침성을 강조하고 있다. 그러나 제시된 대화에서 갑과 을이 인권의 불가침성을 강조하고 있는지는 알 수 없다.

9 정답 ② 문제편 p.165 [교통·통신 및 과학 기술의 발달에 따른 변화]

> 2029년 개통을 목표로 페마른벨트(Fehmarnbelt) 해저 터널 공사가 진행되고 있다. 덴마크와 독일을 도로와 고속 철도로 연결하는 이 터널은 매년 수백만 명이 이용하는 기존의 여객선 노선을 대체할 것이다. 이에 따라 뢰드부 지역 주민의 (가) 이/가 예상된다. 또한 B 도로 이용 시 이동 거리가 현재 이용 중인 A 도로에 비해 약 160㎞ 단축되어 코펜하겐과 함부르크 간의 육상 물류비가 크게 절감될 것이다. 한편, 일각에서는 해저 터널의 완공 후 교통 발달에 의한 ㉠ 빨대 효과를 우려하기도 한다.
>
> 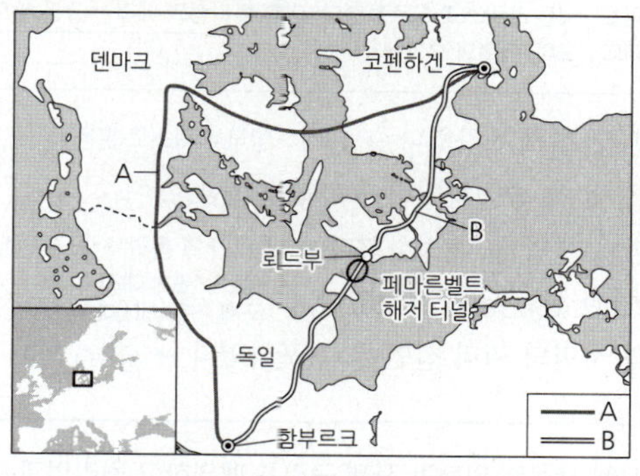
>

〈 보기 〉

ㄱ. 해저 터널이 완공되면 코펜하겐의 접근성이 좋아질 것이다.
ㄴ. ㉠은 대도시의 인구와 경제력이 주변 중소 도시로 분산되는 현상이다.
ㄷ. (가)에는 '생활권 확대'가 들어갈 수 있다.
ㄹ. 해저 터널이 완공되면 함부르크와 코펜하겐 간 이동 소요 시간은 A 도로가 B 도로보다 짧을 것이다.

① ㄱ, ㄴ ② ㄱ, ㄷ ③ ㄴ, ㄷ ④ ㄴ, ㄹ ⑤ ㄷ, ㄹ

풀이

페마른벨트 해저 터널 개통 이후의 지역 변화를 묻고 있다. 해저 터널이 개통되면 함부르크와 코펜하겐을 잇는 기존 도로보다 물리적 거리가 단축될 뿐만 아니라 고속 철도로 연결되므로 시간적 거리도 단축될 것이다.

ㄱ. 해저 터널을 통과하는 도로는 독일 내륙과 코펜하겐을 연결하는 기존 도로보다 거리가 짧고, 여객선보다 신속하게 이동할 수 있는 고속 철도가 운행되므로 코펜하겐의 접근성은 좋아질 것이다.
ㄴ. 빨대 효과(㉠)는 교통 발달로 중소 도시의 기능이 대도시로 흡수되는 현상을 의미한다.
ㄷ. 섬에 위치한 뢰드부는 선박을 이용해야만 코펜하겐, 함부르크 등으로 이동할 수 있었으나 해저 터널이 개통되면 고속 철도, 도로 등을 이용해 이동할 수 있으므로 뢰드부 지역 주민들의 생활권은 확대될 것이다.
ㄹ. 함부르크와 코펜하겐 간 기존의 A 도로보다 해저 터널을 통과하는 B 도로가 물리적 거리가 짧다. 따라서 두 도시 간 이동 소요 시간은 A 도로가 B 도로보다 길다.

수능 예시 문항

10 정답 ② 문제편 p.165 [명예혁명]

<영국의 명예혁명> 【사료로 보는 역사】

"공께서 저희를 기꺼이 도와주신다니 깊이 감사드립니다. … 저희 국왕은 가톨릭 우대 정책을 펼치고 의회의 동의 없이 정책을 추진하려고 합니다. 저희는 종교, 자유, 재산과 관련한 국왕의 정책에 불만이 큽니다. … 우리 왕국 사람 스물 중 열아홉은 변화를 갈망합니다."

해설

(→ 영국)

위 서신은 국왕 제임스 2세에게 불만을 품은 고위층 인사들이 윌리엄에게 보낸 것으로, 본인들의 국왕을 물리쳐 달라는 내용이다. 이들 요청에 응해 윌리엄은 함대를 이끌고 바다를 건너가 런던으로 진군하였고, 겁에 질린 제임스 2세는 프랑스로 도주하였다. 이후 윌리엄과 메리는 공동 왕으로 추대되었으며, 의회의 요구에 따라 [(가)]

① 「인민헌장」을 발표하였다. → 19세기 영국 차티스트 운동

② 「권리 장전」을 승인하였다. → 영국 명예혁명 (↳ 입헌 군주제 확립)

③ 「바이마르 헌법」을 제정하였다. → 20세기 초 독일, 사회권 명시

④ 「세계 인권 선언」을 공포하였다. → 제2차 세계 대전 이후 국제 연합(UN)에서 채택

⑤ 「인간과 시민의 권리 선언」을 선포하였다. → 프랑스 혁명

풀이

제시된 자료는 의회가 전제 군주를 폐위하고 윌리엄과 메리가 공동 왕으로 추대된 사건인 영국의 명예혁명을 보여 준다.

① 인민헌장은 19세기 영국의 차티스트 운동으로 인해 발표되었다. 차티스트 운동은 재산에 따른 차별을 폐지하고 노동자의 참정권을 보장할 것을 요구한 운동이다.

② 영국의 명예혁명으로 영국 의회와 국민의 권리를 강조한 권리 장전이 승인되어 의회 중심의 입헌 군주제가 정착하는 계기가 되었다.

③ 20세기 초 독일 바이마르 헌법에서 최초로 사회권을 명시하였다.

④ 제2차 세계 대전 이후 인권 침해에 대한 반성과 인권 보호를 취지로 국제 연합(UN) 총회에서 세계 인권 선언을 채택하였다.

⑤ 프랑스 혁명으로 시민 계급이 절대 왕정을 무너뜨리고 새로운 정부와 사회를 수립하면서 인간과 시민의 권리 선언을 선포하였다.

11 정답 ① 문제편 p.166 [기본권과 기본권 구제 제도]

○ 군사 훈련을 받던 갑은 훈련소 측으로부터 종교 행사에 참여하도록 강요받았다. 갑은 거부 의사를 밝혔으나 강압적 조치에 의해 결국 종교 행사에 참여할 수밖에 없었다. 이에 갑은 종교 활동을 자유롭게 할 수 있다는 내용의 ㉠ 기본권을 침해받았다며 헌법재판소에 심판을 청구하였다. (→ 자유권) (헌법 소원 심판)

○ 국회의원이 꿈이었던 을은 검정고시에 합격하고 국립 ○○ 대학교의 수시 모집에 지원하고자 하였다. 하지만 법률에 근거하여 규정된 국립 ○○ 대학교 수시 모집 요강에서는 검정고시 출신자의 응시 자격을 제한하였다. 이에 을은 능력에 따라 균등하게 교육받을 수 있다는 내용의 ㉡ 기본권을 침해받았다며 헌법재판소에 심판을 청구하였다. (→ 사회권) (헌법 소원 심판)

① ㉠은 국가로부터 간섭받지 않을 권리로서의 기본권에 해당한다.

② ㉡은 국가의 정치적 의사 결정 과정에 참여할 수 있는 권리로서의 기본권에 해당한다. (↳ 참정권)

③ ㉠과 ㉡ 모두 정당한 목적이 있다면 법률적 근거가 없어도 제한될 수 있다. (에 의해)

④ 갑과 달리 을은 기본권 보장을 위한 수단적 성격을 지닌 기본권을 행사하였다. (↳ 청구권) (하지 않았다)

⑤ 을과 달리 갑은 헌법 소원 심판을 청구하였다.

풀이

갑은 종교 활동을 자유롭게 할 수 있다는 내용의 기본권인 자유권을 침해받아 헌법재판소에 헌법 소원 심판을 청구하였고, 을은 능력에 따라 균등하게 교육받을 수 있다는 내용의 기본권인 사회권을 침해받아 헌법재판소에 헌법 소원 심판을 청구하였다.

① ㉠은 자유권이다. 자유권은 국가나 타인으로부터 간섭을 받지 않고 자유롭게 생각하거나 행동할 수 있는 권리를 말한다.

② ㉡은 사회권이다. 국가의 정치적 의사 결정 과정에 참여할 수 있는 권리로서의 기본권은 참정권이다.

③ 자유권과 사회권은 모두 정당한 목적이 있다면 법률적 근거에 의해 제한될 수 있다.

④ 기본권 보장을 위한 수단적 성격을 지닌 기본권은 청구권이다. 청구권에는 청원권, 재판 청구권, 국가 배상 청구권 등이 있다. 갑과 을의 사례는 모두 청구권과 관련이 없다.

⑤ 갑과 을은 모두 헌법재판소에 헌법 소원 심판을 청구하였다. 헌법 소원 심판은 공권력의 행사 또는 불행사가 헌법에 규정된 기본권을 침해하는지의 여부를 결정하는 제도이다.

12 정답 ③ 문제편 p.166

[사회적 소수자, 국제 사회의 행위 주체]

국가별 인구 10만 명당 난민의 처지에 놓인 사람들*
- 2014년 시점과 2023년 시점 비교 -

시리아
베네수엘라
남수단
우크라이나
아프가니스탄

0, 5,000, 10,000, 15,000, 20,000

△2014년 ■2023년

*난민의 처지에 놓인 사람들: 난민, 난민과 마찬가지인 상황에 놓인 사람들, 기타 국제적 보호가 필요한 사람들을 포괄함.

출처: UNHCR(2024)

그래프에 제시된 국가의 난민들을 연구한 결과에 따르면, ㉠ 그들은 주류 집단에 속한 사람들에게 차별받고 있었으며, 스스로도 차별받는다고 인식하고 있었습니다. 다행히 국제 사회의 행위 주체 A와 B가 이들을 위해 노력하고 있습니다. 가령, 국제 연합과 같은 A는 난민 문제를 공론화하고 있으며, 국제 앰네스티, 국경 없는 의사회 등 민간 주도로 구성된 B는 난민 구호를 위한 세계 시민들의 연대를 촉구하고 있습니다.

〈 보기 〉

ㄱ. 2023년 인구 10만 명당 난민의 처지에 놓인 사람들은 제시된 국가 중 베네수엘라가 가장 적다.
ㄴ. 각 국가 인구 중 난민의 처지에 놓인 사람들의 2014년과 2023년 간 비율 차이는 시리아보다 우크라이나가 크다.
ㄷ. ㉠은 사회적 소수자에 해당한다.
ㄹ. A와 달리 B는 국제법을 바탕으로 가입국 간 합의를 통해 활동한다.

① ㄱ, ㄴ ② ㄱ, ㄷ ③ ㄴ, ㄷ ④ ㄴ, ㄹ ⑤ ㄷ, ㄹ

풀이

국제 연합과 같은 국제 사회의 행위 주체는 국제기구에 해당하고, 국제 앰네스티, 국경 없는 의사회 등과 같은 국제 사회의 행위 주체는 비정부 기구에 해당한다. 따라서 A는 국제기구, B는 비정부 기구이다.

ㄱ. 2023년 인구 10만 명당 난민의 처지에 놓인 사람들은 제시된 국가 중 시리아가 가장 많고, 아프가니스탄이 가장 적다.

ㄴ. 각 국가 인구 중 난민의 처지에 놓인 사람들의 2014년과 2023년 간 비율 차이는 베네수엘라가 가장 크고, 시리아가 가장 작다. 따라서 각 국가 인구 중 난민의 처지에 놓인 사람들의 2014년과 2023년 간 비율 차이는 우크라이나가 시리아보다 크다.

ㄷ. ㉠은 주류 집단이 속한 사람들에게 차별받고 있고 스스로도 차별받는다고 인식하고 있으므로 사회적 소수자에 해당한다.

ㄹ. 비정부 기구는 민간 주도로 구성된 행위 주체로 인류의 보편적 가치 실현을 위해 활동한다. 따라서 비정부 기구는 국제법을 바탕으로 가입국 간 합의를 통해 활동한다고 볼 수 없다.

13 정답 ② 문제편 p.167

[정의관, 다양한 불평등 현상]

교사: 사회 불평등 현상에 대한 자료 수집 현황과 향후 조사 계획을 발표해 볼까요?

갑: 저는 사회 계층 양극화를 주제로 저소득층의 기본적 생활 수준을 보장하기 위한 ㉠ 제도를 국가별로 비교했습니다. 이후에는 우리나라의 사회 복지 제도 중 하나인 공공 부조가 효과적으로 기능한 ㉡ 사례를 조사하고자 합니다.

을: 저는 사회적 약자에 대한 차별과 정의 실현을 주제로 인터뷰를 진행했습니다. 제가 만난 장애인 지원 센터장은 장애인과 비장애인 모두 공동체에 대한 소속감과 유대를 통해 형성된 정체성을 바탕으로 공동선을 실현하는 것이 중요하다는 ㉢ 관점을 가지고 있었습니다. 저는 이러한 관점을 바탕으로 중증 장애인이 일상에서 겪는 구조적 차별과 실질적 어려움을 확인하고 장애인의 기본적 욕구를 충족하기 위해 자원을 분배하는 ㉣ 방안을 조사하겠습니다.

병: 저는 공간 불평등을 주제로 수도권 과밀 문제의 주요 원인을 정리하고, 그중 하나로 우리나라가 국토 개발 초기 단계에 시행했던 ㉤ 정책에 대해 조사했습니다. 이후에는 이 문제를 해결하기 위한 지역 격차 완화 정책에 대해 조사할 예정입니다.

① ㉠은 '적극적 평등 실현 조치'에 해당한다.
② ㉡으로 기초 연금을 통해 빈곤에 처한 노인 가구의 생활 여건이 개선된 것을 들 수 있다.
③ ㉢은 사회적 존재로서 구성원의 책임과 의무보다 독립적 자아로서 개인의 자유와 권리를 강조한다.
④ ㉣에서는 필요에 따른 분배보다 업적에 따른 분배를 강조할 것이다.
⑤ ㉤의 사례로 비수도권 지역에 혁신도시를 건설하여 공공 기관을 이전한 것을 들 수 있다.

풀이

갑은 사회 계층 양극화와 관련하여 저소득층의 기본적 생활 수준을 보장하기 위한 제도와 우리나라의 공공 부조가 효과적으로 기능한 사례를 조사하고자 한다. 을은 사회적 약자에 대한 차별과 정의 실현과 관련하여 공동체주의적 정의관을 바탕으로 장애인의 기본적 욕구를 충족하기 위해 자원을 분배하는 방안을 조사하고자 한다. 병은 공간 불평등과 관련하여 수도권 과밀 문제의 원인을 바탕으로 지역 격차 완화 정책에 대해 조사하고자 한다.

① ㉠은 저소득층의 기본적 생활 수준을 보장하기 위한 제도이다. 그러나 적극적 평등 실현 조치는 오랫동안 차별받아 온 사회적 약자에게 경제, 고용, 교육 등의 분야에서 직·간접적으로 혜택을 줌으로써 실질적인 기회의 평등을 보장하고 불평등을 완화하려는 조치이다. 따라서 ㉠은 적극적 평등 실현 조치에 해당하지 않는다.

② ㉡은 공공 부조가 효과적으로 기능한 사례이다. 공공 부조에 해당하는 기초 연금을 통해 빈곤에 처한 노인 가구의 생활 여건이 개선된 것은 공공 부조가 효과적으로 기능한 사례에 해당한다.

③ ㉢은 공동체에 대한 소속감과 유대를 통해 형성된 정체성을 바탕으로 공동선을 실현하는 것이 중요하다고 보므로 이는 공동체주의적 정의관에 해당한다. 공동체주의적 정의관은 독립적 자아로서의 개인의 자유와 권리보다는 사회적 존재로서 구성원의 책임과 의무를 강조한다.

④ ㉣은 장애인의 기본적 욕구를 충족하기 위해 자원을 분배하는 방안으로, 이는 기본적 욕구를 충족하기 어려운 사회적 약자에게 우선적으로 배분하는 필요에 따른 분배에 해당한다. 따라서 ㉣은 업적에 따른 분배보다 필요에 따른 분배를 강조할 것이다.

⑤ 우리나라는 국토 개발 초기 단계에 성장 거점 개발 등을 시행하는 과정에서 수도권 과밀 문제 등으로 공간 불평등이 발생하였다. 따라서 ⓔ은 성장 거점 개발 등과 같은 공간 불평등의 원인이 되는 정책이다. 비수도권 지역에 혁신도시를 건설하여 공공 기관을 이전하는 것은 공간 불평등 완화 정책에 해당한다. 따라서 해당 내용은 ⓔ의 사례로 적절하지 않다.

14 정답 ③ 문제편 p.167 [시민 불복종, 행복한 삶을 실현하기 위한 조건]

거의 정의로운 국가 내에서 시민은 법과 정책이 어느 정도의 부정의를 넘어서지만 않는다면 보통 그 법과 정책에 따라야 한다. 하지만 자기 자신과 타인의 기본적 자유가 부정되는 것을 묵인해야 한다는 것은 아니다. 시민은 법이나 정책이 심각하게 부정의할 경우 불복종할 수 있다. 시민 불복종은 다수가 공유하고 있는 정의관을 근거로 정당화되며, 법에 대한 충실성의 한계 내에서 행해진다.

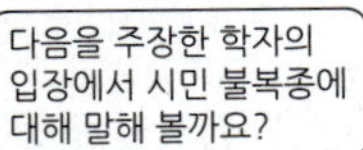

① 부정의한 법일지라도 시민 불복종의 대상이 아닐 수 있어요.
② 폭력 행위에 가담하는 것은 시민 불복종으로 간주될 수 없어요.
③ 시민 불복종은 공유된 정의관에 근거하여 헌법 체계에 저항하는 행위예요.
④ 시민 불복종은 처벌이 따를 수 있음에도 불구하고 공개적으로 행해지는 위법 행위예요.
⑤ 기본적 자유 보장을 요구할 권리가 체제 유지를 위한 준법 의무와 충돌할 때 시민 불복종이 발생할 수 있어요.

풀이

제시된 자료의 학자는 롤스이다. 롤스는 어떤 법이나 정책이 심각하게 부정의한 경우에 시민 불복종이 정당화되며, 약한 부정의는 준법의 대상이 될 수 있다고 주장한다. 또한 시민 불복종의 근거는 사회의 다수가 공유하고 있는 정의관이라고 주장한다.

① 롤스에 따르면 거의 정의로운 국가에서는 어떠한 법이 심각하게 부정의한 것이 아니라면 어느 정도 부정의한 법은 준수해야 할 시민의 의무가 있다.
② 롤스에 따르면 시민 불복종은 비폭력적으로 실시되어야 한다. 따라서 폭력 행위에 가담하는 것은 시민 불복종 범위에 벗어난다.
③ 롤스에 따르면 시민 불복종은 법에 대한 충실성의 한계 내에서 이루어져야 한다. 따라서 시민 불복종은 일부 부정의한 법에 대해 이루어지는 것이지, 사회 체제를 이루는 헌법 체계 자체에 대한 저항 행위가 아니다.
④ 롤스에 따르면 시민 불복종은 정치적 행위이므로 공개적으로 위법 행위가 이루어져야 하며, 법적 처벌을 감수해야 한다.
⑤ 롤스에 따르면 인간의 기본적 자유를 심각하게 침해하는 법이나 정책은 시민 불복종 대상이 된다. 따라서 시민 불복종이라는 위법 행위는 기본적 자유 보장을 요구하는 시민의 권리와 체제를 유지하는 준법 의무가 충돌하는 상황이 된다.

15 정답 ② 문제편 p.168 [롤스와 노직의 분배적 정의]

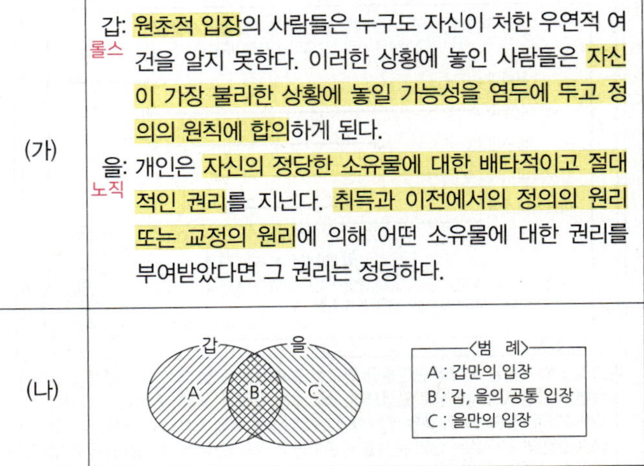

(가)	갑: 원초적 입장의 사람들은 누구도 자신이 처한 우연적 여건을 알지 못한다. 이러한 상황에 놓인 사람들은 자신이 가장 불리한 상황에 놓일 가능성을 염두에 두고 정의의 원칙에 합의하게 된다. 을: 개인은 자신의 정당한 소유물에 대한 배타적이고 절대적인 권리를 지닌다. 취득과 이전에서의 정의의 원리 또는 교정의 원리에 의해 어떤 소유물에 대한 권리를 부여받았다면 그 권리는 정당하다.
(나)	(갑, 을 벤 다이어그램: A, B, C) <범 례> A : 갑만의 입장 B : 갑, 을의 공통 입장 C : 을만의 입장

〈 보기 〉

ㄱ. A: 정의의 원칙은 우연성이 배제된 상황에서 합의된다.
ㄴ. A: 분배 결과의 정당성 여부는 분배 과정의 정당성에 달려 있다.
ㄷ. B: 최대 다수의 복지 증진을 목적으로 소수자의 자유가 침해되어서는 안 된다.
ㄹ. C: 개인의 자기 노동의 산물에 대해서만 소유 권리를 지닐 수 있다.

① ㄱ, ㄴ ② ㄱ, ㄷ ③ ㄴ, ㄷ ④ ㄴ, ㄹ ⑤ ㄷ, ㄹ

풀이

갑은 롤스, 을은 노직이다. 롤스는 원초적 입장의 당사자들은 사회적 지위, 천부적 재능 등 특수한 정보, 우연성이 배제된 상태에서 정의 원칙에 합의한다고 주장한다. 노직은 개인이 자신의 정당한 소유물에 대한 배타적 권리인 소유 권리를 지닌다고 본다. 소유 권리는 취득과 이전의 원칙에 의해 형성되며, 교정의 원칙에 의해 부정의가 교정될 수 있다.

ㄱ. 롤스는 긍정, 노직은 부정할 내용이다. 롤스에 따르면 정의의 원칙은 무지의 베일에 의해 개인적 우연성이 배제된 가상적 상황에서 도출되어야 한다. 노직은 취득과 이전, 교정에서의 정의 원칙이 개인의 천부적 재능과 같은 우연성을 배제한 상태에서 합의되는 것이 아니라고 본다.
ㄴ. 롤스, 노직 모두 긍정할 내용이다. 두 사상가 모두 분배 결과의 정당성은 분배 과정의 절차적 정당성에 근거한다고 주장한다.
ㄷ. 롤스, 노직 모두 긍정할 내용이다. 두 사상가 모두 기본적 자유는 불가침의 영역이라고 본다. 기본적 자유를 제한하는 경우라도 그 조건이 다수의 복지 증진이라는 공리주의 원칙에 기반해 소수자의 자유가 침해되어서는 안 된다고 본다.
ㄹ. 노직이 부정할 내용이다. 노직은 개인이 직접 정당하게 노동을 한 경우뿐만 아니라 정당한 소유물을 자유롭게 양도(이전)받은 경우에도 그에 대한 소유 권리가 있다고 본다.

16 정답 ① 문제편 p.168

[교정적 정의]

형벌은 결코 범죄자 자신의 선(善)을 비롯한 어떤 다른 선을 증진하기 위해 가해질 수는 없고, 오직 범죄자가 범죄를 저질렀기 때문에 가해져야 합니다. 인간은 물건처럼 타인의 의도를 위한 수단으로 취급될 수 없을 뿐만 아니라 자신이 의욕한 행위에 대해 책임지는 존엄한 존재이기 때문입니다. 또한 형벌의 본질은 범죄 행위에 대한 응당한 보복을 가하는 것에 있으며, 공적 정의가 원리와 표준으로 삼아야 하는 것은 동등성의 원리입니다. 만약 어떤 사람이 살인을 했다면 그는 죽어야만 합니다. 제아무리 고통 가득한 생이라 해도 생과 사 사이에 동종성은 없기 때문입니다. → 칸트

→ 응보주의

① 살인범이라 하더라도 그의 존엄성은 마땅히 존중되어야 한다.
② 형벌은 개인의 선이 아니라 공동체 전체의 선을 증진하기 위한 수단이다.
③ 범죄자가 자신이 저지른 범죄 행위에 대해 책임지도록 하는 형벌은 없다.
④ 범죄자가 형벌로 인해 받는 고통은 그가 범죄로 인해 끼친 해악을 능가해야 한다.
⑤ 살인에 대한 사형 이외의 형벌은 범죄 예방 효과가 감소하므로 교정적 정의에 부합하지 않는다.

풀이

그림의 강연자는 응보주의 관점의 칸트이다. 칸트는 어떠한 다른 선을 위해 형벌을 이용하는 것은 범죄자를 수단으로만 취급하는 것이라고 비판한다. 칸트는 살인범의 경우 동등성의 원리에 따라 반드시 사형을 집행하는 것이 교정적 정의에 부합하며 사형 집행 이외의 형벌을 이용하는 것은 동등성 원리에 부합하지 않다고 주장한다.

① 칸트에 따르면 살인범이라 하더라도 인간이기 때문에 수단으로만 대우받아서는 안 된다. 따라서 살인범의 인간 존엄성을 존중하기 위해서는 그가 그의 행동을 책임질 수 있도록 사형을 집행해야 한다.
② 칸트에 따르면 형벌은 개인의 선뿐 아니라 사회적 선(공동체 전체의 선)을 성취하기 위한 한낱 수단이 아니다.
③ 칸트에 따르면 범죄자가 자신이 저지른 범죄 행위에 대해 책임지도록 하는 형벌은 동해보복법에 따른 응당한 형벌을 집행하는 것이다.
④ 칸트는 형벌의 질과 양이 범죄로 인해 발생한 사회적 해악을 고려하여 정해져야 한다고 주장하지 않는다.
⑤ 칸트에 따르면 살인 행위에 대한 사형 이외의 형벌은 교정적 정의에 부합하지 않는다. 그러나 그 근거로 범죄 예방과 같은 사회적 선 증진 효과를 제시하는 것은 아니다.

17 정답 ③ 문제편 p.168

[자본주의의 전개 과정]

→ 상업 자본주의(16~18세기 초) → 산업 혁명

이 시기는 제임스 와트가 개량한 증기 기관이 새로운 동력으로 사용되기 전까지 지속된 시대로, 서유럽의 통치자들이 본인의 권력 강화를 위해 중앙 집권적 관료제와 상비군을 유지하고자 하였다. 그들은 이러한 통치 체제 확립에 필요한 자금을 마련하기 위해 교역을 장려했으며, 일부 상인에게는 막대한 세금 납부를 조건으로 특혜를 부여하였다. 이러한 제휴는 통치자와 상인 모두의 부와 권력을 증대하였다. 통치자들은 금이나 은을 확보하여 많은 함선을 만들고 강력한 군사력을 갖추어 영토 확장을 도모하였다. 또한 통치자와 상인 계층은 완전히 새로운 교역망을 통한 막대한 이윤 창출을 기대하였다.
→ 유통 과정을 통한 이윤 창출

① 대공황이 발생하였다. → 1929년
② 독점 자본주의가 등장하였다. → 19세기 후반
③ 중상주의 정책이 확산하였다.
④ 두 차례의 석유 파동이 일어났다. → 1970년대
⑤ 서브프라임 모기지가 증가하였다. → 2000년대 초

풀이

밑줄 친 '이 시기'는 증기 기관이 새로운 동력으로 사용된 산업 혁명 전까지 지속된 시대이므로 이는 상업 자본주의 시기이다. 상업 자본주의 시기에는 상품의 생산보다는 유통 과정을 통한 이윤 창출을 중시하였다.

① 1929년에 발생한 대공황으로 인해 수정 자본주의가 나타났다.
② 19세기 후반에 자본주의가 고도로 발달하면서 소수의 거대 기업이 시장을 지배하는 독점 자본주의가 나타났다.
③ 상업 자본주의 시기에 절대 왕정 국가들은 상업과 수출을 장려하고 수입을 억제하는 중상주의 정책을 펼쳤다.
④ 1970년대 두 차례의 석유 파동으로 인해 스태그플레이션이 발생하면서 이를 해결하기 위한 과정에서 신자유주의가 등장하였다.
⑤ 2000년대 초에 부동산 가격이 급등하면서 신용이 낮은 사람에게도 주택 담보 대출을 해주는 서브프라임 모기지가 증가하였다.

수능 예시 문항

18 정답 ③ 문제편 p.169

[평화의 의미]

폭력을 예방하고 제거하려면 직접적 폭력, 구조적 폭력, 문화적 폭력에 대한 정확한 진단과 예측, 그리고 처방이 필요하다. 폭력은 직접적-구조적-문화적 폭력의 삼각형의 어느 꼭짓점에서도 시작될 수 있고 다른 꼭짓점으로 쉽게 전달된다. 평화를 구축하는 활동들은 구조적 평화와 문화적 평화를 구축하는 활동과 동일하다고 할 수 있다. 평화는 과정이자, 갈등을 비폭력적이고 창조적으로 변환하는 것이다. → 갈퉁

〈 보기 〉

ㄱ. 집단 간 갈등은 무조건 회피해야 한다.
ㄴ. 정치적 억압을 줄이면 구조적 폭력이 감소한다.
ㄷ. 문화적 폭력은 직접적 폭력의 정당화에 이용될 수 있다.
ㄹ. 대외적 선제공격은 평화를 구축하는 활동이 될 수 있다.
└→ 직접적 폭력

① ㄱ, ㄴ ② ㄱ, ㄷ ③ ㄴ, ㄷ ④ ㄴ, ㄹ ⑤ ㄷ, ㄹ

풀이

제시된 자료의 사상가는 갈퉁이다. 갈퉁은 3가지의 폭력 개념을 설명하며, 폭력들은 서로 연결되어 있어 서로가 서로를 재생산할 수 있다고 분석한다. 따라서 평화적 과정을 통해 직접적, 구조적, 문화적 폭력을 각각 직접적, 구조적, 문화적 평화 상태로 전환시킬 것을 강조한다.

ㄱ. 갈퉁에 따르면 진정한 평화를 성취하기 위해서는 평화적 과정을 통해 집단 간 갈등을 비폭력적으로 변환시키는 노력이 필요하다. 따라서 집단 간 갈등은 극복을 위한 동력이 될 수 있으며 무조건적 회피의 대상은 아니다.
ㄴ. 갈퉁에 따르면 구조적 폭력은 주로 사회 내 정치적 억압, 경제적 착취 등과 관련된다. 따라서 정치적 억압이 줄어들면 구조적 폭력은 감소한다.
ㄷ. 갈퉁에 따르면 문화적 폭력은 사회 내에 은폐되어 다른 폭력을 교묘히 정당화시키는 기능을 한다. 따라서 사상, 예술 등을 활용한 문화적 폭력은 직접적 폭력 정당화에도 이용될 수 있다.
ㄹ. 갈퉁에 따르면 대외적 선제공격과 같은 직접적 폭력 요인은 평화를 구축('기초를 세움'의 의미로 사용됨)하는 것이 아니라 방해하는 요인이 된다.

19 정답 ⑤ 문제편 p.169

[합리적 선택, 금융 자산]

표는 갑이 금융 상품 A, B, C 중 하나를 선택하여 투자하기 위해 작성한 것이다. 갑은 편익과 기회비용만을 고려하여 금융 상품을 선택하며 세 상품 모두 명시적 비용은 없다. 이때 편익은 수익성과 안전성 등을 고려하여 화폐 단위로 평가한 것이다.

금융 상품	A (→ 정기 예금)	B (→ 주식)	C (→ 채권)
편익(만 원)	90	80	100
이자 수익	있음	없음	있음
시세 차익	없음	있음	있음

① A는 배당 수익을 기대할 수 있다. (없다)
② C는 예금자 보호 제도의 적용을 받는다. (받지 않는다)
③ 일반적으로 B는 A에 비해 안전성이 높다. (낮다)
④ 채권 선택의 암묵적 비용은 100만 원이다. (90)
⑤ 정기 예금 선택의 기회비용과 주식 선택의 기회비용은 같다.

풀이

정기 예금, 주식, 채권 중 이자 수익을 기대할 수 있으나 시세 차익을 기대할 수 없는 금융 상품은 정기 예금이고, 이자 수익을 기대할 수 없으나 시세 차익을 기대할 수 있는 금융 상품은 주식이며, 이자 수익과 시세 차익을 모두 기대할 수 있는 금융 상품은 채권이다. 따라서 A는 정기 예금, B는 주식, C는 채권이다. 제시된 자료를 바탕으로 정기 예금, 주식, 채권 각 선택의 편익, 명시적 비용, 암묵적 비용 및 기회비용을 나타내면 다음과 같다.

(단위: 만 원)

구분	정기 예금(A)	주식(B)	채권(C)
편익	90	80	100
명시적 비용	0	0	0
암묵적 비용	100	100	90
기회비용	100	100	90

① 정기 예금은 배당 수익을 기대할 수 없다. 배당 수익을 기대할 수 있는 금융 상품은 주식이다.
② 채권은 예금자 보호 제도의 적용을 받지 않는다. 정기 예금, 주식, 채권 중 예금자 보호 제도의 적용을 받는 금융 상품은 정기 예금이다.
③ 일반적으로 주식은 정기 예금에 비해 안전성은 낮고 수익성은 높다.
④ 채권 선택의 암묵적 비용은 90만 원이다.
⑤ 정기 예금 선택의 기회비용은 100만 원, 주식 선택의 기회비용은 100만 원이다. 따라서 정기 예금 선택의 기회비용과 주식 선택의 기회비용은 같다.

20 정답 ① 문제편 p.169 [세계 도시]

세계화로 인해 세계의 중심지 역할을 하는 세계 도시가 출현했다. 세계 도시의 선정 기준과 방법은 조사 기관마다 차이가 있는데, 그중 ○○ 연구소는 2024년에 48개 주요 도시를 대상으로 6가지 기능(거주, 경제, 문화 교류, 연구 · 개발, 접근성, 환경)을 70개 지표를 활용하여 산출한 점수로 종합 순위를 발표했다. 종합 순위 1위 도시는 '문화 교류'에서 1위를 유지했고 허브 공항 효과로 '접근성'에서도 1위에 올랐다. 종합 순위 2위 도시는 '경제' 및 '연구 · 개발'에서 1위를 차지했으나, '거주'와 '환경'에서는 30위권으로 밀려났다. 종합 순위 3위 도시는 환율 상승에 따른 해외 관광객 증가로 '문화 교류'에서 3위로 올랐고, '거주'와 '연구 · 개발'에서도 3위를 차지했다. 종합 순위 4위 도시는 올림픽 개최에 힘입어 '문화 교류'에서 2위로 올랐다.

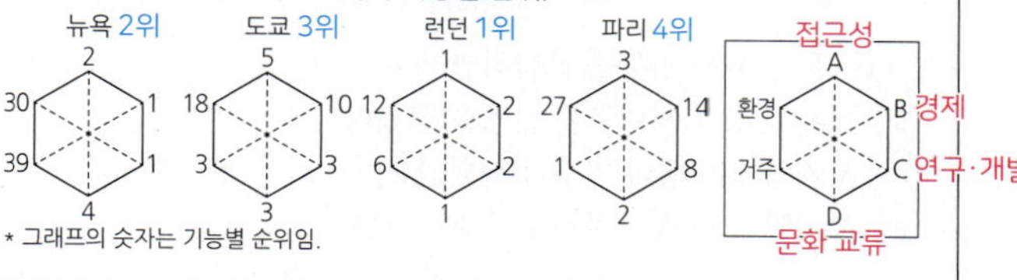

* 그래프의 숫자는 기능별 순위임.

	A	B	C	D
①	국제 직항 노선 수	세계 500대 기업 수	특허 등록 건수	외국인 방문자 수
②	국제 직항 노선 수	세계 500대 기업 수	외국인 방문자 수	특허 등록 건수
③	세계 500대 기업 수	특허 등록 건수	외국인 방문자 수	국제 직항 노선 수
④	세계 500대 기업 수	특허 등록 건수	국제 직항 노선 수	외국인 방문자 수
⑤	외국인 방문자 수	국제 직항 노선 수	특허 등록 건수	세계 500대 기업 수

풀이

'경제', '연구·개발' 등 2개 영역에서 1위, '거주'와 '환경' 영역에서는 30위권인 도시는 뉴욕이다. 따라서 뉴욕이 1위를 차지한 B, C는 각각 '경제', '연구·개발' 중 하나이다.

'문화 교류', '접근성' 등 2개 영역에서 1위를 차지한 도시는 런던이다. 따라서 A, D는 각각 '문화 교류', '접근성' 중 하나이다.

'문화 교류', '거주', '연구·개발' 등 3개 영역에서 3위인 도시는 도쿄이다. 따라서 C, D는 각각 '문화 교류', '연구·개발' 중 하나이다. 나머지 도시인 파리는 '문화 교류'에서 2위이므로, D는 '문화 교류'이다.

모든 진술을 종합하면 도쿄가 3위인 C는 '연구·개발', 런던이 1위인 A는 '접근성', 뉴욕이 1위인 B는 '경제'이다.

① 접근성(A)에 해당하는 기능은 '국제 직항 노선 수', 경제(B)에 해당하는 기능은 '세계 500대 기업 수', 연구·개발(C)에 해당하는 기능은 '특허 등록 건수', 문화 교류(D)에 해당하는 기능은 '외국인 방문자 수'이다.

21 정답 ⑤ 문제편 p.170 [절대 우위와 비교 우위]

다음 자료에는 X재와 Y재만을 생산하는 갑국과 을국이 각 재화 1단위를 생산하는 데 필요한 노동자 수가 상황별로 제시되어 있습니다. 이 자료를 분석하여 무역의 발생 원리에 대해 알아봅시다.

〈상황 1〉

구분	X재	Y재
갑국	1명	2명
을국	2명	1명

〈상황 2〉

구분	X재	Y재
갑국	1명	2명
을국	2명	3명

① 〈상황 1〉에서 갑국은 X재와 Y재 생산에 모두 절대 우위를 갖는다.

② 〈상황 2〉에서 무역이 발생하는 이유를 절대 우위로 설명할 수 있다.

③ 〈상황 2〉에서 X재 1단위 생산을 위해 포기해야 하는 Y재의 양은 갑국이 을국보다 많다.

④ 〈상황 1〉과 〈상황 2〉에서 Y재를 특화해서 생산하는 나라는 모두 갑국이다.

⑤ 〈상황 1〉과 〈상황 2〉 모두에서 무역이 발생하는 이유를 비교 우위로 설명할 수 있다.

풀이

제시된 자료를 바탕으로 <상황 1>과 <상황 2>의 갑국, 을국의 X재, Y재 1단위 생산의 기회비용을 나타내면 다음과 같다.

<상황 1>

구분	갑국	을국
X재 1단위 생산의 기회비용	Y재 $\frac{1}{2}$단위	Y재 2단위
Y재 1단위 생산의 기회비용	X재 2단위	X재 $\frac{1}{2}$단위

<상황 2>

구분	갑국	을국
X재 1단위 생산의 기회비용	Y재 $\frac{1}{2}$단위	Y재 $\frac{2}{3}$단위
Y재 1단위 생산의 기회비용	X재 2단위	X재 $\frac{3}{2}$단위

① <상황 1>에서 갑국은 을국보다 X재 1단위를 생산하는 데 필요한 노동자 수가 적고, 을국은 갑국보다 Y재 1단위를 생산하는 데 필요한 노동자 수가 적다. 따라서 <상황 1>에서 갑국은 X재 생산에 절대 우위를 갖고, 을국은 Y재 생산에 절대 우위를 갖는다.

② <상황 2>에서 갑국은 을국보다 X재와 Y재 1단위를 생산하는 데 필요한 노동자 수가 적다. 즉, <상황 2>에서 갑국은 X재와 Y재 생산 모두에 절대 우위를 갖는다. 따라서 <상황 2>에서 무역이 발생하는 이유를 절대 우위로 설명할 수 없다.

③ <상황 2>에서 X재 1단위 생산을 위해 포기해야 하는 Y재의 양은 갑국이 Y재 1/2단위, 을국이 Y재 2/3단위로, 갑국이 을국보다 적다.

④ <상황 1>과 <상황 2> 모두에서 을국은 갑국보다 Y재 1단위 생산을 위해 포기해야 하는 X재의 양이 적다. 즉, <상황 1>과 <상황 2> 모두에서 을국은 갑국보다 Y재 1단위 생산의 기회비용이 작다. 따라서 <상황 1>과 <상황 2> 모두에서 Y재를 특화해서 생산하는 나라는 을국이다.

⑤ <상황 1>과 <상황 2> 모두에서 갑국은 X재 생산에 비교 우위가 있고, 을국은 Y재 생산에 비교 우위가 있다. 따라서 <상황 1>과 <상황 2> 모두에서 비교 우위를 통해 무역이 발생하는 이유를 설명할 수 있다.

22 정답 ④ 문제편 p.170

[남북 분단, 세계시민]

<6·25 남북 공동 선언문>

남북 정상들은 분단 역사상 처음으로 열린 이번 상봉과 회담이 서로 이해를 증진시키고 남북 관계를 발전시키며 평화 통일을 실현하는 데 중대한 의의를 가진다고 평가하고 다음과 같이 선언한다.

1. 남과 북은 나라의 통일문제를 그 주인인 우리 민족끼리 서로 힘을 합쳐 자주적으로 해결해 나가기로 하였다.
2. 남과 북은 나라의 통일을 위한 남측의 연합제 안과 북측의 낮은 단계의 연방제 안이 서로 공통성이 있다고 인정하고 앞으로 이 방향에서 통일을 지향시켜 나가기로 하였다.
3. 남과 북은 올해 8 · 15에 즈음하여 흩어진 가족, 친척 방문단을 교환하며 비전향 장기수 문제를 해결하는 등 인도적 문제를 조속히 풀어 나가기로 하였다.
4. 남과 북은 경제협력을 통하여 민족경제를 균형적으로 발전시키고, 사회, 문화, 체육, 보건, 환경 등 제반 분야의 협력과 교류를 활성화하여 서로의 신뢰를 다져 나가기로 하였다.

① 미국과 소련 간 냉전 체제가 형성되기 이전에 합의되었다.
② 평화 통일을 위해 사회 · 문화적 교류가 필요함을 간과하고 있다.
③ 6 · 25 전쟁을 일단락하는 정전 협정과 같은 연도에 발표되었다.
④ 분단으로 인해 발생하는 유 · 무형의 비용을 절감할 수 있는 방안을 제시하고 있다.
⑤ 남북한의 정치 체제 통합 없이는 상호 협력과 신뢰가 가능하지 않음을 강조하고 있다.

풀이

제시된 자료는 2000년 6월 15일 남북 정상에서 작성된 남북 공동 선언문이다. 남북의 평화 통일에 대한 염원이 담겨 있다.

① 미국과 소련 간 냉전 체제 붕괴 이후 2000년대에 남북 공동 선언문이 합의되었다.
② 6·25 남북 공동 선언은 다양한 분야의 협력과 교류 활성화를 통한 신뢰 구축을 강조하고 있다. 따라서 평화 통일을 위한 사회·문화적 교류의 필요성을 강조하고 있다.
③ 6·25 정전 협정은 1953년에 체결되었다.
④ 6·25 남북 공동 선언은 이산가족 상봉, 비전향 장기수 문제 해결 등 다양한 인도적 문제 해결을 위한 노력이 담겨 있다. 따라서 분단으로 인한 유형의 비용인 군사비 감축뿐만 아니라 이산가족의 아픔, 비전향 장기수의 고통 등 분단으로 발생하는 무형의 비용 감축에 대한 방안이 제시되어 있다.
⑤ 6·25 남북 공동 선언은 남한의 연합제, 북한의 연방제 안에서의 공통점을 바탕으로 통일을 지향한다고 제시되어 있다. 따라서 정치 체제 통합이 이루어지지 않아도 신뢰를 바탕으로 평화 통일이 이루어질 수 있음을 강조하고 있다.

23 정답 ② 문제편 p.171

[동아시아의 역사 갈등]

<한중 현안 바로 알기>

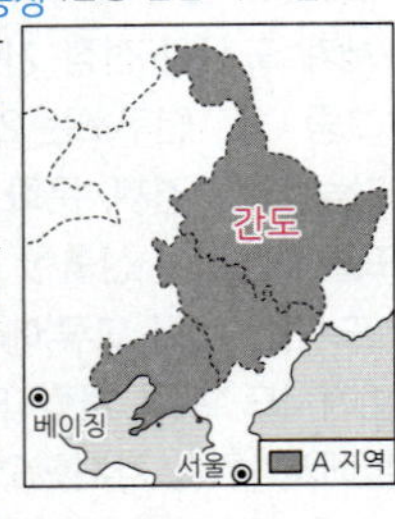

중국에서 연구 사업으로 진행한 ㉠ 이/가 한중 양국 간 주요 현안으로 부각된 것은 2004년 6월 해당 사무처가 A 지역 관련 연구 내용을 공개하면서부터다. 연구 내용에 대한 우리 국민의 관심과 우려가 고조되자, 정부도 본격적인 대응책을 마련하고 중국 정부에 공식적으로 문제를 제기하였다. 2004년 8월 24일 양측 정부는 다음 내용을 구두로 합의하였다. '첫째, 중국 측은 고구려사 문제가 양국 간 중대 현안으로 대두된 것에 유념한다. 둘째, 양측은 향후 역사 문제로 인해 한중 간 우호 협력 관계가 손상되는 것을 방지하기 위해 노력한다. … 다섯째, 양측은 학술 교류의 조속한 개최를 위해 노력한다.' 이어 양국은 2006년 10월 한중 정상 회담에서 ㉠ 을/를 비롯한 역사 인식 문제가 양국 관계에 부정적 영향을 주어선 안 된다는 원칙에 다시 합의하였다.

〈 보기 〉

ㄱ. ㉠은 발해사 연구를 포함하였다.
ㄴ. ㉠은 태정관 지령문을 근거로 삼았다.
ㄷ. A 지역에는 냉대 기후가 나타난다.
ㄹ. A 지역은 티베트 자치구에 해당한다.

① ㄱ, ㄴ ② ㄱ, ㄷ ③ ㄴ, ㄷ ④ ㄴ, ㄹ ⑤ ㄷ, ㄹ

풀이

지도의 A는 간도이다. 중국에서 연구 사업으로 진행해 한 · 중 간 역사 인식 문제가 제기된 ㉠은 동북공정이다.

ㄱ. 동북공정(㉠)은 중국 동북 3성(랴오닝성, 지린성, 헤이룽장성) 지역에 속한 역사를 모두 중국 역사라고 주장하는 역사 왜곡이다. 따라서 한반도 북부와 만주, 연해주 등 중국 북동부 일대에 위치했던 우리나라의 역사인 고조선, 부여, 고구려, 발해의 역사를 중국 역사로 왜곡하는 내용이 포함되어 있다.
ㄴ. 태정관 지령문은 울릉도와 독도가 일본 영토가 아니란 사실을 인정한 일본의 공식 문서이다. 따라서 중국의 역사 왜곡에 해당하는 동북공정(㉠)과는 관련이 없다.
ㄷ. 한반도의 북부 지방부터 시베리아 일대까지의 대부분 지역은 냉대 기후 지역에 속한다. 따라서 간도(A)는 냉대 기후가 나타나는 지역이다.
ㄹ. 티베트 자치구는 티베트고원 일대에 위치한다.

24 정답 ② 문제편 p.171

[세계의 인구 구조]

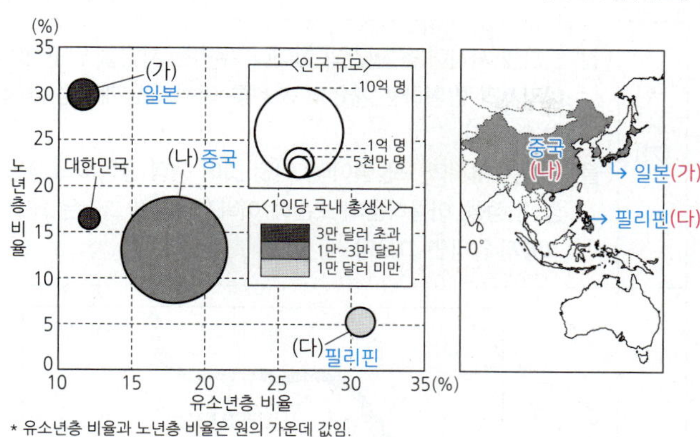

* 유소년층 비율과 노년층 비율은 원의 가운데 값임.

출처: UN(2022)

① (나)는 초고령 사회에 해당한다.
② (다)는 대한민국보다 생산 가능 인구가 많다.
③ (나)는 (가)보다 중위 연령이 높다.
④ (다)는 (가)보다 총부양비가 높다.
⑤ 국내 총생산은 (가) > (나) > (다) 순으로 많다.

풀이

지도에 표시된 국가는 중국, 대한민국, 일본, 필리핀이다. 인구 규모가 가장 큰 (나)는 14억 이상의 인구를 보유한 중국이다. 노년층 비율이 높고, 유소년층 비율이 낮은 (가)는 선진국인 일본이다. 노년층 비율이 낮고, 유소년층 비율이 높은 (다)는 개발도상국인 필리핀이다.

① 전체 인구에서 노년층 비율이 7% 이상이면 고령화 사회, 14% 이상이면 고령 사회, 20% 이상이면 초고령 사회이다. 중국(나)은 노년층 비율이 약 14%이므로 초고령 사회에 해당하지 않는다.
② 생산 가능 인구(청장년층) 비율은 100에서 유소년층 비율과 노년층 비율의 합을 뺀 값이다. 필리핀(다)의 생산 가능 인구 비율은 약 63%[=100-(약 31%+약 6%)], 대한민국의 생산 가능 인구 비율은 약 72%[=100-(약 12%+약 16%)]로 대한민국이 필리핀(다)보다 생산 가능 인구 비율이 높다. 그러나 인구 규모는 필리핀(다)이 대한민국보다 2배 이상 많다. 따라서 필리핀(다)은 대한민국보다 생산 가능 인구가 많다.
③ 중위 연령은 모든 인구를 연령순으로 배열했을 때 한가운데에 해당하는 사람의 연령(나이)을 말한다. 상대적으로 노년층 비율이 높고 유소년층 비율이 낮은 일본(가)이 노년층 비율이 낮고 유소년층 비율이 높은 중국(나)보다 중위 연령이 높다.
④ 총부양비는 {[(유소년층 비율+노년층 비율)÷청장년층 비율]×100}으로 '유소년층 비율과 노년층 비율의 합'에 비례한다. 필리핀(다)의 유소년층 비율과 노년층 비율의 합은 약 37%(=약 31%+약 6%), 일본(가)의 유소년층 비율과 노년층 비율의 합은 약 42%(=약 12%+약 30%)이다. 따라서 총부양비는 필리핀(다)이 일본(가)보다 낮다.
⑤ 1인당 국내 총생산은 일본(가)이 중국(나)보다 많지만 국내 총생산은 인구 규모가 큰 중국이 가장 많고, 개발도상국인 필리핀(다)이 가장 적다. 따라서 국내 총생산은 중국(나) > 일본(가) > 필리핀(다) 순으로 많다.

25 정답 ① 문제편 p.171

[에너지 자원]

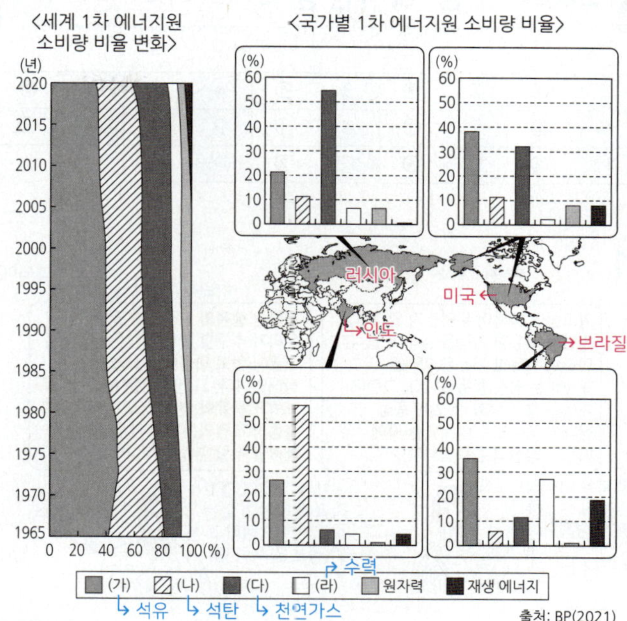

출처: BP(2021)

① 브라질은 수력 소비량이 천연가스 소비량보다 많다.
② 네 국가 모두 화석 에너지의 국가 내 소비량 비율은 60% 이상이다.
③ (라)는 주로 운송 수단의 연료로 이용된다.
④ (가)는 (나)보다 상용화된 시기가 이르다.
⑤ (다)는 (나)보다 연소 시 오염 물질 배출량이 많다.

풀이

지도에 표시된 국가는 러시아, 인도, 미국, 브라질이다. 1965년부터 소비량 비율이 가장 높은 (가)는 석유, 두 번째로 소비량 비율이 높은 (나)는 석탄이다. 1965년에 비해 소비량 비율이 증가 추세인 (다)는 천연가스, 나머지 (라)는 수력이다. 러시아는 세계적인 천연가스 수출국으로 천연가스(다) 소비량 비율이 높고, 개발 도상국인 인도는 중국과 함께 석탄(나)에 대한 의존도가 높은 국가이다. 세계 최대 유역 면적을 가진 아마존강이 흐르는 브라질은 수력(라) 발전 생산량이 많은 국가이다.

① 브라질은 수력(라) 소비량이 천연가스(다) 소비량보다 많다.
② 화석 에너지인 석유(가), 석탄(나), 천연가스(다)의 국가 내 소비량 비율은 러시아와 미국, 인도의 경우 80% 이상이지만, 브라질은 60% 미만의 수준이다.
③ 운송 수단의 연료로 주로 이용되는 에너지는 석유(가)이다.
④ 석유(가)는 석탄(나)보다 상용화된 시기가 늦다. 석유(가)는 내연 기관이 보급된 19세기 말 이후 소비량이 빠르게 증가하였다. 석탄(나)은 18세기 증기 기관을 바탕으로 한 산업 혁명이 일어나면서 주요 에너지 자원으로 등장하였다.
⑤ 주요 화석 에너지의 연소 시 오염 물질 배출량은 석탄(나) > 석유(가) > 천연가스(다) 순으로 많다.

수능 예시 문항

2028 수능 예시문항 2 [2024년 9월 26일 발표]

1	④	2	③	3	⑤	4	④	5	②
6	②	7	①	8	①	9	③	10	⑤
11	②	12	④	13	②	14	⑤		

1 정답 ④ 문제편 p.172 [행복의 의미]

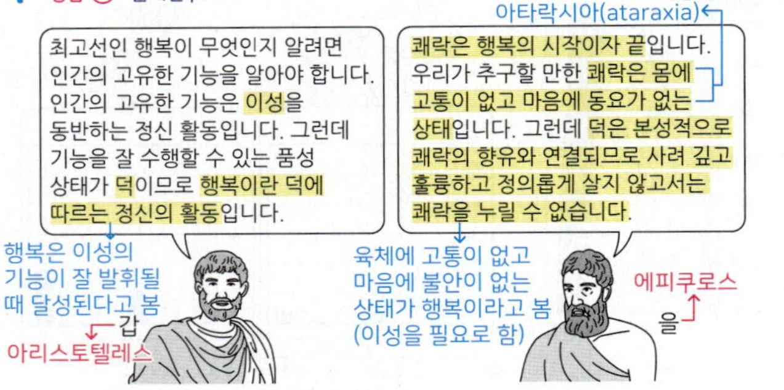

최고선인 행복이 무엇인지 알려면 인간의 고유한 기능을 알아야 합니다. 인간의 고유한 기능은 이성을 동반하는 정신 활동입니다. 그런데 기능을 잘 수행할 수 있는 품성 상태가 덕이므로 행복이란 덕에 따르는 정신의 활동입니다.
행복은 이성의 기능이 잘 발휘될 때 달성된다고 봄
갑
아리스토텔레스
아타락시아(ataraxia)
쾌락은 행복의 시작이자 끝입니다. 우리가 추구할 만한 쾌락은 몸에 고통이 없고 마음에 동요가 없는 상태입니다. 그런데 덕은 본성적으로 쾌락의 향유와 연결되므로 사려 깊고 훌륭하고 정의롭게 살지 않고서는 쾌락을 누릴 수 없습니다.
육체에 고통이 없고 마음에 불안이 없는 상태가 행복이라고 봄 (이성을 필요로 함)
에피쿠로스
을

〈 보기 〉

ㄱ. 갑: 행복은 인간의 모든 행위의 궁극적인 목적이다.
ㄴ. 갑: 유덕함이 행복을 증진하지만 행복의 필수 조건은 아니다. (있다)
ㄷ. 을: 모든 고통이 제거되면 쾌락은 더 이상 증가하지 않는다. (∵ 행복은 쾌락을 늘리는 것이 아닌 고통을 없애는 것)
ㄹ. 갑과 을: 이성의 능력을 발휘해야 행복에 이를 수 있다.

① ㄱ, ㄴ ② ㄱ, ㄹ ③ ㄴ, ㄷ
④ ㄱ, ㄷ, ㄹ ⑤ ㄴ, ㄷ, ㄹ

풀이

갑은 이성을 바탕으로 한 덕에 따르는 정신의 활동을 행복이라고 보고 있고, 을은 몸에 고통이 없고 마음에 동요가 없는 상태를 행복이라고 보고 있다. 따라서 갑은 아리스토텔레스, 을은 에피쿠로스이다.

ㄱ. 아리스토텔레스는 행복을 최고의 선이라고 보므로 인간의 모든 행위의 궁극적 목적이 행복에 있다고 본다.

ㄴ. 아리스토텔레스는 이성을 발휘하여 덕을 키움으로써 행복을 실현할 수 있다고 보므로 유덕함이 행복의 필수 조건이라고 본다.

ㄷ. 에피쿠로스는 쾌락을 직접적으로 추구하기보다는 고통을 피하고, 지속적으로 정신적인 쾌락을 추구할 수 있는 방법으로 행복을 추구할 것을 강조한다. 따라서 에피쿠로스는 행복이 쾌락을 늘리는 것이 아닌 고통을 없애는 것이라고 보므로 모든 고통이 없어지면 쾌락은 더 이상 증가하지 않는다고 본다.

ㄹ. 아리스토텔레스는 이성의 기능이 잘 발휘될 때 행복이 달성된다고 본다. 에피쿠로스는 사려 깊고 정의롭게 살지 않고서는 쾌락을 누릴 수 없다고 보고 적극적인 쾌락 추구보다는 욕구를 줄임으로써 행복에 이를 수 있다고 본다. 따라서 아리스토텔레스와 에피쿠로스는 모두 이성의 능력을 발휘함으로써 행복에 이를 수 있다고 본다.

2 정답 ③ 문제편 p.172 [인간 중심주의와 생태 중심주의, 남북 분단과 평화통일]

(가)	베이컨(인간 중심주의) 갑: 인간의 지식이 곧 인간의 힘이다. 우리는 자연을 연구하여 이리저리 방황하는 자연의 자취를 마치 사냥개처럼 추적할 수 있다. 을: 인간은 대지의 구성원이다. 어떤 것이 생명 공동체의 통합성, 안정성, 아름다움의 보존에 이바지한다면 그것은 옳고, 그렇지 않다면 그르다. 레오폴드(생태 중심주의)
(나)	 * ㉠ 지역은 1953년 7월 27일 체결된 '한국 군사 정전에 관한 협정'에 따라 무장이 금지된 완충 지대로 군대 주둔과 무기 배치, 군사 시설 설치가 금지되고 있다. 통일 이후 이 지역의 개발에 대해 다양한 견해가 제시되고 있다.

북방 한계선
군사 분계선
동 해
남방 한계선
38°N
판문점
북방 한계선(NLL)
군사 분계선(MDL)
남방 한계선(SLL)
2 km
2 km
㉠
비무장 지대(DMZ)

① 갑: 자연에 대한 지식을 이용할 권리가 인간에게 없음을 알아야 한다. (있음)
② 갑: 경제적 이익을 위한 개발에 앞서 자연을 도덕적으로 고려해야 한다. (하지 않는다)
③ 을: 한반도 생태계의 균형 유지를 지역 개발보다 중시해야 한다.
④ 을: 남북한 주민의 경제적 이익 증진을 궁극적 목적으로 삼아야 한다.
⑤ 갑과 을: 현세대와 미래 세대는 생태계의 선(善)을 위해 협력해야 한다.

풀이

(가)에서 갑은 인간의 지식이 곧 인간의 힘이라고 보고 자연이 인간의 이익에 봉사하도록 해야 한다고 보고 있고, 을은 인간이 대지의 구성원이므로 생태계의 안정을 유지할 의무가 있다고 보고 있다. 따라서 갑은 인간 중심주의 사상가인 베이컨이고, 을은 생태 중심주의 사상가인 레오폴드이다. (나)에서 ㉠은 군대의 주둔이나 무기의 배치, 군사 시설의 설치가 금지되는 지역이므로 이는 비무장 지대(DMZ)에 해당한다.

① 인간 중심주의는 인간을 가장 가치 있는 존재로 여기고 자연에 대한 지식을 이용할 권리가 인간에게 있다고 본다.

② 인간 중심주의는 자연을 그 자체로 가치 있는 존재가 아닌 인간의 생존과 복지를 위한 수단으로 여기므로 경제적 이익을 위한 개발에 앞서 자연을 도덕적으로 고려하지 않는다.

③ 생태 중심주의는 인간과 자연이 서로 끊임없이 영향을 주고받는 상호 보완적 관계이므로 서로 조화와 균형을 이루어야 함을 강조한다.

④ 생태 중심주의는 개별 생명체의 이익보다는 생태계 전체의 이익을 우선하여 고려하므로 인간의 경제적 이익을 궁극적 목적으로 한다고 볼 수 없다.

⑤ 베이컨은 자연을 인간이 정복하고 활용해야 할 대상으로 보았다. 그는 과학과 기술을 통해 자연을 통제하고, 인간의 이익을 극대화해야 한다고 주장했다. 따라서 생태계의 선(善)을 위해 협력해야 한다는 표현은 베이컨의 입장과 부합하지 않는다. 베이컨은 자연의 도덕적 가치를 강조하기보다는 인간이 자연을 효율적으로 이용하는 것이 중요하다고 보았기 때문이다.

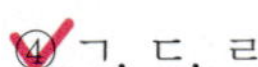

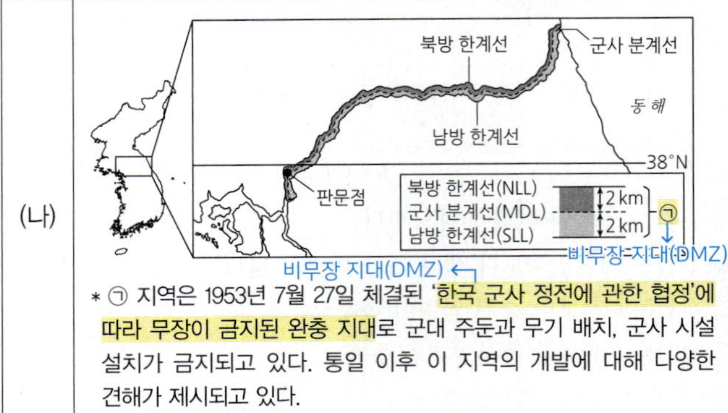

3 정답 ⑤ 문제편 p.173

[기후와 인간 생활]

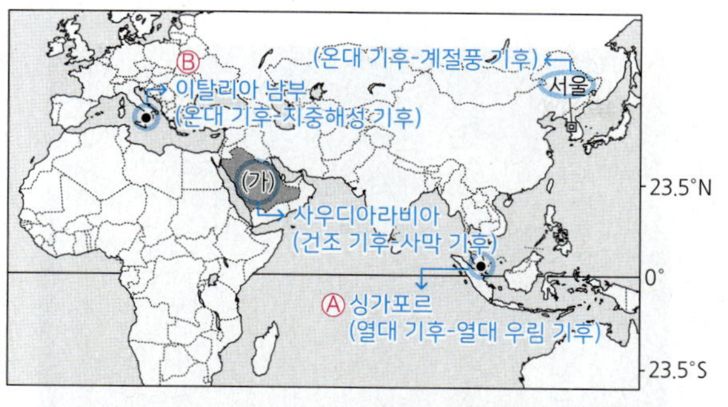

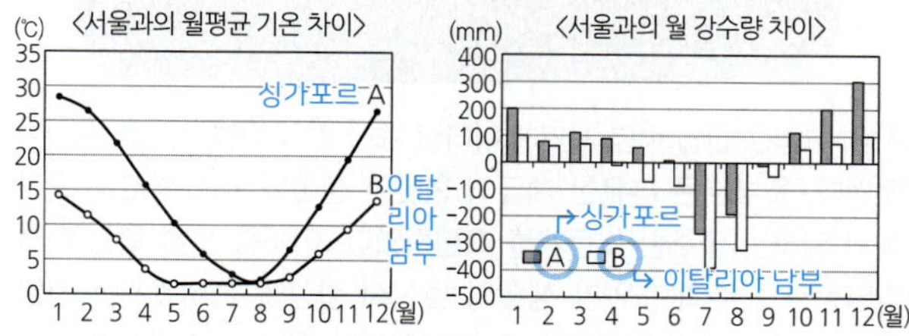

① A에서는 올리브 등을 재배하는 수목 농업이 주로 이루어진다. (B / 온대 기후(지중해성 기후))
② B는 서울보다 여름 강수 집중률이 높다. (낮다)
③ B에서는 지면의 열과 습기 차단에 유리한 고상 가옥이 발달했다. (A / 열대 기후)
④ A는 B보다 여름에 더 건조하다.
⑤ A와 B는 모두 서울보다 연평균 기온이 높다.

풀이

지도에 표시된 두 지역은 각각 이탈리아 남부와 싱가포르이다. 그래프에서 A와 B는 모두 여름철에 서울과의 월평균 기온 차이가 거의 나지 않는 반면, A는 B보다 겨울철에 서울과의 월평균 기온 차이가 더 크다. 또한 A와 B는 모두 겨울철에 서울과의 월 강수량 차이가 크고, B는 A보다 여름철에 서울과의 월 강수량 차이가 더 크다. 이를 통해 A는 일년 내내 더운 열대 기후에 해당하는 지역이고, B는 겨울이 온난하고 여름이 건조한 지중해성 기후에 해당하는 지역임을 알 수 있다. 따라서 A는 싱가포르, B는 이탈리아 남부 지역이다.

① 지중해성 기후 지역인 이탈리아 남부 지역(B)에서 올리브 등을 재배하는 수목 농업이 주로 이루어진다.
② 지중해성 기후 지역인 이탈리아 남부 지역(B)은 여름철 강수량이 적어 여름에 건조하고 겨울철 강수량이 비교적 많아 겨울에 습윤하다. 반면 대륙 동안에 위치하여 계절풍의 영향을 받는 서울은 여름에 고온 다습하고 겨울에 한랭 건조하여 B보다 여름 강수 집중률이 높다.
③ 열대 기후 지역인 싱가포르(A)에서는 지면의 열과 습기 차단에 유리한 고상 가옥이 발달했다.
④ 지중해성 기후 지역인 이탈리아 남부 지역(B)은 열대 기후인 싱가포르(A)보다 여름에 더 건조하다.
⑤ 열대 기후 지역인 싱가포르(A)와 지중해성 기후 지역인 이탈리아 남부 지역(B)은 모두 서울보다 월평균 기온이 높게 나타나므로 서울보다 연평균 기온이 높다.

4 정답 ④ 문제편 p.173

[문화권과 문화 변동의 양상, 기후와 인간 생활]

> **여행 일지**
>
> 20○○.○○.○○.
>
> 건조 문화권에 속하는 이슬람 국가인 (가) (사우디아라비아) 에 도착하였다. 여행 전 조사를 통해 ㉠이슬람교가 7세기 초 무함마드에 의해 창시(발명)되었고 이슬람교를 믿는 사람들이 기도와 금식, 순례 등을 행한다는 것을 알게 되었다. 입국 수속을 마치고 숙소로 이동하여 짐을 푼 후 식사를 위해 도심으로 들어왔다. 때마침 기도 시간인지, 이동하는 사람들의 행렬을 따라가니 이슬람 사원인 모스크에 당도하게 되었다. 최초의 모스크는 간격을 두고 기둥을 세워 기도하기 위한 그늘을 만들고 바닥에 자갈과 모래를 까는 정도였다고 한다. 이후 ㉡비잔티움 제국에서 교회 건축에 사용되었던 돔 양식을 모스크 건축에 도입하였고, 아치와 첨탑, 거대한 돔을 갖춘 모스크 형태가 자리 잡게 되었다. 모스크 내부에는 성지의 방향을 나타내는 화려하게 장식된 미흐랍이라고 부르는 구조물이 있었다. …(하략) (문화 융합)

① (가)의 주민들은 주로 침엽수로 지은 목조 가옥에 거주한다. (냉대 기후 지역)
② (가)에서는 여름 계절풍이 탁월하고 태풍의 발생이 빈번하다. (계절풍 기후 지역)
③ ㉠은 발견에 의한 문화 변동에 해당한다. (발명)
④ ㉡에는 서로 다른 문화 요소가 결합하여 새로운 문화가 형성된 문화 변동이 나타나 있다. (문화 융합)
⑤ ㉠과 ㉡ 모두에서 기존 문화의 정체성이 상실되었다. (문화 동화)

풀이

(가)는 건조 문화권에 속하는 이슬람 국가인 사우디아라비아이다. 건조 기후 지역은 증발량이 강수량보다 많고 기온의 일교차가 큰 것이 특징이다.

① 침엽수로 지은 목조 가옥은 냉대 기후 지역에서 볼 수 있다. 건조 기후 지역인 사우디아라비아에서는 일반적으로 흙집이 나타난다.
② 여름 계절풍이 탁월하고 태풍의 발생이 빈번한 지역은 계절풍 기후 지역으로, 동아시아와 동남아시아 지역이 해당한다.
③ 이슬람교가 창시된 것은 문화 변동의 내재적 요인인 발명에 의한 문화 변동에 해당한다.
④ 비잔티움 제국에서 교회 건축에 사용되었던 돔 양식을 모스크 건축에 도입하여 아치와 첨탑, 거대한 돔을 갖춘 모스크 형태가 자리 잡게 된 것은 서로 다른 문화 요소가 결합하여 새로운 문화가 형성된 문화 융합에 해당한다.
⑤ 문화 융합은 기존 문화의 정체성이 상실되지 않는다. 기존 문화의 정체성이 상실되는 문화 변동은 문화 동화이다.

수능 예시 문항

5 정답 ② 문제편 p.174

[산업화와 도시화]

> 일반적으로 도시화 과정은 초기–가속화–종착의 3단계로 진행되고, 단계마다 도시화율과 도시 인구 증가율이 다르게 나타난다. 반면 도시화의 속도와 구체적 시기는 국가별로 다르다. 따라서 각 국가의 도시화 단계는 도시화율과 도시 인구 증가율을 통해 알 수 있다. 예를 들어 2022년 기준으로 도시화율은 일본, 한국, 타이, 네팔 순으로 높고, 도시 인구 증가율은 반대로 네팔, 타이, 한국, 일본 순으로 높다. 네팔은 도시화율이 21.5%로 가장 낮지만, 연평균 도시 인구 증가율은 3.8%로 가장 높아 가속화 단계에 진입하였음을 알 수 있다.
>
> 또한 도시화는 산업화 수준과도 밀접하게 관련되어 있다. 산업화가 고도화될수록 더 많은 사람들이 도시에 살게 되기 때문이다. 다음 그래프는 앞에서 언급한 네 나라의 2022년 경제 부문별 국내 총생산(GDP) 비율을 나타낸 것이다. 이 그래프를 통해 각 국가의 산업 부문별 비중을 알 수 있다.

① A의 제조업 총부가가치액은 한국보다 많다. → 알 수 없음

② B는 한국보다 도시 인구수가 많다.

③ C는 도시 인구수가 촌락 인구수보다 많다. 적다

④ A는 B보다 산업화가 시작된 시기가 이르다.

⑤ 타이는 일본보다 국내 총생산에서 서비스업이 차지하는 비율이 높다. 낮다

풀이

도시화는 도시에 거주하는 인구가 증가하면서 도시적 생활 양식이 확대되는 현상으로, 이는 산업 구조와 관련 있다. 도시화율이 일본>한국>타이>네팔 순으로 높게 나타나므로 제시된 그래프에서 농림어업의 비율이 가장 높게 나타나는 C는 네팔이다. A의 경우 농림어업의 비율이 네팔(C)에 비해 낮으나 제조업 비율이 가장 높아 도시화 단계 중 가속화 단계에 있다고 볼 수 있다. 따라서 A는 타이이다. B의 경우 한국에 비해 1차 산업인 농림어업과 2차 산업인 제조업 비율이 모두 낮으므로 3차 산업의 비율이 더 높아 산업 구조가 고도화되었다고 볼 수 있다. 따라서 B는 일본이다.

① 제시된 자료에서는 각 국가의 국내 총생산이 나타나 있지 않으므로 타이(A)의 제조업 총부가가치액이 한국보다 많은지 알 수 없다.

② 일본(B)은 한국보다 인구가 많고 도시화율도 높으므로 도시 인구수가 많다.

③ 네팔(C)은 도시화율이 21.5%이므로 촌락에 사는 사람의 비율이 78.5%이다. 따라서 네팔(C)은 도시 인구수가 촌락 인구수보다 적다.

④ 일본(B)은 타이(A)보다 산업화가 시작된 시기가 이르다.

⑤ 타이(A)는 일본(B)에 비해 국내 총생산에서 농림어업과 제조업이 차지하는 비율이 높다. 따라서 타이(A)는 일본(B)보다 국내 총생산에서 서비스업이 차지하는 비율이 낮다.

6 정답 ② 문제편 p.174

[기본권, 자본주의의 전개 과정]

> 위 그림은 산업 혁명 시기에 나타난 계급 간의 빈부 격차를 풍자한 것이다. 윗부분은 부유한 계급의 편안한 생활을, 아랫부분은 탄광에서 일하는 굶주린 노동자를 표현하였다. 이처럼 산업 혁명 이후 발달한 자본주의는 인간 생활의 물질적 향상을 가져왔지만 자본의 집중에 의한 빈부의 격차를 초래하였다. 궁핍과 빈곤으로 인해 기본적인 생활 수준을 영위하지 못하자 인간다운 생활을 가능하게 하는 물적 토대를 국가에 요구할 수 있는 권리인 (가) 의 보장이 요구되었다. → 사회권

① 미국 독립 선언에서 천명되었다. → 자유권, 평등권, 인간의 존엄성, 행복 추구권

② 바이마르 헌법(1919년)에 최초로 명시되었다. → 사회권

③ 프랑스의 인권 선언(1789년)에 영향을 주었다. → 미국 독립 선언

④ 영국에서는 명예혁명을 계기로 실현되었다. → 입헌 군주제

⑤ 차티스트 운동 당시 인민헌장에 규정되었다. → 참정권

풀이

인간다운 생활을 가능하게 하는 물적 토대를 국가에 요구할 수 있는 권리는 사회권이다. 따라서 (가)는 사회권이다.

① 미국 독립 선언에서는 자유권, 평등권, 인간의 존엄성, 행복 추구권이 천명되었다.

② 1919년에 제정된 독일의 바이마르 헌법은 사회권의 내용을 최초로 규정한 헌법으로 평가받는다.

③ 프랑스의 인권 선언에 영향을 준 것은 미국 독립 선언이다.

④ 영국에서는 명예혁명을 계기로 입헌 군주제가 확립되었다.

⑤ 차티스트 운동 당시 인민헌장에 규정된 것은 참정권이다.

7 정답 ① 문제편 p.175

[시장 실패, 인권 보장을 위한 헌법]

> 미국의 독립 혁명, 프랑스 혁명 등을 거쳐 확립된 근대 입헌주의 헌법은 시민 계급이 자유를 극대화하는 데 필요한 최소한의 질서 유지를 위해서만 국가의 물리적 강제력 행사를 허용하였다. 사적 자치의 원칙을 강조한 근대법 체제하에서는 개인의 자유로운 경제 활동이 최대한 보장되었지만, ㉠시장에서 자원이 효율적으로 배분되지 못하는 현상이 나타나게 되었다. 특히 상품의 생산 과정에서 배출되는 오염 물질로 인한 환경 피해의 경우 오염 물질의 방출이 당시의 과학 기술 수준으로 피할 수 없는 경우라면 행위자의 과실이 인정되지 않아 피해자가 구제받을 수 없는 문제가 발생하게 되었다. 이에 왜곡된 시장경제 구조를 바로잡기 위해 국가의 개입을 인정하는 조항 등이 헌법에 자리 잡게 되었고, 환경 오염으로 피해가 발생한 경우 ㉡고의나 과실 여부와 관계없이 원인자에게 손해 배상 책임을 인정하는 입법이 이루어졌다.

(→ 시장 실패 / → 생산 측면에서의 외부 불경제(과다 생산) / → 무과실 책임의 원칙과 관련 있음)

① 외부 불경제가 발생하여 시장 거래량이 사회적 최적 거래량보다 많아졌다.

② 비경합성과 비배제성을 특성으로 하는 재화(→ 공공재)에 무임승차자의 문제가 초래되었다.

③ 독과점 형태의 시장 구조로 인하여 부당한 공동 행위와 불공정 거래 행위가 발생하였다. → 독과점

④ 정보가 제한된 상황에서 정부의 시장 개입이 사회 후생 개선에 실패하는 현상이 나타났다.

⑤ 산업 자본주의 국가들이 자유 방임주의를 근거로 국가의 시장 개입을 최소화하는 작은 정부를 추구하였다.

풀이

시장이 자원을 효율적으로 배분하지 못하는 현상은 시장 실패이다. 시장 실패의 원인에는 독과점(불완전 경쟁), 공공재 부족, 외부 효과, 정보의 비대칭성 등이 있다.

① 생산 과정에서 배출되는 오염 물질로 인해 환경 피해가 발생하였으나 행위자의 과실이 인정되지 않아 피해자가 구제받을 수 없는 문제가 발생한 것은 생산 측면에서의 외부 불경제에 해당한다. 이에 고의나 과실 여부와 관계없이 원인자에게 손해 배상 책임을 인정하는 입법이 이루어진 것은 생산 측면에서 나타난 외부 불경제를 해결하기 위한 방안이다. 즉, 생산 측면에서의 외부 불경제하에서는 시장 거래량이 사회적 최적 거래량보다 과다 생산되는 문제점이 발생하여 이에 대한 무과실 책임의 원칙과 관련된 입법을 통해 해결하고자 한 것이다.

②, ③, ④, ⑤ 외부 불경제와 관련 없는 내용이다.

8 정답 ① 문제편 p.175

[청소년 노동권, 사회적 소수자 차별]

교사: 헌법은 연소자(→ 15세 이상 18세 미만)의 근로에 대한 특별한 보호에 관해 규정하고 있습니다. 이처럼 청소년의 노동 인권 보호를 강조하는 이유를 사회 불평등의 관점에서 분석하고, 근로 기준법상 연소자 보호 규정과 관련지어 설명해 봅시다.

학생 1: 청소년은 신체적·정신적으로 근로를 감당할 능력이 부족하기 때문에 성인에 비해 불리한 위치에 있으므로 청소년 근로에 대한 보호와 우선적 배려가 요구됩니다. 따라서 근로 계약 체결 과정에서 연소자를 보호하기 위해 (가) 와/과 같은 규정을 마련하고 있으며, (나) 을/를 명시하여 업무에 있어 안전과 건강에 대한 보호를 하고 있습니다.

(→ 친권자 또는 후견인의 동의하에 연소자 본인이 직접 체결해야 함 / → 위험한 일이나 유해 업종의 일을 할 수 없음)

학생 2: 청소년은 (다) 을/를 이유로 사회적 소수자로 인정될 수 있으며 노동 인권을 침해받기도 합니다. 이에 친권자나 후견인 등에게 미성년자에게 불리한 근로 계약에 대한 해지권을 부여하고, 연소자의 근로 능력과 교육 시간 확보의 필요성 등을 고려하여 (라) 을/를 규정해 근로 시간에 대한 특별한 보호를 하고 있습니다.

(→ 1일 7시간, 1주 35시간 이내 근로 가능, 합의 시 1일 1시간, 1주 5시간 이내 연장 가능)

〈 보기 〉

ㄱ. (가): 친권자 또는 후견인의 미성년자 근로 계약에 대한 대리 금지

ㄴ. (나): 도덕상 또는 보건상 유해 · 위험한 사업에 사용 금지

ㄷ. (다): 후천적 요인과 수적 열세로 인하여 노동 현장에서 다른 구성원으로부터 차별을 받거나 부당한 처우의 대상이 됨

ㄹ. (라): 근로 시간이 4시간인 경우에는 사용자로 하여금 근로 시간 도중에 30분 이상의 휴게 시간을 주도록 함 → 근로 시간이 아닌 휴게 시간과 관련된 내용

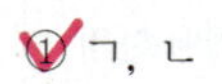
① ㄱ, ㄴ ② ㄱ, ㄷ ③ ㄷ, ㄹ
④ ㄱ, ㄴ, ㄹ ⑤ ㄴ, ㄷ, ㄹ

풀이

근로 기준법상 15세 이상 18세 미만의 청소년은 연소 근로자에 해당한다. (가)에는 근로 계약 체결 과정에서 연소자를 보호하기 위한 규정 내용이, (나)에는 업무에 있어 연소자의 안전과 건강에 대한 보호와 관련된 규정 내용이 들어갈 수 있고, (다)에는 청소년이 사회적 소수자로 인정될 수 있는 이유가, (라)에는 연소자가 근로 시간에 대한 특별한 보호를 받고 있는 규정 내용이 들어갈 수 있다.

ㄱ. 연소 근로자는 계약 시 친권자 또는 후견인의 동의가 필요하며, 근로 계약 자체는 반드시 본인이 직접 체결해야 한다. 따라서 해당 내용은 (가)에 들어갈 수 있다.

ㄴ. 연소 근로자는 도덕상 또는 보건상 위험한 일이나 유해 업종의 일을 할 수 없다. 따라서 해당 내용은 (나)에 들어갈 수 있다.

ㄷ. 사회적 소수자는 단순히 수가 적은 사람들이 아니라 약자의 위치에 있는 사람들을 말한다. 후천적 요인과 수적 열세로 인해 청소년이 사회적 소수자로 인정되는 것은 아니다. 따라서 해당 내용은 (다)에 들어갈 수 없다.

ㄹ. 연소 근로자는 4시간 이상 근로할 경우 30분 이상, 8시간 이상 근로할 경우 1시간 이상의 휴게 시간을 근로 시간 도중에 요구할 수 있다. 해당 내용은 근로 시간이 아닌 휴게 시간에 대한 보호와 관련이 있다. 따라서 해당 내용은 (라)에 들어갈 수 없다.

9 정답 ③ 문제편 p.176

[분배적 정의]

(가)	갑: 한 사람의 소유물은 취득, 이전, 교정의 원리에 의해 권리를 부여받았으면 정당하다. 각 개인의 소유물이 정당하다면 소유물의 전체 집합, 즉 분배도 정당하다. 을: 공정으로서의 정의는 공정한 합의의 관념을 기본 구조 자체로 확장시킨다. 무지의 베일이라 부른 특징을 갖는 원초적 입장이 이러한 관점을 구체화한다.
(나)	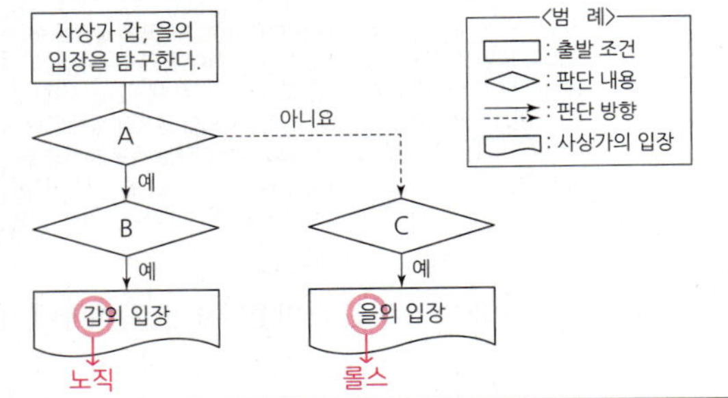

〈 보기 〉

ㄱ. A: 정의로운 사회에서 경제적 불평등이 허용될 수 있는가? (→ 노직, 롤스)

ㄴ. B: 각 개인은 자신의 정당한 소유물에 대한 배타적 사용권을 가지는가? (→ 노직)

ㄷ. B: 자신이 직접 노동하지 않더라도 정당하게 소유물을 얻는 것이 허용될 수 있는가? (→ 노직)

ㄹ. C: 사회적 약자의 경제적 이익을 증진하는 것을 최우선의 정의 원칙으로 삼아야 하는가?

① ㄱ, ㄴ ② ㄱ, ㄷ ③ ㄴ, ㄷ ④ ㄴ, ㄹ ⑤ ㄷ, ㄹ

풀이

갑은 한 사람의 소유물이 취득, 이전, 교정의 원리에 의해 권리를 부여받았다면 이 소유물에 대한 배타적, 절대적 권력을 가진다고 보고 있고, 을은 무지의 베일을 쓴 원초적 상황에서 합의된 정의의 원칙을 강조하고 있다. 따라서 갑은 노직, 을은 롤스이다.

ㄱ. 노직과 롤스는 모두 정의로운 사회에서의 경제적 불평등을 인정한다. 다만, 그 정당화 방식에는 차이가 있다. 노직은 개인의 소유권과 자유로운 거래를 중시하므로, 개인이 정당하게 취득하거나 양도받은 소유물에 대한 권리를 침해받지 않는 것이 정의롭다고 본다. 노직에 따르면, 소유물을 얻는 과정에서의 절차적 결함이 없다면 그로 인한 결과로서 경제적 불평등이 존재하는 것은 문제가 되지 않는다. 롤스는 정의로운 사회가 되기 위해서는, 모든 사람이 기본적 자유를 평등하게 가져야 한다는 '평등한 자유의 원칙', 모든 사람이 능력과 노력에 따라 동등한 기회를 가져야 한다는 '기회 균등의 원칙', 불평등이 존재하더라도, 그것이 사회에서 가장 불리한 사람들에게도 이익이 되는 경우에는 그 불평등이 정당화될 수 있다는 '차등의 원칙'이 이루어져야 한다고 보았다. 롤스는 이러한 정의로운 사회에서는 경제적 불평등이 정당화 가능하다고 보았다.

ㄴ. 노직은 개인이 정당하게 취득하거나 양도받은 소유물에 대한 배타적, 절대적 권리를 가진다고 본다. 따라서 해당 질문은 B에 들어갈 수 있다.

ㄷ. 노직은 자신이 직접 노동하지 않더라도 정당하게 이전된 것이라면 소유권을 인정한다. 따라서 해당 질문은 B에 들어갈 수 있다.

ㄹ. 롤스는 개인의 평등한 자유를 중시하면서도 사회적 약자를 위한 제도가 마련되어야 함을 강조한다. 즉, 롤스는 모든 사람이 평등한 기본적 자유를 최대한 누려야 한다는 평등한 자유의 원칙을 제1원칙으로 강조한다. 따라서 해당 질문은 C에 들어갈 수 없다.

10 정답 ⑤ 문제편 p.176

[사회 불평등과 사회 보장 제도]

〈시도별 의료 급여 수급권자 비율(총인구 대비)〉

(단위: %)

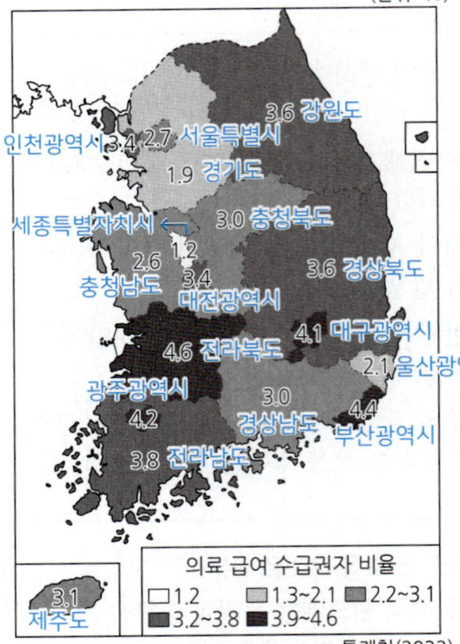

통계청(2022)

〈 보기 〉

ㄱ. 광역시는 모두 ㉠의 수급권자 비율이 4.0% 이상이다. (→ 부산광역시, 광주광역시, 대구광역시)

ㄴ. ㉠의 수급권자 비율이 가장 낮은 지역은 충청권에 위치한다. (→ 충청북도, 충청남도, 대전광역시, 세종특별자치시)

ㄷ. ㉠은 인간의 기본적 필요 충족을 분배적 정의의 기준으로 적용하였다.

ㄹ. ㉠은 공공 부조에 해당하며, 정부 재정으로 비용을 전액 충당하는 것을 원칙으로 한다.

① ㄱ, ㄴ ② ㄱ, ㄷ ③ ㄷ, ㄹ

④ ㄱ, ㄴ, ㄹ ⑤ ㄴ, ㄷ, ㄹ

풀이

생활이 어려운 사람에게 의료 급여를 함으로써 보건과 사회 복지의 증진을 목표로 하는 제도는 공공 부조이다. 따라서 ㉠은 공공 부조이다. 제시된 자료에서 의료 급여 수급권자 비율이 가장 낮은 지역은 세종특별자치시(1.2%)이고, 가장 높은 지역은 전라북도(4.6%)이다.

ㄱ. 광역시의 경우 의료 급여 제도의 수급권자 비율은 인천광역시가 3.4%, 대전광역시가 3.4%, 광주광역시가 4.2%, 대구광역시가 4.1%, 울산광역시가 2.1%, 부산광역시가 4.4%이다. 따라서 의료 급여 제도의 수급권자 비율이 4.0% 이상인 광역시는 부산광역시(4.4%), 광주광역시(4.2%), 대구광역시(4.1%)이다.

ㄴ. 충청북도, 충청남도, 대전광역시, 세종특별자치시가 충청권에 해당한다. 의료 급여 제도의 수급권자 비율이 가장 낮은 지역은 세종특별자치시(1.2%)로, 이는 충청권에 위치한다.
ㄷ. 의료 급여 제도는 생활이 어려운 사람의 질병, 부상, 출산 등에 대해 국가와 지방 자치 단체가 급여를 전액 제공하는 제도로, 분배적 정의의 기준을 적용하여 인간의 기본적 필요를 충족하고자 한 것으로 볼 수 있다.
ㄹ. 의료 급여 제도는 공공 부조에 해당하며, 이는 국가와 지방 자치 단체가 비용을 전액 부담하는 것을 원칙으로 한다.

11 정답 ② 문제편 p.177

[수정 자본주의]

루스벨트 대통령 ←

친애하는 후버 대통령과 대법원장, 그리고 여러분! 지금 저와 여러분은 공통적인 난국에 직면해 있습니다. 이러한 난국은 다행히 물질적인 것에만 관련된 것입니다. 물가는 믿을 수 없을 정도로 떨어졌습니다. 상업 거래에서는 돈이 돌지 않고, 생산 기업은 말라 죽은 잎사귀처럼 여기저기에 흩어져 있습니다. 농민들은 생산물을 팔 시장을 찾을 수가 없고, 수만 가정에 수년 동안 저축해 온 돈은 삽시간에 사라졌습니다. 더욱 중대한 것은 다수의 실업자들이 냉혹한 생존 문제에 직면해 있습니다. …(중략)… '검은 목요일'로부터 시작된 지금의 난국으로 인해 우리 미국 국민들은 좌절한 일이 없습니다. 그들은 지도자가 규율과 방향을 제시해 줄 것을 요구하며 저를 자신들의 소원을 실현시키는 인물로 만들고 있습니다. 저는 이 임무를 소명으로 기꺼이 받아들일 것이며, 대통령으로서의 헌신을 서약함에 있어 겸허하게 신의 축복을 기원하는 바입니다.

대공황(1929년 10월 24일) ←

① 자본가와 노동자 간의 계급 투쟁을 강조하였다. → 마르크스
② 대규모 공공사업을 벌이는 등 뉴딜 정책을 실시하였다. ↳ 수정 자본주의에 입각
③ 신자유주의에 근거하여 노동 시장의 유연성을 강화하였다. → 프리드먼, 하이에크
④ 제1차 석유 파동으로 인한 경기 침체를 극복하고자 하였다. → 신자유주의
⑤ 국부론을 저술하여 개인의 경제적 자율성 보장을 역설하였다. → 애덤 스미스

풀이

제시문을 통해 1929년에 발생한 대공황 상황을 파악할 수 있다. 따라서 밑줄 친 '저'는 루스벨트 대통령이다.
① 자본가와 노동자 간의 계급 투쟁을 강조한 사람은 마르크스이다.
② 대공황 발생 당시 미국의 루스벨트 대통령은 수정 자본주의에 입각한 뉴딜 정책을 통해 국가의 경제적 위기를 타개해 나갔다. 즉, 재기 가능한 은행에 자금을 빌려줌으로써 파산을 막았고, 농산물 가격 폭락을 막기 위해 자금을 지원하였으며, 대규모 공공사업을 통해 일자리를 만들어 유효 수요를 창출하였다.
③ 신자유주의에 근거하여 노동 시장의 유연성을 강화할 것을 주장한 사람은 신자유주의자인 프리드먼과 하이에크이다.
④ 제1차 석유 파동으로 인한 경기 침체를 극복하기 위해 신자유주의가 등장하였다.
⑤ 국부론을 저술하여 개인의 경제적 자율성 보장을 주장한 사람은 애덤 스미스이다.

12 정답 ④ 문제편 p.177

[금융 자산]

[평가 요소] 금융 자산 A~C의 일반적 특징

[서술형 문항]
⟨1⟩ C와 구별되는 A(→ 주식)의 일반적 특징을 1가지만 쓰시오. (1점)
⟨2⟩ C와 구별되는 B(↳ 예금)의 일반적 특징을 1가지만 쓰시오. (1점)
⟨3⟩ A와 구별되는 C(↳ 채권)의 일반적 특징을 1가지만 쓰시오. (1점)

[학생 답안지]

서술형 문항	답안	점수
⟨1⟩	배당 수익을 기대할 수 있다. → 주식	1점
⟨2⟩	예금자 보호 제도의 적용을 받는다. → 예금	1점
⟨3⟩	(가)	㉠

* 각 문항별로 채점하며, 옳은 답안은 1점, 틀린 답안은 0점을 부여함.

① A는 계약 기간 동안 일정한 금액을 매달 납입하여 만기 시에 원금과 이자를 받는 자산이다. → 정기 적금
② 일반적으로 A는 C보다 안전성이 높다. (낮다)
③ 일반적으로 B는 A보다 수익성이 높다. (낮다)
④ B와 C는 모두 이자 수익을 기대할 수 있다.
⑤ (가)에 '시세 차익을 기대할 수 있다.'가 들어가면, ㉠은 '1점'이다. (↳ 주식, 채권 / 0점)

풀이

예금, 주식, 채권 중 배당 수익을 기대할 수 있는 금융 상품은 주식이고, 예금자 보호 제도의 적용을 받는 금융 상품은 예금이다. 따라서 A는 주식, B는 예금, C는 채권이다.
① 계약 기간 동안 일정한 금액을 매달 납입하여 만기 시에 원금과 이자를 받는 금융 상품은 정기 적금이다.
② 일반적으로 주식은 채권보다 안전성이 낮은 편이다.
③ 일반적으로 예금은 주식보다 수익성이 낮은 편이다.
④ 예금과 채권은 이자 수익을 기대할 수 있고, 주식은 배당 수익을 기대할 수 있다.
⑤ 시세 차익을 기대할 수 있는 금융 상품은 주식과 채권이다. 따라서 해당 내용이 (가)에 들어가면, ㉠은 '0점'이다.

13 정답 ② 문제편 p.178

[평화]

우리는 평화 연구의 전제로서 폭력 연구를 수행해야 합니다. 먼저 직접적 폭력은 전쟁이나 범죄와 같이 그 자체로 보복과 공격적인 소요를 일으킵니다. 이는 인간의 신체와 정신과 영혼을 상하게 합니다. 한편, 간접적 폭력은 구조나 문화에 의해 발생하는 폭력을 의미합니다. 이는 비의도적일 수 있지만 그 자체로 반복되며 또 다른 폭력을 낳습니다. 우리가 지향해야 하는 진정한 평화란 직접적 폭력뿐만 아니라 간접적 폭력까지 사라진 상태를 의미합니다.

→ 적극적 평화(갈퉁)

① 적극적 평화를 실현하는 것이 폭력에 대한 최선의 방어이다.

② 폭력은 소극적 평화를 실현하는 수단으로서만 허용될 수 있다. (허용되지 않는다)

③ 직접적 폭력과 간접적 폭력은 서로 유기적으로 연결되어 있다.

④ 폭력은 의도하지 않아도 생길 수 있으며 또 다른 폭력으로 이어질 수 있다.

⑤ 국제 사회의 행위 주체인 국제기구는 갈등 해결을 위해 평화적 수단을 활용해야 한다.

풀이

강연자는 직접적 폭력뿐만 아니라 간접적 폭력까지 사라진 상태인 진정한 평화, 즉 적극적 평화를 강조하고 있다. 따라서 강연자는 갈퉁의 입장을 취하고 있다.

①, ③, ④, ⑤ 갈퉁은 물리적 폭력이 제거된 소극적 평화에서 나아가 구조적, 문화적 폭력이 제거된 적극적 평화가 실현되었을 때 진정한 평화가 달성된다고 보고, 목적이 수단을 정당화할 수 없듯이 평화는 평화적 수단으로만 이루어져야 한다고 주장한다. 따라서 해당 내용은 제시된 강연자가 지지할 견해로 적절하다.

② 갈퉁은 평화 실현을 목적으로 한 폭력 역시 정당화될 수 없다고 주장한다. 즉, 갈퉁은 평화를 달성하기 위해 물리적 폭력을 자행하는 것은 옳지 않다고 보았다. 따라서 해당 내용은 제시된 강연자가 지지할 견해로 적절하지 않다.

14 정답 ⑤ 문제편 p.178

[인구 문제, 다문화 사회]

전 세계적으로 출생률과 사망률이 낮아지는 경향을 보이고 있다. 사망률은 이미 1986년부터 10‰ 미만으로 충분히 낮아져 안정적으로 유지되고 있는 반면, 출생률은 국가에 따라서 상황이 다르다. 여전히 ㉠높은 출생률 문제를 겪고 있는 국가는 경제 수준에 비해 인구 증가율이 높아 인구를 부양하기 쉽지 않으며, ㉡낮은 출생률 문제에 당면한 국가는 현재 경제 수준이 높지만 해당 문제가 지속될 경우 국가 유지에 어려움을 겪을 수 있다.

국가별 경제 수준 차이는 결국 이민자의 문제라는 전혀 다른 방향의 인구 문제로 이어진다. 많은 인구로 인해 국민들을 부양하기 어려운 국가에서는 사람들이 일자리를 찾아 선진국으로 이주하려고 하고, 자국인 노동력의 부족을 경험하는 선진국에서는 몰려드는 이민자들의 문화적 차이와 자국민과의 일자리 갈등이라는 새로운 문제를 떠안고 있다.

<A, B의 연령대별 인구 비율>

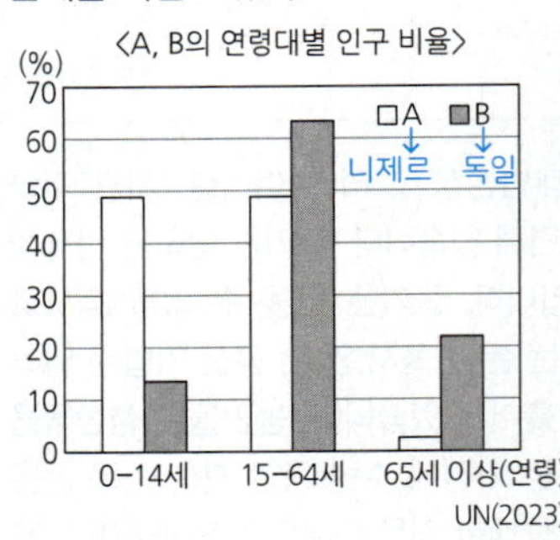

UN(2023)

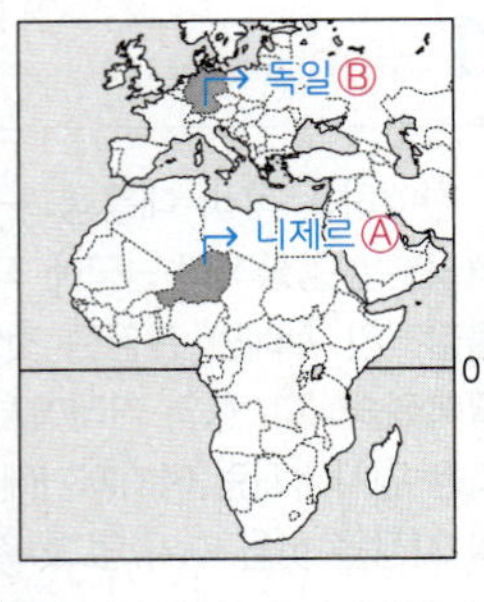

① 유럽에는 인구 문제 ㉠을 겪는 나라가 ㉡을 겪는 나라보다 많다. (적다)

② A는 경제 수준에 비해 출생률이 낮은 국가에 해당한다. (높은)

③ B는 이민자의 문화적 정체성을 유지하기 위해 용광로 이론에 기반한 정책을 강화해 왔다. (샐러드 볼)

④ A는 초고령 사회에 도달한 국가로 B보다 중위 연령이 높다. (B, A)

⑤ B는 A보다 총부양비(인구 부양비)가 낮다.

풀이

지도에 표시된 두 국가는 각각 독일과 니제르이다. 그래프에서 A는 B에 비해 유소년 인구 비율이 높은 반면, 부양 인구 비율과 노년 인구 비율이 낮다. 따라서 A는 니제르, B는 독일이다.

① 유럽은 일반적으로 선진국에 해당하는 국가가 많으므로 유럽에서 높은 출생률을 겪는 나라가 낮은 출생률을 겪는 나라보다 적다.

② 니제르(A)는 경제 수준에 비해 출생률이 높은 국가에 해당한다.

③ 독일(B)은 이민자의 문화적 정체성을 유지하기 위해 샐러드 볼 이론에 기반한 정책을 강화해 왔다.

④ 독일(B)은 초고령 사회에 도달한 국가로 니제르(A)보다 중위 연령이 높다.

⑤ 독일(B)은 니제르(A)보다 부양 인구 비율(15~64세)이 높으므로 총부양비가 낮다.

정답표

Ⅰ. 인권 보장과 헌법

핵심 문제 1회차

문제편 p.11 해설편 p.2

1 ③	2 ④	3 ②	4 ④	5 ④
6 ②	7 ③	8 ④	9 ⑤	10 ③
11 ④	12 ②	13 ②	14 ②	15 ①
16 ①	17 ③	18 ②	19 ①	20 ②
21 ⑤	22 ③	23 ⑤	24 ④	25 ⑤
26 ④	27 ①	28 ①	29 ①	30 ③
31 ①	32 ②	33 ②	34 ①	35 ③
36 ①	37 ⑤	38 ③	39 ②	40 ③
41 ②	42 ⑤	43 ②	44 ③	45 ①
46 ②	47 ①	48 ②	49 ①	

핵심 문제 2회차

문제편 p.24 해설편 p.13

1 ③	2 ①	3 ①	4 ④	5 ①
6 ④	7 ④	8 ④	9 ②	10 ③
11 ④	12 ①	13 ④	14 ①	15 ②
16 ⑤	17 ①	18 ①	19 ④	20 ②
21 ④	22 ③	23 ⑤	24 ⑤	25 ①
26 ③	27 ④	28 ③	29 ⑤	30 ⑤
31 ①	32 ①	33 ①	34 ⑤	35 ⑤
36 ②	37 ⑤	38 ②	39 ①	40 ③
41 ①	42 ①	43 ②	44 ②	

심화 문제

문제편 p.36 해설편 p.23

1 ②	2 ⑤	3 ③	4 ④	5 ④
6 ③	7 ④	8 ④	9 ②	10 ④
11 ②	12 ⑤	13 ⑤	14 ②	15 ⑤
16 ⑤	17 ③	18 ②	19 ①	20 ⑤

Ⅱ. 사회정의와 불평등

핵심 문제

문제편 p.51 해설편 p.29

1 ④	2 ③	3 ①	4 ④	5 ④
6 ③	7 ③	8 ①	9 ①	10 ②
11 ①	12 ②	13 ③	14 ④	15 ④
16 ④	17 ②	18 ②	19 ④	20 ③
21 ①	22 ①	23 ①	24 ①	25 ⑤
26 ⑤	27 ④	28 ④	29 ②	30 ③
31 ③	32 ①	33 ③	34 ④	35 ②
36 ④	37 ⑤	38 ②	39 ③	40 ③
41 ④				

심화 문제

문제편 p.62 해설편 p.39

1 ①	2 ④	3 ⑤	4 ②	5 ④
6 ⑤	7 ④	8 ①	9 ②	10 ④
11 ⑤	12 ③			

Ⅲ. 시장경제와 지속가능발전

핵심 문제 1회차

문제편 p.75 해설편 p.43

1 ①	2 ④	3 ①	4 ③	5 ①
6 ①	7 ②	8 ②	9 ②	10 ②
11 ⑤	12 ④	13 ③	14 ①	15 ①
16 ③	17 ③	18 ③	19 ⑤	20 ③
21 ②	22 ⑤	23 ④	24 ⑤	25 ③
26 ④	27 ④	28 ③	29 ①	30 ⑤
31 ⑤	32 ③	33 ④	34 ④	35 ③
36 ③	37 ④	38 ④	39 ⑤	

핵심 문제 2회차

문제편 p.85 해설편 p.51

1 ③	2 ①	3 ⑤	4 ③	5 ①
6 ②	7 ④	8 ②	9 ②	10 ①
11 ②	12 ⑤	13 ④	14 ④	15 ①
16 ③	17 ②	18 ④	19 ②	20 ④
21 ①	22 ③	23 ④	24 ②	25 ④
26 ②	27 ④	28 ②	29 ①	30 ③
31 ⑤	32 ④			

심화 문제

문제편 p.93 해설편 p.58

1 ②	2 ④	3 ②	4 ⑤	5 ①
6 ④	7 ④	8 ②	9 ②	10 ①
11 ①	12 ⑤	13 ①	14 ③	15 ③
16 ①				

Ⅳ. 세계화와 평화

핵심 문제

문제편 p.106 해설편 p.63

1 ③	2 ①	3 ④	4 ①	5 ⑤
6 ③	7 ③	8 ①	9 ④	10 ①
11 ④	12 ②	13 ⑤	14 ②	15 ①
16 ④	17 ⑤	18 ⑤	19 ②	20 ②
21 ⑤	22 ①	23 ④	24 ④	25 ②
26 ④	27 ⑤	28 ②	29 ⑤	30 ⑤
31 ③	32 ②	33 ⑤	34 ④	35 ⑤
36 ③	37 ③	38 ③	39 ①	40 ⑤
41 ④	42 ⑤	43 ④	44 ⑤	45 ②

심화 문제

문제편 p.118 해설편 p.72

1 ③	2 ②	3 ⑤	4 ④	5 ②
6 ③	7 ②	8 ③	9 ③	10 ②

Ⅴ. 미래와 지속가능한 삶

핵심 문제 1회차

문제편 p.130 해설편 p.75

1 ⑤	2 ②	3 ①	4 ⑤	5 ③
6 ③	7 ③	8 ②	9 ⑤	10 ①
11 ③	12 ③	13 ②	14 ①	15 ③
16 ⑤	17 ⑤	18 ③	19 ⑤	20 ④
21 ③	22 ④	23 ④	24 ⑤	25 ④
26 ③	27 ②	28 ②	29 ③	30 ④
31 ①	32 ③	33 ⑤	34 ①	35 ①
36 ④				

핵심 문제 2회차

문제편 p.139 해설편 p.83

1 ⑤	2 ⑤	3 ③	4 ②	5 ③
6 ⑤	7 ①	8 ①	9 ②	10 ③
11 ④	12 ①	13 ④	14 ②	15 ①
16 ①	17 ⑤	18 ③	19 ①	20 ⑤
21 ③	22 ④	23 ④	24 ①	25 ③
26 ⑤	27 ⑤	28 ③	29 ③	30 ④
31 ②				

심화 문제

문제편 p.147 해설편 p.89

1 ⑤	2 ②	3 ①	4 ②	5 ③
6 ②	7 ③	8 ⑤	9 ③	10 ③
11 ④	12 ①	13 ③	14 ④	15 ④
16 ④	17 ③	18 ④	19 ⑤	20 ③

1회 미니모의고사

문제편 p.155 해설편 p.95

1 ①	2 ①	3 ④	4 ⑤	5 ③
6 ④	7 ③	8 ③	9 ②	10 ④

2회 미니모의고사

문제편 p.158 해설편 p.98

1 ④	2 ③	3 ①	4 ①	5 ②
6 ⑤	7 ①	8 ③	9 ③	10 ⑤

2028 수능 예시문항 1

문제편 p.161 해설편 p.101

1 ⑤	2 ④	3 ④	4 ②	5 ③
6 ⑤	7 ④	8 ③	9 ②	10 ②
11 ①	12 ③	13 ②	14 ③	15 ②
16 ①	17 ③	18 ③	19 ⑤	20 ①
21 ⑤	22 ④	23 ②	24 ②	25 ①

2023 수능 예시문항 2

문제편 p.172 해설편 p.114

1 ④	2 ③	3 ⑤	4 ④	5 ②
6 ②	7 ①	8 ①	9 ③	10 ⑤
11 ②	12 ④	13 ②	14 ⑤	

빠른 정답표 QR
QR코드를 스캔하시면
정답표 PDF를 다운로드하실 수 있습니다.

2026 마더텅 전국연합 학력평가 기출문제집 시리즈

This book belongs to

학교 시험에 자주 출제되는 유형을 철저히 분석하여 적용한 유형별 기출문제집
중간·기말고사와 전국연합 학력평가 대비를 위한 기출문제집

마더텅은 1999년 창업 이래 **2025년까지 3,642만 부의 교재를 판매**했습니다. 2025년 판매량은 322만 부로 자사 교재의 품질은 학원 강의와 온/오프라인 서점 판매량으로 검증받았습니다. **[마더텅 수능기출문제집 시리즈]는 친절하고 자세한 해설로 수험생님들의 전폭적인 지지를 받으며 누적 판매 950만 부, 2025년 한 해에만 95만 부가 판매된 베스트셀러**입니다. 또한 **[중학영문법 3800제]는 2007년부터 2025년까지 19년 동안 중학 영문법 부문 판매 1위**를 지키며 명실공히 대한민국 최고의 영문법 교재로 자리매김했습니다. 그리고 2018년 출간된 **[뿌리깊은 초등국어 독해력 시리즈]는 2025년까지 323만 부가 판매되면서 초등 국어 부문 판매 1위**를 차지하였습니다.(교보문고/YES24 판매량 기준, EBS 제외) 이처럼 마더텅은 초·중·고 학습 참고서를 대표하는 대한민국 제일의 교육 브랜드로 자리잡게 되었습니다. 이와 같은 성원에 감사드리며, 앞으로도 효율적인 학습에 보탬이 되는 교재로 보답하겠습니다.

3차 개정판 1쇄 2025년 10월 31일 **발행처** (주)마더텅 **발행인** 문숙영
책임 편집 장윤미
해설 집필 및 감수 김은지, 이병천(속초여고), 조아영, 배준호(홍대앞사회탐구)
교정 유혜주, 정상민, 최병찬, 장기선
컷 오은진 **디자인** 김연실, 양은선 **인디자인 편집** 오현주
제작 이주영 **홍보** 정반석
주소 서울시 금천구 가마산로 96, 708호 **등록번호** 제1-2423호(1999년 1월 8일)

마더텅 교재를 풀면서 궁금한 점이 생기셨나요? 교재 관련 내용 문의나 오류신고 사항이 있으면 아래 문의처로 보내 주세요! 문의하신 내용에 대해 성심성의껏 답변해 드리겠습니다. 또한 **교재의 내용 오류 또는 오·탈자, 그 외 수정이 필요한 사항**에 대해 가장 먼저 신고해 주신 분께는 감사의 마음을 담아 **네이버페이 포인트 1천 원**을 보내 드립니다!

* 기한: 2026년 12월 31일 * 오류신고 이벤트는 당사 사정에 따라 조기 종료될 수 있습니다.
* 홈페이지에 게시된 정오표 기준으로 최초 신고된 오류에 한하여 상품권을 보내 드립니다.

홈페이지 www.toptutor.co.kr 교재Q&A게시판 카카오톡 mothertongue 이메일 mothert1004@toptutor.co.kr
고객센터 전화 1661-1064(07:00~22:00) 문자 010-6640-1064(문자수신전용)

book.toptutor.co.kr
구하기 어려운 교재는 마더텅 모바일(인터넷)을 이용하세요. 즉시 배송해 드립니다.

마더텅 학습 교재 이벤트에 참여해 주세요. 참여해 주신 분께 선물을 드립니다.

이벤트 1 1분 간단 교재 사용 후기 이벤트

마더텅은 고객님의 소중한 의견을 반영하여 보다 좋은 책을 만들고자 합니다. 교재 구매 후, <교재 사용 후기 이벤트>에 참여해 주신 모든 분께 감사의 마음을 담아 **네이버페이 포인트 1천 원**을 보내 드립니다. **지금 바로 QR 코드를 스캔**해 소중한 의견을 보내 주세요!

이벤트 2 마더텅 기출문제집 인증샷 이벤트

SNS에 <마더텅 기출문제집> 인증샷을 올려 주시면 참여해 주신 모든 분께 감사의 마음을 담아 **네이버페이 포인트 2천 원**을 보내 드립니다. **지금 바로 QR 코드를 스캔**해 작성한 게시물의 URL을 입력해 주세요!

필수 태그 #마더텅 #마더텅기출

이벤트 3 미니모의고사 이벤트

본 교재의 미니모의고사 문제편 페이지를 오려서 마더텅으로 보내 주세요! 추첨을 통해 소정의 상품을 보내 드립니다.

참여 방법 1회 미니모의고사(p.155~157) 풀이 및 채점 완료 → 해당 페이지를 모두 오려서 마더텅에 발송(우편, 택배 등) → QR 코드를 스캔하고 발송 인증

주소 (08501) 서울특별시 금천구 가마산로 96, 대륭테크노타운 8차 708호, 마더텅 이벤트 담당자 앞 / 010-6640-1064

※ 이벤트 기간: 2026년 12월 31일까지 (*해당 이벤트는 당사 사정에 따라 조기 종료될 수 있습니다.)
※ 자세한 사항은 해당 QR 코드를 스캔하거나 홈페이지 이벤트 공지 글을 참고해 주세요. ※ 당사 사정에 따라 이벤트의 내용이나 상품이 변경될 수 있으며 변경 시 홈페이지에 공지합니다.
※ 상품은 이벤트 참여일로부터 4~5일(영업일 기준) 내에 발송됩니다. (단, 이벤트 3은 예외) ※ 동일 교재로 세 가지 이벤트 모두 참여 가능합니다. (단, 같은 이벤트 중복 참여는 불가합니다.)

정답표

Ⅰ. 인권 보장과 헌법

핵심 문제 1회차

문제편 p.11 해설편 p.2

1 ③	2 ④	3 ②	4 ④	5 ④
6 ②	7 ③	8 ④	9 ⑤	10 ③
11 ④	12 ②	13 ②	14 ②	15 ①
16 ①	17 ③	18 ②	19 ①	20 ②
21 ⑤	22 ③	23 ⑤	24 ④	25 ⑤
26 ④	27 ①	28 ①	29 ①	30 ③
31 ①	32 ②	33 ②	34 ①	35 ③
36 ①	37 ⑤	38 ③	39 ②	40 ③
41 ②	42 ⑤	43 ②	44 ③	45 ①
46 ②	47 ①	48 ②	49 ①	

핵심 문제 2회차

문제편 p.24 해설편 p.13

1 ③	2 ①	3 ①	4 ④	5 ①
6 ④	7 ④	8 ④	9 ②	10 ③
11 ④	12 ①	13 ④	14 ①	15 ②
16 ⑤	17 ①	18 ①	19 ④	20 ②
21 ④	22 ③	23 ⑤	24 ⑤	25 ①
26 ③	27 ④	28 ③	29 ⑤	30 ⑤
31 ①	32 ①	33 ①	34 ⑤	35 ⑤
36 ②	37 ⑤	38 ②	39 ①	40 ③
41 ①	42 ①	43 ②	44 ②	

심화 문제

문제편 p.36 해설편 p.23

1 ②	2 ⑤	3 ③	4 ④	5 ④
6 ③	7 ④	8 ④	9 ②	10 ④
11 ②	12 ⑤	13 ⑤	14 ②	15 ⑤
16 ⑤	17 ③	18 ②	19 ①	20 ⑤

서술형 문제

문제편 p.42 해설편 p.28

1 (1) ㉠ 인권 (2) **모범답안:** 인권은 태어날 때부터 지니고 있다(천부성). 인권은 누구나 가지고 있는 권리이다(보편성). 인권은 남에게 양도할 수 없고 누구도 침해할 수 없는 권리이다(불가침성). 인권은 영구히 보장되는 권리이다(항구성).

2 (1) 바이마르 헌법 (2) **모범답안:** 바이마르 헌법은 최초로 사회권을 기본권으로 인정하였다.

3 (1) A 시민 불복종 (2) **모범답안:** 목적에 정당성이 있어야 한다. 비폭력적인 방법을 사용하되 최후의 수단으로 시행되어야 한다. 위법 행위에 대한 처벌을 감수함으로써 법을 존중한다는 사실을 분명히 한다. 공개적으로 행한다.

4 (1) ㉠ 사회적 소수자 (2) **모범답안:** 사회적 소수자가 되는 기준은 상대적이다. 사회적 소수자는 상황에 따라 상대적으로 규정된다.

Ⅱ. 사회정의와 불평등

핵심 문제

문제편 p.51 해설편 p.29

1 ④	2 ③	3 ①	4 ④	5 ④
6 ③	7 ③	8 ①	9 ①	10 ②
11 ①	12 ②	13 ③	14 ④	15 ④
16 ④	17 ②	18 ②	19 ④	20 ③
21 ①	22 ①	23 ①	24 ①	25 ⑤
26 ⑤	27 ④	28 ④	29 ②	30 ③
31 ③	32 ①	33 ③	34 ④	35 ②
36 ④	37 ⑤	38 ②	39 ③	40 ③
41 ④				

심화 문제

문제편 p.62 해설편 p.39

1 ①	2 ④	3 ⑤	4 ②	5 ④
6 ⑤	7 ④	8 ①	9 ②	10 ④
11 ⑤	12 ③			

서술형 문제

문제편 p.66 해설편 p.42

1 (1) **갑** 필요에 따른 분배 **을** 능력에 따른 분배 **병** 업적에 따른 분배
(2) **모범답안:** 업적은 능력, 필요와 달리 각자가 달성한 결과를 객관화·수량화할 수 있어 평가와 특정이 비교적 용이하다.

2 (1) **(가)** 공동체주의 정의관 **(나)** 자유주의 정의관
(2) **모범답안:** 공동체주의 정의관은 개인이나 특정 지역의 이익을 지나치게 중시함으로써 나타나는 문제점을 해결하여 공동선을 실현하는 데 도움을 줄 수 있으나, 개인의 자유와 권리의 희생을 정당화하는 집단주의가 발생할 수 있는 문제가 있다. 자유주의적 정의관은 개인의 자유로운 선택과 권리를 최대한 존중하려 하지만, 자신의 이익을 우선시하는 이기주의가 확산될 우려가 있다.

3 (1) **(가)** 성 불평등 **(나)** 공간 불평등
(2) **모범답안:** (가)와 (나)는 모두 사회 통합을 실현하는 데 기여한다. (가)와 (나)는 모두 효율성보다 형평성을 중시하는 정책이다.

4 (1) A 공공 부조 B 사회 보험 C 사회 서비스
(2) **모범답안:** 공공 부조와 사회 보험은 모두 소득 재분배 효과가 있다. 공공 부조는 사후 처방적 성격이 강하고, 사회 보험은 사전 예방적 성격이 강하다.

Ⅲ. 시장경제와 지속가능발전

핵심 문제 1회차

문제편 p.75 해설편 p.43

1 ①	2 ④	3 ①	4 ③	5 ①
6 ①	7 ②	8 ②	9 ②	10 ②
11 ⑤	12 ④	13 ③	14 ①	15 ①
16 ③	17 ③	18 ③	19 ⑤	20 ③
21 ②	22 ⑤	23 ④	24 ⑤	25 ③
26 ④	27 ④	28 ③	29 ①	30 ⑤
31 ⑤	32 ③	33 ④	34 ④	35 ③
36 ③	37 ④	38 ④	39 ⑤	

핵심 문제 2회차

문제편 p.85 해설편 p.51

1 ③	2 ①	3 ⑤	4 ③	5 ①
6 ②	7 ④	8 ②	9 ②	10 ①
11 ②	12 ⑤	13 ④	14 ④	15 ①
16 ③	17 ②	18 ④	19 ②	20 ④
21 ①	22 ③	23 ④	24 ②	25 ④
26 ②	27 ④	28 ②	29 ①	30 ③
31 ⑤	32 ④			

심화 문제

문제편 p.93 해설편 p.58

1 ②	2 ④	3 ②	4 ⑤	5 ①
6 ④	7 ④	8 ②	9 ②	10 ①
11 ①	12 ⑤	13 ①	14 ③	15 ③
16 ①				

서술형 문제

문제편 p.97 해설편 p.62

1 (1) 대공황
(2) **모범답안:** 대공황은 자유방임주의의 한계를 인식하고 시장에 대한 정부의 적극적인 개입이 시작되는 계기가 되었다.

2 (1) **(가)** 긍정적 외부 효과(외부 경제) **(나)** 부정적 외부 효과(외부 불경제)
(2) **모범답안:** (가)에 나타난 긍정적 외부 효과는 생산 및 소비가 늘어나도록 보조금 지급, 세제 혜택 등 긍정적인 경제적 유인을 제공하여 외부 효과를 개선할 수 있다. (나)에 나타난 부정적 외부 효과는 생산 및 소비가 억제되도록 세금 또는 과태료 부과 등 부정적인 경제적 유인을 제공함으로써 외부 효과를 개선할 수 있다.

3 (1) **갑** 5점 **을** 3점
(2) **모범답안:** ㉡이 행해졌을 때 갑은 '배당금을 받을 수 있다.'가 적힌 카드를, 을은 '금융 자산이다.'가 적힌 카드를 가져가야 을이 갑보다 높은 점수를 얻을 수 있다. 갑과 을의 점수 차이는 ㉠이 행해졌을 때와 ㉡이 행해졌을 때가 각각 2점으로 같다.

4 (1) ① Y재 1/2개 ② Y재 1/3개 ③ X재 2개 ④ X재 3개
(2) **모범답안:** 갑국은 을국에 비해 Y재 1개 생산의 기회비용이 작으므로 Y재 생산에 비교 우위가 있고, 을국은 갑국에 비해 X재 1개 생산의 기회비용이 작으므로 X재 생산에 비교 우위가 있다.

>> 다음 장에 이어집니다.

정답표

Ⅳ. 세계화와 평화

핵심 문제

문제편 p.106 해설편 p.63

1 ③	2 ①	3 ④	4 ①	5 ⑤
6 ③	7 ③	8 ①	9 ④	10 ①
11 ④	12 ②	13 ⑤	14 ②	15 ①
16 ④	17 ⑤	18 ⑤	19 ②	20 ②
21 ⑤	22 ①	23 ④	24 ④	25 ②
26 ④	27 ⑤	28 ②	29 ⑤	30 ⑤
31 ③	32 ②	33 ⑤	34 ④	35 ⑤
36 ③	37 ③	38 ③	39 ①	40 ⑤
41 ④	42 ⑤	43 ④	44 ⑤	45 ②

심화 문제

문제편 p.118 해설편 p.72

1 ③	2 ②	3 ⑤	4 ④	5 ②
6 ③	7 ②	8 ③	9 ③	10 ②

서술형 문제

문제편 p.121 해설편 p.74

1 (1) ㉠ 다국적 기업 ㉡ 공간적 분업(국제적 분업)
(2) **모범답안:** 다국적 기업이 입지한 지역은 일자리가 증가하고, 선진 기술 도입과 자본 투자 등으로 지역 경제에 활기를 줄 수 있다. 반면 지역 내 경쟁력이 취약한 기업은 피해를 볼 수 있고, 다국적 기업에 의해 창출된 이익을 진출 지역에 재투자하지 않고 모국으로 가져가면서 자본이 빠져나갈 수도 있다. 또한 환경 오염을 방치하면서 환경 문제를 야기하기도 한다. (3) **모범답안:** ㉢ 저렴한 임금의 노동력 활용 ㉣ 시장 확보(무역 장벽 극복)

2 (1) ㉠ 아파르트헤이트 (2) 구조적 폭력
(3) **모범답안:** 갈퉁의 평화 사상에 따르면, 만델라는 구조적 폭력의 원인이 되었던 인종 간 적대와 불평등을 평화적인 방식으로 해소하고자 하였다. 그는 백인에 대한 보복 대신 화해를 선택함으로써 단순한 폭력의 부재를 넘어, 정의롭고 조화로운 사회를 지향하는 적극적 평화 실현의 의의를 보여주었다.

3 (1) ㉠ (정부 간) 국제기구 ㉡ (국제) 비정부 기구(NGO) (2) **모범답안:** ㉢ 세계 평화 및 환경 보호 활동 ㉣ 의료 지원 및 의료 구호 활동
(3) **모범답안:** 인간은 자신들의 이익만을 추구한 결과 기후 변화, 환경 문제 등을 초래하였고, 이는 미래 후손들에게 큰 재앙이 될 것입니다. 그래서 저는 환경 문제의 원인을 밝혀내고, 이를 해결하는 데 힘을 보태고 싶어 그린피스에 가입하겠습니다. 먼저 일회용품 사용 줄이기부터 실천할 것이고, 용돈을 모아 그린피스에 후원하겠습니다. 저의 작은 노력이 조금이라도 더 나은 환경을 만드는 데 도움이 되었으면 좋겠습니다.

4 (1) ㉠ 통일을 위한 노력 (2) **모범답안:** 민족의 동질성을 회복하기 위해 필요하다. 한반도의 평화 정착을 위해 필요하다. 이산가족의 고통을 해소하기 위해 필요하다. 등

Ⅴ. 미래와 지속가능한 삶

핵심 문제 1회차

문제편 p.130 해설편 p.75

1 ⑤	2 ②	3 ①	4 ⑤	5 ③
6 ③	7 ③	8 ②	9 ⑤	10 ①
11 ③	12 ③	13 ②	14 ①	15 ③
16 ⑤	17 ⑤	18 ③	19 ⑤	20 ④
21 ③	22 ④	23 ④	24 ⑤	25 ④
26 ③	27 ②	28 ②	29 ③	30 ④
31 ①	32 ③	33 ⑤	34 ①	35 ①
36 ④				

핵심 문제 2회차

문제편 p.139 해설편 p.83

1 ⑤	2 ⑤	3 ③	4 ②	5 ③
6 ⑤	7 ①	8 ①	9 ②	10 ③
11 ④	12 ①	13 ④	14 ②	15 ①
16 ①	17 ⑤	18 ③	19 ①	20 ⑤
21 ③	22 ④	23 ④	24 ①	25 ③
26 ⑤	27 ⑤	28 ③	29 ③	30 ④
31 ②				

심화 문제

문제편 p.147 해설편 p.89

1 ⑤	2 ②	3 ①	4 ②	5 ③
6 ②	7 ③	8 ⑤	9 ③	10 ③
11 ④	12 ①	13 ③	14 ④	15 ④
16 ④	17 ③	18 ④	19 ⑤	20 ③

서술형 문제

문제편 p.152 해설편 p.94

1 (1) (가)-(나)-(다)
(2) **모범답안:** (가)는 1980년대에 사용된 표어이다. 당시에는 출산율이 여전히 높아 이전부터 시행되던 산아 제한 정책이 전개되었다. (나)는 1990년대에 사용된 표어이다. 1990년대에는 출산율이 낮아졌으나, 태아 성감별로 인한 신생아의 남초 현상이 뚜렷이 나타났다. 따라서 남아 선호 사상을 타파하여 성비의 균형을 맞추고자 노력하였다. (다)는 2000년대에 사용된 표어이다. 2000년대에는 출산 기피 현상으로 출산율이 급감했다. 출산율 감소는 노동력 부족, 인구 감소로 인한 경기 침체로 이어질 수 있어서 출산 장려 정책을 시행하고 있다.

2 (1) **(가)** 아프리카 **(나)** 아시아 **(다)** 유럽
(2) **모범답안:** (가)는 높은 출산율로 인한 인구 증가로 식량 부족, 자원 부족, 기아 및 빈곤, 실업 등의 문제가 발생한다. 이를 해소하기 위해서는 산아 제한 정책, 식량 증산 노력, 인구 부양력을 높이기 위한 경제 발전 등이 필요하다. (다)는 낮은 출산율로 인한 노동력 부족, 고령화로 인한 사회적 비용 증가 등의 문제가 발생한다. 이를 해소하기 위해서는 출산 장려 정책, 육아에 대한 부담 감소, 노인 복지 시설 확충, 노인 경제 참여 기회 확대 등이 필요하다.

3 (1) A 석유 B 석탄 (2) ㉠ 러시아 ㉡ 중국
(3) **모범답안:** A는 신생대 제3기 퇴적층 중 배사 구조가 발달한 지층에, B는 고생대 퇴적층에 주로 매장되어 있다.

4 (1) 자원 민족주의 (2) **모범답안:** 지구 온난화 현상, 대기 오염, 산성비 (3) **모범답안:** 신·재생 에너지에는 수력, 풍력, 태양광, 지열, 해양 에너지 등이 있다. 유량이 풍부한 하천과 높은 산지가 있어 큰 낙차를 얻을 수 있는 지역에서는 수력 발전을, 화산이 분포하여 지하에 열에너지가 풍부한 지역에서는 지열 발전을, 일조량이 풍부한 지역에서는 태양광 발전을, 풍향이 일정하고 풍속이 강한 지역에서는 풍력 발전을 하기에 유리하다. 그리고 해안 지대 중 조차가 큰 지역은 조력 발전을, 바닷물의 흐름이 강한 지역은 조류 발전을 하기에 유리하다.

5 (1) ㉠ 델파이 기법(전문가 합의법) ㉡ 시나리오 기법 (2) **모범답안:** 1. 의학 기술의 발달로 대부분의 질병 치료가 가능해질 것이므로 인간 수명은 연장될 것이다. 2. 지구 온난화, 대기 오염 등 건강에 악영향을 주는 요인들이 증가할 것이므로 인간 수명은 단축될 것이다. 3. 인구 증가로 인한 자원 수요가 자원 공급보다 많아지면서 자원을 둘러싼 국가 간 갈등이 전쟁으로 이어질 가능성이 높으므로 인간 수명은 단축될 것이다.

1회 미니모의고사

문제편 p.155 해설편 p.95

1 ①	2 ①	3 ④	4 ⑤	5 ③
6 ④	7 ③	8 ③	9 ②	10 ④

2회 미니모의고사

문제편 p.158 해설편 p.98

1 ④	2 ③	3 ①	4 ①	5 ②
6 ⑤	7 ①	8 ③	9 ③	10 ⑤

2028 수능 예시문항 1

문제편 p.161 해설편 p.101

1 ⑤	2 ④	3 ④	4 ②	5 ③
6 ⑤	7 ④	8 ③	9 ②	10 ②
11 ①	12 ③	13 ②	14 ③	15 ②
16 ①	17 ③	18 ③	19 ⑤	20 ①
21 ⑤	22 ④	23 ②	24 ②	25 ①

2028 수능 예시문항 2

문제편 p.172 해설편 p.114

1 ④	2 ③	3 ⑤	4 ④	5 ②
6 ②	7 ①	8 ①	9 ③	10 ⑤
11 ②	12 ④	13 ②	14 ⑤	

빠른 정답표 QR
QR코드를 스캔하시면
정답표 PDF를 다운로드하실 수 있습니다.

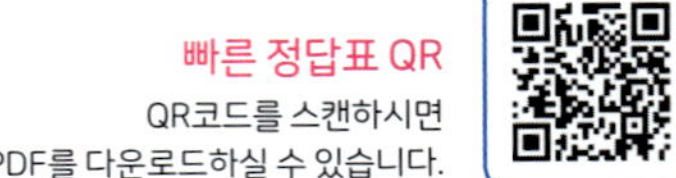

2026 마더텅
전국연합 학력평가 기출문제집

고1 통합사회2

개념 정리책

MOTHERTONGUE
마더텅출판사
since1999.4.1.

개념 정리책 교재 구성

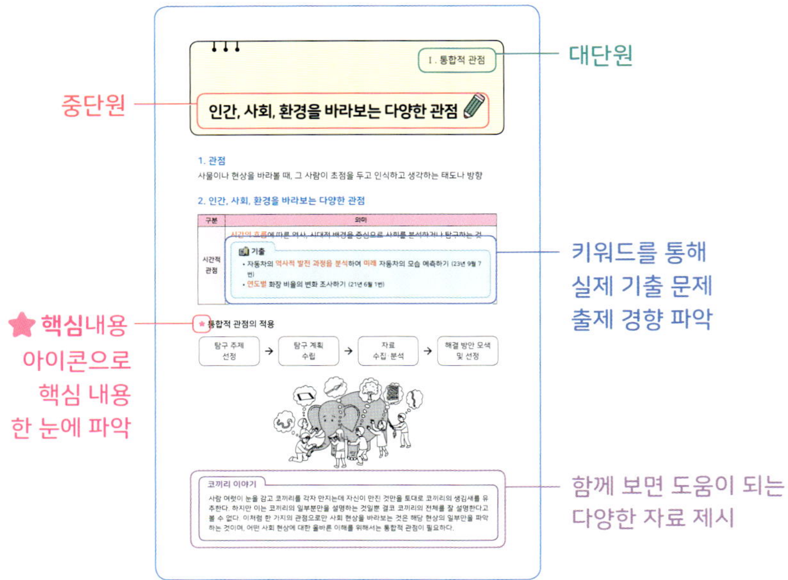

7일 완성 학습계획표

2026 마더텅 전국연합 학력평가 기출문제집 고1 통합사회2

- 마더텅 개념 정리책을 100% 활용할 수 있도록 도와주는 학습계획표입니다.
  계획표를 활용하여 학습 일정을 계획하고 자신의 성적을 체크해 보세요.
  꼭 7일 완성을 목표로 하지 않더라도, 스스로 학습 현황을 체크하면서 공부하는 습관은 문제집을 끝까지 푸는 데 도움을 줍니다.
- 날짜별로 정해진 분량에 맞춰 공부하고 학습 결과를 기록합니다.
- 계획은 도중에 틀어질 수 있습니다. 하지만 계획을 세우고 지키는 과정은 그 자체로 효율적인 학습에 큰 도움이 됩니다.

Day	학습 내용	성취도				
		100%	99~75%	74~50%	49~25%	24~0%
1일차	p.2~3					
2일차	p.4~6					
3일차	p.7~9					
4일차	p.10~13					
5일차	p.14~16					
6일차	p.17~20					
7일차	p.21~23					

2026 마더텅 전국연합 학력평가 기출문제집

고1 통합사회2

목 차

Ⅰ 인권 보장과 헌법

Ⅱ 사회정의와 불평등

Ⅲ 시장경제와 지속가능발전

Ⅳ 세계화와 평화

Ⅴ 미래와 지속가능한 삶

Ⅰ. 인권 보장과 헌법

인권의 의미 변화와 양상 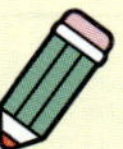

1. 인권의 의미

- 인간으로서 당연히 누려야 할 기본적인 권리
- 절대적 가치를 지닌 존재로서 오직 인간이라는 이유만으로 자신의 존엄성을 보장받으며 행복하게 살아갈 권리

기출
- 인간이라면 누구나 누릴 수 있다. (22년 6월 10번)

2. 인권의 특징

- 보편성: 인권은 인종·성별·종교·사회적 신분 등과 관계없이 누구나 가질 수 있음
- 불가침성: 타인의 인권을 침해해서는 안 되며, 자신의 권리를 남에게 양도할 수도 없음
- 천부성: 인권은 태어나면서부터 갖게 되는 당연한 권리임
- 항구성: 인권은 영구히 보장되는 권리임

기출
- 태어나면서부터 자연스럽게 가진다. (22년 6월 10번)
- 국가나 다른 사람이 침해해서는 안 된다. (22년 6월 10번)

3. 인권의 발전 과정

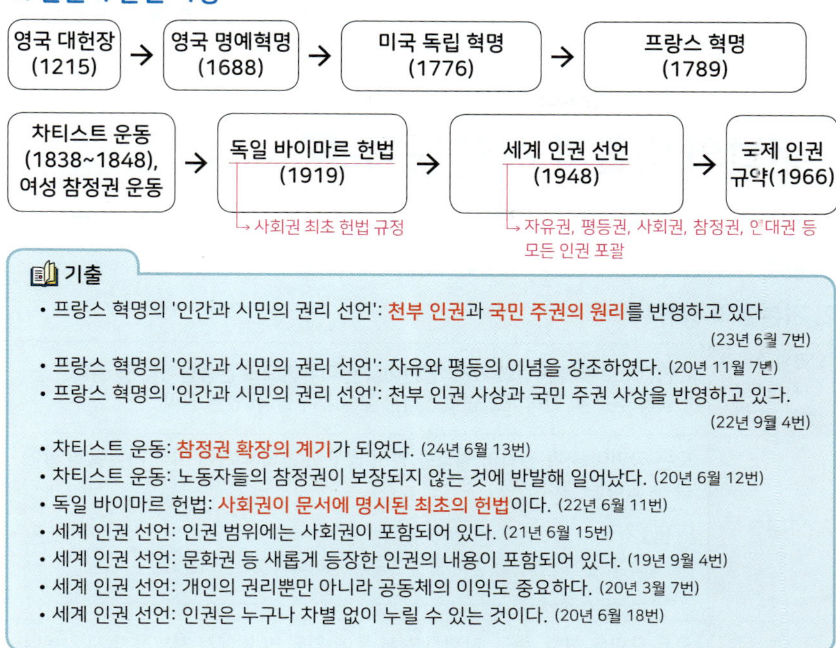

기출

- 프랑스 혁명의 '인간과 시민의 권리 선언': **천부 인권**과 **국민 주권의 원리**를 반영하고 있다 (23년 6월 7번)
- 프랑스 혁명의 '인간과 시민의 권리 선언': 자유와 평등의 이념을 강조하였다. (20년 11월 7번)
- 프랑스 혁명의 '인간과 시민의 권리 선언': 천부 인권 사상과 국민 주권 사상을 반영하고 있다. (22년 9월 4번)
- 차티스트 운동: **참정권 확장의 계기**가 되었다. (24년 6월 13번)
- 차티스트 운동: 노동자들의 참정권이 보장되지 않는 것에 반발해 일어났다. (20년 6월 12번)
- 독일 바이마르 헌법: **사회권이 문서에 명시된 최초의 헌법**이다. (22년 6월 11번)
- 세계 인권 선언: 인권 범위에는 사회권이 포함되어 있다. (21년 6월 15번)
- 세계 인권 선언: 문화권 등 새롭게 등장한 인권의 내용이 포함되어 있다. (19년 9월 4번)
- 세계 인권 선언: 개인의 권리뿐만 아니라 공동체의 이익도 중요하다. (20년 3월 7번)
- 세계 인권 선언: 인권은 누구나 차별 없이 누릴 수 있는 것이다. (20년 6월 18번)

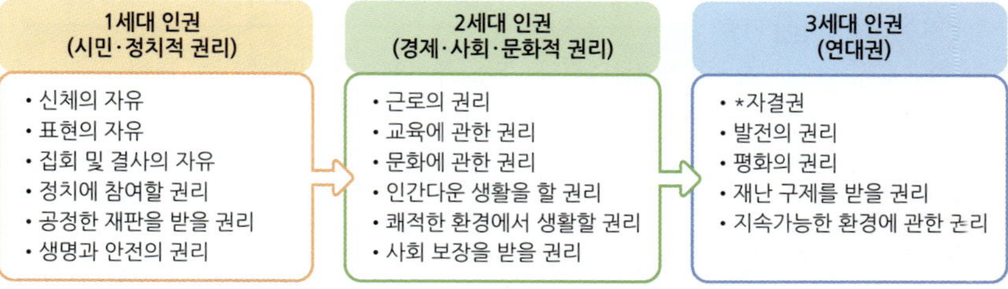

1세대 인권 (시민·정치적 권리)	2세대 인권 (경제·사회·문화적 권리)	3세대 인권 (연대권)
• 신체의 자유 • 표현의 자유 • 집회 및 결사의 자유 • 정치에 참여할 권리 • 공정한 재판을 받을 권리 • 생명과 안전의 권리	• 근로의 권리 • 교육에 관한 권리 • 문화에 관한 권리 • 인간다운 생활을 할 권리 • 쾌적한 환경에서 생활할 권리 • 사회 보장을 받을 권리	• *자결권 • 발전의 권리 • 평화의 권리 • 재난 구제를 받을 권리 • 지속가능한 환경에 관한 권리

*자결권: 다른 나라의 간섭 없이 통치 형태를 결정하고 경제·사회·문화적 발전을 자유롭게 추구할 수 있는 권리

4. 현대 사회의 인권

사회 변화, 도시 환경의 변화에 따른 사회 문제 해결을 위해 현대 사회에서는 **환경권, 주거권, 안전권, 문화권 등**과 같은 새로운 인권이 대두됨

기출

- 환경권: 과거에 비해 환경권이 더 강조될 것으로 예상할 수 있다. (23년 6월 15번)
- 안전권: 생명과 안녕을 위협하는 위험으로부터 보호받을 권리이다. (19년 6월 13번)
- 문화권: 문화적 정체성 확립에 도움을 주는 권리이다. (22년 6월 18번)

헌법의 역할과 시민 참여

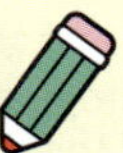

1. 헌법 국가의 최고법, 국민의 인권을 기본권으로 규정하여 보장함

2. 기본권의 종류

구분	내용
인간의 존엄과 가치 및 행복 추구권	• 인간으로서의 존엄과 가치: 인간이라는 이유만으로 존중받아야 할 권리 • 행복 추구권: 안락하고 만족스러운 삶을 추구할 수 있는 권리
자유권	모든 국민이 국가 권력의 억압을 받지 않고 개인의 의사에 따라 자유롭게 살아갈 수 있다는 권리 기출 • 국가 권력의 간섭을 받지 않을 소극적 권리이다. (23년 11월 3번)
평등권	모든 국민은 성별, 종교, 사회적 신분 등에 의해 법 앞에서 차별을 받지 않는다는 권리 기출 • 다른 기본권 보장의 전제가 되는 권리이다. (20년 9월 3번)
참정권	주권자로서 국가의 정책 결정 과정에 참여하여 정치적 의사를 표출할 수 있는 권리 기출 • 국가의 정치 과정에 참여할 수 있는 권리이다. (22년 9월 12번)
청구권	국민의 기본권이 국가나 타인에 의해 침해되었을 때 그 구제를 청구할 수 있는 권리 기출 • 침해된 기본권을 구제하기 위한 권리이다. (22년 9월 12번)
사회권	모든 국민이 인간다운 생활의 보장을 국가에 요구할 수 있는 권리 기출 • 국가에 의해 인간다운 삶을 보장받을 권리이다. (18년 11월 8번) • 교육을 받을 권리가 포함된다. (19년 3월 15번)

3. 인권 보장을 위한 헌법상의 제도적 장치

- 권력 분립 제도→ 입법부(국회), 행정부(정부), 사법부(법원)
- 민주적 선거 제도: 보통 선거 제도, 공무 담임권
- 복수 정당제: 정당 설립의 자유 보장
- 기본권 구제 제도: 법원의 재판, 헌법 재판소의 헌법 소원 심판 등
- 법치주의
- 적법 절차의 원리

4. 시민 참여

시민들이 참여 의식을 갖고 정치 과정이나 사회의 공공 문제에 적극적으로 개입하는 것
→ 정의로운 사회 실현, 대의 민주주의 보완

기출

- 정치 참여 주체의 정치적 효능감을 향상시킨다. (22년 9월 14번)

시민 참여의 방법

- 합법적 방법: 선거와 투표, 서명 운동, 1인 시위, 민원 제기, 청원 운동, 집회 참가, 이익 집단 및 시민 단체 활동, 국가 기관이나 언론 및 인터넷 게시판 등에 의견 표현 등

① 선거와 투표
② 시민 단체, 이익 집단, 정당 활동

시민 단체	• 역할: 공공 문제 해결을 위해 여론을 형성하거나 정책을 제안하는 등의 역할을 함
이익 집단	• 역할: 집단의 이익을 위해 정부에 영향력을 행사하는 등의 역할을 함
정당	• 역할: 정책 제안을 위한 여론을 형성하거나 정부에 영향력을 행사하는 등의 역할을 함

③ 공청회, 주민 간담회에 참여
④ 자원봉사 활동
⑤ 입법 활동에 참여

- 비합법적 방법: 시민 불복종

★ 시민 불복종

정의롭지 못한 법이나 정책을 변혁시켜 공공의 이익을 지키려는 목적에서 양심적으로 행하는 비폭력적 위법 행위

일반적인 정당화 조건

행위 목적의 정당성	자신의 이익 때문이 아니라 사회 정의를 훼손한 법이나 정책에 항의해야 함 **기출** • 시민 불복종은 **공공의 이익을 위해** 시행되어야 한다. (24년 10월 3번) • 부당한 사회 제도에 변혁을 가져올 목적으로 행해져야 한다. (18년 11월 18번)
비폭력적 방법	정의롭지 못한 법에 반대한다는 이유로 폭력적인 행동을 선동하는 행위는 정당화될 수 없음 **기출** • **비폭력적인 방법**으로 시행해야 한다. (19년 11월 5번)
최후의 수단	합법적인 방법을 동원했으나 소용없을 때, 피해가 점점 심각해질 때와 같은 긴급한 상황에서 시도해야 함 **기출** • **합법적으로 문제를 해결할 수 없을 때** 사용되어야 한다. (18년 9월 20번)
처벌 감수	위법 행위에 대한 처벌을 기꺼이 받아들임으로써 기본적으로는 법을 존중하고 정당한 법체계를 세우려는 운동임을 보여야 함 **기출** • 부당한 법률에 불복종하기 위해서는 **처벌을 감수**해야 한다. (22년 9월 13번)
공개적 행동	공동체의 정의감에 호소하는 행위이므로 공개적으로 행해야 함 **기출** • **공개적**이며 비폭력적이어야 한다. (20년 9월 6번)

인권 문제와 해결 방안

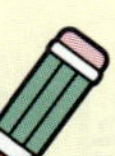

→ 한 사회에서 신체적 또는 문화적 특징 때문에 다른 구성원에게 차별을 받으며, 스스로 차별받는 집단에 속해 있다는 의식을 가진 사람 (사회적 소수자의 유형: 장애인, 이주 외국인, 노인, 여성, 북한이탈주민 등)

1. 사회적 소수자 차별 문제와 해결 방안

- 사회적 소수자 차별 문제의 해결 방안
  - 개인적 차원: 사회적 소수자에 대한 편견 버리기
  - 사회적 차원: 사회적 소수자 차별을 금지하는 정책·법률 정비 예 적극적 평등 실현 조치, 「장애인 차별 금지 및 권리 구제 등에 관한 법률」, 「외국인 근로자의 고용 등에 관한 법률」 등

역사적으로 오랜 기간 차별받아 온 집단에 대하여 진학이나 취업 등에 혜택을 주어 우대하는 정책으로, 적극적 차별 시정 조치라고도 함 ←

→ 청소년이 노동할 기회나 근로관계, 임금이나 근로 시간 등에서 정당한 대우를 받을 권리

2. 청소년 노동권 침해 문제와 해결 방안

- 청소년 노동권 침해 문제의 해결 방안
  - 개인적 차원: 청소년 스스로 노동권에 대한 지식을 갖추고 부당한 대우를 받았을 때에는 이를 바로 잡기 위해 적극적으로 대처해야 하며, 고용주는 준법 의식을 함양하고 관련 법규를 준수해야 함
  - 사회적 차원: 「근로 기준법」, 「최저 임금법」 등 청소년 노동 관련 법률이나 제도를 보완해야 함

기출

- 연소 근로자도 성인과 동일하게 최저 임금을 적용받습니다. (23년 9월 12번)
- 위험한 일이나 유해 업종의 일을 할 수 없어요. (19년 9월 15번)
- 계약에는 친권자 또는 후견인의 동의가 필요하다. (21년 9월 5번)
- 단독으로 임금을 청구할 수 있다. (24년 9월 12번)

→ 난민, 빈곤 및 기아, 성차별, 아동 인권 침해, 특정 인종 및 민족 차별 등

3. 국제 사회의 인권 문제와 해결 방안

- 개인적 차원의 해결 방안: 세계 시민 의식 함양
- 사회적 차원의 해결 방안: 국제적 연대 조성, 국제적인 여론 조성, 국제법에 근거한 제재, 국제 형사 재판소에 제소 등

기출

- 세계 시민 의식과 공동체 의식을 함양한다. (20년 9월 11번)
- 인종차별을 방지하기 위해 사회적 차원의 노력이 필요하다. (22년 9월 8번)
- 국제 연합이나 국제 비정부 기구를 통해 영양 부족 문제를 겪고 있는 국가에 경제적 지원을 한다. (20년 9월 11번)

정의의 의미와 실질적 기준 

↳ 각자가 마땅한 몫을 공정하게 받는 것

1. 아리스토텔레스의 정의관

- 일반적 정의: 공동선과 덕을 위한 법을 준수하는 것
- 특수적 정의
  - 분배적 정의: 각자가 지닌 가치에 따라 권력, 명예, 재화 등을 분배하여 공정함을 실현하는 것
  - 교정적 정의: 손익의 관점에서 서로 간에 동등하지 않은 상태를 바로 잡는 것
  - 교환적 정의: 같은 가치의 물건끼리 교환하여 교환의 결과를 공정하게 하는 것

2. 정의의 필요성

- 사회 구성원의 기본적 권리 보장
- **개인선**과 **공동선**의 실현
- 사회 통합의 기반 마련

*개인선: • 개인이 좋은 것[선(善)]이라고 여기며 추구하는 것
• 개인에게 이익이 되는 것으로, 주로 개인의 행복과 자아 실현 등을 추구하는 것을 의미함

*공동선: • 사회가 좋은 것[선(善)]이라고 여기며 추구하는 것
• 사회 구성원 모두에게 이익이 되거나 사회 발전에 도움이 되는 것을 의미함

기출
- 개인선의 실현이 공동선의 실현으로 이어질 수 있다. (21년 11월 12번)

3. 정의의 실질적 기준

능력에 따른 분배	• 의미: 신체적·정신적 능력에 따라 분배하는 것
업적에 따른 분배	• 의미: 달성한 업적, 성과 등에 따라 분배하는 것
필요에 따른 분배 ↓ 기본적 필요를 충족하기 어려운 사람에게 우선적으로 분배하는 것	• 특징 - 사회적 약자를 포함하여 사회 구성원의 인간다운 삶을 보장할 수 있음 - 사회 불평등을 해소하여 경제적 안정을 도모할 수 있음 - 한정된 자원으로 모든 사람의 필요를 충족시킬 수 없음 - 성취동기가 약해질 수 있음 → 생산성과 효율성을 떨어뜨릴 수 있음 **기출** • 가장 빈곤한 사람에게 우선적으로 분배해야 합니다. (18년 3월 4번) • 나는 필요에 따른 분배 방식이 '열심히 일하려는 사람의 노동 의욕이 저하될 수 있다.'는 문제점이 있다고 생각한다. (18년 11월 19번)

다양한 정의관

1. 자유주의적 정의관

기출
- 개인의 자유와 권리의 보장을 중시한다. (22년 11월 18번)
- 공동체는 개인에게 특정한 가치를 강요해서는 안 된다. (24년 10월 16번)

- 대표 사상가: **롤스, 노직**

*롤스: 사회적·경제적 불평등을 줄이기 위한 국가의 개입을 인정 → 국가의 소득 재분배 정책에 찬성

*노직: 개인의 권리와 재산 보호의 최소한의 임무를 제외한 국가의 개입을 인정하지 않음 → 국가의 소득 재분배 정책에 반대

기출
- 지위나 직책에 오를 기회가 모두에게 공평하게 개방되어야 한다. (18년 11월 16번)
- 정의 실현을 위해 사회적 약자를 고려해야 해요. (25년 3월 4번)
- 정의로운 사회에서도 경제적 불평등은 허용될 수 있다. (21년 3월 5번)
- 정의의 원칙은 누구에게도 유리하거나 불리하지 않은 상황에서 선택된다. (23년 3월 2번)
- 기본적 자유를 모두가 평등하게 누려야 함을 강조합니다. (18년 3월 7번)
- 사회적 약자를 배려하는 제도를 시행해야 한다. (22년 3월 5번)

2. 공동체주의적 정의관

- 대표 사상가: **매킨타이어, 샌델**

기출
- 개인의 좋은 삶의 모습은 공동체에 의해 결정된다. (21년 11월 12번)
- 공동체 발전을 위해 개인에게 주어지는 의무가 있다고 본다. (24년 10월 16번)
- 공동체는 개인의 정체성 형성의 중요한 토대가 됨을 간과한다. (23년 11월 19번)

3. 자유주의적 정의관과 공동체주의적 정의관의 조화

- 자유주의적 정의관과 공동체주의적 정의관은 상호 보완적 관점에서 개인선을 실현하면서도 공동선을 훼손하지 않는 대안을 모색할 수 있게 함
- 권리와 의무, 공익과 사익을 서로 조화롭게 추구할 수 있어야 함

사회 및 공간 불평등 현상과 해결 방안

→ 부, 권력, 명예 등 사회적 희소가치가 개인이나 집단에 고루 분배되지 않아 개인이나 집단이 사회적으로 평등한 지위를 갖지 못하고 서열화되어 있는 현상

1. 사회 불평등의 종류

- 사회 계층의 양극화
- 공간 불평등: 지역 간 경제적·사회적·문화적으로 차이가 발생하는 것

> **기출**
> - 정부는 다양한 정책을 추진하고 있다. 대표적인 정책으로 공공 기관 지방 이전 계획이 있으며, 이에 따라 전국에 주요 혁신 도시를 지정하여 수도권 소재의 공공 기관을 지방으로 이전하고 있다. (23년 11월 18번)
> - 수도권에 집중된 인구와 다양한 기능을 비수도권으로 분산하고, 비수도권의 경제 활성화와 생활 환경 개선에 힘써 지역 격차에 따른 공간 불평등 현상을 완화해야 한다. (20년 11월 17번)
> - 공간 불평등 현상 해결 방안: '공공기관 지방 이전'을 예로 들 수 있다. (21년 11월 15번)

- 사회적 약자에 대한 차별

2. 사회 불평등 현상을 해결하기 위한 노력

① 사회 보장 제도: 사회 보험 / 공공 부조 / 사회 서비스

② **적극적 평등 실현 조치** *사회적으로 차별을 받는 사회적 약자에게 실질적인 기회의 평등을 제공하고자 여러 혜택을 제공하는 제도

- 부당한 차별을 받는 집단에게 혜택을 제공하는 것이 심해지면 오히려 반대편이 차별 받는 결과를 일으킨다는 역차별의 상황이 발생하지 않도록 유의하여야 함

> **기출**
> - 적극적 우대 조치는 사회 불평등을 완화하기 위한 것이다. (20년 11월 16번)
> - 적극적 우대 조치가 시행되면 역차별이 발생할 수 있다. (20년 11월 16번)

③ 지역 격차 완화 정책 *공간 불평등을 해소하여 국토 균형 개발을 도모하는 정책

- 공공 기관 및 기업의 지방 이전 등

Ⅲ. 시장경제와 지속가능발전

자본주의 시장경제의 발전 

1. 자본주의의 의미와 특징

- 의미: 사유 재산 제도를 바탕으로 시장에서 자유로운 경제 활동을 할 수 있도록 보장하는 경제 체제
- 특징: 사유 재산권 보장, 경제 활동의 자유 보장, 시장 경제 체제

2. 자본주의의 전개 과정

상업 자본주의 (16~18세기)		★ 산업 자본주의 (18~19세기)		★ 수정 자본주의 (20세기)		★ 신자유주의 (20세기 말)
상품의 생산보다는 상품의 유통에서 이윤을 추구함	→	상품의 유통보다 생산 과정에서 이윤을 추구하며, 개인의 자유로운 경제 활동을 강조하고 보장함	→ 대공황	정부가 적극적으로 시장에 개입하는 큰 정부 추구(공공사업 시행 및 사회 보장 제도 강화), 혼합 경제 체제	→ 석유 파동	정부의 시장 개입 비판, 시장의 기능 및 자유로운 경제 활동 강조, 세계화와 자유 무역 추구, 공기업의 민영화, 기업에 대한 세금 감면, 복지 축소 주장

기출

- 산업 자본주의: '보이지 않는 손'의 역할을 강조한다. (19년 9월 14번)
- 수정 자본주의: 시장 실패에 대한 대응으로 등장하였다. (23년 9월 13번)
- 수정 자본주의: 정부의 시장 개입이 필요하다고 본다. (19년 9월 14번)
- 신 자유주의: 공기업의 민영화를 지지할 것이다. (18년 9월 10번)
- 신 자유주의: 큰 정부보다 작은 정부를 지향할 것을 주장한다. (20년 11월 6번)

3. 경제 체제

- 시장경제 체제: 시장 원리를 바탕으로 함, 시장 가격은 공급과 수요에 따라 결정됨
- 계획경제 체제: 정부의 계획, 명령, 통제에 따라 자원이 배분됨
- 혼합 경제 체제: 시장경제 체제와 계획경제 체제의 결합

경제 주체의 합리적 선택과 역할

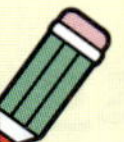

1. 합리적 선택 최소의 비용으로 최대의 편익을 얻을 수 있도록 선택하는 것

2. 합리적 선택의 원칙과 과정

- **선택에 따른 편익이 기회비용보다 큰 것을 선택**해야 함
- **매몰 비용은 합리적 선택을 위해 고려해서는 안 됨**

> **기출**
> - 합리적 선택은 **비용보다 편익이 큰 선택**을 의미한다. (18년 11월 10번)
> - 모든 선택에는 기회비용이 따른다. (19년 11월 8번)

3. 합리적 선택의 한계로 나타나는 시장 실패

- 시장 실패: 시장에서 자원 배분이 효율적으로 이루어지지 않은 상태
- 시장 실패의 유형
  - **독과점(불완전 경쟁)**: 시장 지배력을 가진 하나 또는 소수의 공급자가 담합하여 생산량을 조절하는 것
  - **공공재의 부족**: 대가를 지불하지 않고도 이용 가능하여 시장에 자유롭게 맡길 경우 사회가 필요한 만큼의 공공재가 생산되지 않음 (→ 비배제성)

> **기출**
> - 공공재는 대가를 지불하지 않아도 누구든지 사용할 수 있으며, 한 사람이 사용하여도 다른 사람이 얼마든지 사용할 수 있다. (18년 9월 17번)

★ **외부 효과**의 발생: 경제 주체의 활동이 제3의 경제 주체에게 의도하지 않은 이익이나 피해를 주어도 이에 대한 보상이나 처벌이 없음

> **기출**
> - 외부경제: 독감 백신 접종은 사회적으로 필요로 하는 양보다 적게 소비된다. (23년 11월 5번)

4. 경제 주체의 역할

① **정부의 역할**: 외부 효과 조절, 불공정 경쟁 규제, 공공재 공급, 소득 재분배 정책, 누진세 제도 강화, 사회 보장 제도 실시

② **기업가의 역할**: 사회에 필요한 재화와 서비스의 시장 공급, 생산 요소에 대한 대가 지급, 생산 활동을 통한 일자리 창출

기출
- 친환경적인 생산을 통해 환경 보호에 기여해야 한다. (23년 9월 20번)

③ **노동자의 역할**: 근로 계약에 따른 성실한 업무 수행 및 사용자와 소통하고 협력하여 상생의 관계 형성

④ **소비자의 역할**

- 합리적 소비: 상품에 대한 정보를 바탕으로 비용보다 편익이 큰 합리적 소비 실천, 소득 수준에 맞지 않는 무분별한 과소비 지양
- 소비자 주권 확립: 환경과 건강을 해치는 상품이나 부당한 영업 행위 등을 감시
- 윤리적 소비: 원료 재배, 생산, 유통 등의 전 과정이 소비와 연결되어 있다는 인식을 바탕으로 환경과 공동체를 고려한 소비

기출
- 소비를 통해 사회적 공익을 실현하고 있다. (19년 11월 6번)

Ⅲ. 시장경제와 지속가능발전

자산 관리와 금융 생활 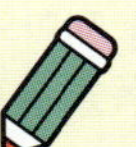

1. 금융 자산의 종류

구분	내용
예금·적금	• 예금: 소득 중 일부를 은행에 맡기고 이율에 따라 이자를 지급받는 것 • 적금: 계약 기간 동안 일정한 금액을 정기적으로 납입하여 만기 시 원금과 이자를 지급받는 것 • 유동성과 안전성은 높지만, 수익성이 낮음 **기출** • 예금은 주식에 비해 안정성이 높다. (20년 11월 18번)
주식	• 주식회사가 사업 자금을 조달하기 위해 투자자에게 돈을 받고 발행하는 증서 • 투자 수익으로는 배당과 시세 차익이 있음 • 수익성이 높은 편이지만, 원금 손실의 위험이 있어 안전성이 낮음 **기출** • 원금을 잃지 않을 가능성은 예금이 주식보다 높다. (23년 3월 14번)
채권	• 정부, 공공 기관, 기업 등이 필요한 자금을 빌리면서 발행하는 차용 증서 • 만기 시에 발행 기관에서 약속한 이자를 받거나 만기 전에 팔아 시세 차익을 얻을 수 있음 • 비교적 신용도가 높은 곳에서 발행하므로 주식보다 안전성이 높음 **기출** • 정기 예금과 채권은 모두 이자 수익을 기대할 수 있다. (22년 11월 15번)

2. 자산 관리의 기본 원칙

안전성	자신이 투자한 자산의 가치가 안전하게 보호될 수 있는 정도 **기출** • 금융 자산의 원금이 보전될 수 있는 정도 (23년 11월 14번)
수익성	투자 자산의 가격 상승이나 이자 수익을 기대할 수 있는 정도 **기출** • 금융 자산의 가격 상승이나 이자 수익을 기대할 수 있는 정도 (23년 11월 14번)
유동성	보유하고 있는 자산을 쉽게 현금으로 바꿀 수 있는 정도 **기출** • 금융 자산을 쉽고 빠르게 현금화할 수 있는 정도 (23년 11월 14번)

3. 생애 주기별 금융 설계

- 아동기: 교육과 성장의 시기로, 진로 탐색 및 자아실현을 위해 준비하는 시기
- 청년기: 취업, 결혼, 출산 및 양육, 주택 마련 등 다양한 과업이 요구되는 시기
- 중·장년기: 자녀 교육, 주택 마련, 노후 준비 등 가족 부양을 부담하는 시기
- 노년기: 건강 관리 및 은퇴 후 안정적이고 행복한 노후 생활을 유지하는 시기

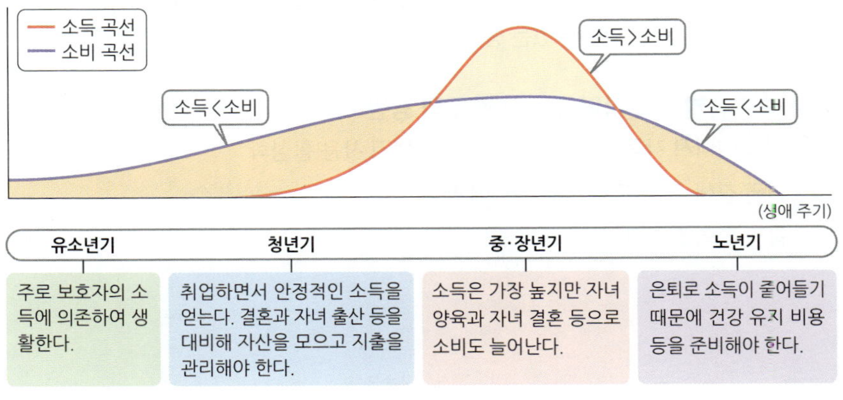

국제 무역과 지속가능발전 

1. 국제 분업과 무역의 필요성

- 소비자의 소비 범위 확대: 소비자가 선택 가능한 재화와 서비스의 폭 확대 → 소비 생활의 만족감 제고
- 규모의 경제 실현: 세계 시장을 대상으로 거래하므로 생산량을 증가시켜 생산비를 절감하고 높은 이윤을 추구함 → 고용 창출, 경제 활동 활성화
- 국내 기업의 경쟁력 강화: 외국 시장 개척 및 외국 기업과의 경쟁을 위한 기술 혁신 → 효율성과 생산성 향상 → 경제 활성화 및 고용 창출 → 국가 경제 성장
- 새로운 기술 전파: 첨단 산업이나 선진화된 기술 도입 → 개발 도상국의 경제 발전 기회 제공
- 문화 교류 활성화: 다양한 문화를 누릴 기회 증가, 문화 발전에 이바지
- 절대 우위: 국제 무역에서 한 나라가 교역 상대국보다 더 적은 생산비로 재화를 생산할 수 있는 능력
- 비교 우위: 국제 무역에서 한 나라가 교역 상대국보다 더 적은 기회비용으로 재화를 생산할 수 있는 능력

2. 지속가능발전에 기여하는 국제 무역 방안

- 대체 에너지 사용, 자원 재활용, 재생 에너지 사용 활성화
- 인권 침해, 환경 오염 등의 문제에 책임
- 공정 무역 활성화 *공정 무역 10원칙
  ① 경제적으로 소외된 생산자들을 위한 기회 제공
  ② 투명성과 책무성
  ③ 공정한 무역 관행
  ④ 공정한 가격 지불
  ⑤ 아동 노동과 강제 노동 금지
  ⑥ 차별 금지, 성평등, 결사의 자유 보장
  ⑦ 양호한 노동 조건 보장
  ⑧ 생산자 역량 강화 지원
  ⑨ 공정 무역 홍보
  ⑩ 기후 변화와 환경 보호

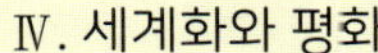

Ⅳ. 세계화와 평화

세계화의 양상과 문제 해결 방안

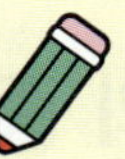

1. 세계화와 지역화

*세계화: 전 세계가 긴밀하게 상호 의존하면서 국가의 경계를 넘어 하나로 통합되는 현상
*지역화: 세계화의 흐름 속에서 특정 지역이 정치·경제·문화적 측면에서 세계적인 가치를 지니게 되는 현상

기출

- 세계화 시대의 **지역화 전략**: 우리 지역의 대표 상품인 'ㅇㅇ녹차'를 세계에 알리는 방안을 모색해 보고자 한다. (18년 11월 3번)
- **지리적 표시제**에 등록하였다. (24년 3월 12번)
- 전 세계에 판매망을 가지고 있는 햄버거 업체 A사는 각 나라 사람들의 문화와 취향을 고려한 경영 전략으로 큰 수익을 내고 있다. (21년 11월 17번)

- **다국적 기업**: 세계 각 지역에 자회사, 지점, 생산 공장 등을 두고 세계적인 규모로 생산 및 판매 활동을 하는 기업

기출

- **다국적 기업**은 공간적 분업을 통해 경영의 효율성을 추구한다. (19년 11월 14번)
- 휴대 전화가 세계 여러 국가의 협력 업체에서 생산된 부품으로 만들어진다는 것을 나타내고 있습니다. 이는 **공간적 분업**의 사례입니다. (23년 3월 8번)

2. 세계화에 따른 문제 해결 방안

① 국가 간 빈부 격차 문제 해결 방안

- 국제적 차원: 국제기구와 선진국의 공적 개발 원조 및 기술 이전을 통해 개발 도상국에 대한 지원과 협력이 필요함
- 개인적 차원: 공정 무역 또는 공정 여행 등을 수행
  - → 공정 무역: 개발 도상국의 기업과 생산자가 정당한 보상을 받을 수 있는 무역

기출

- 국가 간 빈부 격차 심화를 해결하기 위한 노력으로 **공정 무역**을 들 수 있다. (20년 11월 3번)

② 보편 윤리와 특수 윤리 간 입장 갈등 해결 방안: 세계 시민 의식 함양 등
- → 보편 윤리: 모든 사람에게, 모든 상황에서 적용되는 윤리적 기준

③ 문화의 획일화 문제 해결 방안: 문화적 다양성을 보존하기 위한 국제적 노력 필요

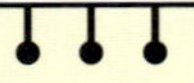

평화의 중요성과 국제 사회의 노력

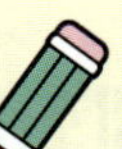

1. 평화의 구분

★ **소극적 평화**: 직접적 폭력의 사용이나 위협이 없고, 각 나라의 주권이 외부의 간섭을 받지 않는 상태, 국내외적으로 전쟁, 테러, 범죄, 폭행이 발생하지 않는 상태 → 직접적 폭력의 원인이 근본적으로 해결되지 않은 상태임

기출
- 무력 충돌이 없는 상태를 포함한다. (21년 11월 7번)

★ **적극적 평화**: 직접적 폭력뿐만 아니라 구조적 폭력과 문화적 폭력까지 사라진 상태, 국내외적으로 전쟁이 없을 뿐만 아니라 빈곤, 기아, 정치적 억압, 종교와 사상적 차별 등이 제거된 상태 → 인간다운 삶을 살아가기 위해서는 소극적 평화를 넘어 적극적 평화가 필요함

기출
- 각종 억압과 차별이 사라진 상태를 포함한다. (21년 11월 7번)
- 적극적 평화를 실현하기 위해 사회 제도의 개선이 요구된다. (21년 11월 7번)
- 종교에 대한 차별은 적극적 평화의 실현을 어렵게 만든다. (18년 11월 13번)
- 정의롭지 못한 사회 제도는 적극적 평화 실현에 위협이 된다. (18년 11월 13번)
- 경제적 착취와 빈곤이 제거된 상태를 포함한다. (23년 11월 8번)

2. 평화가 중요한 이유

인류 생존과 안전의 바탕, 국제 정의의 실현으로 삶의 질 향상, 인류의 번영 도모와 지혜, 가치 보존

기출
- 인류의 다양한 문화유산을 보존하게 해 줌. (20년 11월 9번)
- 인류를 전쟁의 위협으로부터 벗어나게 해 줌. (20년 11월 9번)
- 인류를 각종 차별과 불평등으로부터 벗어나게 해 줌. (20년 11월 9번)

3. 국제 사회의 갈등과 협력

국제 갈등: 종교 분쟁(카슈미르, 팔레스타인 분쟁 등), 자원 분쟁(카스피해, 나일강 유역 등), 영토 분쟁(난사 군도, 쿠릴 열도 등)

4. 국제 사회 행위 주체의 노력

① 국가의 역할: 정상 회담, 국교 수립, 조약 체결, 국제기구 설립이나 가입, 동맹 형성 등

기출

- 영토, 국민, 주권을 가진 국제 사회의 행위 주체 (24년 3월 20번)

② 정부 간 국제기구의 역할: 국제 연합(UN), 유럽 연합(EU), 국제 통화 기금(IMF), 세계 보건 기구(WHO) 등

기출

- 개인과 민간단체가 회원으로 가입할 수 있는 국제기구 (24년 3월 20번)

③ 국제 비정부 기구의 역할: 국경 없는 의사회, 국제엠네스티, 그린피스 등

기출

- 예로 그린피스, 국경 없는 의사회를 들 수 있지요. (24년 3월 20번)

남북 분단 및 동아시아의 역사 갈등과 세계 평화

1. 남북 분단의 배경

8·15 광복(1945)		미국과 소련의 주둔		모스크바 3국 외상 회의	
제2차 세계 대전에서 일본이 패배하면서 광복을 이룸	→	광복 후 일본군을 무장 해제시킨다는 명분으로 북위 38도선을 기준으로 남쪽엔 미군이, 북쪽엔 소련군이 주둔함	→	1945년 12월 모스크바 3국 외무 장관 회의에서 한반도의 신탁 통치가 결정됨	→

5·10 총선거(1948)		6·25 전쟁(1950~1953)
국제 연합(UN)에서 남북한 총선거가 결정되었으나 소련과 북한의 거부로 남한만의 총선거 실시 → 대한민국 정부 수립	→	북한의 남침으로 전쟁이 발발하며 수많은 사상자를 발생시켰음 → 3년 뒤 휴전 협정을 체결하고 휴전선을 경계로 오늘날까지 분단 상태가 이어짐

→ 민족의 생존과 번영을 위해 필요, 세계 평화에 기여

2. 통일의 의의와 필요성

★ 통일의 필요성

기출

- 통일로 얻게 되는 장기적 이익이 통일 비용보다 크다. (24년 3월 3번)

3. 통일을 위한 노력: 남북한 간의 평화적 교류와 협력, 통일에 우호적인 국제 환경 조성

기출

- 이질화 문제 해소를 위한 교류 협력의 활성화가 있다. (25년 3월 5번)

4. 동아시아의 역사 갈등: 역사 인식 문제 / 영토 분쟁

5. 동아시아의 역사 갈등 해결을 위한 노력

한·일 역사 공동 연구위원회(2002년), 동북아 역사 재단 설립, 공동 역사 연구 진행 등

Ⅴ. 미래와 지속가능한 삶

인구 문제의 양상과 해결 방안

1. 인구 문제의 양상

① 세계의 인구 분포: 세계 인구의 90% 이상이 북반구에 분포, 세계 인구의 80%가 해발 고도 500m 이하 지역에 분포, 세계 인구 60% 이상이 해안으로부터 500km 이내의 지역에 분포

② 선진국과 개발 도상국의 **인구 구조**

- **선진국**: 20세기 중반까지 세계 인구 성장을 주도, 1차 산업 종사자↓, 3차 산업 종사자↑, 인구 증가율이 낮음(출생률 감소)
- **개발 도상국**: 최근 세계 인구 성장을 주도, 1차 산업 종사자↑, 3차 산업 종사자↓, 인구 증가율이 높음(사망률 감소, 출생률 증가)

기출

- 개발 도상국은 선진국보다 이촌향도 현상으로 인해 도시 인구가 빠르게 증가한다. (23년 3월 11번)
- 선진국은 개발 도상국보다 경제 발전 수준이 높다. (23년 11월 11번)

③ 인구 이동 원인: 경제적 / 종교적 / 정치적 / 환경적

2. 인구 문제의 해결 방안

→ 경제 활동 인구 감소, 고령화의 가속화 등

① 저출산·고령화 문제와 해결 방안

- 해결 방안: 국가적 차원의 출산 및 육아 비용 보조, 세제 혜택, 양육 및 보육 시설 확충, 노년 인구의 재취업 기회 제공, 노인 복지 대책 마련, 사회 보장 제도 정비 등

→ 도시 내 시설 부족 등

② 인구 과잉 문제와 해결 방안

- 해결 방안: 산아 제한 등 국가적 차원의 인구 성장 억제 정책 시행, 인구 분산 정책 등

→ 저출산·고령화, 수도권 인구 과밀화 등

③ 우리나라의 인구 문제와 해결 방안

- 해결 방안: 출산 장려 정책, 사회적 제도 정책, 지역 간 불균형 해소 노력 등

에너지 자원과 지속가능한 발전

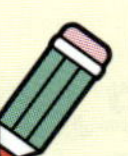

1. 주요 에너지 자원

석탄	• 철광석과 함께 산업 혁명의 원동력 • 석유에 비해 국제 이동량이 적음 **기출** • 산업 혁명 시기에 주요 에너지 자원이었다. (18년 11월 17번)
석유	• 세계 1차 에너지 소비 구조에서 가장 높은 비중 • 편재성이 높고 사용량이 많아 국제 이동량이 많음 **기출** • 자동차와 항공기 등의 연료로 주로 사용된다. (18년 11월 17번)
천연가스	• 냉동 액화 기술의 발달과 함께 수요 증가 • 상용화 시기: 석탄 → 석유 → 천연가스

2. 기후 변화

• 문제점: 이상 기후 현상 증가, 해수면 상승으로 인한 저지대 침수, 생태계 교란, 기후 변화의 원인을 제공하는 선진국보다 저개발국 및 미래 세대에 더 큰 피해 발생

기출

• 봄꽃의 개화 시기가 빨라질 것이다. (23년 11월 20번)

3. 지속가능한 발전을 위한 노력

기출

• 아이슬란드는 난방의 대부분을 지열 에너지로 충당해요. (23년 3월 13번)
• 에스파냐에서는 고온 건조한 기후 조건을 활용하여 태양광 에너지로 전기를 생산해요. (23년 3월 13번)

미래 사회와 세계시민으로서의 삶

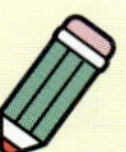

1. 미래 예측의 필요성

미래에 발생할 수 있는 위험을 막고 미래 사회에 유연하게 대응하기 위해 필요함

2. 미래 지구촌의 모습

- 정치·경제·사회적 문제에 따른 국가 간 협력과 갈등
  - 정치·경제적으로 국가 간 협력이 강화되는 동시에 갈등도 커질 것
  - 빈부 격차, 문화적 차이, 영토 분쟁 등의 갈등 심화
  - 자유 무역의 확대, 국제기구 활동 등으로 국가 간 상호 의존성 증가
- 과학 기술 발전에 따른 공간과 삶의 변화
  - 과학 기술의 비약적 발전으로 생활이 보다 편리해지며, 활동 범위가 우주로 넓어질 것
  - 생명 윤리 문제, 신종 바이러스 등장, 특정 직업 소멸로 인한 실업 문제 등에 대한 대비 필요
  - 컴퓨터와 인터넷을 기반으로 하는 3차 산업 혁명의 시대를 지나 4차 산업 혁명 시대를 맞이할 것으로 예상됨
- 생태 환경의 변화
  - 경제 성장과 인구 증가에 따른 환경 파괴, 자원 소비 증가 등
  - 환경 문제의 근본적 해결을 통한 청정한 생태 환경 보존

3. 미래를 위한 세계시민으로서의 방향

- 올바른 인성과 가치관 정립
- 세계시민으로서 공동체 의식 함양
- 적극적인 자세와 태도

→ 세계시민: 국가의 경계를 넘어 지구촌의 구성원으로서 전 세계가 안고 있는 문제를 이해하고, 이를 해결하기 위해 책임감 있게 행동하는 사람

2026 YEAR PLAN

세상에서 가장 소중한 당신을 응원합니다!

	1월	2월	3월	4월	5월	6월	7월	8월	9월	10월	11월	12월
1												
2												
3												
4												
5												
6												
7												
8												
9												
10												
11												
12												
13												
14												
15												
16												
17												
18												
19												
20												
21												
22												
23												
24												
25												
26												
27												
28												
29												
30												
31												

2028 대학 입시 제도 개편안

2025년 고1 학생부터 고교 내신 체제와 수학능력시험 체제가 변하게 됩니다.
고등학교 입학 전부터 이에 대비할 수 있도록 2028 대학 입시 제도 개편안을 간략하게 안내합니다.

입시 제도 개편의 취지 25년부터 **고교 학점제**로 공부하는 학생들을 위해 수능 및 내신 평가 방식 개선

고교 학점제란? 학생들이 기초 소양과 기본 학력을 바탕으로 과목을 선택하여 학습하는 제도. 목표한 성취 수준에 충분히 도달했다고 판단하는 경우에 과목 이수를 인정하며, 출석 일수가 아닌 누적된 과목 이수 학점이 졸업 기준에 이르렀을 때 졸업이 가능하게 됨.

고교 내신 체제 주요 개편 내용

1. 내신 5등급제

- 기존 내신 9등급제를 내신 5등급제로 개편
- 1등급(10%) - 2등급(24%) - 3등급(32%) - 4등급(24%) - 5등급(10%)

2. 절대 평가와 상대 평가 병기

- 전 학년, 전 과목에 5등급 절대 평가(A ~ E)와 상대 평가(1 ~ 5등급)를 나란히 적음
- 예체능·사회·과학 교과는 상대 평가를 병기하지 않고 절대 평가만 실시

수학능력시험 주요 개편 내용

1. 선택 과목제 폐지

- 국어, 수학, 사회·과학탐구, 직업탐구 영역에서 선택 과목제 폐지
- 사회·과학탐구 영역은 2022 개정 교육과정 교과목인 '통합사회', '통합과학'을 출제하고, 응시자는 동일하게 2개 모두 응시

2. '심화 수학' 제외

'대수, 미적분 Ⅰ, 확률과 통계'만 출제되고 심화 수학인 '미적분 Ⅱ'와 '기하' 출제 제외

영역		현행	개편안
국어		공통 + 2과목 중 택 1 **공통** : 독서, 문학 / **선택** : 화법과 작문, 언어와 매체	공통 화법과 언어, 독서와 작문, 문학
수학		공통 + 3과목 중 택 1 **공통** : 수학 Ⅰ, 수학 Ⅱ / **선택** : 확률과 통계, 미적분, 기하	공통 대수, 미적분 Ⅰ, 확률과 통계
영어		공통 영어 Ⅰ, 영어 Ⅱ	공통 영어 Ⅰ, 영어 Ⅱ
한국사		공통 한국사	공통 한국사
탐구	사회·과학	17과목 중 최대 택 2 **사회** : 한국지리, 세계지리, 세계사, 동아시아사, 경제, 정치와 법, 사회·문화, 생활과 윤리, 윤리와 사상 **과학** : 물리학 Ⅰ, 화학 Ⅰ, 생명과학 Ⅰ, 지구과학 Ⅰ, 물리학 Ⅱ, 화학 Ⅱ, 생명과학 Ⅱ, 지구과학 Ⅱ	공통 통합사회, 통합과학
	직업	1과목 : 5과목 중 택 1 / 2과목 : 공통 + 1과목 공통: 성공적인 직업생활 선택: 농업 기초 기술, 공업 일반, 상업 경제, 수산·해운 사업 기초, 인간 발달	공통 성공적인 직업생활
제2외국어 / 한문		9과목 중 택 1 독일어 Ⅰ, 프랑스어 Ⅰ, 스페인어 Ⅰ, 중국어 Ⅰ, 일본어 Ⅰ, 러시아어 Ⅰ, 아랍어 Ⅰ, 베트남어 Ⅰ, 한문 Ⅰ	9과목 중 택 1 독일어, 프랑스어, 스페인어, 중국어, 일본어, 러시아어, 아랍어, 베트남어, 한문

www.toptutor.co.kr

2026 마더텅 전국연합 학력평가 기출문제집

고1 통합사회2 개념 정리책